本书为国家社会科学基金重点项目成果
项目名称：信息哲学的基础理论研究
项目编号：13AZD096
本书由西安交通大学人文社会科学学术著作出版基金资助出版

信息哲学基础理论及其意义阐释

邬　焜
[法]约瑟夫·布伦纳
邬天启
王　健　著

中央编译出版社
Central Compilation & Translation Press

图书在版编目(CIP)数据

信息哲学基础理论及其意义阐释／邬焜等著.—北京：中央编译出版社，2021.11

ISBN 978-7-5117-4047-2

Ⅰ.①信… Ⅱ.①邬… Ⅲ.①信息学-哲学-研究
Ⅳ.①G201-02

中国版本图书馆 CIP 数据核字（2021）第 220512 号

信息哲学基础理论及其意义阐释

责任编辑：	兰 鹏
责任印制：	刘 慧
出版发行：	中央编译出版社
地　　址：	北京西城区车公庄大街乙 5 号鸿儒大厦 B 座（100044）
电　　话：	（010）52612345（总编室）　（010）52612389（编辑室）
	（010）52612316（发行部）　（010）52612346（馆配部）
传　　真：	（010）66515838
经　　销：	全国新华书店
印　　刷：	北京印刷集团有限责任公司
开　　本：	710 毫米×1000 毫米　1/16
字　　数：	676 千字
印　　张：	44.25
版　　次：	2021 年 11 月第 1 版
印　　次：	2021 年 11 月第 1 次印刷
定　　价：	198.00 元

网　　址：	www.cctphome.com	邮　箱：	cctp@cctphome.com
新浪微博：	@中央编译出版社	微　信：	中央编译出版社（ID：cctphome）
淘宝店铺：	中央编译出版社直销店（http://shop108367160.taobao.com）　（010）55626985

本社常年法律顾问：北京市吴栾赵阎律师事务所律师　闫军　梁勤
凡有印装质量问题，本社负责调换。电话：（010）55626985

目 录

写在前面：哲学是最自由的学问　　　　　　　　　　　　001
导读：信息哲学——哲学的革命　　　　　　　　　　　　011

第一编　创立、发展与革命

第 一 章　中国信息哲学的诞生和发展　　　　　　　　003
　　一、缘起　　　　　　　　　　　　　　　　　　　　003
　　二、创立　　　　　　　　　　　　　　　　　　　　005
　　三、深化　　　　　　　　　　　　　　　　　　　　008
　　四、成熟　　　　　　　　　　　　　　　　　　　　011
　　五、拓展　　　　　　　　　　　　　　　　　　　　018
　　六、国内评价　　　　　　　　　　　　　　　　　　040
　　七、国际化　　　　　　　　　　　　　　　　　　　057
第 二 章　信息哲学的性质及其在哲学变革中的作用　　089
　　一、哲学是人类追求普遍理性的活动　　　　　　　　089
　　二、普遍理性的层次：科学与哲学内在融合的根据　　093
　　三、科学对哲学的改造，哲学对科学和对自身的批判　099
　　四、哲学的最高范式：存在领域的划分　　　　　　　107

五、信息哲学的性质 … 115

六、顶天立地的统一信息科学 … 121

七、中国的信息科学和信息哲学研究的统一化趋势 … 123

八、信息范式对科学和哲学的根本变革的十二个方面 … 126

第二编 基础理论

第 三 章 物质和信息：双重存在的世界 … 139

一、存在领域的划分 … 140

二、信息的本质 … 150

三、信息的分类 … 163

四、信息的质 … 181

五、四个世界和世界模式的理论 … 186

六、物质、信息和精神的关系 … 195

第 四 章 认识和实践：信息的主体把握、创造和实现 … 198

一、信息、知识、智能和实践的概念及其关系 … 198

二、人的信息活动的层次 … 205

三、人的信息活动层次间的相互作用 … 215

四、信息创生和实现系统 … 222

五、认识发生的信息中介说 … 227

六、认识过程和机制的信息建构和虚拟说 … 233

七、人的认识方式和真理的相对性 … 241

八、人类追求智能的终极情怀 … 255

第 五 章 物质和信息：双重演化的世界 … 269

一、人类时空观念的变革 … 269

二、相互作用、时空转化与全息凝结 … 280

三、相互作用与双重演化 … 283

四、自组织进化的信息机制 … 288

五、自组织进化的信息凝结——全息境界　　299
　　六、宇宙及宇宙事物具有循环演化的自组织特征　　307

第六章　经济、社会与人的信息进化　　320
　　一、信息经济　　320
　　二、信息社会　　333
　　三、信息生产　　340
　　四、社会本质的信息规定　　355
　　五、社会进化的信息尺度　　357
　　六、多维存在的人　　362
　　七、教育的信息化　　368

第七章　天道与人道：自然价值、社会价值与信息价值　　388
　　一、自然生态主义与可持续发展的理念　　389
　　二、价值的本质　　392
　　三、天道价值与人道价值　　400
　　四、物质价值和信息价值　　406
　　五、价值过程与价值哲学的范畴体系　　408
　　六、价值形态的发展　　412
　　七、信息处理方式的变革是文明形态变革的技术前提　　414
　　八、网络民主与国家集权、世界霸权之间的价值冲突　　418
　　九、智能化社会的前景展望　　424

第八章　科技革命与信息范式的崛起　　442
　　一、科学技术革命的概念及二者的关系　　443
　　二、第一次科技革命：实体实在论和实体思维　　446
　　三、第二次科技革命：场能实在论和能量思维　　450
　　四、第三次科技革命：信息系统复杂综合的世界图景和
　　　　信息思维　　464
　　五、信息范式的崛起与科学的信息科学化　　475

第三编　意义阐释

第 九 章　信息思维和系统思维的比较研究 　489
　　一、三种相关的新理论 　491
　　二、信息元哲学 　499
　　三、系统和系统思维 　500
　　四、复杂性 　507
　　五、信息思维 　508
　　六、结论和展望 　516

第 十 章　信息立场：哲学和逻辑 　519
　　一、引言 　519
　　二、信息哲学：现状和问题 　521
　　三、现实逻辑 　523
　　四、自然的逻辑和辩证法 　529
　　五、邬焜信息哲学的基础理论 　536
　　六、现实的逻辑关系、过程 　548
　　七、信息在自组织中的作用 　550
　　八、信息的物理学基础：能量的作用 　554
　　九、信息、相互作用和价值 　560
　　十、信息社会 　563
　　十一、综合学科和信息哲学 　570
　　十二、结论：信息思维和信息观 　576

第十一章　善：张弛于有序与无序之间
　　——对一种简单以熵量为判据的荒诞伦理学的批判 　579
　　一、引言 　579
　　二、弗洛里迪的宏观伦理学模型 　580
　　三、回到物理熵 　582

四、通信与控制理论中的信息熵和负熵论 583

五、熵、负熵、信息、熵增与熵减的科学含义的统一 587

六、熵和信息、有序和无序、善与恶 589

七、复杂性的视角：在有序和无序之间保持某种适度的张力 593

八、生态文明需要怎样一种价值哲学基础？ 598

第十二章 试论认识发生的多维综合"涌现"的复杂性特征

——对胡塞尔现象学还原理论的单维度、简单性特征的批判 602

一、胡塞尔现象学还原理论的单维度、简单性特征 603

二、合理的现象还原应有的多维度、多极化特征 607

三、胡塞尔"主观间性"和"生活世界"理论的单维度、简单性特征 612

第四编 两篇附录

附录一 邬焜和信息元哲学 617

附录二 作为信息时代精神的哲学

——对邬焜信息哲学的评论 652

后记 670

写在前面：哲学是最自由的学问

一

早期的古希腊哲学家们把哲学看作是"爱智慧（φιλοσοφα）"的学问。在这一称谓中蕴含了两个重要的思想：一是"智慧"并不简单地等于一般性的知识，它是高于知识的东西；二是"智慧"追求的是一种普遍理性或终极普遍理性的思想，它要认识和驾驭一切。亚里士多德就曾写道："智慧是一门关于第一原理的科学"；哲学是"唯一自由的科学"。①

人类创造的知识体系，按其抽象程度分为不同的层次。哲学追求最为一般的普遍理性，位于人类创造的知识体系的最高端。按照一般性的见解，哲学能够为解释和改造世界提供一种基础性的观念和方法。就哲学最基础的或说是最高层次的理论而言，它超越了具体科学的经验解释的层面，因而它居于科学之上，成为"科学的科学"或"科学之王"。就此而论，由于脱离了经验之羁绊，相较于那些备受经验束缚的具体科学而言，哲学便是一种最自由的学问。

---

① ［古希腊］亚里士多德：《形而上学》，李真译，上海：上海人民出版社2005年版，第19、319页。

二

我们知道,人类是一种生来便备受限制的存在。我们每个投身到这个世界上的人都具有个体盲目性。我们每个人的到来和归去都不是自主的。就是在我们人生的短暂历程中,我们也不得不承受来自自然、他人和社会,生理、心理和行为的种种限制。就此而言,我们不是一种自由的存在。然而,人却有一种区别于其他存在的特殊能力,这便是"自我意识"。如果说,在现实存在的领域里,我们备受限制、缺乏自由的话,那么,在意识活动的层面,我们却可以在某种程度上打破这种限制,获得思想的自由。思想是一种创造,它可以对现实世界进行反映式的认识和描述,它也可以对非现实的世界进行主观层面的设计和创造,从而以主观信息的方式超越现实世界。这种超越便是某种意识层面的自由,通常我们也称之为"自由意志"。当然,超越现实世界的自由意志也并不全然是一种仅仅停留在主观层面的虚妄之思。当我们思想的自由创造符合现实世界的本性,并且又具有了现实实现的可能性的时候,我们便可以通过相应实践的活动把我们所创造的主观信息的相关内容在客观世界中实现。这样,我们的这种自由创造的意识的自由性便并不仅仅可以停留在主观信息活动的层面,而还可以转化为客观现实的物的形态,并以社会信息的发展了的形态呈现出来。①

三

在一般的意义上,人类创造的所有知识、学问、科学的观念和体系都在一定程度上具有自由意志的品格。但是,不同层次的知识、学问和科学所可能达到的自由程度却并不一样。具体来说,越是处于具体层面的科学知识,由于其研究对象的层次和领域的限制,其所可能实现的自由意志的程度越小。

---

① 邬焜:《论社会信息的三态统一性》,载《社会科学》1986 年第 6 期,第 61—64 页。

由于哲学追求的是对世界的最一般、最普遍的理性认识，所以，它便具有了超越一般科学认识局限的性质。当然，哲学思维对具体世界的超越并不是简单建立在否定科学成果的基础之上的，相反，任何一种正常的哲学思维都不可能无视已有的科学成果。哲学思维的自由是对相应科学成果的批判性概括、反思和升华。

邬焜曾在多种场合阐释过一种观点：真正的哲学应当具有科学的品格，而科学本身又一定会具有哲学的韵味。说哲学应当具有科学的品格并不意味着哲学是科学的附庸，也并不意味着把哲学等同于或归结于一般的科学。哲学之对于科学有一种二重化的关系，一是基于其理，二是超越其上。基于其理说的是哲学不能无视科学的发展，也不能违背科学的一般原理。超越其上说的是哲学对于科学的一般原理不应当简单停留在具体科学的层面，因为，具体科学所阐释的相关理论往往是被其所考察的领域、层次，所关注的角度、目的所约束的。这些相应的约束给具体科学的相关理论带来了某种特定的局限性。哲学要揭示事物的更为一般的本质就有必要分析、克服和剔除具体科学中的狭隘局限。这样的一种分析、克服和剔除狭隘局限的工作便是哲学对科学的批判。在这一批判的基础上所实现的便是哲学对科学的超越。另外，宇宙世界的无限性，人类存在和科学发展的有限性规定了人们对宇宙世界的科学化认识，总是对无限的一种有限的认识：有限的领域、有限的层次、有限的角度、有限的视野、有限的阶段……这样，相对于无限的世界而言，人类的科学总是具有某种不可完全通达的性质。科学的这种有限性特征与哲学要追寻的最为一般的普遍理性构成了一对矛盾。而解决这一矛盾的方式便是哲学对科学的批判和超越。通过这种批判和超越，哲学便可以从具体科学的束缚中解放出来，从而获得更高层级的自由。由于通过自由之思，哲学突破了科学的界限，用智慧的思想弥合了从有限科学过渡到一般普遍理性的沟壑，所以，比较起具体科学，哲学便具有了更多的、更高层次的自由。由于这种自由的层次居于人类创造的知识体系的最高端，所以，哲学是最自由的学问。

四

哲学的自由之思并不仅仅能够对科学予以批判和超越，而且它还可以对自身进行批判和超越。因为哲学是人类创造的最高层次的知识体系，所以，它便不可能由比它自身更高层次的知识来发展自身，这样，哲学的发展便只能通过自身对自身的批判和超越来实现。当然，哲学的这种自我批判和超越也往往会通过科学的进步来实现。科学进步所产生的新的观念形态和理论范式会对旧有的哲学观念形态和理论范式构成挑战，通过相应的哲学对于科学的批判和超越，科学中的新观念和新理论便可能升华为哲学的观念和理论。如果这些观念和理论与原有哲学中的相应观念和理论不一致，那么，就可能在不同程度上引发哲学的变革。如果这种变革是针对哲学的最高范式，或说是最核心的理论部分的，那么，引发的相应变革便是哲学的革命。

早在20世纪80年代，针对信息科学技术革命的全新发展态势，邬焜就曾写过如下一段话：

> 现在哲学界的任务，并不仅仅在于拿了已有的哲学理论去对自然科学的新成就加以规范和解释，而更重要的是要用自然科学的新成就变革哲学本身。任何哲学体系要保持它的先进性，就必须尽可能吸收它那个时代的科学的精华来滋养自己的肌体。人们把哲学比作"科学之王"，如果哲学不能及时有效地对科学加以总结和指导，它就会"王冠落地"，反被科学所嘲弄。①

当然，科学对哲学改造的过程并不是自然而然的。科学的新观念和新理论升华为哲学的观念和理论的过程也就是哲学对科学的批判和哲学对自身的

---

① 邬焜、李琦：《哲学信息论导论》，西安：陕西人民出版社1987年版，第4页。

批判的过程。因为，只有通过对科学的批判，才可能剔除科学的局限，使这些新观念和新理论得以升华；只有通过对自身的批判，哲学才可能把这些升华上来的新观念和新理论转化为自身的新内容。如此看来，哲学对科学的批判和对自身的批判乃是人类知识发展的同一过程的两个侧面。①

哲学对科学的批判和科学对哲学的改造使哲学和科学不再是相互割裂的不同领域，二者的关系只能是相互的融合。在哲学对科学的批判中，哲学能够为科学确立解释和发展自身的一般方式和方法，从而赋予科学以哲学的品格；在科学对哲学的改造中，科学能够为哲学的发展提供基础性的材料支撑，从而赋予哲学以科学的韵味。无视科学发展的哲学，只能沦落为少数哲人的脱离时代的窃窃私议，而不加批判地简单复述科学的某些话语和结论的哲学，则只能成为丧失了自我个性和自由本性的一般科学的附庸。

五

如果说哲学是人类追求普遍理性的学问，那么，正因为哲学所阐释的普遍理性的普遍性品格决定了它一定是某种能够具有最为普遍解释力的普照之光，就此而言，它便可以为人类知识的所有层次和领域提供某种程度的方法论规范，通过这种规范，人类的所有知识层次和领域都会在不同程度上笼罩于这一普照之光之下，这也符合柏拉图所说的"分有"的情景。只不过，在这里，"分有"的并不是那个作为"特殊的实体"的"绝对理念"幻化出来的具有神性智慧的光芒②，而只能是人类自身通过哲思而创造的、人类思想的智慧之光。反过来看，由于科学为哲学的改造提供了基础，所以，这便也同时使哲学体现和"分有"了科学的内容和精神。如此看来，哲学不仅在科学之上，而且也在科学之中；科学不仅在哲学之下，而且也

---

① 邬焜：《哲学的比附与哲学的批判》，载《中国社会科学》1995 年第 4 期，第 117—125 页。
② 北京大学哲学系外国哲学史教研室编译：《古希腊罗马哲学》，北京：生活·读书·新知三联书店 1957 年版，第 178 页。

在哲学之中。

哲学的批判的自由并不仅仅是针对已有的人类知识的，它还可以针对人类的社会、生活和实践的现实。总之，哲学批判的对象乃是人类面对的一切现实：无论是知识的，还是实践的；无论是理性的，还是感性的；无论是心理的，还是行为的；无论是已成的，还是理想的。

哲学的自由在于它的批判性和超越性，在于它对现实世界的否定性理解的方式和方法。正是基于这一否定性批判的自由，哲学可以对现实界的局限性和不合理性予以揭示，可以对它所憧憬的未来进行预测、设计，并通过相应的实践活动对现实进行合乎理性的干预和改造。这也正如马克思所说，哲学的使命并不仅仅在于解释世界，而且更在于改造世界。①

哲学的自由的本质恰恰在于：对于已有的知识、社会、生活和实践而言，哲学并不仅仅是一个庸俗的比附者，而更应当是一个变革现实的批判者、设计者和推动者。

然而，哲学要实现它那批判的、自由的本性却并非一件易事。任何事情都有它的两面，哲学也不例外。通常，任何理论都有它的惯性。对于哲学而言这个惯性便是它的保守的僵化、囿于习见的庸俗和附着于现实的比附。

与哲学的批判的、自由的本性相反，哲学的惯性或说是比附性，使哲学堕落成了现实之附庸。作为现实之附庸的哲学对现实具体界采取的是一种简单认同的依附或直接肯定的辩护的态度，这一态度，使哲学丧失了它那应有的批判的和自由的本性。这里所说的现实的具体界，既包括现实的科学和技术的相关观点、理论和方法，也包括已有的流行的哲学观念、理论和方法，还包括现实的社会生活、制度、体制、实践和秩序。

哲学的惯性或说是比附性对已有的哲学观点、理论和方法毫无批判的接受、认可，并为其做出合理性的论证和阐释；对具体科学中的范畴、观念、理论和方法采取简单拿来主义的态度，由之直接拼凑出所谓的哲学；对现实的社会生活、制度、体制、实践和秩序进行肯定性的粉饰、辩护和倡导。显

---

① 《马克思恩格斯选集》（第1卷），北京：人民出版社1995年版，第57页。

然，这样的哲学在发挥其比附性功能的同时也迷失了自身的本性、丧失了自身的自由。

六

目前，在中国哲学界，哲学比附性功能的发挥表现出了三种倾向：一是"固守"；二是"崇洋"；三是"分治"。

所谓"固守"，表现在对传统理论不容置疑的肯定和对现实社会不加批判的虔诚笃信。粉饰和歌颂、证明和阐释、辩护和肯定、复述和倡导是这一倾向的基本特征。"固守"是一种惰性、惯性。其一方面表现于：对旧有的理论不能以批判反思的态度进行质疑或改变；另一方面则表现于：对现实的社会和实践不能予以批判性的审视和前瞻性的展望。这样的哲学倾向不能用运动、变化和发展的观点和方法对待理论和现实。其导致的结果，或者是在发展了的现实面前仍然死抱着过时的、与现实脱节的观点和理论不放，或者是仅仅为现实进行粉饰和辩护。

在此，我们有必要重温恩格斯当年的一些精辟思想：

> 每一时代的理论思维，从而我们时代的理论思维，都是一种历史的产物，它在不同的时代具有完全不同的形式，同时具有完全不同的内容。
>
> 按照黑格尔的思维方法的一切规则，凡是现实的都是合乎理性的这个命题，就变为另一个命题：凡是现存的，都一定要灭亡。
>
> 黑格尔哲学的真实意义和革命性质，正是在于它彻底否定了关于人的思维和行动的一切结果具有最终性质的看法。①

所谓"崇洋"，表现为拜倒在当代西方哲学，尤其是西方意识哲学的石榴裙下，对西方哲学的相关观点和理论采取了一种不加批判的肯定、接受和推崇的态度。在当下中国哲学界，不论是西方哲学的一流哲学家、二流

---

① 《马克思恩格斯选集》（第 4 卷），北京：人民出版社 1995 年版，第 216、284 页。

哲学家、三流哲学家，甚至是那些不入流的哲学家都被捧上了天。任何一种哲学观点或理论，出自中国学者都不会被理睬，但同样的观点或理论一经由西方学者提出，便会被捧上天。在中国的哲学硕士和博士的培养中出现了一种十分奇怪的现象：很多学生都把自己的研究方向设定在对西方某一哲学家文本的解读之中。不要说那些比较有一点名气的西方哲学家已被我们的硕士和博士反复研究和炒作，形成了浩繁的刊发论文和学位论文，就连那些名不见经传的所谓西方哲学家也被我们的学生挖出来予以炒作。由此产生的便是大量的对西方学者的相关学说的阐释性垃圾。这一倾向也直接导致了我们的硕士生和博士生的研究成果处于某种十分尴尬和悲哀的境地：把自己步入学术门槛的阶梯性成果毫不负责的绑架或附着在某一个无足轻重的西方学者的名下，从而失去了自身应有的批判性和自由性。这样的一种哲学风气不仅使中国的哲学变成了时髦西方哲学的脚注和应声虫，而且，也使中国的哲学脱离和不再关注中国社会的现实，成了空对空的隔山打牛之作。

所谓"分治"，即"分而治之"。其表现的形式和结果便是学科分裂，形成学科壁垒。在目前中国的相关学术研究中，一方面存在着明显的哲学与科学、技术、工程、社会和经济的割裂，另一方面则存在着哲学自身内部学科和研究领域的割裂。

就造成哲学和其他学科割裂的原因来看，首先是基于我们教育方式所实行的分科教学体制。这种体制不仅严重存在于我们的大学教育体制之中，而且也存在于我们的中学教育体制之中。这样的教育体制培养出来的教师和学生知识结构都是片面的、分科的。其次是我们的教科书式的大学哲学专业的教学，更多受到了西方近现代科学和哲学发展的某种趋势的影响，这就是在科学与哲学割裂的大背景下发展起来的西方意识哲学的潮流。然而，这样的一条哲学与科学割裂的发展方式却是应当予以反思和批判的。但是，在目前中国哲学界充斥着"崇洋媚外"的前提下，我们已经丧失了相应的反思与批判的能力。

在哲学学科的内部，哲学区分出了不同的学科和领域。哲学的二级学科就有八个：西方哲学、中国哲学、伦理学、美学、宗教学、马克思主义哲学、逻辑学和科技哲学。每个二级学科之下又区分出了很多具体研究方向。这样，我们哲学专业的很多老师和学生都把自己封闭在了各自不同的、狭隘的领域里，不愿意越雷池一步，这样的学术风格和方式不值得提倡。

"固守""崇洋"和"分治"这三种倾向使当下中国学界的哲学难以实现它那批判性和自由性的本性，从而导致了浩繁哲学文献背后所难以摆脱的比附、庸俗、僵化、保守、杂多、贫困和荒凉。

当然，在中国哲学界也有一个例外，这就是中国的科技哲学领域的研究。我们可以说，从20世纪80年代以来，在中国哲学发展的历程中，中国的科技哲学研究为中国哲学的发展做出了巨大贡献。由于在中国科技哲学界存在一个好的研究传统，这一领域的很多相关学者都把他们的哲学研究与当代科学、技术、工程、经济和社会的发展结合起来。通过这样的结合，一方面对当代科学、技术、工程、经济和社会的发展进行哲理层面的阐释和提升，揭示其应有的哲学基础，另一方面，又在此基础上，反过来把当代科学、技术、工程、经济和社会发展中所产生的某些具有普遍性品格的概念、范式、观点和理论批判性的引入哲学，对哲学本身予以改造和重建。正是这样的一种研究方式，在中国的科技哲学研究中开辟了很多全新的研究方向，也包括某些全新的哲学理论和学科。这些全新的学科和方向实质性的构成了当代中国哲学发展的新的、有希望的生长点。由于这些新的学科和研究方向是在对当代科学、技术、工程、经济和社会发展的积极成果的哲学探求中产生和发展起来的，所以，这些学科和研究方向不仅能够与当代人类发展的现实相贯通、相融合，而且还能够直接指向人类发展的未来，能够通向信息社会、智能社会发展的前景。

七

马克思说："任何真正的哲学都是自己时代的精神上的精华"[①]。自20世纪中叶以来，人类已经开始步入信息化的时代。目前，人类信息时代的发展已经进入了智能信息化发展的高级阶段。在这样一个全新的时代面前，人类

---

① 《马克思恩格斯全集》（第1卷），北京：人民出版社1995年版，第220页。

的哲学也必将会面临着一场全新的革命。真正的信息时代的哲学理应体现信息时代的哲学精神。这一精神根本不可能从传统哲学的固守中，也不可能从当代西方意识哲学的狭隘观念中产生出来。

信息时代的哲学精神一方面应当从对信息科学、信息技术的相关理论和方法的批判性审视中升华出来，另一方面还应当从对信息生产、信息经济和信息社会发展的现实世界的批判性审视中升华出来。只有通过这样的途径才可能从科学与技术、经济与社会的现实世界中提炼出我们这个时代的哲学精神。

这样，体现信息时代精神的哲学一定会和信息时代的科学技术、经济社会的现实不能脱离，并且与后者形成某种相互贯通、融合的统一。

由于信息时代的精神与传统的人类文明精神截然不同，所以，能够体现信息时代精神的哲学一定是与传统哲学有着根本性区别的哲学。但是，既然是哲学，它便理应具有哲学的一般抽象性和普遍性的品格，并理应对哲学的一般问题给出它自己相应的回答。由此，信息时代的哲学一定是对传统哲学进行根本性批判和变革的哲学。

从20世纪80年代初开始，在中国诞生和发展起来的信息哲学正是这样的一种哲学。它奠基于信息时代的科学与技术、经济与社会发展的现实，立足于对传统哲学的根本范式的批判，从而具体而全面地展示了信息时代的哲学精神。

由于信息哲学是从当代科学与技术、经济与社会发展的现实中通过批判性的审视升华出来的，所以，这一哲学实现了对具体现实界的理性超越，具有了比一般科学与技术、经济与社会、生活与实践、观念与认识更为自由的性质。另外，由于信息哲学对传统哲学，也包括当代西方哲学的根本范式采取了一种革命性批判的态度，所以，这一哲学实现了对人类已有的传统哲学的理性超越，具有了不再依附于其他哲学的更为自由的性质。由于在这两个方向上同时实现了批判性的超越，所以，信息哲学能够很好地体现出哲学所应有的最为自由的学问的本质、品格和精神。

邬　焜

2019年7月15日

导读：信息哲学——哲学的革命

从 20 世纪 80 年代初以来，中国信息哲学的诞生和发展已经长达 40 年，并取得了丰硕的研究成果。本书就是通过对这些成果进行再加工的深化研究而完成的。《信息哲学基础理论及其意义阐释》是国家社会科学基金重点项目"信息哲学的基础理论研究"（项目批准号：13AZD096）的最终研究成果。该课题于 2018 年 7 月结项，结项等级为"优秀"（结项证书号：20182841）。

本书的内容具体包括：写在前面、导读、1—4 编（12 章、两个附录）和后记。

一

在"写在前面：哲学是最自由的学问"中，作者强调：由于哲学超越了具体科学的经验解释的层面，所以，哲学是人类创造的所有知识领域中最具有自由性质的学问。

哲学对具体科学的经验解释的超越并不意味着哲学可以无视已有科学的成果。科学的新成果为哲学的发展提供了最基础的原动力。哲学通过对科学的批判超越科学具体界的狭隘性，使科学的相关概念、观点和理论升华为更具一般性的普遍理性。通过科学对哲学的改造，哲学对科学的批判的双重效应，哲学和科学建立了某种相互贯通、内在融合的统一性关系。

当然，科学对哲学改造的过程不仅需要哲学对科学的批判，而且更需要哲学对自身的批判。因为，只有通过对科学的批判，才可能使科学中的新观念和新理论得以升华；只有通过对自身的批判，哲学才可能把这些升华上来的新观念和新理论转化为自身的新内容。这是一种双重的批判和超越：对科学局限性的批判和超越，对自身旧有僵化内容和体系的批判和超越。

哲学所阐释的普遍理性的普遍性品格决定了它一定是某种能够具有最为普遍解释力的普照之光，人类的所有知识层次和领域都会在不同程度上笼罩于这一普照之光之下，这也符合柏拉图所说的"分有"的情景。由于科学为哲学的改造提供了基础，所以，这便也同时使哲学体现和"分有"了科学的内容和精神。真正的哲学应当具有科学的品格，而科学本身又一定会具有哲学的韵味。

哲学的自由的本质恰恰在于：对于已有的知识、社会、生活和实践而言，哲学并不仅仅是一个庸俗的比附者，而更应当是一个变革现实的批判者、设计者和推动者。

与哲学的批判的、自由的本性相反，哲学的惯性或说是比附性使哲学堕落成了现实之附庸。作为现实之附庸的哲学对现实具体界采取的是一种简单认同的依附或直接肯定的辩护的态度。这一态度，使哲学丧失了它那应有的批判的和自由的本性。

由于信息时代的精神与传统的人类文明精神截然不同，所以，从20世纪80年代初诞生和发展起来的信息哲学对传统哲学，也包括当代西方哲学的根本范式采取了一种革命性批判的态度，通过这一批判，信息哲学实现了对人类已有哲学的理性超越。这样，信息哲学便能够很好地体现出哲学所应有的最为自由的学问的本质、品格和精神。

二

本书的"第一编　创立、发展与革命"具体回顾了中国信息哲学的诞生过程和发展历程，并讨论了信息哲学的性质及其在哲学变革中的作用。

对于中国信息哲学的诞生和发展，作者主要展示了"缘起、创立、深化、成熟、拓展、国际化、评价"等阶段和内容。

中国信息哲学诞生的标志是邬焜于1982年4月完成的《哲学信息论》一书。该书最初是邬焜向兰州大学哲学系提交的本科毕业论文。1985年，该书的纲要《哲学信息论要略》（《人文杂志》1985年第1期）一文发表，1987年，该书的修改版以《哲学信息论导论》（陕西人民出版社1987年版）的书名出版。该书较为系统而全面地探讨了信息的哲学本质、信息的哲学分类、信息的三个不同性级的质、绝对信息量和相对信息量、信息与劳动和实践、信息与反映和意识、信息与现象、信息与中介、信息与社会进化等诸多方面的问题，并提出了哲学本体论的概念层次论和哲学认识论的信息中介论。

《哲学信息论导论》出版之后，一直到2005年《信息哲学——理论、体系、方法》一书出版之前，邬焜出版了与信息哲学相关的著作9部，发表了与信息哲学相关的论文150余篇。这些成果，把邬焜之前提出的相关理论予以了深化、展开，并进行了领域拓展。在这一时期，关于信息哲学基础理论的主要研究领域，如信息本体论、信息认识论、信息进化论、信息价值论、信息生产论、信息社会论、信息思维论，等等，都已经被提出，并得到了相应的细化性阐释。一些全新的观点和学说也都比较明确的得以阐明。

2005年邬焜教授独立申报和完成的国家社会科学基金项目（02BZX027）的最终成果《信息哲学——理论、体系、方法》一书由商务印书馆出版。该书是邬焜在1980年以来持续研究所取得的大量相关研究成果的基础上进行再造式梳理、综合集成、具体展示信息哲学的全新风貌之作。全书长达70万字，内容包括10编40章，广泛涉及信息本体论、信息认识论、信息进化论、信息价值论、信息思维论、信息的哲学量度、信息与熵的理论、信息与复杂性研究、信息与虚拟现实，以及信息哲学与传统哲学的区别等领域。有评价指出，该书的出版"标志着信息哲学理论体系的完善与成熟"①。

2005年以来，邬焜教授的研究更多关注了信息哲学的整体意义和价值，以及与其他哲学流派与科学研究方式的比较性的拓展研究。在这一方向上，

---

① 《陕西省自然辩证法研究会第四届会员代表大会暨研究生教学研讨会》，中国自然辩证法研究会秘书处编：《工作通讯》，2010年第4期。

他利用信息科学和哲学的全新范式重新考察了哲学基础理论，具体解读了人类古代哲学（希腊、中国和印度）、西方近代哲学、现象学、语言哲学、马克思主义哲学，以及人类哲学和科学发展的协同相关性等领域。这一时期拓展研究的一些主要理论和观点可以从三部著作的基本内容中体现出来：《古代哲学中的信息、系统、复杂性思想——希腊·中国·印度》（商务印书馆 2010）；《哲学与哲学的转向——兼论科学与哲学内在融合的统一性》（人民出版社 2014）；《辩证唯物主义新形态——基于现代科学和信息哲学的新成果》（科学出版社 2017）。

2010 年之后，随着国际交流的加强，邬焜信息哲学开始为西方学者逐步了解。2010 年 12 月，由邬焜担任主任的西安交通大学国际信息哲学研究中心正式成立。该中心不仅是中国首个信息哲学研究中心，也是世界上第一个国际性信息哲学研究机构。该中心的活动宗旨是：有效整合信息哲学研究队伍；加强信息哲学成果的国际交流和对话；推动国内、国际信息哲学研究的发展。目前，该中心不仅与国内外相关机构和学者建立了广泛的学术联系和良好的合作关系，还成立了有俄罗斯、西班牙、奥地利、法国、英国、美国和中国的著名同行专家加盟的顾问兼学术委员会。2013 年 10 月首届国际信息哲学研讨会在中国西安召开。2015 年 6 月、2017 年 6 月、2019 年 6 月，第二届、第三届和第四届国际信息哲学研讨会先后在奥地利维也纳、瑞典哥德堡和美国伯克利召开，这三次会议邬焜都担任了中方主席。三次会议吸引了众多的中外学者参加，中国信息哲学的国际影响力日趋广泛。

在本书中，作者论证和强调了信息哲学的元哲学或最高哲学的性质。作者认为"存在领域的划分"是哲学的最高问题，只有在这个问题上具有区别于其他哲学的划分方式的哲学才可能成为元哲学或最高哲学。西方传统哲学在存在领域划分问题上具有三元性的特征：上帝（绝对理念、客观精神）、物质和精神（个体精神）。随着科学的发展，上帝（绝对理念、客观精神）被逐步消解，能够遗留下来的只有物质和精神两大领域。所以，"存在＝物质＋精神"便成了传统哲学的立论之基。西方哲学界宣称人类哲学发生了多次转向，但是由于这些所谓的转向并没有在哲学最高问题上发生根本性的转变，所以，这些转向都不具有哲学根本革命的性质。由于信息哲学重新划分了存在领域:"存在=物质+信息(精神仅只是信息活动的高级形态)",所以,信息哲学实现了人类哲学的第一次根本转向,或说是实现了人类哲学的第一次根本性革命。

在本书中,作者纲要性的概括了信息范式导致的人类科学和哲学根本变革的12个方面。

(1)信息本体论:一种关于物质和信息双重存在的全新存在论学说;

(2)信息认识论:一种关于人的认识发生的多维中介建构与虚拟的学说;

(3)信息演化论:一种关于物质形态和信息形态双重演化的理论;

(4)信息时空观:一种全新的时间和空间内在融合统一的理论;

(5)全息境界论:一种关于事物普遍联系的机制、过程和结果的学说;

(6)信息价值论:一种关于物质价值和信息价值的双重价值理论;

(7)社会信息论:一种关于社会性质和社会进化方式的新理论;

(8)信息生产论:对人类实践和生产活动本质的新认识;

(9)信息思维论:一种关于科学与哲学的思维方式变革的理论;

(10)顶天立地的统一信息科学论:一种关于"科学的信息科学化"的当代科学发展的理论;

(11)对现有科学研究纲领的整合作用;

(12)对现有科学和哲学的全方位改造作用。

三

本书的"第二编 基础理论"具体展示了自20世纪80年代以来诞生和发展起来的中国信息哲学在哲学基础理论方面所取得的积极成果。

中国信息哲学的确立是在提出、论证和阐释世界的物质和信息双重存在性理论的基础上展开的。信息哲学首先提出了"存在领域的划分"是哲学的最高范式的理论,并通过具体考察人类哲学史上就这一问题的相关学说,得出传统哲学的最高范式是"存在=物质+精神"的基本观点。通过对传统哲学最高范式的历史局限的分析,结合当代信息科学发展的现实,通过抽象批判的逻辑推演,信息哲学确立了一种全新的哲学范式"存在=物质+信息",并具体把信息定义为:"信息是标志间接存在的哲学范畴,它是物质(直接存在)存在方式和状态的自身显示。"信息有三个基本形态和一个综合形态:自在信息(客观信息)、自为信息(主观信息的初级形态)、再生信息(主观信息的高级形态)、社会信息(前三种基本信息形态的有机综合)。信息有三个不同性级的质:信息第一性级的质是直接存在的一级客观显示,信息第二性级的质是直接存在的多级客观显示,信息第三性级的质是信息的主观代示质。信息哲学提出了四个世界的理论:世界一(直接存在的物质世界)、世界二(自在信息的世界)、世界三(自为、再生信息即主观精神的世界)、世界四(社会信息即人所创造的文化世界)。

正因为改变了哲学的最高范式,所以,信息哲学首先给哲学的最基础理论领域——存在论领域带来了根本性变革,并由此进一步对哲学的其他领域产生了革命性影响,这就明确的揭示,信息哲学导致的是一场全新的哲学革命。

信息哲学从信息活动的维度上对人的认识和实践活动进行了具体的规定。信息哲学认为信息是区别于直接存在的物质世界的间接存在的世界领域;知识是认识主体通过感知和思维的信息加工、创制而形成的系统化的信息的集合;智能是有认识和实践能力的主体把握、处理、创造、开发、利用和实现信息(包括知识)的能动方式和方法;实践并不是纯粹的物质性活动,它是主体目的性信息,通过计划性信息的实施在客体中实现的过程。在人类的活动中,信息、知识、智能、实践具有全息统一的性质。人的信息活动的智能化发展存在两个方向:一个是由低到高的层次递进智能化建构的方向,另一个是由高到低的层次智能化全息制控、综合参与和相互转化的方向。

信息哲学提出了哲学认识论的信息中介论,把人的认识的过程和机制描述为一个通过多级信息中介(信息场、主体心理和认识结构、物化工具、自然史和社会史)所实现的信息建构和虚拟的活动。由于中介的复杂性和多样性,相对于不同的中介系人们可能把握的对象、对象层次、对象特征等都将会有所区别,这样,人的认识方式和人所确证的真理都必然会具有一定程度的相对性和多元性。

信息哲学提出的物质和信息双重存在的存在观，必然导致物质形态和信息形态双重演化的演化观。信息哲学认为所有的事物都是物质和信息的统一体，所有的信息都必须由相应的物质结构来载负（没有裸信息），所有的物质结构中都凝结了多重性质的信息（没有纯物质）。当物体在相互作用中发生改变的时候，它的物质结构和信息内容必然会同时发生变化，由此变化所构成的事物、世界的演化便一定是双重的。无论是进化性演化，还是退化性演化，其过程都必然同时既是物质形态的进化或退化，也是信息形态的进化或退化。

空间是事物差异关系的并存，差异关系的并存必然导致相互作用，相互作用的结果必然导致差异关系的改变，改变着的差异关系呈现出了时间的流变，导致了事物的演化，这种演化必然会凝结相应变化的信息，使演化生成之物信息体化。作为信息体的存在物会呈现出自身演化的时间历史，从而使空间结构获得时间维度。这样，在相互作用的演化过程中，时间空间化了（时间转化成了空间的结构）、空间时间化了（获得了时间维度）。这样，信息哲学便建立了一种时间和空间具有内在融合统一性的全新时空观。内在融合统一的全新时空观揭示了事物必然会以全息的方式存在。另外，信息哲学揭示：事物的进化和退化都是有极限的，没有永恒的发展，也没有永恒的退化，宇宙和事物演化的总体规律只能是永恒的循环。

因为物质守恒，信息不守恒，所以，人类在生产中只能创造信息，而不可能创造物质。由此可知，信息生产是人类生产活动的实质。人类生产是一种全面创造的生产过程，其中包括内在统一的多种生产形式：物质资料的生产、观念的生产、人本身的生产、交往关系的生产。在信息时代，人类的生产活动将会更多地通过信息化、智能化、虚拟化的方式来实现。信息哲学从信息活动的维度上规定了人类社会的本质和进化的尺度：能动地把握、利用、开发、创造和实现信息是人类社会的本质；把握、利用、开发、创造和实现信息的间接化（社会化）程度是社会进化的尺度。

信息哲学把人看作是一种多维的存在：自然和社会；生理、心理和行为。这众多维度具有相互规定、协同生成和发展的内在统一性关系。在相互割裂的情况下，不可能形成现实的人。就个人的发展而言，其本质既是本体论性质的（就其遗传基因结构的深层可能性基础而言），又是超本体论性质的（就其必须以后天的社会文化环境为中介的性质而言），这样，人的本质便具有了非决定性和开放性。就人的本质的非决定性和开放性的自我创造而言，我们也应当相应建立一种全新的教育观——培养全面发展的人。全面发展的人的合理素质结构应当是知识、能力、人格素质的全面综合。信息时代的教育必然会导致教育方式的信息化：网络化教育体制和自导式学习体制的协同发展。

为克服以人为中心的传统价值哲学的狭隘局限，信息哲学建立了以自然本体为基础的一般价值哲学（信息价值论）。信息价值论强调：价值乃是事物通过内部或外部相互作用所实现的效应；天道价值高于人道价值；物质价值和信息价值是价值的两种基本形式；信息处理方式的变革是文明形态变革的技术前提；新的信息社会文明是以计算机网络化的发展为其技术前提的；网络民主是国家集权、世界霸权的消解器；智能化社会是信息社会发展的高级阶段；失业大军的快速增长是社会的极大进步，由此也必然会带来新的人类阶层的分化；信息化和智能化的社会必然会带来新的社会问题和全新社会协调体制的诉求，与之相应的便是人的本质的新进化。

从近代科学技术诞生以来，曾经经历了三次大的科学技术革命。人类历史上的三次科学技术革命同时带来了人类科学世界图景和科学思维方式上的三次大的变革，这就是人类的科学世界图景从实体实在论，过渡到场能实在论，再过渡到信息系统复杂综合论，而人类科学思维方式则相应从传统的实体思维，过渡到能量思维，再过渡到信息思维。

四

本书的"第三编 意义阐释"具体而深入地讨论了中国信息哲学对于人类哲学的发展所具有的革命性意义和价值。

在过去的 30 多年里，随着中国信息哲学的发展，中国学者已经从对信息本质的哲学规定出发，建立了一种包括信息本体论、信息认识论、信息进化论、信息价值论、信息思维论、社会信息论在内的严谨的概念化体系，对信息的自然属性、生物学意义、认识和方法论功能,以及社会价值等方面都进行了别具一格的具体阐释。其中呈现出了众多革命性的观念:存在领域的新划分;信息与质—能相比的独立性意义;物质和信息双重存在和双重演化的原则;人类认识发生的多级信息中介特征;信息及其相互作用成为价值来源的一种形式;信息在人类和社会发展中的非凡价值;作为元哲学的信息哲学的界定;主体和客体、内在和外在、个体和群体、科学与哲学的不可分割性原则。

作为元哲学的信息哲学,它应该在如下六个方面建立自己的理论:

(1)信息哲学应当赋予信息一个哲学本体论的地位,从最为一般的存在论层面揭示和规定信息的普遍性品格和核心本质;

(2)信息哲学应该从基本物理学的层面为信息提供一个产生和存在的根据;

(3)信息哲学应该从相互作用的现实逻辑的层面为从自然信息到生物学信息,再到人类认知的信息能力和社会层面的信息进化提供某种合理的动力学描述;

(4)信息哲学应该为信息价值提供一个一般性定义;

(5)信息哲学应该为信息思维方式提供一个最一般的解释模型;

(6)信息哲学应该为统一信息科学的建立提供一个最一般的基础性纲领。

在所有的这些方面,中国信息哲学都进行了比较详尽而深刻的研究,并相应获得了比较独到而丰硕的成果。

在相关的研究中,中国信息哲学看到了系统理论的重要性及其与信息的关系。但是,同时,中国信息哲学又表明了信息概念是如何深化和超越这些时常模糊的系统科学之根基的。信息思维所代表的新的科学和哲学的新范式,相比于其他从系统和复杂性观点出发的主流进路具有更为基础性的地位。LIR与邬焜的信息思维概念的协同应用,能够对关于信息领域中的关键性未解问题的争论做出贡献,并为新兴信息社会的道德发展提供可能的支持。

在本书中,作者从九个方面对中国信息哲学提出的信息思维和通常流行的系统思维进行了深入的比较研究。

(1)本体论。系统思维:本质上是描述性的,一种在整体性框架中看待事物属性的方式；信息思维：本质上是建构性的，在直接存在和间接存在的双重存在的尺度上确立了关于存在领域的新的划分方式，进而导致了哲学和其他学科的综合性、根本性变革。

（2）认识论。系统思维：为把握认知行为提供一个方法论。信息思维：为复杂创新思想提供具身机理，阐明认识发生的主客体相互作用的多维中介的综合涌现的复杂性过程和机制。

（3）进化论。系统思维：对生物学的演化和一般物质世界演化的层级进化做出了贡献；信息思维：更宽广，为质—能和信息的双重演化提供基础性原理。

（4）时空观。系统思维：使用基本的、标准的、基于爱因斯坦式的宇宙背景的时空观念；信息思维：确立在相互作用中的时空转化、信息凝结的时空内在融合统一关系的全新时空观（时间的空间化和空间的时间化）。

（5）价值论。系统思维：没有价值概念的内在性定义（没有"最好"系统）；信息思维：作为自然和涌现于自然的物质价值和信息价值的双重自然价值的理论。

（6）社会发展理论。系统思维：描述了社会的许多复杂性结构；信息思维：具有一种阐明性功能，将信息发展和人类社会及其演化的本质整合起来，进而从信息活动的维度上确定人类社会的本质，以及人类社会进化的尺度。

（7）经济发展理论。系统思维：具有描述作为经济事实的信息行为的能力；信息思维：能够建构性地将信息生产和人类生产的所有方面，与一个潜在的创造信息世界的过程相关联。

（8）科学研究、科学和哲学的变革。系统思维：是一种聚焦于并解决在生物的、认知的和实在的社会层面上，定义复杂认知实体等有关问题的有效方式；信息思维：直接针对传统的和当代的已有科学和哲学的范式，提出用全新的信息范式对之进行全方位的根本性改造，并由此创生出某种以信息范式为主导的全新的现代科学体系，早在1995年，中国信息哲学就提出并预言了科学和哲学发展的这一趋势——科学的信息科学化。

（9）系统思维和信息思维。如上所述，信息思维不仅仅包括系统思维的当前构想，而且超越了它，正如跨学科超越多学科和交叉学科一样。

从理论上来说，信息自由在社会管理和组织层面导致的是集权体制的消解，在个人活动层面导致的则是自由个性的发展。面对这样的发展，如何合理调解社会的不同层级之间，以及人和人之间的关系，如何有效调整和规范社会和个人的伦理道德标准，则不能不成为一个十分紧迫的任务。

由于中国信息哲学关于信息本质的规定以及关于信息形态的分类是从哲学一般的自然本体论的层面给出的，又由于这一学说能够对客观信息、主观信息和人类社会的信息进行统一的动态性研究，所以，中国的信息哲学能够成为建立统一信息科学的哲学基础。中国信息哲学用自己的方式提出了一个统一信息理论的层次体系，这一体系试图要消除我们观念中人为设定的不同类型的信息之间的绝对分离。

中国信息哲学用自己的方式阐明了人与环境、人与社会相互作用的过程中所现实发生的信息转化、信息创造和信息实现的动力学机制。中国信息哲学认为，人的信息活动包括5个基本的层次：相关的自在信息的活动；信息直观识辨，即自我意识的感知活动；信息的记忆（存储和提取）；信息主体创造，即思维产生新信息的活动；主体信息的社会实现，即人的实践活动。中国信息哲学具体分析了在这些层次之间由下至上和由上至下的复杂的相互作用关系，并强调指出，在高层次和低层次之间存在着互逆的双重控制的对立和互补过程："导向"和"抑制"。高层次和低层次之间的关系是相互制约和转化的，它们共同组成了一个有机联系的信息构造的整体。相关的讨论始终贯穿着一条主线，这就是在信息活动的不同层次之间存在的互补性的不可分离的相互作用关系。中国信息哲学用四个相应的互补性定律来揭示这个统一的复杂相互作用关系的四个侧面：主体信息活动的层次递进建构关系；主体信息活动层次由上到下的全息制控关系；主体信息活动的层次综合参与关系；主体信息活动层次的相互转化关系。在人的认识发生的现实过程中，这诸多方面的复杂相互作用又通过多级中介的信息转化、选择、匹配、建构和虚拟而得以实现。这其中体现出的信息本体论和信息认识论相统一的哲学路径显然要比当代西方意识哲学所坚持的本体论和认识论相互割裂的研究路径具有更为合理而深刻的性质。

近年来，法国学者约瑟夫·布伦纳（Joseph E. Brenner）运用他所倡导的现实逻辑对复杂的物理现象和信息现象进行描述，并对中国信息哲学进行了学理性阐释。其相关的研究集中在如下三个方面：为中国信息哲学提供某种现实逻辑的支持；揭示信息的逻辑基础并不具有笛卡尔的物质和精神二元分立的性质；运用这个新的信息活动的现实逻辑为诸多层面的信息活动、信息相互作用，以及信息的价值和它们的演化过程和机制提供更为完整的描述。

在新的信息和计算技术迅速发展的推动下，信息哲学正在成为一个重要的独立学科。然而，尽管信息的重要性已得到世人的公认，但在信息的本质、信息的构成、信息的定量和定性的描述，以及一个统一的信息理论是否可能等方面学术界都还缺乏共识。但是，无论怎样，由于信息所具有的普遍性品格及其在个人与社会发展中的非凡意义和价值，提高对信息的认识绝不仅仅局限于技术或道德层面的考虑。

信息哲学的建立不仅有利于人们利用当代科学、技术、社会发展的积极成果重新建立对自然、社会和思维领域的认识，而且还有助于人们建立一种更为合理的价值观，从而能够更好地处理人与自然、人与人、人与社会的多层面的、综合而交织的复杂性关系。信息哲学给人们带来的全新的自然观、认识观、社会观和价值观不仅能够积极的推动人类信息社会的发展，而且还可以在此基础上促进建立一种更为文明和民主的社会的政治、经济和文化的新秩序。

在本书中，作者还对西方信息哲学家弗洛里迪先生近年提出的宏观伦理学模型进行了批判。作者指出，弗洛里迪先生仅仅以熵量的多少来评判善恶的伦理原则是建立在简单性和单极化思维方式的基础之上的。如果按照他所制定的对熵的绝对排斥的至善原则来实践的话，那么，在自然界和生物圈领域只能导致运动变化活力的终结，在人的思想和科学发展的领域只能导致僵化和停滞，在社会领域则只能导致法西斯式的专制集权体制。事物的有序化和无序化发展都是有极限的，熵和熵增并不就是绝对的"恶"，信息和熵减也并不就是绝对的"善"。在宇宙、宇宙事物的具体演化过程中，不存在永恒的熵增的恶，也不存在永恒的熵减的善。当整体熵增的演化达到某种极限的时候，它自然便会转入整体熵减的演化过程；反之亦然。

在本书中，作者根据中国信息认识论的相关理论对当代西方意识哲学，尤其是胡塞尔现象学进行了批判。作者强调指出：胡塞尔的现象学把意识发生的原因归结为意向活动的意向构造，这一理论具有单维度、单极化的简单性特征。关于人的认识作为宇宙进化的最高产物的复杂性"涌现"现象，对其所发生原因的解读理应在多维度、多极化的综合建构中进行，胡塞尔晚年所提出的"主观间性"与"生活世界"的理论仍然是单维度、简单性的，其关键在于，人际之间的关系并非仅只是主观性的，人际间的主观交流必须通过客观的载体物和自在信息的中介，人们也不可能生活在一个纯粹的、绝对封闭的主观化场域之中。

五

本书的"第四编　两篇附录"收录了两篇阐释信息哲学性质、评价中国信息哲学的论文。

"附录一：邬焜和信息元哲学"是法国国际跨学科研究中心研究员约瑟夫·布伦纳先生评价邬焜信息哲学的文章。该文章强调指出：西安交通大学的邬焜教授创立的信息哲学聚焦于信息的自然本体论属性，以及它们对于适当理解信息的社会功能的重要性。邬教授强调了作为一个基本的哲学范畴的信息概念，界定了信息和信息科学在诸如本体论、认识论乃至科学等所有相关学科中的核心角色。这是一条元哲学的原则，因为它必须处理哲学自身的内容。邬教授的信息哲学的出众之处在于它的独特性和普遍性，在于它的新世界观，即作为一种关于历史、社会、价值、知识、科学和技术的信息观念。邬教授将信息科学领域视为一种由信息哲学、一般信息理论和各种实践应用的次级领域所构成的复合体。在所有的这些方面，他都做出了贡献。邬教授的信息元哲学的协同应用能够为解决信息领域的关键性突出问题做出贡献，并为新兴信息社会的伦理学发展提供进一步的支持。邬教授追求科学统一的新信息观及其作为一种元哲学的形式化研究构成了对于信息的一般理论的巨大贡献。事实上，邬教授的研究路径构成了一个新的、原创的以及在我看来，是对作为一个整体的现代哲学基础的必要的批评。

"附录二：作为信息时代精神的哲学——对邬焜信息哲学的评论"也是法国国际跨学科研究中心研究员约瑟夫·布伦纳（Joseph E. Brenner）先生评价邬焜信息哲学的文章。该文指出：邬焜教授对于信息科学和哲学及其与一般哲学的关系的重要贡献，才刚开始为国外学者所认识。我认为邬焜的研究与一种非标准、非真值涵项的逻辑，即现实逻辑，相互支撑，这一逻辑乃是对法籍罗马尼亚人斯特凡纳·卢普斯科的开拓性工作的发展。基于邬焜的理论和这种逻辑，许多的批评性术语和概念将因其对科学哲学的特定影响而获得重新规定。基于作为一种元哲学的信息哲学的观点，邬焜提供了一种指向科学与哲学相互融合的桥梁。信息科学和哲学不仅不是分离的，而且是在一种哲学的科学化和科学的哲学化的向度上动态地相互作用的。信息哲学和科学中的变革，从哲学立场上，在可以被描述为一种根本的信息转向之中，反映为一种时代的信息精神。信息科学和信息哲学所导致的变革，不仅对打破学科之间的障碍，也对打破科学和哲学之间的障碍有所贡献。在邬焜的概念体系中，信息对于科学和哲学如同德谟克利特的原子理论那样具有同样的核心作用。在邬焜描述为哲学的科学化和科学的哲学化的科学和哲学的信息变革的影响下，今天我们参与到了一个可循环的发展过程中。然而，在此精神中，科学和哲学都没有丢失其特殊的内容和方法论。邬焜对真理的理解是，人们以其自身的方式获得关于客体的真理；真理自身乃是一种信息的主观形式，而不是一种物质实在的形式。因此，它只能是相对的，相对于一些（不是全部的）实在的差异关系以及人的主体认知能力。从实在到现象，和从现象到理论，任一类别的中介环节的差异都会导致所获得的真理的改变。换言之，基于感知实在的现有能力和不同方式，人类思想的现象，由人们所叙述的真理都将有所不同。这是真理的相对性和多元性，建基于与真理和实在相符合的多元特征，以及多种多样的不确定性和非决定论。因为实践与相应的理论之间的符合是成功的，我们便可以认为获得了相应的真理，而这种真理和外在实在的客体不仅仅相互关联，而且相互符合。然而，邬焜并不否认真理的可能性，以及真理和实在之间的相关性和符合性。他只是将那些观点有条件地看作是相对的而非绝对的。在他关于信息哲学的所有著述中，邬焜一以贯之地尤其强调信息的社会价值和功能，认为从它的相关价值和功能中，可以获得人类个体和社会存在的整体的理论基础，以及伦理行为的基础。我认为信息哲学原理的应用首先使得认知过程中的行动者从他们的现象学悬置中返回。认知的新的整合模型包括经典的现象学解释，所以信息哲学的解释超越了现象学的解释。现象学并不具有一个自然本体论基础。信息哲学不为现象学所决定，而是相反。在信息时代的精神的术语中，一种"信息现象学"将既不可能也不必要。

第 一 编

创立、发展与革命

第一章　中国信息哲学的诞生和发展[①]

中国信息哲学是由邬焜教授独立开拓研究的全新领域。从1980年写出第一篇关于信息哲学的论文算起，邬焜教授在这一领域的研究已历经40年，取得了一系列研究成果。早在前些年，苗东升先生就曾评价说："邬焜教授在信息哲学研究中，历经30多年的辛苦创立的思想体系，已经形成了能与西方分庭抗礼的'中国学派'。"[②] 回顾邬焜教授独立创立信息哲学和不断深化发展研究的历史有助于我们进一步了解和深化该领域的研究，也有助于我们更为清晰地展示"信息时代哲学精神"的全新风貌。

一、缘起

1978年9月，仅仅具有初中二年级学历，在中国的"文革"中先后当过农民、军人和工人的邬焜，考入了兰州大学哲学系就读本科。初涉哲学，邬焜深深被哲学的抽象思维逻辑的力量所吸引。邬焜开始意识到，哲学是一门最能使人的精神自由驰骋的学问。

十年"文革"的宣告结束，中国大学恢复正常招生，对外改革开放政策的实施无疑给中国人民的思想带来了空前的解放。在当时的中国，大学的哲

[①] 本章由邬天启副教授执笔。
[②] 王健：《首届国际信息哲学研讨会综述》，载《重庆邮电大学学报》（社会科学版）2014年第2期，第51—54页。

学系教学呈现着一种矛盾的景象：一方面是教育科目和内容的保守和僵化，另一方面则是赢得了高校学习机会的大学生们的高昂学习热情和自由探讨风气的活跃。

1980年春，时值大学二年级的邬焜，在学习了教科书式的马克思主义哲学和自觉阅读了黑格尔的相关著作之后，开始思考一个问题：怎样把物质和精神的关系描述为一个过程。在当时的教科书体系中，"物质和精神的关系问题"也是恩格斯所提出的哲学基本问题"存在与思维的关系问题"的一种具体化的表述形式。

在黑格尔那里，事物矛盾对立的两极是通过中介相互联系、作用和转化的，仅仅是两极对立不可能展开事物的运动，要描述事物运动的过程就必须有中介。受黑格尔辩证法的中介论的启发，邬焜开始意识到，从物质到精神，或从精神到物质不可能直接过渡，必须有其相互联系、作用和转化的中介。而这个中介必须是一个不同于物质和精神的东西，针对这一个中介环节，在哲学上就应该提出一个新范畴，而这个新范畴也应当与物质和精神处于同一层级。

在进一步的学习和思考中，邬焜逐步关注到了科学中的"信息"概念。萌生了将这一概念升华为哲学的基本范畴，并用以描述物质到精神，或精神到物质的中介环节。

1980年夏，邬焜完成了他有生以来第一篇哲学学术论文：《思维是物质信息活动的高级形式》，于1981年发表。① 该文从哲学的高度提出了如下几个方面的观点和理论：把信息定义为"物质存在方式和状态的显示"；区分了信息活动的三个基本形态（自在信息、自为信息和再生信息）；提出了与三个基本形态相对应的五种基本形式（信息场、信息的同化和异化、信息的直观识辨、概象信息和符号信息）②；人类的感知、记忆和思维活动是物质信息活动的高

---

① 邬焜：《思维是物质信息活动的高级形式》，载《兰州大学学生论文辑刊》1981年第1期，第1—10页。该文还参加了甘肃省自然辩证法研究会首届学术研讨会，并作大会报告（1981年，兰州）。

② 在后续的研究中，信息的定义被进一步表述为："信息是标志间接存在的哲学范畴，它是物质存在方式和状态的自身显示"；关于信息形态，后来又补充了"社会信息"这一综合形态和"有感记忆"的形式。

级形式;从物质到精神的过程是一个以自在信息为中介的信息活动过程。可以说正是这篇论文所提出的观点使信息作为哲学范畴引入哲学成为可能,并从而奠定了信息本体论和信息认识论的基本前提。

通过这篇论文的写作,邬焜已经清晰地意识到,科学而合理地在哲学的层面阐明精神与物质的中介将会给人类哲学的发展带来整体性、全方位的根本性变革。

1981年春,邬焜写出了第二篇关于信息哲学的论文:《信息在哲学中的地位和作用》①。文中初步而明确地给出了信息的哲学定义,区分了信息的三种形态和三个不同性级的质,纲领性地指明了信息在哲学本体论和认识论中的地位和作用。1981年秋,邬焜写出了第三篇关于信息哲学的论文:《哲学信息的量度》②。文中建立了绝对信息量和动态相对信息量的数学模型,并对申农静态相对信息量进行了分析和评价。

二、创立

由此三篇论文奠基,1982年4月,邬焜一鼓作气完成了题为《哲学信息论》的著作,并以此书作为他在兰州大学哲学系就读4年的本科毕业论文。

1984年发表的两篇论文《哲学信息的态》③ 和《哲学认识论的信息中介论探讨》④ 反映了该书的部分内容。

1985年,该书的纲要《哲学信息论要略》⑤ 一文发表,1987年,该书以

---

① 邬焜:《信息在哲学中的地位和作用》,载《潜科学杂志》1981年第3期,第53、60页。(《潜科学杂志》发表的该文仅有两千字,该文原文有五千余字)。该文还参加了甘肃省自然辩证法研究会首届学术研讨会,并作大会报告(1981年,兰州)。
② 邬焜:《哲学信息的量度》,兰州大学科学论文报告会报告论文(1981年,兰州)。
③ 邬焜:《哲学信息的态》,载《潜科学杂志》1984年第3期,第33—35页。
④ 方元(邬焜曾用笔名):《哲学认识论的信息中介论探讨》,载《兰州学刊》1984年第5期,第57—63页。
⑤ 邬焜:《哲学信息论要略》,载《人文杂志》1985年第1期,第37—43页。

《哲学信息论导论》的书名出版。①

在该书的"引论"中,邬焜明确强调:

> 有必要建立一门对信息进行哲学探讨的"哲学信息论"。"哲学信息论"至少要完成两方面的任务:一方面,它要对现有的各门具体科学中的信息论给以总结、概括和抽象,使这些实用信息论(且允许这样把它们和哲学信息论相区别)得到哲学的升华和提高;另一方面,由于信息概念在哲学中的引入,也必将改变哲学本身的体系和结构。②
>
> 中国的信息研究有逐渐形成一种合力的趋势,这个趋势预示着多年孕育着的一门新的时代哲学——信息哲学的诞生。③

在"引论"中邬焜还明确指出:

> 更重要的是要用自然科学的新成就变革哲学本身。
>
> 人们把哲学比作"科学之王",如果哲学不能及时有效地对科学加以总结和指导,它就会"王冠落地",为反对科学所嘲弄。④

如果从学士毕业论文提交的日期算起,邬焜创立信息哲学的时间应该是1982年,如果从成果内容公开发表的时间算起,邬焜创立信息哲学的时间应该是1985—1987年。

在《哲学信息论导论》一书中邬焜较为系统而全面地探讨了信息的哲学本质、信息的哲学分类、信息的三个不同性级的质、绝对信息量和相对信息量、信息与劳动和实践、信息与反映和意识、信息与现象、信息与中介、信息与社会进化等诸多方面的问题,并提出了哲学本体论的概念层次论和哲学认识论的信息中介论。在该书中邬焜还通过对力的哲学和信息的哲学的比较

---

① 邬焜、李琦:《哲学信息论导论》,西安:陕西人民出版社1987年版。
② 邬焜、李琦:《哲学信息论导论》,西安:陕西人民出版社1987年版,第2页。
③ 邬焜、李琦:《哲学信息论导论》,西安:陕西人民出版社1987年版,第3页。
④ 邬焜、李琦:《哲学信息论导论》,西安:陕西人民出版社1987年版,第4页。

研究，具体阐明了信息在哲学变革中的非凡作用。

该书包括一个"引论"、三编（十一章）。

在"引论"中邬焜具体区分了实用信息论和哲学信息论的学科层次和问题域的范围，强调指出了一门新的时代哲学——信息哲学诞生的必然性，并具体探讨了信息的哲学本质。

该书"第一编　信息的态"，包括一至四章："第一章　自在信息""第二章　自为信息""第三章　再生信息""第四章　社会信息"。

该书"第二编　信息的质和量"，包括五至七章："第五章　信息的质""第六章　绝对信息量""第七章　相对信息量"。

该书"第三编　信息在哲学中的地位和作用"，包括八至十一章："第八章　信息与诸哲学范畴的关系""第九章　哲学本体论的概念层次论""第十章　哲学认识论的信息中介论""第十一章　信息在哲学变革中的作用"。

该书出版后，国内学界同仁给予了高度评价。相关评价认为：该书"是试图使哲学现代化的一种新探索"，"揭示了传统哲学未曾发现的一个新领域"，"给哲学带来了一场新的革命"[1]；邬焜的研究是"对信息问题的一种创造性的探索"，依据他的研究"信息问题就会扫除笼罩在它上面的层层迷雾，成为可以理解并必须迫切加以哲学概括的东西了"[2]；《导论》以其特有的探索性、创造性的开拓价值，在信息——哲学界展示出一种全新的理论空间而独树一帜"[3]；"为信息作为基本范畴进入哲学和哲学的变革提出一种积极的方案"[4]；该书"为人们提供了一个用信息的观点看世界的新的世界观"，是"建立信息哲学的大胆尝试"，"作为国内第一本有较系统体例的信息哲学专

---

[1] 成一丰：《一本勇于探索的哲学新著——〈哲学信息论导论〉述评》，载《陕西社联通讯》1987年第3期，第53页。

[2] 陈刃余：《理想在探索中闪光》，载《情报·科研·学报》1987年第4期，第60—62页。

[3] 张海潮：《开拓性的全新探索——〈哲学信息论导论〉简介》，载《博览群书》1988年第6期，第8页。

[4] 刘啸霆：《简介〈哲学信息论导论〉》，载《自然辩证法报》1989年第16期，第4版。

著,具有一定的独创性、开拓性"。① 此书是信息哲学正式创立的标志,"此书的内容为之后 20 多年他所从事的相关研究奠定了深层级的、最基本的观点、理论和方法"。②相关评论和报道还称邬焜为"信息哲学的探索者"③;"信息哲学的开拓者"④。

三、深化

《哲学信息论导论》是一颗种子,是一套基因,它全息蕴含着一个全新的时代哲学——信息哲学的基本信息。在之后的相关研究中,这套基因所编码的相关信息内容得以逐步展示,这就构成了信息哲学的深化和发展研究的历程。

《哲学信息论导论》出版之后,一直到 2005 年《信息哲学——理论、体系、方法》一书出版之前,邬焜出版了与信息哲学相关的著作 9 部,发表了与信息哲学相关的论文 150 余篇。

其中比较重要的著作有:

邬焜:《信息哲学——一种新的时代精神》,西安:陕西师范大学出版社 1989 年版;

邬焜:《自然的逻辑》,西安:西北大学出版社 1990 年版;

邬焜:《信息世界的进化》,西安:西北大学出版社 1994 年版;

熊先树、邬焜:《信息与社会发展》,成都:四川财经大学出版社 1998 年版;

---

① 丛大川:《建立信息哲学的大胆尝试——〈哲学信息论导论〉评价》,载《情报·科研·学报》1990 年第 3 期,第 29—31 页。
② 袁振辉:《信息哲学理论、体系和方法的全面阐释——〈信息哲学——理论、体系、方法〉评介》,载《江南大学学报》2006 年第 6 期,第 13—15、25 页。
③ 李文德:《信息哲学的探索者——记陕西机械学院年轻副教授邬焜》,载《陕西日报》1987 年 12 月 30 日,第三版。
④ 王百战、高立勋:《信息哲学的开拓者——记西北大学教授邬焜》,载《中国科学报》1993 年 11 月 17 日,第 1 版;许国志主编:《系统科学大辞典》,(词条:邬焜)昆明:云南科技出版社 1994 年版,第 531 页。

邬焜、邓波：《知识与信息的经济》，西安：西北大学出版社 2000 年版；

邬焜：《信息认识论》，北京：中国社会科学出版社 2002 年版。

其中比较重要的论文有：

邬焜：《论自在信息》，载《学术月刊》1986 年第 7 期；

邬焜：《论自为信息》，载《人文杂志》1986 年第 6 期；

邬焜：《亦谈"力的哲学和信息的哲学"》，载《社会科学评论》1986 年第 8 期；

邬焜：《信息与物质世界的进化》，载《求是学刊》1986 年第 6 期；

邬焜：《存在领域的分割》，载《科学·辩证法·现代化》1986 年第 2 期；

邬焜：《论社会信息的三态统一性》，载《社会科学》1987 年第 6 期；

邬焜：《演化和全息现象》，载《自然信息》1988 年 5—6 期；

邬焜：《试论人的生理、心理、行为本质的全息统一》，载《青海社会科学》1989 年第 5 期；

邬焜：《认识：在多级中介中相对运动着的信息建构活动》，载《长沙水电师院学报》1989 年第 3 期；

邬焜：《演化和信息》，载《求是学刊》1990 年第 4 期；

邬焜：《物质和信息：统一而双重的世界》，载《西北大学学报》1991 年第 2 期；

邬焜：《主体信息活动的层次和层次间的相互作用》，载《西北大学学报》1993 年第 3 期；

邬焜：《论自然演化的全息境界》，载《西北大学学报》1994 年第 2 期；

邬焜：《相互作用与双重演化》，载《内蒙古大学学报》1994 年第 2 期；

邬焜：《"经济与信息"的科学》，载《社会科学辑刊》1995 年第 3 期；

邬焜：《哲学的比附与哲学的批判》，载《中国社会科学》1995 年第 4 期；

邬焜：《试论人的多维存在性》，载《求是学刊》1995 年第 5 期；

邬焜：《试论信息的质、特性和功能》，载《安徽大学学报》1996 年第 1 期；

邬焜:《一般价值哲学论纲——以自然本体的名义所阐释的价值哲学》,载《人文杂志》1997年第2期;

邬焜:《科学的信息科学化》,载《青海社会科学》1997年第2期;

邬焜:《信息生产和信息生产力》,载《哈尔滨师专学报》1997年第3期;

邬焜:《试论人的信息化》,载《青海社会科学》1998年第1期;

邬焜:《信息系统的一般模型》,载《系统辩证学学报》1998年第2期;

邬焜:《网络文化中的价值冲突》,载《深圳大学学报》2001年第5期;

邬焜:《物质思维·能量思维·信息思维——人类科学思维方式的三次大飞跃》,载《学术界》2002年第2期;

邬焜:《复杂性与科学思维方式的变革》,载《自然辩证法研究》2002年第10期;

邬焜:《信息思维:信息时代的全新科学思维方式》,载《西安交通大学学报》2003年第1期;

邬焜:《亦谈什么是信息哲学和信息哲学的兴起》,载《自然辩证法研究》2003年第10期;

邬焜:《试论科学与哲学的关系》,载《科学技术与辩证法》2004年第1期;

邬焜:《信息科学纲领与自组织演化的复杂性》,载《中国人民大学学报》2004年第5期;

邬焜:《从信息尺度看人类社会的本质与进化》,载《社会科学研究》2005年第2期;

邬焜:《信息价值论纲要》,载《西安交通大学学报》2005年第2期。

上述相关成果,一方面把邬焜在《哲学信息论导论》一书中提出的相关理论予以了深化和展开,另一方面又将研究的视域进行了拓展。

在这一时期,关于信息哲学基础理论的主要研究领域,如信息本体论、信息认识论、信息进化论、信息价值论、信息生产论、信息社会论、信息思维论,等等,都已经被提出,并得到了相应的细化性阐释。一些全新的观点和学说也都比较明确地得以阐明,如物质和信息双重存在的存在观、物质和信息双重演化的演化观、在认识过程的多级中介建构与虚拟的认识观、信息创生和信息实现的系统模式、时空内在融合的时空统一观、演化全息境界观、能够容纳自然价值和信息价值的天道价值观、人类生产和实践的信息本质观、人类社会的信息本质和信息进化尺度的学说、人的多维存在性的学说、复杂信息系统综合的世界图景和信息思维的学说、科学的信息科学化的学说、哲学与科学内在融合的统一性关系的学说、哲学对科学对自身的双重批判和双重超越的发展方式的学说，等等。

上述研究成果及其相关理论、学说和观点的提出和明晰阐释为邬焜创立的信息哲学走向成熟奠定了基础。

四、成熟

2002 年邬焜独立申报和承担的课题"信息哲学的理论、体系和方法"获准国家社会科学基金项目（02BZX027）立项。2004 年，邬焜提交的该项目的最终研究成果《信息哲学——理论、体系、方法》一书通过结项，并于 2005 年由商务印书馆出版。

该书是邬焜在 1980 年以来持续研究所取得的大量相关研究成果的基础上进行再造式梳理、综合集成、具体展示信息哲学的全新风貌之作。全书长达 70 万字，内容包括 10 编、40 章，广泛涉及信息本体论、信息认识论、信息进化论、信息价值论、信息思维论、信息的哲学量度、信息与熵的理论、信息与复杂性研究、信息与虚拟现实，以及信息哲学与传统哲学的区别等领域。

该书"第一编　导论"包括三章内容：时代，信息与哲学的变革；信息哲学的兴起；科学的信息科学化。在这一编中，邬焜首先对当代信息科技革命、信息经济、信息社会的崛起所带来的信息时代的特点和全新风貌，以及由此引发的哲学危机及其实质进行了探讨和阐释，在此基础上，邬焜进一步阐明了信息哲学的元哲学性质及其应有领域，回顾了信息哲学于 20 世纪 80 年代初期在中国兴起的过程，并对信息哲学对哲学的全方位的变革的意义和价值进行了全面而系统的分析、阐释和讨论。在本编的最后一章中，邬焜提出了由于信息范式的广泛作用，人类科学的发展已经和正在面临一个"科学的信息科学化"的全方位改造的过程，并相应对信息科学的应有体系和层次进行了划分和探讨。

该书"第二编　信息本体论"包括五章内容：信息本质的存在论规定；信息形态的哲学分类；信息的质、特性和功能；信息系统的一般模型；三个信息世界和世界模式图示。在这一编中，邬焜对信息本体论的相关观点、理论和体系进行了具体规定、阐释和建构。其中主要涉及：信息本质及其存在论意义的规定［信息是标志间接存在的哲学范畴，它是物质（直接存在）存在方式和状态的自身显示］；信息形态的哲学分类（自在、自为、再生信息是信息的三种基本形态，三种基本形态之下又可区分出六种基本形式，社会信息乃是自在、自为、再生信息的有机统一）；信息的三个不同性级的质（一级客观间接存在的质、多级客观间接存在的质、主观约定质）；信息的十大特性和十四大功能；信息系统的一般模型（申农信息接收系统模型、西蒙的物理符号系统假设、信息创生系统模型、信息实现系统模型）；哲学本体论的概念层次论；包括一个物质世界和三个信息世界的四个世界的理论。

该书"第三编　信息认识论（上）——人的信息活动的层次及其生理基础"包括三章内容：人的信息活动的层次；人的信息活动层次间的相互作用；人的信息活动的生理基础。在这一编中，邬焜将人的信息活动区分为五大层次（信息的自在活动、信息直观识辨、信息记忆储存、信息主体创造、主体信息的社会实现）；指明了人的信息活动层次间相互作用的四重关系（由下到上的层次递进建构关系、由上到下的全息制控关系、层次综合参与关系、相互转化关系）；对人的信息活动的生理基础进行了具体的揭示，其中特别区分了人体神经系统的物质形态结构的层次、人体神经系统的心理机能结构的层次、人体神经系统机能结构层次间的相互作用，以及人体神经系统的物质形态结构、心理机能结构和人的信息活动层次结构之间的相互规定和制约、互为基础和表现的全息映射、复杂而综合的统一性关系。

该书"第四编　信息认识论（下）——哲学认识论的信息中介论"包括四章内容：认识发生的信息中介说；认识过程的信息建构或虚拟说；人有人的认知方式；分析综合——统一的信息认识过程、方法和逻辑。在这一编中，邬焜对信息认识论的相关观点、理论和体系进行了具体规定、阐释和建构。

其中包括：认识发生的信息中介说（信息场是主客体联系的中介环节，认识主体的产生以及个体认识结构的建构都必须以信息凝结为中介，实践是主体信息在客体中实现的中介性活动，认识是一个以信息为中介的信息活动过程）；认识过程的信息建构或虚拟说（信息在差异关系中被识辨、主客体间没有直接的接触、被多级中介的认识、在中介中建构的认识、在建构中虚拟的认识、虚拟现实对认识的虚拟）；人的认识方式中的主体条件性和主体相对性；分析综合乃是人的信息认识的具体过程、具体方法和具体逻辑的统一。

该书"第五编 信息进化论（上）——自然的信息进化"包括六章内容：相互作用、演化与信息；演化范畴的双重规定；宇宙自在的双重进化；生命的信息进化；信息自组织进化的一般机制；演化的全息境界。在这一编中，邬焜对自然信息的进化理论进行了具体规定、阐释和建构。包括：通过相互作用所实现的信息凝结，以及由此产生的时空转化中的时间的空间化和空间的时间化效应；演化范畴的物质论诠释和信息论诠释；宇宙的物质和信息双重自在演化的性质，以及这双重演化的同步性关系；生命的信息本质的规定，以及生命的信息进化过程和机制；阐明自组织的信息模式创新的实质，从信息活动的尺度揭示自组织现象的基本特征、探讨自组织行为的一般过程和机制，建构了闭宇宙自组织循环演化的模式；规定了演化全息的概念，对五种演化全息（演化历史关系全息、演化未来关系全息、演化系列关系全息、演化内在关系全息、演化结构全息）现象进行了具体的规定和阐释。

该书"第六编 信息进化论（下）——社会的信息进化"包括四章内容：人类社会起源的信息进化；自然、社会与人；社会的信息进化；信息生产和信息生产力。在这一编中，邬焜对社会的信息进化理论进行了具体规定、阐释和建构。包括：人类社会起源中的生理遗传信息模式、心理信息活动模式、行为信息结构模式的全息协同进化的一般过程和机制；自然与社会、文化与社会、个人与社会的进化关系；在自然与社会，生理、心理和行为的多重交织、全息映射的尺度上揭示和阐明了人的本质的多维存在与建构的特征；探讨了人的文化进化区别于自然和生命基因进化的新的进化方式；给出了人类社会本质的信息规定（能动地把握、利用、开发、创造和实现信息是人类社会的本质），以及人类社会进化的信息尺度（把握、利用、开发、创造和实现信息的间接化程度是社会进化的尺度);从物质守恒、信息不守恒的一般科学原理出发,揭示了人类生产和生产力的信息本质;从物质和信息双重尺度上规定了生产力的微观结构和宏观结构,探讨了人类生产力结构的历史演进阶段及其模式演变方式。

该书"第七编 信息价值论"包括五章内容:价值存在的范围及价值的本质;价值事实、价值反映与价值评价;天道价值与人道价值;价值哲学的范畴体系及价值形态的发展;信息的社会价值与网络文化中的价值冲突。在这一编中,邬焜从物质价值和信息价值的双重维度上阐释了一种一般价值哲学的理论。其基本观点包括:价值乃是事物(物质、信息,包括信息的主观形态——精神)通过内部和外部相互作用所实现的效应;存在两类事实,一类是事物自身存在的事实(自存事实),另一类是事物在相互作用中所引起的变化过程和结果的事实(效应事实、价值事实);天道价值高于人道价值,天道价值是原生价值或本源价值,人道价值是次生价值或派生价值;物质价值、自在信息价值和精神价值乃是三类最为基本的价值形态;人类的不同文明时代是以不同的信息处理、创制和传播方式为其技术前提的,正是计算机网络化信息处理、创制和传播的全新方式所导致的网络文化的诞生,奠定了新的信息社会文明崛起的技术前提;信息科技革命、信息经济、信息社会文明的崛起,以及社会的信息进化方式、虚拟现实对人类认知方式的改变和影响,等等,具体展示了信息对人类社会的发展与进步所具有的巨大价值,另外,信息文明所导致的信息网络民主将会成为国家集权和世界霸权的消解器。

该书"第八编 信息思维论"包括四章内容:物质思维和能量思维;信息思维;复杂性与科学思维方式的变革;科学革命与科学世界图景和科学思维方式的变革。在这一编中,邬焜通过对人类科学与哲学发展史的回顾和梳理,划分了近代以来的三次大的科技革命,并相应对这三次科技革命的科学范式、科学世界图景和科学思维方式进行了对比性研究。其内容和具体观点包括:物质思维(实体思维)、能量思维和信息思维的概念界定、相互区别;复杂性思维与信息思维的关系;科学革命与科学世界图景和科学思维方式变革的一致性关系;人类的三次大的科技革命实现了人类的科学世界图景从实体实在论到场能实在论,再到信息系统复杂综合的世界图景的转变,实现了人类的科学思维方式从实体思维到能量思维，再到信息思维的转变；对人类信息思维的产生、发展历程，以及信息思维的和一般科学和哲学范式的意义和价值进行了具体的讨论。

该书"第九编　信息的度量"包括三章内容：绝对信息量；相对信息量；必然性和偶然性及其信息量判据。其具体内容包括：提出了绝对信息量和相对信息量的理论；建立了绝对信息量和实用动态相对信息量的公式体系；对申农的实用静态相对信息量进行了分析和评价；区分了系统内在必然性和偶然性、绝对偶然性和必然性，并相应给出了这两类必然性和偶然性程度的信息量判据方法。

该书"第十编　论战与争鸣"包括三章内容：亦论信息——与《论信息》一文的作者讨论十个问题；虚拟与实在和信息——与《实在论的最后崩溃》一文的作者讨论几个问题；与熵理论相关的十个问题的辨析。其具体内容包括：关于信息定义和信息分类的讨论；关于相互作用、力和信息关系的讨论；关于力的哲学和信息的哲学的关系的讨论；关于实在与信息、虚拟与实在和信息关系的讨论；关于空间形式与心灵的空间定位问题的讨论；关于克劳修斯熵、玻耳兹曼熵、申农信息熵和维纳的负熵理论的比较研究；关于熵、负熵、信息、熵增与熵减的科学含义的辨析性讨论；关于熵量守恒和熵与信息守恒问题的讨论。

《信息哲学——理论、体系、方法》一书在中国同行中引起了极大反响。2003 年 6—10 月，国内同行资深学者和著名专家王雨田、何祚榕、庞元正、申仲英、孟宪俊五位教授，对作为国家社会科学基金项目的最终成果《信息哲学——理论、体系和方法》进行了鉴定。五位专家在具体评价中指出①：

> 该成果作者多年来一直坚持信息哲学的研究，在国内是最早的研究者之一。（王雨田）
>
> 在国内提出了第一个系统化的信息哲学体系……具有重要的理论价

---

① 这里摘引的五位教授的评价均请参见，邬焜：《信息哲学——理论、体系、方法》，北京：商务印书馆 2005 年版，"后记"。

值。(王雨田)

为创建信息哲学大厦奠定了坚实的基石……他为创建信息哲学的方方面面作了长达23年锲而不舍地独创性研究,取得了丰硕的成果,不愧为"信息哲学的开拓者"……这本书的学术价值是很明显的,即"对学科发展有奠基作用"。(何祚榕)

是"信息时代精神的精华"之作,毫无疑问它对解决现实问题有启示与推动作用。(何祚榕)

《信息哲学》是一项具有原创性、开拓性的科研成果。本成果……在概括总结信息科学最新成果的基础上,构建了信息哲学的理论体系……全方位多角度的对与信息相关的哲学问题进行了具有独到见解的探索,创建了以信息维度认识世界、解释世界、进而改造世界的一整套比较完整的哲学理论……综观全书,可以说创新观点迭出,而且言之成理、论之有据。(庞元正)

这是一本自成一体的学术性专著。其观点之新颖、内容之丰满、逻辑之自恰、论述之简洁,均达到了很高水平。在名为"信息的哲学研究"的同类论著中,本书不仅立论独到、前后贯通,而且涉及面宽、结构化程度高,确已成为一家之言。(申仲英)

全新的哲学构架显然透视出新的观察理解周围世界的方式。(申仲英)

邬焜教授新著:《信息哲学——理论、体系、方法》……是一本包括信息本体论、认识论、进化论、思维论及其他信息哲学问题等集成的巨著,具有重要的理论意义和学术价值。这本著作适应信息时代的到来,系统地提出了信息哲学的理论观点和完整体系……建立了具有独创性成果的信息哲学。(孟宪俊)

这本著作是对信息哲学的全面完整的系统性阐释,理论独到、体系严谨、方法新颖、意义深远"。(孟宪俊)

本书对信息哲学研究具有开拓和奠基作用。(孟宪俊)

还有一些更多的评价指出:

该书是他在25年研究成果的基础上进行再造性梳理、综合集成、具体展示他所创立的体现信息时代'时代精神精华'的信息哲学的整体风貌之作。由于该成果在元哲学（第一哲学）层面上全面建构了信息哲学，是哲学现代化的一种具体形式，所以该成果无论在发展马克思主义哲学，还是在全面批判和改造传统哲学，或是在全新建构新的时代哲学等方面都具有极高的理论创新的学术价值。"[1]

从国外相关领域的研究状况来看，21世纪之前，信息哲学研究领域几乎是一片空白。直到2002年牛津大学哲学家弗洛里迪（Luciano Floridi）先生才在《元哲学》杂志上发表了题为《什么是信息哲学?》的论文，开始对信息哲学的概念和性质进行讨论。从这一情况来看，国外相关领域的研究比之邬焜教授至少晚了20多年，并且至今仍未形成比较系统的观点和理论。

通过25年不懈的努力，邬焜教授所创立的信息哲学已经达到了高度系统化的程度和水平。《信息哲学——理论、体系、方法》一书的基本观点和理论所具有的独立性、创新性、开拓性价值，无论对于当代中国的信息哲学研究，还是对于当代世界的信息哲学研究都处于十分明显的领先地位。[2]

邬焜教授2005年由商务印书馆出版的长达70万字的《信息哲学——理论、体系、方法》专著，标志着信息哲学理论体系的完善与成熟。[3]

---

[1] 张雨：《信息哲学理论的全方位展示——〈信息哲学——理论·体系·方法〉一书评价》，载《科技日报》2005年7月6日，第10版。
[2] 袁振辉：《信息哲学理论、体系和方法的全面阐释——〈信息哲学——理论、体系、方法〉评介》，载《江南大学学报》2006年第6期，第13—15、25页。
[3] 陕西省自然辩证法研究会第四届会员代表大会暨研究生教学研讨会，中国自然辩证法研究会秘书处编：《工作通讯》2010年第4期。

在相关学者的评价中还称邬焜为"信息哲学第一人"①。

五、拓展

1. 拓展性成果丰硕

2005年以来，邬焜教授的研究更多关注了信息哲学的整体意义和价值，以及与其他哲学流派与科学研究方式的比较性的拓展研究。在这一方向上，他利用信息科学和哲学的全新范式重新考察了哲学基础理论，具体解读了人类古代哲学（希腊、中国和印度）、西方近代哲学、现象学、语言哲学、马克思主义哲学，以及人类哲学和科学发展的协同相关性等领域。

在相应的批判性审视和比较性研究的基础上，邬焜出版了10部著作，发表了上百篇论文，提出了一系列全新的观点和理论。

这10部著作是：

邬焜：《信息化与西部发展多维互动模式探讨》，西安：西安交通大学出版社2006年版；

邬焜：《信息哲学问题论辩》，西安：西安交通大学出版社2008年版；

邬焜：《古代哲学中的信息、系统、复杂性思想——希腊·中国·印度》，北京：商务印书馆2010年版；

邬焜等：《社会信息科学的理论与方法》，北京：人民出版社2011年版；

邬焜、[法]布伦纳、王哲等著：《中国的信息哲学研究》，北京：中国社会科学出版社2012年版；

邬焜、肖锋等：《信息哲学的性质、意义论辩》，北京：中国社会科学出版社2013年版；

邬焜、霍有光：《信息哲学问题争鸣》，北京：中国社会科学出版社2013年版；

---

① 闫学杉等：《社会信息科学研究十人谈》，载《社会信息科学研究通讯》（华中科技大学社会信息科学研究中心编）2007年第1期，第18—40页。该文后被收入，邬焜、肖峰等：《信息哲学的性质、意义论辩》，北京：中国社会科学出版社2013年版，第231—271页。

邬焜：《哲学与哲学的转向——兼论科学与哲学内在融合的统一性》，北京：人民出版社 2014 年版；

邬焜、成素梅主编：《信息时代的哲学精神——邬焜信息哲学思想研究和讨论》，北京：中国社会科学出版社 2015 年版；

邬焜：《辩证唯物主义新形态——基于现代科学和信息哲学的新成果》，北京：科学出版社 2017 年版。

其中比较重要的论文有：

邬焜：《信息哲学的基本理论及其对哲学的全新突破》，载《西安交通大学学报》2006 年第 2 期；

邬焜：《论马克思和恩格斯"全面生产"理论的复杂性特征——对机械唯物史观的批判》，载《中国人民大学学报》2006 年第 6 期；

邬焜：《建构统一复杂信息系统理论的几个问题》，载《自然辩证法研究》2006 年第 12 期；

邬焜：《古希腊哲学家的信息观念》，载《自然辩证法研究》2007 年第 9 期；

邬焜：《中国古代哲学中的信息结构和全息论思想》，载《江南大学学报》2007 年第 6 期；

邬焜：《古希腊哲学的信息、系统、复杂性思想论纲》，载《人文杂志》2008 年第 1 期；

邬焜：《中国古代哲学中信息、系统、复杂性思想的十大特点》，载《河北学刊》2008 年第 3 期；

邬焜：《中国医学中的信息、系统和复杂性思想》，载《西安交通大学学报》2008 年第 4 期；

邬焜：《明清哲学家物身、心物关系论中的信息认识论思想》，载《重庆邮电大学学报》2008 年第 4 期；

邬焜：《古希腊哲学中的复杂性思想》，载《科学技术与辩证法》2009 年第 2 期；

邬焜：《胜论哲学中的信息、系统、复杂性思想》，载《人文杂志》2009 年第 3 期；

邬焜：《古代哲学中的信息、系统、复杂性思想的基本特质——希腊·中国·印度》，载《江南大学学报》2009年第2期；

邬焜：《古印度哲学的信息、系统、复杂性思想的基本特质（上）》，载《河北学刊》2009年第3期；

邬焜：《从瑜伽哲学的"心变化"理论看认识发生的信息中介思想》，载《世界哲学》2009年第3期；

邬焜：《印度古代哲学关于信息、系统、复杂性的思想》，载《重庆邮电大学学报》2009年第4期；

邬焜：《古印度哲学的信息、系统、复杂性思想的基本特质（下）》，载《河北学刊》2009年第4期；

邬焜：《正理哲学中的信息自显和认识的信息中介论思想》，载《西北大学学报》2010年第2期；

邬焜：《〈奥义书〉中的信息观念》，载《科学技术哲学研究》2010年第3期；

邬焜：《中国哲学自然无为理论中的非决定论复杂自组织思想》，载《学术研究》2010年第11期；

邬焜：《印度古代佛教之外主要沙门思潮流派中的信息、系统、复杂性思想》，载《重庆邮电大学学报》2011年第2期；

邬焜：《中国信息哲学核心理论的五种范式》，载《自然辩证法研究》2011年第4期；

邬焜：《哲学基本问题与哲学的根本转向》，载《河北学刊》2011年第4期；

邬焜：《中国哲学关于名实、言象意关系论述中的信息认识论思想》，载《西北大学学报》2011年第4期；

邬焜、靳辉、邬天启：《中国信息哲学研究的三个阶段》，载《西安交通大学学报》2011年第5期；

邬焜：《〈梵经〉关于世界由梵自创生展开的复杂性思想》，载《人文杂志》2012年第2期；

邬焜：《古代佛教理论中的信息、系统、复杂性思想》，载《社会科学战线》2012 年第 6 期；

邬焜：《为"本体论"信息而辩》，载《河北学刊》2012 年第 4 期；

邬焜、董涛：《是辩证唯物主义还是实践唯物主义——关于马克思主义哲学的本质之争的讨论》，载《社会科学研究》2013 年第 1 期；

邬焜：《试论信息范式对科学和哲学的根本变革意义》，载《西安交通大学学报》（社会科学版）2013 年第 2 期；

邬焜：《罗摩奴阁的差别不二论中的差异整体论和信息中介论思想》，载《江南大学学报》（社会科学版）2013 年第 2 期；

邬焜：《存在领域的分割和信息哲学的"全新哲学革命"意义》，载《人文杂志》2013 年第 5 期；

［法］布伦纳、邬焜、王健：《信息思维和系统思维的比较研究（上）》，载《佛山科学技术学院学报》（社会科学版）2013 年第 2 期；

［法］布伦纳、邬焜、王健：《信息思维和系统思维的比较研究（下）》，载《佛山科学技术学院学报》（社会科学版）2013 年第 3 期；

邬焜：《从古希腊原子论哲学对科学的影响看哲学与科学的内在统一性》，载《自然辩证法研究》2013 年第 11 期；

邬焜：《建立辩证唯物主义哲学第二个历史形态的构想》，载《江海学刊》2013 年第 6 期；

邬焜：《哲学的危机与哲学的信息转向》，载《西安交通大学学报》（社会科学版）2014 年第 1 期；

邬焜：《哲学的性质：普遍性、终极性和思辨性》，载《学术研究》2014 年第 1 期；

邬焜：《体悟哲学追求普遍理性的韵味——基于古希腊哲学家关于世界本原的论述》，载《江南大学学报》（社会科学版）2014 年第 1 期；

邬焜、刘喜文：《现代物理学体现出的哲学与科学的内在统一性》，载《科学技术哲学研究》2014 年第 2 期；

邬焜：《析现代科学体系的基本特征与结构》，载《中共贵州省委党校学报》2014 年第 2 期；

邬焜、刘琅琅：《现代科学对唯物论的变革揭示了哲学与科学的内在统一性》，载《人文杂志》2014年第6期；

邬焜：《从信息世界看哲学的发展及其根本转向》，载《中国人民大学学报》2014年第3期；

邬焜：《认识发生的多维综合"涌现"的复杂性特征——对胡塞尔现象学还原理论的单维度、简单性特征的批判》，载《河北学刊》2014年第4期；

邬焜、[法]布伦纳、邬天启：《信息立场：哲学和逻辑（之一）——信息逻辑》，载《佛山科学技术学院学报》（社会科学版）2014年第3期；

邬焜、[法]布伦纳、邬天启：《信息立场：哲学和逻辑（之二）——信息哲学的基础理论》，载《佛山科学技术学院学报》（社会科学版）2014年第4期；

邬焜、[法]布伦纳、邬天启：《信息立场：哲学和逻辑（之三）——从物理学到社会学》，载《佛山科学技术学院学报》（社会科学版）2014年第5期；

邬焜：《信息哲学的独特韵味及其超然品格》，载《哲学分析》2015年第1期；

邬焜：《复杂信息系统理论崛起中体现的哲学与科学的内在统一性》，载《西安交通大学学报》（社会科学版）2015年第2期；

邬焜：《与信息本体论相关的若干重大问题的讨论》，载《哲学分析》2015年第2期；

邬焜：《近代以来认识论的研究趋势》，载《自然辩证法研究》2015年第6期；

邬焜：《现代宇宙学揭示的宇观、宏观与微观演化的相通性中体现出的哲学与科学的内在统一性》，载《系统科学学报》2015年第2期；

邬焜：《人类科学观从简单性到复杂性的发展》，载《西北大学学报》2015年第3期；

邬焜：《哲学的领域和层次——基于亚里士多德和黑格尔的相关论述》，载《中共贵州省委党校学报》2015年第6期；

邬焜：《恩格斯和列宁的唯物论学说》，载《马克思主义哲学论丛》2015年第3辑（社会科学文献出版社），第39—48页；

邬焜：《从"φιλοσοφα"最初含义中体悟哲学追求普遍理性的韵味》，载《人文杂志》2016年第2期；

邬焜：《马克思恩格斯对自然概念的多维综合的全息性认识》，载《自然辩证法研究》2016年第4期；

邬焜：《唯物主义和辩证法的基本观点——基于复杂性和信息思维的新考察》，载《西安交通大学学报》（社会科学版）2016年第3期；

邬焜：《信息哲学对哲学的根本变革》，载《中国人民大学学报》2016年第6期；

邬焜：《信息哲学——哲学的革命》，载信息社会50人论坛编著：《拥抱未来：新经济的成长与烦恼》，北京：中国财富出版社2016年版。

这一时期所阐发的一些主要的理论和观点可以从上面已经列出的三部著作的基本内容中体现出来。这三部著作便是：《古代哲学中的信息、系统、复杂性思想——希腊·中国·印度》《哲学与哲学的转向——兼论科学与哲学内在融合的统一性》《辩证唯物主义新形态——基于现代科学和信息哲学的新成果》。

2.《古代哲学中的信息、系统、复杂性思想——希腊·中国·印度》简介

《古代哲学中的信息、系统、复杂性思想——希腊·中国·印度》是邬焜运用他所创立的信息哲学，以及当代复杂信息系统理论的方法对人类古代哲学中的某些理论（包括希腊、中国和印度）所进行的颇具特色的新解读。全书包括"自序"、3编22章，共40余万字。

"第一编 古希腊哲学中的信息、系统、复杂性思想"，包括1—4章：古希腊哲学家的系统整体性思想；古希腊哲学家的信息观念；古希腊哲学中的复杂性思想；对古希腊哲学的信息、系统、复杂性思想的评价。

"第二编 中国古代哲学中的信息、系统、复杂性思想"，包括5—11章：中国古代哲学中的整体统一论思想；中国古代哲学中的信息系统和认识的信息中介论思想；中国古代哲学自然无为理论中的非决定论的复杂自组织思想；中国古代哲学中的过程论和生成论中的复杂自组织思想；中国古代哲学中的"二""三"与"多"的观念；中国医学中的信息、系统、复杂性思想；对中国古代哲学的信息、系统、复杂性思想的评价。

"第三编　印度古代哲学中的信息、系统、复杂性思想",包括12—22章:印度古代哲学的发展线索和主要流派;《吠陀》《奥义书》关于宇宙、事物自生性的过程论思想;《奥义书》中关于世界的整体系统论理论;《奥义书》中的信息观念;数论哲学中的生成变易、过程转化、信息显现的复杂性思想;胜论哲学中的信息、系统、复杂性思想;正理哲学中的信息自显和认识的信息中介论思想;瑜伽、吠檀多、弥曼差派哲学中的信息、系统、复杂性思想;佛教理论中的信息、系统、复杂性思想;耆那、顺世、邪命外道理论中的信息、系统、复杂性思想;古印度哲学的信息、系统、复杂性思想的基本特质。

在该书的《自序》中,邬焜写道:

"信息、系统、复杂性方法基于对世界的物质性和信息性双重存在模式的规定和认同,更强调从现存事物的结构组织和关系网络模式、生成演化程序和建构过程模式中去把握和描述事物的本质、特点和属性,更强调将现存事物(包括人为设定的符号)的结构、关系、程序和过程作为信息的载体或符码,并由此破译出其中蕴涵着的关于事物历史状态、现实关系、未来趋向等间接存在的内容。另外,信息、系统、复杂性方法还更强调事物及其发展的差异性、变易性、多元协同性、对立兼容性、全息蕴涵性、动态性、演进性、自生性、整体性、非线性、无目的性、不确定性、偶然性和非决定性的韵味。"

"人类的信息、系统、复杂性思想并非仅只从现代科学开始,早在人类古代哲学思想中就已经孕育萌发了朴素的信息、系统、复杂性思想,只不过,当时的这些思想还具有直观性、猜测性、神秘性等特点。回顾人类信息、系统、复杂性思想的发展,大致经历了三个大的历史阶段:古代朴素信息、系统、复杂性思想萌发的发展阶段;近代辩证哲学的信息、系统、复杂性思想的发展阶段和现代复杂信息系统科学发展的阶段。"

"古人在认识和改造自然与社会的过程中,萌发了各种各样的原始的信息、系统观念,以及对世界和事物进行复杂性认识的思想和方法。这些观念、思想和方法经过古代思想家的总结、概括的整理加工,上升到了理论化、系统化的朴素思想的层面。这些信息、系统、复杂性思想就集中体现在古代学者和哲学家们的相应论述之中。"

该书把古希腊哲学中蕴涵的信息、系统、复杂性思想归纳为十个方面的特质：①微观不变的简单性观念基础上的世界整体统一观。这一特质主要体现在古希腊哲人的各类元素说，尤其是德谟克利特等人的原子说之中；②微观不变的简单性观念基础上的宏观可变的复杂性观念。这一特质主要体现在古希腊哲学家所坚持的宏观事物生成和消亡的具体机制的微观粒子聚散的理论，以及亚里士多德关于质料通过自身的运动而建构出宏观事物的形式的理论之中；③整体性质不能简单归约为部分性质的整体涌现性思想。这一特质主要体现在亚里士多德关于"整体性质可能先于部分性质"观点的相关论述中；④在一定程度上承认世界、事物演化生成的自组织性。这一特质可以从相关的粒子聚散理论、"爱"和"恨"的结合与排斥理论，以及亚里士多德关于自然自身具有其发展变化的"动力因"和"目的因"的相关论述中体现出来；⑤承认世界本原具有"多样性"的复杂性观念。这一特质可以从古希腊哲学家们关于世界本原具有多种元素和性质的观点、"三"和"多"的学说，以及亚里士多德关于对立允许中介存在的思想中体现出来；⑥承认偶然性在事物演化过程中的作用的复杂性思想。这一特质主要体现在古希腊哲学家们关于偶然现象在世界发展的过程中起着某种客观性作用的论述之中，尤其是伊壁鸠鲁和卢克莱修关于构成世界的原子具有自发偏离直线轨道的运动，以及世界万物都是在原子偶然运动所形成的排列组合中形成的论述之中；⑦已经在某种程度上看到了物质世界与信息世界在存在方式上的差异。这一特质可以从柏拉图关于实物和影像的关系、亚里士多德关于潜能与现实的关系的论述中体现出来；⑧已经在某种程度上发现了认识发生和认识过程的信息中介的机理。这一特质可以从恩培多克勒和德谟克利特等人关于认识发生的"流射说"，高尔吉亚关于思想、语言与其所表征的存在、现象不可通达、不可传递的论述，以及柏拉图关于意见世界与知识世界关系的论述中体现出来；⑨没有创新的预成论的全息理论。这一特质主要体现在阿那克萨戈关于一切中包含着一切、一切中分有着一切、每一事物都包含着每一事物的一部分的"种子"论的思想之中；⑩具有直观性和猜测性两大缺陷。

该书认为，中国古代哲学，比较起古希腊哲学来更具有信息、系统、复杂性理论的特色。强调自然事物的生成性和过程性，强调事物变化、演进的不确定性、偶然性和非决定性，强调部分之间、部分与整体之间、整体与环境之间的不可分割的相互联系，强调整体的结构性、关联性、协调性，强调人的认识方式的主客体因素的复合性以及对象与人的语言表述之间的差异性等，强调不同事物间的相互渗透、映照、蕴含和统一性等，一直是中国古代哲学的优秀传统思维方式。中国古代文献《周易》《老子》《庄子》《管子》《天论》《皇极经世》《黄帝内经》以及其他众多文献中所阐释的有无、八卦、阴阳、五行、象数、无为、经络、脏腑，以及天人相应等观念和理论都体现着丰富而深刻的信息、系统、复杂性思想。以至西方的某些学者认为，中国古代哲学中所体现的整体观、结构观、全息观、演进观等都成了现代信息系统科学、复杂性理论产生的最古老的理论渊源之一。

该书把中国古代哲学中的信息、系统、复杂性思想的特质归纳为十个方面：①几乎所有的哲学家都坚持世界具有整体统一性的观念。"本一形异"论是中国古代哲学家们的基本共识，但是，对于世界统一于什么？中国古代的哲学家们则多有分歧，有万物始于"道"论、"无中生有"论、"以有为体"论、阴阳说、五行说、阴阳五行说、气一元论学说，等等；②在人类哲学史上最早提出了类似于信息结构化的理论。中国古代的八卦理论是人类史上最早以哲学逻辑的方式提出的信息结构化理论，朱熹的气为理载、"阴阳五行错综不失条绪便是理"的观点则把"理"看成了物的结构序；③在一定程度上看到了事物自身显示自身的信息性存在的性质。《老子》讲道中有"象""物""精""信"，这是"物""信"合一的、二重化存在理论。中国古代的象数理论，以及北宋理学家邵雍通过把象数之学神秘化所炮制的"先天学"的理论提出了一种关于事物都有其显"象"或"数"的观点，以及西晋哲学家欧阳建关于客观事物自发"彰""著"其存在方式和状态的观点，等等，都在一定程度上具有事物自身显示自身信息的理论色彩；④在一定程度上看到了事物存在的全息性特征。中国古代哲学中的天人相应、天人感应、天地人相参的理论，以及中医中的经络穴位系统学说都具有全息论特征；⑤在人类科学与哲学史上最早提出了信息网络的思想。这一思想集中体现在古老中医的经络穴位理论,以及脏腑系统理论之中;⑥在某种程度上已经看到了整体性质的涌现性特征。这一特质主要体现在唐代哲学家刘禹锡的"交相胜"理论,以及他借用"交相胜""数"和"势"等概念来说明相互作用所产生的整体性新质的观点之中;⑦在某种程度上已经提出了关于人的认识的信息中介论理论的萌芽性思想。这一特质在中国古代哲学家们关于名实关系、言象意关系、物身关系、心物关系、知行关系的论述中都有不同程度的体现;⑧具有丰富的过程论和生成论的思想。这一特质主要体现在中国古代哲学关于有无相生、对立相化、"道生一,一生二,二生三,三生万物"、演化生成、变化无穷、两极相通、循环周始,道气一统、万物自化、气化流行、生生不息、有无相化、化无穷极,太极(道)为本,转生神数象器、天地万物,万物之变遂至于无穷,道通于化而无尽等一系列相关理论和学说之中;⑨提出了明晰而深刻的非决定论的复杂自组织思想。这一方面的思想集中体现在中国古代哲学关于"自然无为""道法自然""物偶自生""天地无心""物自独化""天道自然、必然,而非当然"等学说之中;⑩具有直观性、猜测性、神秘性等缺陷。

该书强调,比较起古希腊哲学和中国古代哲学,印度古代哲学中的信息、系统、复杂性理论显得更为全面、系统、神秘、深邃。富于神性的想象,热衷于宏大范畴体系的建构,注重于众多范畴之间逻辑关系的阐释,一直是印度古代哲学众多学派的理论特色。从四部最古老的《吠陀本集》,到种本繁多的《奥义书》;从六派哲学的传世经典,到佛教延绵的众多经卷,印度古代哲学可谓文献浩繁、学派林立、大师叠涌,思想理论歧见纷呈、博大精深、源远流长。

该书把印度古代哲学中的信息、系统、复杂性思想的特质归纳为十二个方面:①丰富的宇宙及其事物自生性的过程论思想。从《梨俱吠陀》提出的关于宇宙生成的"太一"孕化论、水生论、卵生论和"原人"转化论,到《奥义书》中关于水生大梵、宇宙创生、人体发育过程的论述,再到数论派哲学的25谛学说中所阐释的25谛从自性始依次转化生成的系列关系的理论,都无不体现着相当丰富的生成论、过程论思想;②以大梵为本体的世界整体统一性理论。古印度的大多数哲学家都认为世界统一于大梵，所有的事物都由作为本体的大梵创生，且都是大梵的具体表现和具体存在方式，所有的事物在其毁灭之后都要复归于大梵；③形形色色的多元实在论的本体论观念。这一特质主要体现在《奥义书》的极微（原子）论、"六大（火、地、风、空、日、天）"论，以及胜论派的"十句义"中的九种"实"的理论、顺世派的"四大元素"论、耆那教的"七谛说"、佛教的"六界"和"五蕴"说、生活派的"十二元素"论等学说之中；④明确的信息自在显现思想。这一特质不仅体现在《奥义书》关于世间万物皆梵之相的信息显现理论、造物主通过声音创世的声显论理论之中，而且还体现在数论派关于 25 谛有显和未显之分，显是未显之信息，果中有因，果是因之信息的相关论述之中，另外，还体现在正理哲学关于事物以光自显、眼凭光而视的论述，以及关于明澄之物可反映外物特性的论述之中；⑤丰富的宇宙、事物的全息思想。这一特质在《奥义书》关于大梵乃万物之胎藏、乃"宇宙之萌发相"的论述中，在数论派关于 25 谛因果变易环链相互嵌套，因中有果、果中显因的理论之中，在小乘佛教依据十二因缘说和轮回业报说提出的"三世二重因果说"之中，在大乘佛教的唯识论关于人的认识以心识为中介、为种子的一些论述之中，都有不同程度的体现；⑥深刻的信息认识中介论思想。这一特质在《奥义书》关于人的认识产生于外境（般若根）与本境（主体）的相互作用的论述中，以及造物主以语声为中介创生事物的论述中，在胜论哲学关于感觉发生于业（运动）、德（对象的性质）与意（意向）的合，声的意义是约定俗成的相关论述中，在正理哲学关于现量（感知）产生于根、境、意合，声音和语言与其表征对象无天然联系的被人为制造的特征的论述中，在瑜伽哲学关于心被认识对象和主体意识的神我双重着色，心以自身的变化表征对象性质的理论之中，在后期弥曼差派关于现量的产生是在对象、对象的不同特性、感官、意与我等多重因素的相互作用的相互接触中产生出来的理论中，都有十分深刻的体现；⑦差异整体论和差异认识论的复杂性观念。这一特质主要体现在吠檀多派的罗摩奴阇所阐释的事物自身差异性、事物自身差异显示性、对事物的差异认识性、意识与对象差异性，以及意识自身内在差异性的普遍差论的理论之中；⑧和合论中的整体涌现论的复杂性思想。这一特质主要体现在《奥义书》关于事物通过矛盾运动、多因素聚合而产生的整体构成论思想，胜论哲学的和合句义论、声无常论、因中无果论等学说，以及佛教的五蕴和合论、因缘和合论之中；⑨事物自然因、无目的、非决定论的复杂性观念。这一特质不仅体现在弥曼差派关于梵通过游戏创世的宇宙、宇宙事物无目的、自创生、自组织演化的相关论述之中，而且还体现在佛教关于人可以立足现世，通过正确的自主修为、自我主宰、积极创设未来的理论之中，另外还体现在耆那教提出的"或然论"的"七支论法"，以及顺世论和生活派所阐释的自然因论之中；⑩无常无我论、空论中的变易、无主宰、无主体的复杂性思想。这一思想主要体现在佛教的无常无我论，以及空论之中；⑪"中道论"中两极兼容、对立互补的复杂性思想。这一思想主要体现在早期佛教的"苦乐中道""无记中道""断常中道""八正中道"等学说，以及大乘佛教中观理论的奠基人龙树提出的"中观论"学说之中；⑫具有直观性、猜测性、神秘性、神学性等缺陷。

3.《哲学与哲学的转向——兼论科学与哲学内在融合的统一性》简介

《哲学与哲学的转向——兼论科学与哲学内在融合的统一性》一书的内容包括"序言 哲学的发展"、6编18章和3篇附录，共33万字。该书是邬焜主持完成的教育部人文社会科学研究规划基金项目《信息哲学、哲学基本问题与哲学的根本转向》（项目编号：11YJA720027）的最终研究成果。

该著作的主题是探索哲学的性质、结构、发展方式，以及哲学与科学的关系。作者从哲学是人类追求普遍理性的活动，以及在人类认识活动中普遍理性和具体感性不可截然分离的基本观点出发，论证了哲学与科学的内在融合的统一性关系。

书中指出，普遍理性普遍程度的内在层次差异，规定了科学或哲学自身的层次性，以及哲学与科学划界的相对性。通过对人类历史上的哲学与科学的发展历程的回顾，作者提出了一种人类知识在科学与哲学的相互作用中的相互规定和相互转化的一般发展方式：科学的哲学化和哲学的科学化。

作者通过对哲学基本问题内容的层次分析提出了存在领域的分割方式乃是哲学的最高范式的理论，并以此为判据，认为由于未能在存在领域的分割方式上发生根本性的改变，亦即未能改变哲学关于"存在＝物质＋精神"的基本信条，所以，迄今为止，人类哲学的发展从未发生过真正意义上的根本性的理论转换。20世纪80年代以来在中国兴起的信息哲学的相关研究，揭示了世界的物质和信息双重存在和双重演化的性质，这就首先在存在领域分割方式的哲学的最高范式的层面引发了变革，并由此给哲学本体论、哲学认识论、哲学进化论、哲学方法论、语言哲学论、实践哲学论、人的本质与人的生存论、人类生产与人类社会论、价值哲学论等领域带来了全新意义的根本性变革，从而实现了人类哲学发展的第一次根本转向。

该著作的篇章结构如下：

"序言：哲学的发展"。

"第一编 哲学是人类追求普遍理性的活动"，包括1—5章：从"爱智"一词的最初含义中体悟哲学的追求普遍理性的韵味；从古希腊哲学家们关于世界本原的论述中体悟哲学的追求普遍理性的韵味；从中国古代哲学关于宇宙自然本性的论述中体悟哲学的追求普遍理性的韵味；从印度古代哲学关于宇宙自然本性的论述中体悟哲学的追求普遍理性的韵味；哲学所追寻的普遍理性的普遍性、终极性和思辨性。

"第二编 普遍理性的层次和哲学与科学的统一性关系"，包括6—8章：哲学的领域和层次；现代科学体系及其基本特征；哲学与科学的内在融合的统一。

"第三编 哲学和科学的发展：哲学的科学化和科学的哲学化（上）"，包括9—12章：近代科学的原子论中所体现的哲学科学化和科学哲学化的内在统一性；相对论、量子力学和统一场理论中所体现出的哲学科学化和科学哲学化的内在统一性；现代宇宙学揭示的宇观、宏观与微观演化的相通性中体现出的哲学科学化和科学哲学化的内在统一性；当代复杂信息系统理论的崛起过程中所体现出的哲学科学化和科学哲学化的内在统一性。

"第四编 哲学和科学的发展：哲学的科学化和科学的哲学化（下）"，包括13—15章：现代科学的发展对唯物论哲学的变革中所体现出的哲学科学化和科学哲学化的内在统一性；人类科学观从简单到复杂的发展过程中呈现的科学与哲学的相容性和统一性；近代以来西方哲学发展中所体现出的科学与哲学的相容性和统一性。

"第五编　信息哲学、哲学基本问题与哲学的根本转向",包括16—18章:哲学基本问题的表述层次与哲学根本转向的判据;西方哲学界宣称的种种哲学转向都不是哲学的根本转向;信息哲学实现了人类哲学的第一次根本转向。

"第六编　两篇附录",包括:当代信息哲学的兴起和发展历程;信息哲学的基本理论;试论认识发生的多维综合"涌现"的复杂性特征——对胡塞尔现象学还原理论的单维度、简单性特征的批判。

下面将该书提出的某些重要创新性观点列出:

科学与哲学具有某种内在融合的统一性关系,它们在自身发展的过程中形成了某种动态循环的反馈环路,从而导致它们的发展总是相互规定和促进、相互融合和转化。在一般人类知识的发展过程中孕育着科学和哲学发展的全新方式:哲学的科学化和科学的哲学化。

我们同时面对着两种独断论:一种是自然主义的独断论,一种是意识哲学的先验自我或意向性的独断论。这两种独断论的形成盖源于传统哲学对存在领域的二元对立的分割方式:存在=物质+精神。

哲学是人类追求普遍理性的活动。古希腊哲学、中国古代哲学、印度古代哲学的相关学说中都深刻体现着哲学的追求普遍理性的韵味。哲学所追寻的普遍理性的特征是普遍性、终极性和思辨性。

根据普遍理性的层次和领域我们可以把哲学分为如下层次:总体哲学(哲学基础理论)、领域哲学、门类哲学、分支哲学。本体论是哲学基础理论的最高层次的方面,或说是最高普遍理性。哲学的最高普遍理性乃是统摄哲学的所有部分、领域和层次的普照之光。

普遍理性和具体感性在人类认识活动中的不可截然分离乃是哲学与科学内在统一的最终根据;普遍理性普遍程度的内在层次差异,规定了科学或哲学自身的层次性,以及哲学与科学划界的相对性。

人类科学和哲学的发展始终是内在镶嵌在一起的。在近代科学的原子论中、在现代物理学和宇宙学的发展中、在当代复杂信息系统理论的崛起中、在现代科学的发展对唯物论哲学的变革中、在人类科学观从简单到复杂的发展过程中、在近代以来西方哲学的发展中都深刻体现出了科学与哲学发展的相容性和统一性，以及哲学科学化和科学哲学化的内在统一性。

由于"存在"范畴含义的不确定性，抽象表述的哲学基本问题"思维和存在的关系问题"需要具体化才能被切实理解和把握。其具体化表述的关键在于对存在领域的具体划分。把哲学基本问题具体表述为"物质和精神的关系问题"的依据在于把存在的范围确定为物质和精神两大领域，这是有史以来传统哲学对存在领域进行分割的一种基本模式。这一基本模式确定了传统哲学的基本论域和一般性质。

哲学的根本转向在于对哲学基本问题具体表述内容的变革，其基础则是对存在领域分割模式的创新。哲学本体论的范式是分层次的。关于存在领域的分割方式是最高范式，而关于各存在领域之间的具体关系的解读则是次一级的范式。"存在＝物质＋精神"是传统哲学的最高范式，在此基础上所建立起来的传统唯物主义或唯心主义学说都只能是传统哲学的第二层级的理论范式。如果关于存在领域的分割方式没有发生变化，而只是在物质和精神关系的层面做出不同的解读，这都不能构成根本性的哲学革命。

迄今为止的所有哲学理论、所有哲学派别所阐释的理论都是根植于其对一般存在领域范围的理解以及其对人与对象关系的理解的基础之上的。这一理解方式主要是围绕物质和精神的关系、主体和客体的关系展开的。不同哲学理论、不同哲学派别的区别仅仅在于或将这两种关系中的某些方面予以拒斥或悬置，或更强调这两种关系中的对立项的某一方面的更为重要的主导性地位，某些较为极端化的理论则是把精神或主体中的某些活动要素和活动方式推崇到了绝对至上性的地位，因而呈现出绝对化、片面化和简单性的特征。迄今为止人类哲学理论的发展虽然在某些研究领域中实现了研究重点和关注问题的转换，但是在其存在论和认识论的根基上却从未实现过任何根本性改变，依据这一分析，西方哲学界宣称的种种哲学转向都不是哲学的根本转向。

20 世纪 80 年代以来在中国兴起的信息哲学的相关研究，把信息概念作为哲学的最基本概念之一引入哲学，阐明了一种全新的存在领域分割模式，提出了物质和信息双重存在和双重演化的全新哲学本体论学说，从根本上改变了哲学基本问题的具体表述方式，从而打破了传统的物质和精神、主体和客体的二元对立关系，并由此为哲学的所有其他领域，诸如，哲学本体论、哲学认识论、哲学进化论、哲学方法论、语言哲学论、实践哲学论、人的本质与人的生存论、人类生产与人类社会论、价值哲学论等领域都带来了一种全方位的全新意义的根本性变革。由于信息哲学首先是在存在领域分割方式的哲学的最高范式的层面引发的变革。所以，信息哲学实现了人类哲学的第一次根本转向。

胡塞尔的现象学把意识发生的原因归结为意向活动的意向构造，这一理论具有单维度、单极化的简单性特征。人的认识作为宇宙进化的最高产物的复杂性"涌现"现象，对其发生原因的解读理应在多维度、多极化的综合建构中进行，这些维度最起码应当包括五个方面：客体对象与主体相互作用的维度、主体生理结构的维度、主体认识结构的维度、社会实践物化工具的维度、历史发生学的维度。胡塞尔晚年提出的"主观间性"与"生活世界"的理论仍然是单维度、简单性的，其关键在于人际之间的关系并非仅只是主观性的，人际间的主观交流必须通过客观的载体物和自在信息的中介，人们也不可能生活在一个纯粹的、绝对封闭的主观化场域之中。

4.《辩证唯物主义新形态——基于现代科学和信息哲学的新成果》简介

《辩证唯物主义新形态——基于现代科学和信息哲学的新成果》包括"前言""导读 建立辩证唯物主义第二个历史形态的理论研究"4编34章，共65.9万字。

该成果运用历史考察法、学说比较法、复杂信息系统科学的方法，以及科学哲学化和哲学科学化的方法对人类历史上的唯物论和辩证法学说进行了具体的考察和解读，在此基础上，邬焜结合当代科学、技术、经济、社会和哲学发展的现实，创造性地提出了建立辩证唯物主义哲学的第二个历史形态的构想，并初步给出了辩证唯物主义第二个历史形态的基本理论和体系框架。

该成果自拟的内容简介中写道：人类的唯物论、辩证法思想的发展经历了古代唯物论和辩证法、近代唯物论和辩证法、近代黑格尔客观唯心主义辩证法、马克思主义的辩证唯物主义的不同历史发展阶段。考察历史上相关哲学家们的学说，唯物主义和唯心主义、辩证法和形而上学并不总是截然分属于不同的学者，很多学者的学说都具有多重向度的杂糅性。马克思主义哲学仅只是辩证唯物主义哲学的第一个历史形态。信息时代的哲学家们要真正使自己的哲学能够体现信息时代的时代精神，就不能对突现出的信息范式熟视无睹。立足于当代科学、技术、经济与社会发展的新成果，立足于当代信息哲学的新成果，建构辩证唯物主义的第二个历史形态乃是当代马克思主义哲学家们的重大历史使命。合理建构的辩证唯物主义的第二个历史形态在哲学本体论、认识论、演化论、实践和生产论、价值论、人和社会的本质及发展方式论，以及在辩证法的基本原则和规律的具体阐释的相关理论中都引发了全面而深刻的全新变革。由于在存在领域划分方式这一哲学的最高范式的层面实现了根本性的转换，辩证唯物主义的第二个历史形态不仅是对马克思主义哲学的超越，而且也是对人类历史上的所有形态的传统哲学的超越。

在"前言"中，作者具体阐释了该书的研究背景、目的和基本思路。他写道：

从19世纪中叶马克思和恩格斯最初创立辩证唯物主义学说的年代算起，已经过去170多年了。在这其间，辩证唯物主义哲学的发展虽然经历了列宁依据当时科学的发展对唯物主义思想进行了重新阐释的阶段，但是，相关的学说在之后的前苏联哲学和中国哲学的发展过程中却日益陷入了教条化、机械化的境地。马克思、恩格斯和列宁那里的极为丰富而鲜活的思想隐而不见了，留下来的也只是依据导师们的某些方面的意见，经过绝对化、简单化的理解和阐释而得出的某些教义式的相关原则。如传统辩证唯物主义教科书所罗列的两大特征和三大规律，以及对之的简单性和片面化的解释。

面对这一情景，当代的一些哲学家们对马克思主义哲学采取了十分不同的态度。有些坚持用辩证唯物主义来概括马克思主义哲学的哲学家同时也坚持着后人强加给这一学说的简单化教义；有些哲学家在不满这些简单化教义的同时也对辩证唯物主义这一提法采取了拒斥的态度，并尝试用其他一些提法来概括马克思主义哲学的性质，如实践唯物主义哲学的提出者们那样；还有一些学者，在批判简单化教义的同时，也抛弃了马克思主义哲学本身，更有甚者则干脆一窝蜂地倒向了当代西方的意识哲学，尤其是倒向了当代西方意识哲学中的现象学思潮，在这一倒向中，不仅唯物主义被悬置了，而且辩证法也同时被拒斥了。

其实，马克思主义哲学与辩证唯物主义并不是同等尺度的概念。后者更具有一般称谓的性质。正如人类历史上的辩证法和唯物论都有不同的历史形态一样，辩证唯物主义也应该有不同的历史形态。马克思主义哲学仅是辩证唯物主义的第一个历史形态，而我们今天，作为马克思主义哲学的继承人来说，首要的任务就是要立足于当代科学、技术、经济、社会发展的最新成果，合理建构一种新形态的辩证唯物主义学说。这一新的学说便应该是辩证唯物主义的第二个历史形态。

我们面临一个新的时代，这个新时代的开端是20世纪中叶以来兴起的一场科学和技术革命的浪潮。而代表这场新的科学技术革命浪潮的主要学科领域则是当代复杂信息系统理论学科群的崛起。正是这一学科群的崛起把一个全新的科学范式——信息科学范式，突显到了时代的前沿。毫不夸张地说，信息科学范式已经统领和渗透到了我们这个时代的几乎所有的领域。真正的哲学不能落后于它的时代，今天的哲学如果想要真正体现这个时代的精神的话，它就不能对体现这个时代的精神的信息范式熟视无睹。这也是当代信息哲学必然产生的时代前提。

近30多年以来，在中国兴起和发展着的信息哲学有一个好的倾向，这就是，相关的理论建构一方面坚持辩证唯物主义的基本理念，承认世界的物质统一性和辩证运动性；另一方面又力图揭示出信息所具有的不同于物质的独特存在方式和性质，并在此基础上阐明世界的物质和信息二重化存在的性质。这样，信息哲学便在哲学的最高范式（存在领域的划分）的层面上改变了传统哲学的基本信条（存在＝物质＋精神），并在对存在领域进行了新的划分（存在＝物质＋信息，精神乃是信息的高级形态）的基础上建构出了一种全新的时代哲学。由于这一哲学是在哲学的最高范式的层面引发的变革，所以，这样的信息哲学便实现了一场全新的哲学革命。又由于，这样的信息哲学具有辩证唯物主义的性质，所以，这样的信息哲学便能够成为建构辩证唯物主义的第二个历史形态的基础。

该成果的"第一编　信息哲学的兴起"具体回顾和探讨了当代信息哲学兴起和发展的过程、信息哲学的性质，以及中国信息哲学发展的基本阶段、核心范式及其国际影响。作者把信息世界的发现看成是 20 世纪中叶以来人类创新知识发展过程中的"科学的汇流、科学与哲学的汇流"的结果。其中最主要的是第三次科学技术革命的爆发所导致的复杂信息系统学科群的崛起。在这一学科群崛起的过程中提出了四大全新的科学研究纲领：系统科学研究纲领、信息科学研究纲领、自组织研究纲领和复杂性研究纲领。而在这诸多全新研究纲领中，信息科学研究纲领最具有全新改造人类科学范式、哲学范式的一般世界观和方法论的意义和价值。

该成果的"第二编 人类古代哲学中的唯物论和辩证法"在对唯物主义和辩证法的基本观点进行了具体讨论之后，对人类古代哲学（包括古希腊、中国和印度）中的唯物论和辩证法思想进行了梳理、概括和总结。作者指出，辩证唯物论的最基本的观点是：在承认世界的物质统一性的基础上，同时承认世界是一个多样性和多重性存在的统一体，并把这些具有不同质的规定的多样性和多重性存在看作是一个普遍相互作用、相互联系和相互规定，不断生成、运动、变化、转化、演化、进化或消亡的过程。在对人类古代哲学的相应观点、理论和特征进行了具体考察分析的基础上，作者指出：在人类的古代哲学中，唯物论和神学观念、唯物论和辩证法、唯物论和形而上学、唯心论和辩证法、唯心论和形而上学、简单性观念和复杂性观念往往处于某种天然交织、贯通和融合的状态之中，从而呈现出相应学说的一些基本特点。对人类古代哲学的这种杂糅性质的分析有助于我们超越以往相关分析的简单性、片面化的局限，使我们更能合理而全面的认识人类古代哲学的具体特质和整体风貌。作者还进一步强调说：总的来看，囿于科学技术和经济社会发展的水平和程度的限制，人类历史上的唯物论和辩证法学说还都只是在物质和精神、主体和客体这样的对立两级的关系中来阐释事物存在、运动、变化、演化或发展的规律，虽然在某些哲学家，如亚里士多德、黑格尔、马克思、恩格斯、列宁，以及古印度和古代中国的某些哲学家的学说中也涉及了"差异""多元性""多样性""整体性"和"有中介的相互作用"的论述，这样的一些相关论述都或多或少地具有信息、系统或复杂性的韵味，但是，由于这些因素并未成为那些时代的哲学本体论层面的基本规定，所以，以往的哲学在总体上都缺乏信息、系统和复杂性的维度。这样的哲学，都还只能是简单性的哲学。这就导致这些相关的哲学理论缺乏对物质统一性、主体和客体相互关系的具体过程和机制的描述，从而也导致了所阐释的相应辩证法原则和规律的简单性、片面性和绝对化。当代科技革命发展的相关成果，尤其是当代复杂信息系统理论的相关成果，以及当代信息哲学所建构的相关理论，则可能在某种特定层次、角度和方面不同程度的克服传统唯物论和辩证法所存在的上述局限。因而，这些相应的科学和哲学的成果能够成为我们建构辩证唯物主义新形态的科学基础和理论前提。

在该成果的"第三编　近代哲学中的唯物论和辩证法思想"中，作者运用当代复杂信息系统方法对西方近代哲学中诸多有影响的哲学家的相应观点和理论进行了批判性的分析和讨论。在其相应的具体阐释中，作者并未像以往的某些哲学史家那样，把这一时期的哲学家们简单区分为唯心、唯物；机械、辩证。作者认为，除个别例外，这一时期的哲学家们的哲学大都在不同程度上具有唯物和唯心、机械和辩证相互杂糅的性质。在这一编中，作者具体探讨的这一时期的哲学家的相应思想包括：培根、霍布斯的唯物论和机械论中的辩证法；洛克的唯物和唯心、机械和辩证杂糅的哲学；斯宾诺莎的神即自然实体的多面孔杂糅的哲学；狄德罗的唯物辩证法哲学；拉美特利、爱尔维修、霍尔巴赫的唯物机械论哲学中的某些辩证因素；笛卡尔和费尔巴哈的唯物主义；莱布尼兹的客观唯心主义、形而上学和辩证法；黑格尔的客观唯心主义辩证法。

在该成果的"第四编　马克思主义哲学——辩证唯物主义的第一个历史形态"中，作者对马克思主义哲学的基本性质及其相应的某些基本理论进行了分析、讨论和阐释。在讨论马克思主义哲学的基本性质时，作者强调指出：实践唯物主义的说法仅只是从某种特定角度切入的一种特称，且有赖于运用辩证法的原则对其进行具体解读。所以，实践唯物主义这一术语并不能完全包容和覆盖辩证唯物主义的全部内容。用辩证唯物主义这一术语来称谓马克思主义哲学彰显的是一种具有普适性的全新哲学形态。这正是马克思主义哲学在人类哲学史上应有之地位的体现。在这一编中，作者集中论述了马克思恩格斯对自然概念多维综合的唯物辩证认识；恩格斯和列宁的唯物论学说；马克思恩格斯"全面生产"理论的复杂性特征；马克思主义的辩证法等方面的内容。在这些相关内容的阐释中，作者一方面对传统马克思主义哲学教科书中相关理论的简单性、机械论和绝对化的倾向予以了批判，另一方面又对马克思主义哲学的复杂性特征进行了具体的挖掘和阐释。另外，作者还对马克思主义哲学的相关理论的历史局限性进行了讨论。作者指出：恩格斯和列宁的相关学说代表着马克思主义唯物论学说发展的两个不同阶段。存在领域的划分方式是哲学的最高范式。恩格斯把哲学基本问题具体表述为"物质和精神的关系问题"的依据在于把存在的范围划分为物质和精神两大领域，这是有史以来传统哲学对存在领域进行划分的一种基本模式。由此看来，恩格斯所说的哲学基本问题并不基本。恩格斯把质量当作物质的基本量纲，这是旧唯物论学说的基本特征。列宁用"客观实在"定义物质，能够很好地包容物质存在方式的多样性，但仍然坚持了传统哲学对存在领域分割的基本模式。列宁提出的一切物质都具有类反映特性的观点则为改变传统哲学的存在领域划分方式打开了一个缺口。在论及恩格斯的辩证法思想时，作者指出：在恩格斯的观念中，辩证法并不仅仅是一种认识的方法，它还具有客观自然的性质。在恩格斯看来，辩证法的基本观点就是把所有事物都看成是在普遍联系的相互作用中永恒变化、运动的过程。恩格斯提出的很多辩证法思想都与当代科学的相关理论相契合。例如：普遍差异必然产生普遍相互作用；相互作用必然通过中介环节；事物整体演化具有进化和退化两个分枝相互转化的永恒大循环的特征；某些蕴涵着全息论的思想；等等。

在该成果的"第五编　辩证唯物主义的第二个历史形态"中，作者对他所提出的辩证唯物主义新形态的基本理论进行了阐释。下面将其中一些创新性观点列出：

对存在领域进行了新的划分，提出了"物质和信息：统一而双重的世界"的全新唯物主义的本体论哲学。把信息的本质规定为："信息是标志间接存在的哲学范畴，它是物质（直接存在）存在方式和状态的自身显示"。信息包括自在信息、自为信息、再生信息三种基本形态和社会信息的综合性形态。传统哲学中所阐释的精神世界仅只是自为信息和再生信息的形态。

建构了哲学认识论的信息中介说。这一学说包括有机联系的两个部分：人的认识发生的信息中介说；人的认识过程和机制的信息建构和虚拟说。在相应的探讨中，作者具体揭示了人的信息活动的层次；探讨了人的信息活动层次间相互作用的过程和机制；提出了人的认识的种系发生和个体认识结构建构的信息活动机制和过程。在对西方意识哲学，包括现象学的简单性、片面性、绝对化和单极性特征进行批判的基础上，把人的认识活动看作是一个在多级中介的多维综合的复杂性信息建构和虚拟中的"涌现"。在这一过程中所涉及的中介因素包括五个方面：客体信息场、主体生理结构、主体认识结构、主体物化工具、主体历史（自然史和社会史）的发生维度。

提出了在相互作用中通过信息的凝结而实现的时空内在融合、全息映射的新的时空观，以及物质和信息双重演化的理论。

提出人的多维存在性，以及社会的信息本质和信息进化的理论。在具体揭示人的遗传信息结构的自然和社会双重维度表达机制的基础上，探讨了人的自然、社会、生理、心理和行为本质的全息映射和规定的内在统一性。强调指出："能动地把握、利用、开发、创造和实现信息是人类社会的本质"，而"把握、利用、开发、创造和实现信息的间接化（社会化）的程度是社会进化的尺度。"

建立了信息价值论学说。这一学说不仅可以合理包容自然价值和信息价值，同时也能合理包容人的价值和社会的价值，并进而为发展当代信息生态文明提供哲学基础。

依据物质守恒、信息不守恒的科学原理，提出信息生产是人类生产活动的实质的理论，并相应在物质和信息的双重维度上探讨了人类生产力的微观和宏观结构。

对传统教科书中关于辩证法的特征和规律的学说进行了重新考察，有完善、有批判、有修正。其中重要的观点有：当代信息科学和信息哲学为辩证法普遍联系的原则提供了具体过程、机制和效应的清晰、科学而合理的说明，如相互作用的普遍中介、信息关联、全息映射等；以往的辩证法关于事物对立统一关系的讨论往往具有两极化、两方面的简单性特征，当代复杂信息系统理论关于多元协同、普遍差异、多级中介、多元对立等诸多方面的理论为对立统一规律提供了新的阐释方法；进化质变是一种新质的涌现，其形式只能是突变的，并且，在事物量到质进化的分叉质变点上除了量的积累之外，还需要有偶然因素的选择作用；事物的发展有其极限，世界整体和具体事物的演化在大的方向上有进化和退化的两个分支，不可能是永恒发展的，而只可能是永恒循环的；否定之否定规律只适用于对进化过程的描述，并不具有普适性。

在该书的最后，作者写下了如下一段文字：辩证法并不是一种僵死的只能描绘某种单一模式的学说，它在本质上是一种能够容纳多样性和整体性在自身之中的哲学。辩证法的这一哲学性质决定了它是一个开放的体系，它能不断从发展着的科学中汲取新思想，并在对这些新思想的合理性批判中实现自我批判，从而不断发展自己。如果一种辩证哲学总是与发展着的科学处于相互排斥的状态，那么，这种哲学便一定是迷失了它的辩证本性的哲学。这样的辩证哲学如果不能在自我超越的自我批判中获得再生，那么就一定会走向反面——形而上学。在这里，辩证法和形而上学也是可以相互贯通、相互过渡和相互转化的，在这二者之间同样也不存在什么万古不变的、绝对分明的界限。

六、国内评价

邬焜信息哲学的创立和发展引起了国内同仁的高度重视和广泛评价。这在上面的相关小节中已有所显示。下面再将其他一些反响和评价择其要而列出。

1. 黄顺基先生的评价

我国自然辩证法界的元老、泰斗人物，中国人民大学终身荣誉教授黄顺基先生曾为邬焜教授的《自然的逻辑》一书作序，在该序中黄老先生对邬焜教授的信息哲学给予了极高的评价。他写道：

> 邬焜的工作在面临改革与开放的哲学研究中十分值得赞许，值得重视。信息范畴既然成为哲学的基本范畴，并且在物质和精神两大领域中占有一席地位，那么，通过物质、精神与信息三者的相互联系与相互作用来揭示客观世界的普遍发展规律，揭示人类认识的普遍发展规律，揭

示人类改造客观世界的规律性，这将是哲学改革中的一个重要的突破口，其中有大量艰巨的工作等待着我们去做。邬焜同志在这个方向上迈出了可喜的一步，他提出了不少独到的见解，对现代自然科学的成果作出了他自己的分析与概括，全书的阐述是清楚的，逻辑结构是严密的。

  勇于探索，迎接挑战，把马克思主义哲学与现代科学成果紧密地结合起来，这是邬焜同志在书中体现出来的主要精神，我们理应加以发扬，以便共同努力，担负起改革的时代中哲学的改革任务。①

黄顺基先生还在后来发表的文章中对邬焜创立的信息哲学的基本思想进行了进一步的阐述。他写道：

  20世纪爆发出一场史无前例的信息革命，在科学发展史上出现了一个新的科学研究对象——信息。它和物质与能量并列为科学从而也是哲学的基本范畴。能量是物质的运动，它和物质不可分割；信息"是物质（直接存在）存在方式和状态的自身显示"。从信息的产生与发展的过程看，它呈现出四种不同的形态：本体论信息（自在信息）；认识论信息（自为信息、再生信息、社会信息），它向人们揭示出全新的世界图景，把传统哲学的物质世界与精神世界的划分推向物质世界与信息世界这一更加丰富多彩的划分；与此同时，和信息科学一道产生的信息技术极大地改变了人类社会的生产方式、生活方式与认识方式。②

2. 钟义信先生的评价

我国著名信息科学家钟义信先生在《从信息科学视角看〈信息哲学〉》③一文中写道：

---

① 邬焜：《自然的逻辑》，西安：西北大学出版社1990年版，序：1—2页。
② 黄顺基：《现代科学技术革命的新形势、新进展与新问题》，载《辽东学院学报》（社会科学版）2006年第5期，第3—11页。
③ 钟义信：《从信息科学视角看〈信息哲学〉》，载《哲学分析》2015年第1期，第17—31页。

为了探讨信息在哲学研究中的地位，邬焜对传统的存在分割公式提出了挑战。这显示了他的学术勇气，也表现了他在学术上的彻底精神。经过深入研究，他得到了全新的分割公式："存在＝物质＋信息"。

这是一个具有全局意义的研究成果，颠覆了传统哲学的基本观念，是对现代哲学研究的重大贡献：不仅为信息哲学的研究明确了地位，开辟了道路，而且也为整个哲学的研究校正了方向。

从信息科学研究的角度来看，邬焜教授在信息哲学领域的研究成果，特别是关于"存在分割方式"的研究成果，是开创性的工作，对信息哲学和信息科学的研究都具有基础性意义。

钟义信先生在该文中，还从五个方面对邬焜创立的信息哲学和他所开拓的信息科学研究之间所具有的和谐默契进行了论证。

（1）总体风格：和而不同。
（2）"存在分割"：哲理开路。
（3）基本概念：异曲同工。
（4）"认识论信息"：相映成趣。
（5）"信息中介"与"信息转换"：各有发现。

在做了这五个方面的论证之后，钟先生在文章的最后指出："几乎独立行进的中国信息哲学和信息科学研究如此和谐默契，颇为发人深省！"

3. 苗东升先生的评价

我国系统哲学家中国人民大学教授苗东升先生在研究钱学森系统科学思想时对邬焜教授的信息哲学研究给予了概括性的评价。他写道：

系统哲学的近邻是信息哲学，近三十年来，以邬焜为代表的中国学者作了持续的探索，取得很多成果，与系统哲学形成相互促进的态势。①

---

① 苗东升：《钱学森系统科学思想研究》，北京：科学出版社 2012 年版，第 148 页。

苗东升先生还强调说：

> 邬焜教授在信息哲学研究中，历经 30 多年的辛苦创立的思想体系，已经形成了能与西方分庭抗礼的"中国学派"。①
>
> 中国的科学哲学是从西方引进的，学界弥散着浓厚的学术自卑感。邬焜的信息哲学是中国科学哲学界独立创建的第一个理论体系，树立了榜样。他能够坚持在信息哲学领域勤恳耕耘 30 余年，表现出献身学术研究的可贵精神；勇于独立探索，敢于在信息哲学这篇新天地开疆拓土，表现了他的创新勇气；建立起以信息本体论、信息认识论、信息进化论、信息价值论、信息思维论为框架的信息哲学体系表现出他较强的理论创造力。邬焜的成功还得力于西安交通大学给他的有力支持，提供必要的环境条件，形成一支队伍，我常常称之为信息哲学的"邬家军"。②

在第一届国际信息科学峰会暨第二届国际信息哲学研讨会（维也纳，2015 年 6 月）上，苗东升先生作了题为《信息研究的中国路径在开拓中》的大会报告。他在报告中指出：

> 信息时代的雷声没有震醒中国哲学界的中心，却震醒了它的一处边缘——科学技术哲学。从 1970 年代末开始，活跃在这里而具有思辨哲学兴趣的一批学者，依据信息科学重新思考哲学基本问题，提出诸多新观点。成果最丰的是邬焜，他通过解读黑格尔和恩格斯，领悟到要关注"存在领域的内在差异"，基于科学最新发展来更新"对存在领域的具体区分"……以建立信息本体论为切入点，邬焜抓住哲学本体论的核心问题"什么是存在？""存在如何存在？"，既向辩证唯物主义关于存在的经典表述提出挑战，又坚持辩证唯物主义的基本立场，从信

---

① 王健：《首届国际信息哲学研讨会综述》，载《重庆邮电大学学报》（社会科学版）2014 年第 2 期，第 51—54 页。

② 刘琅琅：《第十届〈哲学分析〉论坛——"信息时代的哲学精神"学术研讨会综述》，载《哲学分析》2015 年第 1 期，第 182—189 页。

息观点给出他的回答。邬焜认为，客观世界由物质和信息共同构成，物质是世界的实在，第一性的存在；信息是世界的虚在，第二性的存在。以这种本体论为核心，形成他的信息哲学体系，对信息时代作出初步的哲学回应。

邬焜首创信息哲学的基本框架，开始引起国际学术界关注，已经在国内召开一次国际信息哲学会议，2015 年 6 月又在维也纳召开了第二次国际会议。

邬焜已初步形成一支信息研究队伍，不妨称为"邬家军"，这在目前的中国是少见的。①

4. 刘大椿先生的评价

中国人民大学一级教授，我国科学技术哲学的领军人物刘大椿先生为邬焜于 2002 年出版的《信息认识论》一书作序，序中写道：

> 信息时代呼唤信息哲学。邬焜教授 20 年前就开始致力于信息哲学的研究，学有专攻，硕果累累。其研究领域涉及信息本体论、信息认识论、社会信息论、信息进化论，以及信息经济与信息社会的理论。其研究成果在学术界引起了较大反响，被誉为"信息哲学的开拓者"。这本《信息认识论》是邬焜教授的近作，是系统建立信息认识论的一个新的重要尝试。
>
> 马克思说："任何真正的哲学都是自己时代精神的精华。"邬焜教授的《信息认识论》一书，正是对我们时代的信息精神进行较为系统地概括和提升的尝试，也是哲学现代化的一种崭新探索。在当今中国学术界普遍存在某种浮躁风气的背景下，邬焜教授坚持不懈，20 多年如一日在信息哲学领域执著追求，的确难能可贵，值得大家认真关注和学习。②

---

① 苗东升：《信息研究的中国路径在开拓中》，欧亚系统科学研究会、广西大学复杂性科学与大数据技术研究所主办：《系统科学通信》2015 年第 2 期，第 29—47 页。[该文曾作为第一届国际信息科学峰会（维也纳，2015 年 6 月）的大会报告]

② 邬焜：《信息认识论》，北京：中国社会科学出版社 2002 年版，"序"1—3 页。

5. 孙正聿先生的评价

我国著名哲学家孙正聿教授对邬焜教授提出的信息思维理论给予了高度评价。他在《中国社会科学》2008年第6期发表的《解放思想与变革世界观》一文中专门转引了邬焜教授的相关观点，并给以了相应的阐释。他写道：

> 现代科学既改变了我们的世界图景，也改变了我们的思维方式。这包括：现代科学已经深刻地变革了以素朴实在论为代表的直观反映论的思维方式，变革了以机械决定论为代表的线性因果论的思维方式，变革了以抽象实体论为代表的本质还原论的思维方式。按照有些学者的概括，"在人类科学发展的进程中，经历了三次大的科学革命，这三次科学革命同时带来了人类科学世界图景和科学思维方式上的三次大的变革。这就是人类的科学世界图景从实体实在论过渡到场能实在论，再过渡到信息系统复杂综合论；而人类科学思维方式相应地从传统的实体思维过渡到能量思维，再过渡到信息思维"。系统的观念、复杂的观念和综合的观念，促使我们在"广阔的研究领域"超越"在绝对不相容的对立中思维"，真正以辩证法的思维方式去观察和分析"活生生"的现实生活，真正使我们的思想与改革开放的创新实践相符合。世界观和思维方式的变革，是解放思想的重要内容，也是解放思想的重要动力。①

6. 何祚榕先生的评价

前面我们已经提到，中国社会科学院研究员何祚榕先生在对邬焜的《信息哲学——理论、体系和方法》一书进行鉴定时曾经给予了高度的评价。他写道：

> 该书为创建信息哲学大厦奠定了坚实的基石……他为创建信息哲学的方方面面做了长达23年锲而不舍地独创性研究，取得了丰硕的成果，

---

① 孙正聿：《解放思想与变革世界观》，载《中国社会科学》2008年第6期，第35—43页。

不愧为"信息哲学的开拓者"……这本书的学术价值是很明显的,即"对学科发展有奠基作用"。

本书是"信息时代精神的精华"之作,毫无疑问它对解决现实问题有启示与推动作用。①

其实,早在1991年,何祚榕先生就曾在《中国社会科学》上以《信息同物质与精神的关系的新揭示》为题对邬焜教授的《自然的逻辑》著作进行了介绍与评价。该文说邬焜的信息定义强调:

> 实物和能量是直接存在,是原形,而信息则是原形在他物中的间接存在,是影子。实物是从物体自身来说的,能量是从一事物作用于他事物的作用力来说的,而信息是从一事物作用于他事物后,引起他事物的变化,在他事物上打上烙印来说的。这个烙印是对原来事物的表征,称为信息。
>
> 进一步弄清物质、精神、实物、能量以及信息之间的关系尚有待大家来探索。
>
> 邬焜的研究无疑为此奠定了研究基础,值得我们重视。②

7. 康兰波教授的评价

空军工程大学康兰波教授在其《信息哲学与信息时代的哲学——从两个"信息哲学"范式说起》③一文中对邬焜信息哲学和西方学者弗洛里迪提出的信息哲学进行了比较性研究。文中写道:

---

① 邬焜:《信息哲学——理论、体系、方法》,北京:商务印书馆2005年版,"后记"。

② 黄森(何祚榕先生笔名):《信息同物质与精神的关系的新揭示》,载《中国社会科学》1991年第5期,第193—195页。

③ 康兰波:《信息哲学与信息时代的哲学——从两个"信息哲学"范式说起》,载《天府新论》2008年第3期,第19—22页。

20世纪80年代，我国学者邬焜率先创立了信息哲学。1996年，英国牛津大学的弗洛里迪（Luciano Floridi）也独立提出了"信息哲学"基本概念。当今，邬焜信息哲学已初步体系化。弗洛里迪也于2002年初步提出了他的信息哲学构想，使信息哲学成为世人关注的焦点。

邬焜和弗洛里迪两个"信息哲学"范式在评价信息科学，主张信息哲学是对传统哲学的超越，提出信息哲学是元哲学或第一哲学，强调信息哲学在建设和谐、美好世界中的作用等方面具有相容性；但在哲学基本立场、对信息本质的把握、对信息世界的刻画以及有待进一步解决的问题等方面，它们之间又存在着较大差异。通过比较可知，信息哲学的产生具有必然性；它是对以往哲学单一实体性思维方式的变革；在具体内容和表现形式上，信息哲学作为信息时代的哲学形态，具有多样性。

康兰波教授还在《对邬焜和肖峰两个信息哲学观的比较研究》[①] 一文中写道：

> 邬焜信息哲学力图突破现有思维方式，并通过加入信息维度来构建新的哲学思维方式，以表达、反思信息时代人的现有生存状态或现实生活……立足现实人的生存变化，通过不断改变哲学的表现形态，来达到对人现实生活的积极关照。
>
> 邬焜是从哲学思维方式的角度来思考信息哲学，其建立信息哲学的目的就是要表达我们这个时代的时代精神，表现人崭新的生产方式和面临更大信息复杂性的生存困境。
>
> 正是在哲学思维系统结构巨变、层次提升的意义上，邬焜才认为，信息"在实质上揭示了传统科学与哲学未曾发现的一个全新的领域——信息世界，揭示了一个与直接存在的物质世界不同的另一个间接存在的信息世界。由于新的存在领域的被发现，这便首先在哲学本体论层面上

---

① 康兰波：《对邬焜和肖峰两个信息哲学观的比较研究》，载《重庆邮电大学学报》（社会科学版）2014年第1期，第74—78、104页。

引出了一场根本性的变革"①。这意味着,第一,信息世界这个在以往哲学中完全被忽视的领域,在邬焜信息哲学中得以从哲学理论上被全面揭示出来;第二,唯物主义哲学重新以全新的方式,特别是以物质和信息双重维度、复杂化演变来展开其世界观,更能克服以往的简单性、机械性和形而上学性;第三,随着存在领域物质和信息关系的被揭示,使得精神被"降低"为信息的特殊形式,并从本体论上失去作为哲学理论逻辑出发点的可能性……从这个意义上说,哲学对信息世界的揭示,不仅不会削弱唯物主义,相反,还为唯物主义在存在领域彻底战胜唯心主义奠定了理论基础。

邬焜信息定义最能表现出其马克思主义哲学背景的就是它在信息时代基础上彻底改变了哲学对现实世界的理解模式,即由以往将现实世界理解为物质和精神的对立统一,改变为物质和信息相互作用的复杂关系。这种改变的意义在于:一是进一步确立了信息时代唯物主义的坚实地位,即与物质相对应的是信息,而信息不管如何复杂、衍生,它终归是物质的自身显示,脱离开物质,信息终将成为无源之水、无本之木;二是进一步确立了精神与信息的关系。在邬焜信息哲学中,精神被理解为信息的重要方面,即主观间接存在。与其相对应的是作为客观间接存在的自在信息。表面看,精神不能与物质相对应,这似乎大大降低了精神在哲学理论中的地位,但它却极大突出了人信息创造的复杂性、艰巨性和超越性。因为,在邬焜看来,在现实生活中,人们实际感受到的信息都是由自在信息、自为信息和再生信息有机统一而成的社会信息。②而实现这三类信息有机统一的,不是某种神秘力量,恰恰是人通过其实践活动对信息的不断加工、提炼和创造。所以,人对信息的创造,不仅要综合上述三类信息,而且还要超越由这三类信息有机统一所形成的现有界限,在这样的界限超越中,人对信息创造的复杂性、艰巨性和超越性,是其

---

① 邬焜:《信息哲学——理论、体系、方法》,北京:商务印书馆2005年版,第14页。

② 邬焜:《信息哲学——理论、体系、方法》,北京:商务印书馆2005年版,第60页。

他任何事物或力量难以达到的。但人却真正实现了并且还正在进一步实现这番超越。可见，人之伟大，精神之力量，尽在这种复杂而艰巨的信息创造之中。从这个意义上看，邬焜信息哲学依然保持住了为人的实践创造奠基高歌的马克思主义哲学秉性。

信息迷信的关键不在于如何理解信息本质，而是在于如何理解现实生活中的人。邬焜由于是在马克思主义哲学背景下来看问题的，因此，他才能做到既在本体论意义上揭示"信息"本质，又捍卫世界的物质统一性原理，还在突出人的信息创造性中跳出了信息崇拜、信息迷信或信息主义。

8. 李国武研究员的评价

2013年6月，西安交通大学哲学专业博士生、西安石油大学研究员李国武通过了以《邬焜信息哲学思想研究》[①] 为题的博士论文答辩，获得了哲学博士学位。该论文的"摘要"中写道：

> 邬焜教授的学术思想，有它的独特性，表现出他个人的性情、风格和内心世界。通过深入研究，能够廓清世人对信息哲学的模糊认识，使更多学界同仁走进信息哲学，感悟邬焜教授的所思、所论，了解邬焜教授对信息哲学的贡献，并学习邬焜教授严谨的学术态度和高尚的学术风范与学术境界，具有很强的现实意义。
>
> 本文从邬焜教授庞大的信息哲学学术思想体系中选取了最能代表其精华的信息本体论、信息认识论、信息进化论、信息价值论以及信息思维论等五个方面信息哲学理论，进行重点阐述，并与中国古代哲学、古希腊哲学、当代西方哲学、马克思主义哲学进行比较研究，提出自己的理解。

在相关研究的基础上，李国武博士还在其博士论文中具体概括了邬焜教

---

① 该博士论文经进一步修改后，已于2015年6月由中国社会科学出版社出版。

授的九大学术特色：

> 思想深刻，独树一帜；
> 顽强自学，学识渊博；
> 哲学科学化，科学哲学化；
> 概念创新，体系完整；
> 勇于变革，创造力强；
> 追求真理，献身科学；
> 文风朴实，逻辑严密；
> 治学严谨，独立思考；
> 视野宽广，立论宏大。

李国武研究员还在其发表的题为《邬焜信息哲学是信息时代的科学的世界观》一文中写道：

> 20世纪80年代产生的邬焜信息哲学，是哲学发展中的根本性变革，是人类信息时代发展和哲学发展的必然产物。首先它是适应全球化信息时代的需要而产生的。同时，它又是现当代科学和哲学发展的总结，是人类以往认识世界和改造世界的积极成果的理论结晶。它以信息是间接存在的观点为基础，揭示了世界的物质与信息双重存在的性质，开辟了对信息世界进行哲学研究的新领域，进一步科学地解决了思维与存在（物质与精神）、物质与信息、精神与信息的关系问题，从而实现了新的唯物信息论和信息方法论的统一，信息本体论和信息认识论与信息价值论的统一，信息进化论和信息社会论的统一。从其理论特征上看，又是科学性、时代性和普适性的高度统一，是信息时代的系统化、理论化的科学的世界观和方法论。①

---

① 李国武：《邬焜信息哲学是信息时代的科学的世界观》，载《重庆邮电大学学报》（社会科学版）2014年第1期，第79—85页。

9. 其他一些报道和综述的评价

1993年11月17日,《中国科学报》驻西安记者站站长王百战先生和西北大学哲学与管理科学系高立勋副研究馆员联合署名,在《中国科学报》上,以《信息哲学的开拓者——记西北大学教授邬焜》①为题,对邬焜教授信息哲学的研究情况进行了报道。该报道指出:

> 邬焜的哲学研究具有强烈的时代意识。
>
> 邬焜……系统地建立了一门信息哲学。
>
> 他的研究在国内学术界引起了广泛的影响,他的成果被一些学术刊物广泛转载、摘登、引用和评论。
>
> 有关学者认为,邬焜的研究具有一种"点、线、面、体"的全方位透视的特征;是信息同物质与精神关系的新揭示,是试图使哲学现代化的一种崭新探索;它以其特有的探索性、创造性和开拓价值,在信息——哲学界展示出一种全新的理论空间而独树一帜。
>
> 邬焜相信,信息哲学的强大生命力一定会在众多分支哲学的重建中,以及与众多应用学科的交缘中得到充分的体现。

该报道还指出:

> 邬焜已被哲学界誉为"富有创见的新秀""信息哲学的开拓者"和"国内思维科学研究领域开拓者之一"。

1994年,云南科技出版社出版了一本《系统科学大辞典》,该词典由120多位中外相关领域的学者组成的系统科学大辞典编辑委员会编辑,主编为中国运筹学家和系统工程专家许国志先生,该编辑委员会的特邀顾问中包括协同学的创始人、德国物理学家H.哈肯(Hermann Haken)和世界著名的系统

---

① 王百战、高立勋:《信息哲学的开拓者——记西北大学教授邬焜》,载《中国科学报》1993年11月17日,第一版。

科学家、美籍匈牙利人欧文·拉兹洛（Ervin Laszlo），他们同时又是相关词条的撰稿人。该辞典所收人物目录按年龄排列，由姜群英教授撰写的"邬焜"词条列在最后，并且是收入的古今中外的唯一一位信息哲学家。该词条的定性评价为："信息哲学的开拓者"。词条介绍说：

> 他对系统科学的主要贡献是他把信息概念作为哲学的最基本范畴之一引入哲学，建立了信息哲学。在信息本体论、信息认识论、信息社会论等领域都进行了独创性的研究。①

《安徽日报》高级编辑、《哲学大视野》执行主编金志华先生（属笔名鹤然）在其为邬焜的著作《信息世界的进化》撰写的书评中写道：

> 邬焜教授在国内较早地把信息的研究推向广阔的领域，注意从哲学角度讨论信息问题，在 20 世纪 80 年代后半期先后出版了《哲学信息论导论》《信息哲学》等专著，提出了一系列信息哲学问题和理论观点。最近，作者又推出《信息世界的进化》一书，发展和完善了自己有关信息哲学的理论，引起了学术界的瞩目。
>
> 他根据自然科学"哲学"的模式，从科学成果中提取理论和方法，借鉴一系列科学结论研究哲学问题，因而书中大多数论证都具极强的可推导性和实证色彩，所下的判断也大都具有较强的可信度。这种运思趋向给哲学工作者以有益的启示：哲学的现代化有一个重要方向，那就是哲学运作方式的现代化，即以现代科学为依据，突出哲学应有的科学特性，建立一系列哲学学术规范，消解传统哲学中"空疏""虚假"的内容，从而把哲学从传统引入现代，通过科学化方式走向现代化。
>
> 我们看到，书中虽然附有大量的数据图表，作者作出论证也以自然科学结论为前提，其理论体现出科学的色彩；但他同时对于人的自我创造特性、文化的自主品格、经济社会的文明特征及人类精神的心路历程给予必要的关注和阐释，从而使信息进化的论证在科学的前提下体现了

---

① 许国志：《系统科学大辞典》，昆明：云南科技出版社 1994 年版，第 531 页。

哲学的特色。①

广西民族大学政法学院高剑平教授在对国内外信息哲学研究的状况进行综述时写道：

> 在建立信息哲学的方向上，邬焜的工作系统而全面。从1980年开始，邬焜发表了大量的文章，出版了一系列的专著。1987年6月，陕西人民出版社出版邬焜的专著《哲学信息学导论》……标志着信息哲学在中国正式创立……从1987年6月邬焜创立"信息哲学"计算，则要比弗洛里迪2002年在西方哲学权威期刊《元哲学》(Metaphilosophy)上发表的"What is the Philosophy of Information"早15年。②

10. 信息时代的哲学精神全国学术研讨会

为了推动信息哲学的发展，2014年10月12—15日，由上海社会科学院《哲学分析》编辑部、西安交通大学国际信息哲学研究中心和陕西省自然辩证法研究会共同举办了题为"第十届《哲学分析》论坛：信息时代的哲学精神全国学术研讨会"。会议共收录论文20篇，其中包括两篇分别由法国和丹麦著名学者布伦纳和索伦（Søren Brier）（与周理乾合作）提交的论文。

来自《哲学分析》编辑部、西安交通大学、北京大学、北京邮电大学、中国人民大学、中国社会科学院、陕西省社会科学院、中国青年政治学院、东华大学、西安建筑科技大学、空军工程大学、西安石油大学等单位的40多位专家学者，其中包括10多位西安交通大学的哲学专业的博士生、硕士生和本科生参加了本次会议。丹麦著名学者、符号信息学家索伦和他的中国学生周理乾还通过视频作了会议报告，并参与了讨论。

---

① 鹤然：《哲学视野中的信息世界——喜读〈信息世界的进化〉》，载《哲学大视野》1995年第2期，第63页。

② 高剑平：《信息哲学研究述评》，载《广东社会科学》2007年第6期，第84—89页。弗洛里迪曾经是西方学者认为的信息哲学创始人。

此次会议的主题是围绕西安交通大学国际信息哲学研究中心邬焜教授创立的信息哲学进行研讨。会议报告和讨论的内容大致可以分为三个方面：一是对邬焜信息哲学的意义和价值的阐释和研究；二是对邬焜信息哲学和信息科学，以及与国外其他学者提出的信息哲学的观点和理论、或与其他相关的科学和哲学理论的比较性和拓展性研究；三是对邬焜信息哲学的某些观点和理论的商榷、质疑和讨论。

本次会议的参会者很有代表性，既有哲学家，也有科学家，还有国外著名学者的参与，这不仅体现着信息哲学和信息科学的联盟，而且还体现着中国信息哲学发展的国际化趋势。专家学者们的学术交锋既友好，又激烈，充分展示了学术自由探索的魅力。本次会议有助于清晰了解国内外信息哲学研究的现状和更好地推动当代信息哲学的发展。

下面列出参会论文的题目：

[法] 布伦纳：《作为信息时代精神的哲学——对邬焜信息哲学的评论》

王玉樑：《坚持理论的彻底性——发扬马克思倡导的治学精神》

苗东升：《由邬焜信息哲学想到的》

康兰波：《邬焜"存在领域的分割"理论及其意义》

邬天启：《从信息世界的发现反思存在与哲学基本问题》

李国武：《信息哲学的创立者——邬焜教授的学术品格》

董思伽：《信息哲学作为一种新兴哲学能否解决现代西方哲学危机？》

钟义信：《从信息科学视角看〈信息哲学〉》

王健：《信息存在论的建构路径与哲学观念的变革——对西蒙栋和邬焜信息哲学的比较》

王有腔：《"客观知识"辨析——波普尔和邬焜观点的比较》

李乘宁：《论符号与信息——关于技术哲学与信息哲学的一种比较》

南琼：《信息形态演进中的统一时空观探析》

毕琳：《信息方式与人类社会的双重进化》

王亮：《基于物质系统论的信息复杂性探寻》

冯洁：《信息哲学与医学模式变革》

周理乾、[丹麦]索伦：《具有中国特色的信息哲学？——评邬焜教授的信息哲学体系》

肖峰：《信息哲学并未带来"全新的哲学革命"——就三篇文章与邬焜先生商榷》

邓波：《信息本体论何以可能？——关于邬焜先生信息哲学本体论观念的探讨》

张怡：《论信息的随附性特征》

段伟文：《从世界的痕迹到事实的创造——对信息哲学的反思与追问》

会后邬焜针对会议的商榷和讨论写了两篇回应文章：

邬焜：《信息哲学的独特韵味及其超然品格——对三篇文章的回应和讨论》

邬焜：《与信息本体论相关的若干重大问题的讨论——对两篇文章的回应》

刘琅琅博士写了一篇会议综述：

刘琅琅：《第十届〈哲学分析〉论坛——"信息时代的哲学精神"学术研讨会综述》

会后，《哲学分析》（2015年第1、2期）选取了6篇参会论文[1]，连同邬焜教授的2篇回应性文章和刘琅琅博士的会议综述分两期予以发表。

会议所取得的上述23项成果中的22项已由中国社会科学出版社结集出版。[2]

---

[1] 这6篇参会文章的作者是：布伦纳，钟义信，周理乾，索伦，肖峰，邓波，张怡。

[2] 邬焜、成素梅主编：《信息时代的哲学精神——邬焜信息哲学思想研究与讨论》，北京：中国社会科学出版社2015年版。文集未收入的论文是段伟文先生的文章。虽然我们认为该文很有创意，但是，段先生考虑到相关观点尚未成熟，认为不便于公开发表。

11. 各类基金项目的支持

多年来，邬焜的信息哲学研究获得了 20 多项不同层次的科研基金项目的支持。其中国家社科基金一般项目两项、重点项目一项；教育部人文社会科学研究一般项目两项、211 和 985 子项目各一项；陕西省自然科学和社会科学研究项目 3 项。

下面仅将这些相关省部级以上科研基金项目的题目依获准时间的先后列出：

1993 年度国家教委"八五"人文、社会科学研究规划项目《信息科学与唯物辩证法的发展观》（教社科司［1993］2 号）；

1996 年度陕西省自然科学研究计划项目《陕西省经济与社会发展信息化程度定量测度及未来发展预测》（项目编号：96-G05）；

1999 年度陕西省自然科学研究计划项目《陕西省信息经济定量测度及未来发展预测》（项目编号：99-G07）；

2002 年度国家社会科学基金一般项目《信息哲学的理论体系和方法》（项目编号：02BZX027）；

2003 年度国家教育部 211 子项课题《信息化与西部发展多维互动模式探讨》；

2006 年度陕西省社会科学基金项目《复杂信息系统理论的哲学探讨》（项目编号：06C011Z）；

2007 年度教育部 985 工程 II 期资助项目《社会信息科学的理论和方法》（项目编号：985hust—13003）；

2011 年度教育部人文社会科学研究一般项目《信息哲学、哲学基本问题与哲学的根本转向》（项目编号：11YJA720027）；

2012 年度国家社会科学基金一般项目《现代科学革命、信息哲学与辩证唯物主义新形态研究》（项目编号：12BZX020）；

2013 年度国家社会科学基金重点项目《信息哲学的基础理论研究》（项目编号：13AZD096）；

2018 年度国家社会科学基金重大项目《信息哲学的历史、现状与未来》（项目编号：18ZDA027）。

七、国际化

由于语言交流上的障碍，长期以来，邬焜的成果一直未能以英文形式发表，所以，国外学者一直未能了解邬焜的相关研究成果。直到 2010 年之后，这一情况才有所改变。

1. 第四届国际信息科学基础大会

2010 年 8 月 21—24 日，由美国华盛顿信息科学研究所、美国威斯康星大学信息政策研究中心、中国人工智能学会、华中科技大学社会信息科究中心、清华大学科技与社会研究所、北京大学信息管理系联合主办和协办的第四届国际信息科学基础大会（FIS 2010）①在北京召开。此次国际信息科学基础大会的主旨为：建立新的信息科学。来自美国、俄罗斯、加拿大、法国、西班牙、日本等国的 29 名和中国的 34 名信息科学领域的专家参加了会议。

邬焜作为此次会议的国际顾问委员会成员出席会议，并作大会报告。邬焜和邬焜的博士生团队共 10 人，向大会提交的 11 篇与信息哲学相关的英文论文全部入选。邬焜和其中 5 位博士生到会。

邬焜和邬焜指导的博士生向大会提交的论文，以及在会上所作的大会和分会报告引起了国外学者的关注。有国外专家在讨论中指出，西方学者提出信息哲学的时间只有 14 年，其标志性成果的发表仅有 8 年，并且至今未能形成系统化的理论，而邬焜教授早在 30 年前就提出建立信息哲学的任务，并在 20 世纪 80 年代就建立了信息哲学体系。一个是 30 年，一个是 14 年，二者相比，反差强烈，这将把国际上公认的信息哲学提出和创立的时间大大提前。

---

① 关于邬焜和邬焜的博士生参加此次会议的相关情况的报道，请参阅：《邬焜教授参加国际信息科学基础大会并作大会报告》2010 年 9 月 2 日交大新闻网；《邬焜教授参加国际信息科学基础大会并作大会报告》，西安交通大学科研院人文社会科学处主办《人文社科简讯》2010 年第 1 期，第 36 页；李国武：《西方学者发文高度评价西安交通大学邬焜教授所创立的信息哲学》，载《西安交通大学学报》（社会科学版）2011 年第 5 期，封二、封三。

有国外专家还直接邀请邬焜为其刊物投稿。

邬焜和邬焜的博士生团队为大会提交的论文中最具代表性的论文及报告有：

《科学的信息科学化》（邬焜，大会报告）；

《信息哲学在中国的创立——邬焜教授三十年信息哲学学术思想研究》（李国武，分会报告）；

《信息哲学在中国的兴起》（邬天启、靳辉，分会报告）；

《作为元哲学的信息哲学何以可能》（李武装，参会论文）。

另外，在此次会议上，邬焜还向外国学者提供了一本题为"The Basic Theory of Philosophy of Information"（《信息哲学的基本理论》）的英文书稿。该书稿汇集了邬焜已经发表的12篇中文论文的不很规范的英译文稿。①

此次会议之后，国外学者开始根据其不完全的了解对邬焜创立的信息哲学进行介绍和评价。

2. 第五届国际信息科学基础大会

2013年5月21—24日，由国际信息科学研究会（IS4IS，总部设在奥地利）、联合国教科文组织《全民信息》计划组俄罗斯计划委员会、俄罗斯科学院人工智能委员会、俄罗斯科学院信息问题研究所、俄罗斯信息社会发展研究院、莫斯科人文主义大学等单位共同发起和组织的第五届国际信息科学基础大会在莫斯科召开，来自俄罗斯、西班牙、奥地利和中国的80余名信息科学领域的专家学者参加了会议。本届国际信息科学基础大会的主旨为：从信息方法的全新视角探讨21世纪的世界教育问题。

邬焜教授应邀出席会议，并在21日下午作了大会报告。邬焜教授所作报告的题目是："Information Thinking and System Thinking: A Comparison"（该文

---

① WU KUN. The Basic Theory of Philosophy of Information. Beijing: Paper, 4th International Conference on the Foundations of Information Science, August, 2010.

的中译稿《信息思维和系统思维的比较研究》已在中国刊物发表)①。该报告的论文文稿是邬焜教授和法国巴黎国际跨学科研究中心研究员布伦纳先生合作完成的。在长达50分钟的报告中,邬焜教授首先扼要介绍了他所创立的信息哲学的基本理论,然后从本体论、认识论、进化论、时空观、价值论、社会发展理论、经济发展理论,以及对科学和哲学变革的范式作用等八个方面对信息思维和系统思维的异同进行了对比性的阐发。通过相应的阐发,邬焜教授强调,对于科学和哲学的变革,信息思维比系统思维更具有基础性和本质性,由此也深刻揭示了信息哲学和信息科学范式对人类哲学和科学的发展所具有的全方位、根本性改造的革命性意义和价值。

在会议进一步的讨论中,有西方学者提出应当重视信息哲学的研究,并进一步更为详细地将邬焜教授的相关研究成果介绍给西方学者。大会主席、国际信息科学研究会主席、俄罗斯科学院信息问题研究所首席研究员康斯坦丁·科林(Константин Колин)先生在其所作大会报告中回顾了世界信息哲学发展的历程,并特别强调了邬焜教授关于信息哲学研究成果的开创性价值。

3. 布伦纳的评价（1）：《邬焜和信息元哲学》

法国国际跨学科研究中心资深研究员、现实逻辑（LIR）理论的提出者、著名学者约瑟夫·布伦纳先生,在2011年6月20—26日召开的第九届国际一般信息理论研讨会（GIT, 2011, 保加利亚, 瓦尔纳）上提交了一篇题为"*Wu Kun and the Metaphilosophy of Information*"（《邬焜和信息元哲学》）的长达10万余英文字符的论文,具体介绍并高度评价了邬焜教授独创的信息哲学。该文后来已经以英文和中译文的形式公开发表。②

布伦纳先生的文章强调说：

---

① [法]布伦纳、邬焜:《信息思维和系统思维的比较研究（上）》,王健译,载《佛山科学技术学院学报》（社会科学版）2013年第2期,第1—7页；[法]布伦纳、邬焜:《信息思维和系统思维的比较研究（下）》,王健译,载《佛山科学技术学院学报》（社会科学版）2013年第3期,第1—10页。

② Joseph E. Brenner, 2011. "Wu Kun and The Metaphilosophy of Information". *Information Theories and Applications*, No.2, pp.103-128. 中译文：[法]约瑟夫·布伦纳:《邬焜和信息元哲学》,王健、刘芳芳译,载《西安交通大学学报》（社会科学版）2012年第3期,第6—21页。

邬教授强调了作为一个基本的哲学范畴的信息概念，界定了信息和信息科学在诸如本体论、认识论乃至科学等所有相关学科中的核心角色。这是一条元哲学的原则，因为它必须处理哲学自身的内容。邬教授的信息哲学被他称为一种元哲学，"一种最高哲学"，这正是因为其出众之处在于它的独特性和普遍性，在于它的新世界观，即作为一种关于历史、社会、价值、知识、科学和技术的信息观念。

在邬先生的概念中信息哲学是处在一种新的信息范式或者信息的本体论转向的中心位置……这个理论中包含了哲学、逻辑学以及体现了一种跨学科视角的本体论。

邬教授将信息科学领域视为一种由信息哲学、一般信息理论和各种实践应用的次级领域所构成的复合体。在所有的这些方面，他都做出了贡献。充分评价邬教授关于哲学和信息科学与哲学的著作及其蕴意必须要等到它们全部被译成英文之后。显而易见的是，他的研究提供了一个关于信息的复杂本体论性质的重要的新视角。

布伦纳先生的文章还强调说：

邬焜历经多年来描述他的研究，广泛地相关于：信息的哲学本质、信息本体论、信息认识论、信息进化论、社会信息论、信息价值论、信息思维论、信息和自组织以及复杂性理论、信息和虚拟实在、信息科学体系，从而在整体上构成一种新的科学范式以及一个未来哲学和科学发展趋向的基础。

在这些相互作用的跨学科解释中，我看到一种新的信息范式的操作的开端，并且它既导向又由所述的一种信息元哲学和信息姿态所构成，这种信息元哲学和信息姿态源自于邬教授的研究。

邬教授的独特的元哲学概念对于理解信息的社会和伦理维度的动态学是必不可少的。

邬教授的一个提议就是，将信息哲学作为一门统一信息理论的基础，而这将会导向知识的统一体。

基于邬焜教授的贡献,一种信息领域的研究接近成熟,人们可以开始谈论一种能够概括多样路径的信息的元哲学(理论)。

布伦纳先生的文章还特别评价了邬焜教授提出的信息思维的认知方式,并把这种思维方式与胡塞尔的现象学方法进行了比较。他写道:

> 信息哲学作为包含所有学科的关键部分,超越了它们特有的科学内容;在信息思维要求思考所有哲学和科学的信息面相的范围上,相信我们正接近于一种新的科学的(和逻辑的)范式,在其中,作为区别于实体思维的信息思维,产生了对传统学科及其理论的崭新的阐释……信息思维(IT),如邬教授所构想的,指谓一种通过关涉包含于信息进化之中的信息结构和动态学,从其历史的起源到未来的可能性和概率性来把握和描述事物的本质和属性的方式。这个策略包含着某些类似于胡塞尔哲学式的悬置的东西,即悬置任何复杂过程的细节以考虑信息在其动态学中发挥功能的方式……但是,邬焜的理论和胡塞尔的理论之间的差别是明显的:邬教授原创的信息哲学是去澄清客观世界中的物质和信息的双重存在和双重演化,它们始于存在的逻辑和自然的人类自身的动态学。邬教授的学说,不同于胡塞尔的,并不需要"自然化",即带入到自然科学的领域中,它已经在那里了。
>
> 邬教授的研究路径清除了为胡塞尔的先验直觉寻找自然等价物的艰巨任务。

布伦纳先生的文章还对邬焜教授创立的信息哲学在促进统一信息科学的建立,以及变革哲学的意义和价值进行了评价。文章写道:

> 在邬教授的观念中,信息的性质是这样的,它只有被包含入世界存在的基础领域的建构之中,才能显示出它们的本质和最一般、最普遍的特征。这种普遍性仅能够在一般哲学的最高层次上被研究。正因为如此,一种统一信息理论能够被期待具有一般哲学理论的结构和性质。仅仅从

信息哲学的优势观点出发，人们才能够意识到信息的本质，并要求建立一种统一信息理论；在我看来，基于他的信息哲学和元哲学，邬教授是在提议一种对于哲学基础的新的重大的批评！邬焜将信息概念作为哲学的最基础的一个概念，导致对我们所见的存在领域分割的一种新奇的模式，改变了关于基本哲学问题所能做出的具体表达的方式。这样的结果就是信息的新哲学使得一种关于哲学基础性基质的"对话"成为可能，从而能够导向在关于人的哲学中的进一步的基础性的和富有魅力的普遍性改变。

通过对作为存在的最基本特征之一的信息和信息活动的形式化的研究，信息的元哲学改变了讨论哲学——形而上学的、认识论的和本体论的基本问题的方式……信息哲学实现了哲学的综合变革。

邬焜的信息哲学及其作为一种元哲学的形式化构成了一个对于信息的一般理论的巨大贡献（迄今还未被中国以外的人们所认识）。

邬焜教授提出的信息哲学基本理论不仅仅聚焦于信息的现象学结构和功能属性，也聚焦于对它的一种准确理解的重要性，即确切地将它作为一种导向更加民主的社会的运动之基础。我可以认为，邬先生的信息著作的主体构成了哲学的进步。

针对西方以前把弗洛里迪看作是信息哲学创始人的说法，布伦纳在其文章中特别强调：

我发现并没有其他正式的文献涉及信息的元哲学。邬焜，根据本文所简要概括的实质阐明，应该被看作这个领域的主要先驱。

弗洛里迪与邬焜本人必须被各自独立地视为信息哲学领域的奠基人之一。

2013年10月，在西安召开了首届国际信息哲学研讨会，布伦纳先生在会上作了题为《人格同一性的信息过程》的大会报告。他在报告中指出：

人格同一性作为一种复杂现象，对它的思考不能离开对同一性和多元性，以及作为动态过程的二者关系的理解……邬焜先生所创立的信息哲学和元哲学则首先从本体论上对此给予了支持……邬焜所提供的人类信息活动的等级结构图景，有助于人格同一性的建构，而这正是……一种人格同一性的本体认识论之路。①

4. 布伦纳的评价（2）:《作为信息时代精神的哲学》

在2014年10月于西安召开的"第十届《哲学分析》论坛：信息时代的哲学精神全国学术研讨会"上，布伦纳先生提交了一篇题为《作为信息时代精神的哲学——对邬焜信息哲学的评论》②的长篇文章，又对邬焜信息哲学进行了专门性评价。

下面是该文中部分评价的摘引：

邬焜提供了一种指向科学与哲学相互融合的桥梁。信息科学和哲学不仅不是分离的，而且是在一种哲学的科学化和科学的哲学化的向度上动态地相互作用的。信息哲学和科学中的变革，从哲学立场上看，在可以被描述为一种根本的信息转向之中，反映为一种时代的信息精神。

正如邬焜曾指出的，为了正确地探究被看作是标准科学之组成部分的概念（信息），我们还应该重新考察人类知识的整个哲学结构。

在邬焜的概念体系中，信息对于科学和哲学如同德谟克利特的原子论那样具有同样的核心作用。在邬焜描述为哲学的科学化和科学的哲学化的科学和哲学的信息变革的影响下，今天我们参与到了一个可循环的发展过程中。然而，在此精神中，科学和哲学都没有丢失其特殊的内容和方法论。

邬焜通过提供一种以信息术语对存在的复杂性的理解，首先讨论了

---

① 王健：《首届国际信息哲学研讨会综述》，载《重庆邮电大学学报》（社会科学版）2014年第2期，第51—54页。

② [法] 约瑟夫·布伦纳：《作为信息时代精神的哲学——对邬焜信息哲学的评论》，王健译，载《哲学分析》2015年第2期，第4—17页。

他的信息哲学，其次也提供了一种人道伦理学的科学基础。

整个宇宙中（世界、自然）的所有"存在"被邬焜放置在客观实在、客观不实在和主观不实在作为其三个主要的区域的分类之中。因此，客观存在的范围比客观实在（物质）的范围更宽泛。物质和精神的分类并不包含整个"世界"。在物质和精神之间存在着一个"客观不实在"的领域，这是传统科学和哲学并未充分注意的，即使它被赋予了一种物理主义的解释。

信息在世界的本体论结构中的奠基，在对知识的研究中起到了重要的作用，即它构成了对科学学科和现代哲学基础之间的经典分离的一种新的和必要的批评。这导致了一种以信息术语所表述的新的世界观，一种新的世界存在图景。尤其是，我们将看到，我们的研究为先前较多地在认识论上所进行的信息理论的范畴探讨提供了一个本体论的维度。

事实上，邬焜的信息哲学包括信息本体论，关于知识、演化、价值的信息理论，一种"信息思维"，以及包含一个严格的概念框架体系的社会信息理论，并对信息的自然属性及其生物学意义、方法论方面和社会价值进行了诠释。正如信息哲学基本理论中所概括的，邬焜认为信息哲学是最高形式的哲学，一种包含多种哲学作为其分支的元哲学。信息哲学将信息看作为一个宽泛的概念，它指涉一种存在的普遍形式，一种认识模式和一种价值尺度，而且我们可以探究它的演化原则。从相应的元哲学视角出发，新的信息本体论、信息认识论、信息生产论、信息社会论、信息价值论、信息方法论、信息演化论等都可以进行建构。邬焜相信信息哲学的建立使得一种新的自然观、认识观、社会观和价值观成为可能，而且对人类信息社会的发展和一种更为文明、民主的社会政治、经济和文化信息秩序的建立起到积极的促进作用。

一个重要的方法论结论在于，邬焜的研究对于恢复辩证法作为一种适当的哲学策略和包括社会和政治科学在内的科学策略做出了贡献。

我的主要结论在于，邬焜的研究构成了从整体上对现代哲学基础的崭新的和原创的必要批评。

邬焜的贡献在于，信息科学和哲学的发展揭示了，在基础的物质世界中，而且也在人的认知世界中，信息既是一个本体论概念又是一个认识论概念，其中，认知世界被看作先前的信息活动的产物。这一情景之所以可能，是通过信息过程产生物质对象的相应结构的存在论意义而实现的。物质—能量和"心智"之间通过信息中介的可能运动，排除了它们的绝对分离的基础和必要性。这就允许一种新的和根本的哲学转向，它意味着一种对本体论范畴的重建。

邬焜基于其关于信息在世界中被发现的理论，从哲学的视角重新规定了：(1)存在的结构（存在领域）；(2)关于主体和客体之间关系的一种新解释。

邬焜认为，从现象到理论建构的过程也必须经过人类主体认知能力、样式和结构的相同中介。相应地，它是一种信息建构活动，而不是一种机械结构，即一些将人类认知能力和方式作为中介的外在系统或过程的一对一描述。然而，不可否认，理论和实在之间的相关联仅仅因为理论乃是从对现象的处理中而获得的。这里，尽管邬焜承认这种关联，但它不是直接的，因为理论和实在之间存在着信息转换的多维中介（包括现象的中介）。就此而言，他的观点与流行的科学实在论和反实在论都有所不同。

邬焜对真理的理解是：人们以其自身的方式获得关于客体的真理；真理自身乃是一种信息的主观形式，而不是一种物质实在的形式。因此，它只能是相对的，相对于一些（不是全部的）实在的差异关系以及人的主体认知能力。从实在到现象和从现象到理论，任一类别的中介环节的差异都会导致所获得的真理的改变……这是真理的相对性和多元性。

因为实践与相应的理论之间的符合是成功的，我们便可以认为获得了相应的真理……然而，邬焜并不否认真理的可能性以及真理和实在之间的相关性和符合性。他只是将那些观点有条件地看作是相对的而非绝对的。

邬焜和符号学者索伦·布赫尔都认为胡塞尔的先验观念论与世界或自然科学毫无关联。尤其是，邬焜从一种信息立场对胡塞尔进行了一种独特的分析。在本文中，我将简单重申他的关键结论，即人类个体和社会存在和经验的复杂性不能够通过参考一种排除了信息、信息过程及其必要的生理、心理结构的运作的具体功能的"生活世界"和"主观间性"而得到描述。

在诸如胡塞尔和迪肯等哲学家和神经科学家以及邬焜的著述中，基本的自然科学世界观都高扬意识是自然的组成部分。信息立场或"姿态"的优势在于信息在物理学、生物学、神经科学和心智之间是一个统一的概念。在此意义上，相比于现象学而言，信息哲学是一种对于人类理解机制的更为科学和合理的解释。

邬焜对于现象学方法的基本观点是，由于经典现象学对自然客体和人类身体的悬置，它对人类认识机制的描述便是单向的和不完整的。信息哲学从把握自然客体的信息机制、物化工具的作用、人类生理结构和认知结构的参与，以及种系和个体历史发生学的建构等五个维度的基础性、中介性作用的层面，为阐明人的认识发生的过程和机制提供了一个统一的框架。简言之，信息哲学原理的应用首先使得认知过程中的行动者从他们的现象学悬置中返回。认知的新的整合模型包括经典的现象学解释，所以信息哲学的解释超越了现象学的解释。

我认为现象学并不具有一个自然本体论基础。信息哲学不为现象学所决定，而是相反。在信息时代的精神的术语中，一种"信息现象学"既不可能也不必要。

邬焜的贡献在于：哲学，严格地说，可以赋予科学以特征。在我看来，问题越复杂，这一影响就越显而易见。因此，邬焜以关于它们共同的信息基质的理论为中介，通过一种新的科学联合对发展这一领域做出了突出的贡献。这使得对不同类型的科学的共存和古代科学和哲学的历史共同起源的认知成为可能。

邬焜的理论对于知识及其发展的新进路可以说是变革性的，由此而有必要改变以后的哲学学科教育的主导方式。

在他关于信息哲学的所有著述中，邬焜一以贯之地强调信息的社会价值和功能，认为从它的相关价值和功能中可以获得人类个体和社会存在的整体的理论基础，以及伦理行为的基础。

邬焜为对作为信息过程的伦理行为的基础所进行的再评价，提供了一种新的严格的理论框架。

在邬焜信息哲学的复杂性研究中，关注现象的本体论和认识论方面之必要性同时要求一种宽容心和开放性，这也同样适用于对信息时代的哲学精神的描述。邬焜相信，信息影响所导致的哲学变革，对于那些最终目的在于发展人类境况的任何计划而言，都是其中一个必要的心智部分。因此，我认为当前这一系列聚焦于邬焜教授的著作的论文（此次论坛的专题论文）的刊发，乃是关于信息哲学和科学在一个更具建构性的新的对话方向上的一大进步。

5. 索伦·布赫尔的评价：《具有中国特色的信息哲学》

在2014年10月于西安召开的"第十届《哲学分析》论坛：信息时代的哲学精神全国学术研讨会"上，丹麦哥本哈根大学教授、著名符号信息学家索伦·布赫尔（Søren Brier）和他的中国学生周理乾博士合作提交了一篇题为《具有中国特色的信息哲学？——评邬焜教授的信息哲学体系》①的论文。周理乾、索伦·布赫尔还合作发表过两篇英文文章，一篇专门评价邬焜的著作《信息哲学——理论、体系和方法》（商务印书馆2015年版），另一篇专门评价邬焜的信息哲学。②

下面仅将他们合作发表的中文文章中的部分评价予以摘引。

邬焜教授由于其长达30余年对信息哲学思考与建构，毫无争议的成为中国信息哲学的代表人物。邬焜信息哲学的影响不仅限于国内，现在已经引起了欧洲信息研究领域的注意，出现了对他的哲学的研究性文献

---

① 周理乾、索伦·布赫尔：《具有中国特色的信息哲学？——评邬焜教授的信息哲学体系》，载《哲学分析》2015年第1期，第4—16页。

② Liqian Zhou and Søren Brier, 2014. "Philosophy of Information in Chinese Style", *Cybernetics and Human Knowing*, No.4, pp.83-97; Liqian Zhou and Søren Brier, 2015. "The Metaphysics of Chinese Information Philosophy: A Critical Analysis of Wu Kun's Philosophy of Information", *Cybernetics and Human Knowing*, No.1, pp.35-56.

以及主要著作的述评。首届国际信息哲学研讨会在西安的顺利召开，更是提高了邬焜哲学在欧洲信息理论研究界的知名度。

在欧洲信息科学基础学术圈（FIS Group, Foundation of Information Science Group）看来，邬焜迥异的运思方式让他们感到惊讶与好奇，在这种文化震惊（cultural shocking）中很多人给出了相当高的评价。

邬焜的信息哲学一开始就认为要重新审视哲学的基本问题，发现了以往哲学所没发现的新的存在领域，哲学由此也要发生根本转向。

不同于其他科学技术哲学学者，邬焜认为不仅存在于信息理论中的哲学问题或者信息理论能够对传统哲学问题有所启发，信息哲学本身就是一种全新的哲学，是"元哲学""第一哲学"，代表着哲学的根本转向。像物质、意识一样，信息是哲学的基本范畴。全部哲学，包括本体论、认识论、方法论、价值论等，都应该在信息的基础上重新构建。

邬焜的信息概念虽然与泛信息主义有许多相似之处，但并不完全与这些观点相同。首先，出发点不同。邬焜信息哲学的逻辑起点是存在领域的重新划分。通过重新划分存在领域，邬焜认为发现了被以往哲学所忽视的存在领域，他将这个新发现的存在领域看成信息世界。而其他泛信息主义的观点的出发点则是信息现象。由于信息无法还原到物质层次，因此认为信息与物质、能量一样基本。其次，邬焜的信息概念与泛信息主义的信息概念所指代的对象不同。邬焜用信息来指称他通过重新划分存在领域所发现的部分，而泛信息主义指称的则是日常信息现象。

邬焜的信息哲学是对传统的继承与叛逆。他的哲学继承了自然辩证法的研究传统，又试图超越限于传统身心二元论的以往哲学。在中国科学哲学界大力倡导"西学"的今天，他的哲学的这种原创性尤为珍贵。

相信在未来，通过邬焜教授越来越活跃地参与到国际学术界，他的哲学能够越来越具有影响力。

由于索伦·布赫尔是符号信息学家，所以他从符号需要理解者的现象学的主体性的立场出发对邬焜提出的信息的存在论意义提出了批评。他说：

邬焜的信息是先验的、普遍存在的，即使不存在理解者，信息也是存在的；而日常话语中的信息概念则是依附于理解者而存在的，因此只有改变了接收者（或理解者）的主观概率，才算做信息。

在我们看来，由于他的理论抛弃了理解者，因此还不能够构成日常意义上的信息。

我们认为，实际上邬焜的信息哲学本质上并不是关于"信息"的哲学，而是借用了信息这个概念来指称他所发现的那个被以往哲学所忽视的存在部分，这个存在领域的部分完全可以用其他的名词来指称而不影响他的整个哲学体系的融贯性。我们认为，真正的信息哲学应该是关于"信息"的哲学，应该从日常信息现象出发来研究信息。

恰当的信息理论框架应该是一个涵盖客观规律、主观意义和主体间规范的跨学科框架。

虽然他的哲学冠名为"信息哲学"，但由于其逻辑起点为存在领域的重新划分，而非日常世界中的信息现象，因此他的哲学显得有些名不副实。不过，这并不影响他哲学的原创性与启发性。

对于索伦·布赫尔的批评，邬焜也曾给予了回应。他说：

> 日常经验理解的信息概念……主要是在消息能否给接受者带来新内容的意义上被规定的。显然，这样的理解具有相对性和功能性，它所言说的并不是信息是什么，而是信息相对于接受者所起的作用，即给接受者带来了什么？这与哲学所追求的对信息本质的规定相去甚远。
>
> 实用信息科学中的信息概念虽然五花八门，但最有影响的说法无非就是申农和维纳的两个表述：信息是消除了的不确定性；信息即负熵。这两种解释同样具有相对性和功能性特征，因为它们言说的同样不是信息是什么，而是信息对接收者所起的效用，就这一点而言，它们与日常经验理解的信息概念是一致的。
>
> 显然，周文所理解的信息就是在日常经验或实用信息科学的层面上给出的，因为他们强调"只有被接收者所理解并改变接收者认知或行为

概率的消息才能是信息。"虽然这一层面的理解在具体的科学技术领域，在人的认知的领域都具有一定的意义和价值，但是，在一般哲学的层面仅仅停留于功能性的解释，并不能给我们带来任何关于信息是什么的本质性意见。忘记了在哪篇已经发表的著作或文章中我曾写道：如果按照"信息是消除了的不确定性"的定义方法，我们也可以把粮食定义为"消除了的饥饿状态"。我想，没有几个人会对这样的定义感到满意。

真正的信息哲学，如果它不把自己降低为日常经验和实用信息科学的附庸，它就应该从后者对信息理解的局限性中超越出来，去探求信息自身的本质，并由此本质出发能够包容和解释后者的相关内容。

我注意到周文强调说："恰当的信息理论框架应该是一个涵盖客观规律、主观意义和主体间规范的跨学科框架。"这样的观点是十分正确的。然而，不承认客观信息的存在，要实现对客观规律的涵盖又何以可能呢？在我所建立的信息哲学中，信息本体论、信息认识论、信息进化论、信息社会论、信息实践论、信息价值论是相互融贯和统一的。正是这样的一种理论才可能实现周文所强调的宏伟的信息理论框架。这样的信息哲学既能够体现信息所具有的独特韵味和超然品格，也能涵盖客观信息、主观信息和社会信息的统一性解释；既能把实用信息科学中的语法（形式）信息、语义（意义）信息和语用（价值）信息统一起来，又能够给符号信息以恰当的归属和地位。①

6. 其他国外学者的评价和反响

德国德累斯顿大学的格哈德·卢纳（Gerhard Luhn）教授在读了约瑟夫·布伦纳的文章后评论说：

> 邬焜的成果非常有趣和重要，从我们的"直觉"感受来看，这意味着经典现象学的终结。我们认为有必要对所有的事物重新进行认识……

---

① 邬焜：《信息哲学的独特韵味及其超然品格——对三篇文章的回应和讨论》，载《哲学分析》2015年第1期，第43—52页。

这似乎是一个重大的成就或努力,我们不得不从一开始就这样做。我们不得不从一开始就把关于"本体"和"现象"(或主观和客观的维度)的辩证关系的争论作为核心范式。Joseph,我们研究的最困难的部分在于必须用我们的方法解释清楚那种以人为核心的理论的随意性和危害性,它只是在某种特定场合才具有一定合理性。①

他还在其发表的论文中写道:

在我知道的科学家和哲学家中,只有邬焜从哲学的高度揭示了信息的世界本体的意义,并建立了一个关于世界各领域之间复杂性关系的理论。②

在他发表的另一篇论文中,他还写下了这样的"题记":

This paper is dedicated to Wu Kun and the Chinese approach to Information.(本文献给邬焜和中国的信息研究)③

俄罗斯科学院信息科学问题研究所首席研究员,国际信息科学学会(ISIS)主席(任期为2011—2013年)康斯坦丁·科林(Константин Колин)先生在出版的中译学术专著《信息科学中的哲学问题》④的"中文版序言"中称邬焜教授为"信息哲学的创始人"。

---

① 摘自约瑟夫·布伦纳2012年2月5日的来信。
② Gerhard Luhn, 2012. "The Causal-Compositional Concept of Information", *Information*, No.2, pp.1-34.
③ Gerhard Luhn, 2012. "The Causal-Compositional Concept of Information-Part II: Information through Fairness: How Does the Relationship between Information, Fairness and Language Evolve, Stimulate the Development of (New) Computing Devices and Help to Move towards the Information Society", *Information*, No.3, pp.504-545.
④ [俄] K.K.科林:《信息科学中的哲学问题》,邬焜译,北京:中国社会科学出版社2012年版,"中文版序言"第1页。

在 2013 年 10 月在西安召开的"首届国际信息哲学研讨会"上，担任会议外方主席的国际信息研究会副主席、西班牙萨拉格萨，阿拉贡保健科学研究所生物信息部主任佩德罗·马里胡安（Pedro C. Marijuán）教授在所致的开幕词中对中国学者在信息哲学领域的研究给予了高度评价，并称邬焜为"中国的信息哲学奠基之父。"①

2016 年 4 月 6 日，欧洲系统科学和控制论研究院院士，维也纳贝塔朗菲系统科学研究中心主席，维也纳技术大学终身教授沃尔夫冈（Wolfgang Hofkirchner）先生在与西安交通大学人文学院部分教师和学生举行的学术座谈会上强调：

> 邬焜教授所创立的信息哲学，作为当代哲学发展中的前沿理论，它不仅是中国的，而且也是世界性的。②

乌拉圭州立大学信息学院的拉菲尔·卡普罗（Rafael Capurro）教授，在其为研究生开设的《信息理论研究》（Seminario Teorías de la información）的专业课程中有专节内容介绍邬焜教授的信息哲学理论。③

在 2018 年 12 月斯坦福哲学百科全书更新的"信息"词条中，邬焜教授所创立的信息元哲学被列入该词条所强调的信息哲学领域业已形成的 5 条研究路径之一。④

7. 西安交通大学国际信息哲学研究中心

2010 年 12 月，经西安交通大学批准，由邬焜教授担任主任的西安交通大

---

① ［西班牙］佩德罗·马里胡安：《统一信息理论和信息哲学研究的历史回顾和未来前景展望》，载《西安交通大学学报》（社会科学版）2014 年第 1 期，第 1—2 页。［西班牙］佩德罗·马里胡安：《信息哲学的现在，过去和未来》，载《重庆邮电大学学报》（社会科学版）2014 年第 2 期，第 46—48 页。
② 《沃尔夫冈院士来校作"信息哲学"学术讲座》，西安交通大学新闻网，2016-4-11（网址：http://news.xjtu.edu.cn/ssjgy.jsp? wbtreeid=1033）
③ 该课程的课件已经公开发布在乌拉圭州立大学的网站上。（网址：http://eva.universidad.edu.uy/mod/resource/view.php? id=148712）
④ Information.［2018-12-14］. https://plato.stanford.edu/archives/win2018/entries/information/#Bib.

学国际信息哲学研究中心正式成立。该中心不仅是中国首个信息哲学研究中心，也是世界上第一个国际性信息哲学研究机构。该中心的活动宗旨是：有效整合信息哲学研究队伍；加强信息哲学成果的国际交流和对话；推动国内、国际信息哲学研究的发展。目前，该中心不仅与国内外相关机构和学者建立了广泛的学术联系和良好的合作关系，还成立了有俄罗斯、西班牙、奥地利、法国、英国、美国和中国的著名同行专家加盟的顾问兼学术委员会。

该中心成立以来，中心成员不仅发表了一系列中、英文论文，而且还规划出版了"西安交通大学信息哲学丛书"。截止2015年，该丛书已出书7本。其具体作者和书名为：

邬焜、[法]布伦纳、王哲等：《中国的信息哲学研究》，北京：中国社会科学出版社2012年版；

[俄] K.K.Kolin：《信息科学中的哲学问题》，邬焜译，北京：中国社会科学出版社2012年版；

邬焜、肖锋等：《信息哲学的性质、意义论辩》，北京：中国社会科学出版社2013年版；

邬焜、霍有光：《信息哲学问题争鸣》，北京：中国社会科学出版社2013年版；

康兰波：《人的实践本性与信息时代人的自由》，北京：中国社会科学出版社2013年版；

李国武：《邬焜信息哲学思想研究》，北京：中国社会科学出版社2015年版。

邬焜、成素梅主编：《信息时代的哲学精神——邬焜信息哲学思想研究与讨论》，北京：中国社会科学出版社2015年版。

目前，该中心在邬焜教授的主持下，还承担或已完成了四项中国教育部和国家社科基金项目的研究。这四项基金项目是：

（1）2011年度教育部人文社会科学研究一般项目《信息哲学、哲学基本问题与哲学的根本转向》（项目编号：11YJA720027）；

（2）2012 年度国家社会科学基金一般项目《现代科学革命、信息哲学与辩证唯物主义新形态研究》（项目编号：12BZX020）；

（3）2013 年度国家社会科学基金重点项目《信息哲学的基础理论研究》（项目编号：13AZD096）；

（4）2018 年度国家社会科学基金重大项目《信息哲学的历史、现状与未来》（项目编号：18ZDA027）。

8. 首届国际信息哲学研讨会

经教育部国际合作与交流司批准，由西安交通大学国际信息哲学研究中心和注册地在奥地利的国际信息科学研讨会（IS4IS）主办，国内外多家大学和研究机构联合协办的首届国际信息哲学研讨会于 2013 年 10 月 18 日到 21 日在西安交通大学召开。本次会议的主席由西安交通大学国际信息哲学研究中心主任邬焜教授和国际信息科学研究会副主席、西班牙萨拉格萨，阿拉贡保健科学研究所生物信息部主任佩德罗·马里胡安（Pedro C. Marijuán）教授担任。来自美国、法国、英国、奥地利、丹麦、以色列、西班牙、荷兰等，以及中国的 100 多位代表参加了会议。本次会议从收到的 68 篇论文中评审出 57 篇作为会议录取论文，其中英文论文 20 篇，中文论文 37 篇。邬焜和他的研究团队不仅为本次会议的召开作了大量的组织工作，而且为会议提交了 19 篇论文（其中英文论文 3 篇），充分彰显了邬焜和他的研究团队在信息哲学领域的研究实力。

本次会议取得了丰硕的成果。从论文的议题来看，范围十分广泛。主要涉及十个大的方面：

（1）关于信息本质和信息本体论的研究；

（2）关于哲学发展和信息哲学研究方法论的研究；

（3）关于信息思维方式的研究；

（4）关于信息哲学与其他哲学关系的研究；

（5）关于社会信息和信息社会的研究；

(6) 关于信息实践和信息伦理的研究；

(7) 关于网络文化和网络社会的研究；

(8) 关于量子信息、信息量子和信息计算方面的研究；

(9) 关于大数据与互联网本质的研究；

(10) 关于信息与心理、价值、智能、逻辑的关系的研究。

这样广泛的议题说明了两个方面的情景：一是信息哲学的跨学科性和多层次多领域性；二是目前信息哲学的研究还远未达到它所应有的统一性和深刻性。

有25位代表作了大会报告，其中国外代表12位（有两位未到会的代表由其委托的他人代为宣读论文），中国代表13位。会议设了两个分会场：信息哲学基础理论研讨组；信息哲学理论拓展与应用研讨组。有26位代表作了分会报告。

会议的外方主席佩德罗·马里胡安教授在所致的开幕词中对中国学者在信息哲学领域的研究给予了高度评价。他说：

> 我在此要特别强调中国学者和研究人员在信息哲学与信息科学中所起到的极为重要的作用。我曾有幸与不少中国同事在2010年北京FIS和2013年莫斯科FIS上共享观点。正如我在北京所说："由于信息科学，世界终于团聚起来了。"代表性的人物，如西安的邬焜，北京的钟义信应被分别看作信息哲学与信息科学在中国的奠基之父。
>
> 中国研究人员，哲学家和学者们为信息研究带来了一股热情和创造力，对此，我们，即他们的国际同事，表示非常感谢。
>
> 今天令人印象深刻的中国研究的发展，也在基础科学、应用科学、工程、社会科学、人文学科和哲学领域，产生了一批精英。当代中国科学家和学者又一次站在了国际研究的领先位置上。我很自豪的是，他们中的一些人正坐在这个大厅里，与久负盛名的国外同事友好交流。
>
> 我们应该利用新的驱动力，为信息科学与信息哲学的进步，发展更为成熟的根基。

在我们这个时代,"信息社会"中真正固有的社会维度,应该表现着另一个本质问题:加速发展的信息和通信技术、新的全球化责任、可持续发展的巨大不确定性挑战,它们都使信息科学和信息哲学的进步比以往任何时候都更重要。我们应该仔细考虑这一点。

这次会议将会是一个开创性的时刻,从而推进我们共同的信息思想……这是一种新的思维方式,我们应该将其推进以超越宏大的基础阶段的理论尝试。我们应该让内含有更新信息科学和信息哲学的,适度的专业性应用研究得以正规化。①

在闭幕式的讲话中佩德罗·马里胡安教授进一步指出:

在我看来,信息科学在中国的快速成长具有极为深远的重要意义。毫无疑问,这个国家的信息科学与信息哲学的系统化进展比任何其他国家都要更快、更好。即使考虑到这是"国家的奇迹"——相当多的传统的东西都已经在中国过去二十年里令人难以置信的高速发展中消逝了——但它仍然是令人惊叹的。我们在共同领域上的研究机构,分散在西安、北京、武汉、四川等地,当然也包括2010年在北京创建的国际信息科学学会,它们标志着中国和国外信息研究极具前景的未来。②

他在讲话中还对年轻一代的科学家和哲学家寄予了厚望。他说:

作为信息化的大科学领域的前沿地带,信息科学应该在与生物、社

---

① [西班牙]佩德罗·马里胡安:《统一信息理论和信息哲学研究的历史回顾和未来前景展望》,载《西安交通大学学报》(社会科学版)2014年第1期,第1—2页;[西班牙]佩德罗·马里胡安:《信息哲学的现在,过去和未来》,载《重庆邮电大学学报》(社会科学版)2014年第2期,第46—48页。

② [西班牙]佩德罗·马里胡安:《统一信息理论和信息哲学研究的历史回顾和未来前景展望》,载《西安交通大学学报》(社会科学版)2014年第1期,第1—2页;[西班牙]佩德罗·马里胡安:《信息哲学的现在,过去和未来》,载《重庆邮电大学学报》(社会科学版)2014年第2期,第46—48页。

会、和物理等其他领域的交互作用中履行复杂且艰巨的任务……正如科学史所清楚告诉我们的，一些最深刻的科学革命（例如在能源和热力学的历史中）只发生在一种跨时代的基础中。这是极为可能的，即一个完全成熟的信息科学将在接下来的几十年里，由未来一代的科学家完成和实现。这正是像在座各位年轻学生一样的人们的时代和机会，对于他们而言，成为这一重大科学革命的主角，岂不是非常伟大的吗？"①

邬焜教授在他所致的会议的"闭幕词"中对世界范围内的信息哲学研究进行了简短的总结。他强调指出：

> 由于信息哲学的研究是一个极富学术挑战性的全新开拓的领域，其发展出来的门派、不同的观点和理论将可能很多。打破门派壁垒，兼容百家学说，倡导一种自由讨论和相互批评的态度，鼓励对相关问题进行多层次、多视角、有差异的、甚至是对立的探讨应当成为我们发展学术的基本原则。只有采取一种开放式研究的态度，才能为学者们提供一个自由宽松的研究平台，从而更好地促进信息哲学这门新兴哲学学科的发展。
>
> 本次会议是首届国际信息哲学研讨会，从会议取得的成果来看，它对于凝聚世界范围内的信息哲学研究队伍，对于开拓富有挑战性和新颖性的信息哲学领域的研究无疑是开了一个好头。我们希望以此次会议为开端，在世界范围内，吸引更多的科学家和哲学家加入到信息哲学研究的方向上来，并获得更多、更好的相关研究成果。用我们的创新性成果彰显信息时代的时代精神，实现人类哲学的信息哲学的新转向。
>
> 此次会议将要闭幕了，但是，我们的研究却并未闭幕，它才刚刚开始。让我们以此次会议为开端，以更加饱满的热情来拥抱已经到来的信

---

① ［西班牙］佩德罗·马里胡安：《统一信息理论和信息哲学研究的历史回顾和未来前景展望》，载《西安交通大学学报》（社会科学版）2014年第1期，第1—2页；［西班牙］佩德罗·马里胡安：《信息哲学的现在，过去和未来》，载《重庆邮电大学学报》（社会科学版）2014年第2期，第46—48页。

息哲学的春天!①

9. 第二届国际信息哲学研讨会

由国际信息研究学会和多国机构联合举办的第一届国际信息科学峰会 2015 年 6 月 3—7 日在奥地利首都维也纳技术大学举行。本次峰会的主题是"处于十字路口的信息社会——信息科学的回应与责任"。会议包括三个分支会议：第六届国际信息科学基础大会（FIS 2015）、第二届国际信息哲学研讨会（ICPI 2015）、第五届国际信息通信技术与社会学术研讨会（ICTS 2015）。

在 6 月 6 日，国际信息研究学会（IS4IS）召开了执委会扩大会议，总结了研究会的前期工作并选举产生了由一名主席和十二名副主席组成的第三届领导机构。中国学者西安交通大学邬焜教授、北京大学闫学杉教授全票当选副主席，北京邮电大学的钟义信先生仍然继续担任该研究会的名誉主席。研究会主席由瑞典梅拉达伦大学高丹娜·多狄格-科恩科维奇（Gordana Dodig-Crnkovic）教授担任。

西安交通大学国际信息哲学研究中心是本次会议的承办单位之一，邬焜教授作为峰会主席团成员并担任了"第二届国际信息哲学研讨会"的主席。邬焜教授还在峰会大会开幕式上代表中国代表团致辞，并在"第二届国际信息哲学研讨会"上致开幕和闭幕辞。

他在致辞中讲到，首届国际信息哲学研讨会 2013 年在西安交通大学举行，无论在中国学术界，还是在西方同仁中都获得了很好的反响。近两年来，中国和世界的信息哲学研究都有了新的发展。相关领域的研究所揭示的信息世界的独立性、普遍性品格，不仅为确立一种新的科学和哲学的时代范式，为确立一种新的世界观奠定了基础，而且也为统一信息科学的建立和发展奠定了基本的前提条件。

出席此次会议的中国代表团是本次会议的一个亮点。其中包括众多在信息哲学和信息科学领域的著名中国学者：北京邮电大学钟义信教授、中国人

---

① 邬焜：《国际信息哲学展望——在首届国际信息哲学研讨会闭幕式上的讲话》，载《重庆邮电大学学报》（社会科学版）2014 年第 2 期，第 49—50 页。

民大学苗东升教授、中国科学院颜基义教授、中国自然辩证法研究会秘书长尚智丛教授、上海社会科学院哲学所成素梅研究员、中国科学院大学李伯聪教授、中国青年政治学院肖峰教授、华南理工大学吴国林教授等。

"第二届国际信息哲学研讨会"取得了丰硕成果,共收录论文33篇,论文议题主要涉及七个大的方面:

(1) 关于信息科学和信息哲学互动融合性质的讨论;
(2) 关于信息本质和信息的存在论地位的探索;
(3) 关于东西方信息哲学基本理论的比较研究;
(4) 关于信息价值、信息风险、信息文明和信息民主问题的研究;
(5) 关于虚拟现实、量子信息哲学、纳米信息伦理的研究;
(6) 关于时空和信息问题的研究;
(7) 关于信息和符号、信息和传播、信息和音乐、信息和人的精神疾患等问题的研究。

此次会议收录了邬焜教授和他指导的12名博士生的13篇论文,其中有10名博士生参会。

在峰会举办的信息哲学专场大会报告中,邬焜教授特邀发言,作了题为"信息哲学与信息科学的互动与融合"的学术报告,国内外学者展开讨论,认为该报告展示了中国信息哲学在"存在领域分割"这个哲学根本问题上独特的创新价值,既强调了信息哲学的元哲学的性质,又强调了信息哲学和信息科学的融合和统一。中国的信息研究提出了一种不同于当代西方信息研究的独特范式,这种范式为回应本次峰会的主题以及为世界信息研究的发展提供了非常有价值的研究视角。其他做报告的各国知名学者还有:国际信息哲学的倡导者牛津大学卢西亚诺·弗洛里迪(Luciano Floridi)教授;法国著名逻辑学和信息科学专家、巴黎国际跨学科研究中心约瑟夫·布伦纳研究员;国际信息伦理学中心(ICIE)创始人、乌拉圭州立大学拉菲尔·卡普罗(Rafael Capurro)教授;中国自然辩证法研究会秘书长尚智丛教授、上海社会科学院哲学所成素梅研究员、中国青年政治学院肖峰教授、华南理工大学吴国林教授等。西安交大博士生也在会议上作了报告,并积极参与会议的组织和讨论。多位相关领域的国际知名学者就相关议题与邬焜教授和西安交通大学青年学者展开了深层的交流和对话。

另有一些著名中国学者,如北京邮电大学钟义信教授、中国人民大学苗东升教授、中国科学院颜基义教授等参加了第六届国际信息科学基础大会,而中国科学院大学李伯聪教授则参加了第五届国际信息通信技术与社会学术研讨会。

10. 第三届国际信息哲学研讨会

2017年6月12—16日,由国际信息研究学会(IS4SI)和多国机构联合举办的第二届国际信息研究峰会在瑞典哥德堡市查尔莫斯理工大学成功召开。本次会议由4个正规国际会议和4个学术研讨会组成,有250多名专家学者参加了会议,其中中国学者有50多人,来自西安交通大学邬焜信息哲学团队的教师和博士生就有17人。邬焜教授担任高级峰会9位联合主席之一,并兼任四个重要会议之一"第三届国际信息哲学研讨会"的中方主席。峰会安排了十个大会主题演讲人,中国学者钟义信和邬焜位列其中。

第三届国际信息哲学研讨会的主题是:信息哲学——信息时代的哲学精神。

6月12日峰会正式揭幕,本届国际信息哲学会议特设的"信息哲学博士生论坛"先期召开,来自中国西安交通大学的9位博士生做论坛报告,具体探讨了信息哲学的存在论、真理观,以及用信息哲学的基本方法对中西方古代哲学思想、社会管理和社会发展的新方式、中国书法艺术的特点等问题,集中地展示了西安交通大学哲学博士生的卓越风采。

6月13日上午,第三届国际信息哲学会议正式揭幕,中方主席邬焜教授致开幕词。邬焜教授强调了信息哲学是体现我们这个时代的时代精神的哲学,立足一般哲学的层面,把不同层次的具体信息研究统一起来,实现统一信息科学的理性建构,正是信息所具有的最为一般性和普遍性的品格,由此,我们一定能够实现建构统一信息科学的宏伟理想,从而展示信息时代的哲学和科学精神。

第三届国际信息哲学研讨会取得了丰硕的成果,此次会议共收录中外学者英文论文49篇，共有36人在这次会议上作了报告。从论文的议题来看，范围广泛地涉及六个大的方面：

（1）关于信息哲学和哲学的革命及其变革领域的讨论；
（2）关于信息本体论、认识论、信息范式和信息思维领域的研究；
（3）信息哲学和信息科学的统一性关系的讨论；
（4）关于信息文明、信息生态转型及其当代价值的讨论；
（5）关于中国古代哲学和艺术中的信息观念和信息方法的研究；
（6）关于信息哲学、信息科学技术对社会的正负面影响等问题的研究。

邬焜教授在本次峰会上所作主题报告的题目是：Philosophy of Information Leading to the Fundamental Transformation of Philosophy。该论文旨在探讨和展示信息哲学对哲学的根本性变革，其内容涵盖了邬焜教授建立信息哲学以来的诸多体系性创见。报告之后，很多外国学者都主动与之交流，并表达进一步合作的意向。

许多中国著名学者参加了本次国际信息哲学研讨会，并作会议报告。其中包括：北京邮电大学的钟义信教授、华中科技大学的欧阳康和陈刚教授、上海社会科学院的成素梅研究员、上海大学的王天恩教授、陕西师范大学的袁祖社教授、中国人民大学的林坚教授、广州行政学院的李三虎教授、重庆邮电大学的代金平教授、陕西理工大学的冯明放教授。

参加本届信息哲学会议的国外学者同样人数众多，例如，洛伦佐·马格纳尼（Lorenzo Magnani）教授从信息哲学的生态—认知视角，对知识和责任问题进行了探讨，佩德罗·马里胡安教授就信息科学与信息哲学的本质与统一发表了深刻的见解，约瑟夫·布伦纳教授也认为两者的统一可以在邬焜教授的信息哲学的框架下达成，赫克托·泽尼尔（Hector Zenil）教授提议信息哲学的讨论应该先行一步，不仅指导哲学讨论，而且引导科学研究的发展。伊曼纽尔·迪亚曼特（Emanuel Diamant）教授和大卫·查普曼（David Chapman）教授分别就信息哲学中的基础性问题——信息的本质与信息的层级进行了辨析，约翰·霍尔盖特（John Holgate）教授、马丁·施罗德（Marcin J. Schroeder）教授和克里斯多夫·米南特（Christophe Menant）教授更是把思考推进到了信息与语言、智能、进化的相关研究之中，极大地扩展了信息哲学的问题域，给人以深刻启迪。

本届国际信息哲学会议共进行了三天的议程，6月14日下午会议顺利进入到闭幕式环节。邬焜教授在闭幕辞中指出，与前两届信息哲学研讨会相比，此次会议论文的议题的理论层次更高，哲学韵味更深、更浓，这充分体现了信息哲学的基本理念已经开始为更多的学者所关注。全新的信息哲学范式和全新的信息科学范式是镶嵌在一起的，它们互为基础、相互支持，具有内在融合的统一性关系，在这一时代里，无论是我们的哲学家，还是我们的科学家都将是大有作为的。

在接下来的几天里，参会的中国代表还参加了峰会的其他几个子会议、学术论坛的报告和讨论。会议期间中外学者进行了积极有益的学术交流，使大家在多学科、多层次交叉的多元化理性思考的撞击中受益匪浅，中国信息哲学研究受到中西方学者的深入关注，中国特色信息哲学研究打开了崭新的国际格局。

西安交通大学邬焜信息哲学团队在第三届国际信息哲学研讨会上报告的作者和论文题目如下：

邬　焜：*Philosophy of Information Leading to the Fundamental Transformation of Philosophy*

曹耿献：*Rigidity and Flexibility：A Comparative Study of Traditional Chinese and Western Music from the Perspective of Complex Information System Theory*

李光丽：*The Philosophical Thinking Which is about the Information Pollution*

王有腔：*Ecological Information：the Foundation of Ecological Democracy*

罗　丽：*Phenomenological Reflection on Architectural VR Technology*

袁　燕：*A Reconstruction of Organization Management Model on the Basis of Complex Information System Theory and Technological Innovation*

王　健：From Systematic Way to Informational Way-The New Tendency of Contemporary Scientific Thinking

邬天启："Cosmism of Water" and Existence, Non-existence

南　琼：Truth analysis of definition of information

王　亮：The Magic Power of Information: The Inner Drive of the Development of Information Society

王振嵩：Discussion on the Necessity of Integrating Information Philosophy and Unified Information Science from the Perspective of Thomas Kuhn's Paradigm Theory

王　恩：An Analysis of the Controversy between "Nominalism" and "Realism" in Middle Ages from the Perspective of Information Philosophy

杨二斌：Cursive script space-time evolution in In the perspective of information philosophy from early cursive calligraphy which is formed by the history of traditional

何宏兵：Philosophy of information and "new revolution of Philosophy"

王　璐：Reinterpret Mencius "The Debate between Human and Animal" from the Two Dimensions Construction Theory of Information Philosophy

靳　悦：The Study on the Essence of Chinese Calligraphy under the Horizon of Information Philosophy

王　萍：On the Informational Essence of Emergence and Evolution: An Analysis of the New Dualistic Approach

11. 第四届国际信息哲学研讨会

2019年6月2日至7日，由国际信息研究学会（IS4SI）和多国机构联合举办的第三届国际信息研究峰会暨第四届国际信息哲学研讨会在美国加州大学伯克利分校召开，本届峰会的主题是"人工智能中的自我在哪里？信息中的意义在哪里？"。峰会由国际信息哲学研讨会、信息科学研究会议、理论信息研究会议等3个子会议，以及其他6个分论坛组成。来自欧洲、亚洲和美洲的120多位专家学者参加了此次会议。

西安交通大学国际信息哲学研究中心是本次会议的承办单位之一，西安交通大学国际信息哲学研究中心主任邬焜教授作为国际信息研究学会副主席，担任峰会联合主席之一，并兼任"第四届国际信息哲学研讨会"的主席。

在本次信息哲学研讨会的开幕式上，邬焜教授在其所致开幕词中深入阐释了此次信息哲学研讨会的主题："信息哲学与智能社会的发展：智能社会的哲学基础、体制诉求以及人的新进化"。邬焜教授强调面对人类社会智能化发展的伟大转型，其中所呈现出的方方面面的矛盾冲突也必然会日益多样化、尖锐化，这都需要在哲学层面对其进行深入的研究和反思，以有效保障新的人类文明体制的健康发展，促进人类社会的繁荣昌盛。

会议首日进行的信息哲学研讨会主旨发言，分别由来自奥地利维也纳理工大学的沃尔夫冈·霍夫科尔希纳（Wolfgang Hofkirchner）教授、法国跨学科研究中心的约瑟夫·布伦纳研究员、西安交通大学的邬焜教授、上海大学的王天恩教授和来自瑞典查尔默斯大学的高丹娜·多狄格-科恩科维奇教授报告。其中，在题为"全球可持续信息社会中的智能、人工智能和智慧"的报告中，霍夫科尔希纳教授提出，面临信息科技化的全球性挑战，我们需要推动人类社会朝向一种新合作状态的转型，尤其人工智能作为非能动性的社会系统扩展，必须合理设计以促成社会系统的新综合，并不限制或低估人类的自主性。邬焜教授在其报告中强调智能化社会的发展将会导致新的阶层分化，并带来新的社会问题和全新社会协调体制的诉求，适合于未来智能化社会的全新社会体制一定是社会财富高度共享的社会，同时人也在不断改变、创造着自身的本质，使自身本质的更为丰富、多样的方面创生出来并得以展现。

长期以来，中国一直都是国际信息哲学研究的重镇，而中国信息哲学研究的中心又在西安交通大学。邬焜教授带领的西安交通大学信息哲学研究团队有6位教师和15位博士生参加了本次会议（其中有4位博士生和1位教师正在美国相关大学参加联合培养和做访问学者），并作了大会报告。此外，来自清华大学、中国人民大学、武汉大学、上海交通大学、上海大学、陕西师范大学、西北工业大学、西安建筑科技大学等众多高校的15位师生也参加了本届信息哲学研讨会。

参加信息哲学研讨会的国外学者也有 20 多位，其中有 10 位做了大会报告，并发表了很有见地的观点。如洛伦佐·马格纳尼教授、高丹娜·多狄格-科恩科维奇教授就计算主义与具身认知的最新进展发表了深刻的见解；约瑟夫·布伦纳研究员、阿比尔·伊甘贝尔迪耶夫（Abir U. Igamberdiev）教授提出信息哲学的研究已经进入到引导相关科学研究发展的阶段；约翰·霍尔盖特教授和塞缪尔·皮塞罗（Samuel Pizero）教授探讨了信息美学与人工智能的有益链接；马丁·施罗德（Marcin J. Schroeder）教授和岛·贝吉（Shima Beigi）教授更是把思考推进到了智能研究与决策科学的相关研究之中。这些研究都极大扩展了信息哲学的问题域。

本届信息哲学研讨会取得了丰硕的成果。会议共收录论文 44 篇，有 39 篇作了会议报告。

从收录论文的内容来看，紧扣会议主题，探讨"信息哲学与智能社会的发展"方面的论文数量最多，共有 14 篇。其中呈现出了许多很有价值的研究议题和思路。例如：智能社会条件下人的生存状态分析；智能化社会的共享体制诉求；智能社会面对的生态困境和实践伦理反思；全球可持续发展信息社会中的相关问题探讨；智能社会条件下人的本质的新的进化方式；智能社会的到来和人类的未来发展；未来人机共生世界中的相关问题研究；等等。

其他一些研究方向是：认知科学中的哲学问题；信息哲学基础理论研究；人工智能中的哲学问题；体育、艺术中的信息问题；信息文化与信息社会领域的研究；信息哲学史的研究。

邬焜教授在其所致闭幕辞中强调指出：本届会议论题广泛，不仅涉及智能社会发展，也呈现了人工智能、计算与认知等信息科学研究最新进展，并拓宽了信息哲学在美术、体育、教育与文化领域的应用，这正是信息科学与信息哲学内在贯通和综合的统一性关系的完美展示。信息哲学作为体现信息时代精神的哲学，它不仅是一种全新的哲学，而理应是一种指向社会实践的哲学。它所指向的社会发展理念，一定是一种能够引导人类走向更为自由、民主、和平、幸福和繁荣的新理念。

西安交通大学信息哲学团队的师生除了积极参加第四届国际信息哲学研讨会之外，还参加了峰会的其他子会议、学术论坛的报告和讨论。会议期间中外学者进行了积极有益的学术交流,使大家在多学科、多层次交叉的多元化理性思考的撞击中受益匪浅。中国信息哲学团队与西方学者的学术合作和交流也日益走向深入和成熟,中国特色信息哲学研究已经成为国际信息研究中的最为亮丽的一股中坚力量。

6月7日下午,本届信息研究峰会正式闭幕。在随后召开的国际信息研究学会执委会上,邬焜教授代表中国分会向执委会汇报了工作,并第三次当选连任国际信息研究学会副主席。

西安交通大学邬焜信息哲学团队在第四届国际信息哲学研讨会上报告的作者和论文题目如下:

邬　焜、笞凯艳:The Comprehensive Nature and the New Evolution of Human Beings

邬　焜、马文保:Institutional Appeals of an Intelligent Society

王　伟:Difference between the Real World and Virtual World

罗　丽:Research on Tacit Dimension of Information Design

王彦丽:History of Information Philosophy in America

王　健、王　萍:The Ontology of Information as Anti-Metaphysical Approach

邬天启:Unity of Opposites, Medium, Time and the Existence Question

严　丹:The Ethical Challenge of Artificial Intelligence: Emotion, Belief and Virtue

王　恩:Spatialization of Time from the Perspective of Information Philosophy

袁　燕:Information Technology Ethics and Human Survival Situation Based on Philosophical Analysis

马红艳:Information Productivity-Sustainable Development Productivity

杨小龙:The Difference and Identity in the Information of Piano Performance

李慧婷:Cultural Changes in the Global Information Age

程　健：The Information Development Process of in Chinese Traditional Painting Material

刘　芹：Survival Analysis of Intelligent Society

张　珊：Music Time Stratification in the Perspective of Information Philosophy

王振嵩：The Development of Cognitive Science and Philosophy of Information

苑文静：The Enlightenment of Merleau-Ponty´s Body Phenomenology on the Development of Intelligent Society

吴　铮：Ecological Transformation and Human-Machine Symbiosis

12. 近年来邬焜发表的部分英文论文

Kun Wu, 2008."Information Philosophy and Its Overall Breakthrough to Philosophy". *Scientific Inquiry*, Vol.9, No.1.

Kun Wu, 2011. "Thirty Years of Research of Information Philosophy in China". OPEN EDUCATION, No.5.［(俄) ОТКРЫТОЕ ОБРАЗОВАНИЕ/2011(5)］

Kun Wu, 2012."The Essence, Classification and Quality of the Different Grades of Information". *Information*, No.3.

Kun Wu, Joseph E.Brenner, 2013."The Informational Stance：Philosophy and Logic.Part Ⅰ：The basic theories". *Logic and Logical Philosophy*, No.4.

Kun Wu, 2014."The Crisis of Philosophy and Its Informational Turn". *Academics*, No.1.[《学术界》(英文版部分)2014 年第 1 期]

Kun Wu, Joseph E.Brenner, 2014. "*The Informational Stance：Philosophy and Logic*".Pare Ⅱ From physics to society.*Logic and Logical Philosophy*, Vol.23, No.1.

Kun Wu, Joseph E.Brenner, 2014."An Informational Ontology and Epistemology of Cognition".*Foundations of Science*, No.9.

Kun Wu, 2015. "The Development of Philosophy and Its Fundamental Informational Turn". *Information*, Vol.6, No.4.

Kun Wu, 2016. "The Interaction and Convergence of the Philosophy and Science of Information". *Philosophies*, Vol.1, No.3.

Kun Wu, "Pedro Marijuan and Zhensong Wang. A Dialogue about the Nature and Unification of Information Science and Information Philosophy". Presented at the IS4SI 2017 Summit, Proceedings, Licensee MDPI, Basel, 2017(http://creativecommons.org/licenses/by/4.0/)

Kun Wu and Ping Wang.Philosophy of Information-Fundamental Transformation of Philosophy.Presented at the IS4SI 2017 Summit, Proceedings, Licensee MDPI, Basel, 2017 (http://creativecommons.org/licenses/by/4.0/)

Kun Wu, Zhensong Wang and Hongbo Wang. Discussion on the Holographic Unification of Subject Information, Knowledge, Intelligence and Practice Activities.Presented at the IS4SI 2017 Summit, Proceedings, Licensee MDPI, Basel, 2017 (http://creativecommons.org/licenses/by/4.0/)

Kun Wu.Good: Relaxation between Order and Disorder-A Critique of an Absurd Ethics Simply Using the Size of Entropy as Criterion.Presented at the IS4SI 2017 Summit, Proceedings, Licensee MDPI, Basel, 2017 (http://creativecommons.org/licenses/by/4.0/)

Kun Wu and Joseph E Brenner. *A Unified Science – Philosophy of Information in the Quest for Transdisciplinarity*. Mark Burgin, Wolfgang Hofkirchner. *Information Studies and the Quest for Transdisciplinarity: Unity through Diversity*. Singapore: World Scientific Publishing Co Pte Ltd, 2017.

Kun Wu and Joseph Brenner, 2017. "Philosophy of Information: Revolution in Philosophy.Towards an Informational Metaphilosophy of Science". *Philosophies*,No.2.

Kun Wu, Zhensong Wang, 2018. "Natural Philosophy and Natural Logic". *Philosophies*, No.3; doi: 10.3390/philosophies3040027; Gordana and Schroeder:Contemporary Natural Philosophy and Phiosophies-Part 1, MDPI 2019, pp.229-248.

第二章　信息哲学的性质及其在哲学变革中的作用

  任何真正的哲学都是自己时代的精神上的精华，因此，必然会出现这样的时代：那时哲学不仅在内部通过自己的内容，而且在外部通过自己的表现，同自己时代的现实世界接触并相互作用。那时，哲学不再是同其他各特定体系相对的特定体系，而变成面对世界的一般哲学，变成当代世界的哲学。各种外部表现证明，哲学正获得这样的意义，哲学正变成文化的活的灵魂，哲学正在世界化，而世界正在哲学化。[①]

这是马克思当年对真正哲学的时代价值的一段论述。在今天，在人类已经进入了信息时代的今天，信息哲学已经成为能够体现当今时代精神的精华的哲学，并深刻而全面地展示出了其重大而深远的时代意义和价值。

一、哲学是人类追求普遍理性的活动

  要探讨信息哲学的性质及其在哲学变革中的作用首先就要明确什么是哲学，以及哲学的一般性变革和根本性变革的评判标准。因为只有明确了什么是哲学，探明了哲学变革的标准，我们才可以说信息哲学是怎样的一种哲学，这个哲学在哲学变革中到底能够起怎样的作用？

[①] 《马克思恩格斯全集》（第1卷），北京：人民出版社1995年版，第220页。

2014年，邬焜曾出版了一本著作：《哲学与哲学的转向》。在这本书中，邬焜把哲学看成是"人类追求普遍理性的活动"。①

1. "φιλοσοφα"是人对神所具有的普遍理性的追求

虽然，古希腊的哲学家们最初用"爱智慧"（φιλοσοφα）来指谓哲学时，其作为一门学科的含义还是十分模糊的，但是，其中却蕴含了两个重要的思想：一是"智慧"并不简单地等于一般性的知识，它是高于知识的东西；二是"智慧"追求的是一种普遍理性或终极普遍理性的思想，它要认识和驾驭一切。

赫拉克利特（Herakleitos，公元前544—公元前483年）就曾说："博学并不能使人智慧"；"智慧只在于一件事，就是认识那善于驾驭一切的思想。"② 苏格拉底（Sokrates，公元前469—公元前399年）也认为自己是一个探求智慧的"爱智者"。

相当多的古希腊哲学家都看到了智慧，或说是普遍理性是具有层次的。他们往往把最高层次的智慧、最高等级的普遍理性看作是一个既定的具有终极性的、完成了的形式的理性存在，正因为是这样，这个最高等级的普遍理性便是一种超然的智慧，这个超然的智慧理应具有完满性、终极性、普遍性、永恒性、无限性和绝对性的特征。正因为具有这样的性质，所以，这个最高层次的智慧、最高等级的普遍理性便不是属于人的，它只能属于神或上帝。因为，只有神或上帝才具有这样的完满性、普遍性、无限性和绝对性。世界上的其他一切具体事物，包括人，都只是由上帝或神创造出来的具有片面性、特殊性、暂时性、有限性和相对性的存在。人本身不可能有独立的智慧，人只能从与神或上帝的联系中分有某些智慧和真理的内容。这就是西方传统中的"天赋观念"学说。

---

① 邬焜：《哲学与哲学的转向——兼论科学与哲学内在融合的统一性》，北京：人民出版社2014年版。该书第一编的题目是"哲学是人类追求普遍理性的活动"。

② 北京大学哲学系外国哲学史教研室：《西方哲学原著选读》（上卷），北京：商务印书馆1981年版，第26页。

赫拉克利特就曾说:"人的心没有智慧,神的心则有智慧"①;"最智慧的人和神比起来,无论在智慧、美丽和其他方面,都像一只猴子。"② 基于同样的认识,苏格拉底也曾说过:"只有神才是聪明的……人的智慧是很少价值和根本没有价值的……所以我就奔走于世上,服从神的意思,来搜寻并探求任何人的智慧"。③

2. 智慧是神和上帝所拥有的绝对普遍理性的普照之光

柏拉图(Platon,公元前 427—公元前 347 年)进一步提出了具有客观精神韵味的理念论,他认为世界的终极性存在是一种具有普遍性的理念,并认为个体灵魂是轮回不死的,因而灵魂所拥有的知识便是永恒的,人们通过学习活动所获得的知识只不过是对已经被尘世暂时埋没了的灵魂早已把握了的知识的回忆。他强调说:

> 人应当通过理性,把纷然杂陈的感官知觉集纳成一个统一体,从而认识理念。这就是一种回忆,回忆到我们的灵魂随着神灵游历时所见到的一切。
>
> 我们必定在以前某个时候已经学到了现在回忆起来的东西。但是,如果我们的灵魂不是在投生为人以前已经在某处存在过,这回忆就是不可能的。所以根据这个论证,也可以看出灵魂是不死的。④

奥古斯丁(Aurelius Augustinus,354—430 年)关于"上帝之光使我认识真理"的观点则更为明确地提出了智慧和人的理性产生的神启性特征。他说:

---

① 北京大学哲学系外国哲学史教研室:《古希腊罗马哲学》,北京:生活·读书·新知三联书店 1957 年版,第 26 页。
② 北京大学哲学系外国哲学史教研室:《古希腊罗马哲学》,北京:生活·读书·新知三联书店 1957 年版,第 27 页。
③ 北京大学哲学系外国哲学史教研室:《古希腊罗马哲学》,北京:生活·读书·新知三联书店 1957 年版,第 148 页。
④ 北京大学哲学系外国哲学史教研室:《西方哲学原著选读》(上卷),北京:商务印书馆 1981 年版,第 75、76 页。

> 你［上帝］指示我反求诸己，我在你引导下进入我的心灵……我用灵魂的眼睛……瞻望着在我灵魂的眼睛之上、在我思想之上的永恒之光……这光在我之上，因为它创造了我，我在其下，因为我是它创造的。谁认识真理，即认识这光；谁认识这光，也就认识永恒。①

既然神和上帝都是普遍性和永恒性的存在，那么，它们便是最高智慧的拥有者，所谓"爱智慧"便是爱神和上帝，并通过这样的爱去追求和获得神和上帝所拥有的普遍理性或终极普遍理性，而这种普遍理性或终极普遍理性的基本性质则是关于世界和存在的第一原因、终极原理。

3. 哲学首先是一门探索终极普遍理性的学问

由于普遍理性分有层次，所以，人类创造的科学便也分有了层次。占据科学层次最高端的哲学便成了一门首先致力于探索终极普遍理性的学问。

对于哲学的性质、科学的层次，亚里士多德（Aristoteles，公元前384—前322年）是这样论述的：

> 智慧是一门关于第一原理的科学"。②
>
> 在各门科学中，由于其本身的缘故以及为了认识它而加以追求的科学，比之于为了它的结果而加以追求的科学，更具有智慧的本性，而高级的科学比之于辅助的科学，更具有智慧的本性"。
>
> 那些最严格的科学几乎都是处理第一原理的。
>
> 显然我们必须寻求原初的原因的知识，因为只有在我们认为我们认识了事物的第一原因时，我们才说我们认识了该事物。③

---

① 北京大学哲学系外国哲学史教研室：《西方哲学原著选读》（上卷），北京：商务印书馆1981年版，第224页。

② ［古希腊］亚里士多德：《形而上学》，李真译，上海：上海人民出版社2005年版，第319页。

③ ［古希腊］亚里士多德：《形而上学》，李真译，上海：上海人民出版社2005年版，第18、21页。

在此，我们已经可以看到，亚里士多德已经把追求普遍理性的哲学学科和具有具体感性的科学学科加以了区分，并且提出了关于"第一原理的科学"的终极普遍理性的哲学性质，而他称这样的哲学为"第一哲学"。①

在亚里士多德看来，哲学首先"是一门研究第一原理和原因的知识"，这样的研究是为了认识而追求科学，所以，它不具有生产性和实用性。就能力而言，从事哲学研究已经超越了人自身能力的限度，因为哲学作为一门最为神圣的科学其特权是属于神的。哲学研究仅只是那些生活已有保障的哲人们，为了满足无知的困惑所引发的惊奇而从事的思考，所以，哲学是"唯一自由的科学"。②

哲学是"唯一自由的科学"，这一命题充分彰显了哲学的神性。然而，这个神性并不是客观存在的神或上帝的性质，也不是什么柏拉图所说的客观理念，更不是黑格尔所说的绝对精神之类的东西。它只能是人的自由思想的创造。当然，这样的普遍理性的创造也只能是对现实世界的反映以及在此基础上的理性认识的建构。说它是"人类追求普遍理性的活动"并不是指有那么一个已经完满存在的普遍理性有待人去寻找。我们这里只是在强调，人类对普遍理性的追求是一个理性创造的过程，这一过程没有终结之日（也许，人类自身的终结之日，便是这一过程的终结之日），永远不会达到完满、绝对的程度。

二、普遍理性的层次：科学与哲学内在融合的根据

1. 亚里士多德对哲学层次的划分

上面我们已经指出，亚里士多德已经看到了人类理性创造的科学的层次。并且，他把探讨最高普遍理性的科学看作"是一门研究第一原理和原因的知识"，是"第一原理的科学"，是"第一哲学"。如果按照这样的思路推演

---

① ［古希腊］亚里士多德：《形而上学》，李真译，上海：上海人民出版社 2005 年版，第 85—86 页。

② ［古希腊］亚里士多德：《形而上学》，李真译，上海：上海人民出版社 2005 年版，第 19 页。

下去，我们便会得出这样一个结论：人类的科学和哲学是分有层次的。处于第一层次的科学也便是处于第一层次的哲学，也便是"第一哲学"或"第一科学"。有第一，便必然有第二、第三……与第一相对应，我们便有理由把第二、第三……称之为"第二哲学"或"第二科学"，"第三哲学"或"第三科学"……

在亚里士多德的观念中，科学和哲学是统一的，它们分有不同的层次。亚里士多德虽然把哲学看成是"唯一自由的科学"，但是，他却并不认为自由的科学只有一个。

亚里士多德认为哲学是"研究作为存在的存在"的科学，① 而研究"存在的存在"，其实就等于研究实体和它的属性、过程，以及实体的本原和原因。②

然而，存在（或实体）本身又可以划分为诸多种类，这些种类又可以区分出不同的层次，所以，亚里士多德认为针对不同的存在（或实体）的种类的研究将会形成不同的哲学学科，这样，哲学并不是一门单一的学科，而是一个拥有众多门类和层次的学科群。对于哲学学科的这样一种性质，亚里士多德的表述是相当清晰的。他说：

> 有多少种类的实体就有多少哲学门类；所以它们中间一定有一个第一哲学以及一门在它之后的哲学。因为存在和一是立刻就分为各个种，因而各门科学都将相应于这些种。"哲学家"［这个词］在使用上也像"数学家"［这个词］一样，因为数学也有许多门类，在数学的领域中有一门第一的科学和一门第二的科学以及其他的在它们之后相继出现的科学。
>
> 研究作为存在的存在的所有种类的科学在种上属于一门科学，而研

---

① ［古希腊］亚里士多德：《形而上学》，李真译，上海：上海人民出版社2005年版，第83页。

② ［古希腊］亚里士多德：《形而上学》，李真译，上海：上海人民出版社2005年版，第84页。

究存在的某些种类则属于这门科学的特殊门类。①

这样,亚里士多德便根据存在的种类和层次区分了不同等级的哲学:第一哲学——研究适合于所有事物存在的具有终极普遍性品格的公理、定律、原因的科学;第二哲学——研究适合于事物存在的某些特殊的属性和原理,或者是某些特殊事物存在的属性和原理的科学,如物理学和数学。因为它们只研究从存在中分离出来的某些特殊的部分,"因此,我们应当把物理学和数学两者都看作是智慧的一部分。"

但是,亚里士多德的分析并不到此为止,他还强调说:"因为甚至数学家也仅仅在特殊的应用中使用共同的公理,那么考察数学的原理必定也是第一哲学的任务。"② 这就意味着,第一哲学和第二哲学的研究又不是截然分离的,因为,作为终极普遍理性的第一哲学的公理同样适用于其下层次的哲学所研究的特殊领域,这就是普遍性包含于特殊性之中,一般性包含于个别性之中。由此我们也可以看到,终极普遍理性的普照之光,正因为它是终极普遍理性的,所以,它便有能力普遍照耀一切事物和所有层次的普遍理性。这也许正是某种角度的"分有"和"分殊"。这也是哲学的世界观性质和方法论功能相统一的依据,同理,这也是哲学和科学所具有的内在融合的统一性的依据。

当年亚里士多德对哲学学科的层次性研究主要集中在作为研究"存在的存在"的第一哲学和其下层次的哲学的区别上。在相关的讨论中,他主要关注了三个学科:神学、物理学和数学。神学:最具普遍性的,研究既分离又不运动的作为存在的存在(第一的和最根本的本原)的实在和实体的哲学学科,即第一哲学。物理学:具有次一级普遍性的,研究在自身之中具有一个运动源泉的事物的哲学学科,即是一种亚层级的哲学(第二哲学)。数学:同样是具有次一级普遍性的,研究那些处于静止状态但又不能分离的事物的哲

---

① [古希腊]亚里士多德:《形而上学》,李真译,上海:上海人民出版社2005年版,第85—86页。

② [古希腊]亚里士多德:《形而上学》,李真译,上海:上海人民出版社2005年版,第328页。

学学科，同样是一种亚层次的哲学（第二哲学）。①

虽然，亚里士多德提出了哲学也应当像数学那样具有"一门第一的科学和一门第二的科学以及其他的在它们之后相继出现的科学"，但是，他似乎并没有对"第二"之后或之下层次的哲学进行具体的讨论。然而，我们却可以从亚里士多德这样的相关论述中看到，他其实还进一步地认为在这些不同层级的哲学学科的每一个的内部仍然具有相应的层次，因为他认为，数学学科就是这样。在上面，我们已经转引了他如下的一些话："因为甚至数学家也仅仅在特殊的应用中使用共同的公理，那么考察数学的原理必定也是第一哲学的任务"；"数学也有许多门类，在数学的领域中有一门第一的科学和一门第二的科学以及其他的在它们之后相继出现的科学。"亚里士多德还明确地指出："每一门数学科学处理事物的某一个确定的类，但是普遍的数学同样地适用于所有事物。"②

在这里，亚里士多德所表达的思想是再明确不过的了：哲学所追求的普遍理性，正因为它的普遍性，所以，它便可以渗透于人类知识的所有层次。也正因为是如此，所有人类创造的知识层次、科学学科、观念和理论都必然会具有某种程度的哲学韵味。这就是我们所说的科学与哲学所具有的内在融合的统一性关系，亦即是科学的层次和哲学的层次的相容性、贯通性和统一性。

2. 科学是具体感性和普遍理性相结合的产物

1991年和2004年，邬焜曾先后发表过两篇论文：《普遍理性的层次和层次跃迁》《试论科学与哲学的关系》③。在这两篇论文中，邬焜集中探讨了人类创造的普遍理性的层次及普遍理性层次间的相互关系，从而揭示了科学与

---

① ［古希腊］亚里士多德：《形而上学》，李真译，上海：上海人民出版社2005年版，第337—338页。
② ［古希腊］亚里士多德：《形而上学》，李真译，上海：上海人民出版社2005年版，第337页。
③ 邬焜：《普遍理性的层次和层次跃迁——论科学与哲学的内在统一性》，载《西北大学学报·青年科学文集》1991年增刊，第11—17页；邬焜：《试论科学与哲学的关系》，载《科学技术与辩证法》2004年第1期，第1—3页。

哲学的内在融合的统一性关系。在这两篇文章中邬焜强调了这样一些基本的观点：在最一般的意义上，我们可以把哲学看作是人类追求普遍理性的活动，而科学的观察和实验则具有具体感性活动的特征。根据这一情景，人们往往把哲学和科学割裂开来加以认识；其实，在人类所有层面的认识活动中普遍理性和具体感性都不能截然分离。在人这里，任何感性的材料都必然会纳入理性的框架结构来予以衡量。这便是人的意识和动物的心理的区别，也是哲学与科学内在统一的最终根据所在；科学在本质上是由普遍理性的原理组成的。这些原理不等于一些观察，实验的事实的直接陈述。由种种事实陈述上升到普遍理性的原则依赖着某种哲学思维的观念、规则和方式。哲学在科学之中；科学在哲学方式的规范之中。任何一种科学的普遍理性都相应渗透着一种哲学观念，而这个科学的普遍理性便有理由被看成是某种哲学观念和具体陈述相结合的产儿。哲学和科学的统一性不能仅仅看成是一种外在的衔接，而应该看作是一种内在的融合。

大多数科学工作者都基本相信，他们的科学理论都是建立在相应的观察和实验的材料、数据、事实的基础之上的，而这些观察和实验的材料、数据、事实所具有的具体感性的性质便规定了科学本身的具体感性的特征，只要这些观察和实验的材料、数据、事实是精确的，由此而获得的科学结论便一定是可靠准确的。然而，他们是否认真地想过，这些观察和实验的材料、数据和事实究竟是通过怎样的一种具体的途径和方式被获得和被解释的？

其实，人类对对象世界的认识并不是直接的。人和他所认识的对象之间存在着多重而复杂的中介性关系。当代信息哲学的相关研究提出了一种关于认识发生的复杂涌现论的学说，它所阐明的认识发生的中介包括五个方面：客体信息场、主体生理结构、主体认识结构、主体物化工具、主体发生的历史（自然史和社会史）维度。① 由于通过了这五个方面的中介，所以，科学家们在观察和实验中能够直接观测到的根本不是什么"对象事实"本身，而仅只是"对象事实"的相关信息通过中介仪器变换之后留下的宏观标记：点、射线、曲线、色带或图像的轨迹或结构。对这些轨迹或结构的标记必须做出

---

① 邬焜：《认识发生的多维综合"涌现"的复杂性特征——对胡塞尔现象学还原理论的单维度、简单性特征的批判》，载《河北学刊》2014年第4期，第25—30页。

相应的解释，才可能从中得出有价值的科学判断。而这些相应的解释不仅依赖于科学家们对所使用的观测仪器或设备的性能的分析，而且还依赖于科学家们所拥有的认识结构中的相关科学理论范式。这样，在所谓的"对象事实"（被观测的对象）和"科学事实"（被仪器或设备进行了信息变换后留下的标记）之间，在"科学事实"和"科学判断"之间，在"科学判断"和"科学理论"之间都存在着复杂的被中介的关系。这样，在事实上，任何一种科学都不可能纯粹由什么所谓的具体感性来决定，科学在本质上便只能是具体感性和普遍理性相结合的产物。如此看来，哲学便不再是与科学无关的、外在于科学的超然之物，它只能是融合于科学之中的，作为科学自身必然包含的有机构成的内容，甚至是起核心范式作用的灵魂。

科学绝不是一种纯感性的活动。怎样从事科学研究、怎样对感性材料加工处理的世界观、认识论、方法论方面的考虑乃是科学活动本身所固有的重要内容。另外，科学总是被形形色色的假说和猜想所引导的事实也充分显示着哲学的理性思辨和艺术理想的设计对科学发展所起的极为关键和重要的作用、意义和价值。

3. 哲学与科学划界的相对性

由于任何一种科学都是由普遍理性的原理构成其科学体系的，所以，在所有科学学科之间只存在普遍理性的普遍程度上的差异，而不存在普遍理性有无的区别，这也就等于说，无论怎样深层次的科学都必然具有一定程度的哲学意味了。由此我们可以看出哲学与科学的界限的相对性。普遍理性的普遍程度（适域范围）的大小，规定着普遍理性自身的内在层次差异。由此又规定了哲学与科学自身的层次性。

普遍理性的层次之间存在着复杂的相互影响和规定的相互作用。这一复杂相互作用的过程中，导致了普遍理性之间的一种双重意味的关系：一方面，低层普遍理性是高层普遍理性赖以成立的基础，后者由对前者进行抽象、概括和总结而产生；另一方面，低层普遍理性又是高层普遍理性在具体界的展示，是后者合乎逻辑的推论，是后者规范和指导下的产物。

人类理性创造的低层普遍理性和高层普遍理性之间的这种双向作用和规定的性质，必然导致人类不同层次普遍理性之间的普遍相互作用的相互规范和相互融合。在这种相互规范和相互融合的过程中，高层普遍理性的普照之光对低层普遍理性起着某种全息约束和制控的作用，而低层普遍理性则不仅在自身层次上体现着高层普遍理性的某些规范性原则，而且同时还以自身活动的丰富性内容和材料为高层普遍理性的合理性提供某种有效的基础性支撑。这种普遍理性层次间的相互作用的结果便会必然导致人类创造的普遍理性的不同层次间的不同程度的相互映射、约束、制控、规定的，互为基础和体现的内在融合的全息统一性关系。

通常，科学界习惯于把高层普遍理性体系叫做哲学，把低层普遍理性体系叫做科学。但是，科学与哲学在学科分类上的这样一种区别并不是完全无可挑剔的。因为并不是科学中没有哲学，也并不是哲学中没有科学。科学与哲学的分离只是在这样一种条件下，即只是在科学与哲学都有了一些发展，但还并不很发展的这样一种条件下才具有的。哲学本身是不能脱离和凌驾于科学之上的，它本身也应该成为一种科学，而科学又是和人类正确的理性思维成果相一致的，它本身也应该是某种意义上的一种哲学。

三、科学对哲学的改造，哲学对科学和对自身的批判

1. 普遍理性的层次跃迁：科学对哲学的改造

真正科学的哲学不能脱离和凌驾于科学之上，它必须以科学为基础。科学对于哲学的这种基础性决定了科学可以自下而上地对哲学施加影响。哲学发展对科学发展的这种依赖性说明了科学是改造哲学的最强大、最基本的原动力。

一般来说，那些最新的能够揭示事物和现象本质的科学范畴和原理，往往是在某些比较狭窄的科学前沿领域中首先被提出的适域较窄的普遍理性。在这些适域较窄的普遍理性中往往会出现这样一类范畴或原理，它们具有一种能够突破最初赖以产生的学科狭隘域限的更为普遍性的品格。当这些范畴或原理超越了自己最初的局限之后，它便会向更高层次的普遍理性跃迁，最终实现它那更为普遍性的品格。如果这些新跃迁上来的范畴和原理与原来这一层次上的普遍理性并不矛盾，或虽有矛盾但只是局部性的话，那么，原有

的这一层次上的普遍理性体系就不会发生什么大的变化，或只是做一些枝节性的修正。然而，有时会出现这样的情景，这就是，新跃迁上来的普遍理性与这一层次上的带有根本性意义的普遍理性是相互冲突的，这时就可能迫使原有高层普遍理性体系采取两种态度：一种是拒斥新跃迁上来的普遍理性，维护自身的旧有体系；另一种则是用新跃迁上来的普遍理性改变或取代旧有的与之相悖的普遍理性，从而刷新整个普遍理性的体系。前一种态度往往是保守的理论体系所遵循的原则，而后一种态度则有可能会爆发一场该层次上的理性革命。

回顾人类哲学与科学发展的历史，科学对哲学的这种改造作用体现得十分明显。就哲学本体论的发展而言，最初，古希腊的哲学中孕育了一种关于世界是由具有一定重量的、不可再分的最小微粒作为基础构件建构起来的古老的原子论学说，这一学说直接影响了人类近代科学和哲学的观念，并成为后者的基本理论范式。与此相一致，近代科学的最辉煌成果便是牛顿的"质点力学"，这一学说的最基础设定便是由上帝最初创造的有质量（由重量概念转化而来）的"永久粒子"通过力的相互作用逐级建构了不同层次的世界，乃至整个宇宙大厦。当时的唯物主义哲学家和一般物理学家们都毫无例外地把"质量"看作是物质存在的标志，并把质量的多少看作是衡量物质多少的标准量纲。这就是说，当时的唯物主义哲学家们都是以科学中的"质量"来解释物质的，并把其看作是世界的本原。

后来，电磁场理论、相对论和量子力学揭示了能量是比质量更为基本的实在形式，并且，在特定情况下，所有的质量都可以转化为能量。科学上的新发展使传统的以"质量"来阐明物质的旧唯物论学说丧失了合理性，这就引发了哲学领域的相应变革，这就是当时的唯能论、新实在论和新唯物论哲学的兴起。

20世纪中叶以来，随着当代信息科学的兴起和发展，人类科学在存在的不同层面一步步揭示了信息世界的意义和价值。科学的新发展对传统哲学的物质和精神、主体和客体二元对立的基本世界模式和体系构架提出了严峻的挑战，最终导致了当代信息哲学的诞生。当代信息哲学依据当代信息科学发展的新成果，创立了物质和信息双重存在和双重演化的新的哲学与科学范式，不仅给人类的哲学发展带来了第一次根本性的转向，而且也为统一信息科学的建立奠定了一般性的前提和基础。

人类科学和哲学发展的这种相携共进的性质，充分展示了科学对哲学的改造作用，同时也展示了哲学对科学的影响。正因为科学和哲学的发展是相互协同和促进的，所以，人类的科学和哲学便都具有了过程性、历史性和时代性，并且，哲学和人类创造的其他理论学科也不应当是相互对立的，而应当是相互融合而统一的。由此也深刻地提醒我们，科学家和哲学家应当相互了解对方的研究，并从这种了解中获益。

2. 低层普遍理性局限性的剔除：哲学对科学的批判

哲学的改造是通过科学的普遍理性的层次跃迁实现的，但这并不意味着，哲学在这一过程中是纯被动的。恰恰相反，如果没有哲学自身的主动性，科学对哲学的改造无论如何也实现不了。在这里，我们有必要强调哲学与科学的另一层统一性关系：哲学对科学的批判。

具有某种更为普遍性品格的科学的普遍理性，可以超越自身最初赖以产生的狭隘学科的局限，向更高层级的普遍理性跃迁。层级跃迁是普遍理性自我升华的过程，是普遍理性自我本质的再挖掘、再创造。这种再生、再挖掘、再创造的自我升华必须接受它要进入的那个高层上的原有普遍理性的审查。通过审查，高层普遍理性对试图加入自身行列的原有低层普遍理性进行某种规范、修正和加工。这就是高层普遍理性在对低层普遍理性实施其方法论作用的同时，又把这些低层普遍理性的合理因素概括、总结、吸收到自身中来。这一过程所实现的便是一种哲学的批判。

这样，较为具体的普遍理性能否进入更具普遍性的高层普遍理性的行列，就不能不取决于两方面的条件：一是这些普遍理性本身是否具有更为普遍性的品格；二是哲学对这些原来还处于较低层次的普遍理性是否作了适合于自身层次的批判。

诚然，哲学必须由科学来丰富和发展自身，但这并不意味着哲学对于科学仅仅是一个附庸。哲学有它自身层次上的批判作用。在科学和哲学相统一的人类知识之链的发展中，必须同时顾及科学对哲学的改造和哲学对科学的批判这样两个方面。

其实，在人类科学和哲学发展的过程中，科学对哲学的改造和哲学对科学的批判这两个方面都体现得十分充分。

在第二次科学革命中，电磁场理论、相对论场论和量子力学的相关成果揭示了实在世界中的能量比质量更为基本的性质，与此相适应，在某些科学家和哲学家中兴起了一种以唯能论反对唯物论的思潮，就是坚持唯物论的科学家和哲学家们也宁愿把自己叫做实在论者，也不肯承认自己是唯物论者。在这种态势下，科学的变革对传统的以有质量的实体来阐释的旧唯物论提出了严峻的挑战，这预示着科学的发展要求哲学必须改造自身、发展自身。但是，唯能论的兴起要把哲学引向何处，这其中就需要哲学发挥自身的批判作用。当时，哲学的批判明显地采取了两种不同的方式：一种是用机械的观念看待质量和能量的关系，割裂二者统一的本质，用唯能论代替唯物论、诋毁或取消唯物论；另一种则是用辩证的观念来看待质量和能量的关系，把它们看作是客观实在的不同形式，并通过相应的批判分析，揭示出物质的客观实在的本性，从而建立起一种全新的能够同时包容质量和能量形式的、以客观实在为解释原则的新唯物论。这种新唯物论不仅批判性地把科学中的能量概念升华到一般哲学的层次，而且也用哲学批判的方法对能量和唯能论做出了唯物主义的解释。通过相应的哲学批判，不仅实现了科学对哲学的改造，而且同时也揭示了科学的相关成果的更为一般性的品格，使其升华为哲学的相关观念和理论。①

回顾当代信息哲学创立的过程同样深刻体现了科学对哲学的改造和哲学对科学的批判这一双向作用的性质。

20世纪中叶以来，随着当代信息科学和技术理论的诞生和蓬勃发展，人们隐约地感觉到信息范畴对于哲学的改造具有十分重大的意义和价值。从那时起，科学界和哲学界的众多学者都对信息科学中的哲学问题进行了广泛的探讨和研究。然而，信息哲学的真正创立还只是20世纪80年代中叶的事情，并且，直到今天，在这一领域中所存在的争议仍然很多。信息哲学诞生和发展的漫长过程深刻体现了哲学对科学的批判作用对于具有普遍性品格的科学

---

① 邬焜：《"客观实在""实体唯物论""唯能论"与唯物论的非实体化》，载《西安交通大学学报》（社会科学版）2004年第2期，第69—75页。

理论真正实现其哲学的升华是何等的关键和重要。

我们知道,在 1948 年,由申农创立的通讯信息论和由维纳创立的信息控制论都属于技术信息科学的领域。由于其适应领域的局限性,维纳曾经试图对信息的一般哲学品质予以强调①,但是,他们对信息本质的解释仍然停留在技术实用的功能意义的层面。直到今天,他们对信息本质的相关界定仍然是科学界的基本信条:信息是消除了的不确定性(申农);信息即负熵(维纳)。很明显,这两个信条实际上都是从信息对信宿的作用的角度对信息所作的一种相对性的量上的功能性定义。虽然这样的定义在信息通信和控制领域中是具有实用性价值的,但是,它却并未揭示出信息的一般本质。

一些缺乏哲学批判能力的科学家和哲学家在之后的研究中,在对信息问题的阐释上,更多采用了与实用信息科学和技术领域,或与相近科学和技术领域,或与传统哲学领域相关的理论观念和学科特点进行简单比附的方法。我们注意到,在相关的研究中已经开拓出了多条研究进路:计算主义进路、信息伦理进路、通讯信息进路、信息认知进路、符号信息学进路、信息现象学进路,等等。然而,由于这些研究进路采用的都是依附于已有的某些相关具体的哲学或科学的理论,所以,它们便都自觉或不自觉地受到了这些原有理论和学科性质的狭隘性和局限性的束缚,这就使他们的学说都不能很好揭示信息问题所具有的真正独特性和革命性的意义和价值,由此发展起来的信息理论并不属于高层次的信息科学,更不具有一般信息哲学或统一信息科学的性质。

由此看来,科学对哲学的改造并不是通过科学本身的成就效应就可以自然而然地实现的,它还必须依赖于相应的哲学对科学的批判性活动。这是一

---

① 维纳在从实用信息论的角度把信息比作负熵的同时,又试图从哲学角度讨论信息的本质。他有两个很有影响的提法:一是"信息就是信息,不是物质也不是能量"([美]维纳:《控制论》,郝季仁译,北京:科学出版社 1963 年版,第 133 页);二是"信息是我们适应外部世界,并且使这种适应为外部世界所感到的过程中,同外部世界进行交换的内容的名称。"([美]维纳:《维纳著作选》,钟韧译,上海:上海译文出版社 1978 年版,第 4 页)。维纳虽然没能恰当地从正面规定出信息的本质到底是什么,但是,他却十分正确的强调了信息与物质、能量相比所具有的独立性价值和意义,同时,它还看到了应该从"交换的内容"上(而不是从载体的形式上)来把握信息。

个双向作用的过程,在这一过程中,科学和哲学都需要做出相应的努力和贡献。

1995年邬焜发表了一篇题为《哲学的比附与哲学的批判》[①] 的论文。在那篇论文中邬焜曾写道:哲学的批判表明哲学对现实界的这样一种可能的作用方式和态度:哲学总是从暂存性和否定性的方面去把握和理解现实界的存在;总是从前进性和发展性的角度去积极干预或推动现实界的变革。对现实的批判是哲学批判的第一方面的任务。在这一批判的方向上,哲学作为对现实进行否定性理解的一种方式和方法,首先是对现实界的局限性和不合理性的深入剖析;其次则是对剔除和改变这种局限性和不合理性的种种可能方案或方式的预测和设计;再次则是按照人的愿望、需求能力的尺度对这种种可能的方案或方式的选择;第四则是通过相应的实践活动对现实的合乎理性的干预和改造。在这样一个方向上,哲学之通向现实,走向科学、社会和生活,正在于哲学已不再是对现实的一个庸俗的比附者,而是一个变革现实的批判者、设计者和推动者。

3. 高层普遍理性结构的改变:哲学的自我批判

低层普遍理性向高层普遍理性的跃迁,哲学对科学的批判,证明哲学是一个开放的体系,它要从外界引入新"信息"。但是,这些由外界引入的信息必须接受哲学本身的调控,即选择和批判。只有当这些外部信息被哲学批判地整合到自身结构之中时,这些信息才能被同化成哲学的内容。由于这种对外界信息的同化,由于这种自身的重新调整的自我批判,哲学本身也便十分自然地会发生某种相应的变革。这样,在同一个同化外界信息的过程中所实现的便是如下的双重效应:一方面,外界信息受到了哲学的批判;另一方面,由于这种批判使哲学本身也改变了旧有的结构,使哲学自身也得到了批判。如果这种结构的改变是全面的、整体性的,如果这种自我批判是针对最基本的范畴和原理的,或说是针对哲学的最高范式的,那么,由此引出的便是哲学的根本性变革。

---

① 邬焜:《哲学的比附与哲学的批判》,载《中国社会科学》1995年第4期,第117—125页;其英译搞发表于《中国社会科学》(英文版)1997年第4期,第74—78页。

还是在 1995 年发表的《哲学的比附与哲学的批判》的论文中，邬焜曾写道：哲学的批判并不仅仅是针对哲学之外的现实界的，而且还更是针对其自身的。哲学所面对和可能批判的现实应该包括人类已有的和现存的一切方面的理论的和实践的成果，当然也应该包括人类已有的和现存的形形色色的哲学观念和理论。任何一种哲学都只是特定时代的产物，同样需要承受人类理性的批判，并通过这种批判而不断改变进化自身。不仅一切客观现实的世界是暂存的，而且一切人类的理性成果，包括一切哲学的观念、体系也都毫无例外地具有暂存的性质。

恩格斯曾经这样写道：

> 黑格尔哲学的真实意义和革命性质，正是在于它永远结束了以为人的思维和行动的一切结果具有最终性质的看法。[①]
>
> 辩证哲学推翻了一切关于最终的绝对真理和与之相应的人类绝对状态的想法。在它面前，不存在任何最终的、绝对的、神圣的东西。[②]

如果说，哲学对处于它之下层次的理论和现实的批判是要剔除具体现实界所具的某些狭隘的局限和不合理的方面，揭示出那些被具体现实界所掩盖着的现实理论和实践中所蕴涵着的更为普遍性的本质，以及那本质展开的更为合理的未来发展前景的话，那么，哲学对自身的批判则是要破除自身可能具有的某些僵化、教条化、落后、保守的一面。

哲学的批判引出的是双重的革命：一是它所批判的具体现实界的革命；二是哲学自身的革命。并且，这双重的革命同样是相辅相成、相互支撑和依托着的。哲学的批判集中体现着哲学的超越性、活跃性、探索性、预见性、开放性、先进性和革命性。

当代信息哲学的创立有力的揭示了哲学的这种双重批判的活动对于自身发展所起到的十分重大的价值。其实，长期以来，在对信息本质的阐释上，不仅存在着我们在上面已经提到的与实用科学和技术领域相关的理论观念和

---

① 《马克思恩格斯选集》（第 4 卷），北京：人民出版社 1995 年版，第 212 页。
② 《马克思恩格斯选集》（第 4 卷），北京：人民出版社 1995 年版，第 213 页。

学科特点进行简单比附的倾向，而且还存在着与传统哲学的相关理论、观念和概念相比附的倾向。如把信息解释为："信息是物质的普遍属性"；"信息是物质的存在方式"；"信息是物质存在的状态"；"信息是精神实体的特征"；"信息是运动的外化"；"信息属于物质的相互作用范畴"；"信息即反映"；"信息即意义"；等等，都是试图要把信息与已有的传统哲学概念的界说进行简单的比附。这种比附的结果不仅不能揭示信息所独具的普遍性品格，而且还将信息的新颖而独特的普遍性品格予以阉割，使其所具有的对哲学全方位、根本性改造的革命性意义和价值消解在传统哲学的旧有范式的陈腐牢笼之中。借助于这样的比附根本不可能建构出一种符合时代特征的、反映时代精神精华的、真正具有时代创新意义的信息哲学。这大概就是为什么长期以来，不仅成体系的信息哲学的建立还只是个别哲学家为之努力的事情，而且，统一的信息科学始终未能建立的原因。当人们习惯于沉溺于传统哲学范式的束缚而不敢越雷池一步的时候，当人们还习惯于用传统哲学的概念、理论和方法把自己武装起来的时候，任何一种真正意义的新哲学的诞生都将是艰难而漫长的事情。

信息所具有的普遍性品格超越了传统哲学的基本信条和理论框架。真正能够体现信息普遍性品格的信息哲学的建立不仅依赖于哲学对科学的批判，而且更依赖于哲学对自身的批判。信息哲学的新的存在论学说将传统哲学的"存在＝物质＋精神"的基本信条改变为"存在＝物质＋信息（精神仅只是信息的高级形态）"，把传统哲学的主体和客体的关系改变成具有多重信息中介活动的主体和客体的更为复杂的相互作用关系。通过这样的一种变革，不仅实现了哲学本体论和哲学认识论的根本性创新，而且也实现了哲学进化论、哲学价值论和哲学方法论的全方位的根本性创新。正是通过哲学对科学的批判和哲学对自身的批判这一双重批判的过程，信息哲学建立了一种物质和信息双重存在和双重演化的全新哲学，从而实现了对传统哲学的全方位改造，导致了人类有史以来的哲学发生了第一次根本性的转向。①

---

① 邬焜：《哲学基本问题与哲学的根本转向》，载《河北学刊》2011年第4期，第11—21页。

四、哲学的最高范式：存在领域的划分

1. 恩格斯提出的哲学基本问题并不基本

1886年，恩格斯在其撰写的著名著作《路德维希·费尔巴哈和德国古典哲学的终结》中谈及哲学的基本问题或最高问题时，曾有过三种不同的表述：

① 全部哲学，特别是近代哲学的重大的基本问题，是思维和存在的关系问题。
② 思维对存在、精神对自然界的关系问题，全部哲学的最高问题。
③ 唯物主义这种建立在对物质和精神关系的特定理解上的一般世界观。①

根据恩格斯的上述表述，长期以来学者们所撰写的、标准化的马克思主义哲学的教科书中总是把"思维和存在的关系问题"和"精神（或意识）和物质的关系问题"作同等尺度的理解，并将其都看作是哲学基本问题的标准表述方式。有时甚至干脆将哲学基本问题表述为："思维和存在或精神（意识）和物质的关系问题"或"思维（意识）和存在（物质）的关系问题"。②

然而，"思维和存在的关系问题"是否就是全部哲学的基本问题或最高问题？"思维和存在的关系问题"与"精神和物质的关系问题"是否是同一层次、同等尺度的问题？这两个问题都需要我们通过进一步的探讨来确认。

其实，细究起来，要回答"思维和存在的关系问题"必须首先解决一个前提性问题，这就是，何物存在，亦即世界上有多少种存在。这就是"存在领域的划分问题"。

---

① 《马克思恩格斯选集》（第4卷），北京：人民出版社1995年版，第223、224、227页。
② 肖前主编：《马克思主义哲学原理》（上册），北京：中国人民大学出版社1994年版，第10—11页；肖前、李秀林、汪永祥主编：《辩证唯物主义原理》，北京：人民出版社1981年版，第8页。

恩格斯本人就曾经不只一次地对"存在"范畴含义的模糊性和不确定性进行过讨论。他曾说：

> 当我们说到存在，并且仅仅说到存在的时候，统一性只能在于：我们所说的一切对象是存在的……说它们都是存在的这个一般性论断，不仅不能赋予它们其他共同的或非共同的特性，而且暂时排除了对所有这些特性的考虑。因为只要我们离开存在是所有这些事物的共同点这一简单的基本事实，哪怕离开一毫米，这些事物的差别就开始出现在我们眼前。
>
> 世界的统一性并不在于它的存在，尽管世界的存在是它的统一性的前提，因为世界必须先存在，然后才能是统一的。在我们的视野范围之外，存在甚至完全是一个悬而未决的问题。①

在这里，恩格斯显然强调了两层基本的意思：其一是要用对存在内在领域的差异性的把握去超越或扬弃对存在的一般抽象的泛泛而论，其二是要通过对存在的不同领域间的差异关系的揭示去探明世界的统一性问题。

讨论到这里，我们便可以理解，为什么在恩格斯提出的哲学基本问题的表述上能够存在两种不同的标准性表述方法："思维和存在的关系""精神和物质的关系"。后一种表述方法其实是前一种表述方法中的"存在"领域的内在差异关系的具体解释。

这样，我们便看到，要具体回答"思维和存在的关系"这一问题，就必须首先确定"存在领域的内在差异关系"。这样一来，"思维和存在的关系问题"便不再是最基本的或最高的哲学问题了。"存在领域的内在差异关系问题"，即"存在领域的划分问题"便不能不比"思维和存在的关系问题"更基本、更高了。所以，我们得出的结论是：存在领域的划分是哲学的最高范式。

认定"思维和存在的关系问题"与"精神和物质的关系问题"是同一层次、同等尺度的问题的基础在于坚持了传统哲学对存在领域的基本划分方式：

---

① 《马克思恩格斯选集》（第3卷），北京：人民出版社1995年版，第383页。

存在＝物质+精神。因为，存在是由物质和精神两大领域构成的，所以，要回答"思维和存在的关系问题"就只能从具体解读"物质和精神的关系问题"中去寻求。然而，如果存在领域的划分方式发生了改变，不再是"存在＝物质+精神"的传统模式，那么，这两种表述方式便不再是同一的了。①

所以，由此看来，恩格斯所说的哲学的基本问题并不基本。

2. 哲学革命的判据

在最为一般的意义上，我们可以把哲学看作是人类追求普遍理性的活动。我们这里所说的普遍理性乃是人类通过理性认识所达到的某种具有普遍性程度的观点和理论。② 但是，人类的理性认识所可能达到的普遍理性的普遍程度却存在着某种差异。由这种差异便构成了哲学体系的结构和哲学范式的层次。③

哲学作为人类通过理性思维建构的知识系统，通常，这个知识系统总是由某些范畴和原理通过某种逻辑的方式结成的理论体系。作为理论体系，无论其如何庞杂，总可以区分出两个部分：一个是该理论体系赖以建立的最初始的范畴和原理组成的部分；另一个则是由这第一个部分所做的进一步的推论而产生的次一级的，或更加次一级的范畴和原理所组成的部分。正是这两个不同层次的范畴和原理分别构成了哲学理论的基本理论和非基本理论。这就是哲学理论的结构。其实，这样的结构并不是哲学理论独有的特征，人类建构的所有科学理论都是以逻辑的方式表达出来的知识体系，只要是知识体系就必然会存在这样的结构。

通常，哲学被区分为不同的领域和层次。其基础理论部分包括：本体论（存在论）、认识论、实践论、价值论、方法论……其下可以罗列出诸多应当被称为领域哲学的部分：自然哲学、社会哲学、精神哲学、数学哲学、系统

---

① 邬焜：《哲学基本问题与哲学的根本转向》，载《河北学刊》2011年第4期，第11—21页。

② 邬焜：《哲学的性质：普遍性、终极性和思辨性》，载《学术研究》2014年第1期，第15—20、159页。

③ 邬焜：《试论科学与哲学的关系》，载《科学技术与辩证法》2004年第1期，第1—3页。

哲学、环境哲学、科学哲学、技术哲学、工程哲学……再其下则是众多的门类哲学和分支哲学。

显然，哲学的基础理论部分构成了哲学的基本理论，正是哲学的基本理论能够使哲学成为一门独立的学科，而不同性质的哲学、不同哲学流派的区别就在于其哲学基本理论部分存在差异。然而，哲学的基本理论同样分有层次。在上面罗列的哲学基础理论的各领域之间，本体论（存在论）无疑是其基础之基础。正是这一领域构成了哲学的最为核心的理论部分。这也是亚里士多德所称谓的研究"存在的存在"的第一哲学。①

按照通常的说法，本体论（存在论）是研究世界的本原和本性的哲学学科。但是，要探究世界的本原和本性首先必须对不同存在领域之间的关系予以研究，而要研究这个问题又必须首先研究一个前提性问题，这就是世界上有多少种存在（何物存在）？邬焜把这一问题称为"存在领域的划分"。② 因为存在领域的划分方式是研究各存在领域之间的关系，进而确定世界的本原和本性的前提性或基础性问题，所以，存在领域的划分方式便构成了哲学的最高范式。③

哲学的变革可以发生在哲学结构的不同层次，可以针对不同层次的不同问题。但是，在不同层次，或不同层次的不同问题上所发生的变革对于哲学本身的发展而言其作用、意义和价值是不同的。一般而言，只有在哲学本体论层面发生的变革对于哲学的发展才具有比较大的意义和价值，尤其是，在存在领域分割方式这一哲学的最高范式的层面发生的变革更具有哲学发展的根本性变革的意义和价值，由此引出的便一定是哲学的革命。而发生在哲学结构的其他层次上的变革便不具有这样的性质。这些变革对于哲学的发展而言并不具有根本性和革命性的意义和价值，通常，我们只应当把它们看作是

---

① ［古希腊］亚里士多德：《形而上学》，李真译，上海：上海人民出版社2005年版，第83页。

② 邬焜：《存在领域的分割》，载《科学·辩证法·现代化》1986年第2期，第32—33页。

③ 邬焜：《哲学基本问题与哲学的根本转向》，载《河北学刊》2011年第4期，第11—21页；邬焜：《存在领域的分割和信息哲学的"全新哲学革命"意义》，载《人文杂志》2013年第5期，第1—6页。

非根本性的哲学的进步和发展。

由此我们可以得出一个一般性的结论：从变革发生的位置我们便可以判定变革的性质。只有在哲学最高范式的层面发生的变革才能构成哲学的革命。这就是衡量哲学革命是否发生的判据。

3. **传统哲学的立论之基：存在＝物质＋精神**

既然存在领域的划分方式是哲学的最高范式，那么，它便是哲学的立论之基。一般而论，考察某一哲学的根本性质便应当首先考察其所认定的对存在领域的划分方式。

具体考察人类哲学的发展，在一般的哲学传统中存在被分割为三大领域：客观理念世界（包括宗教神学中的上帝、柏拉图的理念世界、黑格尔的绝对精神、印度古代哲学的大梵、中国宋代哲学家朱熹的先天地之理）；物质世界；人的精神世界。随着科学昌明的发展，客观理念世界逐步退出了一般科学和哲学的领域，这样，在传统哲学关于存在领域的分割方式上剩下的便只有两大领域：物质世界和人的精神世界。存在＝物质＋精神，这就是传统哲学的最高范式，也是传统哲学的立论之基。

关于哲学的发展，西方哲学界有一个一般的说法，这就是两次转向论：本体论到认识论的转向；认识论再到语言论的转向。在此两次转向论之外，尚有学者提出了更多转向的说法：现象学转向、价值论转向、生存论转向、实践论转向、身体论转向，等等。然而，细究起来，这些所谓的种种转向所实现的变革还仅仅停留于哲学所重点关注的问题域和其所涉及的学科范围的转换。由于这些所谓的转向并未改变传统哲学的最高范式，所以，他们都不是哲学的根本的转向，因而都未曾给哲学带来根本性的革命。

4. **哲学的信息转向：存在＝物质＋信息**

20世纪中叶以来，伴随当代复杂信息系统学科群的崛起，一个全新的世界领域——信息世界日益清晰地得以展现。到20世纪80年代之后，随着中国信息哲学的诞生和发展，这个信息世界更是在哲学本体论的一般存在领域的层面获得了规定和阐释。

信息哲学给哲学带来的变革与以往的哲学变革不同，它并不是在哲学的局部研究领域、个别研究问题的方面有所转移和变化。信息哲学对哲学的变革首先是在哲学最高范式的层面实现的。这就是，信息哲学首先改变了传统哲学对存在领域的划分方式。我们在上面已经提到，传统哲学的立论之基是"存在＝物质＋精神"。而中国的信息哲学提出的新的存在领域划分方式是"存在＝物质＋信息（精神仅只是信息活动的高级形态）"。

当然，不同的哲学流派对于信息的存在论地位完全可以做出十分不同的解读。事实上，在相关的哲学领域，已经出现了三种不同的解读方式：一种是把信息仅仅作为物质的某种存在方式或属性，从而将其简单归结为物质现象，不承认其有自身存在的独立性；另一种则是把信息简单归属到精神世界，否定客观信息的存在，更有甚者则直接把信息看作是精神的代名词；第三种则是把信息看作是与精神和物质不同的，具有独立存在意义的一个全新的世界。在这第三种解读方式中又可以区分出两类：第一类是把信息、物质和精神三元并列，第二类是把精神作为信息世界的一个领域包容在信息世界之中。20 世纪 80 年代以来，在中国诞生和发展起来的信息哲学采用的则正是这第三种解读方式中的第二类，通常，我们也把它称为物质和信息双重存在的理论。

在上述三种对信息存在论地位的解读方式中，前两种对于哲学的变革来说并不具有革命性的意义和价值，因为这两种解读方式并未根本改变传统哲学对存在领域的划分模式，它仅仅是在或者对物质世界的具体存在方式和领域，或者对精神世界的具体存在方式、领域和称谓给出了某种具有新意的阐释。而上述的第三种解读方式则与前两种解读方式不同，因为这种解读方式改变的是存在领域的传统划分方式，是针对哲学的最高范式所发生的变革，所以，这一解读方式便导致了哲学的根本转向，便引发了哲学的革命。

由于揭示了信息比较与物质和精神的独立存在的品格，人们才可以在此基础上去进一步讨论物质、精神和信息之间的关系。已有的相关讨论已经产生了三种不同的哲学学说：第一种是新唯物主义。新唯物主义仍然把物质看作是世界的本原，一方面承认信息和精神是由物质派生，并以物质为载体而存在，另一方面又承认信息和精神所具有的不同于物质现象的独立品格。第二种是新唯心主义。新唯心主义仍然把精神看作是世界的本原，把信息和物质都看作是精神世界的派生现象。第三种是唯信息主义。唯信息主义把信息看作是世界的本原,并认定物质和精神现象都是从信息世界中派生和幻化出来的。

虽然上述的三种主义对信息、物质和精神的关系的解读方式不同,但是,由于它们都承认信息、物质和精神各自所具有的独立存在性品格,所以,这三种理论都从根本上改变了传统哲学关于"存在领域划分方式"的基本范式。正是在这一意义上,我们说,这三种主义,构成的哲学的全新变革。然而,由于这三种主义都以对哲学的最高范式"存在领域的划分方式"的全新改变模式为基础,所以,这三种主义都不是最高层级的哲学学说,它们都还只是由同一个存在领域划分方式派生出来的次一级的哲学学说。我们对他们所具有的哲学革命意义的讨论,并不是来自于简单的唯物或唯心或唯信的阐明,而是来自于它们所依据的新的"存在领域划分方式"。由此我们也可以清晰地看到:正是这一新的存在领域的划分方式才构成了哲学意义的存在论或本体论的最高范式的变革。

从1980年开始,经过几十年的持续研究,我所创立的信息哲学已经形成了一个比较完善的体系。在邬焜看来,传统唯物主义哲学所认定的客观的都是实在的物质世界的理论是难以成立的,因为,客观的并不都是实在的,在客观事物的相互作用中普遍存在着各种各样的事物自身显示、相互映射、相互表征的普遍联系的复杂现象。在这一现象中显示、映射、表征着的内容本身虽然是客观的,但是却并不具有实在的性质。如果我们用"客观实在"来定义物质的话,那么,我们便不能再用"客观实在"来定义这种显示、映射、表征着的内容的性质和存在方式。如此看来,这种显示、映射、表征着的内容便应该被看作是另一种不同于物质现象的客观存在。邬焜把此类现象定义为"客观不实在"或"客观虚在"。另外,精神世界作为对客观世界的主观反映也不具有实在的性质,邬焜把它相应的规定为"主观不实在"或"主观虚在"。由于"客观不实在"和"主观不实在"都具有不实在的性质,所以它们便可以统一归入一个大的世界领域,即"不实在"或"虚在"的世界。

如果从实在和不实在的对应关系来考察的话,我们将会看到不实在的世界是由实在的世界在相互作用中派生出来的关于自身的某些性质、存在方式和状态的显示、呈现、映射、表征或主观反映的一个世界。我们可以举一个浅显的例子来说明这种不同方式的存在以及它们之间的某种对应性关系。如我们可以举出月亮的三种存在方式：天上月、水中月（场中月）、脑中月。这三种月亮分别对应的便是客观实在的月、客观不实在的月、主观不实在的月。显然，月的后两种存在方式都是由它的第一种存在方式通过不同性质的相互作用而派生出来的。月的后两种存在方式是对月的第一种存在方式的客观显示或主观反映。从这种对应关系上我们有理由把月的第一种存在方式叫做直接存在的月，而把月的后两种存在方式叫做间接存在的月。由于间接存在是对直接存在的显示或反映，所以，从间接存在所呈现的内容来看它便是关于直接存在的信息。这样我们有理由做出规定：直接存在的世界是物质世界，间接存在的世界是信息世界。由于信息世界是由物质世界在相互作用中派生出来的，所以，信息世界便是物质世界的自身显示。正是根据这样的思考，邬焜把信息定义为："信息是标志间接存在的哲学范畴，它是物质（直接存在）存在方式和状态的自身显示。"①

从上述讨论中我们可以很自然地得出一个结论：由于信息是由物质在相互作用中派生出来的，信息世界又是对物质世界的显示，所以，物质世界仍然是第一性的本原性存在，而信息世界则是第二性的派生性存在。在此，我们仍然坚持了唯物主义的一元论学说。

虽然在信息产生机制的逻辑推论上邬焜强调了物质的第一性和信息的第二性，但是，在现实性上邬焜又主张世界的物质和信息的二重存在性。这是因为，世界演化的时间没有开端，相互作用又是事物存在的普遍方式，所以，世界上现存的所有物的结构都是在漫长演化过程中生成的，这种演化生成的结构都同时凝结了相应演化过程的时间和空间的信息。这就导致一种现象的发生：世界上现存的所有物的结构，乃至世界整体本身都已经被二重化，它们都既是物质体，又是信息体，并且这两个世界又是镶嵌在一起的。

由此，邬焜提出了一种全新的在物质统一性的基础上，物质和信息双重存在和双重演化的理论，正是这一理论在哲学存在论和本体论的最高范式的

---

① 此定义最先发表于邬焜：《哲学信息的态》，载《潜科学杂志》1984 年第 3 期，第 33—35 页。在邬焜：《信息在哲学中的地位和作用》（载《潜科学杂志》1981 年第 3 期，第 53、60 页）一文中曾以此定义的后半句作为信息的定义。

层面导致了哲学的根本性变革，或称"全新的哲学革命"。① 正是这样的一场革命实现了哲学的信息转向。而其转向的革命性质的标志便是"存在领域的重新划分"："存在＝物质＋信息"。

五、信息哲学的性质

1. 当代科学与哲学的信息转向及其内在统一性

随着当代信息科学和信息哲学的发展，信息的普遍性品格日益清晰地展现出来，这就导致无论是人类的科学，还是哲学都面临着一个全新的信息转向的发展态势。

上面我们已经讨论了哲学的信息转向的问题。其实，早在明确提出哲学的信息转向之前，人类科学的信息转向就已经在众多研究领域中开始了。

今天，从一般科学的层次来看，材料、能源和信息已经被看作是构成世界的三大基本要素。这就导致了人类科学世界图景和科学思维方式的根本性变革。

最初，科学家们认为世界是由有质量的微粒构造的，后来科学又揭示了能量比质量更为基本的性质，现在，科学家们已经意识到要对世界及世界上的事物进行全面的认识，除了从质量和能量的维度进行考察之外，还有必要从信息的维度进行考察。这样，科学的世界图景便从传统的实体（有质量的微粒）实在论、场能实在论，过渡到了当代的信息系统复杂综合论。而科学的思维方式也相应地从传统的实体思维、能量思维，过渡到了信息思维。②

当代科学的信息转向和当代哲学的信息转向并不是分别进行的两个过程，而是在当代人类知识发展的统一过程中所体现出来的两个侧面。

---

① 邬焜、李琦：《哲学信息论导论》，西安：陕西人民出版社 1987 年版；邬焜：《自然的逻辑》，西安：西北大学出版社 1990 年版；邬焜：《信息哲学——理论、体系、方法》，北京：商务印书馆 2005 年版。

② 邬焜、李佩琼：《科学革命：科学世界图景和科学思维方式的变革》，载《中国人民大学学报》2008 年第 3 期，第 41—46 页。

事实上，从信息科学诞生的20世纪中叶以来，信息科学和信息哲学就始终是在协同、互动和融合的道路上相伴而行的。从维纳当年提出的对信息所具有的不同于物质和能量的存在论意义的警示①，到后来的众多科学家和哲学家关于信息科学中的哲学问题的广泛讨论和探索，再到东西方学者提出和探索的统一信息科学理论的研究方向，以及东西方学者从不同文化传统和思维向度分别创立的信息哲学理论、体系和方法，都无不展示了信息科学和信息哲学互动融合的现实发展方式。

由于信息所具有的普遍性品格，使其无论在哲学上还是在科学上都展示出了根本范式变革的韵味。由此也揭示了信息范式所具有的跨学科、贯通性、多层次和多维度的性质。并且，信息科学和信息哲学互动融合的这样一种发展方式，也充分展示了人类科学和哲学、人类知识发展的一个重要的、基本的方式：科学的哲学化和哲学的科学化。这样的一种发展方式不仅体现在从人类古代哲学到近代科学和哲学发展的历程之中，而且也体现在现代科学和现代哲学发展的历程之中。信息科学和信息哲学互动融合的统一性发展关系把人类知识发展的这样一个基本的方式更为明确而突出地展示了出来。这样的一种发展方式开拓了一条与当代西方意识哲学的发展方式迥异的全新道路。这一全新发展方式、这一全新发展道路反对在科学和哲学之间进行绝对的割裂，它要在科学和哲学之间建立某种相互作用、相互规定的反馈回环，并通过这一反馈回环的相互作用将哲学和科学统一起来。

2. 无视维纳警示使哲学研究停滞和走向歧途

早在1948年，通讯信息论和控制论诞生的年代，控制论的创始人维纳先生就写下了这样一段话：

> 信息就是信息，不是物质也不是能量，不承认这一点的唯物论，在今天就不能存在下去。②

---

① ［美］维纳：《控制论》，郝季仁译，北京：科学出版社1963年版，第133页。
② ［美］维纳：《控制论》，郝季仁译，北京：科学出版社1963年版，第133页。

令人遗憾的是，长期以来，维纳当年对哲学所提出的这一明确警示却并未引起更多哲学家的关注。不仅信息对发展哲学所应有的革命性价值未能清晰揭示，而且，就连统一的信息科学也未能成形的建立。因为，统一信息科学的建立必须以信息哲学的一般理论为其建立的理论基础。

我们注意到，20世纪以来，西方主流哲学始终沿着与科学背驰的道路前行。这样的一种人类知识发展的扭曲态势，不仅使哲学走向了死胡同，而且也使哲学丧失了作为一般世界观和方法论的应有地位，使之沦落为很少被科学家所理睬的个别学者的窃窃私议。

就连宣称继承马克思主义哲学传统的那些大师们，包括西方马克思主义和改革开放后的中国马克思主义学派的主流哲学家们，也都未能对维纳当年的警示给以足够的重视。他们纷纷以西方意识哲学的主体性原则来阐释和改造马克思主义哲学，抛弃辩证唯物主义，提出实践唯物主义，把实践活动作为世界的本体，不承认人之外、人的实践活动之外的世界的客观性，甚至否认其真实的存在性，因为那个世界对人而言也是"无"。

其实，辩证唯物主义的提法比实践唯物主义的提法更具有一般概括性。因为，对于实践，哲学家们完全可以从不同的角度和层面做出不同性质的解释，而各类不同的解释又可能是相互抵牾的。就目前已有的学说来看，对于实践可以做实用主义的解释、意识化的人本主义或主体性的解释，也可以做自然化的物质性活动的解释，还可以做主客体相互关系的解释，从信息哲学的相关理论出发，还可以做出信息活动意义上的解释。这样，实践唯物主义提法的不确定性和随机性特征便使其无法准确概括马克思主义哲学的性质。而马克思主义哲学则需要用辩证唯物主义的观点和方法去理解和解释实践。就此而论，辩证唯物主义的概念层次高于实践唯物主义的概念层次，而不是相反。

3. 什么是信息哲学？

从维纳先生关于信息的哲学意义的讨论算起，国内外科学和哲学界关于信息问题的讨论虽然文献浩繁，但是，绝大多数都仅只是停留在具体科学和技术层面，其中也包括对信息科学、信息技术、信息经济和信息社会的一般理论中所涉及的哲学问题的探讨。真正在改造哲学本身的一般信息哲学层面的文献并不很多。虽然，近二十年来，这样的一种局面已经有所改观。直到目前，成体系的信息哲学理论的建构还只是个别学者的行为。

相关文献考察认为，是中国学者于20世纪80年代初首先提出了真正具有一般哲学性质的"信息哲学"的概念，并相应建构了相关理论。①

我们认为，信息哲学的兴起是一个时代的思潮，判定其是否兴起的依据并不简单依赖于是否提出了"信息哲学"的概念。事实上，在涌现的大量相关文献中，很多并未冠以"信息哲学"的文献则可能真正探讨了信息哲学的问题，而某些冠以"信息哲学"的文献则可能离具有真正韵味的信息哲学理论相去甚远。

长期以来，国内外科学和哲学界对信息哲学的学科性质的一般性理解存在很大的局限。更多学者仅仅在信息科学和信息技术中的哲学问题的层面来理解信息哲学的性质。依据这种看法，信息哲学只能是一种部门性或领域性的哲学。正如物理哲学、化学哲学、生命哲学、地理哲学、经济哲学、文化哲学……那样。另有一些学者，则总是倾向于把信息哲学纳入到已有的某些传统或哲学范式之中来进行解读。在这两种方向上，发展出了多条研究进路：计算主义进路、信息伦理进路、通讯信息进路、信息认知进路、语义信息学进路、逻辑概念信息学进路、符号信息学进路、信息因果动力学进路、信息现象学进路，等等。然而，由于这些研究进路采用的都是依附于已有的某些相关具体的哲学或科学技术的理论，所以，它们便都自觉或不自觉地受到了这些原有理论和学科性质的狭隘性和局限性的束缚，这就使他们的学说都不能很好揭示信息问题所具有的真正独特性和革命性的意义和价值，由此发展起来的信息理论并不属于高层次的信息科学，更不具有一般信息哲学或统一信息科学的性质。

邬焜曾经把这两种对信息问题的研究方式称为"哲学的比附"：对具体科

---

① 参见王健：《"信息哲学"与走向融贯的信息哲学范式——一个概念史的文本》，载《东北大学学报》（社会科学版）2013年第6期，第551—556页。该文指出："'信息哲学'作为一个特指的学术性概念，最早见于中国学者邬焜在1982年所提交的兰州大学哲学系本科毕业论文《哲学信息论》。此文的基本要点在1985年以《哲学信息论要略》为题发表，全文则于1987年以《哲学信息论导论》为书名出版。"

学中的具有特定局限性的理论和观点的比附；对已有哲学中的陈腐观点和理论的比附。这样的比附体现了哲学的庸俗、保守和僵化的一面。与此同时，邬焜提出了一个主张，在对信息问题的研究中应当采取一种"哲学的批判"的立场。在这里要实现的是一种双重批判和双重超越：对具体科学的局限性的批判和超越；对已有哲学的陈腐理论和僵化体系的批判和超越。由此引出的又是一种双重的革命：一是所批判的具体现实界的革命；二是哲学自身的革命。①

我们坚持的一个明确的观念是：绝不能把信息哲学等同于信息科学和信息技术中的哲学问题，也不能把信息哲学看成是一种依附或归结为某种已有传统哲学的哲学。因为，在这样一些层次上，信息哲学的真正普遍性品格和对哲学的变革所起的革命性作用将会被实质性的阉割。

按照当代科学的一般说法，构成世界的基本成分有三种：材料、能源和信息。材料和能源在一般物理学的层面指的正是质量和能量，这也正是唯物论哲学所强调的客观实在的物质世界。而信息则不能简单归入这个世界，虽然信息世界是由物质世界派生出来的，并且也只能以质量或能量为其载体，但是，信息世界却并不具有实在的性质，它是一个非实在的世界。从信息是一种不同于物质的构成世界的基本存在领域这一规定出发，信息哲学便有理由被看作是一种元哲学、第一哲学或最高哲学。

如果把信息哲学看作是一种全新的元哲学形态，那么，我们刻意去罗列信息哲学的问题便可能是多余的。因为，在元哲学的层次上，所有哲学涉及的领域和问题都应当是信息哲学研究的领域和问题。这样，我们只要按照一般哲学研究的性质去讨论信息哲学相关的领域便可以了。而在这些相关领域的具体展开中所有的理应研究的问题也便一定会具体而丰富的展示出来。当然，我们这样的分析并不意味着那些关于信息哲学研究的领域和问题的罗列都全然毫无意义和作用，我们这里要强调的仅仅在于，作为一种元哲学的信息哲学对于一般哲学中的所有的领域和问题都理所当然地应该具有一种全新

---

① 邬焜：《哲学的比附与哲学的批判》，载《中国社会科学》1995年第4期，第117—125页；（英译稿）"Philosophical Forced Analogy and Philosophical Critique"，载《中国社会科学》（英文版）1997年第4期，第74—78页。

的解读视角和阐释方法。

早在 20 世纪 80 年代，邬焜就不仅强调了信息哲学诞生的必然性，以及它的元哲学的性质，而且还对其所涉及的领域和问题进行了说明，同时还对其中诸多方面的问题给出了相应探讨。

1986 年，邬焜曾在一篇论文的开篇中写下了这样一段话：

> 近几年来，国内学术界发表了一系列对信息进行哲学分析的文章，这些文章虽然见解纷杂，但是，却有逐渐形成一种合力的趋势，这一趋势预示着多年孕育着的一门新的时代哲学——信息哲学的诞生。①

1989 年，邬焜在《信息哲学——一种新的时代精神》一书中就曾强调：

> 信息哲学首先是一种元哲学……还没有哪一个现有的哲学领域是信息哲学绝对不能涉足的。②

2003 年邬焜又在《亦谈什么是信息哲学与信息哲学的兴起》③ 一文中更为清晰地阐释了信息哲学的性质。在那篇文章中邬焜写道：

> 信息哲学乃是区别于所有其他哲学的一种元哲学或最高哲学。基于对信息本质的不同认识，信息哲学也可能产生诸多学派。信息哲学把信息作为一种普遍化的存在形式、认识方式、价值尺度、进化原则来予以探讨，并相应从元哲学的高度建构出全新的信息本体论、信息认识论、信息生产论、信息社会论、信息价值论、信息方法论、信息进化论等，在这些信息哲学的大的领域之下还可以再包括若干分支哲学，从而派生

---

① 邬焜、刘世文、李琦：《关于信息论研究中几个问题的探讨》，载《社会科学评论》1986 年第 1 期，第 50—57、79 页。

② 邬焜：《信息哲学——一种新的时代精神》，西安：陕西师范大学出版社 1989 年版，第 31—32 页。

③ 邬焜：《亦谈什么是信息哲学与信息哲学的兴起——与弗洛里迪和刘钢先生讨论》，载《自然辩证法研究》2003 年第 10 期，第 6—9、14 页。

出第二、第三或更深层次的信息哲学学科。

不仅信息哲学具有元哲学的性质,而且信息科学也具有元科学的性质。1995年7月,邬焜参加了在中国北京召开的"全国信息科学技术与哲学学术研讨会",为会议提交了题为《科学的信息科学化》的论文,并作了大会报告。① 在该文中,邬焜对信息科学的性质作了如下阐释和规定:

> 信息科学发展到今天已经不再仅仅是一门单一的学科和仅仅是某种交叉性、横断性学科,而是一个具有诸多层次,涉及众多学科领域的学科体系。信息科学的最一般的、最普遍的理论和方法乃是一种新的科学范式,这一新的科学范式具有极强的渗透力、贯穿力和改造力。当把相关的一些信息科学的原理和方法拓展开来应用到已有的传统学科时,便会立即赋予这些学科以某种崭新意义的全方位改造。到目前为止,还没有发现哪一个传统学科是信息概念、信息科学的最一般性的品格、理论和方法所绝对不可涉入的。信息时代的科学也如这一时代的社会、经济、生活一样,正在面临着一个全面信息化的发展过程。这一科学发展的信息化过程可以更为贴切地称之为"科学的信息科学化"。

六、顶天立地的统一信息科学

由于确立了信息在基本存在领域中的地位,信息哲学提出了一种关于物质和信息双重存在和双重演化的理论,从而揭示了信息乃是宇宙和宇宙事物中普遍存在的现象。这就导致,在对世界整体以及世界上所有事物进行研究时都有必要采取物质和信息的双重考察维度。由于传统哲学和科学对世界以及世界上的事物的考察方式都缺乏信息维度,所以,在已经发展起来的信息

---

① 邬焜:《科学的信息科学化》,载《青海社会科学》1997年第2期,第53—59页;邬焜:《现代科学的范式——信息科学》,载《信息高速公路和信息社会》,北京:北京邮电大学出版社1998年版,第48—52页。

科学和信息哲学所提供的全新科学范式面前,就有必要对传统哲学和科学的研究方法予以全方位的改造。通过这一改造,人类所有的科学和哲学领域都面临着某种范式转换的全新综合发展的趋势。邬焜把这一趋势称为"科学的信息科学化"①。正是由于这一全新发展趋势的出现,人类的科学和哲学再一次面临一种统一发展的新态势。这就有必要建立一种包括哲学、科学、技术和工程所有领域在内的广义的统一信息科学。

建立统一信息科学的明确设想是一批欧洲学者首先于20世纪90年代初倡导的。长期以来,在这一方向上,从不同的学科层次和角度,很多国家的科学家和哲学家都做出了大量而卓有成效的工作。其中比较杰出的代表包括:俄罗斯的乌尔苏尔(А. Д. Урсул)和康斯坦丁·科林(Константин Колин)先生,欧洲的弗洛里迪、佩德罗(Pedro Marijuán)、沃尔夫冈(Wolfgang Hofkirchner)、索伦(Søren Brier)和布伦纳先生,中国的钟义信、黎鸣、刘长林、沈骊天、罗先汉、苗东升、欧阳康、闫学杉以及邬焜。相关领域的研究所揭示的信息世界的独立性、普遍性品格,不仅为确立一种新的科学和哲学的时代范式,为确立一种新的世界观奠定了基础,而且也为统一信息科学的建立和发展奠定了基本的前提条件。

在相关研究的基础上,邬焜曾把广义的统一信息科学的体系划分为六大层次:信息哲学、一般信息理论、领域信息学、门类信息学、分支信息学(可能存在多级分支层次)和工程技术信息学。②

由于跨越了从哲学到科学,再到工程技术学的所有人类知识的层次,所以,统一信息科学乃是一门顶天立地的学科体系,其中的学科既具有跨层次、广交叉的性质,而且还具有相互贯通、内在融合的统一性关系。

既然是一门跨越人类所有知识层次的顶天立地的科学,那么,不同的学者,不同的学科便完全可以从各自特定的视角和层次出发来建构相应的信息科学的具体学科、理论或观点。这也是为什么我们面对的信息科学的具体学

---

① 邬焜:《科学的信息科学化》,载《青海社会科学》1997年第2期,第53—59页。

② 邬焜:《信息哲学——理论、体系,方法》,北京:商务印书馆2005年版,第27—29页。

科、具体学派、具体意见是如此多样的原因，并且，这种多样化的发展趋势还在展开之中。

由于信息所具有的普遍性品格，决定了信息科学发展的顶天立地的性质，这就意味着信息科学的发展将会导致人类科学和哲学的相互融合的一次全新综合。在这一全新综合发展的历程中，将会充分展示信息科学的哲学韵味，以及信息哲学的科学品格。从这一角度来看，不仅信息哲学是广义信息科学的一部分，而且信息科学也只有在信息的一般哲学规定的基础上才可能达到它的真正统一。这就意味着，统一信息科学是一般信息哲学建立的科学基础，而信息哲学又是统一信息科学能够达到真正统一的一般理论前提。我们认为，统一信息科学的最终建立与一般信息哲学的成熟发展应当是相互融合的同一个过程，是当代人类知识全新综合发展的新形态的一体两面。

七、中国的信息科学和信息哲学研究的统一化趋势

在中国，由钟义信先生所代表的中国信息科学的理论与由邬焜提出的中国信息哲学的研究无论从一般思路上，还是从具体结论上都具有一种天然默契、交相辉映、殊途同归的性质。

2014 年 10 月，由上海社会科学院《哲学分析》编辑部、西安交通大学国际信息哲学研究中心和陕西省自然辩证法研究会共同举办的题为"第十届《哲学分析》论坛：信息时代的哲学精神全国学术研讨会"成功召开。钟义信先生在为此次会议提交的题为《从信息科学视角看〈信息哲学〉》[1] 的文章中，从五个方面对中国信息哲学和信息科学研究的这种和谐默契进行了论证。下面对钟先生阐释的这五个方面的内容予以概述。

1. 总体风格：和而不同

邬焜的信息哲学研究宏观而概览，钟义信的信息科学研究则深入而系统。他们分别都抓住了各自的根本问题，从各自的立场出发独立回答了诸如"信

---

[1] 钟义信：《从信息科学视角看〈信息哲学〉》，载《哲学分析》2015 年第 1 期，第 17—31 页。

息是什么"和"什么是信息的运动规律"等基本问题；两者的结论则各有重点、各有特色，然而又彼此相通和可以互相印证。

2. **"存在分割"：哲理开路**

历来，传统哲学都明确地断言：存在＝物质＋精神。邬焜信息哲学对传统的存在分割公式提出了挑战，得到了全新的分割公式："存在＝物质＋信息"。钟义信的信息科学认定"信息是一种普遍的存在，存在于自然界，存在于人类社会和人的精神领域"。这在事实上主张了"存在＝物质＋信息"的分割，表现了与邬焜信息哲学研究的天然默契。

3. **基本概念：异曲同工**

邬焜的信息哲学定义："信息是物质存在方式和状态的自身显示"。钟义信的信息科学建立了信息定义的谱系，其中作为一切层次信息最终源泉的本体论信息被定义为"事物呈现的运动状态及其变化方式"，并且明确解释定义中的"事物"既可以是物质也可以是精神。虽说这两个定义在文字表达上分别具有哲学和科学的不同特色，但它们的内涵却是一致的：其中，"显示"与"呈现"完全同义；而"物质存在方式与状态"与"事物的运动状态及其变化方式"也在实质上互相等效。

4. **"认识论信息"：相映成趣**

邬焜的信息认识论提出参与人类认识过程的信息活动有五个层次：信息的自在活动，信息的直观辨识，信息的记忆存储，信息的主体创造，主体信息的社会实现；同时他还论述了五个层次之间自下而上的递进建构和自上而下的全息制控关系，以及层次综合参与和层次相互转换关系。显然，这是非常宏观而同时又非常原则的论述，完成了从信息本体论到信息认识论过渡的全面分析。钟义信的信息科学则把认识论信息定义为"认识主体所表述的事物运动状态及其变化方式的形式（语法信息）、含义（语义信息）和效用（语用信息）"，是语法信息、语义信息和语用信息的三位一体，称为"全信息"。在此基础上提出了"信息转换规律"，揭示了从客观"本体论信息"到认识主体生成的"智能策略和智能行为"的工作机制。颇为有趣的是，信息科学的"信息转换规律"与信息哲学的"信息层次分析"真正是相映成趣。信息哲学阐明了信息认识论的宏观原则，信息科学则挖掘了信息转换的深刻机理；两者不谋而合，殊途同归。

5. "信息中介"与"信息转换"：各有发现

邬焜的信息认识论把人的认识过程看作是在多级中介中实现的信息建构与虚拟的活动，从而消除了人们对于主体与客体之间相互作用过程所存在的某种神秘感。钟义信则认为，信息的作用，是通过本体论信息—认识论信息—知识—基础意识—情感—理智—智能策略—智能行为这一系列的"信息转换"为人类主体提供认识世界和改造世界的智能策略，实现主观世界与客观世界的和谐双赢，为人类不断改善生存发展环境服务。可见，"信息转换规律"和"信息中介建构与虚拟论"分别从科学和哲学的层面上揭示了主客观相互作用的信息机理。两个理论不仅各有发现，而且还可以相互佐证和补充。

钟先生在文章的最后指出："几乎独立行进的中国信息哲学和信息科学研究如此和谐默契，颇为发人深省！"

与钟先生的文章同期发表的邬焜的题为《信息哲学的独特韵味及其超然品格》① 的文章，对钟先生提出的这一问题予以了简单的回应。文中写道：在中国的相关研究中，之所以能够出现这种信息哲学和信息科学的研究天然默契、交相辉映、殊途同归的情景，绝非偶然。一方面，它是信息所具有的普遍性品格的体现；另一方面，它是哲学研究和科学研究具有统一性、无法割裂的体现；第三方面，它是统一信息科学必须建立在哲学和科学研究相互贯通和融合的基础之上的体现；第四方面，它也是中国学者坚持辩证唯物主义哲学思维方式的体现。虽然，长期以来，中国的辩证唯物主义哲学的教科书体系教条化倾向严重，但是，如果我们能够不拘泥于它的教条，而是加入相关复杂性思维的再造性理解，那么，我们便会重新挖掘辩证法和唯物论的真谛。由于中国的信息科学和信息哲学的研究都是在当代复杂信息系统科学的相关背景中展开的，所以，它便能够很好地把信息思维、系统思维和复杂性思维的方法与辩证唯物主义的思维方法融合一体，从而使前者具有辩证唯物主义的性质，使后者具有复杂性的韵味。这其中所体现的不仅是哲学对科

---

① 邬焜：《信息哲学的独特韵味及其超然品格——对三篇文章的回应和讨论》，载《哲学分析》2015 年第 1 期，第 43—52 页。

学的规范和影响，而且同时就是科学对哲学的改造和重塑，以及哲学自身批判性的发展。正是在这种科学和哲学的相关辩证统一发展的过程中呈现出了中国的信息科学和信息哲学发展的一般方式：信息科学的信息哲学化，信息哲学的信息科学化。在这里，不仅是科学的改造和升华，而且同时就是哲学的改造和升华。由此科学和哲学的新的内在贯通和融合的综合性发展导致的便是顶天立地的统一信息科学的诞生。

中国和世界各国的信息哲学和信息科学的研究成果已经为统一信息科学的建立带来了希望。让我们为这样一门全新的哲学和科学相统一的统一信息科学的最终诞生和健康发展做出我们的贡献。

八、信息范式对科学和哲学的根本变革的十二个方面

因为信息哲学的转向是在"存在领域划分"这一哲学最高范式的层面发生的变革，所以，它将在哲学的所有问题和领域，包括基本的问题和非基本的问题，包括基本的领域和非基本的领域都实现某种全新的变革。并且，从哲学和科学统一的尺度来看，哲学范式的根本改变与科学范式的根本改变是统一的。这就是说，在当代，无论是科学，还是哲学，都面临着由全新的信息范式全面改造的过程。

下面我们从 12 个方面对信息范式所导致的人类科学和哲学的根本变革意义进行概述。

1. 信息本体论：一种关于物质和信息双重存在的全新存在论学说

由于提出了一种物质和信息双重存在和双重演化的理论，信息哲学改变了传统哲学在存在领域划分方式上的基本信条：存在＝物质＋精神。

由于在存在领域划分方式这一哲学的最高范式的层面实现了变革，恩格斯当年所提出的哲学基本问题便显得不那么基本了。"存在与思维的关系问题"的具体解读方式因为哲学最高范式的改变而发生了改变。在新的哲学最高范式的解读方式面前，"存在与思维的关系问题"不再与"物质与精神的关系问题"相等同。因为，在新的存在领域划分方式的基础上，要回答"存在与思维的关系问题"不仅要回答"物质与精神的关系问题"，而且还要回答

"物质和信息的关系""信息和精神的关系"等方面的问题。这样，原本简单的物质和精神二元对立统一关系的问题便不能不转化为物质、信息和精神多重领域相互作用、相互蕴涵、转化和过渡的更为复杂交织的关系。而这种多领域全新复杂交织关系的新阐释便导致了哲学本体论学说的根本性变革。哲学本体论学说的根本性变革为哲学的所有其他领域的变革奠定了基础，提供了一个全新的变革范式，这就必然会给哲学的所有领域，包括基本问题领域，也包括所有非基本问题的领域，都将会带来全面的根本性变革。这就是我们所说的哲学革命的爆发。①

2. 信息认识论：一种关于人的认识发生的多维中介建构与虚拟的学说

在西方哲学中，当论及人的认识发生的过程和机制时，总是有这样的一种倾向，这就是总是试图要在物质和精神这两个领域采取一种绝对割裂的态度。最初是试图在上帝（神、绝对理念、绝对精神）和人的个体精神之间建立直接的关联和沟通，当上帝（神、绝对理念、绝对精神）消退之后，当代西方意识哲学又转到仅仅在人的意识内部去寻求人的认识发生的原因。这样的一种认识论模式产生的根源盖出于西方哲学的传统本体论信条。物质和精神二元结构的世界模式无法为物质向精神的升华、精神向物质的转化提供必要的中介过渡环节。这样，人的精神只能和上帝的精神相沟通，只能从上帝的完善的理念中区分有部分不完善的理念；只能在物质和精神、主体和客体之间划出一道不可逾越的鸿沟；只能将外部物质世界悬置，简单化、绝对化、单极化的从人自身的意识内部活动的构造来阐明意识发生的原因。

由于确立了客观信息世界的存在论地位，信息哲学便为哲学认识论的革命，便为揭示人的认识发生的过程和机制提供了哲学本体论的基础。

信息哲学构建了全新的哲学认识论学说，可以把这一学说简单概括为"哲学认识论的信息中介论"。这一理论把物质和精神、主体和客体看作是一个通过客观信息中介的相应活动相互转化、相互生成的统一过程，把人的认识看作是一个在多级信息中介的综合建构和虚拟中的一种复杂性涌现。具体

---

① 邬焜：《哲学基本问题与哲学的根本转向》，载《河北学刊》2011年第4期，第11—21页。

来说，参与这一复杂性涌现的中介维度包括五个方面：客体信息场、主体生理结构、主体认知结构、实践物化工具、自然史和社会史的信息凝结。由于是一种复杂性的涌现、由于通过了多重维度的中介，便一定会在这多重中介中发生不同性质和不同层次的信息选择、信息匹配、信息转换、信息重构、信息识辨、信息储存、信息阐释、信息监控、信息建构、信息创造与信息虚拟的复杂性活动。①通过相应的复杂性活动，信息也呈现出了它的复杂形态：自在信息（客观信息）、自为信息（主体直观把握的信息）、再生信息（主体思维创造的信息）、社会信息（人类创造的文化信息——自在、自为、再生三态信息的有机统一）。②

有西方学者对中国人创立的信息认识论学说给出了高度评价。认为"信息哲学的解释超越了现象学的解释"③；"清除了为胡塞尔的先验直觉寻找自然等价物的艰巨任务"④；"这意味着经典现象学的终结。"⑤

---

① 方元（邬焜曾用笔名）：《哲学认识论的信息中介论探讨》，载《兰州学刊》1984年第5期，第57—63页；邬焜：《认识：在多级中介中相对运动着的信息建构活动》，载《长沙水电师院学报》1989年第3期，第17—22页。

② 邬焜：《哲学信息的态》，载《潜科学杂志》1984年第3期，第33—35页。

③ [法] 约瑟夫·布伦纳：《作为信息时代精神的哲学——对邬焜信息哲学的评论》，王健译，载《哲学分析》2015年第2期，第4—17页。

④ Joseph E. Brenner, 2011. "Wu Kun and The Metaphilosophy of Information International Journal", *Information Theories and Applications*, No.2, pp.103-128.

⑤ 德国德累斯顿大学的格哈德·卢纳教授在读了约瑟夫·布伦纳的文章[Wu Kun and The Metaphilosophy of Information International Journal, *Information Theories and Applications*. 2011, No.2)]后评论说："这是邬焜的一个非常有趣和重要的成果，当然，这是从我们的'直觉'感受来看，这意味着经典现象学的终结，我们认为有必要对所有的事物重新进行认识……这似乎是一个重大的成就或努力，我们不得不从一开始就这样做。我们不得不从一开始就把关于'本体'和'现象'（或主观和客观的维度）的辩证关系的争论（现实逻辑，LIR 的讨论）作为核心范式。约瑟夫，我们研究的最困难的部分在于必须用我们的方法解释清楚那种以人为核心的理论的随意性和危害性，它只是在某种特定的场合才具有一定的合理性。"（摘自约瑟夫·布伦纳2012年2月5日的电子来信）。他还在其发表的论文中写道："在我知道的科学家和哲学家中，只有邬焜从哲学的高度揭示了信息的世界本体的意义，并建立一个关于世界各领域之间复杂性关系的理论。"（Gerhard Luhn, 2012. "The Causal-Compositional Concept of Information", *Information*, No.2, pp.1-34。）

3. 信息演化论：一种关于物质形态和信息形态双重演化的理论

人类历史上的演化论学说，无论是科学的，还是哲学的，都基本上是关于物质形态演化的。信息哲学关于物质和信息双重存在的本体论学说也从根本上改变了人类的演化观。双重存在的理论，必然带来双重演化的理论。信息哲学提出的演化论学说不仅从物质和信息的双重维度对与演化相关的各类哲学范畴进行了全新阐释，而且还详细论证和揭示了物质形态和信息形态演化的协同性和同步性的统一性关系。信息哲学的演化观认为，无论是在宇宙整体的层面，还是在宇宙中的具体事物的层面都存在着进化或退化的两个分支，都是有进有退的大循环。其中必然相应发生着物质形态和信息形态的同步进化或退化现象，并且，物质形态和信息形态还具有相互协同、相互载负、相互映现和相互规定的全息蕴涵关系，[①] 不仅没有不被物质载负的"裸信息"，而且也没有不载负特定信息的"纯物质"。[②]

4. 信息时空观：一种全新的时间和空间内在融合统一的理论

人类科学史上曾经有过两种最有影响的时空观理论：牛顿力学的时空观是在时间和空间绝对割裂的基础上建立起来的；爱因斯坦提出了时空协同变化的"四维连续统"理论，然而，在爱因斯坦那里，时间和空间关系还仅只是某种外在衔接的统一性。

当代信息科学和复杂性自组织理论以及信息哲学的研究揭示了物质的空间结构在普遍相互作用的时间过程中相互改变，通过这种改变凝结了相应的时间和空间的信息，从而导致时空转换的、时空二重化的、时空内在融合的统一性结构的生成。

时空内在融合的新的时空观把信息的、历史的、演化的观念引入对时空关系的考察，并相应阐明了在事物普遍相互作用中通过时空内在融合的方式所实现的事物普遍联系、规定和转化的内在机制和过程。由于现存事物的结构都是在时空转化的信息凝结中产生出来的，所以，所有事物的现实结构都

---

① 邬焜：《演化范畴的双重规定》，载《哈尔滨师专学报》1994 年第 1 期，第 2、12—16 页。

② 邬焜：《与信息本体论相关的若干重大问题的讨论》，载《哲学分析》2015 年第 2 期，第 42—54 页。

是一个空间化的时间（时间凝聚成了空间的构造）和时间化的空间（空间的结构拥有了自己的时间维度）的统一体。①

5. 全息境界论：一种关于事物普遍联系的机制、过程和结果的学说

时空内在融合是通过事物相互作用的相互改变所导致的信息凝结实现的，正是这一信息凝结的过程使所有的物体都转化成了物质和信息的二重化存在，亦即是，所有的物体都成了物质体和信息体的统一体。这样的信息体必然会在其后续演化的过程中将其所凝结的某些不同层次和不同性质的信息以某种方式呈现出来，这就构成了种种有趣的全息现象。尤其是在事物进化演化的方向上，各类全息现象的表现更为突出。

对于全息，邬焜曾经给出过一个定义：

> 全息的含义是指事物在自身结构中映射、凝结着自身现存性之外的多重而复杂的信息关系和内容。我们有理由将全息现象看作是复杂性自组织进化所可能达到的一种相关信息凝结、积累的结果。②

邬焜还曾把全息现象具体划分为五种类型：演化历史关系全息；演化未来关系全息；演化系列关系全息；演化内在关系全息；演化结构全息。在这五类全息现象中演化系列关系全息和演化内在关系全息是两类最基本的全息现象。另外，邬焜还特别强调指出：由于全息是一种特殊的演化现象，所以，在对全息问题进行讨论时需要注意一些约束条件和原则：一是全息现象仅仅与进化演化的方向相关；二是"全息不全"；三是全息所全息的信息内容主要是关于程序型信息方面的；四是不能将全息观点"无限泛化"③

---

① 邬焜：《相互作用与双重演化》，载《内蒙古大学学报》1994年第2期，第94—99页。

② 邬焜：《论自然演化的全新境界》，载《西北大学学报（社会科学版）》1994年第2期，第7—13页；邬焜：《信息哲学——理论、体系、方法》，北京：商务印书馆2005年版，第266—275页。

③ 邬焜：《论自然演化的全新境界》，载《西北大学学报（社会科学版）》1994年第2期，第7—13页；邬焜：《信息哲学——理论、体系、方法》，北京：商务印书馆2005年版，第266—275页。

6. 信息价值论：一种关于物质价值和信息价值的双重价值理论

事物通过普遍相互作用所实现的信息同化和异化的信息凝结不仅导致了物质和信息的双重存在、双重演化、时空内在融合，以及形形色色的全息现象，而且还导致了在所有相互作用的事物之间普遍建立起了某种对象化、效益性关系。基于这种普遍的对象化、效应性关系我们便可以在自然本体的意义上建立某种全新的价值哲学。邬焜曾经从一般哲学的尺度上对价值进行了定义："价值乃是事物（物质、信息，包括信息的主观形态——精神）通过内部或外部相互作用所实现的效应。"由此定义出发所建立的价值哲学首先是一种自然价值和天道价值的理论，同时又能解释传统价值哲学中的人道价值和主体价值，另外，它还是一种关于物质价值和信息价值的双重价值的理论。①

值得强调指出的是，西方很多学者在他们的长期努力中建立起了不同形式和层次的环境价值伦理学、生态价值伦理学，但是，因为他们都未能彻底突破以人为中心的价值伦理范式，所以，在关于价值本质的认识上仍然备受限制。而信息哲学所提出的信息价值论则能够为信息生态文明和可持续发展理论提供一般哲学层面的理论基础。

7. 社会信息论：一种关于社会性质和社会进化方式的新理论

信息科学和信息哲学提出的信息范式不仅为一般科学和哲学的发展提供了一个全新解释范式，而且也为探讨人类社会的本质和发展尺度，为人类的信息经济和信息社会的发展提供了某种全新的解释原则。

从信息活动的维度来看，能动地把握、利用、开发和创造信息是人类社会的本质；把握、利用、开发和创造信息的间接化（中介环节的强化）程度是人类社会进化的尺度。②

信息哲学认为：人类的不同文明时代是以不同的信息处理、创制和传播方式为其技术前提的。已经发展起来的信息网络，对于人类科学技术、经济

---

① 邬焜：《一般价值哲学论纲——以自然本体的名义所阐释的价值哲学》，载《人文杂志》1997 年第 2 期，第 18—21、25 页；邬焜：《信息哲学——理论、体系、方法》，北京：商务印书馆 2005 年版，第 346—379 页。

② 邬焜、刘世文、李琦：《关于信息论研究中几个问题的探讨》，载《社会科学评论》1986 年第 1 期，第 50—57、79 页。

社会的发展既是一种全新的信息处理、创制和传播方式，也是一种全新的生产方式、组织模式和发展模式。信息网络的普及和发展已经和必将导致某种全新的网络文化的诞生。随着这种全新网络文化的发展人类价值观念的体制将会日益朝着多元化的方向发展，其发展的结果必将会在极大程度上弱化和消解传统社会的世界霸权和国家集权的各类体制，从而建立一种更加民主和自由的新型政治体制、经济模式和社会秩序。信息网络的发展已经成了建立人类信息社会文明新体制的技术前提。①

8. 信息生产论：对人类实践和生产活动本质的新认识

对于人类的生产和实践活动，传统科学和哲学的解释更多是在物质活动的维度上展开的。信息哲学提出的物质和信息双重存在的全新范式，为阐释人类的生产和实践活动也提供了一个全新的信息维度。

根据科学的一般原理，物质守恒，信息不守恒，人类在生产活动中不可能创造物质，只可能创造信息。通常人们所说的物质生产不可能生产物质，生产的仅仅是物质资料（生产一种由特定物质结构所载负的信息模式）。人类的生产和实践活动都具有物质和信息双重活动的意义和价值。从信息活动的维度来看，人类的生产和实践活动是一种主体创造的目的性信息，通过主体创造的计划性信息的实施在客体中实现的过程，简言之，是主体目的性信息转化为客体结构信息，在客体中实现的过程。② 在信息哲学看来，由于人类生产不可能创造物质，所以，人类的生产只能是信息生产，人类的生产力也只能是信息生产力。③

信息哲学不仅关注人类物质资料的生产活动，而且还关注人类精神生产、人本身的生产和人的交往关系的生产、虚拟化生产等诸多生产形式，并把这

---

① 邬焜：《网络文化中的价值冲突》，载《深圳大学学报》2001年第5期，第45—51页。

② 方元（邬焜曾用笔名）：《哲学认识论的信息中介论探讨》，载《兰州学刊》1984年第5期，第57—63页。

③ 邬焜：《信息生产和信息生产力》，载《哈尔滨师专学报》1997年第3期，第28—39页。

多种生产形式看作是相互交织、内在融合，并互为基础和前提的统一性过程。①

9. 信息思维论：一种关于科学与哲学的思维方式变革的理论

根据科学范式、科学世界图景和科学思维方式统一变革的关系，信息哲学把人类历史上发生的大的科学革命分为三次。并认为通过这三次大的科学革命人类的科学世界图景从实体实在论过渡到场能实在论，再过渡到信息系统复杂综合论，而人类科学思维方式相应地也从传统的实体思维过渡到能量思维，再过渡到信息思维。

信息哲学对信息观念和信息思维作了具体规定：信息观念乃是人们将信息作为一种区别于质量和能量的基本存在，以及对其本质、存在方式、意义和价值所作的一般性理解、规定和认识。而依据相应的理解、规定和认识，从现存事物的结构组织和关系互动模式、演化程序和过程模式中去把握和描述事物的本质、特点和属性的方式和方法，将现存事物的结构、关系、过程作为信息的载体或符码，并由此破译出其中蕴涵着的关于事物历史状态、现实关系、未来趋向等间接存在的内容的方式和方法，以及将现实对象物或信息再行人为符号化，并赋予其特定代式关系的方式和方法便构成了信息认识方式或信息思维方式，亦即信息思维。②

10. 顶天立地的统一信息科学论：一种关于"科学的信息科学化"的当代科学发展的理论

不仅信息哲学具有元哲学的性质，而且信息科学也具有元科学的性质。发展到今天的信息科学已经不再仅仅是一门单一的学科和仅仅是某种交叉性、横断性学科，而是一个具有诸多层次，涉及众多学科领域的学科体系。信息科学的最一般的、最普遍的理论和方法乃是一种新的科学范式，这一新的科学范式具有极强的渗透力、贯穿力和改造力。当把相关的一些信息科学的原

---

① 邬焜：《论马克思和恩格斯"全面生产"理论的复杂性特征》，载《中国人民大学学报》2006年第6期，第86—92页。

② 邬焜：《物质思维·能量思维·信息思维——人类科学思维方式的三次大飞跃》，载《学术界》2002年第2期，第60—91页。

理和方法拓展开来应用到已有的传统学科时，便会立即赋予这些学科以某种崭新意义的全方位改造。到目前为止，还没有发现哪一个传统学科是信息概念、信息科学的最一般性的品格、理论和方法所绝对不可涉入的。只有尚未被信息范式改造的学科，而没有信息范式不可改造的学科。信息时代的科学也如这一时代的社会、经济、生活一样，正面临一个全面信息化的发展过程。这就是邬焜所提出的"科学的信息科学化"。①

由于贯穿了人类知识的所有层次，统一信息科学将是一门顶天立地的具有全新意义的现代科学体系。在这一全新的科学体系之中，信息哲学呈现出了科学的品格，而那些具体性的信息科学技术和工程实践又同时呈现出了哲学的韵味。这样，在统一信息科学理论的框架内，人类的哲学和科学，也包括工程技术，必将会以某种互动融合的方式发展，这样一种全新发展的趋势，必然会导致人类知识的发展再度达到某种统一而综合的全新形态。②

11. 对现有科学研究纲领的整合作用

现有的复杂性科学研究纲领试图要把那些传统的和新兴的科学研究纲领通过某种再整合的方式统一起来。但是，由于未能很好地确立信息科学研究纲领在复杂性研究纲领中的重要地位和价值，所以，现有的复杂性科学研究纲领还缺乏应有的复杂性韵味。其实，当代信息科学和信息哲学提出和日益完善的信息范式本身就具有复杂性研究纲领的特征。

信息科学和信息哲学研究纲领能够很好地把还原论和整体主义、决定论和非决定论统一起来，能够很好地把要素、关系、结构和双重涌现（在事物整体和构成要素两个层面同时形成的新质建构）的性质统一起来，能够把组织互动、网络反馈环链、全息映射、时空内在融合的相互转化、直接存在（物质）和间接存在（信息）的统一性、有序和无序的兼容、要素的自主个性和整体行为的涌现等诸多方面的内容统一起来，能够对自组织行为的性质，

---

① 邬焜:《科学的信息科学化》，载《青海社会科学》1997年第2期，第53—59页; 邬焜:《现代科学的范式——信息科学》，载《信息高速公路和信息社会》，北京: 北京邮电大学出版社1998年版，第48—52页。

② 邬焜:《信息哲学的独特韵味及其超然品格》，载《哲学分析》2015年第1期，第43—52页。

以及自组织发生的具体过程和机制进行详尽的揭示，从而可以比较全面地覆盖复杂性科学研究纲领的基本要旨，并为复杂性理论的研究提供一个信息科学的阐释维度。如此看来，信息科学和信息哲学研究纲领恰恰能够担当对众多传统的和现代的科学研究纲领进行全新整合，并使之走向统一的历史使命。①

12. 对现有科学和哲学的全方位改造作用

由于传统科学和哲学都是在物质或精神的维度上对世界及其事物进行认识的，所以，当信息的普遍性品格被揭示之后，人类所有的科学和哲学学科都面临着用信息范式对自身进行改造的任务，都需要增加信息认识的维度，这就导致信息范式对现有的科学和哲学必然会具有全方位改造的作用。

由于当代的科学和哲学都面临着由同一个统一的信息范式全面改造的过程，所以，人类的科学和哲学再次出现某种互动融合统一发展的态势便不仅是必然的，而且是合理的了。

---

① 邬焜：《信息科学纲领与自组织演化的复杂性》，载《中国人民大学学报》2004年第5期，第10—16页；邬焜：《建构统一复杂信息系统理论的几个问题》，载《自然辩证法研究》2006年第12期，第96—99页。

第二编

基础理论

第三章　物质和信息：双重存在的世界

信息哲学对哲学的革命性变革首先体现在它对哲学的最高范式——存在领域划分方式——的改变。

虽然，在哲学史上，不同的哲学家对存在概念曾经做出过十分不同的具体规定。对于这些不同的规定我们并不准备做出一一介绍和评述。在我们提出的信息哲学的相关理论中，对存在概念采取了一种最为广义的规定。在信息哲学的理论中，存在，即"有"，它就是世界上所有事物和现象的指谓。在这里，"存在（有）"是与绝对的、纯粹的"非存在（无）"相对的一个概念。按照这样的规定，物质世界是有的，它是存在；人的精神世界是有的，它也是存在；信息世界是有的，它还是存在。

我们知道，"存在＝物质＋精神"是传统哲学关于存在领域划分的基本信条，也是传统哲学的立论之基。

当代信息科学和信息哲学的发展揭示了一个全新的存在领域——信息世界。对这一世界的存在论本质和意义的揭示，将为我们提供一种有信息世界参与其中的新的存在论学说。这是一个全新的世界图景、全新的世界观和全新的思维方式，同时，这也为我们创立了一种全新的哲学。

一、存在领域的划分

1. 存在领域的传统划分方式及其缺陷

熟悉哲学史的人都会知道,图腾、宗教和神话是人类最早的文化形式。而人类的早期哲学就是从图腾、宗教和神话中脱胎而出的。这样,关于神的存在性的证明便成了人类古代哲学的应有话题,之后的哲学家们提出的种种关于客观精神的理论都是这一"神性"的变种。然而,就人们具体的生存方式而言,人们又都只能在与物质性的自然的相互作用的过程中生活,这就使人们必须同时承认物质性的自然的存在,由此又产生了种种古代自然哲学的承认种种具体的自然物或自然元素的存在性的哲学观念,这也是后来科学中关于物质世界的存在性的探讨。另外,人本身又是一种具有精神智慧能力的存在,所以,从一开始,人类的哲学就不可能否定自身精神的存在。

这样,在一般的人类哲学传统中存在就被划分为三大领域:客观理念世界(包括宗教神学中的神和上帝、柏拉图的理念世界、黑格尔的绝对精神、印度古代哲学的大梵、中国宋代哲学家朱熹的先天地之理……);物质世界【古希腊哲学中的水论、火论、四元素论(水、火、土、气)、原子与虚空论;中国古代哲学中的阴阳五行说、气一元论说;印度古代哲学中的四大元素论(地、水、火、风)、极微论;现代科学中的质量(实体)、能量(场)、粒子、波、弦……】;人的精神世界(灵魂、心灵、气息;心理、意识;感知、记忆、思维、目的、计划;意志、意向、情感……)。

人类哲学的发展是伴随着科学的发展而发展的。从总体上来看,随着科学昌明发展的进步,人类哲学的发展也在沿着逐步消减它的"神性",张扬自然的物性和人的精神的主体性的方向前行。这一点在西方哲学的发展历程中体现得尤为充分。

我们知道,上帝创世说是西方哲学的一个古老的传统学说。按照这一学说的观点,上帝是一种永恒、无限、完满的存在,而自然界和人都是上帝创造的,并且,人的认识中的真理的内容是由上帝赋予的。这就是所谓的"天赋观念"说。然而,随着近代科学的发展,上帝逐渐失去了它昔日的辉煌,越来越成为某种纯粹虚设的角色。与此相一致,传统的"天赋观念"说也一步步的走向弱化，逐步消解着其"天赋"的程度，并最终退出了一般哲学的领地。

对于这一发展过程我们可以做这样一个简略地概括：西方哲学中"天赋观念"说的演变经历了从柏拉图（Platon，公元前427—前347年）的不死灵魂的回忆的神启说，到笛卡尔（Rene Descartes，1596—1650年）的"天赋真理"说，再到斯宾诺莎（Baruch Spinoza，1632—1677年）的"天赋真观念"说，直到莱布尼兹（Gottfried Wilhelm Leibniz，1646—1716年）的"天赋能力"说的逐步弱化的过程。之后，当费尔巴哈（Ludwig Feuerbach，1804—1872年）旗帜鲜明地强调"是人创造了上帝，而不是上帝创造了人"的时候才为人类哲学的发展最终摆脱上帝光环的阴影开辟了道路。

由于上帝的逐步退场，客观理念世界逐步退出了一般科学和哲学的领域，这就导致原来被划分为三大领域的存在世界只剩下了两大领域：物质世界和人的精神世界。这样，"存在＝物质＋精神"就成了传统哲学的最高范式，也是传统哲学的立论之基。

马克思和恩格斯创立的传统辩证唯物主义哲学也直接继承了传统哲学的这个立论之基。我们现在最熟悉的传统辩证唯物主义哲学对物质的一个标准定义是列宁给出的。这个定义是这样表述的：

> 物质是标志客观实在的哲学范畴，这种客观实在是人通过感觉感知的，它不依赖于我们的感觉而存在，为我们的感觉所复写、摄影、反映。①
>
> 物质的唯一"特性"就是它的客观实在，它存在于我们的意识之外。②

当代的许多学者对列宁的物质定义提出了种种责难，其中最多的是关于此定义的机械反映论性质。因为列宁用"复写、摄影"这样的用语来描述我们对对象的感知活动。可是，人们对事物的感知并不像照平面镜一样只是一种简单而直接的"复写、摄影"。这其中通过了复杂的主体生理结构、认识结

---

① 《列宁选集》（第2卷），北京：人民出版社1972年版，第128页。
② 《列宁选集》（第2卷），北京：人民出版社1972年版，第266页。

构、认识工具的多重中介的选择、规范、整合、匹配、重构的建构和虚拟。

除了上述缺陷之外,我们还注意到列宁定义物质的方法以及此方法所隐含的存在领域划分方式方面的历史局限。

列宁的物质定义显然是通过物质和意识的相对关系给出的。这个定义隐含着首先必须承认这样一个存在论前提:整个存在领域是由物质和意识这两大领域分割着的,意识本身就是我们的感知、思想等活动,而意识之外的便是客观实在的物质世界。[①] 这一存在论前提集中体现着传统哲学中未经证明但已被公认的一个基本信条:存在=物质+精神。

由此前提又可以得出一个推论:"客观实在"和"客观存在"这两个范畴所具有的内涵和外延是完全相同的,亦即:客观实在=客观存在=物质。

然而,整个存在由物质和精神两大领域组成的信条,以及"客观实在=客观存在"的推论,在今天看来都是难以成立的。因为,当代信息科学和信息哲学的相关理论已经揭示了一个全新的存在领域——客观信息的世界,这个世界并不属于客观实在的物质世界,也不能放到主观意识的领域。由此,人类科学和哲学关于存在领域划分的传统范式就有必要加以改变。

另外,还有一点有必要加以讨论。"存在=物质+精神"这一关于存在领域划分的方式是一个二元对立结构。这样的结构不能把物质到精神、精神到物质的活动描述为一个过程,因为,要描述为一个过程就必须揭示对立两极之间的联系、过渡和转化的中介环节。而传统哲学关于存在领域划分的二元结构模式无法满足这样的条件。显然,这样的存在领域划分模式不符合辩证哲学本身的原则,也不符合当代复杂信息系统理论所阐明的精神要旨。由此我们也可以看到,为什么在这样的存在论学说的基础之上产生的相关哲学理论都在不同的程度上具有割裂物质和精神关系的性质。例如:传统唯物主义所坚持的"白板式"机械反应论学说;康德所设定的主客体间不可跨越的鸿沟;现象学所强调的认识发生的单纯主体意向性活动、意向性构造的学说;等等。

[①] 有必要提及的是,由我国辞海编辑委员会、上海辞书出版社编辑出版的《辞海》中,对"客观实在"词条的注释为:"指独立于人的意识之外、能为人的意识所反映的客观存在,即物质。"参见《辞海·哲学分册》,上海:上海辞书出版社1980年版,第56页。

2. 存在领域的新划分[①]

虽然列宁的物质定义还存在这样或那样的缺陷,但是,他却给出了唯物主义哲学对物质概念所作的一个核心规定,这就是:物质=客观实在。只要我们沿着这样的一个路径进行分析,我们就可能找到关于存在领域合理划分的基本方法和逻辑。

我们注意到,列宁用"客观实在"定义物质时采用的是两种性质组合的方法,即"客观"和"实在"这两个概念的合取。其具体含义是:有一种现象,它既有客观的性质,又有实在的性质,它就是物质。

其实,我们由"客观"和"实在"这两个概念可以获得另外两个概念,即客观的反题"主观"、实在的反题"不实在(虚在)"。

如果我们假设:客观=P;实在=Q,那么,客观的反题"主观"就是-P(读"非P");实在的反题"不实在"就是-Q(读"非Q")。

现在我们在这四个概念中建立两两组合的合取式,我们便可以得到如下六个逻辑公式:

$$P \wedge Q; P \wedge -Q; -P \wedge Q; -P \wedge -Q; P \wedge -P; Q \wedge -Q$$

我们先来看后面的两个公式。这两个公式要能够成为真值式的条件是,前件和后件或者同真,或者同假。然而,在形式逻辑中,按照"不矛盾律"的规定,一个命题和它的反命题是不可能同时为真,或同时为假的。这样,在形式逻辑中,这两个公式便永远不可能为真,它们是"永假式"。由于在逻辑上这两个公式不可能为真,所以,我们对它们所对应的现实世界进行考察便没有意义了。

这样,我们便剩下了四个公式。现在我们把这四个公式所对应的字面含义分列如下:

P∧Q=客观实在

P∧-Q=客观不实在

-P∧Q=主观实在

-P∧-Q=主观不实在

[①] 这一新的存在领域划分方式的逻辑推演最初发表于邬焜的《存在领域的分割》,载《科学·辩证法·现代化》1986年第2期,第32—33页。

这四个公式所表明的意义在现实宇宙世界中是否都确有所指呢？下面我们就来分别予以分析。

按照传统唯物论的学说，"客观实在"是确有所指的，这就是物质。如果我们认为唯物论的这一基本观点还能够成立的话，那么，我们便有必要仍然坚持，"客观实在"是确实存在的，它指的就是物质世界。当然，我们对客观实在的具体外延的认识这可能随着科学的发展而有所改变。

"客观不实在"是否也确有所指呢？按照前所述及的传统哲学对存在领域的划分方式，"客观不实在"是不可能存在的，因为"客观实在＝客观存在"，所以，只要是"客观的"东西就是"实在的"，就不可能是"不实在的"。然而，这样的一种传统信条真的是不容置疑的吗？其实，在客观事物之间总是存在着相互表征或映射的某种相互蕴涵的关系，而在这种相互蕴涵的关系中映现出来的关于某物的内容、特性显然并不等同于某物本身，也并不等同于映现这些内容、特性的另一物。我们注意到，列宁本人就曾经表达过这样一种思想：一切事物间都具有类似于反映的特性[1]。反映的实质就是将某物的内

---

[1] 列宁曾经在《唯物主义和经验批判主义》一文中写过三段讨论该议题的文字："明显的感觉只和物质的高级形式（有机物质）有联系，而'在物资大厦本身的基础中'只能假定有一种和感觉相似的能力。""对于那种看来完全没有感觉的物质如何跟那种由同样原子（或电子）构成但却具有明显的感觉能力的物质发生联系的问题，我们还需要研究再研究。""假定一切物质，具有在本质上跟感觉相近的特性、反映的特性，这是合乎逻辑的。"此三段文字请分别参见《列宁选集》（第2卷），北京：人民出版社1972年版，第40、41、89页。其实，早在列宁之前，法国启蒙思想家、哲学家，"百科全书派"的领袖人物狄德罗（Denis Diderot, 1713—1784年）就区分了迟钝的感受性和活跃的感受性，并用前者来揭示物质世界普遍存在的相互联系和相互反映的特征。（参见［法］狄德罗：《狄德罗哲学选集》，江天骥、陈修斋、王太庆译，北京：商务印书馆2009年版，第133页。）而列宁关于物质间存在类反映特征的观点也是受狄德罗思想的启发而提出的。他曾经对狄德罗的相关思想做出了这样的评价："我们从狄德罗的例子中就已经看到唯物主义者的真正观点了。这种观点不是从物质的运动中引出感觉或者把感觉归结为物质的运动，而是承认感觉是运动着物质的特性之一。"［《列宁选集》（第2卷），北京：人民出版社1972年版，第42页。］当然，在狄德罗或列宁那里都还没有把物质世界中的类反映特性上升到基本存在领域的层面来认识。事实上，简单把客观信息归结为物质特性之一，而使其消弭在物质之海中，不从其内容上去挖掘它的独立的存在论意义和价值，这样的做法根本不可能引导我们揭示出信息世界的真谛。

容、特性等在另一物中映现出来，这种映现着的某物的内容、特性显然也并不等同于某物本身，也并不等同于映现着这些内容、特性的另一物。我们决不可以说水中的月亮和天上的月亮是同一回事。天上的月亮是客观的、实在的月亮，它是一个直接以物质体的方式而存在着的月亮；水中的月亮也是客观的，它在人的意识之外，不以人的意志为转移，但是水中的月亮却并不具有实在的特性，它只是实在月亮的一个影子，而映现或载负这个月影的水却又不是实在的月亮本身，虽然，水本身是实在的水，但水中却没有实在的月。"水中捞月"之所以荒唐，就在于把水中的月亮也看成实在的月亮了。"水中月、镜中花"一类现象中的"月"或"花"，既是客观的又是不实在的。其实，"水中月、镜中花"只是一个十分通俗而表面化的例子。相关的更为深刻的例子我们随便可以举出很多。例如，树木的年轮中凝结着的树木所经历的多年寒暑状况及其他相关关系的内容；DNA中编码的生命种系发生的历史关系以及个体发育的一般程序的关系的内容；地层结构中凝结的地质演化的历史关系的内容；现存宇宙结构状态中凝结的宇宙起源与演化至今的相关关系的内容等，都具有客观不实在的性质。这样我们找到了一个"客观不实在"的存在领域。"客观不实在"正是对客观事物间相互表征、映射、反映着的内容的指谓。在客观世界中普遍映射、建构的种种自然关系的"痕迹"正是储存物物间的种种反应内容的特定编码结构。正是在这一特定的意义上，我们说"客观不实在"与标志物质世界的"客观实在"的存在方式具有本质的区别。

另外，我们还应当看到，物物之间相互映射关系的发生是基于物自身通过自身的运动派生一个表征自身差异关系的中介物的活动来实现的，这样，某物的信息首先必然是由自身派生出来的，其后才有了物物间的相互映射、表征或反应的关系。如此看来，信息在最初的发端上总是以物自身显示自身的方式表现出来的，其后才有了信息活动的其他形态：物物间信息的同化和异化，认识主体对信息的识辨、记忆，思维的加工创造，目的的形成和通过实践活动的实现，等等。关于这一点，我们后面还要详细讨论。

"主观实在"指的是什么呢？唯物反映论认为，主观的东西归根到底是主体对客体的一种能动的反映。既然是一种反映，那么反映着的内容就不是被反映的客体本身，它也就不可能是实在的，这也类同于我们对一般事物间普遍存在的类反映现象的内容的分析。如此，"主观实在"其实是没有什么东西和现象可指谓的。

关于"主观实在"不可能存在的理由的阐释还可以从一般概念规定的基本逻辑的层面加以讨论。因为，按照唯物主义的观点，"实在"这一概念是用来指谓物质世界的，然而，一个明显的事实是，物质世界和显现这个物质世界的客观信息的世界，以及和主观能动反映着它的那个世界显然有完全不同的存在方式。如果我们采用同一个"实在"概念来同时规定这几个不同的世界，那么，我们便不可能把这几个不同的世界区分开来。正因为是这样，我们既然已经用"实在"这一概念来对应了物质世界，我们就不能再用同一个"实在"概念来对应人的主观认识的世界（主观信息的世界），正如，我们不能用同一个"实在"概念来对应客观的显示着的或类反映的世界（客观信息世界）一样。

根据我们上面的讨论，"主观不实在"显然指的就是意识、精神之类的现象。它们是主体对客体的主观反映，以及在此基础上的主观创造。这个世界的存在方式显然是主观的，不实在的。

按照一般人的思维方式，他们很难把"存在"和"实在"这两个概念加以区分。在他们的思维逻辑中，"不实在"就是"不存在"。其实，"不实在"不等于"不存在"。"不实在"也是"存在"，是一种"不实的存在""不实的在""以不实的方式而在"。按照中国哲学的传统概念，我们可以在一种绝对而纯粹的意义上把"存在"规定为"有"，把"非存在（不存在）"规定为"无"。而"存在"或"有"本身又可以区分为"实在"或"虚在"两类。"虚在"也是一种"存在"，是"不实的在"，是"不实在"。

依据上述分析，我们可以结论：整个宇宙（世界、自然）中的一切"存在"都可以划归客观实在、客观不实在、主观不实在这样三大领域。

客观存在的范围大于客观实在（物质）的范围。物质范畴并不能囊括精神之外的全部世界，在物质和精神之间还有一个传统科学和哲学未曾予以足够重视的"客观不实在"的领域。

精神（主观存在）和"客观不实在"具有共同的"不实在"的本质。整个存在领域即可由客观存在和主观存在来划分，也可由实在和不实在来划分。

因为只有客观实在是实在的，所以实在范畴便和物质范畴具有完全一致的内涵和外延。如果我们从实在和不实在的相关性出发进行分析，那么我们便有可能得到关于物质范畴和它之外的世界领域的更为具体的规定性。

我们说，天上有一个月亮，水中有一个月亮。天上的月亮是实在的，水中的月亮是不实在的。水中的月亮的存在是因为天上的月亮的存在，前者是后者的"影子"。这样，我们便在实在的月亮和不实在的月亮之间建立起了一种对应相关的关系。我们完全可以从这种相关对应的关系出发，把实在的月亮叫做直接存在的月亮，而把不实在的月亮叫做间接存在的月亮。这样，我们便把实在和直接存在看成是同等程度的概念，把不实在和间接存在看成是同等程度的概念。从间接存在的角度来看，间接存在是直接存在的反应（广义的），从直接存在的角度来看，间接存在是直接存在的显示。意识是一种反映（高级反应），在意识之外有一个直接存在的对象，在意识中有一种关于这个对象的摹写、知识。因此，主观存在归根到底是反映直接存在的一种间接存在。

按照这样的分析，我们甚至可以对同一个对象区分出它的三种不同存在方式：直接存在的某物、客观间接存在的某物、主观间接存在的某物。如天上月、水中月（场中月）、脑中月便是与这三种不同的存在方式所对应的月的三种存在方式。当然，脑中月还可以采取某种理性抽象模式的形态，从而超越具体感知中的脑中月的模式。然而，无论这样的脑中月采取怎样一种程度的超然形态，它都不是以直接存在的（客观实在的物质形态的）方式而存在，它只能是一个由人的思维加工再造之后所产生出来的一个间接存在的精神性的存在。

根据上面的讨论，我们可以做出这样一个概念逻辑的结论：直接存在就是我们对物质范畴的一个具体规定，而间接存在则可以用现代科学中的"信息"概念来规定（关于这一点我们以后还会予以详论）。

根据上面的论述，我们可以列出如下四个新的表达式：

物质＝客观实在＝实在＝直接存在；

不实在＝客观不实在＋主观不实在（精神）＝间接存在＝信息；

客观不实在＝客观间接存在＝客观信息；

主观不实在＝主观间接存在＝主观信息。

根据这四个表达式，我们可以做出如下一个存在领域划分图①（图3-1）：

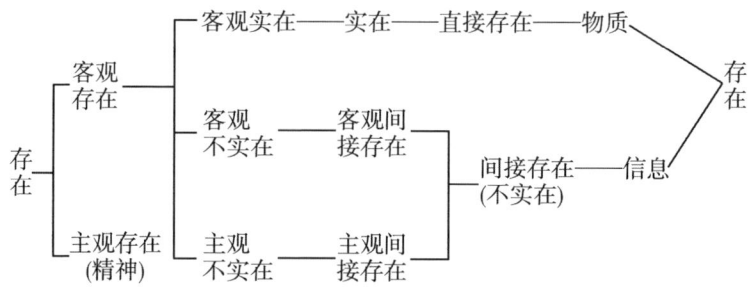

图3-1 存在领域的重新划分图

3. 存在领域重新划分的重大意义

因为在哲学最高范式（存在领域的划分）的层面实现了根本性的变革，所以，它必将会引发所有哲学理论层次的根本性变革。就针对人类有史以来的传统哲学的最高范式（"存在＝物质+精神"）实现了根本性转变而言，"存在＝物质+信息"这一新的哲学最高范式的阐明导致了人类哲学的第一次根本转向。

客观世界不再是由物质世界独霸的天下。在客观世界中除了客观实在的、直接存在的物质世界之外，还存在着客观显示着这个物质世界的、客观不实在的、客观间接存在的客观信息世界。而传统哲学中所阐明的某些动物和人类的精神世界则因为它所具有的不实在的、间接存在的性质，使它成为了信息世界的一部分，即信息世界的高级活动形态——主观信息世界。由此，我们可以清晰地看到信息是怎样迫使在传统哲学的相关规定中已经由物质和精神分割完毕的存在领域给它让出一块地盘的，以及信息又是怎样在自身本性的意义上来规定精神现象的。

在客观世界中，我们可以清晰地区分出某物的两种存在方式：物自身的存在方式，以及显示着该物的某种关系内容的存在方式。这两种存在方式分

---

① 此图最先发表于邬焜：《存在领域的分割》，载《科学·辩证法·现代化》1986年第2期，第32—33页。

别对应着该物的物质性存在和它的客观信息（自在信息）的存在。如果有某些动物或人的心理和认识的介入，那么，便会产生该物的第三种存在方式，该物的主观形态的信息存在（被认识主体把握或再造的信息性存在）。显然，第一种存在构成了直接存在的物质世界，而第二和第三种存在则构成了间接存在的信息世界。另外，这个间接存在的世界又不可能脱离直接存在的世界而孤立的存在，它必须以直接存在的物质世界（质量和能量）为其载体，水中月必须以物质性的水为其载体，脑中月必须以物质性的脑为载体。反过来，我们还会看到另外一个层面的关系，不仅信息需要物质来载负，而且在物质的相关结构中也必然会凝结信息。因为，任何物的结构都是在物的相互作用关系中被相互改变后而生成的，所以，经过这种相互改变必然会凝结某些历史关系的内容，也就是说，通过这些关系内容的凝结，所有的物质体，都同时被转化成了信息体。并且，由于物质相互作用的普遍性，以及时间的无开端性，世界整体结构以及世界上现存的所有物体的结构都只能是在漫长的演化过程中被改变、被创生出来的，亦即是，它们都成了演化生成之物，都成了信息体。一方面，信息必须由物质来载负，不存在不依附于载体的裸信息；另一方面，在物质的结构中又必然会凝结相应的信息，也不存在不包含信息的纯粹的物质。据此可以确立一种新的存在观：世界是统一于物质基础上的，物质和信息（直接存在和间接存在）双重存在的世界。①

我们面对的世界是一个双重存在的世界。由于信息世界的发现，世界以及世界上的一切存在物都再不能简单的归结为那种单纯的、干瘪的、混沌未开的、未曾展示自身丰富性、复杂性的直接存在的物质世界了。在这个物质世界中载负着另一个显示着这个物质世界多重规定性的信息世界。整个世界，以及世界上的存在物的这种双重存在性，意味着一切存在物都只能是直接存在和间接存在的统一体，都既是物质体，又是信息体。

根据信息哲学所提出的存在领域的新的划分方式，恩格斯当年提出的"存在和思维的关系"这一哲学基本问题与"物质和精神的关系问题"不再具有等价性，并由此使"存在和思维的关系"这一问题不再具有哲学基本问

---

① 邬焜：《物质和信息：统一而双重的世界》，载《西北大学学报》（社会科学版）1991年第2期，第88—93页。

题的性质。因为,这一问题的具体解读方式依赖于对"存在领域的划分"这一问题的具体回答方式。这样,"存在领域的划分问题"的哲学地位便不能不高于"存在和思维的关系问题"的哲学地位,并成为具体解决后一问题的前提性问题。依据新的"存在＝物质＋信息"的存在领域的划分方式,要解决"存在和思维的关系问题"就不仅要解决"物质和精神的关系问题",而且还有必要解决"物质和信息""信息和精神"的关系问题。这是一个体现着多重维度交织的、更具有复杂性特色的全新的存在论学说。

信息世界的发现从根本上改变了我们关于存在的观念,正是在这种物质和信息双重存在的世界图景中,信息哲学确立了它作为元哲学、第一哲学或最高哲学的基点,同时也为人类哲学的根本性变革奠定了存在论基础。正因为具有这样的性质,信息哲学将能够与古今中外的所有传统的和现代的哲学比肩而立,并呈现出自身的超然品格和独特韵味。

信息哲学和信息科学的范式是统一的。"存在＝物质＋信息"即是信息哲学的最高范式,也是信息科学的最高范式,并且,信息哲学又是广义信息科学的一部分,并能够成为统一信息科学能够成立的一般哲学基础。关于这一点,我们也可以从中国信息哲学和信息科学发展的现实情境中感悟出来。我们在上一章中已经提到,我国信息科学的"全信息理论"的创始人钟义信先生就曾从五个方面对我国的信息哲学和信息科学研究的这种统一性关系进行了比较研究。[①] 由这种统一性关系我们也可以看到,不仅信息哲学是一种元哲学,而且信息科学也是一种元科学。这就是邬焜所提出的当代科学发展的趋势——"科学的信息科学化"[②] 的理论依据。

二、信息的本质

自从 20 世纪中叶以来,随着复杂信息系统理论的崛起和不断发展,关于

[①] 钟义信:《从信息科学视角看〈信息哲学〉》,载《哲学分析》2015 年第 1 期,第 17—31 页。

[②] 邬焜:《科学的信息科学化》,载《青海社会科学》1997 年第 2 期,第 53—59 页;邬焜:《现代科学的范式——信息科学》,载《信息高速公路和信息社会》,北京:北京邮电大学出版社 1998 年版,第 48—52 页。

信息本质的问题就一直是信息科学、系统控制科学、自组织理论、复杂性理论，乃至哲学中的一个重大的基础理论问题。

信息概念的含义极为广泛和深刻，可以从不同的角度和层次上对其进行探讨。可作通信技术、控制方式、系统关系方面的考察；可作量子和基本粒子层面、原子和分子层面、生物大分子层面的考察；可作经济学、政治学、社会学、军事学、法律学、历史学、文艺学、宗教学、教育学、管理学、传播学方面的考察；可作伦理与道德方面、思维和意识方面、环境和行为方面的考察；可作语形、语义和语用方面的考察；可作神经学、心理学、遗传学方面的考察；可作哲学方面的考察。事实上，由于信息在存在论意义上具有的普遍性品格，所以，它便一定会在人类创造的所有科学和知识的领域占据一席之地，并首先在存在方式的解读上展示它的独特性质，其次，也一定会在方法论上体现他的全新视角。就此而言，罗列信息、信息方式在那些领域中可能发挥作用的做法都将可能是多余的。

尽管如此，我们还是有必要对业已形成的种种信息观念进行一些扼要的分析，并结合我们前面所讨论的新的存在领域划分方式，更为明晰而逻辑的导出信息的哲学规定。

分析已有的众多解释，起码可以区分出三个不同层次的对信息概念的规定：一是人们日常经验理解的层次；二是实用信息科学的层次；三是哲学的层次。

1. 日常经验理解的信息概念

在人们的日常生活中，在一般的资料文献中，

> 信息指的就是具有新内容、新知识的消息、新闻、情报、资料、数据、图像、密码，以及语言、文字等所揭示或反映着的内容。

如果把内容的所有载体形式都看作是一种广义消息，那么，我们便可以把上述的表述简化为"信息是消息中的新内容。"[①]

[①] 我国权威的工具书就曾做出过这样的解释："所谓信息是指对消息接收者来说预先不知道的报道。"（参见《辞海》，上海：上海辞书出版社1978年版，第63页。）

显然，这样的理解关键在于一个"新"字。而这个"新"字又是针对消息接收者是否事先了解消息的内容而言的。这就等于说，信息不是消息的内容，而是这个内容相对于接受者是已经了解了，还是不了解。这样，在这一层面的规定上，信息并不与消息本身相关，而只与接收者的状态相关。同样一个内容的消息，不同的接收者将会一个认为是信息，而另一个则认为不是信息。就是同一个接收者，当多次收到同一内容的消息时，他只认为第一次收到的内容是信息，而之后收到的内容虽然与第一次收到的内容相同，却不是信息。

其实，"信息是消息中的新内容"规定的并不是信息是什么，而只是信息对接收者的作用是什么，是信息对接收者而言是否具有新颖性。如果要从这样的一种日常经验理解的信息概念中直接获得关于信息本质的认识，那是根本不可能的。

这里所讨论的信息概念的日常经验性理解，充其量也仅只是一种在特定意义上的关于信息功能的理解，这种理解明显具有相对性和功能性，与信息本质的应有规定相去甚远。

2. 实用信息科学中的信息概念

在一般的实用信息科学中，关于信息的定义是五花八门的。虽然目前的各种定义还并未得到统一或普遍公认，但是，有两种说法却是最具影响力的。其他一些定义或多或少都可以由这两种说法通过演绎而获得。下面对这两种说法分别予以介绍。

（1）信息是消除了的不确定性

这是根据通讯信息论的创立者申农的理论对信息所作的一个规定。其含义是说，通信前收信者对发送的信息存有不确定性了解，收信后，收信者原有的不确定性就被部分或全部消除了。所以，信息就是消除了的不确定性。在这里，消除了的不确定性是一个相对意外程度的量，所以有人也说"信息是两次不定性之差"。同一消息对不同的接收者将起不同作用，消除的不定性的量也不同。新知识越多消除的不定性越大，信息量也便越大；不带有新知识的消息则不能消除任何不定性，信息量为零。

显然，这一规定与上面我们所讨论的日常经验理解的信息概念的性质相似。它也是针对接收者状态而言的一种功能性定义。只是，在申农通信信息理论中，通过对消息字母编码的语法结构的形式化概率分析，给出了相应的信息量的计算方法。

严格地来说，把申农信息看作是"消除了的不确定性"并不符合申农信息的性质。因为，申农信息量计算的是"信息源的熵"（信息源可能发生消息数的概率分布特征），即"信源发送信息的不确定性"。就此而言，它并不与当前接收者的状态直接相关。虽然，在申农的信息量计算公式的推导过程中利用了"先验概率"和"后验概率"的比值关系，但是，这种比值关系是建立在纯粹大量文献中字符呈现的概率统计的基础之上的，而与当下的接收者状态并无直接关系。①

（2）信息即负熵

控制论的创始人维纳曾集中对信息的负熵含义进行了阐释②。在统计物理学中（与体系中粒子运动的微观模式的概率分布有关）熵值是定量描述系统的不确定性程度或混乱度的概念。不确定性的消除就意味着熵值的减少，所以，作为"消除了的不确定性"的信息就可以被称为负熵。由此又派生出了"信息是系统组织程度（或有序性、秩序性）的标志"等说法。

显然，"信息即负熵"的阐释与"消除了的不确定性"的理解在本质上是一致的。不确定性、混乱度、无序性越大，熵值越高；组织程度、有序性、秩序性越强，信息量越大。但是，局限于这样的规定真的就能够获得关于信息本质的认识吗？

事实上，无论是确定或不确定，无论是混乱或不混乱，无论是有序还是无序，都只有通过它们生发的信息才可能呈现出来，也才可能被我们所把握。真实的情景是，不确定有不确定的信息，确定有确定的信息，混乱有混乱的信息，有序有有序的信息。信息的本质只有从信息自身内容的层面上才可以获得理解。

从上述分析中，我们可以看到实用信息论对信息进行规定的相对性、功

---

① 邬焜：《从哲学看申农和维纳信息量公式的差别和统一》，载《延边大学学报》（社会科学版）1987年第3期，第33—44页。

② [美] 维纳：《控制论》，郝季仁译，北京：科学出版社1963年版，第65页。

能性和量化性特征。从这样一些相应的规定中,我们也根本无法直接获得关于信息本质的清晰而明确的认识。

3. 哲学中的信息概念

为克服日常理解的信息概念和实用信息论中对信息概念所作规定的狭隘性,许多科学家和哲学家又试图从哲学上对信息的本质加以概括。

(1) 维纳的贡献

维纳在从实用信息论的角度把信息比作负熵的同时,又试图从哲学上谈论信息的本质。他有两个很有影响的提法:

> 信息就是信息,不是物质也不是能量。①
> 信息是我们适应外部世界,并且使这种适应为外部世界所感到的过程中,同外部世界进行交换的内容的名称。②

维纳虽然没能恰当地从正面规定出信息的本质到底是什么,但是,他却十分正确地强调了信息与物质、能量相比所具的独立性价值和意义,在这里,距离明确揭示信息在哲学存在论层次上所具有的独特的普遍性品格也仅差一步之遥了。同时,他还看到了应该从"交换的内容"上(而不是从载体的形式上)来把握信息。这样的观点是相当杰出的,他已经在具体思考的路径上,为我们如何揭示信息的本质提供了一个合理的方向。

遗憾的是,长期以来,维纳的这两段论述并未引起他之后的科学家和哲学家们的足够关注,以致丧失了通过对信息在哲学存在论层面上的独特价值的揭示,有效地改造人类哲学,并进而建立统一信息科学,促进人类科学和哲学范式的根本转换,使我们的哲学和科学都能实现一个更加合理而快速的全面进步和发展的大好良机。

(2) 规定信息本质的合理方法

事实上,长期以来,更多的关于信息本质问题的哲学解释还只是停留在

---

① [美]维纳:《控制论》,郝季仁译,北京:科学出版社1963年版,第133页。
② [美]维纳:《维纳著作选》,钟韧译,上海:上海译文出版社1978年版,第4页。

与已有的实用信息科学的解释或哲学的已有范畴间的简单比附上。

例如，把信息解释为"变异度""差异量""差异的差异"等，这是与实用信息论中对信息进行统计度量的方式上的特征的简单比附；而把信息解释为"时空序列""状态"等，则是把信息与其载体物的分布特性相比附；把信息解释为"信息是物质的普遍属性""信息是物质的存在方式""信息是精神实体的特征""信息是既非物质也非精神的第三态""信息是物质成分和精神成分的特殊融合物""信息是运动的外化""信息属于物质的相互作用范畴""信息即反映""信息即意义"等，则是把信息与已有的传统哲学概念的界说进行简单的比附。更有甚者，还有一些不同的哲学家和科学家把信息与柏拉图的绝对理念、黑格尔的绝对精神、毕达哥拉斯的数，以及现代语言哲学中的符号、智能科学中的计算等进行简单的比附。

其实，在信息本质问题的讨论中，无论是采取与实用信息科学解释的简单比附，还是采取与传统哲学范畴含义上的简单比附的做法都是没有出路的。这是因为实用信息科学对信息概念的解释总是受到这些具体学科本身的狭隘性和实用主义的方法的局限，而因为传统哲学中没有信息世界的地位，所以传统哲学中的相关理论和范畴根本不可能恰当而合理的容纳信息世界的独特性质。

邬焜曾经明确地提出，在探讨信息本质问题的方法上应该采取某种哲学批判的态度。这种哲学的批判是双重的：一方面是哲学对具体科学的批判，这一批判是要剔除具体科学给信息解释所带来的种种狭隘性的局限，由此使哲学对信息的把握从具体科学的局限中超越出来；另一方面是哲学对自身的批判，这一批判是要克服传统哲学的旧有框架和理论对信息本质解释的局限，由此使哲学对信息的把握从传统哲学的旧有体系的局限中超越出来。在这里，进行的正是一种双重的批判和双重的超越。[①]

（3）与信息本质相关的几个问题

要从一般哲学的高度阐明信息的本质，首先有必要对几个与信息本质相

[①] 邬焜：《哲学的比附与哲学的批判》，载《中国社会科学》1995年第4期，第117—125页；其英译稿发表于《中国社会科学》（英文版）1997年第4期，第74—78页。

关的问题进行讨论。其中主要涉及信息的存在方式，信息的存在范围，信息的内容，以及信息产生的动力等问题。在邬焜的早期著作中曾对这几个问题有过详细探讨。① 这里仅将其中的一些基本观点予以再讨论。

①信息的存在方式

信息与物质在存在方式上有一个明显的区别。任何物质体都是一个以特定质量和能量的结构构成的实在的直接存在。而信息虽然不能脱离某个具体的实在的直接存在物而独立的存在，并必须以某个特定的物为其存在的载体，但是，它所呈现的内容却并不直接与这个作为载体的物的直接存在相等同，并且，信息的内容也不直接由这个载体物的性质来规定。如水中月的信息、脑中月的信息就与水或脑的性质不直接统一，而是与水或脑之外的"天上月"的某些属性和特征相对应。

另外，同样的信息内容可以借助于不同的物的载体形式来呈现。如某物的形象信息，可以通过反射光波呈现，也可以用照相透视；可以用绘画构型，也可以用石头雕像；可以用语言介绍，也可以用文字记述。在不同情况下，表现该物体形象所采取的手段，所凭借的物质载体是根本不同的，但是，它们要表现的物体形象信息的内容却是一致的。而无论在哪种情景中，那些光波、相片、画页、石头、语言、文字，又都并不是信息要表现的那个物体本身。

这样，我们便可以清晰地看到，信息并不是一个直接、具体的物质存在形式，信息是在表征、表现、外化、显示事物及其特征的意义上构成自身的存在价值的。信息是它所表现的事物特征的间接存在形式，也就是说，信息是在它物中显现着的某物的间接存在形式。由此我们可以得到信息规定的一个侧面：当某物在其外在关系（它物）中呈现出它的内在规定性时它便是信息。当然，这种外在关系可以是关于当下之某物的（载负某物外在关系的物是与某物相关联的它物），也可以是面对自身历史的（历史的自身是一个已经消失或转化了的某物，这样，历史的自身便是与当下自身相关联的它物），还可以是面对自身未来可能形态的（未来的自身是一个将要实现的某物，这样，

---

① 邬焜：《哲学信息论要略》，载《人文杂志》1985年第1期，第37—43页；邬焜、李琦：《哲学信息论导论》，西安：陕西人民出版社1987年版，第23—28页。

自身便是与未来自身相关联的它物)。另外,在人的思维中还可以创设出某种在世界上本来不存在的"某物(如上帝)",并以主观间接存在的形式将其呈现在相关思维的内容中。在这一情况下,相关的人脑系统便成了与被主观创设出来的"某物"相关联的它物。

②信息的存在范围

要探明信息的存在范围,首先就要考察信息产生的方式。我们说信息规定的一个侧面是"信息是在它物中显现着的某物的间接存在形式"。这就向我们提出了一个问题:某物的间接存在是通过什么方式与它物相关联,进而进入它物的呢?

其实,客观物质世界的普遍相互作用正是造成某物的信息在它物之中显现的具体机制。

按照现代物理学所提供的原理,物质的相互作用,必然引起作用双方的内在结构、运动状态和性质的某种改变,这种改变的"痕迹"就是对作用物信息的接收和储存。在这一过程中,双方都同时是信源(输出自身信息),又同时是信宿(输入对方传来的信息),还同时是载体(将输入的对方信息以自身的某种改变了的"痕迹"储存起来,也便是载负起来)。由于物质相互作用的普遍性,又由于物质和时间的无开端性,宇宙间任何物质系统都不可能还处于一个未曾与它物发生过相互作用的原始的初态,所以,任何物体都已经将自身演化成了具有特定结构和状态的凝结着种种信息的信息体了。正是物质的这种信息体性,规定着任何物体都是一个直接存在和间接存在的统一体。这个统一体自身就同时具有信源、载体、信宿的三重属性。由此,我们可以看到信息的存在范围:信息与物质同在。

这样,从逻辑上讲,信息的产生发端于物质的相互作用,因为只有通过相互作用,某物才能将自身的某些关系特征转变为在它物中的关于自身的外在关系,从而将自身的信息显示在它物之中。就此而言,物质是第一性的,信息是第二性的。但是,由于物质相互作用的普遍性、时间的无开端性,所以,在现实性上,所有的物体都已经在漫长的相互作用中,通过凝结种种与之相互作用的环境物之关系改变和重建了自己,这样,世界的整体,以及其中的所有层次的物体的相关结构都是在相互作用的过程中通过凝结种种关系而创生建构出来的。都只能是直接存在和间接存在、物质体和信息体的统一体。由此，我们可以说：在现实性上，整个世界、世界上的所有层次的物体都是一个物质和信息镶嵌在一起的二重化的存在，都是物质和信息的双重存在。

③信息的内容

既然信息是在物质的相互作用中产生出来的，那么，信息的内容从总括的意义上就应当归结为物质世界本身的存在方式和状态。就我们自身的主观体验而言，我们所具体感知的信息内容也只能是与我们发生相互作用的物质世界本身的属性、关系和过程，这一切也都是物质世界本身的存在方式和状态。

也许有人会提出这样的问题：我们思维创造的某些信息内容并不呈现出与外部物质对象直接对应的关系，这样的信息内容也可以是关于物质世界本身的存在方式和状态吗？

其实，我们的思维虽然可以在整体形象上创造出超越于直观感知的对象世界，并赋予它许多奇特的属性和特征，但是，如果详加考察，我们将会发现，这些所谓的超越性的对象世界赖以构造的信息要素同样是来源于我们对物质世界生发出的信息的感性认识的。上帝、天堂和地狱都是人按照人所体验的人自己的性质，以及人自己所处的现实世界的状态，通过理想化的模式创造建构出来的；"孙猴""猪八戒""妖魔鬼怪"……也都是根据人所感知和认识的人性和兽性的特点，通过夸张、比附、隐喻、分解、综合、错位匹配等信息处理的手法用主观的方式创造出来的。在这其中，所有被主观加工和处理的信息要素在其最基础的层面上都只能来源于我们对物质世界本身的存在方式和状态的信息的认识和把握。

把信息的内容从总括的意义上归结为物质本身的存在方式和状态不仅符合宇宙世界的本性，而且也符合人类认识的基本方式、方法、过程和机制。

④信息产生的动力

信息从物质的相互作用中产生出来的原则，同时就说明了信息产生的动力是物质的相互作用。这也就等于说，信息的产生并不需要借助于物质世界之外的神秘力量或因素。

根据现代物理学的基本原理，任何物体的相互作用都需要有相应的中介物，而这个中介物又是在相应的相互作用中由相互作用之物派生出来的。

物体相互作用派生中介的具体机制是：物体由于内部相互作用产生的非平衡效应必然会向外溢出（辐射）一份质—能；物体由于外部相互作用产生的内部非平衡效应向外溢出（反射）一份质—能。由于这份质—能是由某一特定物体派生出来的，所以由这份质—能的物理性质及其场态分布结构便与派生它的物体的某些性质、结构的特征和差异关系具有某种对应性关系，这样，这个特定的质—能场便将派生它的某物的特定存在方式和状态的信息传送了出来。这样，我们就会明了，物质是通过派生物质性的中介而显示自身的，通过这一派生，中介的存在方式被二重化：一方面，它是一个具有特定质—能结构的物质体，另一方面，它又是显示着派生它的某物的某些性质、结构特征和差异关系的信息体。

通过这一物质相互作用的具体机制的分析，我们清晰地揭示了产生反映着物质存在方式和状态的信息的根源就存在于物质世界本身之中，就存在于物质自身运动的相互作用之中。正是物质的这种通过派生中介而自身显示自身的属性，才使这个世界成为可显示、可认知的世界。

（4）定义信息概念的几个基本层次

依据上述讨论，我们对信息概念的认识可以从如下四个层次入手。

①信息是物质的存在方式，是物质的属性

因为信息是在物质是相互作用的过程中产生出来的，所以，我们也可以把信息看作是物质的存在方式，或说是物质的属性。但是，按照传统唯物论的解释，世界上除了物质和它的属性之外，没有其他的存在了。诸如，时间、空间、运动、相互作用等，都是物质的存在方式和物质的属性，就连精神也都被解释成"特殊物质的存在方式、特殊物质的属性"。如果我们还要把信息归结到这样的一个解释方式，那么，我们便不可能把信息和其他的物质的属性加以区别，同时，也无法揭示信息所具有的独特的品格和性质。就像仅仅把精神解释为"特殊物质的存在方式、特殊物质的属性"，根本无法把精神的独特的品格和性质揭示出来一样，也如，把人仅仅解释为"物质体"，根本无法把人与其他物质体相区别的独特本质揭示出来一样。仅仅停留在这样一个层面的解释体现的正是庸俗唯物主义的一般做法。

如此看来，要揭示信息的独特本质，仅仅把它看作是物质的存在方式或物质的属性是远远不能令人满意的。邬焜在前面的相关讨论中也已经指出，这样的一种解释还只是对传统哲学已有范畴和概念的一种比附，根本不具有什么有价值的建树。

②信息是物质的存在方式和状态的显示

严格说来，把信息看作是物质的存在方式是不尽合理的，正如把精神看作是物质的存在方式不尽合理一样。因为，物质的存在方式是应当和物质本身同一的，离开了相应的存在方式，物质本身也就无从谈起了。如质量和能量、时间和空间、运动和相互作用……这些都是物质的存在方式，都是物质本身不能脱离的因素。就此而言，他们都是客观实在的子项，都是直接存在的物质所应当包括的内容。与此类物质存在方式相比，信息有一个独特的性质，这就是相对于某物而言，显示着它的某些内容、特征的信息只有与之脱离之后才能成为关于它的信息，尽管信息也需要由特定物体来载负，但是，信息的内容却不是关于载负它的这个物的。就此而言，信息不是物质的直接存在方式，不应当是物质概念本身所能概括的现象，正如精神不应当是物质概念本身所能概括的现象一样。正是基于这样的分析，我们认为，信息不是物质本身的存在方式和状态，而是物质存在方式和状态的显示。

信息和物质的其他存在方式和属性的区别恰恰在于它的显示性。无论是物质的质量或能量的存在方式，无论是时间和空间，也无论是运动和相互作用，都具有直接存在的客观实在的性质。物质的这些种种存在方式、状态和属性都能够在相互作用的过程中呈现出来，而这个呈现出来的内容和它所表征的对象、过程又不具有直接同一的性质。信息是在事物的外在关系中显示事物的。

把信息看作是物质存在方式和状态的显示，这是就信息内容及其存在方式对信息概念所作的规定。这已经揭示了信息区别与物质、区别与物质的其他存在方式和属性所具有的独特的质。只是，这里的表述还停留于信息表现的现象描述上。

③信息是物质存在方式和状态的自身显示

前面我们在讨论信息产生的动力时已经提到，特定物体的信息是在内部和外部相互作用的过程中，通过派生中介物而产生出来的。考虑到这一情景，我们就可以说，信息是物质存在方式和状态自身显示。然而，这一规定虽然比"信息是物质存在方式和状态的显示"的规定更深入一步，但是，这一规定仍然停留在对信息现象的描述上。

④信息是间接存在的标志

如果直接从信息和物质在存在方式上所具有的本质区别出发，我们便有理由把信息看作是间接存在的标志。

这一规定已经从对信息的现象描述上升到了对信息的抽象概括。

（5）信息的哲学定义

上述关于信息概念的四个层次的分析，为我们从哲学的高度给信息下一个本质性的定义提供了路径。这个定义可以精确地表述为：

> 信息是标志间接存在的哲学范畴，它是物质（直接存在）存在方式和状态的自身显示。①

此定义的前后两个分句的表述，实质上是同一个意思。"显示"着的东西必然是"间接存在"的，而"间接存在"的东西，又必然是"显示"着的。但是两句话比较起来，前一句话不能不更为抽象，而后一句话则可看成是前一句话内容的具体化。所以，此定义的两个分句都可以分别拿来作为信息的本质规定。

根据上面我们关于信息的存在方式的讨论，在一般自然物的层面上，我们可以把间接存在的内容具体归纳为三个方面：一是关于事物自身历史的反应（包括曾经发生过的与它物之关系）；二是关于自身性质的种种规定，这些规定在其展示的时刻是一种直接存在的过程，但是，在其未曾展示的时候还

---

① 此定义最先发表于邬焜：《哲学信息的态》，载《潜科学杂志》1984年第3期，第33—35页。在邬焜：《信息在哲学中的地位和作用》，载《潜科学杂志》1981年第3期，第53、60页中曾以此定义的后半句作为信息的定义。

只能是一种现实的间接存在；三是关于自身变化、发展的种种可能性。这便是关于事物历史、现状、未来的三种间接存在。这三种间接存在就具体凝结在一个具有特定结构和状态的直接存在物中。任何物的直接存在的结构和状态都是由它所凝结的间接存在所规定的，同理也可说，任何物的结构和状态都映射和规定着关于自生历史、现状、未来的信息。如此，任何物体都是一个直接存在和间接存在的统一体，亦即都既是物质体，又是信息体。如果考虑到意识的能动创造信息的活动，那么，我们还有必要来讨论间接存在内容的第四个方面，这就是意识主体创造的新的形象的或抽象的信息。这些信息的内容并不简单而直接地与某个已有的特定感知对象相对应，它属于主观自由创造的成果。虽然，当我们考察这些成果所包含的基本信息要素时，这些基本信息要素仍然来源于我们对外部世界相应信息的感知和认识。①

关于我们提出的信息定义有两点需要辨析：

一是，这一定义虽然是哲学本体论层面的，但是，它却普遍适用于哲学的其他领域。在信息哲学中，哲学的本体论、认识论、时空观、演化论、价值论、实践论、生产论、社会论、方法论……是统一的，而这个统一的基础恰恰就是哲学的本体论，而在哲学的本体论中，能够体现哲学最高范式的、作为基础的理论层次又是"存在领域的划分"。我们这里的信息定义恰恰体现了我们对"存在领域划分问题"的基本回答方式，这就是：存在＝物质（直接存在）＋信息（间接存在）。同时，在这一定义中我们还回答了二者之间的关系：间接存在是直接存在的自身显示。

二是，这一定义之所以用"显示"，而未用"反应"或"反映"来定义信息，是因为考虑到信息是由物自身派生中介而产生的，在这一过程中，并不依赖于一个先在的它物（信宿）是否会对其进行反应（反映）。当然，如果我们详尽考察，某物自身派生的中介物，与某物相比，一旦被派生出来，它便成了一个它物。从这一情景来看，某物仍然是在它物中显示自身，这个它物中显示着的某物的信息，对于某物而言，仍然是一种反应（反映）。但是，这样的一种反应（反映）是与一般哲学中，以及信息科学中所言明的本

---

① 关于间接存在的前三个方面的内容的讨论在邬焜早期发表的成果中已有详论。可参见邬焜、李琦：《哲学信息论导论》，西安：陕西人民出版社1987年版，第32页。

来异在物间通过相互作用的反应（反映）、信宿的反应（反映）、认识主体的主观反映有着实质性的区别。其实，那种本来异在物间通过相互作用所实现的反应或反映（信宿的反应或反映、认识主体的反映）已经是对信息（某物派生的信息）的再反应（反映）或再显示了，其原因就在于，本来异在物间的反应（反映）只能通过参与反应（反映）的物派生中介才可能实现。

三、信息的分类

1. 难以统一的形形色色的信息分类

信息所具有的普遍性品格，已经导致信息概念和信息方法在不同层次、不同领域的学科中普遍被采用。然后，由于不同学科囿于自身研究领域的狭隘性，各自所关注的问题、所研究的视角都有不同程度的局限性。这样，在这些不同的学科中，无论是关于信息的定义，还是关于信息的分类都很难达到统一。

事实上，在不同的学科中，依据不同的分类标准，学术界已经产生了众多的、普遍分歧着的，从不同的视角和层次上对信息进行的各种各样的分类。

例如，依据不同的标准可把信息的形态分为：物质信息与观念信息；直接信息与间接信息；内储信息与外化信息；动态信息与静态信息；有记录信息与无记录信息；语言信息与非语言信息；自然信息与文化信息；有害信息与无害信息；语法、语义与语用信息……

虽然这些不同的信息分类在各自的学科领域都有一定的实用价值，但是，它们都很难通过相互借鉴而达到统一性的共识。

要真正给出一个统一而普遍有效的信息分类模式，只有在哲学的层面，只有在信息哲学所揭示的信息本质规范的尺度上才是可能的。

2. 信息哲学的信息分类图

早在 1980 年完成的第一篇关于信息哲学的论文中，邬焜已经提出了信息的三个基本形态（自在、自为、再生）和五种基本形式（信息场、信息的同化和异化、信息的直观识辨、概象信息、符号信息）的理论，该文于 1981 年发表。① 在 1984 年发表的论文中，邬焜又对该理论进行了完善，增加了"信息记忆储存"的信息形式和社会信息的信息形态。② 后来，邬焜还根据那篇文章，绘制了一个关于信息分类的图③（见图 3-2）。

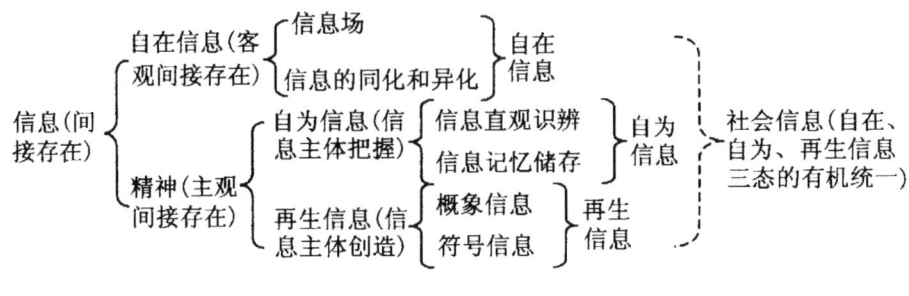

图 3-2 信息的哲学分类

3. 自在信息

自在信息是客观间接存在的标志，是信息还未被主体认识的原始形态。信息场、信息的同化和异化是信息自在的两种基本形式。

自在信息的理论是信息哲学能够成为元哲学或第一哲学的理论根基。邬焜除了在第一本信息哲学的专著《哲学信息论导论》中有专门一章对自在信息进行了探讨外④，还先后发表了两篇专门论述自在信息的论文。⑤

（1）信息场

相互作用是物质存在的基本方式。任何物体总是处于内部和外部的复杂相互作用中，通过这种相互作用，物体便必然会向外辐射或反射特定性质的粒子或波（质—能）场。在一般物理学理论中，这个场首先是一个具有特定

---

① 邬焜：《思维是物质信息活动的高级形式》，载《兰州大学学生论文辑刊》1981 年第 1 期，第 1—10 页。

② 邬焜：《哲学信息的态》，载《潜科学杂志》1984 年第 3 期，第 33—35 页。

③ 此图最先发表于邬焜、李琦：《哲学信息论导论》，西安：陕西人民出版社 1987 年版，第 119 页。

④ 邬焜、李琦：《哲学信息论导论》，西安：陕西人民出版社 1987 年版，第 36—56 页。

⑤ 邬焜：《论自在信息》，载《学术月刊》1986 年第 7 期，第 18—22 页；邬焜、夏群友：《再论自在信息》，载《科学技术哲学研究》2012 年第 2 期，第 8—12 页。

质—能结构的物质场。

然而，这个物质场的产生并不仅仅具有物质性活动的意义，它还是一个信息发生的过程。我们知道，世界上的事物一方面具有质的差异的无限层级，另一方面又具有量的差异的无限方面。正是基于这种普遍差异的性质，造成了不同物体辐射或反射的场的种类和形式的无限多样和无限差异性。这一情景已经被当代科学所证明，因为"不同元素的气体具有不同的线系；因而标志组成光谱的各种波长的数的组合也不同。在各种元素各自特有的光谱中任何两种元素不会有完全相同的谱线系统，正如任何两个人不会有完全相同的指纹一样"；"发光气体并不发出任何能量的光子，而只发出标志这种物质特点的那些光子"；"某一种元素的原子只能发出具有确定能量的光子"。①

由于不同物体辐射或反射的场的性质和特点也不同，所以，这个差异着的场便将差异着的物的某些性质、特征和差异关系呈现了出来。正是基于这样的分析，我们才可以下结论说：任何物质场都以它的特定结构和状态显示着产生这个场的物体（信源）本身的特质。正是在这一确定的意义上，场被规定为信息场。在这里，场具有双重存在的意义和价值，它本身就是一个直接存在和间接存在的统一。

有必要指出的是，"场"的概念在信息场理论中具有广义化的解释，它并不仅仅局限于量子场的微观水平，在宏观上，"场粒子"还可以采取更为宏观的形式，如：分子、气团，甚至某些特定的物体。这些"场粒子"只是相对于产生这些"粒子"的物体而言。

显然，从信息发生的逻辑关系来看，信息场是信息产生的逻辑开端，因为，任何物体要将自己的存在方式和状态显示出来都必须通过派生一个信息场才可能实现。

（2）信息的同化和异化

当信息场作用于它物（信宿）时，就有可能将场中所载有的信源信息传给了信宿，在这一过程中，信宿将会以自身结构有所改变的形式对所接受的

---

① ［德］A. 爱因斯坦、［波］L. 英费尔德：《物理学的进化》，周肇威译，上海：上海科学技术出版社1962年版，第195页。

某些信息进行物形编码。与之相应，信源在派生场的过程中也会改变自身结构，并以相应物形编码的形式储存自身曾经外化过信息的某些信息。这就是信息的同化（对信宿而言）和异化（对信源而言）的过程。在相互作用中，参与相互作用之物总是既同化外界信息又向外界异化自身信息。

由于事物相互作用的普遍性，由于时间的无开端性，所以，世界上所有事物的空间结构都已经是在漫长的时间演化过程中后续生成的结构，也就是说，世界上根本不存在纯粹原始的、未曾在相互作用中被改变了的事物。正是从这样的一种认识出发，我们才完全有理由说：所有的现存物的空间结构都是凝结着特定信息的物形编码的形式，所有现存物都既是直接存在的物质体，又是间接存在的信息体。也正是从这样的一种认识出发，我们才能下结论说："物质与信息同在"。"物质与信息同在"的含义并不是说"物质就是信息"，也不是说"信息就是物质"，而只是要强调在存在范围上，有物质就有信息，有信息就有物质，所有的物质结构都是信息编码的形式，所有的信息都必须由物质编码的结构来载负。

自在信息的活动是最基本的信息活动形态，它是所有其他信息活动产生和展开的基础。

（3）自在信息的两种基本形式划分的相对性和统一性

如果细究起来，信息场的产生同样具有信息同化和异化活动的特征，或说是信息场正是在信息同化和异化的过程中产生出来的。我们知道，信息场产生于物体内部或外部的相互作用所引起的质—能辐射或反射活动，就这一活动的过程而言，信息场正是物体通过内外相互作用显示自身的存在方式和状态的异化自身信息的产物。另外，当信息场由某物派生出来之后，它便不再是某物本身，而是一个脱离了某物的它物。正是这个具有它物存在意义的场的差异的结构与产生这个场的某物的差异关系的对应显示，使这个场具有了信息场意义的存在方式和价值。信息场之所以能够显示产生这个场的物的某些信息，正是因为这个场以自身的特定物形结构的编码方式同化了产生这个场的物的相应信息。

如此看来，信息场、信息的同化和异化这两种信息自在形式的划分也是相对的，两种形式相比较，后者比前者更为基本，因为，信息场也是在信息的同化和异化过程中产生出来的。由此我们可以看到，我们前面所说的信息场是信息产生的逻辑开端的相对性。

正因为世界上所有的现存之物体已经在漫长的信息同化和异化的相互作用过程中转化成了信息体，所以，所有的现存之物都具有了物质体和信息体的双重存在意义和价值。从这样的视角出发，既然信息场的产生也具有信息同化和异化活动的性质，那么，信息场也是信息体，它也是具有双重存在意义和价值的物体。信息哲学提出的双重存在的理论的实质就是要强调，在现实性上，任何物体本身的内在结构都编码了相应的信息内容。中介粒子、波场本身也是一个物体，它也是双重存在的，它既有它自己的物质构成，又有其载负的信息。我们找不到没有物质载体的信息（裸信息），也找不到不载负信息的物体（纯物体）。正因为是这样，我们才可以说：所有的物体，既可以从其质量、能量结构的角度把它看作是物质体，也可以从其凝结着种种复杂关系的角度把它看成是信息体。

在客观世界中，信息的产生和信息的具体活动过程乃是在物质的相互作用过程中所发生的直接存在和间接存在相互规定、相互生成和相互转化的逻辑环，同时也是不同信息活动形式的相互规定、相互生成和相互转化的逻辑环，并且，这两个逻辑环又是相互嵌套在一起的。从方法论的角度来分析，针对信息活动的过程，我们有必要在这个环中找一个分析的起点来进行描述，我们把这个分析的起点确定为信息场，但是，信息场本身又是通过物体内部和外部的相互作用产生的，而这种内部和外部的相互作用本身同时又伴有信息同化和异化的性质，另外，不仅这个信息场是信息同化和异化的产物，而且，当这个信息场作用于其他物体的时候，它又会把自身载负的信息异化给与其发生相互作用的物体，对于后者而言，它就是同化信息了，通过信息的同化和异化物体必然会改变自身的内在结构，以这种内在结构的变化的方式编码相应的信息，将自身信息体化。这是一个既有开端，又无开端的循环逻辑圈，我们可以用图 3-3 来形象地表明这一循环逻辑圈的活动方式。

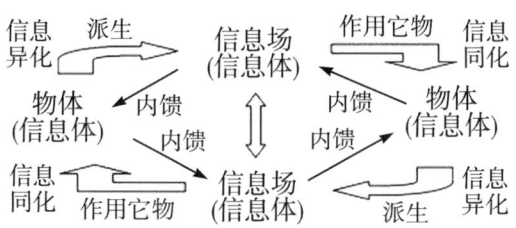

图 3-3 自在信息活动的循环逻辑图①

（4）提出自在信息理论的科学和哲学价值

承认存在自在的客观信息正是当代科学所取得的巨大成果。人类对世界存在形式的认识经历了三个大的基本阶段：最初人们认为世界是由具有质量的微粒构造出来的；再后来科学揭示了能量场比实体更为基本的性质，所有的实体（质量）在特定的条件下都可以转化为场（能量）；随着当代信息科学的发展，科学家们进一步认识到，世界并不仅仅是由质量和能量构造的，在质—能结构所凝结的关系中，载负着另外一个关系内容的世界——信息世界。② 这样，科学家们便日益清晰地认识到：材料（狭义的物质）、能量和信息是构成世界的三大基本要素。

自在信息理论的提出打破了传统哲学对存在领域的分割方式，在物质和精神之间插入了一个客观信息的世界，这就在哲学的最高范式"存在领域的划分"上实现了根本性的变革，从而也使传统唯物主义所强调的哲学基本问题（思维与存在的关系问题）的具体解读方式发生了改变。具体来说，就是从对物质和精神的关系的解读，转变到了对物质和精神与信息的关系的解读。这样的一种转变导致了哲学本体论学说的根本性变革，从而又引发了哲学认识论、进化论、价值论、方法论等一系列领域的全方位变革。这是一场全新

---

① 此图最先发表于邬焜：《相互作用与物质和信息的双重演化》，载《辽东学院学报》（社会科学版）2011年第6期，第12—16页。

② 邬焜：《物质思维·能量思维·信息思维——人类科学思维方式的三次大飞跃》，载《学术界》2002年第2期，第60—91页。

的哲学革命，是有史以来人类哲学的第一次根本转向。①

4. 自为信息

自为信息是主观间接存在的初级形态，是自在信息的主体直观把握。它包括信息的直观识辨（感知）和可回忆的储存（有感记忆）这样两种基本形式。自为信息已进入了动物心理活动的范围，它是在自在信息活动的基础上产生出来的某种信息"内部主观呈现"的效应。显然，自为信息的活动必须以某种具有感知、记忆能力的信息控制系统为载体。

邬焜除了在第一本信息哲学的专著《哲学信息论导论》中有专门一章对自为信息进行了探讨外②，还曾发表了一篇专门论述自为信息的论文。③

（1）作为认识主体的信息控制系统

自为信息的发生必须借助于一个具有认识能力的主体。这个主体应当是一个具有感知、记忆能力的信息控制系统。

具有认识能力的主体是自然信息进化的结果，是一个特殊的信息体。从种系发生的过程来看，这个特殊的信息体是物质信息长期同化和异化，不断凝结、积累，不断选择自构而引出的一个必然产物。人体神经系统（包括其他较高级动物的神经系统）就是这样的一个特殊信息体。

基于传统的哲学范式，传统的唯物主义学者总是试图从物质活动的机制上来寻求认识主体发生的原因；传统的客观唯心主义学者则总是试图从客观精神（包括上帝、神、客观理念、绝对精神）那里去寻求认识主体发生的原因；传统的主观唯心主义学者，也包括西方意识哲学的最新流派则总是倾向于寻求脱离物质世界、脱离人之肉身的某种具有绝对独立性存在的个体灵魂、意志或意向。

我们认为，用物质活动的方式来解释认识主体的发生和性质是不能令人

---

① 邬焜：《哲学基本问题与哲学的根本转向》，载《河北学刊》2011年第4期，第11—21页；邬焜：《存在领域的分割和信息哲学的"全新哲学革命"意义》，载《人文杂志》2013年第5期，第1—6页。

② 邬焜、李琦：《哲学信息论导论》，西安：陕西人民出版社1987年版，第57—84页。

③ 邬焜：《论自为信息》，载《人文杂志》1986年第6期，第55—60页。

满意的，因为就物质（质量或能量）的存在方面而言，具有认识主体能力的系统并不十分显赫（有些具有感知、记忆能力的动物体积很小、质—能的量很少）。而那些聚集了相当大的质量或能量的物体则并未表现出认识主体的性质。

当然，用客观精神或独立于肉身的主观灵魂、意志或意向来解释认识主体的性质仍然是站不住脚的。因为，科学昌明的发展已经排除了客观精神世界的客观存在性，也就同时排除了人的精神世界是对客观精神世界的"分有"的可能性；至于那个独立于肉身的主观灵魂、意志或意向也从来都未曾真实地发现或被证明。相反，科学探明的事实却是：任何所谓的认识现象、主体性的能力、灵魂、意志或意向都只是伴随人（动物）之肉身的出生、成长和死亡而萌发、成熟和消亡的一个过程。

其实，认识能力、主体性、灵魂、心理、心灵、意志和意向等，都是一种特殊的信息活动过程。信息哲学把现实世界看成是由物质和信息、直接存在和间接存在、物质体和信息体统一在一起的双重存在的世界。具体到有认识能力的主体同样是一个特殊的物质体和信息体统一在一起的双重存在，即是说，具有认识能力的主体本身只能是一个物质系统和信息系统的统一体。就其是物质系统而言，它有它的特定元素构成方式、质—能分布模式、时空具体样态、运动和相互作用的方式，等等；就其是信息系统而言，它又有它的信息活动的不同层次、不同形态，以及不同形态间的相互过渡和转化的活动方式，等等。至于谈到主体性的认识能力，其心理和精神活动的能力，其意志和意向的活动方式等也都只能由这个特殊信息体的特定性质及其特定的活动方式和能力来决定了。当然，认识主体的所有层面的信息活动都必须以与之相统一的物质活动的过程为其载体。由此可见，人（也包括某些动物）的主体性、认识能力、心理和精神活动的现象，等等，都只能是信息活动和物质活动相统一、相匹配的过程。但是，就认识活动、心理和精神活动本身的性质和内容而言，它们却并不属于物质活动本身，而只能属于高级形态的信息活动。

虽然，从发生学的意义来看，作为具有主体认识能力的信息控制系统是自在信息活动的产物，但是，它一经产生，就以新的、更高层级的姿态出现在信息世界领域，甚至凌驾于既定信息之上来识辨、把握、储存、加工、改造、创造信息，从信息的产物，变为信息的主人，变为对客体进行认识把握、储存和创造新的主观信息的主体。

信息控制系统的这种主体性是以它的内在信息链结构为基础的。以人体神经系统为例，如果仅从其主导感知、思维的过程来看，它是由信息接收系统（感受器及传入周围神经）、信息主干传输系统（脊髓和各脑部）、信息控制系统（大脑皮质）和信息输出系统（效应器和输出周围神经）等几个部分组成的复杂信息网络等级链式结构系统。

（2）信息的主体直观识辨

信息的主体直观识辨是自为信息的第一种形式，它包括通常心理学中所说的感觉和知觉。

人的感觉，实质是对象信息作用于人之感官，经由人体信息接收系统、主干传输系统，在大脑皮质感觉中枢中完成的一个过程。当然，这个过程不应简单理解为单向的。现代神经学揭示了感受器和脑之间的反馈联系，视觉过程不仅从眼睛开始，也在眼内完成，其他感觉过程也是这样。感觉器官也交替成为感受器和效应器。感觉是人类认识对象世界的第一个环节，完成的是人们对对象信息所显示的事物的简单属性的识辨。

自在信息的活动感觉发生的基础。人体（也包括动物体）首先是以自在的方式与环境进行信息交换，在这一过程中普遍发生的是信息的自在同化和异化。在这一自在信息活动的过程中，认识主体只能把其中一小部分与自身认识能力相适应的信息上升为主观呈现的识辨状态。认识主体所自在同化的信息能否或以什么方式上升为主观识辨的感觉状态取决于两方面的因素：首先是被自在同化的信息的性质和量的程度；其次是主体感官和相应脑区的性质和感知能力的阈值。这样，对象信息是在与主体信息控制系统中凝结着的信息能力和信息方式的相互同化、匹配、整合、重组的过程中被感知识辨的。就这一过程来看，信息的同化既是感知的基础，也是感知发生的过程。

我们知道，认识主体的感受器功能具有特异性（每种感受器只接受适宜的某种能量所载送的一定强度的信息），这就造成这样一种现象：同样性质的外部信息的刺激，在不同的感受器那里可能有，也可能没有相应的感觉发生

（如特定能量的光子场打在视网膜上能产生视觉识辨，但是，如果打在手背上则不可能产生相应的视觉效应）；同样性质的信息刺激，在不同的感受器那里也可能以十分不同的方式被识辨（如特定能量的声波刺激某些动物的听觉系统会产生听觉效应，而某些昆虫则可能以触觉的形式来识辨特定声波能量的强度）。这样，我们不仅看到了感觉发生的主体能动性特征，而且也看到了感觉的内容和形式既依赖于对象信息的性质，也依赖于认识主体以自己的认识能力和认识方式所进行的信息建构和信息虚拟的活动。

另外，特定感受器和特定大脑皮质部位的特定联系，是确定大脑皮质感觉中枢功能精细分化，从而保证感觉的清晰明确性的生理结构基础。

对不同感觉中枢所识辨的某一事物的个别信息的综合认识，便使感觉上升到了知觉，这就使人们对所认识的对象或现象有了一个完整的映像。

知觉最重要的特点是对象性、整体性和结构性。不能简单把知觉看成是个别感觉的机械总和，它反映着主体的极大的能动性。可以认为，知觉的过程是感觉中枢对其感觉的个别信息的调节、整合的过程，也是各感觉中枢在其相互联系和作用中将不同感觉信息方面进行综合、抽象的过程，这个过程不仅是在个别感觉中枢内部，而且是在各感觉中枢的初级联络综合中枢中完成的。有理由认为语言中枢也是一种联络综合中枢。在大脑皮质中视觉语言中枢和听觉语言中枢是紧密相接的，这就为阅读符号形、声、意的综合奠定了极为有利的物质基础。另外，视、听性语言感觉中枢位于视、听、体躯等非语言性感觉中枢之间，也极易将感受的感性信息和相应的符号信息联系起来。这一切证明，在人类认识中，知觉也不单纯是对感性而言的，它总是要和对理性的概念、语意、符号的感知联系在一起。

感觉和知觉统称为感知，它是人类将自在信息变为自为的被识辨的信息的过程。虽然，感知的信息传递过程伴有相应的物质活动（神经细胞膜内的电传导和神经细胞突触间的化学传导的活动），但是，我们完全有理由把感知看成是一个信息活动的过程。因为：从内容上来看，感知识辨的是反映对象客体特征的对象客体的信息；神经系统内部的载体的物质性活动并不在这一过程中被明确感知到，这些物质性活动仅只作为相关信息活动的载体的活动方式而成立。

(3) 信息的主体记忆储存

我们有理由把客观世界中普遍存在的信息同化和异化现象所造成的结果看作是一种不具有自我回忆能力的记忆现象，这种现象是一种信息客观储存的自在信息的活动。

在认识主体这里，这种信息客观储存的自在信息的活动仍然是一种极为普遍的现象。但是，在这一客观自在储存信息活动的基础上，随着感知能力的发生，认识主体又发展出了一种具有自我回忆能力的记忆现象，这就是自为信息活动的第二种形式信息的主体记忆储存。

对于记忆发生的具体机制，现代科学远未探明。通常，在神经心理学领域，对于记忆发生的机制，人们采取了不同的"痕迹"说：神经细胞间形成了新的突触联系；神经细胞内 RNA、蛋白质的结构变化等。有人甚至给记忆过程勾画了这样一个信息活动程序：信息→入皮质→拓通某些神经通路（皮质与皮质、皮质与丘脑）→返回环路→暂时联系形成→短期记忆，当信息刺激消失后，被拓通的神经通路便逐渐被关闭，停止活动，这样，暂时联系便中断了。而长期记忆，则是由于某种信息在某些特定的返回环路中长期存在，皮层中的神经通路被易化，"暂时联系"被巩固，一遇适宜信息刺激，则极易使通路打通，引起相应的回忆。无论是哪种记忆的"痕迹"理论，都充分揭示着记忆的信息活动的本质。

必须强调指出的是，任何记忆"痕迹"的建构，都是一个信息自在同化的过程。感知、思维、情绪、动作的活动信息，只有化为神经系统的内在结构和状态的特定"痕迹"才能被储存，但是，这些"痕迹"却并不为我们的意识明确把握，它所把握的只是呈现着的信息的内容。这就告诉我们，在这些特定"痕迹"的基础上，必然还有一个自在信息的活动层面的存在，只有通过这个自在信息活动的中介，意识才可能在不明确意识"痕迹"的条件下，将信息的具体内容直接再现出来。这个信息自在同化的过程是在主体认识结构中进行的，而主体认识结构本身正是一个特定的质和量的信息的凝结体。在这里，这个主体认识结构中的信息仍然首先处于客观自在的状态。

物质在自身的相互作用中产生了一个显示自身的自在信息的世界，而相应的物质和自在信息的活动又创建了一个具有主体认识能力的特殊信息控系统，这样，既属于这个特殊信息控制系统，物质和信息世界在其自身发展的一定阶段上，赋予了自身以自我意识的能力，将自在信息的活动升华为主观呈现的自为信息活动的形态。在此"自为信息"活动的基础上，信息将继续展开自身主观性再加工、再改造、再创造的过程，这便使物达到了思维。

5. 再生信息

人们不仅能够通过感知和记忆把握信息，而且还能够对已经把握的信息进行加工处理，从而创造出新的信息，这就是通常所说的思维活动。人通过思维活动所创造的信息是比人通过感知和记忆直接把握的自为信息更为高级的信息形态。我们把这个新形态的信息定义为再生信息。再生信息是主观间接存在的高级阶段，是信息的主体创造性的形态，它的基本形式是概象信息和符号信息。

（1）概象信息

在思维过程中，如果我们利用的各个显现着的环节是感性记忆中的表象，而它创造出的是一个新的形象，那么，我们就把这一思维过程叫做形象思维过程，而把这个创造出的新的形象叫做概象信息。

形象思维是对感性记忆中的信息的加工改造，是对诸多感性认识对象的表象中的信息要素的重新分解组合。这个过程，我们通常称为想象（其中包括它的特殊表现——幻想）。想象是形象思维的基本形式，从发生学的过程来看，它最初是基于非语言性感觉和综合中枢活动之上的一种对表象再行分析综合、加工改造的信息过程。形象思维，究其原始的发端上，它是人类创造性思维的第一阶段，它的直接结果——概象信息已经不是个别外界认识对象的直观反映，而是诸多同类认识对象共同本质特征的形象反映（称类概象），或是不同类认识对象不同特征的硬性组合的形象反映（称幻概象）。人脑中对猫、狗、山、水等类形象的再现属前一类概象信息，而人脑中对天堂地狱、妖魔鬼怪、八戒、孙猴形象的再现则属后一类概象信息。概象信息究其本质来说，它是自为信息利用人脑内部机能的相互作用自身分解自身、自身重组自身、自身加工改造自身的一种信息创造活动。当然，与这一活动相伴的必然是脑中储存的信息载体——记忆"痕迹"间的复杂的相互作用。正是通过这一内部结构的相互作用，信息才在复杂的同化和异化的过程中被分解组合成了新的形式。任何思维的信息创造过程，都必然同时又是信息自在同化和异化的过程。思维创造的新的信息，正是以这种自在同化和异化过程所产生的，与之相应的新的神经结构、神经状态的"痕迹"为其承担者（载体）。显然，概象思维的能力在某些高等动物那里已经有所萌发。

显然，从动物到人类的形象思维的发展也经历了一个从具体表象思维到相对抽象的概象思维、再到有抽象思维的符号运演参与的不同发展阶段。最初是思维的各个信息要素环节以具体的曾经感知过的个体物的表象的形式再现出来，在这一过程链条的终端产生了概象，这个概象在它产生的同时也可以被意识所识辨和记忆，当这类意识识辨和记忆的概象积累的多了，便会形成基于概象加工之上的思维过程。在这一阶段，概象思维已经是相对抽象化的思维过程了。再后来，由于人类的抽象思维能力的产生和发展，抽象思维过程及其所创造的符号、符号系统又转化成了人的感知和记忆中的表象，这样，人的形象思维活动便可能通过抽象思维的某种符号运演的方式来实现。所以，在人的思维活动中，形象思维、抽象思维是交织在一起的，是互动融合的。人的抽象思维的能力升华了人的形象思维活动，使人的形象思维超越了动物的、原始的形象思维的形态。其实，这种超越并不仅仅存在于人的形象思维活动之中，而且也存在于人的感觉、知觉和记忆活动之中。因为，人的形象思维、抽象思维活动的过程和成果也已经转化成了人们感知和记忆的对象，并引导和抑制着人们感知和记忆的方向、方式和内容。就此而言，人的感觉、知觉和记忆活动也同样被升华了。

（2）符号信息

当人们在相互的交际中，企图用明确的方式交流信息的时候，就随着这种概象思维的进一步抽象化产生了语言，也就是产生了符号信息。符号信息的真正实质在于，它是主体约定的一种主观关系的代示，即用主体选定的一种模式去代示另外一种本来与选定模式没有直接关系的模式。在这里，符号并不只局限于语言、文字和图形，它还可以是身体的特定姿势、表情，等等。通常我们也把后者叫做身体语言。

符号信息在原始的初态中，它还只是一种偶然的、个别的东西，它还不能形成自己的思维。这一点，在某些高等动物以及幼儿智力发生中已经得到了证明。虽然他（它）们也有简单的、个别的词语（符号信息）交流，但是，他（它）们还不能将这些符号信息联结起来，构成一个完整的思维推理过程。只有当这些符号信息不仅在量上达到一定程度，而且在质上显示出它们之间的多方面的关系时，人们才有可能产生抽象思维。真正意义的抽象思维，恰恰不在于个别、偶然的符号信息的显现，而在于符号信息的合乎逻辑的推演。

  抽象思维是人类独具的思维形式，它是基于人类特有的语言性感觉和综合中枢活动之上的一种对符号信息进行逻辑推演、加工改造的高级分析综合的过程，它可以通过判断、推理的形式，产生出更为高度抽象的符号信息，或由某些相关的符号信息的合乎逻辑的特定排列组合组成的新的符号链信息，即通常所说的结论。与简单符号信息相对应，我们可以把这个符号链信息（包括对它高度概括所产生的更高层次的符号信息）定义为复合符号信息。复合符号信息是在更高思维层次上的一种更为抽象的信息，它并不在第一个层次上直接抽象地反映具体感知物的某一属性，而是在第二或更高的层次上间接地抽象反映一类属性的共同本质。抽象思维之所以能够展示它那无比神奇的能动性和创造性，其原因就在于这种建立在简单符号信息之上的，更为高度间接抽象的复合符号信息，以及在这更为高级层次之上的复合符号信息的逻辑推演。

  我们注意到，国外的某些学者从符号学的立场出发，试图要把符号和信息概念等同起来，并认为信息（符号）是所有生命过程的本质，存在于生命活动的不同层次，同时，他们还强调了符号或信息属于生命世界的意义世界的性质。[①] 然而，在邬焜的信息哲学中，信息概念所指称的范围远远超过了符号概念所指称的范围，并且，符号信息也并不存在于所有生命现象或生命活动的层次。符号信息乃是人类思维创造的一种信息形式，它的实质是人类通过人为规定的方式，用一种信息模式去代示另一种信息模式。由此也说明可以用不同的符号来代示同一个对象，或者用同一个符号来代示不同对象的情景（显然，在某些高等动物那里，符号信息的创造和应用已经有了一定程度

[①] 周理乾、索伦·布赫尔：《具有中国特色的信息哲学？——评邬焜教授的信息哲学体系》，载《哲学分析》2015年第1期，第4—16页。

的发展)。

那种希冀用符号信息哲学来包容和统摄全部信息哲学的观点太过狭隘。其实，符号信息学并不属于最高层次的信息科学，更不具有一般信息哲学的性质，信息所具有的普遍性品格超越了符号信息学的狭隘视野。是信息哲学包容和统摄了符号信息哲学，而不是相反。这样的一种关系定位也适合于其他类型的信息哲学研究进路与邬焜所提出的信息哲学理论的关系。这些其他类型的研究进路包括：计算主义进路、信息伦理进路、信息现象学进路、通讯信息进路、信息认知进路，等等。①

思维作为一个对自为信息改造创制的过程，与其他信息活动的形式有着质的区别。具体考察上述的信息活动的六种形式和三种形态，我们可以看到，我们通常所说的思维其实是指信息活动的第三形态，即第五、第六种形式，尤其是指第六种形式而言的。信息活动的第六种形式是迄今信息活动发展的最高形式。它首先不是在一般信息体中活动的一个过程，而是必须在人体这种（更集中地讲是人脑）具有抽象思维能力的信息控制系统中活动的一个过程。它活动的范围不是只停留在一般动物对自在信息的接收、识辨、储存的直观认识的阶段上，也不是仅仅停留在高等灵长类所具有的对自为信息的初级加工改造的认识阶段上，它把对自在信息的识辨和改造提高到了符号信息及其逻辑推演的高度，由此又从根本上改造和提高了人类感知和形象思维的能力（感知和记忆，形象思维和抽象思维中的不同层级的信息总是处于一个复杂的相互作用中），使它们不再与动物的感性认识简单等同。这就使人类的精神活动更加绚丽多彩。这个符号信息及其逻辑推演便是人类思维作为信息活动的高级形式区别于其他信息活动形式，区别于它类动物精神活动现象的本质。

(3) 灵感、直觉、顿悟——"潜在思维"与创造性思维的涌现特征

在创造性思维的过程中，某些结论的出现往往带有突然性，并不具有思维意识过程的明确性，这就是人们所说的"灵感""直觉""顿悟"之类的东西。由于"灵感""直觉""顿悟"这种不明确意识其推理过程的性

---

① 邬焜：《信息哲学的独特韵味及其超然品格》，载《哲学分析》2015 年第 2 期，第 43—52 页。

质，往往被人们作出某种神秘化的解释，或曰"神灵的启示"。但是，如果我们从信息活动的方式上来考察，"灵感""直觉""顿悟"就并不是什么神奇的东西了。

我们知道，有机体本身具有对信息的内调节能力。早在无感觉的有机体中，这种能力已经具备了，到了有感觉动物，这种能力仍然存在。一部分信息调节过程可以被明显地意识到，但是，仍有大量的信息调节过程并不在意识中明确地显现出来，而是具有某种潜在自在调节的性质。人脑虽然是一个高度特化了的感觉、思维器官，但是，它内部进行的信息调节过程也并不是都能被它所产生的意识明确把握的。通常，我们的精神活动并不直接意识到脑内物质结构、组织的运功状况，也不能明确意识到脑内所有信息活动的细节就是一个极好的证明。这种潜在的信息调节过程，虽然不被我们明确意识，但是，它却是在客观进行着的，这就可能使某些思维的过程，即信息加工改造的过程以潜在的方式在脑内进行。据现代脑科学研究的资料证明：人脑是一个极为活跃的动态系统，它总是处在信息的不断自我调节、自我储存的过程之中，就是睡眠时也不停止。正是人脑的这种潜在信息调节的功能，可能使一些长期思考未能解决的问题，化为潜在思维的形式被大脑经常地予以考虑。当这种潜在思维在一定过程的阶段上被明显意识到的时候，也就是当它转化为非潜在的时候，它就会以"灵感"或"直觉"或"顿悟"之类的形式突然表现出来。由于这一思维过程不是在常规明确推理的过程中进行的，所以，它的结论便往往具有新颖性，具有更大的创造性价值。由此，我们也可以看到创造性思维通常所具有的涌现性特征，它以逻辑中断的突现性方式呈现出来。另外，由此也可以说明人的潜意识和意识之间的相互作用、相互转化、相互突现生成的复杂性关系。

"灵感""直觉""顿悟"，就其整体来说，它属于思维的形式，但它并不是一个独立的思维形式，它必须以形象的或抽象的思维结果的表达来显示自己的结论。在这两种情况下，它便将自己或者归入形象思维之中，或者归入抽象思维之中。具体分析"灵感""直觉""顿悟"的过程，它的"潜在思维"的阶段并不构成通常意义上的思维。在这里"潜在思维"仅仅具有某种比喻或类比的性质。它是信息借助于人体神经系统内部结构的相互作用展开的一种信息同化和异化的客观过程。在这里，我们也可以看到信息自在活动的普遍性和基础性。

6. 社会信息

社会信息，就其本来的内容来讲，它并不是一个独立的信息形态，它是在自在、自为、再生三态信息的关系中呈现出来的一种信息现象。在有人的意识参加的，人与自然、人与人的交互作用中，信息三态总是在人的类、人的类意识，人所依赖的自然环境这三者所构成的整体系统中统一着的。这个整体系统就是社会，在此社会中显示着的三态信息的统一就是社会信息。

社会是人类赖以存在和发展的形式，"是人同自然界的完成了的本质的统一"。① 就这一意义上，它包括：人们所认识和改造了的那部分自然（包括人本身），及其自在显示的信息世界；人所认识了的动物和人的主观认识世界；人所创造的文化世界。

社会的这个范围规定着社会信息的范围，这就是三个相应的社会信息世界：社会信息世界一——人所认识和改造了的那部分自在信息（以自在信息体的形式存在着）的世界；社会信息世界二——人所认识了的自为、再生信息本身的活动；社会信息世界三——再生信息的可感性外在储存（人所创造的文化世界）。由此可知，所谓社会信息，就是已被人类认知把握，以及人类创造出来的那部分信息世界的总称。社会信息被主体认识和改造了的性质，规定着社会信息中信息三态的不可分割的统一性。

社会信息世界一的自在信息体是人们已经认识（或改造）了的对象，它在人的认识中已被识辨或改造，所以，它便失去了纯自在性，便在社会中与它所映射在人的认识中的自为、再生的态相统一。

社会信息世界二中的人的自为、再生信息活动本身，仍然具有信息三态统一的意义。首先，由于思维的改造作用，人的自为信息已脱离了一切动物的自为信息的原始简单性。人的感知、记忆总是在人的概念和符号信息所凝结的人的已有认识结构中完成的，所以人们在感知的同时就将认识对象化、概象化、符号化了。其次，人类仍把再生信息作为它感知、记忆的一个内容

---

① 马克思：《1844 年经济学哲学手稿》，北京：人民出版社 1985 年版，第 79 页。

方面，这就是再生信息的自为的态。如此，在人的认识中，自为、再生信息便是相互作用和规定着的。另外，自为、再生信息必须以自在信息为其内容的根据和条件，而自为、再生信息在主体中的记忆储存仍然同时必须以某种相应的信息自在同化过程为其基础。

社会信息世界三的产生首先是以再生信息的自为的态为前提的，其次它又是一个再生信息向客观自在信息转化的产物。就存在形式上，它仍应属于社会信息世界一的范围，它是社会信息世界一的被改造了的一种自在形式，但就它的内容上则又显示、凝结和体现着人类自为、再生信息本身活动的结果。信息世界三集中体现着信息三态的完满的、本质的自我统一，也集中体现着人对自然的改造能力，它将它所把握、改造了的自然进一步符号化、理论化，并赋予自然以普遍代示、人为中介的自然关系的意义。由此社会信息世界三所规定着的自然的新质集中显示着人类社会的本质。

如此多样的信息形态和形式并不都具有永恒存在的意义和价值。这也正如如此多样的物质形态和形式并不都具有永恒存在的意义和价值一样。具体来讲，自在信息的活动是与物质活动同在的，它具有客观性、普遍性和存在的永恒性；自为信息的活动构成了一般动物心理活动的主要方式；一般认为，再生信息是人所特有的意识活动，在某些高等动物中只存在一些能够称作是"萌芽状态"的再生信息的活动；社会信息则存在于人类社会主体的精神文化活动及其产物（包括物质形态的和精神形态的产品）之中。20世纪70年代以来发展起来的社会生物学则表明，在一些较高等动物的社群行为中存在着一些令人惊叹的"类文化"现象，有理由认为，在这类"类文化"现象中同样会存在"类社会信息"的信息形态。

图3-2中的虚线表示，只有部分自在、自为、再生信息能够达到有机统一，从而进入社会信息的范围。

恰如自然的物质形态经历了不同阶段的进化历程一样，自然的信息形态也经历了不同阶段的进化历程。自然信息在自身活动的不断"造化"中，经历了自在、自为、再生的漫长发生、进化过程，在社会信息中达到了自身完成的、本质的统一，这就是信息形态运动的辩证法。

基于信息形态历史演进的相关理论，我们有必要在已经做出的信息定义的基础上，提出一个包容所有信息形态的扩展性定义。这一定义可以具体表述为：

> 信息是标志间接存在的哲学范畴，它是物质（直接存在）存在方式和状态的自身显示、再显示，以及认识和实践主体对信息的主观把握和创造，其中也包括创造的文化世界。

但是，无论这个扩展性定义包括的信息内容如何多样，其立论的根基仍然是"物质（直接存在）存在方式和状态的自身显示"。因为，所有形态的信息都是从这个"物质的自身显示"中展现并发展出来的。

四、信息的质[①]

信息的自在、自为、再生三态的运动，在社会信息中达到了完成的、本质的统一，这就使信息的不同性级的质在信息自身的多层级的关系中显示了出来。

1. 信息场显示的信息内容的三个层级及信息的三个性级的质

在我们关于自在信息的规定中，我们已经揭示，任何直接存在之物都首先是通过外化信息场来显示自身的。但是，由于任何现存之物都已在普遍的信息同化和异化的相互作用中将自身信息体化了，所以由这些信息体所产生的信息场便已脱离了信息产生的原始的、最初的历史性。就这个意义上，所有的信息场都只是信息的多级运动过程中表现出来的现象。信息场的这种信息多级运动产物的意义，便不能不使信息场中所呈现出来的信息具有极为丰

[①] 关于信息具有三个不同性级质的观点最先发表于邬焜：《信息在哲学中的地位和作用》，载《潜科学杂志》1981年第3期，第53、60页。在邬焜：《哲学信息论要略》，载《人文杂志》1985年第1期，第37—43页中的"二、信息的质和量"、邬焜：《哲学信息论导论》，西安：陕西人民出版社1987年版中"第五章 信息的质"，以及邬焜：《信息哲学——理论、体系、方法》，北京：商务印书馆2005年版中的第二编第三章的"一、信息的质"中我又专门对之进行了详论。

富、复杂的内容。如果我们将这些丰富、复杂的内容分一下层次，那么，我们便会清晰地看到信息所具有的不同性级的质。

任何物体，首先是一个具有内在结构和状态的物质的直接存在形式，所以，由这个物体所产生的信息场，必然首先以该物体本身的直接存在为其显示的第一层级的内容。但是，任何物体又都已经信息体化了，所以，当物体自身的结构和状态在信息场中显示出来的时候，凝结在这个结构和状态中的信息也便一同显示了出来。这些在物体中凝结着的信息的显示比该物体的直接存在的显示更具间接性，所以，这部分信息便是信息场中显示着的第二层级的内容。如果说，信息场中显示的物体的直接存在是物的一级间接存在的话，那么，信息场中所显示的信源物中凝结着的信息便是物的多级间接存在了，因为信源物中凝结着的信息本身就已经是物的间接存在的形式了。我们把信息场中所显示的这两种不同层级的信息内容，规定为信息一般所具有的两个不同性级的质。

信息的这两个不同性级的质，还仅是在自在信息的范围里被规定的。如果我们涉及人的主观创造的再生信息和人通过实践所实现的社会信息的领域，我们将会看到信息的另外一种性级的质——主观约定的主观代示的质，我们有理由把它叫做信息的第三性级的质。

2. 两个相关的例子

我们先来分析这样一个事件：一棵树上的苹果熟了。

对于对苹果的知识一无所知的人，他只是看到了苹果的形状、颜色；对于对苹果有了解的人来说，他便可以通过苹果的形色判断出苹果成熟的程度，吸收营养、进行光合作用的生长发育过程是否良好……另外，还可能有这样一个人，在这之前，他的某个朋友曾经给他写信约定，"等到苹果熟了的时候，我来拜访你。"这时，他面对这一棵熟了的苹果树，就会高兴地意识到："我要接待远方的来客了。"这三种内容的前两种其实是我们上面所规定的信息的两个不同性级的质的内容，而第三种内容，则与前两种不同，它是人的主观目的性所赋予信息的一种新内容。这个新内容就是信息内容的第三个层级，我们把它规定为信息的第三性级的质。

我们再来分析另外一个例子：夜里，远处有一个亮光在闪动。

对于毫无经验者，只要他的视力正常，他只能看到远处有一个亮光闪动的现象；对于有了历史经验的人，他就会知道这是火光，还是灯光，或是荧光，等等；如果对于一个已经事先约定，期待着这个闪光的人来说，他则会更进一步理解出他所约定的那个意思。比如：特务可以借此联络传递某种情报，等等。同是一个闪光传递的信息，对于不同的接收者，却给予了这样三种截然不同的内容。而这三种不同的内容恰恰对应着我们前面所指出的信息所具有的三个不同性级的质。

3. 对信息三质性质、意义和价值的讨论

信息第一性级的质是直接存在的一级客观显示，亦即一级客观间接存在。通常，我们在感知中直接对应的对象正是信息第一性级的质所显示的内容。信息第一性级的质是不依人的意志为转移的，它的内容，比起我们所感知的方面要丰富、广泛得多。我们所感知的仅仅是信息第一性级的质的部分，而不是全体。另外，我们所感知的相关信息内容呈现的方式，以及所能达到的程度又是由我们的感知方式和认知能力所制约的。

信息第二性级的质是直接存在的多级客观显示，亦即多级客观间接存在。这一部分的信息内容是不能被我们直观感知简单把握的，要把握这部分信息，就必须进行某种类似于翻译和挖掘的工作。在这里，信息第一性级的质被看作映射着第二性级的质的内容的编码信号。人们对这方面信息内容翻译和挖掘的丰富性和深刻性，直接依赖着主体内先已建构起来的认识结构的状况，即对信源物本身凝结的信息的经验程度。由此便不可避免地造成了信息第二性级的质相对于不同的认识者，在同一性级质的范围内也必然具有相对认识的差异性。

当意识的能动作用，对信息在相互关系中的属性考察，不是以客观为准绳，而是以主观为规定时，信息就具有了第三性级的质的意义。信息第三性级的质借助于信息第一性级的质，但又与信息第一性级的质所反映的信源物本身的内容无关。信息第一性级的质只作为一个代号、一个主观信息赖以传递的媒介（中介）。如语言、文字，它的第一性级的质是它的声或形，而它的第三性级的质却是人们相互规定给它的意。如果对某种语言或文字不通，那么，你就只能接收它的声或形，而不能明了它的意。信息第三性级的质是人

类认识赋予信息的一个崭新的创造性的主观关系的质，它使人们有可能在认识中将外界信息普遍抽象化、符号化，从而纳入普遍的相互作用和关系之中。这个第三性级的质所揭示的信息的人为创造的关系，一旦通过人的劳动实践外化出来，就是对世界的创造。人的本质、意识的能动作用就在这个对世界的创造中显现了出来。

从对信息的三质的规定中，我们可以看到：信息第一性级的质决定于信源物的直接存在本身；信息第二性级的质决定于信源物中所同化的信息方面；信息第三性级的质则决定于信息接收者的目的规定性。

信息第一、第二性级的质是信息的客观自在质，第三性级的质是信息的主观代示质；信息第一性级的质是信息的原生质，第二、第三性级的质是信息的系统质（客观自然关系系统或主客观关系系统）；信息第一性级的质是信息的本源质，第二、第三性级的质是信息的派生质。信息第二、第三性级的质归根到底是物体（或主体）同化信息第一性级的质的内容的结果，且又必须通过某种信息的第一性级的质才能表现自己。

从信息三质的规定中，我们看到，事物的质并不简单地由其孤立的自身来规定，事物的质不能和它所处的环境（系统）相脱离，而同一事物相对于不同的系统又往往会呈现出不同的质或不同的质的方面。信息第二、第三性级的质都是某种特定关系质，信息第二性级的质是在事物的客观自然关系中得到规定的，而信息第三性级的质则是在主客观关系中得到规定的。

4. 社会信息中信息三态、三质的统一

前面我们已经论述了社会信息中自在、自为、再生信息三态的统一，在对社会信息的质的考察中，我们仍然可以看到，信息的三个不同性级的质在社会信息中也达到了统一。

社会信息有它的三个信息世界，作为社会信息，这三个信息世界相对于社会，相对于人的认识都不能绝对"外在"。就社会信息的"信息世界一"来说，它已经被人的认识对象化，成了人化的自然（就自然信息体部分）或自然化的人（就人造信息体部分）。这两部分，无论哪一部分都在人的认识中被自为把握着。由于人的主体认识结构中经验凝结的丰富性，这就使主体总是把他所把握的对象放到主体认识框架的背景参照系上来考察，这就意味着，

主体总是从种种复杂的关系中来具体把握对象的。这些关系从本质上反映着该对象中凝结着的信息内容。所以，信息体一经被认识把握，就必然同时被意识揭示出它那丰富的第二性级的质的内容（当然，不是全部）。主体在对信息体把握的同时，也必然把对象进行某种类的概象的归属，以及特定符号的代示，这种类的概象的归属，这种符号的代示，就使这些信息体在人的认识中一般化、符号化，被人为地赋予了某种认识意义上的约定，这就使它们具有了第三性级意义的质。概而论之，任何信息一经相对于人的认识被对象化，它就会与人的意识发生某种关系，这种关系便在某种程度上揭示出这个对象化的信息的第二性级的质，同时也必然会赋予这个对象化了的信息以第三性级的质。在这里，对象和意识构成了一个统一的系统，这个第二性级的质就在这个系统的认识结构中被部分揭示，而第三性级的质也在这个系统的认识结构中被约定出来。

社会信息的"信息世界二"和"社会信息世界三"，就其实质，都是从人的意识的意义上成立的，前者是主观意识活动本身，而后者则是主观意识的客观储存。正因为人的意识是一个感性、理性（表象、概象、符号）相互作用、相互映射、相互渗透、相互规定的复杂的认识结构体系，所以，人的意识本身既反映着信息的第一性级的质的直观内容，也同时揭示着这一内容中所凝结着的复杂的客观自然关系，另外，还必然使这两个层级的信息内容普遍概象化、符号化。这样，只要是在人的意识中反映着的信息便必然是三质同具的一个统一的整体。当这个意识中的信息被编码为物形、文字、艺术、语言而客观储存、传递的时候，意识信息的这种三质统一性也便同时被储存起来和传递出来了。

从意识的角度来分析，外在储存、传送的符号本身是信息第三性级的质，而它所揭示的内容却是信息第一、第二性级的质，但是，反过来，如果从作为社会信息的信息世界三客观存在的形式来看，也可以说，符号的形、色、声是信息第一性级的质，而其中内含的意才是第二、第三性级的质。如此看来，这个信息世界三达到了信息三质统一的互逆的完满性。

"信息世界三"作为意识的"外化"，也只有在自为的意识和自在的载体的系统中才能具有意义，这里包括意识的对象化、意识的主体化。也正是在这一意义上，这个对象化的意识和作为主体的意识才能在相互构成的系统中发生相互作用，完成意识的再认识、再创造，从而将信息的三态、三质统一起来。

社会信息中信息三态、三质的统一，使我们可能对信息的本质进行某种总的、概括性的把握。这种把握的进一步精确化，就使信息从它的质的规定过渡到了它的量的规定。①

五、四个世界和世界模式的理论

我们提出的物质和信息双重存在的理论、信息形态划分的理论确立了一个新的世界观，揭示了一个新的世界图景，建立了一个新的世界模式。

1. 波普尔的三个世界的理论②

在讨论信息哲学的世界领域的划分和世界模式的理论之前，我们有必要对英国哲学家卡尔·波普尔（Karl R. Popper）提出的三个世界的理论予以简短地回顾。

在1967年召开的第三次国际逻辑、方法论和科学哲学大会上，波普尔首次提出了他的关于"三个世界的理论"，之后他又对这一理论进行了进一步的完善和明确化。按照波普尔的说法，全部存在和全部经验都可以归入三个在本体论上泾渭分明的次世界：世界一——物理世界或物理状态的世界；世界二——精神世界或精神状态的世界；世界三——客观意义上的观念的世界

---

① 信息哲学的相关理论区分了绝对信息量和相对信息量。并强调了绝对信息量的守恒性和相对信息量的不守恒性。感兴趣的读者可以参阅：邬焜、李琦：《哲学信息论导论》，西安：陕西人民出版社1987年版，"第六章　绝对信息量"和"第七章　相对信息量"；邬焜：《信息哲学——理论、体系、方法》，北京：商务印书馆2015年版，"第九编　信息的度量"。

② 邬焜、李琦：《哲学信息论导论》，西安：陕西人民出版社1987年版，第106—109页，以及邬焜：《信息哲学——理论、体系、方法》，北京：商务印书馆2015年版，第83—86页中有对波普尔三个世界理论的更为详尽的讨论。

（客观知识）。①在进一步的解释中，波普尔又明确强调指出，"世界三"属于"人类活动的产物"②，是"人类精神产物的世界"。③

显然，波普尔的三个世界的理论是基于对存在领域的物质和精神的二分原则的基础之上的。这种二分原则乃是一种古老的哲学传统。只不过，波普尔对这个二分原则进行了新的阐释和改造，指出了一个作为"精神产物"的"世界三"。

按照波普尔的划分，作为世界三的"人类精神产物的世界"，不仅包括通常意义的"精神产品"中的理论内容的成分，而且还包括凝结在通常意义的"物质产品"中的人类智能和精神因素的部分。而"精神产品"或"物质产品"的载体（如书本的物质基质、建筑或工具的物质基质……）则不应属于"精神产物的世界"，而应属于物理的世界（世界一）。

在三个世界相互作用的关系方面，波普尔认为：世界一和世界二、世界二和世界三可以发生直接的相互作用，而世界一和世界三只能通过世界二的中介发生间接的相互作用。④波普尔还特别强调了"世界三"的重要性，并由此进一步提出了人类文化的客观进化问题。

应该说，波普尔的这种划分和探讨是具有一定的科学性和进步意义的。但是，他在对世界三的性质和世界三进化过程的具体解释上却有一些很难站住脚的地方。如他认为世界三和其他两个世界一样具有客观性和实在性。这样，他就把直接存在（物质）形式和间接存在（信息）形式混淆起来了，亦即是把客观实在和意识以及意识内容的客观储存混淆起来了。另外，波普尔还认为，世界三的发展具有独立性、自主性，是一个"没有认识主体的"客观认识过程。难道说，离开了人，离开了人的社会，文化还能够继续发展、

———————

① ［英］卡尔·波普尔：《客观知识——一个进化论的研究》，舒炜光等译，上海：上海译文出版社1987年版，第164—165页。

② ［英］卡尔·波普尔：《客观知识——一个进化论的研究》，舒炜光等译，上海：上海译文出版社1987年版，第169页。

③ 李伯聪：《工程哲学引论——我造物故我在》，郑州：大象出版社2002年版，第413页。

④ ［英］卡尔·波普尔：《客观知识——一个进化论的研究》，舒炜光等译，上海：上海译文出版社1987年版，第165页。

建构自身吗？当然，文化的发展并不仅仅是某个、某些人，或某代人，即个别（或个别时代）主体的认识过程，它依赖于人类社会个人或群体成员的历代继承和创造。但这并不等于说，文化的发展可以脱离认识的主体。人是结成社会的集团来进行活动的，这个集团就是认识的主体，但是，正因为个人是在社会集团之中，所以，这个集团的认识主体中就必然包括个别成员的认识主体的作用。在这里，应该是个人和社会、人和人类的统一，应该是个人认识主体和社会认识主体的统一，同样，也应该是某一时代的认识主体和人类历史的认识主体的统一。

2. 信息哲学的四个世界的理论

如果我们抛开波普尔的一些不恰当的解释，从信息论的角度来对波普尔的三个世界的划分考察一下的话，那么，我们将会发现波普尔的这种划分的深刻意义和价值。因为这种划分，首先把世界的间接存在形式和直接存在形式区分开来了。世界二和世界三的价值恰恰在于它们在实质上具有信息世界的意义。但是，波普尔在这个划分中却忽视了一个标志客观间接存在的世界领域，这就是由它的那个世界一本身自我显示着的那个自在信息的世界。如果缺少了这个环节，那么，世界一和世界二，以及世界二和世界三的相互作用都将无从谈起。在这里，从直接存在的物质世界（波普尔的世界一）到主观间接存在领域（波普尔的世界二），或从波普尔的世界三到波普尔的世界二之间就不能不再有一个客观间接存在领域的过渡环节。而主观间接存在领域要进入"波普尔的世界三"（或"波普尔的世界一"）也必须以某种主体自身的活动（实践、行为）为中介，而主体自身的活动本身又是靠主体的主观信息（目的、计划、指令信息）以及与相关肢体、神经、肌肉的活动，或所操作的工具的活动相伴的客观信息的活动为中介的。正是此类信息的活动作用于外界物体，才完成了对外界物体的结构、状态的改变，从而也便达到了主观信息的客观外在储存。正是在这一意义上，我们说，还应该有一个标志客观间接存在的自在信息活动的世界。

基于上述的讨论，我们有理由提出一个关于四个世界的理论：一个标志直接存在的物质世界和三个标志间接存在的信息世界。即：世界——一直接存在的物质世界（以物质体的形式存在）；世界二（信息世界一）——自在信息的世界（以自在信息体的形式存在）；世界三（信息世界二）——自为、再生信息本身的活动（主观精神的世界）；世界四（信息世界三）——再生信息的可感性外在储存（人所创造的文化内容的世界）。

在四个世界之间同样存在着普遍的相互作用：世界二（信息世界一）是对世界一的客观显示，是在世界一的成员的相互作用中派生出来的一个自在信息的世界；世界三（信息世界二）从本质上是对世界二（信息世界一）的把握和改造；世界四（信息世界三）是世界三（信息世界二）的相关内容的外化。三个信息世界都必须以世界一作为自身运动、变化、内容储存的载体。世界一和世界二（信息世界一）之间具有直接的相互作用，这种直接的相互作用具体表现为或相互规定、或内容派生、或结构转化的关系；世界一和世界三（信息世界二）之间，世界一和世界四（信息世界三）之间，世界三（信息世界二）和世界四（信息世界三）之间不存在直接的相互作用关系，它们的相互作用必须以世界二（信息世界一）为中介。

显然，上述阐明的四个世界之间的种种关系具体揭示了四个世界之间相互作用的复杂交织性（图 3-4）。

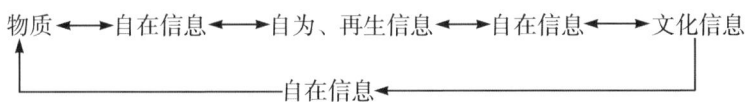

图 3-4　包括一个物质世界和三个信息世界的复杂综合的世界图景①

显然，这样一个包括一个物质世界和三个信息世界在内的双重而多维的复杂综合的世界图景比较起传统的以物质和精神二分原则所构建的世界图景，比较起波普尔所提出的三个世界的世界图景便不能不更具有复杂性的韵味。

---

① 此图最先发表于邬焜：《信息哲学的基本理论及其对哲学的全新突破》，载《西安交通大学学报》（社会科学版）2006 年第 2 期，第 1—15 页。

3. 世界模式①

我们已经阐释的存在领域的分割理论、信息形态的哲学分类理论，以及一个物质世界和三个信息世界的理论为我们从哲学本体论的层面上建立一个全新的世界模式提供了依据。

由于传统哲学在存在领域的分割方式上采取了物质世界与精神世界的二分原则，所以传统哲学主要是在物质世界和精神世界的关系上来探究其世界模式的。由于信息世界的发现改变了传统哲学关于存在领域的分割方式，所以，建立在新的物质世界和信息世界双重存在理论基础上的哲学学说便有必要对其世界模式重新予以阐释。

根据前已阐释过的理论，可以将世界中的所有事物或现象具体归属到三个不同层次的世界②：

第一层次："客观实在"或直接存在的物质世界的层次。
第二层次：客观不实在或客观间接存在的自在信息世界的层次。
第三层次：主观不实在或主观间接存在的精神（自为、再生信息）世界的层次。

哲学本体论的基本任务之一就是要通过自身理论的范畴和概念的结构、联系、运动和转化来再现世界的本来面目。

对应于上述三个层次的世界，可以抽象概括出三个不同的哲学范畴：

---

① 本节阐释的信息哲学的世界模式理论最初发表于邬焜：《信息在哲学中的地位和作用》，载《潜科学杂志》1981年第3期，第53、60页）；后来，在邬焜：《哲学信息论要略》，载《人文杂志》1985年第1期，第37—43页；邬焜、李琦：《哲学信息论导论》，西安：陕西人民出版社1987年版，第209—223页；以及邬焜：《信息哲学——理论、体系、方法》，北京：商务印书馆2015年版，第101—105页中都有专门的论述。

② 这里确定的三个不同层次的世界并未将前面提出的"信息世界三"独立标出，这是因为，"信息世界三"作为社会信息的主要存在形式，与社会信息一样并不是一个独立的世界层次，我们有理由把它看作是自在、自为、再生三态信息具体综合统一着的一个信息世界。

标示第一层次世界的哲学范畴是"物质";

标示第二层次世界的哲学范畴是"自在信息";

标示第三层次世界的哲学范畴是"精神";

而第二和第三层次的世界又可以统一用"信息"这一哲学范畴来具体标示。

基于上面的讨论,我们可以有充分的理由认为:关于世界是否具有统一性的问题,在哲学的层面上,便可具体化为物质与自在信息和精神之间的关系问题,或者更一般地讲,便可具体化为物质和信息之间的关系问题。

在我们的相关规定中,客观实在的物质世界是直接存在的世界。按照唯物主义学说的基本观点,物质世界是世界的本源和基础。

直接存在作为一个哲学范畴,它是从诸多其他所有的、具体的直接存在的形式中抽象出来的。正因为它是一种哲学的抽象,所以,它便具有了两种性质:其一是,它不能简单等同或归结为各种具体的直接存在形式;其二是,它又不能不包括这些各种具体的直接存在形式的共同本质。所以,我们要对直接存在范畴进行具体规定,就有必要把它所包括的各种具体的直接存在的形式,一一加以罗列,这就是揭示这个直接存在的外延。

恩格斯曾经指出:"物质无非是各种物料的总和"①。据此,直接存在首先指的是各种物料的直接存在性,这是直接存在这一范畴的最深层次的规定。就现代科学所提供的相关理论和假说来看,物料被规定为两种具体存在形式:实体(具有静止质量的实物)和场(不具有静止质量的射线、场、能、波或弦)。

但是,就直接存在的本意来看,它并不能仅仅停留在"各种物料的总和"上,因为,任何物料都必须有它的直接存在的种种方式和状态。诸如运动、时空、差异、层次、结构等。这些存在方式和状态也具有直接存在(客观实在)的性质,因为任何实体和场离开了这些存在方式和状态都将会失去其本身的存在性。所谓"物料"就是以这些直接存在的具体存在方式和状态本身建构起来的。谁又曾见过那种脱离了这些存在方式和状态而纯粹独在的"物

---

① 恩格斯:《自然辩证法》,北京:人民出版社1984年版,第108页。

料"呢？

另外，所谓直接存在，还包括这样一个方面，这就是各种物料之间，以及各种具体的直接存在方式和状态之间发生着的种种直接性作用关系和变化过程本身，如质—能间的相互作用、功能实效、物物转化、流变生成等。这些关系和过程作为客观直接发生着的直接性事件无疑也是具有直接存在的性质的。

从上面的分析中，我们可以看到，直接存在的外延具有三个具体的层次：

直接存在物：实体和场。
直接存在方式（包括状态）：运动、时空、差异、层次、结构……
直接存在关系（过程是事物纵向运动的关系）：相互作用、功能实效、物物转化、流变生成……

直接存在的这三个层次的内容在本质上是一回事；在直接存在的领域里，物有它的方式，而方式又是物的；物和方式都在关系中存在，关系也同时就是关于物和方式的。三而合一，三而为一。自然中根本不可能有三者分离，或两两分离的东西。直接存在的这三个层次的区别，与其说是关于物本身的，倒不如说是关于对物的描述的。

根据我们关于信息本质的认识，作为间接存在的信息是物质存在方式和状态的自身显示，那么，信息世界便是由物质世界派生出来的一个世界，并且，信息世界又必须由物质世界来载负。这样，从总括的意义上我们便可以说：物质世界是第一性的世界，信息世界是第二性的世界。如果考虑到主观信息是对客观信息的把握或创造的形态，那么，我们又有理由说：物质世界是第一性的世界，自在信息的世界是第二性的世界，而精神世界则是第三性的世界。正是这三个不同层次世界之间的这样一种关系确定了三大哲学范畴——物质、信息、精神——之间的关系。

现在我们设定：分别用 A、B、C 三个字母表示上面提到的直接存在的三个层次的内容。

如果我们考虑到间接存在对直接存在内容显示的对应性关系，那么我们便有理由用 A′、B′、C′来表示 A、B、C 的客观间接存在的形式（自在信息），并用 A″、B″、C″来表示 A、B、C 的主观间接存在的形式（自为、再生信息）。

基于上述的相关设定，根据我们已阐释过的物质、信息和精神的关系，我们便可以建立一个哲学本体论的世界模式概念层次结构图（图 3-5）。

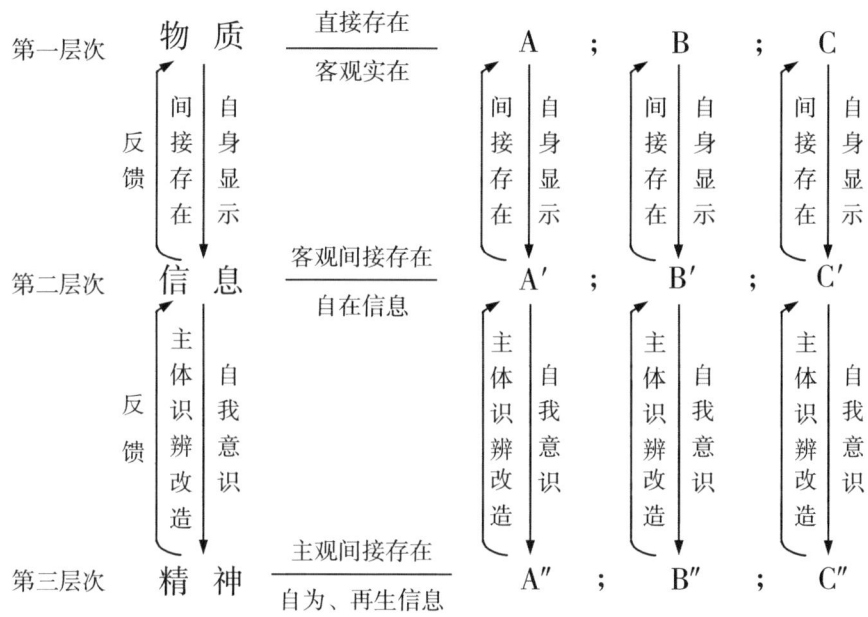

图 3-5　自然模式概念层次结构图①

图 3-5 左面是抽象界，右面是具体界；横向表示平行关系，纵向表示派生或从属关系。分析此图，我们将得到许多丰富、具体的内容。

第一，我们将看到世界统一于物质的具体规定性。从图中看，物质世界和信息世界囊括了世界上的一切事物、现象和过程。客观实在（直接存在）的物质世界在自身相互作用的运动中外化、显示自身，从而派生出一个间接存在的信息世界。作为由客观实在的直接存在的世界派生出来的间接存在的信息世界，正因为它是被派生出来的，所以，它虽然不是物质、不能归结为物质现象，但是，它又不能与物质绝对独立，又不能不以物质世界的内容为其显示的内容，又不能不由物质世界来载负，又不能不以物质世界为其存在、

---

① 此图最先发表于邬焜：《哲学信息论要略》，载《人文杂志》1985 年第 1 期，第 37—43 页。

展示、活动的基础。这就是信息对物质的依赖性和物质对信息的根源性。这样信息世界便不能不统一于物质世界本身了。

第二，在图 3-5 中，我们还可以看到，精神对于信息的从属性。信息是标志间接存在的哲学范畴，而间接存在又分为客观的和主观的两种形式，精神仅仅是主观间接存在的标志，它是整个信息内容的一个方面。所以，信息概念比起精神概念来就不能不更具抽象性和广泛性。精神作为信息的一个内容方面，它直接就包括在信息之中。当然，精神是信息的自我意识的形式，所以它又是信息活动的高级形式。

第三，从图 3-5 中我们还可以看到，主观间接存在和直接存在发生关系的间接性。它必须以客观间接存在的自在信息为其中介环节。无论是物质到达于精神，还是精神反馈（反作用）于物质，都必须通过自在信息这个媒介。正是这一有中介的联系和过渡的方式，成了相应的哲学认识论理论的本体论基础。

第四，从图 3-5 中我们还可以看到，哲学本体论中有三个依次最为抽象和最为概括性的范畴，这就是物质、信息和精神。这三个范畴之间的关系是：信息范畴对于物质范畴具有派生性，而精神范畴对于信息范畴则具有从属性。至于其他的一些范畴，诸如：实体和场、质量和能量、运动和变化、时间和空间、系统和要素、结构和功能、层次和差异、功能实效、相互作用和转化……等等，都或者是物质的某一具体存在形式、方式、状态、特性，或者是信息（包括精神）的某一具体内容方面的规定。

第五，从图 3-5 中我们还可以看到，间接存在对直接存在显示的对应性。当然，这种对应性绝不是像照平面镜一样的毫无改变的复写。任何对应的显示都是一种多种因素复杂综合的差异性建构过程，其中涉及一系列多重而复杂的信息匹配、复合、扭曲、畸变、选择、重构与创新。更何况在主观间接存在对直接存在进行显示的时候，不仅要通过客观间接存在这一中介环节，而且还通过了认识主体自身生理和认识结构的中介，另外，认识主体对这个显示的内容还进行了在信息意义上的编码、匹配、建构，主客体多重信息的复合和重组，以及分析综合的加工改造，并由此创造出了新的主观信息（包括认识的虚拟和虚拟的认识等现象）。这种在极为复杂综合的差异性建构中所实现的对应性显示，在图中就以"'"或""'"的形式标示出来了。

信息作为间接存在的标志，作为物质存在方式和状态的自身显示，在哲学的本体论中直接反映着物物之间的相互转化、相互映射、相互包含与相互规定的普遍相互作用的内容，它也显示着事物的普遍差异性和内在规定性的自身关系。同时，信息还揭示着物质世界的本来面目及其纵向的历史发展渊源和趋势。正是通过这种对物质世界的纵横两个方面的显示，信息才揭示了物质世界怎样在自身发展的一定阶段上，借助于自身派生出来的信息活动，创造出了一个崭新的主观间接存在的精神世界，以及人类社会的文化世界。

信息作为间接存在的标志、作为物质存在方式和状态的自身显示，它还揭示着一切都是运动、都是过程，以及这些运动和过程的普遍中介性。

六、物质、信息和精神的关系

由于在哲学的最高范式"存在领域分割方式"上发生了变革，所以，恩格斯当年所提出的哲学基本问题"存在与思维的关系"的具体解读方式便发生了新的转换。这样，我们要探讨的便不仅仅是"物质和精神的关系"，而是"物质、信息和精神的关系"了。

当然，在对信息世界进行具体认识时，不同的哲学流派对信息的存在论地位的解读则可能是不一样的。但是，只要不是把信息现象简单的或归属到物质世界，或归属到精神世界，只要把信息看作是与传统哲学所揭示的物质现象、精神现象相区别的现象就能够构成了对传统哲学所坚持的存在领域的分割方式的变革，也正是由此变革导致了哲学根本范式的转换，从而引发哲学的根本性变革，或说是"全新的哲学革命"。

只有承认了信息在存在论上所具有的独立性地位，哲学家们才可能去谈论物质、信息和精神的关系。在这三者的关系的具体解释中有可能产生多种解读方式：一种是仍然认定物质是世界的本原，把信息和精神现象都看作是由物质世界派生出来的依附于物质世界的现象；第二种是仍然认定精神是世界的本原，把物质和信息现象都看作是由精神世界派生并依附于精神世界的现象；第三种是认为信息是比物质和精神更为基本的现象，物质和精神现象都由信息现象派生，并且都依附于信息现象而存在。这样，便构成了三种不同意义的哲学：新唯物主义、新唯心主义和唯信息主义。

由于在存在领域分割的方式上发生了变革，在新的存在领域关系的具体解读中产生的新唯物主义、新唯心主义或唯信息主义都将构成全新意义的哲学革命，因为，这三个主义都是次一级的哲学学说，这些学说对于哲学的全新意义的变革并不简单来自于这些学说对世界本原的认定方式，而是来自于导出这些学说的更为一般的哲学存在论前提，这就是关于存在领域的新的分割方式，正是这一新的分割方式才构成了哲学意义的存在论或本体论的最高范式的变革。

信息世界的发现，信息哲学的创立和发展也必然会给辩证唯物主义哲学带来根本性的变革。如果说，当年马克思和恩格斯创立的哲学是辩证唯物主义哲学的第一个历史形态的话，那么，在相关信息哲学理论的基础上建立的辩证唯物主义哲学则可能成为辩证唯物主义哲学的第二个历史形态。辩证唯物主义哲学的第二次历史形态是对第一个历史形态的发展，这样的一种发展必然会建立在对物质、信息和精神关系的唯物主义解释的基础之上。在这里，对于人类哲学的发展来说，新的辩证唯物主义哲学具有多重革命性的意义和价值：一是辩证唯物主义哲学的革命性变革；二是人类唯物主义哲学的革命性变革；三是人类哲学的第一次根本转向。

根据我们的定义："信息是标志间接存在的哲学范畴，它是物质（直接存在）存在方式和状态的自身显示。"这个定义首先就坚持了唯物主义的立场。既然信息是在物质自身的相互作用派生出来的对物质的存在方式和状态的显示，那么，无论是在产生的过程、存在的形式和显示的内容等方面来看，信息都是第二性的。在这里，直接存在的物质世界仍然是世界的本原，它决定了世界的最深层级的本体和本性，是世界的第一性的存在。就是从逻辑上来讲，直接存在与间接存在相比，前者也是第一性的，后者也是第二性的。因为，间接存在是对直接存在的显示，它便只能以直接存在为其基础和根据。一个明显事实是，无论是水中月（场中月），还是脑中月，或是文中月，都是以天上月为其存在之基础和根据的。另外，间接存在并不能脱离直接存在而独在，它必须以直接存在为载体，就这一点而言，间接存在对直接存在仍然具有依附性。根据这样的考察和分析，我们便必然会得出一个唯物主义的结论：虽然世界是一个多样性的存在，但是归根到底世界统一于物质。

但是，如果我们不是从信息发生的逻辑开端，以及间接存在对直接存在显示的对应性关系来考察，而是从世界和事物的现实存在方式来考察的话，那么，我们将会看到事情的另外一个层面。这就是，物质和信息在现实存在中的内在镶嵌性和统一性。前面我们已经提到：由于物质相互作用的普遍性，又由于物质和时间的无开端性，宇宙间任何物质系统都不可能还处于一个未曾与它物发生过相互作用的原始的初态，所以，任何物体都已经将自身演化成了具有特定结构和状态的凝结着种种信息的信息体了。由此，在现实性上我们又可以得出这样的结论：世界整体以及世界上的所有物体都即是物质体又是信息体，都是直接存在和间接存在的统一体。这样，世界整体以及世界上的所有物体都是一种二重化的存在，都是物质和信息镶嵌在一起的双重存在。

这样，我们的结论只能是：世界整体以及世界上的所有物体都只能是统一在物质基础上的物质和信息的双重存在体。这就是我们本章题目所标明的"物质和信息：统一而双重的世界"的基本含义。在这里，"世界统一于物质"的结论坚持了唯物主义的性质，而"物质和信息双重存在"的结论又体现了辩证法的原则。从而，这样的结论可以成为辩证唯物主义新形态哲学的本体论（存在论）基础。

如果我们进一步去探讨物质、信息和精神的关系，那么，我们便可以做出更进一步的区分：物质是第一性的、自在信息（客观信息）是第二性的，而精神（自为、再生信息，即主观信息）则是第三性的。因为物质和精神相互作用必须通过自在信息的中介，一个明显的事实是，精神并不是宇宙中始终存在和发生的初始信息现象，作为信息活动的高级形态，精神是在客体信息、主体信息（包括生理性和认知性信息），以及认识工具的信息等多重而复杂的信息的相互作用、匹配、整合、重组的建构和虚拟活动中产生出来的。关于这一点我们将在下一章中详加讨论。

第四章 认识和实践：信息的主体把握、创造和实现

根据我们对信息形态的分类，人的认识是一种高级的信息活动过程，它是信息的主体把握和创造的形态。这样，要讨论人的认识的本质、起源、过程、机制和规律就有必要首先辨明几个相关概念的关系。我们首先遇到的是这样几个概念：信息、知识、智能和实践。

一、信息、知识、智能和实践的概念及其关系

我们已经从哲学存在论（本体论）的层面把信息看作是区别于物质世界的另一个存在领域。我们给信息所下的定义是："信息是标志间接存在的哲学范畴，它是物质（直接存在）存在方式和状态的自身显示。"

从我们所做的信息形态的分类中，我们已经可以清晰地看到，精神仅只是信息活动的一部分（信息活动的高级形态）。由于通常所说的人的知识、感知、记忆、思维、思想、情感、意志、智慧（智能）等都属于精神现象，所以，信息概念的外延便理应包括了所有的此类现象，描述此类现象的相关概念都只是信息概念的子概念。

在此，我们仅对知识、智能、实践这几个概念及其与信息概念的相互关系加以简短的讨论。

1. 知识

经济合作与发展组织在其题为《以知识为基础的经济》的 1996 年年度报

告中，采用了西方已较为流行的一种对知识概念的解释，这就是所谓的"4W"：知道是什么（Know-what）；知道为什么（Know-why）；知道怎么做（Know-how）；知道是谁（Know-who）。吴季松认为要完整表述知识的概念，还应该再加上2个W和1个Q：知道什么时间（Know-when）；知道什么地点（Know-where）；知道是多少（Know-quantity）。

上述对知识概念的解释是否具有完备性，并不在于是"4W"，还是"6W+1Q"，或更多的什么W或Q之类，而在于此解释的方法上。上述解释采用的还只是外延罗列法，这就使这种解释不可能成为关于知识的严格而科学的定义，因为它无法恰当揭示知识的内涵。由此便导致了这种外延罗列的可能无法穷尽的情况。如我们完全有理由说，不仅"知道是什么"是知识，而且"知道不知道是什么""知道不是什么"以及"知道不知道为什么""知道不为什么"同样是知识。正如孔子所说："知之为知之，不知为不知，是知也。"也许，在某些场合下，"知道不知道是什么""知道不是什么"更为重要。如此看来，那个用"6W+1Q"来解释的知识则是远远不完备的。

在经济合作与发展组织1996年年度报告中，不仅对知识概念的解释不具有完备性，而且对信息概念的理解更为狭隘。该报告认为：

> 知识的概念比信息要宽得多。信息一般是知识的 Know-what 和 Know-why 范畴。这些也最接近市场商品和适合于经济生产函数的经济资源的知识类型。其他类型的知识，特别是 Know-how 和 Know-who 是属于沉默的知识，比较难于归类和量度。

在此，该报告区分了两类知识：一类是易于归类和量度的知识（称归类知识），信息就属于这类知识；另一类是难于归类和量度的知识（称沉默知识），这一部分是信息所不能包括的。受这些观点的启发，某些文献则进一步认为，只有当知识被编码之后才转化为信息。

显然，上述观点是把信息概念和信息归类和量度的概念混同起来了，并且用后者代替前者。这一观点不仅无视现代信息科学的发展已经取得的相关成果，而且也违背了现代科学对世界构成要素的基本看法。

虽然，对于信息的本质目前学术界还不能给出一种被普遍公认的解释，但是，对于信息存在的范围却大致存在着某种共识。

在通讯信息论中，对信息采取了极为狭义化的理解，就是在这一领域中，通讯信息论仍然把信息分为三个基本层次：语法信息、语义信息和语用信息。就目前的发展状况来看，还只是语法信息方面的定量化描述较为成熟，而语义信息和语用信息方面的定量化问题始终未能得到较好解决。我们能否据此而认为，由于语义信息和语用信息难于归类和量化而不是信息呢？

现代科学认为，由于信息世界的被发现，从根本上改变了人们对世界构成要素的理解，这就是世界是由物质（质量）、能量和信息三大要素构成的。在这样一种理解的层面上，信息是自然界中（不仅生命界中，而且有机界中；不仅有机界中，而且无机界中）普遍存在的一种现象，精神（意识、思维、知识）活动仅只是信息活动的高级形态。知识是通过对信息的认识和处理获得的，是认识主体的大脑通过感知和思维的信息加工、创制而形成的系统化的信息的集合。不仅知识的产生来源于信息的主体感知、加工和创造，而且知识本身也只能以信息的方式而存在，并且属于信息的一部分。那种关于"知识的概念比信息要宽得多"，而沉默知识不属于信息范围的说法显然是站不住脚的。①

2. 智能

智能是特指有认识和实践能力的主体的智慧和能力相互叠加的一个概念。人的智慧和能力一方面取决于遗传因素，另一方面又取决于在遗传因素基础上通过社会化的后天建构（学习和培养）所发展起来的生理机能、心理活动和行为方式的特质。它不仅包括通常所说的主体的感知、记忆的认知方式和方法、思维创造再生信息的方式和方法、情感与意向生成和活动的方式和方法，还包括主体的实践活动的方式、方法和策略，因为主体的实践活动是区别于一般物的自在自然的活动以及较为低级的生物本能活动的有目的有计划的智能行为。

---

① 关于知识和信息的关系在邬焜和邓波合著的《知识与信息的经济》，西安：西北大学出版社 2000 年版，第 73—75 页中也有相应的讨论。

显然，智能与有认识和实践能力的主体的知识活动相关，但是，它又并不简单的等同于知识。关于这一点，古希腊的哲人们早已认识到了。赫拉克利特就曾说："博学并不能使人智慧"；"智慧只在于一件事，就是认识那善于驾驭一切的思想。"① 从智慧是驾驭一切的思想的层次上来思考，智能便不能不高于一般的知识。从最一般的意义上来说，智能便是有认识和实践能力的主体把握、处理、创造、开发、利用和实现信息（包括知识）的能动方式和方法。

诚然，智能也是信息（或知识）的一种存在形式，然而，她却并不是一般的信息（或知识）。在人的认识和实践活动的范围，所有的层面上都有智能因素的中介，并且是在相应层次和水平的智能的参与或制控下展开的。就这一意义而论，智能在本质上又不是外在于信息（或知识）的因素，她是能动主体在认识和实践活动中所展开的信息（或知识）活动的内在因素，没有智能这样的内在因素，主体的这些活动便不再具有主体的性质。

在某些情境下，部分智能（认识或实践的方式和方法）是可以程序化的。这种可程序化的智能便可以在某种程度上转化为一般的知识。这也是为什么人工智能可以部分实现主体智能的原因。但是，并非所有的智能都可以被程序化，这也是为什么人工智能始终未能真正达到人们理想的智能化程度的原因。

其实，具有高超的智能水平恰恰是人和人的社会区别于一般物、一般动物，区别于一般自在自然领域的本质特征。这从我们关于人和人的社会的信息本质和信息进化的尺度的规定中也可以看得很清楚。邬焜早在 30 年前就做出了这样的结论："能动地把握、利用、开发、创造和实现信息是人类社会的本质"；"把握、利用、开发、创造和实现信息的间接化程度是社会进化的尺度。"② 我们可以把这里转引的这两句话与上面我们关于智能概念的定义相互比较来认识。

---

① 北京大学哲学系外国哲学史教研室：《西方哲学原著选读》（上卷），北京：商务印书馆 1981 年版，第 26 页。

② 邬焜：《信息与物质世界的进化》，载《求是学刊》1986 年第 6 期，第 31—35 页。

3. 实践

实践具有主体信息活动的性质，实践是在主体智能制控下的高级信息活动的行为过程。传统哲学和科学的实践观总是更多地从物质活动的层面对实践进行解读，这种解读方式看不到实践行为区别于一般自然过程的独特本质。

信息哲学对人类实践和人类生产活动做出了全新的解释，认为人类实践并不是纯粹的物质性活动，它是主体目的性信息，通过计划性信息的实施在客体中实现的过程。

信息哲学这样描述实践：人的实践活动首先是从人的主体目的性和计划性开始的，而这种目的性、计划性首先是人的认识和智能创造的再生信息的形式。这种认识中的再生信息转化为主体行为启动的指令信息，通过人的神经激发人的运动器官行动起来，操作工具、作用于客体对象。在这一实践的系列过程中，主体信息一直起着规定实践的方向、设计实践的程序和方式、控制实践的进度、程度的作用。主体外化出来的信息是贯穿这一全过程的主线，通过这一过程，主体的目的性信息最终在客体中得以实现，改变了客体的结构和状态，使之成为符合人的目的设计的产品。在这里，无论从实践的开始（目的性、计划性）、实践的过程（主体器官的运动、对工具的操作、对客体的加工改造），还是从实践的结果（客体的被改造）来看，都具有主体智能信息活动的意义。而实践活动本身要完成的也只不过是把主体认识中的目的性信息转化为客体的结构信息，这一过程的完成又直接依赖着主体认识中为完成这一过程所设计的计划性信息的实施。此外，实践过程进行的怎样，客体被改造的程度如何，主体的目的性能否如期达到等方面问题的判定，又需要主体把实践过程和被改造着的客体当作它所认识的对象来把握。在这一过程中，实践过程和客体本身生发出来的信息便是主体捕捉的对象。主体通过对这一信息的捕捉，不断地向自己的运动器官发出新的信息指令，或者使实践活动按原有计划继续进行，或者使原有计划得到某些适当的修正。就这样不断进行着的主体输出信息——客体（实践过程、被改造对象）信息对主体的反馈——主体输出调控信息的一个信息循环运动过程，构成了实践活动本身的信息活动过程。①

基于上述论述，我们看到，"实践"不仅是一个物质性运动的过程，而且也同时就是一个信息运动的过程。对于主体认识结构的建构、认识产生的过程、认识"格局"的变化等方面来说，"实践"的信息运动的意义是更为重要的。正是在这一信息运动的意义上，"实践"才真正成了主客体相互作用、主体认识发生的现实中介。那种仅仅把实践看成是能动的物质性活动的观点，是远远不能把握实践的深刻本质的。

然而，我们还必须看到，实践虽然在信息活动的意义上成了认识产生的中介，但是这个中介对于认识的产生来说却不是唯一的，因为还有实践活动所不能包括的使认识产生的信息活动方面。如人类认识的原始起源的信息凝结过程、个体从无意识到有意识的认识结构最初建构的信息凝结过程，都是实践所无法解释的，再则，主体的某些内在意识中的信息自调、重组活动也是实践所无法包括的。

信息哲学不仅关注人类物质资料的生产实践活动，而且还关注人类精神生产、人本身的生产和人的交往关系的生产、虚拟化生产等诸多生产实践形式，并把这多种生产实践形式看作是相互交织、内在融合，并互为基础和前提的统一性过程。②

信息哲学根据科学所提供的物质（质—能）守恒、信息不守恒的原理，得出人类生产不可能是物质生产（因为物质不能创造也不能消灭，这里的物质指的是哲学和科学的一般抽象概念，不同于"物质资料"的提法），只能是信息生产（因为信息可以创生或耗散），以及人类生产力不可能是物质生产力，只能是信息生产力的新结论。③

4. 人类活动中的信息、知识、智能、实践的全息统一性

近年来，钟义信先生在他提出的全信息理论的基础上又提出了"信息转

---

① 方元（邬焜曾用笔名）：《哲学认识论的信息中介论探讨》，载《兰州学刊》1984 年第 5 期，第 57—63 页。

② 邬焜：《论马克思和恩格斯"全面生产"理论的复杂性特征》，载《中国人民大学学报》2006 年第 6 期，第 86—92 页。

③ 邬焜：《信息生产和信息生产力》，载《哈尔滨师专学报》1997 年第 3 期，第 28—39 页。

换原理：信息、知识、智能的一体化理论"。这一理论试图要把目前多少有些分立研究的信息理论、知识理论、智能理论统一起来。钟先生认为：①

> 智能的生成机制就是"信息-知识-智能策略的转换"。
> 信息不仅可以转换成为知识和智能策略，而且可以转换为注意能力、基础意识能力、情感表达能力、理智谋略能力和综合决策能力。
> 基于"信息转换"的人工智能机制模拟方法是独立于结构模拟、功能模拟和行为模拟这三大主流方法之外的第4种智能模拟方法。
> 高等人工智能的所有要素（注意能力、基础意识能力、情感能力、理智能力和综合决策能力）的生成机制分别是在各自条件下的信息转换。

钟先生提出的这一理论是要把信息、知识和智能这三个方面看作是基于信息基础上的，不同信息形态之间的互为基础、相互生成和转化的统一过程。正因为它们是统一的，所以，人工智能或说是智能科学也应当把这些领域的研究统一起来。这样的研究视角和方法明显具有复杂信息系统研究的特征。

中国的信息哲学研究基于其关于信息的本质和分类的理论，提出了一种人的信息活动的层次和层次间的相互作用规律的理论，这一理论与钟先生提出的信息转换原理具有异曲同工之效。

中国的信息哲学研究把人的认识和人的实践活动看作是一种高级信息反映、把握、创造和实现的信息活动过程。信息的自在活动、信息直观识辨、信息记忆储存、信息主体创造、主体信息的社会实现依次由低到高构成了主体信息活动等级的五个基本层次。在这诸多信息活动层次内部之间存在着特定的信息加工操作的方式和方法，这就是人的智能的作用和体现。在这种人的智能控制的制导下，人的不同信息活动层次之间存在着复杂的相互作用。在这个统一的相互作用过程中呈现出了四个方面的基本规律：人的信息活动由下到上的层次递进建构关系；人的信息活动层次由上到下的全息制控关系；人的信息活动的层次综合参与关系；人的信息活动层次的相互转化关系。显

---

① 钟义信：《信息转换原理：信息、知识、智能的一体化理论》，载《科学通报》2013年第14期，第1300—1306页。

然，在这样的全息综合的复杂性关系中，不仅高层信息活动由低层信息活动的综合建构而涌现出来，并且，高层信息活动的某些内容又会不同程度的转化为低层信息活动的内容，另外，高层信息活动的某些方式同样会反过来影响、控制低层信息的活动方式。① 显然，无论是全息制控，还是综合参与，或是相互转化其所起的作用都是提供了某种活动的方式和方法，这也就是一种智能化的效应。

二、人的信息活动的层次②

1. 人与环境关系的多层次性

从信息形态的分类中，我们可以看到，人的认识是一个信息的自为、再生的形态，是一种高级的信息活动过程。这种高级信息的形态是从自然界普遍存在的自在信息自身运动、进化的过程中产生和发展起来的。

既然，高级信息活动是在低级信息活动的基础上产生的，并且，又是以低级信息活动为其展开之基础的，那么，人们的认识的发生和展开就必然是一个高度综合的、复杂的信息活动过程。认识活动的这种高度综合的复杂性，同时就使人自身的信息活动具有了多层级的高度复杂综合性的特征。

人可以在不同的水平和层次上与环境打交道。通常，人是以三重身份与环境进行相互作用的。首先，人以一般物的存在性在自在的水平上与外界不断地交换着信息；其次，人又以认识主体的身份在自为、再生的水平上把握和加工处理着环境的和体外的信息；再次，人还通过自身的社会实践改造环境，并在这一改造过程中实现着自己的目的性信息。在这三重身份的意义上，

---

① 邬焜：《主体信息活动的层次和层次间的相互作用》，载《西北大学学报》（哲学社会科学版）1993年第3期，第43—49页；邬焜：《信息哲学——理论、体系、方法》，北京：商务印书馆2005年版，第108—133页。

② 本节关于人的信息活动层次的纲要性论述最初发表于邬焜：《主体信息活动的层次和层次间的相互作用》，载《西北大学学报》（哲学社会科学版）1993年第3期，第43—49页，其详论则发表于邬焜：《试论人的信息活动的层次》，载《西安石油学院学报》（社会科学版）2000年第2期，第50—60页。

人的信息活动的多层级的高度复杂综合性的特征同样会得到充分地显示。具体考察人的信息活动的这种多层级的复杂结构不能不是信息认识论的体系赖以建构的最基础性的重大课题。

2. 人的信息活动的第一层次：信息的自在活动

信息的自在同化和异化是信息活动的最基本、最普遍的形式。信息从自在上升到自为是以具有感知能力的信息控制和加工系统的产生为前提的。但是，任何一种自为信息的感知识辨的活动，都首先必须以相应的一个较低层次的自在信息的活动为其活动的现实背景。无论是低等动物，还是较高等动物，也无论是人，都首先是作为一个一般的存在物与环境发生相互作用的。在这样一个相互作用的层次上，动物、人都首先通过自身自在生发出来的信息场与环境物相互作用，并在这种相互作用中不断自在地异化自身信息、同化环境的信息。在这种信息自在的同化和异化过程中，动物和人与一般无生命物一样，也会进行某种改变自身结构的信息内调节活动，并且，这种信息内调节活动首先是在自在的水平上进行的。

人的信息的自在活动不仅在人与环境的相互作用中存在，而且同样在人体内部的相应的组分、细胞、器官、组织、系统内部和之间存在。人体生理结构和身体状态的任何一种显著的和细微的变化，都是通过与外界环境，或体内不同系统、组织、器官、细胞、组分内部和之间的信息同化和异化的相互作用实现的。通常，这些生理结构的变化并不总是要产生一种主观映像的直观识辨效应。当我们在野外工作了一个时期之后，我们会发现我们暴露的皮肤部分变黑了。这部分皮肤的变黑是一种信息结构的编码效应，它以这种结构和颜色的变化凝结了曾经经受了较强光照的信息。但是，这一凝结信息的具体编码过程并未给我们产生一个相应程度和水平的直观识辨的主观映像，这一过程是在纯自在的水平上进行的。我们体内的各种体液、血液的循环过程，我们体内的食物消化过程，以及我们体内的各种病变的发生、发展和消失等，通常也都不会给我们产生一个相应程度和水平的直观识辨的主观映像，否则我们就不必要去发展人类医学的诊断学。其实，人在内外相互作用中所进行的信息活动最大量的、最基本的都还只是在纯自在的水平上进行的，其中只有极小的一部分信息活动过程可以被人的神经系统所感知，从而上升到自为信息活动的水平。就是这一小部分上升到自为信息水平的信息活动也必须首先以自在信息活动的方式进行。一般来说，只有达到了人的特定感知阈值的信息刺激，并且还是恰好处于人的相应感官、神经和脑处于特定警醒状态的时候，人的相应的"内部主观呈现"的信息识辨效应才会产生。正是信息的自在活动为信息的自为活动提供着普遍信息背景的现实可能性的基础。

自在信息的活动构成了人的信息活动最基本的基础性层次。在这个层次上，自在信息的两种基本活动形式（信息场、信息的同化和异化）都普遍存在着。人体对环境无时无刻不生发着显示自身存在的信息场（光、电、热、味、声……）；人体内部不同系统、不同组织、不同器官、不同细胞，乃至同一细胞内的不同组分之间都普遍进行着以各种形式的信息场（载有特定信息的生物电场、由不同种类的酶的释放和扩散所构成的化学递质场、各类体液、微粒释放和扩散的场……）为中介的相互作用；人体还无时无刻不在与环境的相互作用中以自己的种种方式接收着环境物的信息。通过以各种信息场为中介的相互作用，无论是人与环境之间，还是人体内部的不同结构、组分之间都普遍进行着信息的自在同化和异化，这也亦即是种种自在痕迹的普遍建构。

人的自在信息的活动为人的更高层级的信息活动，为人的认识活动的产生和展开奠定了最深层级的、普遍信息背景的、现实可能性的基础。

3. 人的信息活动的第二层次：信息直观识辨

人体神经系统、人脑在同化外界信息（包括体外的环境信息和体内的各类身体活动状态的信息，以及人之各种行为活动的信息）的过程中，能够将所同化信息的一部分转化为"内部主观呈现"的主体识辨的形式，这就是通常所说的感知现象（包括感觉和知觉两种形式）。信息的内部主观呈现的感知识辨是人的信息活动的第二个层次，在这个层次上，信息从自在上升到了自为。

对信息进行感知识辨的能力并不仅仅为人所独具。在动物种系进化的过程中，最先发展起来的便是感觉和短时记忆的能力，之后便是知觉和长时记忆的能力。

动物感知能力的高度发展和完善化，依赖于大脑皮质本身的进化，也依赖于更高层级的精神活动的产生和发展。因为动物的精神活动的不同层次和形式是一个相互作用着的统一的整体，低层次的精神活动形式承受着高层次的精神活动形式的制控和调节。这样，低层次的精神活动形式的完善化就很自然的要依赖于高层次的精神活动形式的发展。

感觉和知觉对信息识辨的程度是有明显差异的。感觉仅仅是对事物显示的个别的、简单信息的识辨，它无法形成对事物的整体性映像；知觉则是对感觉所识辨的个别的、简单信息的综合，通过这一综合认识对象在主体中呈现出了一个完整的映像。一般来说，纯粹意义上的感觉或许只在较低等动物的信息识辨过程中能够被直接体验到，在高等动物，尤其是人的信息识辨活动中，由于发展起了完善的知觉、记忆和更为高级的精神活动方式，那种纯粹意义上的感觉识辨活动已经无法直接体验到了。在现实的信息识辨过程中，人们是很难在自身的体验中把感觉和知觉区分开的，人们往往都是一下子就用知觉的形式来直接把握对象事物的，很少有纯粹孤立的感觉现象的体验。通常，只有在特制的仪器对人的感知活动的观测时，或者只有在做具体的心理层次的理论分析时，才能够把人的感觉和知觉过程分离开来，并分别加以描述和研究。

说人们往往一下子就用知觉的形式把握对象事物，这并不意味着人的知觉可以超越感觉的过程而直接地达到，事实上，在知觉过程中所形成的关于对象的整体映像是通过对个别感觉所获得的个别信息的整合而达到的。这一整合过程取决于两方面的信息因素：一是感觉所获得的个别信息的量和质的状况，二是认识主体在对感觉信息进行整合时所能提供的整合方式以及信息参照背景。这一整合方式取决于感知系统的生理结构特点以及主动活动的方式，而这一信息参照背景则取决于主体内在先验凝结着的认识结构和认识模式。决不能把人的知觉对信息的识辨仅仅归结为对个别感觉信息的加和处理，既然知觉是认识主体对感觉的个别信息的整合，那么，这一整合便必然既与感觉获得的信息相关，又与认识主体内在的认识方式和先已形成的信息结构相关。在这里，形成知觉对对象的整合性映像的信息源有两个，一个是外界对象，另一个是主体内部的认知方式和结构。这样，参与整合过程的信息便是多方面、多层级的。从这一多重作用的尺度上，我们同意并主张如下的一些意见：知觉并不是单纯由对象信息的直接刺激所形成的映像，知觉乃是认知主体对感觉信息的一种主动地、富有选择性、组织性、构造性、解释性的活动过程；知觉是知觉者运用其记忆和经验中的信息模式、框架，对对象信息进行选择、组织，甚至重建以完成完整的知觉映像的构成的过程。由此我们也可以看到，人的信息直观识辨的复杂性、综合性和主体能动性的特点。

4. 人的信息活动的第三层次：信息记忆储存

人的信息活动的第三个层次便是个体对其经验的信息的识记、保持和通过再现而形成表象的记忆活动。如果从发生学的意义上来讲，动物的记忆和感知觉的能力是同时发生和发展起来的。在动物的原始感觉发生时就同时产生了最原始的形成后象的记忆现象。随着动物感觉、知觉能力的发展和完善，动物的记忆能力也逐步得到了相应的发展和完善。如果单从发生学的意义上来看，我们完全有理由把人的记忆活动看成是与人的感知觉活动处于同一个层次上的人的信息活动。

我们把记忆看成是人的信息活动的第三个层次并不是从发生学的意义，而是从认知过程中的顺序逻辑的意义上来讲的。因为在人的认识过程中，首先是对信息的识辨，然后才可能通过进一步的加工操作，将识辨了的信息转化为记忆的内容储存起来。

信息的感知识辨是自为信息的第一种形式，信息的有感记忆储存是自为信息的第二种形式。正是因为发展起了高超的记忆能力，更为高级的信息活动过程才有可能发生。试想，如果任何一种感知识辨了的信息都不可能被记忆保持足够长的一段时间，那么，还怎么能谈论后续活动的经验、未来情景的预测，更不必说思维的信息主体创造了。

人的自觉的、能动的、现实的认识和行为活动有三个重要的特点：一个是人的自觉的、能动的、现实的认识和行为活动都需要在人的主观明确意识的主动监控下进行，这就需要人在认识和行为活动展开的同时，必须在主观意识中将相应的认识和行为活动的信息要素保持一个足够长的时间；另一个是人们通过感知识辨的对象信息，以及个体内部通过思维创造出来的信息将会被人们在之后的认识和行为活动中不断地利用，个体认识水平的发展、个体行为的逐渐复杂化、合理化都是靠个体内部的不同层次上的信息的不断积累和结构模式的重建达到的；第三个是，人在自觉的、能动的、现实的认识和行为活动中总是把上面提到的两类信息（现实活动的信息和先已积累着的信息）联结起来，正是先已积累着的信息的参照背景作用充当了后续认识和行为活动的评价尺度和模式匹配标准，而后续认识和行为活动的信息又成了检验、修正和发展先已积累着的信息参照背景的有效途径。与这三个重要的特点相应的便是人的高超的信息记忆储存的能力。如果没有相应水平的信息记忆储存能力，不仅人的自觉的认识和行为活动的任何一种发展是不可设想的，而且，就连人的自觉的、现实的认识和行为活动本身也是不可设想的。有学者曾经指出，如果没有通过记忆的信息积累，任何一种意义上的发展都是不可能的：人就会"永远处在新生儿的状态"。①

以记忆所持续的时间长短以及记忆的性质为尺度，现代心理学一般把记忆分为感觉记忆、短时记忆和长时记忆三类。感觉记忆一般持续时间很短，只有几分之几秒，它在主观上被体验为感知识辨了的信息的瞬间回响。后象是感觉记忆的典型例子。短时记忆持续时间不足一分钟，甚至更短些，它的特点是信息在一次持续时间很短的感知之后的短期保持和再现。现代记忆理论认为，为了使某一信息在记忆中得到巩固，主体必须以适当的方式对它进行加工。这种加工要求有一定的时间，这种时间称之为痕迹巩固时间。这种记忆过程中的痕迹巩固一般依赖着对要记忆信息的复杂编码过程的多次重复与再现，而这种经过复杂编码在多次重复与再现之后被长久保存下来的信息记忆便是长时记忆。长时记忆的信息储存一般要保持一分钟以上，直到数月、数年，甚至终生不忘。短时记忆是通向长时记忆的桥梁，心理学家们认为，要绕过短时记忆直接由感觉记忆进入长时记忆是困难的，也许是不可能的。

短时记忆与长时记忆的差别并不仅仅在于对信息保持时间的长短，有时心理学家们也用工作记忆、操作记忆这样的表述来指谓短时记忆，这时，短时记忆中的信息变成了人的认识活动中正在加工处理着的处于激活状态的某些信息要素，而这些信息要素可以来自当时感知信息的短期保持和再现，也

---

① ［苏］彼得罗夫斯基：《普通心理学》，朱智贤等译，北京：人民教育出版社1981年版，第306—307页。

可以来自对长期记忆中的某些相关信息要素的提取。这样，短时记忆有时被理解为比长时记忆持存时间为短的记忆过程，有时又被理解为通向长时记忆的一个阶段，有时还被理解为是长时记忆中的被激活了的进入现实认识加工操作过程的某些要素。

5. 人的信息活动的第四层次：信息主体创造

人的信息活动的第四个层次是信息的主体创造，亦即再生信息本身的活动。概象信息和符号信息正是再生信息的两种基本形式。

如果说感知识辨和记忆储存的自为信息还保持着与认识对象的直观对应性的话，那么，作为主体创造的再生信息的概象信息和符号信息则已经超越了与具体对象的直接的直观对应性。人类思维创造的再生信息，从其是通过思维的加工操作创造出来的意义上讲，它首先是以纯间接存在的形式通过主观关系的设计在人脑中被产生出来的，而不是像自为信息那样，首先通过了一个对应的客体信息的现实的刺激，并且，在主观上认识者也能把它所体验着的记忆表象与那个对应的客体具体地统一起来。再生信息就它是一种思维创造的结果而言，在它产生出来的时候，并不存在一个现实的认识对象与它直接对应。当然，在后续的感知和实践过程中可能会发现或制作出与之直接对应的现实的认识对象则是另外一些过程。

在心理学中往往把表象区分为两类：一类是记忆表象，"指对客体的一种主观经验（视觉的、听觉的，等等）。这个客体对于经受这种经验来说，曾经作为一种刺激存在过但是现在并不存在于其知觉领域之中"；另一类是创造性表象，是指"对一客体的一种主观经验（视觉的、听觉的及其他），而这个客体对于经受这种经验的人来说，并没有作为一个刺激实物而存在过，它是一种想象出来的客体。"[①] 显然，心理学中所说的创造性表象和记忆表象不是同一个层次上的信息活动过程，创造性表象是通过有意识的思维操作的信息加工过程被认识主体主动建构出来的，而记忆表象则未经过这种有意识的思维操作的信息加工过程层次上的再造。应该用一个新的更为贴切的概念来指谓

---

① ［美］克雷奇等：《心理学纲要》（上册），周先庚等译，北京：文化教育出版社1980年版，第221页。

这两种不同认识层次上的信息活动。为此，邬焜提出了概象这个概念来指谓心理学中通常所说的创造性表象，而用表象这个概念专指记忆表象，并同时把概象信息看成是由形象思维，或借助于抽象思维而创造出的一种再生信息的形式。

认知心理学家把人看成是能够进行信息加工的"物理符号系统"，这里的"物理"二字指的是从事信息加工的人之神经和脑是一个具体的物质系统，这里的"符号"是指这个物质系统所能够操作的任何一种模式。在认知心理学家们看来，任何一种感知的印象、记忆的表象，以及我们所说的概象，连同语言、文字等都是一种符号。① 这种将符号概念普遍泛化的理论显然是从计算机的模式识别、处理应用中平移过来的。这样的一种平移虽然在对个别心理活动的描述上是方便而简易的，但是却引出了另外的一种不容忽视的缺陷，这就是，符号概念的泛化无助于对人的信息活动的层次性描述和研究，因为在这种泛化的意义上符号概念基本等同于信息概念。说"任何一种模式都是一种符号"，与说"任何一种模式都是一种信息"是等价的，因为在最一般的理解上，无论是在信息论中，还是系统论中，还是控制论中，信息都是被理解为模式的。如此，说"任何一种信息都是一种符号"，也是与上面所说的两句话等价的。这样，"物理符号系统"就是"物理信息系统"。在这种泛化理解的意义上，符号概念的引入失去了它自身的特殊的质的规定，而成了模式、信息等概念的一种别称。

其实，符号概念的规定应该具有一种更严格的内涵。它不应指谓那些直接呈现着的信息模式，而应专门指谓用一种信息模式去代示另一种信息模式的情景，并且，这种模式间的代示还具有某种主观约定的特征。显然，语言、文字、图表、数据是最为发展了的一种符号，但是，符号却并不仅仅局限于语言、文字、图表、数据的形式。人的任何一种特定的动作、表情也都可以被用来作为符号，以致发展起了专门研究这类符号的人体语言学。在某些特定的条件下，某些特定物的模式也可以用来代示某些事件、消息和情报，这些特定物的模式也构成了具有相应意义的符号。我们这里所规定的符号信息

---

① ［美］司马贺：《人类的认知——思维的信息加工理论》，荆其诚、张厚粲译，北京：科学出版社1986年版，第10、11页。

就是在这样的一种人为设定的模式代示的意义上使用的，而作为人的最高认识能力的集中体现的抽象思维活动，则正是通过符号信息的逻辑推演创造新的符号信息的过程。

从发生学的意义上讲，在动物界，创造概象信息的形象思维先于创造符号信息的抽象思维而发生。由此，我们有理由说，抽象思维是高于形象思维的思维形式，但是，在人这里，尤其是在成熟了的人的思维活动中，概象和符号、形象思维和抽象思维都总是交织在一起的，二者并不能截然分开。人们可以利用抽象思维的符号信息的运演来创造概象信息，也可以借助于形象思维创造的概象信息的想象来产生和规定符号信息。在这里，集中体现着高层信息活动对低层信息活动的改造和控制作用，也集中体现着人的信息活动的层次综合参与和层次相互转化的关系。

6. 人的信息活动的第五层次：主体信息的社会实现

人的信息活动的第五个层次是人所创造的再生信息的社会实现。人所创造的再生信息虽然在其创造出来的时候没有一个具体的直接存在的对应物，但是，只要这种再生信息是符合自然本性的，并且是具备了向直接存在的形式转化的现实可能性的，便有可能通过人的社会实践过程创造出一个与之对应的直接存在物来。如一座新建筑物的主观设计，只要这种设计是合理的，并且建筑场地、材料、人员是具备的，那么，人们便可以通过具体建筑的过程，按照主观的设计构建出一个直接存在的建筑物。这样，主体信息的社会实现是通过人的社会实践的中介达到的。

在前面的相关小节中我们以已经揭示了实践的信息活动的意义：实践是主体创造的目的性信息通过主体创造的计划性信息的实施在客体中实现的过程；实践是主体创造的再生信息的社会实现，或简称为主体信息的社会实现。人们通过社会实践的过程所实现的正是主体创造的再生信息（目的性信息）向直接存在的形态（客体的特定结构和状态）的转化。

主体创造的再生信息的社会实现还在另一种意义上构成，那就是个体创造的再生信息进入了社会化的人际间的交流。如某些文字、概念、符号、艺术作品、神话故事、科学幻想、假说、理论往往都是首先产生于某些个别的个体的信息创造，这些信息又会通过某种方式得以表达、叙述，从而转化为社会中人共享的信息。如果从社会中人在享有他人创造的信息的同时就必然会引起自身的生理的、心理的、行为的结构变化的特定角度上来看，我们便有理由对上述的两种不同意义上的主体创造的再生信息的社会实现过程做出一种统一性的描述，即它们都是主体的目的性信息转化为客体（人或物）的结构信息的过程。

7. 人的信息活动层次图

如果不考虑人的不同层次的信息活动间所存在的复杂交织的相互作用关系，仅从其等级相关的意义上来考察的话，我们可以把上述人的五个基本层次的信息活动，按其等级层次标示在一个梯型分层的图（图4-1）中，并且，每个层次上的信息活动又可以区分出若干个层次。

主体信息的社会实现	客体结构信息改变
	行为指令信息的调控与行为运行
	目的计划信息
信息主体创造	逻辑推演
	符号信息
	概象信息
信息记忆储存	长时记忆
	短时记忆
	感觉记忆
信息直观识辨	知觉识辨
	感觉识辨
自在信息	信息的同化和异化
	各类信息场

图4-1 人的信息活动层次图[①]

---

① 此图最初发表于邬焜：《试论人的信息活动的层次》，载《西安石油学院学报》（社会科学版）2000年第2期，第50—60页。

三、人的信息活动层次间的相互作用①

人的信息活动的不同层次之间（包括各子层次之间）存在着复杂的相互作用，通过复杂的相互作用，不同层次的信息相互过渡、转化、规定和控制。在这个统一的相互作用过程中呈现出了四个方面的基本规律。

1. 人的信息活动的层次递进建构关系

人的不同层次的信息活动是在动物智能活动的种系进化过程中，由低到高逐次发展起来的。人的信息活动的层次递进建构关系集中体现着这种动物智能活动进化的历史渊源。这一关系的内容包括两个方面：一是人的个体信息活动能力的产生是一个不断由低到高的递进建构过程，即是说，对任一人的个体来说，他的不同层次的信息活动能力是在其个体发育的过程中依次建构和产生出来的；二是人的高层次的信息活动对低层次的信息活动具有依赖性，即是说，低层次的信息活动为高层次的信息活动的产生和展开提供基础性的条件。

人的信息活动的层次递进是通过某些信息加工的操作步骤来实现的。在这里，特定的信息加工操作能力便成了实现相应信息层次递进建构的必要中介。

具体讲来，从信息自在活动的层次向信息直观识辨的层次的递进是以向内部主观呈现转化的操作为中介的，其中包括个别信息的主观选择和感觉信息的综合、模式匹配的建构等；从信息直观识辨的层次向信息记忆储存的层次的递进是以建构联系痕迹的操作为中介的，其中包括建立种种暂时联系和稳定联系痕迹的各类信息编码过程；从信息记忆储存的层次向信息主体创造的层次的递进是以主观改造信息的操作为中介的，其中包括对记忆表象信息要素的重新分解组合、主观约定信息关系的建立，以及判断、推理的符号信息的逻辑推演等过程；从信息主体创造的层次向主体信息的社会实现的层次

---

① 本节关于人的信息活动层次间的四个方面相互作用的论述最初发表于邬焜：《主体信息活动的层次和层次间的相互作用》，载《西北大学学报》（哲学社会科学版）1993年第3期，第43—49页。

的递进是以向外部客体转化的操作为中介的，其中包括目的、计划性信息产生中的需求、价值、条件等因素的诱导，行为指令信息发放的意念控制，以及整个实践行为活动展开的主体器官活动、操作工具、作用于客体的一系列过程。

2. 人的信息活动的层次由上到下的全息制控关系

人的信息活动的层次递进建构关系指出，人的高层信息活动是在低层信息活动的基础上，通过某些特定的信息加工步骤的中介而产生、建构出来的。这种高层次的信息活动方式一旦产生出来，便对人的整个信息活动系统具有了两个方面的意义和价值：一方面，新的高层信息活动方式以它自身的已经存在给人的整个信息活动系统增加了一个新的要素；另一方面，由于这个新要素的增加，便不可避免地要和系统中原有的要素发生种种相应的相互作用关系，通过这种相互作用关系，系统将获得某种整体意义上的改变。由于这个新的信息活动方式是从原有信息活动方式的进化过程中产生出来的系统的要素，所以，它与系统原有的要素相比便不能不处于系统中更高层级的地位。这种更高层级的地位使这个新要素对原有要素的作用带有居高临下，赋予原有要素以某种全新改造（赋予新质和新内容）的特点。这种居高临下，赋予下层活动以新质、新内容的作用过程，便构成了人的高层信息活动对低层信息活动的全息制控关系。

人的高层信息活动对低层信息活动的这种全息制控关系表现在如下两个相反相成的方面：一是"导向"，二是"抑制"。

所谓"导向"，是指人的高层信息活动总是从自身活动的目的、要求、性质和特点出发对低层信息活动加以规范、评价和引导，以便把低层信息活动纳入为自身活动服务的轨道。"导向"的内容包括：规定低层信息活动的方向和强度，监控低层信息活动的过程，评价和支配低层信息活动的结果。如主体总是从自身思维（信息主体创造）活动的目的、需求出发，对感知、记忆的信息加工操作过程进行目的定向、调节、选择感知、记忆的内容，强化特定感知、记忆的过程，并为感知、记忆的信息提供模式匹配，进行评价、解释，人们还总是从其实现信息的实践活动的需求出发，有目的地去收集、识辨、储存相关信息，并对之进行相应的加工处理的思考、设计，另外，实践活动还对这些思考、设计所产生的主体的创造性信息成果进行真值性程度的检验。

所谓"抑制",是指高层信息活动在对低层信息活动进行"导向"时,总是要求低层信息活动的方向、强度、过程和结果与自身活动的目的、需求、性质和特点相一致,对那些不相一致的方面总是尽量地予以限制和纠正。"抑制"就是迫使低层信息活动减少盲目性、自由度,从而保证更为积极自觉地服从高层信息活动对之进行的"导向"。

"导向"和"抑制"是同一制控过程中的两个相反相成的方面,任何一种"导向"作用都必须以相应的"抑制"作用为保证条件,而任何一种"抑制"作用都必然会带来一定程度的"导向"效应。

通过"导向"和"抑制"的双重作用,高层信息活动对低层信息活动实施着某种全息意义上的"制控"。因为有了这种来自高层的"制控"关系,人的低层信息活动得到了某种全息意义上的改造。在人这里,低层信息活动已经在其生物进化的原始发端水平上实现了某种超越和升华。人的感知、记忆已不是一般动物的感知、记忆,它是在人的思维和实践活动制控下的感知、记忆;人的思维也不是个别高等动物中的那种萌芽状态的思维,而是在人的社会实践活动制控下的具有高度发展水平的自觉、能动的主体创造信息的活动。就连人的自在信息的活动也在某种程度上受到了人的意识和实践活动的支配,这不仅是指随着人的意识和实践活动对外界环境的选择和改造而引起的人所自在同化和异化的信息在类别和内容上所发生的相应改变,而且还指人在进行意识和实践活动过程中必然会生发出特定性质和内容的信息场,以及信息的自在同化和异化过程。

高层信息活动对低层信息活动的这种"导向""抑制"的制控关系,并不仅仅存在于前所述及的五个层次之间,而且也普遍存在于每一层次中的各子层次之间。如知觉的完善化发展使感觉过程升华了,在人这里,很少有像低等动物那样的纯粹意义上的感觉体验,人们总是一下子就在对信息进行初级综合的知觉的水平上来把握对象,这就使人们有能力对各类突如其来的现象作出准确而快速的反应;由于长期记忆能力的发展,人们的短期记忆活动不再像不具有长期记忆能力的那些低等动物那样,只能来源于当时对外界信息的感觉，而且还可以来自对长期记忆中储存的信息的有选择的提取；当创造符号信息的抽象思维能力发展起来之后，人的创造概象信息的形象思维便不再能简单停留在仅仅凭借对表象或概象进行加工处理的初级水平上了，人的形象思维已经可以凭借抽象的符号信息的逻辑推演的参与来进行了，抽象思维改造和升华了形象思维，符号信息和概象信息之间的转换使抽象思维和形象思维达到了某种高超的综合统一的水平；实践活动固然是从主体的目的性、计划性信息的产生而开始启动的，但是，实践过程进行的状况，实践引起的客体结构信息变化的程度和状况又反过来成为检验、修正或改变主体的目的、计划性信息的制控力量。

由于高层信息活动对低层信息活动的全息制控，使人的任何一个层次上的信息活动都不再是纯动物性的信息活动了，人的所有层级的信息活动都具有了属人的、属人的社会的活动的新质。

3. 人的信息活动的层次综合参与关系

人的信息活动是高度综合的。前所述及的人的信息活动层次间由下到上的递进建构关系和由上到下的全息制控关系都是某种意义上的综合，只不过这两种关系更注重强调了两个相反的单线条的综合过程。其实，这两个相反的单线条的综合过程还只是一种理论上的抽象，人的信息活动的真实过程本身并不是这样两向分割着的，而是两向的综合，即是说，前述的两种关系是同时起作用的。如果我们面对的不是一个处在智能发生的某一初级阶段上的个体，而是一个已完善具备五种信息活动层次的成熟的认识主体的话，那么，我们将会更为清晰地看到人的信息活动的这种高度综合的性质。人的信息活动的层次综合参与关系恰恰是在这种更为高度综合的意义上来对人的信息活动的复杂性和系统整体性予以解释的。

人的信息活动的层次综合参与关系具体体现在两个方面：一是人的所有层次的信息活动都为任一层次的信息活动提供活动的参照背景；二是人的所有层次的信息活动都直接或间接地普遍渗透或交织到任一层次的信息活动之中。

人的信息活动是一个有机联系的整体，这个整体在高度综合的水平上构成了人的现实的认识结构。对于一个具体处于信息加工操作过程中的认识主体来说，他的任何一种心理活动都是一个现实产生着的信息生成过程。这种处于生成过程中的信息的可能样态取决于两方面因素的综合，一方面取决于体外或体内（包括神经系统内部）特定信息的刺激，另一方面取决了主体内部的先已建构起来的信息认识结构的背景参照。由于人的信息活动的不同层次之间是普遍相互联系、内在统一的，所以，当主体信息认识结构发挥其背景参照作用时，它总是在不同层次的综合的水平上，以某种整体相关的方式来起作用的。这种综合的、整体相关的作用方式所导致的便是人的所有层次的信息活动都为任一层次的信息活动提供活动的参照背景；同时，这种综合的、整体相关的参照背景作用又是通过不同层次的信息活动普遍渗透或交织到某一层次的信息活动之中来实现的。

4. 人的信息活动层次的相互转化关系

人的信息活动层次的相互转化是指某一特定层次上的信息活动在与其他层次上的信息活动的复杂的相互作用中引起的自身活动内容和方式上的变化。如果说前述的人的信息活动层次间的三种相互作用关系注重的是对活动过程的描述的话，那么，这里则更注重强调一种由过程引出的结果。这个结果具体而现实地体现着人的信息活动的综合性、整体性、全息性。

人的信息活动层次的相互转化体现为一种相辅相成的双重效应：一是低层信息活动方式的高层化；二是高层信息活动成果的低层化。所谓低层信息活动方式的高层化，指的是低层信息的活动总是通过某些高层信息的活动来完成，所谓高层信息活动成果的低层化，指的是某些高层信息活动的结果直接转化成了低层信息活动的内容。

人的感知能力已经进化到了这样的程度，它已远远超越了一般动物的感知活动的水平。这不仅是指感知的内容方面，而且是指感知活动的一般机理方面。在内容方面，人不仅能像动物那样感知外界的客观信息，而且还以人所独具的方式来感知语言、文字、图符等人类创造出来的文化信息，当然也包括对人自身进行着的思维过程、实践过程的感知把握。在感知活动的一般机理方面，人的感知已不仅仅是通过感知的感知，而且还是通过思维、通过实践的感知。人的知觉是对被知觉的材料进行加工编码的过程，在这一过程中知觉同时就是对对象的认知。这种对材料进行加工编码的认知过程，既有模式匹配中的概象信息的选择和建构，也有符号信息逻辑的密切参与，并且，认知过程总是被纳入到概象的或符号的一定的"类"的形象归属或范畴归属的系统之中。这样，我们便有理由说，人的感知被思维化了。另外，我们还应该注意到，人的发展了的感知还须借助于特定的工具：从望远镜、显微镜到各种仪表、仪器；从电话、收音机、电视机到卫星、飞船、粒子加速器……这样，我们又有理由说，人的感知变成了一种真实意义上的社会实践活动。

人的储存信息的记忆活动也呈现出了类似于感知活动的情景。从记忆内容方面来看，人的记忆不再只是对感知直观识辨的由自在信息转化而来的表象信息而言的，而且是对思维创造的概象信息、符号信息而言的，同时也是对思维的过程、实践的过程和结果而言的。从记忆方式来看，人的记忆也被思维化、实践化了。在一般学习活动的记忆过程中，学习者总是更多地通过思维逻辑的理解性编码来力求更长时间地将某些特定学习内容储存于记忆之中。在回忆某些事件信息时，人们也往往借助于逻辑联想的导引。更为发展了的人类记忆活动，则并不仅仅依赖于人的自然脑力。从文字记载、图画描绘到录音、录像，直到电脑储存，不正标志着人类记忆活动的不断向高层信息活动进化的历程吗？在这里，记忆也成了一种社会实践工程了。

思维是主体创造信息的过程。从思维最初起源的时候开始，它就和社会实践活动连在了一起。最初是在古猿中萌生了思维和劳动的雏形，后来则是人的思维和劳动活动的生成和进化。在今天的人类思维活动中，最能体现思维活动的高层化发展水平的就是人工智能工业的产生和发展。人工智能使主体信息创造的部分过程可以在一个客体机械中间接地进行，最新发展着的计算机技术正是要试图把思维当作一种实践工程来设计。

就是在人的自在信息活动的层次上，这种层次相互转化的关系也在一定程度上存在。人的自在信息的活动是人的信息活动的最深层级的基础。虽然，人的自在信息的活动大部分还是以纯粹自在的方式来运行，但是，有那么一部分属于人的自在信息活动的过程却失去了那种原始的、纯粹的自在性。因为，这部分自在信息的活动是伴随着人的感知、记忆、思维和实践过程而进行的。在这里，自在信息的活动直接受到了高层信息活动的调控和支配，这时，人的自在信息活动的类型、样态和内容已经和相应的人的高层信息活动相协调、相一致起来，并且只能在相应的高层信息活动的过程中来完成自己活动的过程。另外，我们还应注意到，某些自为、再生信息的活动过程或结果将会从意识层潜入到自在层，这时，这部分信息的活动将不再采取"内部呈现"的状态，而是在一种类似于自在调节的层次上活动，并且这种活动的过程和结果还具有某种不能被明确追忆的性质。在另外一种情况下，则存在着某些信息从自在层向自为、再生层的可能突现，这种突现则可能造成通常所说的灵感、直觉、顿悟之类的现象，或许弗洛伊德所集中探讨的那种潜意识和梦的活动，也可以在这里找到一定程度的说明。人的自在信息的活动已经脱离了一般无机界中所普遍发生着的那种自在信息活动的纯粹自在性，并且，与人的自为、再生信息的活动，以及人的实践活动构成了一个有机的不可分割的整体。

人的信息活动层次间的四种相互作用关系是人的信息活动层次间发生着的统一的相互作用过程的四个侧面。在具体的过程中，这四个侧面是不能割裂的，它们总是在统一的、综合的水平和层次上发挥作用的。

5. 人的信息活动层次和层次间的相互作用图

主体信息活动的层次和层次间的统一而多重的相互作用关系，充分体现着主体信息活动的复杂性、整体性、综合性和全息性。

显然，无论是全息制控，还是综合参与，或是相互转化其所起的作用都是提供了某种活动的方式和方法，这也就是一种智能化的效应。由此可见，作为主体把握、处理、创造、开发、利用和实现信息（包括知识）的能动方式和方法的智能不仅仅指的是不同层次信息活动内部所进行的信息加工、处理的方式和方法，也不仅仅指的是低层信息活动在自身的综合效应中涌现出高层信息活动的方式和方法，而更是指高层信息活动对低层信息活动进行全息制控的方式和方法，同时，也是指不同层次信息活动间的综合参与和相互转化所导致的人的信息活动的方式和方法的改变。这样，高层信息活动的能力相较于低层信息的活动能力而言不能不是更为智能化的信息活动能力。

由上分析可知，从人的信息活动的层次建构和相互作用的关系来看，人的信息活动的智能化发展存在两个方向：一个是由低到高的智能化建构的方向，另一个是由高到低的智能化全息制控、综合参与和相互转化的方向。

图 4-2 简明地标示了人类活动中的信息、知识、智能、实践的这种全息统一性关系。

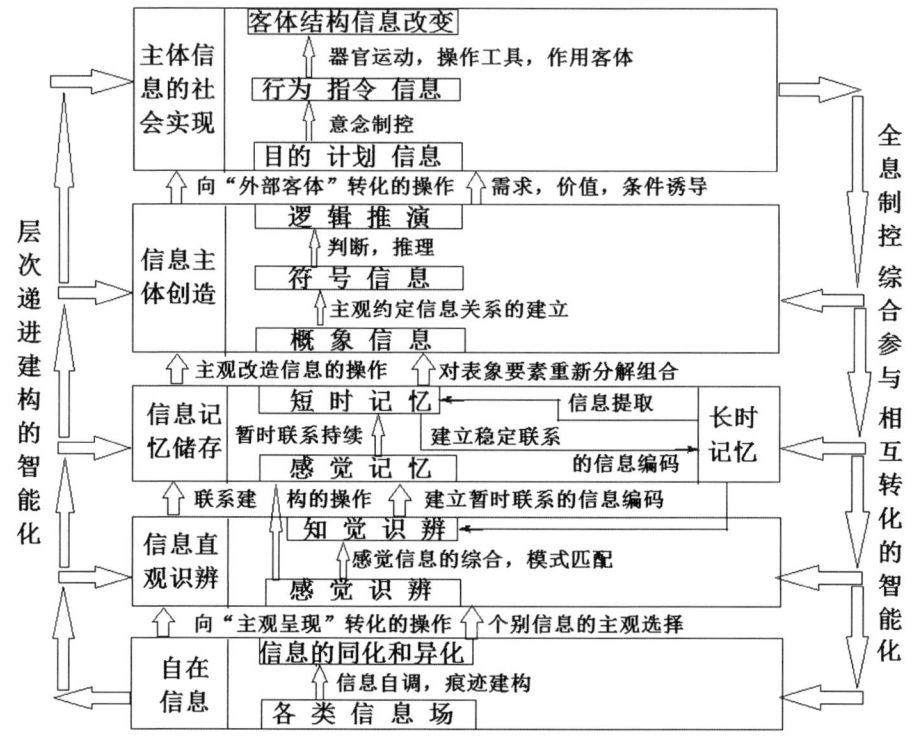

图 4-2 人的信息活动层次和层次间的相互作用图①

四、信息创生和实现系统②

为从信息活动的尺度上对人类的认识和实践活动进行详尽讨论，有必要建立信息系统的一般模型。

---

① 此图改绘自邬焜：《信息哲学——理论、体系、方法》，北京：商务印书馆 2005 年版，第 125 页图。

② 本节的更为详尽的内容可参见，邬焜：《信息系统的一般模型》，载《系统辩证学学报》1998 年第 2 期，第 52—57 页；邬焜：《信息哲学——理论、体系、方法》，北京：商务印书馆 2015 年版，第 74—82 页。

1. 申农通讯信息系统模型及其缺陷

通讯信息论的创始人申农从通讯的角度建立了一个一般信息系统模型。该模型确定信源、编码器、信道、译码器、信宿为通讯信息系统的五大要素，并阐明了各要素间的关系。然而，细究起来，申农通讯信息系统模型具有两个方面的重大缺陷：一是该模型未能注意信息系统的一般反馈性机制；二是该模型描述的还仅仅是信息接收系统。这在一般通讯过程中是够用了，因为通讯的主要目的就是在接收端再现发送端的信息。然而，信息系统绝非仅仅是信息接收系统这样的一种类型，它还有信息创生系统（通过信息加工创造出新的信息的系统），以及信息实现系统（通过实践将目的性信息转化为客体的结构信息的系统）。

针对申农模型的缺陷，我们还有必要在引入反馈机理的前提下，去探讨信息创生系统和信息实现系统的一般模式。

2. 信息创生系统

信息创生系统是一个通过对已有信息的加工处理而产生出新的信息的系统。这类系统的工作不同于一般信息传递和接收过程中的编码、译码活动。信息创生的着眼点不是要对已有信息的模式、内容进行简单保持、变换、再现或复制，而是要对之进行创新性的改变。根据信息活动的一般特性，信息创生是通过信息复合和重组来实现的，这一过程与对已有信息的重新分解组合、选择、匹配和建构的创造性活动相一致。

一个信息创生系统是一种多重信息加工功能的复合系统。图 4-3 表示的是一个具有内随机性的人的主体思维加工的信息创生系统，该系统由 9 个功能性子系统通过网络式联结而形成。

下面对这 9 个子系统的功能分别予以简释：

信息接收子系统：它是外部信息的输入端，负责从环境中获取信息，并对之进行再现性的识辨和认知。

信息储存子系统：其功能是将外部接收的信息，以及内部生成的信息储存起来，以备后续之信息加工活动使用。相对于人脑信息储存的功能而言，其储存的信息内容既包括各类感知所获取的感性材料，也包括思维所创造的理性知识成果，还包括处理信息的程序、方式、规则等。

信息选择子系统：它为各种层次的信息加工活动提供信息筛选、抽取，从而使系统的信息加工活动具有了相应的选择性。

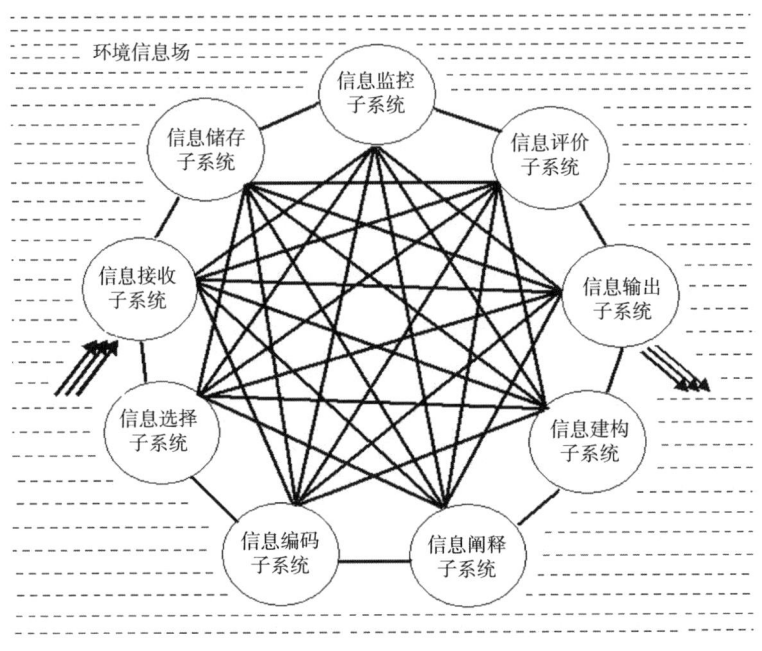

图 4-3　具有内随机性的信息创生系统结构模式①

信息编码子系统：它能以系统自身特有的方式对各类信息进行编码，通过编码将对象信息变换为易于为系统所传输、储存和操作加工的形式。相对于人脑的信息加工来说，除一些生理性编码，如电信号、化学信号，特定的突触结构、蛋白质结构、易化通路结构等之外，还有建立在各类生理性编码之上的意识层面的编码方式，如形象表象、概象模式和抽象语言符号体系。

信息阐释子系统：负责对各类编码中的模式或符号所代示的信息内容的破译、解读和表达，以便对所处理的信息进行准确和必要的把握和理解。

信息监控子系统：它能为各类信息加工活动提供普遍的觉醒、注意背景，

---

① 此图最先发表于邬焜：《信息系统的一般模型》，载《系统辩证学学报》1998年第2期，第52—57页。

并能对各类信息加工的方向、方式、速度、质量、过程及结果进行合乎目的性的监督和控制。

信息评价子系统：它能对各类信息内容、编码、阐释的方式，监控的效果，以及各类信息加工活动的过程和结果予以评价。这些评价包括真伪性问题、精粗性（质量性）问题、逻辑性（加工规则、方式的合理性）问题、效用性（价值性）问题等。

信息建构子系统：它具有对各类选择出的信息进行具体的匹配、复合、重组的功能。这一子系统的工作是信息创生系统的关键性的处于核心地位的子系统。各类创造性的新颖信息正是通过这一信息建构的活动而被创生出来的。当然，不能把这一信息创生活动理解为仅仅是在信息建构子系统的独立工作过程中实现的。信息创生的真实情景是，信息建构子系统的活动必须在其他子系统所提供的一般背景和协同支持的条件下才可能进行。

信息输出子系统：它是对外部环境的信息输出端，负责把系统中之相应信息向系统之外传递。显然，信息输出子系统对外部输出的信息可能是各种各样的、多层级的。它既可以把信息接收子系统所获取的外部信息不加改造地直接又转而输出给环境，也可以把系统自主创生出来的新的信息输出给环境，还可以把各类处于不同层级的加工过程中的信息内容以及信息活动的过程和结果适时输出给环境。这样，无论是通过信息加工所产生的成品信息、半成品信息、原始材料信息，还是信息加工活动本身的状态、过程的信息；无论是现实直接获得的信息，还是在信息储存子系统中已经内化存储着的历史保持着的信息，只要在特定的背景条件下，都可以通过信息输出子系统向系统之外输出。

显然，上面简释的 9 个子系统的活动是相互协同、支持、互为背景和条件的，无论是哪一层级上的信息加工活动，也无论是哪一个子系统的活动的展开都需要所有的子系统作为一个整体来动作。图 4-3 中的网络式联结的本意就是要充分显示信息创生系统活动方式的这种整体性、综合性和复杂性。而信息创生系统所呈现出的内在随机性特征，则正是由于它的诸多子系统间协同动作，以及内部储存信息的选择匹配、建构处理上的内容和方式上的可能的普遍具体差异性所造成的。

3. 信息实现系统

信息实现系统是一种具有目的性的行为系统。这类系统中的最好的例子便是人的实践行为系统。相对于人来说，信息实现系统是指通过人的实践活动将人所创造的目的性信息转化为客体的结构信息的系统。

从信息活动的角度来看，实践活动中的目的性、计划性都首先是一种主体创造的再生信息，而被改造的对象的改变并不是物质量上的多些或少些的变化，而主要是组构方式，即信息结构的变化。

根据我们对实践的信息活动意义的规定，我们可以用图4-4来形象地表示信息实现系统的一般模式。图4-4中关于"工具1──→工具2…→工具n"的设计考虑了主客体间的可能的多级工具中介的情况，而"结构信息改变"的环节用虚箭头表示则是要指明可能存在的目的信息实现的不完全性或扭曲性等情况。

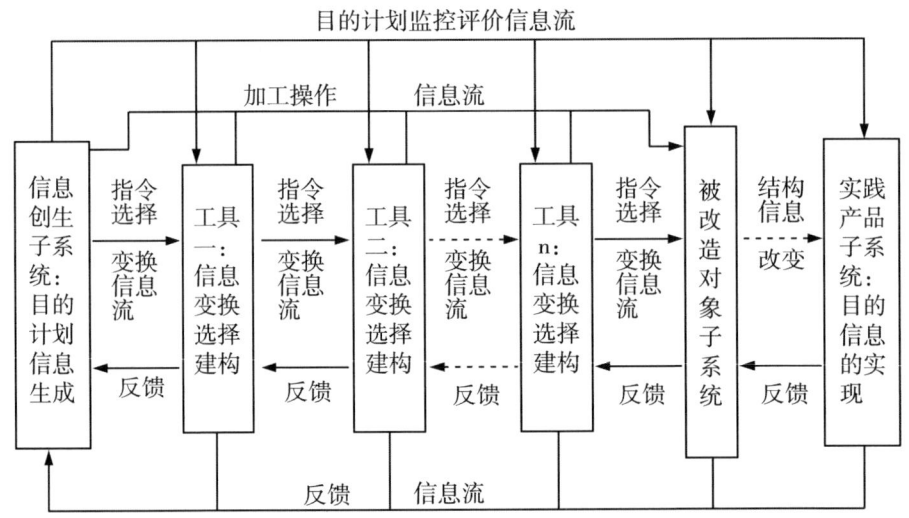

图4-4 一般信息实现系统图示①

---

① 此图最先发表于邬焜：《信息系统的一般模型》，载《系统辩证学学报》1998年第2期，第52—57页。

五、认识发生的信息中介说[①]

1. 构成认识过程的基本要素或环节

传统的唯心主义哲学在物质和精神、主体和客体之间采取一种相互割裂的态度,传统的唯物主义哲学则往往用物质和精神、主体和客体的直接性相互作用来解释认识的发生。然而,仅仅立足于两极对立之上的相互作用模式是肤浅的。在关于认识问题的理论中,如果我们的理解还仅仅停留在主体和客体的单纯相互作用的层次上,那么,这仍然是十分空洞和贫乏的。认识既然是一个主客体相互作用的过程,它就不应当仅仅是主客体这样简单的两极对立。既是过程,是相互作用,就应有它的过渡的、联系的环节,即中介。认识论要科学的再现认识的实际过程,就必须用概念的联系、转化和运动来描述这个过程,就必须有一个恰当规定这个过渡的环节,即中介的东西。

当代信息哲学提出的"哲学认识论的信息中介论"认为在主客体之间充当中介联系环节的不是别的,正是"信息"。正是"信息"在多重意义、层次和尺度上构成了人的认识发生和过程展开的中介环节。这样,我们就引出了构成一个认识过程的三个基本要素(或称环节):客体、信息、主体。同时,我们也得到了一个被信息所中介的主客体相互作用的崭新模式:客体—信息—主体。

哲学认识论的信息中介论具体分为两个方面:一是认识发生的信息中介说,二是认识过程和机制的信息建构和虚拟说。我们将用两个小节对这两个方面分别简述。

2. 信息场是主客体联系的中介环节

首先,我们应当正视一个起码的事实,即在我们感知的过程中,认识对象本身并不曾进入我们的感知系统(以主体内部呈现的信息为认识对象的现象除外)。这就向我们提出了一个问题:到底是什么东西进入了我们的感知系

[①] 本节中所论述的基本思想最初发表于方元(邬焜曾用笔名):《哲学认识论的信息中介论探讨》,载《兰州学刊》1984 年第 5 期,第 57—63 页。

统，从而引起了感知现象的发生？

其次，在感知过程中，我们的感官也并不与认识对象直接接触。我们可以视见天上的日月星辰，我们可以听到户外的鸡鸣狗吠，我们可以闻到远处的花香屎臭……而这些日月星辰、鸡狗花屎则全都远离我们的躯体而存在。我们的触觉，在宏观上看来，似乎是由我们的肌体与对象的直接接触而引起的，但是，在微观量子的水平上，它仍然是一种间接接触的过程。这就又向我们提出了一个问题：到底是什么东西刺激了我们的感官，从而给我们带来了关于对象的模式？

现代物理学揭示：物体（粒子）之间广泛存在着各种形式的场的普遍联系，这个场的联系是通过中介物质（粒子、波场）的传递来实现的。这就告诉我们，在感知时，主客体虽然没有直接接触，但必然存在着中介场传递的间接联系。其实，在感知过程中，直接刺激我们感官的并不是客体本身，而是客体反射或辐射出来的中介场。由于不同质的物体（粒子）辐射或反射的中介场不同，所以，任何物体辐射或反射的中介场都是特异化了的，亦即都是与其他物体辐射或反射的中介场相区别。正是由于这种场的普遍差异性，才使任一物体产生出来的中介场能够将该物的特质显示出来，这样，这个场便成了产生它的那个物的信息的载体。就是在这一特定的意义上，我们把这个场叫做"信息场"。

由此，我们起码可以得出这样一个结论：主客体的相互作用首先被各种不同的信息场所中介。视觉的中介是客体辐射或反射出来的光子场；听觉的中介是客体振动产生出来的机械振动波场；嗅、味觉的中介是客体辐射出来的各类分子场；触觉则是以各类热温场、机械力场、化学递质场为中介的。这些不同的场只是客体某些方面的信息的载体，而绝不是客体本身。主客体之间没有直接的接触，而那些直接接触的刺激物却并不能成为这一过程中的客体，它只能扮演向主体传递另一物的信息的载体角色。换句话说，我们永远只能借助于第三者来把握我们的对象。由此我们可以结论：在认识过程中，主客体之间没有直接的接触，而信息场构成了主客体联系的中介环节。

3. 认识主体的产生必须以信息凝结为中介

从元素到有机分子、生物大分子、多分子体系，直到原始细胞的合成，从低等生物到高等生物，再到人类社会，这就是传统的生物史学说为我们提供的一条地球生物起源和进化的基本线索。这一线索所揭示的显然是一个物质形态由低级到较高级，由简单到较复杂的综合建构和层次跃迁的过程。就直接存在的物质性活动的角度来讲，这一综合建构的层次跃迁过程是在一系列质量流和能量流的复杂相互作用中所形成的质—能凝聚过程中实现的。

但是，仅仅用这样的一种物质性的质—能凝聚的过程来解释生命的起源和进化还是十分片面的。因为，生命现象，乃至主体认识能力的产生，并不简单取决于构成生命体和认识主体的物质性活动的方面，如元素种类的特异、元素数量、质量的大小、能量的多少等。依据当代信息科学和信息哲学的相关理论，生命的本质、认识能力的发生，只能从其是一种特殊信息体的角度来加以解释。

物体的结构决定其性质和功能，从信息科学的角度来看，任何物体的结构和它所凝结的信息都是相互统一和规定着的。具体来讲就是：任何物的结构和状态都映射和规定着关于自身的历史、现状、未来的信息，任何物的直接存在的结构和状态都是由它所凝结的间接存在（信息）所规定的。这就意味着，结构决定性质和功能，信息又决定结构，所以，物所凝结的信息便最终决定着物的性质和功能。

人作为一个自然存在物，是一个特殊信息体，他的感知、思维现象的发生，并不在构成人体的元素种类、质量有什么特异上，而仅仅在于这些元素的组构方式与众不同，也就是在于人体（集中讲是神经系统、人脑）的结构和状态的特异性。而这种结构和状态的特异性，究其根源是在长期的信息同化和异化的特定过程中产生的，正因为人类在其种系发生的起源过程中凝结了特定的复杂信息，人体的相应结构和状态才得以产生。如果从信息活动的角度来考察，人体完全可以看成是自然信息活动的产物，它是适宜信息不断同化和异化、不断凝结积累、不断选择自构，不适宜信息不断淘汰、不断耗散而引出的一个必然结果。正是人体中同化凝结着的这些特定的质和量的信息，规定了人体的认识主体的特性。

其实，人类的产生归根到底也只是一个以信息凝结为中介的种系进化过程。这一种系进化过程凝结了宇宙大爆炸以来的宇宙进化演化的最一般的积极性成果的信息，如果讲得贴近一些，起码也凝结了地球生物起源和进化的最一般的积极性成果的信息。就人类所凝结的地球生物起源和进化的信息而言，它应该包括三个相互协同着的方面：一是生物生理遗传信息模式进化的信息；二是生物心理信息活动模式进化的信息；三是生物行为结构的信息模式进化的信息。正因为人类的产生凝结了这诸多方面的生物起源和进化的信息，所以，在人的个体发育的过程中才呈现出了重演生物种系进化过程的生物发生率（亦称生物重演率），并且，这种生物重演率的具体表现也是多重的，既包括体质形态结构方面的重演，也包括生理机能方面的重演；既包括生活习性、某些行为模式方面的重演，也包括心理、意识活动形式方面的重演[①]。

值得一提的是，在生物起源和进化的过程中，伴随着生物进化的每一次质的大飞跃的是地球自然环境的剧烈变化。这一变化，实质是改变了生物起源和进化的环境信息。正是这个环境信息的改变，迫使生物体不得不改变它选择、同化、凝结信息的质和量。对这个新质的环境信息不适应者退化了、灭绝了；而适应者则发展了、进化了。在这里，环境信息的改变直接成了生物进化的契机。

物质的普遍相互作用的活动，乃是自然物的信息结构由一种模式转变为另一种模式，由低级模式转变为高级模式的演化和进化的终极的原因。如果说在前生命的物态那里，信息的同化凝结是遵循着化学、物理的途径转化为物的内在结构的话，那么，到了生物形态，尤其到了动物和人这里，信息的同化凝结就又具有了生物体对信息的主动自我调控的性质了。在这个意义上，生物就成了自然产生的信息控制系统，而人体恰恰是一个最高级的、特殊的

---

① 关于人类产生遵循生理、心理、行为协同进化的原则的详细讨论，请参见邬焜：《信息世界的进化》，西安：西北大学出版社1994年版，第九章；而关于生物个体的发育过程将重演其种系进化过程的生物重演律，以及这一规律具体表现的多重性的详论则请参阅该书第十一章。

自然信息控制系统。他一经在信息活动中产生，就以新的、更高层级的姿态出现，甚至凌驾于自然信息之上来识辨、把握、加工、改造、创造信息，从信息的产物变为信息的主人，从一般的自在之物变为对自在之物进行认识和改造的能动性主体。

4. 个体认识结构的建构仍然必须以信息凝结为中介

个人作为认识主体的特征，只是在其发育成熟的一定阶段上才呈现出来。

个体首先是通过遗传承受了人类种系进化中凝结着的信息，这就是通常意义上的遗传信息。这种遗传信息具体凝缩在母腹中的一个受精细胞中，正是这个细胞的内在信息结构，规定着人的个体发育的一般趋势。因为这个遗传信息凝结的是人类种系进化的信息，所以，由这个细胞所规定的人的个体发育的一般趋势也只能是人类种系进化过程在时空上大大压缩了的一种重演。这里包括人的体力和智力结构的双重建构过程。正是这个"受之父母"的第一个细胞中，凝结着人类产生的历史渊源的信息，这个信息直接规定着人的个体活动、人的发展的种种可能性。对于个体来说，遗传信息就是它的主体认识结构建构的第一个先天中介。

但是，这个"先天中介"还仅仅提供着认识结构建构的可能性，要使这种可能性变为现实，还必须不断同化适宜的环境信息，这就是"发之天地"。这种遗传信息和环境信息的相互作用，不断改变着个体的认识结构，从一种"格局"（皮亚杰语）过渡到另一种"格局"，这样就形成了个体认识结构自身的发展。这个认识结构的发展首先经过了一个无意识同化环境信息的阶段，只有在这种信息同化过程达到了一定阶段的时候，个体才呈现出认识主体的特性，而只有在这时，环境信息才被主体所意识，产生这个环境信息的信源物才被主体规定为它所认识的客体。随着对环境信息的不断同化、意识，人的认识结构也不断地改变、进化，这样便使人的认识从初级形式逐步过渡到高级形式。主体认识结构的不断改变、进化，必将不断丰富和深化主体所把握的客体信息的种类、范围和程度，同时也必将不断增加和改变主体对客体信息进行加工、改造的深度、广度和具体方式。产生这一变化的根源恰恰在于主体内凝结的信息更丰富了。客体信息和主体先已凝结的信息的整合，使主体在自身凝结的信息关系中发现了客体的更为丰富的内在关系方面和更为深刻的本质特征。这样，对适宜环境（客体）信息的不断同化，是主体认识结构建构的第二个中介，即后天中介。

如此，无论是人类认识主体的产生，还是人的个体认识结构的建构，都是以对信息的凝结、同化为其中介的。并且，人的个体认识结构建构的"先天中介"（遗传信息）和"后天中介"（适宜环境信息）又是互为中介的，首先，特定遗传信息程序的表达需要以相应适宜的环境信息为中介，其次，个体对适宜的环境信息的同化则须以遗传信息所编码的可能性程序为中介。

5. 认识是一个以信息为中介的信息活动过程

我们在关于信息形态的分类理论中已经明确指出了人的认识活动是信息活动的高级形式，是一个信息活动的过程。如果我们再联系本节已得出的结论，那么，我们便可以进一步结论说：人的认识是一个以信息（自在信息、主客体信息的相互作用、主体认识结构中凝结着的信息）为中介的信息活动（对信息识辨、储存、加工改造、再生性创造）的过程。

也许有人会问：为什么要以信息活动的过程，而不是以物质活动的过程来规定认识过程呢？诚然，从感知到思维的信息传递过程是一个物质化过程（神经细胞膜内的电传导和神经细胞突触间的化学传导）。但是，这一物质化过程仅仅是作为信息的载体形式存在着。在感知思维活动对外界客体信息和主体认识结构中凝结着的信息进行识辨、加工、改造的时候，神经系统内部的载体的物质性活动并不在感知、思维中被明确地意识到。人们要认识这些载体的物质性活动，不得不通过另外的途径，把载体的运动作为客体，通过捕捉载体运动所生发出来的信息，才能认识载体运动本身。所以，要揭示认识的本质特征，便只能用信息活动的过程，而不能用物质活动的过程来规定人的认识。

六、认识过程和机制的信息建构和虚拟说[①]

1. 信息在差异关系中被识辨

一般而论,事物总是处在复杂的相互关系和相互作用之中,然而,任何相互关系究其本质而言也便是相互差异。因为只有差异的事物之间才能谈得上关系。由于事物普遍差异性的存在,也就构成了事物的普遍关系性,从而构成了显现着这些事物的信息的普遍差异性和普遍关系性。正是事物和信息的这种普遍差异关系,构成了人对信息把握的一般性机制,这就是信息只有在特定差异关系中才能被我们所识辨、所认识。

下面我们举一个例子来进行分析:

一张红纸上写着一行白字,在一定距离上的一个人表示他通过视觉获得了白字所显示的信息。如果我们不改变白字本身的形状、色度,而仅将红底换成浅淡黄色,那么,同样是这个距离上的这个人,他将可能会表示他根本没看到什么字迹。这就告诉我们,观察者对白字所显示的信息获得与否,并不仅仅取决于白字本身的绝对信息状态(即由白字本身的形状、色度所规定的状态),而且还取决于白字所处的环境(即它的底色)的绝对信息状态。只有当白字的信息状态和底色的信息状态的差异度达到视见的阈值时,白字才能为我们所观察到。对于观察者来说,观察不到时,他就可以断言没有关于字的信息,观察到之后,它就可以断言获得了关于字的信息。这一观察过程要受两个方面信息差异度的限制:一个是所观察的对象和它所处环境的信息差异度,另一个是这个差异度和观察者的感受能力(感受器阈值)之间的信息差异度。如果第一个差异度的量超过或不及观察者的感受器阈值范围,那么,观察者同样有理由说他并未获得关于对象的信息。从这一情景来看,我

[①] 本节中所论述的基本思想最初发表于邬焜:《认识:在多级中介中相对运动着的信息建构活动》,载《长沙水电师院学报》1989年第3期,第17—22页;邬焜:《凭差异而识辨 依中介而建构 借建构而虚拟——信息认识的一般过程和机制》,载《科学·认知·意识——哲学与认知科学国际研讨会文集》,南昌:江西人民出版社2004年版,第348—371页。

们通常所感知的外界信息，仅仅是一定量的信息的差异度而已。这就引出了信息只有在差异关系中才能被识辨、被认识的相对论命题。

这种对信息的相对认识带有极为普遍的意义。同一功率的照明设备，在白天和黑夜给人以不同的亮度感觉；由于内外压强的一致，人们通常并不感到大气给人所施加的压力；由于人与地面参照物的相对静止状态，使人感觉不到地球的转动；由于触觉阈值的限制，使人们感觉不到衣服表面的毛细纤维对皮肤的细微刺激；白天看不见星星，黑夜看不清不发光的物体，这一切都说明着人们对信息的相对认识性。事物的规定性只有在差异关系中才能获得，这就是没有差异就没有信息，没有信息之间的差异就没有对信息进行识辨性认识的信息显示、信息把握的相对性命题。

不仅对外物信息的感知把握，而且对文字符号意义的主观阐释，同样是在差异关系中获得的。控制论创始人之一艾司比就曾在其名著《控制论导论》一书中举了一个很能说明问题的例子，形象地描述了文字符号意义主观阐释的相对性。他这样写道：

> 假定有两个士兵分别被甲乙两敌国所俘，他们两人的妻子以后各接到同样的一封信："我在此平安"。但若甲国按规定许可被俘者从下列三种字样："我在此平安；我近来身体不好；我患重病"中挑选一种，而乙国只许被俘者寄出"我在此平安"，以说明他"尚未阵亡"（当然也还存在"不寄信"这一可能）。那么，即使两人的妻子接到了内容一样的信，她们还是会明白所收到的关于她们亲人情况的信息量是不一样的。[①]

从这个事例中我们看到，同是"我在此平安"的一封信，前者除带给阅信者他仍然活着的信息外，还排除了他身体不好和患重病的可能性，而后者除了说明他还活着之外，并不能报告他的身体状况。这就使同一句话产生了信息量的某种差异。这个差异不是来自这句话孤立的意义本身，而是来自它由以抽取的那个系统的规定性。W. R. 艾什比还指出：

---

① ［英］W. R. 艾什比：《控制论导论》，张理京译，北京：科学出版社1965年版，第122—123页。

信息必须要有一个消息的集合作为它的基础。不仅是这样,而且每个特定消息所含信息量,还依赖于这个消息是从哪个消息集合中取来的。因此,消息所含的信息量,不是个别消息本身所能决定的。①

信息只有在差异关系中才能被识辨、被认识的一般性原则,充分昭示着所认识对象的环境信息,以及认识主体的神经生理和认知心理的结构对认识产生所具有的关键性作用。

2. 主客体间没有直接的接触

上面我们已经指出,信息场是主客体相互作用的中介。这就清晰地揭示:主客体之间没有直接的接触,而那些直接接触的刺激物并不能成为这一过程中的客体,它只能扮演向主体传递另一物的信息的载体角色。换句话说,我们永远只能借助于第三者来把握我们的对象。

根据现代科学的相关理论,在感觉发生时,主客体之间存在着某种能量场的中介联系是一个基本的事实。现代科学已经揭示,维系宇宙秩序的基本相互作用有四种,而每一种相互作用都是通过中介能量场的传递而实现的。从认识发生的过程来说,主客体之间的相互作用不可能超越这四种基本相互作用的类型,也便不可能出现不通过中介能量场便发生相互作用的情景。从另一个角度来说,我们的身体感官所能产生的感觉是一种宏观感觉现象,而我们主司感觉的神经系统的活动方式却只能通过神经电脉冲的微观活动过程实现,无论外部刺激的性质如何,我们的感觉神经系统都必须将其转换为相应电脉冲的频率、波长,这就是一种信息编码过程。这样,在我们对宏观事物的感知和神经系统的微观电脉冲活动之间便应当有一个从宏观到微观的转换过程,而这个转换过程只能由宏观事物所生发出来的微观能量场来做中介,否则就不能实现从外部能量活动到神经系统内部能量活动的转换。然而,由于人们通过感官的感知是对宏观事物的感知,所以,如果不借助于其他的工具或途径,那么,仅凭我们的肉体感官是不可能感知到这些中介能量场的活

---

① [英] W. R. 艾什比:《控制论导论》,张理京译,北京:科学出版社 1965 年版,第 122 页。

动方式和性质的。这就是，我们的宏观感知必须通过微观能量中介活动的转换来实现，而这个中介物本身又不是当下我们要认识的对象，它只能充当向主体传递对象信息的角色的原因，这也就是"主客体之间没有直接的接触"，我们的认识模式只能是"客体⟵⟶信息⟵⟶主体"，"我们永远只能借助于第三者来把握我们的对象"的道理。

3. 被多级中介的认识

事物的相互作用往往并不是简单地采取一级中介的形式，它还可以采取二级、多级中介的形式。主客体的相互作用正是一个复杂的多级中介的过程。

上面我们所讨论的客体信息场还仅仅是主体认识客体的第一个中介环节。

主体认识客体的第二个中介环节是主体自身的神经系统的生理结构。一般而论，神经生理结构的差异是造成一般精神活动上的差异的最为本质的基础。由于眼、耳、鼻、舌、身等部位的感受器的神经生理结构的不同，造成了视、听、嗅、味、触各类感知的分化；由于人体神经系统的生理结构和一般动物神经生理结构具有较大的差异（其实，我们每个人的神经系统，从感受器、神经通路，直到脑皮质，都与所有其他人的神经系统在生理结构上具有某种具体的差异），所以，人和动物、人和人相比较，对同一对象的同一方面的信息进行感知和处理时的具体感受在实际上是并不完全相同的。当然，我们不能把神经生理结构理解成静态的。神经生理结构的动态性一方面表现为随着认识过程的不断发生，随着人体不断的发育，神经生理结构也会有某些具体的变化；另一方面则是，神经生理结构有其自身的活动方式。人的感知、思维过程并不是在一个静态的神经生理结构中发生的，人的认识必须凭借神经生理结构本身的某种活动才能展开。这样，即使是同一个人，在不同的时刻，在利用不同生理结构和生理活动机制对同一对象的同一方面的信息进行处理时，也可能得到不尽相同的感受。

主体认识客体的第三个中介环节是主体先已建构起来的认识结构。这个认识结构既包括经验的认知图式、框架，也包括理论的思维模式、方法等，还渗透着情感、意志、价值、审美等因素，显然，无论是潜意识的活动结构，还是意识的活动结构都已融汇在这个认识结构之中了。从发生学的角度来看，这个主体先已建构起来的认识结构是以往感性经验的信息、理性创造的信息的凝结，它虽然也曾是经过相应的感知、思维的认识过程达到的，但是，在之后的认识过程中，它却是作为一个已经完成的主体内部条件而先已构成了。被接收的客体信息正是在这个认识结构的参照背景的中介下被主体明晰感知或加工处理的。个体认识结构上的差异，以及处于不同发展阶段上的同一个体的认识结构发展状态上的差异，都将使这个感知的具体图式、加工处理的具体方式和过程有所不同。当然，这后续的认识过程本身也可能引起原有认识结构的某些变化，从而使下一步的认识过程在一个新的认识结构的中介下进行，这就构成了主体认识模式的不断变化和发展。在这里，中介本身仍然是进化着的。

主体认识客体的第四个中介环节是主体认识的物化手段（工具、仪器、设施等）。事物并不是随随便便就向我们呈现它自身存在的真谛的。要认识特定的事物，要认识特定事物的特定层次、特定方面的特性，就必须运用与之相适应的认识工具、方法和途径。这就是说，特定的事物只有在特定的主体面前才能呈现它的客体性。事物之成为客体就在于它要求主体认识能力的内在结构（神经生理结构、信息认识结构）和外在手段（物化工具、仪器、设施）与之相一致。不具备高深认识结构，不拥有特殊认识工具的人，只能凭借他的可怜的自然感官、自然脑力，在很狭窄的范围和很肤浅的层次上来了解事物。要探究宇观及其以上或微观及其以下层次的事物，就要拥有相应的、极为复杂的、甚至是庞大的工具（仪器、设施）系统，而认识主体也必须在自己神经生理的内在结构中同时凝结着相应水平和程度的认识结构。因为客体要求主体的生理结构、认识结构、认识工具和它保持一致性，所以，在不同的主体生理结构、认识结构和认识工具面前，客体将会呈现不同的特性方面。具有某一特定生理结构、认识结构和掌握特定认识工具的主体，只能在某些具体样态上，只能从一定深度上把握某些事物的某些层次上的特征，而其他一些事物，以及这些事物的其他一些层次上的特性对这一特定的主体将是封闭的。

上述关于主体认识客体的四个中介的讨论还仅只是针对已经在生理和心理层面都得到了一定发育，并具有相对成熟的认识能力的个体的当下意识生成的层面上进行的。然而，人的认识发生的复杂性还并不仅仅在于当下意识活动的多中介的性质，而且还在于其具有自然进化的、社会生成的历史过程的性质。这样，我们便还有必要再增加一个关于意识生成的自然史和社会史的历史性中介的维度。这一维度考察的内容既包括主体生理结构产生的自然史和社会史的进化与建构的渊源，也包括主体认识结构建构的遗传能力和后天自然的、社会的和文化的信息环境的作用，还包括与人的社会实践能力的进化相一致的物化工具产生和发展的历史。显然，这个第五个中介的考察是要对认识发生的前四个中介作历史生成性的考察。而这样的一种考察我们已经在上一节"认识发生的信息中介说"中讨论过了。

认识过程的这种被多级中介的性质充分显示了主客体相互作用的间接性，以及认识过程产生的复杂性。

4. 在中介中建构的认识

既然主客体的相互作用是被多级中介的，那么，这诸多中介环节本身的变化和发展便成了认识本身变化和发展的原因。同时，主体对客体认识的规模、程度和样态就不能不依赖于这诸多中介环节本身。

认识对它所赖以产生的中介环节具有必然的依赖性的问题，最初是在人们对微观粒子行为的观测中受到较大重视的。我们知道，主体通过特定的物化手段可以有效地按照自己的理性指导来使客体的运动和整个人的认识过程在一定的规模、程度和方向上展开。随着物化手段的日益发展，人们不断地扩大着自己的认识领域，在此同时，主客体的相互作用也便日益变得复杂化了。以致在量子力学中，人们不得不惊呼：在原子客体和测量仪器之间发生着一种原则上不可控制的相互作用，这一相互作用构成了现象的一个不可分割的部分，使我们不能明确地区分原子客体的行为及其和测量仪器之间的相互作用。

其实，不可控制的相互作用岂止仅仅在仪器观察中存在，在人的所有水平的认识过程中都存在着某种复杂交织的不可控制的相互作用过程。这个不可控制的相互作用过程意味着人们无法超越认识的诸多中介环节去直接认识客体，这诸多中介环节在实质上构成了认识产生的参照系背景。客体信息在这个参照系背景中被选择、变换、改造和建构。这样，人们通常所把握了的客体信息都总是不可避免地、在不同程度上受到了某些扭曲、变态，这其中必然渗透着来自这些中介环节本身的某些规定性。就这一意义上，我们宁可说认识是一个不断地在中介中建构自身的过程，亦即是说，我们所认识的信息虽然与客体本身存在着某种对象性关系，但是，到达于我们主体的，被我们的认识把握着的客体信息本身则只能是通过多级中介的多级建构而产生出来的。信息的建构虽然借助于对信息的某种选择，但是，它又具有不能归结为这种选择的特性。建构更多的是一种改造和创造，它在诸多信息方面（客体信息、诸中介环节中的信息、客体环境的信息、主体神经系统之外的体内环境信息等）的相互作用的分析综合中产生出一种新的信息样态来，这个新的信息样态是它赖以分析综合的诸多信息方面所不简单具有的。

考虑到主客体相互作用中多级中介的情况，我们可以说，认识的产生是在一系列相互作用的中介环节中完成的。中介环节似乎是一个信息的转运和加工站，它们对客体生发出来的信息进行了某种适应自身特性的选择、匹配、变换和建构，然后又逐级传递到后续的中介环节，由此构成了一个逐级信息变换、匹配、选择和建构的链条。在这一链条的每一环节上，客体信息都将是一种相对重建后的再现。这个相对重建就发生在每一前后相继的环节的相互作用之中，而每一个这样的相互作用都必将使它输出给下一环节的信息带有这两个环节相互作用过的色彩，或叫相互规定性。通过了诸多相互作用的相互规定，这个发生着的认识便在主体中被建构了出来。由于这个相互作用链条的起点是由客体开始的，所以，这个在主体中被建构出来的信息样态便仍然保持着与客体特性的某种对应性。

5. 在建构中虚拟的认识

耐人寻味的是，通过了如此多中介环节的相互作用之链才呈现在意识中的、关于对象特性的信息，与那个远在这一中介相互作用之链的彼岸的"对象"究竟还能保持怎样的一种"同一性"或"相似性"呢？其实，每一中介环节中的信息选择、变换与建构都是一种信息匹配、重组与综合意义上的再造，其中必然会发生种种不可遏制的信息扭曲、变态、畸变、失真、丢失或彰显，在这里，建构也就是改变或重塑、生成或创新。意识中主观呈现的对象的模式、特性等，虽然仍然保持着与对象的对应性关系，但是，这个主观呈现的模式、特性的具体样态却不可能与对象本身完全的同一或相似。主观呈现的模式、特性与对象的同一或相似仅仅在某些差异结构、差异关系对应的层面上才具有较大的意义和价值，至于这些差异结构、差异关系在主观中呈现的具体形式和样态则可能与对象物大相径庭。另外，通过特定精密或庞大工具、仪器或设备之中介所呈现着的宇观事物、微观粒子的情景，其实只能是某种将人之感官不可直接识辨的宇观或微观对象之信息重塑或再造为适宜于人之感官把握的宏观样态，然后才可能被人的意识所描述，在此类情景中，处于宇观或微观层面的对象的实在存在方式也许与呈现在我们主观中的样态相去甚远。正因为如此，才有了微观对象是波还是粒子的旷日持久的争论，也才有了超弦理论关于11维时空（10维空间加1维时间）以及在超微观尺度（普朗克尺度：10^{-33} cm）上存在着构成宇宙的最小构件——"一维弦"的假说。基于这一认识，我们宁可说：在中介中建构的认识乃是依中介之性质被中介所虚拟的认识。颜色、声音、触感、气味等，都是以物之信息场、人之感官、神经、大脑为中介，并依这些中介的性质所虚拟出的与对象之差异关系相对应的主体认识的形式或方式。如果说，在人直接凭借其感官对宏观对象的感知活动中虚拟的还仅仅是认识的形式和方式的话，那么，在人通过复杂工具对宇观或微观对象进行感知的活动中，以及通过思维的信息加工创造再生信息的活动的过程中所虚拟的则不仅是认识的形式和方式，而且还将涉及认识的内容本身，当然，此类关于认识内容的虚拟仍然是基于信息差异关系之对应显示或感知经验信息所提供的相关信息材料的再加工、再创造之上的。

通过这样一些相关讨论，我们有理由把认识看成是一个在多级中介中相对运动着的信息建构或虚拟的活动。主体神经生理结构、主体认识结构，以及主体认识的物化手段对认识产生的中介建构或虚拟作用，充分显示着认识发生的主体能动性和创造性，而客体信息场的中介建构或虚拟作用，以及认识与客体特性的某种对应性，则又显示着认识发生的客观性的一面。

6. 虚拟现实对认识的虚拟

由于认识是在中介中被建构的，由于主客体之间没有直接的接触，所以就可能造成这样一些情景：如果我们通过某种方式仅仅建构出显示假定对象的中介信息，而不是去构建假定对象本身，并且让此类建构出来的中介信息作用于我们的感官，便可能给我们带来关于假定对象真实存在的感受体验；我们也可以直接模拟假定对象信息作用的感受体验，而不必需要假定对象信息的直接作用，也能使感受者获得关于假定对象真实存在的感受体验；我们甚至还可以设计某种装置，让它作用于人的感官，当人的感官与某类对象信息发生作用时，这种被设计出来的装置则可能引导感受者获得接受了另外一类对象信息的真实体验，此类装置便可能成为以假乱真的感受体验转换器。这样一些情景恰恰是一种被称为"虚拟现实"的现代技术所部分实现或将要在更大程度上实现的设计。针对这一情景，我们可以结论说：虚拟现实是建立在对假定对象信息的模拟、对特定感受体验的模拟、对特定感受体验的模拟转换之基础上的对人的认识的虚拟。

虚拟现实的实质是通过直接模拟信息环境、感受体验，直接操纵感受体验的转换，进而实现对人的认识的虚拟。可以预见的是，虚拟现实不仅为人的认识的可能方式开辟了极为广阔的前景，而且还有助于从根本上阐明作为信息活动的人的认识活动的一般过程和机制。

正是在信息显示的差异关系对应的意义上，我们强调说，我们是"凭差异而识辨"的；正是在多级中介的信息变换、匹配、选择与建构的过程的意义上，我们强调说，认识是"依中介而建构"的，而在中介建构的过程中所发生的认识形式或内容的变态、扭曲，思维加工中的主观设计与创新，以及虚拟现实对信息中介与感知体验的模拟等则又充分展示着人的认识活动"借建构而虚拟"的情景。正是"凭差异而识辨""依中介而建构""借建构而虚拟"的相关活动构成了人的信息认识活动的一般过程和机制。

七、人的认识方式和真理的相对性[①]

1. 主客体有中介的相互作用必然引起相互的改变

客体世界具有普遍相互作用的客观本质性，客体世界的这一根本性质，既规定着事物的存在方式，也规定着认识主体的认识方式。

[①] 此节和下一节的内容是邬焜和邬天启合作完成的。

相互作用的实质是相互改变。我们曾经提到，信息产生于物质的相互作用，而物质的相互作用表现为向外辐射或反射信息场。既然，信息是通过物质的相互作用产生出来的，那么，任何信息场中所携带的信息都是物体在相互作用的过程中有所改变了的存在方式和状态的显示。就此而言，信息场的产生首先便是某种信息变换的过程。由此我们便可以理解"薛定谔猫"所描述的情景。信息场中所显示的对象的信息并不是直接关于对象的未曾显示此信息之前的状态，因为显示此信息的信息场的产生通过了物体内部或外部的某种相互作用的改变，所以，信息场中呈现的信息内容便只能是有所改变了的情景。另外一个可以想见的情况便是，所呈现的信息内容还具有瞬时性，它只是关于当下的，而不是关于历史的或未来的（从中破译出信息的第二或第三性级的质的情景则另当别论）。"薛定谔猫"所描述的仅只是微观探测的情景，其实，从信息哲学所揭示的信息场的产生过程和机制上来看，"薛定谔猫"所描述的情景在所有物质层次上都是一个必然的现象。

人的认识是在主客体之间的相互作用中发生的。在主客体相互作用的过程，不仅客体通过相互作用向外辐射或反射信息场，而且主体也在不断地向外辐射或反射信息场。在主客体相互作用的中介面（场）上，同时存在着互逆的两种信息流的运动。一种是主体信息向客体方向的运动，一种是客体信息向主体方向的运动。这互逆的两种信息流的运动使客体和主体都会发生某种相应的变化。

事实上，由于主客体的相互作用通过了多级中介，所以，在所有的中介面上都将发生相互的改变。就此而言，主体对客体的认识便不能不是在多重信息改变的变换过程中完成的。

2. 认识的主体相对性

对于一个认识现象来说，当它发生时，它实质上是一个产生出来的过程，这个过程把它赖以产生的主体和客体，以及主客体相互作用的种种中介因素（客体及其环境的信息场、工具、主体神经的和认识的结构）都看成是先于自身存在着的先决条件。这些先决条件在其未曾进入认识发生过程的时候，它还只是在某种物化结构（信息场结构、工具结构、神经结构）的特定形式中潜在凝结着的一种能力。这样，主体、客体、客体所处环境，以及主客体相互作用的诸多中介因素（场、工具）等便构成了人的认识的参照系，正是这个参照系决定着在此基础上产生和展开的认识过程的程度、水平、状况等。

如果换一个角度来分析，得出的结论也是一样的。这就是，要认识特定的事物，要认识特定事物的特定层次、特定方面的特性，不仅要有具有相应知识水平和能力的主体，而且还必须运用与之相适应的认识工具、方法和途径。亦即，特定的事物只有在特定的认识参照系面前才可能呈现它的客体性。事物之成为客体就在于它要求主体认识能力的内在结构和外在手段与之相一致。不具备高深认识结构，不拥有特殊认识工具的人，只能凭借它的可怜的自然感官、自然脑力在很狭窄的范围和层次上来了解事物。要探究宇观及其以上（或微观及其以下）层次的事物，就要拥有相应的极为复杂的、甚至是庞大的工具（仪器、设施）系统，而认识主体也必须在自己神经生理的内在结构中同时凝结着相应水平和程度的认识结构。因为客体要求主体状态和它保持一致性，所以，在不同的主体状态面前，客体将会呈现不同的特性方面。某一特定状态的主体只能从一定深度上把握某些事物的、某些层次上的特性，而其他一些事物，以及这些事物的其他一些层次上的特性对这一特定状态的主体将是封闭的。由此我们可以看到：主体自身的状态（包括主体创造和利用的物化工具）规定了自身认识的限度。

主体以自身的状态（包括主体创造和利用的物化工具）为其认识的参照系，同时便规定了自身认识的限度。这就是人的认识过程、方式和结果的主体相对性。

认识以主体为其参照系的作用，认识的主体相对性，使人的认识具有了来自主体本身的某些规定性。客体的映像是在主体状态对客体信息的整合和规范下在主体中建构出来的，主体对这个建构出来的客体映像并不是一个纯粹外在的观察者，而是一个直接内在的建构者。在这一过程中，最起码存在着五种信息的相互作用：一是与主体发生相互作用的客体信息；二是客体所处的环境信息；三是客体信息与观测工具信息的相互作用；四是主体内神经结构中先已凝结着的信息（包括神经生理结构层面的信息和认识结构层面的信息）；五是主体神经系统之外的体内其他方面信息的干扰（这种干扰在主体处于某种病态时尤其明显）。客体映像正是这五种信息相互作用的结果。仅仅由于主体状态的相对稳定性，才使通常产生出来的客体映像具有了恒常性，也才使人们可能把这些映像与认识的客体联系起来，完成对客体本身相对认识的过程。主体的这种对客体认识的参照系作用，使人的任何认识都只是一种相对于主体而言的对客体的认识，亦即相对的认识。

客体可以说是一种混沌的自身存在，它具有内在的自身统一性。这种内在统一性在与不同事物发生相互作用时会呈现出不同方面的特性。人的感官功能的特异化，人造认识工具的特异性，恰恰可以对自身统一的混沌客体的不同方面的特征进行相对于某一感官、相对于某一工具的抽取。这种抽取产生的固然是对客体某一方面特征的映像，但是，它却是依赖于感官结构或工具性能的相对映像。某类感官只能以与其感官性质规定相一致的方式接受不同性质的信息，不同性质的感官对同一对象的感知结果也不会相同；某类性质的认识工具只能探测与之性能相一致的对象层次的信息，不同性质的认识工具对同一对象进行观测时可能会获得完全不同的观测结果。

以动物和人的身体感官的感知情景为例可以发现：感知对象的哪一方面的特征依赖于特定的感官结构，如眼睛看不到气味，耳朵听不到颜色；从某一感官映像的状况来看，它也不能不受到产生这一感觉映像的感官结构的限制，如人的视觉不同于青蛙和猫头鹰的视觉，有色盲的人的视觉也不同于正常人的视觉。虽然，视觉能否成像，可以看作是主体（视网膜）对作用光子的质（波长）和量（光子数）的某种选择，这种选择是以一定的度（感觉阈值）为限的，但是，视觉又不能仅仅归结为这种选择，因为光波在人的印象中并不是直接的波的形式，而是以一定的颜色相对的，如果对象的运动频度超出一定的范围，本来是不连续的对象在视觉印象中也会是连续的。由此，我们又有理由把视觉看成是某种信息建构的过程。如此，人的大脑、神经、视网膜的内在结构所组成的系统便成了客体在人的视觉中成像的主体参照系。由于这个主体参照系的内在结构在每个人那里都存在细微的差别，所以，同一客体的视觉成像（其他感觉映像也是这样）在不同的人那里是并不完全等同的。就是对同一个人来说，他的主体参照系的内在结构也是会起变化的，所以，他的感觉映像在不同的时候仍会存在某种差异。

不仅感性认识过程，而且理性认识过程也同样是具有认识的主体相对性的。因为任何理性认识活动都只能是在主体认识结构所提供的思维模式的规范下进行的。动物之所以没有理性，就在于没有一个这样的认识结构模式。认识结构模式在不同的人那里，在同一人的不同时期也同样普遍存在着差异性。这种差异性便造成了不同个人，个人的不同时期的理性活动的不完全同一性。在这里，"仁者见仁、智者见智"并非只是一句无关紧要的俗语，而是对于由主体认识结构的普遍差异性带来的人的认识的普遍差异性这一事实的形象生动的揭示。

认识的主体相对性不仅仅是指人的认识是相对于人的大脑、神经、感官结构而成立的，而且是指相对于人的历史的、社会的认识水平和程度而成立的。这种人的历史的、社会的认识水平和程度一方面取决于主体的认识结构建构的水平和程度（而主体的认识结构又直接就是人的大脑、神经、感官的结构和活动方式，这个结构和活动方式被理解为一个不断重新建构着的动态系统），另一方面取决于主体所采取的物化认识手段的水平和程度，此外，也还取决于人类认识的科学理论发展的水平和程度（而这个认识的科学理论又同时就普遍渗透在主体的认识结构和物化认识手段之中）。亚里士多德的力学世界、牛顿的力学世界、相对论和量子力学的世界是在不同的历史的、社会的水平和程度上分别而相继地成立的。它充分反映着人的认识的相对性，以及这种相对认识的不断自我进化的历程。在这里，相对认识的真实主体，与其说是个别的个人，倒不如说是人类社会本身。而每一个个别的个人都只是在人类社会发展的一定水平和程度上来建构自己的认识结构，来展开自己的认识活动的。在这里，应该坚持的是个人和社会的统一、个人和历史的统一。

3. 人的认识的能动性

认识的主体相对性揭示，人是以人自己的方式来认识世界的。在认识过程中，人与对象世界通过多级中介的参照系进行着信息变换、选择、模式匹配的建构和虚拟。在这里，充分显示了主体对客体认识的积极的能动性。正是这种积极的能动性把人的认识方式和动物的原始萌芽的认识方式从本质上区别开来了。

主体认识的最初能动性是指感官、神经、脑结构的活动，由于这一活动，客体才可能被感知。任何感知，只要它是人的，它就绝不会是像照平面镜那样的一种简单直观的映像。因为人的感官、神经、脑不仅包括它的原始生物反射的活动特性，而且还包括它的先已形成的认识结构的活动的特性。这个认识结构是因人、因时代而异的。因为人们的认识结构无非是个人经验、人类知识的凝结物，这里既有感性，也有理性，既有对客观世界认识的经验，也有主体建构的对客观世界描述的理想模式，还有对客观世界认识、改造的已化为认识经验和认识模式的手段、方法。这个在多重意义上凝结着个体和人类知识的认识结构使人的原始反射的认知特性升华。这个认识结构直接成了此时对客体把握的参照系。在这一参照系中感觉直接地变成了理论家，使自身更丰富、更深刻。正是这个已有的认识结构的参照系作用，使得人的感知不可能是一种平面镜效应，而只能是感性和理性相互作用、相互规定的复杂的信息建构过程。这样，同一感知对象在具有不同认识结构的人那里必将呈现着不同的广度和深度。由于有了这种理性对感性的规范和改造作用，也便使人的感知不再与动物的感知简单等同。

主体对客体认识的最为发展了的能动方面，是物化的认识手段（工具、仪器等）。物化手段是由主体认识结构外化出来的，直接客观化了的主体认识条件。通过这一中介，主体便可以有效地按照自己的理性指导来使客体的运动、整个人的认识过程在一定的规模、程度和方向上展开。随着物化手段的日益发展，人们不断扩大着自己的认识领域。在此同时，主客体的相互作用也便日益变得复杂化了。以致在量子力学中，人们不得不惊呼：在原子客体和测量仪器之间发生着一种原则上不可控制的相互作用，这一相互作用构成了现象的一个不可分割的部分，使我们不能明确地区分原子客体的行为及其和测量仪器之间的相互作用。

其实，不可控制的相互作用岂止仅仅在仪器观察中存在，在人的所有水平的感知认识过程中主客体的相互作用都是不可控制的。这个不可控制就是说人们无法超越自身这个参照系去认识客体。客观事物从本质上是相互作用的，是你中有我，我中有你，相互规定着的。如此，这种相互作用的不可控制才是世界的本来面目。在认识过程中，主客体的关系也只能遵循这个世界的总法则，而不可能超越它。

人作为对客体认识的参照系是不断发展进化着的，物化手段就是人的参照系的一个特定部分。物化手段正如人之感官，它只能对客体的某种特性进行相对的探测。正如客体的形色和气味是通过人的不同感官相对获得的一样，量子的波、粒特性也只能在不同的仪器观测条件下被相对测知，这没有什么可奇怪的。当然，复杂仪器是比人之自然感官更精密化了的人之感官，它只能比人之自然感官更为特异化。在人之自然感官中呈现着的混沌一体的物性，在精密仪器面前便有可能分化出不同的更为精细的方面来。从这一意义上说，仪器是感官的自我延伸和分化。唯其如此，物化手段才可能将人的认识引入人的自然感官不可能达到的客观领域，使人的认识一步步向对象世界的真谛趋近。

考虑到主客体相互作用中多级中介的情况，我们可以说，主客体的相互作用其实是在一系列相互作用的环节中完成的。这些环节构成了认识发生的诸多中介条件的逐级信息传递、转化、变换、选择、匹配、建构、虚拟的链条。在这一链条的每一环节上，客体信息都将是一种相对重建之后的再现。这个相对重建就发生在每一前后相继的环节的相互作用之中，而每一个这样的相互作用都必将使它输出给下一环节的信息带有这两个环节相互作用过的色彩，或叫相互规定性。正是这个相互规定性，使后一环节成了前一环节输出信息的参照系。这个逐级分立的参照系的连锁的链条，构成了主体对客体相对认识的参照总系，这个参照总系便从本质上规定了人的认识方式。

4. 真理的相对性和多元性

显然，人的认识不是机械性的反映，因为在主观反映中呈现的内容的样态与所对应的对象的样态并不是简单直接的同一。第二性的东西是在依赖于主体认识方式的前提下对第一性的东西进行把握的。认知的过程亦即是主体对客体信息选择、规范、匹配、改造的重新建构，甚至是创造性虚拟的过程。这其中既有呈现方式上的建构和虚拟，也有相关内容上的建构和虚拟。

但是，从这里也绝不允许推出不可知论。因为主客体的相互作用并不意味着在主客体之间挖掘了一条不可逾越的鸿沟，而恰恰证明人的认识也只能是在遵循一般客观规律的前提下才可能产生的。通过主客体的相互作用产生出来的主观映像和它所反映的客体虽不简单直接等同，却是以一定方式相互对应着的。如颜色对应于光波；声音对应于空气的振波；气味对应于分子结构等。人们对客体状态、性质的语言描述、符号记识,仪器对客体的测定等,实际上都是一种与客体特性相互对应着的对客体的认识。如果再深究一步,我们将会看到,客体信息在本质上仍然是通过与客体的相互对应来显示客体的特性的。这种相互对应性,只是说明主体参照系对客体的相对认识性,而并不曾否认客体的客观存在性,也不曾否认客观世界的可知性。这里仅仅是要强调:人是以自己的方式来认识世界的;世界是在人的认识方式的参照下相对可知的。

我们承认人之外的客观实在的物质(质量和能量)世界的存在,同时也承认存在一个与我们通过直观反映所获得的经验现象相对应的外在的实在。在这一点上,我们与通常的科学实在论的观点基本一致。但是,由于从实在的对象到达直观的现象通过了多级的信息选择、变换、匹配、建构和虚拟的中介,所以,实在和现象之间的对应关系并不是机械反映式的,二者的对应仅只是某些差异关系的映射,并且,这种映射还具有两方面的特征:一是并非是同构性的(只是部分差异关系的映射);二是并不是以实在本身的方式,而只能以主体自身性质所决定的方式呈现。这样,从实在到现象经过了一系列的以实在自身显现的能力和方式,以及主体的认知能力和方式为中介的信息选择、变换、匹配、重建和虚拟的过程。

从现象到理论建构的过程同样经过了人的认知方式和认知结构的中介,这又是一个以人的认知能力和方式为中介的信息建构和虚拟的活动。就此而言,从现象到理论同样并不是一个机械构造的活动。

然而,不能因为理论是从对现象的加工处理过程中获得的便否认理论与实在之间的关联,在这里,我们虽然承认这种关联,但是我们并不认为这种关联是直接的,因为,在理论与实在之间经过了多级中介的信息变换(其中也包括现象的中介)。就这一点而言,我们的观点与通行的科学实在论和反科学实在论的观点都不同。

与上面的观点相一致,我们对真理的认识是这样的:人是以自己的方式获得关于对象的真理的,真理本身是主观的信息形态,它不是物质的实在的形式。这样,真理便只能是相对的,相对于实在的某些(并非全部)差异关系,相对于人的认识能力和方式。从实在到现象、从现象到理论所经历的任何一种中介环节的不同，都将可能引起人们所获得的真理的改变，这就是说，在不同的实在的显现能力和方式面前，在不同的人的认知能力和方式面前，人们所获得的现象，人们所由此概括出来的真理将可能是不同的。这便是真理的相对性和多元性，真理与实在对应的多样性、多方式的不确定性和非决定论的特征。

然而，我们却不应当由此而否定我们获得真理的可能性，也不能由此而否定真理和实在之间的关联性和一致性，我们只是在相对的而并非绝对的意义上有条件的承认这一点。另外，我们还应当肯定，由于根据相应的理论在实践中获得了成功，我们便可以认为我们获得了相应的真理，并且，我们获得的这一真理与外在的实在对象不仅是相互关联的，而且还具有一致性特征。

康德把人的认识方式看作是与外部世界不相关的主体先天具有的先验直观认识形式。这一学说在哲学界影响广泛。如果真的是这样，那么，就必须回答两个方面的问题：一是为什么相关认识方式在婴幼儿时期并不具备或并不完善具备，它是通过怎样的一种发育程序才发展出来的？二是为什么以人的认识方式观察对象时不同的对象可能会呈现出不同的样态？

让我们以人对对象的空间形式的认识为例来进行具体分析。

在康德看来"空间所表现的不是物之在其本身的任何属性，也不在物之在其本身的相互关系上表现物之在其本身。"[①] 把空间看作是主体对对象进行认知的形式并不是一种完全的无稽之谈。问题的关键在于，是什么因素决定了这种认知的形式？我们知道，人之所以具有认识世界的能力，在其最基础的层面上，是因为人拥有了一种特殊的实在的物质结构。具体地讲就是人的感官、神经和大脑。空间确实是主体认识对象的直观形式，但是这种形式却不是凭空而来的，它取决于我们自身的物质的实在结构，以及此实在结构与对象信息相互作用的途径和方式。主体意识中产生的空间形式的直观是对象信息与主体结构信息整合、匹配、建构出来的，而心灵则是在此整合、匹配和建构之上生成的主观信息所呈现的样态。不是先有一个心灵框架，然后才有一个关于对象的模式，而是先有一个主体的结构，当此结构与对象信息发

---

① [德] 康德：《纯粹理性批判》，韦卓民译，武汉：华中师范大学出版社 1991 年版，第 66 页。

生相互作用的信息匹配、整合和建构时才可能产生出相应的感知内容和心灵反映状态。如果主体的实在的结构改变了，或对象信息与主体实在的结构作用的方式和途径发生了变化，那么，主体内部呈现的感知内容和心灵的反映状态也将会有所改变。据考察，蚂蚁只能看到二维平面，青蛙只能感知明暗差别，而色盲则看不到特定的颜色，这一切都并不取决于什么纯粹先验的非实在的主观认知形式，而只能是取决于认知主体所拥有的实在的结构。如果我们的眼睛、神经和大脑的结构再简单些或再复杂些，我们认知的直观空间形式则可能低于或高于三维世界，少于或多于七彩斑斓。是先有实在的结构，然后才有主观认知的形式，而一个绝对外在于实在的、与实在毫无关联的、凌驾于一切客观实在之上的、纯粹无实在之根基的主观的认知形式是根本不可能存在的。如果从信息哲学的双重存在的理论出发，我们将会进一步看到，认识主体自身的实在的结构同时又是一个信息体的结构。因为其相应实在结构的生成，是同化种系遗传信息和后天发育的适宜环境信息的结果。

瑞士心理学家皮亚杰（Jean Piaget）对儿童心理的发生过程进行了系统的观察和试验，指出儿童的空间和时间认知形式不是先天赋予的，而是在与对象世界发生相互作用的过程中，随着其感官、神经和脑的不断发育逐渐培植、发育和成熟起来的。在与对象发生的不断相互作用中，儿童感知-运动图式的一系列的同化作用最后发展成为先后有次序的和彼此集合的结构，组成日后思维运算的基础。发展成熟的儿童感知-运动智慧是凭借客体识别模式、空间、时间和因果关系等图式组成其认识参照系统的，然而，这些图式中没有一个图式是一开始就拥有的。儿童较为完整的认知的空间和时间形式，只是在出生的十一个月以后才逐渐形成。皮亚杰的相关研究成果，有力地说明了认识主体的认知形式（包括时间和空间形式）对认识主体的实在的结构（感官、神经和脑），以及对这一结构与所认识对象发生的相互作用的依赖性和从属性。同时，也有力地证明了认识主体的认识形式（包括时间和空间形式）的并非先验获得的性质。

把空间仅仅看作是主体认知的先验直观形式，而与认识对象的固有性质无涉，也不能很好地解释认识主体内部呈现的与外部对象相关联的空间结构形式的差异。既然空间形式是先验的，那么，它对于所有外物空间形式的观察都应当是一致的。这样我们就无法区分三维立体、二维平面、一维线段、零维极点之间的差别，我们也无法区分大小、方圆、远近之类的差别。如果这样一些差别不能从对象自身的特征和对象之间的差别中得到解释，那么，仅仅是纯粹先验的内在直观形式，我们所可能观察到的便只能是在空间样态上绝对同一的、无任何差异和区别的对象世界。这显然是与我们对世间具体对象的空间样态的真实感知的情景不相一致的。如果空间仅仅是纯粹先验的内在直观形式，那么，我们又如何去理解人类科学中的空间观念的变化和发展：从平直的欧氏几何空间到有弯曲曲率的广义相对论空间（四维弯曲时空连续统），从量子力学的微观跌宕起伏空间到超弦理论所揭示的微观蜷缩状的十维空间（被高度压缩的十一维时空结构），再到分形理论所揭示的分维空间（不能用整数维描述的复杂分层的空间结构）。宇宙中具体事物的复杂性和多样性，规定了具体事物的空间结构和时间、时空变幻的复杂性和多样性，面对如此复杂和多样的世界，不是一个纯粹先验不变的、绝对的空间或时间直观形式所能应付得了的。

我们要认识世界，当然必须要拥有一个具有相应认识能力的认识方式。然而，对象世界在我们主观中呈现的具体方式和样态却并不单独由我们的认识方式所决定，而是由对象自身的性质与我们所具有的认识方式之间的相互作用而生成，是由显示对象的差异关系的信息与我们自身的认识能力和方式的信息相互匹配、整合、重建的结果。只有这样的一种解释方式才能够说明我们为什么能够感知外部世界的千差万别的情景。另外，我们的认识能力和方式的成熟性发展也是一个种系遗传信息和后天环境信息相互作用、同化、整合、重构的结果。如果个体承接的种系遗传信息不同，其所同化的后天环境信息不同，那么，其所可能建构的认识能力和认识方式也将会有所差异。据此而论，真理的相对性也必将会体现在这种具体建构着的个体和社会、同一个体的不同发育阶段、社会的不同发展时期和年代的有所差别的认识能力和认识方式所构成的认识参照体系之中。

但是，无论相应的认识能力和认识方式存在多么巨大的差异，只要其所获得的认识能够指导他们的行动，只要相关的认识能够引导他们在实践中获得成功，那么，我们就可以说，这样的相关认识具有了真理的性质。

5. 不确定性原理及"薛定谔猫"的信息认识论意义

量子力学中的不确定性原理,又称为测不准原理。这一原理是德国物理学家海森堡(Werner Heisenberg,1901—1976年)于1927年提出的。该原理可以在多种意义和层面上得到解释。其中有一种是它的测量学意义。这一意义的解读认为:一个微观粒子的某些成对的物理量不可能同时被精确的测度,例如位置和动量、方位角与动量矩、时间和能量等,其中一个量愈确定,则另一个量的不确定性程度就愈大。相关的解释认为,这个不确定性发生的原因可能来自三个方面:一个可能的原因是仪器在测量粒子行为的某一特征时会发生与该粒子的不可扼制的相互作用,从而将会不可避免地扰乱该粒子的行为、改变该粒子的状态;另一个可能的原因则是微观世界本身具有波动性,这一性质限定了我们对粒子状态进行测度的精确性;第三个可能的原因则是,微观粒子成对的性质之间并没有直接的相关性,而我们设计的仪器的功能只能在同一时刻对其中的某一单一性质进行测量,而不可能同时兼顾测量两个不相关的性质。①

量子力学中的不确定性原理所阐明的其实正是人的认识方式和人的认识可能达到的程度和样态。人的认知方式不仅依赖于我们的感官和神经系统,而且还依赖于我们的认识工具,同时也依赖于我们的认识对象对我们的显现方式。我们在前面的讨论中已经阐明,事物是在内部和外部的相互作用中通过辐射或反射信息场(粒子、波场)来显现自身的,这就意味着,事物是在事物通过相互作用所引发的事物自身的改变的过程中向外显示自身的,既然是通过自身的改变的自身显示,那么,造成事物改变的相互作用的性质、途径和方式便规定、制约和限制了其自身显示的内容、途径和方式。就此而言,任何显示着的内容都是一种多少被改变、扭曲和重构了的样态,这其中都会遇到显示内容和事物本身存在方式之间对应关系的是否完整性、是否完全符合性、精确度可能达到的程度等方面的问题。在微观世界的探测中由于仪器设备的介入便不可避免的更增加了相互作用的特殊性和复杂性,由此便出现

---

① 赵国求等:《物理学的新神曲——量子力学曲率解释》,武汉:武汉出版社2004年版,第230—232页。

了测量仪器和测量对象之间的不可扼制的相互作用，以及这种相互作用所引发的对象行为的改变。由于微观粒子行为本身所具有的动态波动性特征便更是增加了相关测度所可能达到的精确性的难度。就此情景而言，针对微观世界的测不准原理便是可以成立和可以理解、解释的了。

然而，在微观世界的探测中所呈现出的测不准原理并不仅仅在微观世界的探测中存在，它理应成为人类对所有层次（宏观、微观、宇观）事物的观测和认识中普遍存在的一条规律。因为人类所有层次的认识都是通过捕获对象在相互作用的相互改变中所生发出来的信息而实现的，只不过，在宏观和宇观的层面事物的波动性特征不是那么明显，所以给我们的精确测度带来的误差可能会小些。但是，在相关测度的过程中，对象信息显现的方式、测量环境和条件、相关仪器和设备、人的生理结构和认识结构（包括理论阐释的方式和方法）的中介参与作用所带来的对测度和认识所可能达到的程度、途径和方式的限制也是不可避免的。

为了形象的阐明微观世界的不确定性特征，奥地利物理学家薛定谔（Erwin Schrödinger，1887—1961 年）于 1935 年提出了一个著名的理想实验"薛定谔猫"。这一理想实验的主旨是要描述量子世界的不确定性和复杂性。这一理想实验要证明的是，微观粒子的某些特性、状态和行为具有多种可能性的不确定性，而只有当外部观测者通过特定的方式对其进行测度时，粒子才会呈现出某种特定的性质和状态。

这个实验的具体设计是这样的：在一个密闭的盒子里放有两样东西，一只猫和放射性毒气。放射性毒气什么时候释放是不确定的，只能确定的是放射性毒气具有一定的衰变率，当毒气衰变被释放出来时就会将猫杀死，而放射性物质不衰变时猫将会活着。[①]

这样，盒子里的猫到底是处于死还是活的状态是不确定的，我们只能假定猫在实际上将会处于这两种状态（既不死也不活）的叠加态。一个观察者如果想知道盒中猫的具体状态，他必须打开盒子才能观察到。这样，当盒子被打开时，观察者将会获得猫是死还是活的观察结果。

---

① ［德］瓦尔特·顾莱纳：《量子力学：导论》，汪厚基、王德民译，北京：北京大学出版社 2001 年版，第 367 页。

这样就出现了在两个不同层次上的矛盾现象：（盒子中的）微观层面上猫将会处于既死又活（既不死又不活）的两种不确定态的叠加态，而（盒子被打开后）观察者在宏观层面得到的观察结果却只能是死或活两种状态中的一种。

"薛定谔猫"的理想实验要揭示的是微观世界粒子行为的不确定性，正如微观粒子同时具有粒子和波的特性那样。但是，"薛定谔猫"的理想实验设计的却十分糟糕，它采用了宏观判据的方法来解读微观粒子的行为，放射性毒气是否释放成了猫生还是死的原因，这样，在这个实验的解释中猫的生或死的两种状态都是以宏观判据的方式展现出来的。

其实，微观粒子的行为并不依赖于宏观判据的模式，现实的微观粒子的行为并不只在粒子性或波动性这两种状态之间跳跃，而是一种二者兼容的复杂性状态，说得更直白一些便是粒子性和波动性之外的第三种状态。量子力学中采用了"叠加态"的说法并不贴切，因为并不是宏观测定的两种状态的叠加，而是两种状态（或人们尚未观测到的更多种状态）的融合，这种融合是一种不同于宏观测定的两种状态的新状态。谈到猫的生或死的情景也是这样。在微观世界里没有生或死两种状态的分立，也没有这种分立状态的单一状态的选择，更不存在对某种单一状态进行选择的毒气的是否释放。

我们对微观世界的认识只能通过相应的仪器设备把微观世界的相应信息放大到宏观尺度，才能够被我们所把握。波或粒子、生或死都是宏观判据。而这些状态的分立并不是微观世界本身所具有的特征，它只是我们凭借特定的测量仪器和设备所能够测度出的一种测量效果。显然，这一测量效果既依赖于微观世界所显现的信息，也依赖于我们测量工具的性质。微观世界的信息是在相应测量工具的中介作用下被改变之后所呈现出来的。正因为加入了测量工具的中介，微观世界的行为才可能在不同测量工具的中介下呈现出完全不同性质的状态。所以，波或粒子、生或死都不是微观世界对象的本征特征，也不是微观世界对象的行为必须二中择一的选择。微观世界对象的行为是一种具体统一的自身的运动，这种运动在观察者从不同的视角、利用不同的工具对之进行观察时才呈现出了观察效果的差异。正如"横看成岭侧成峰"

"仁者见仁、智者见智"一样。所观察的对象的行为并不是在峰或岭、仁或智之间进行二者择一的选择，它也不可能在多重状态之间跳来跳去。对象是"一"，观测的结果是"多"。从"一"到"多"的原因是由于我们用以观测的方式和工具、解释的理论和原则是有差异的、是"多"的。这就是真理的相对性。

为了弥合这种各自所具有的相对性的片面，玻尔（Niels Henrik David Bohr，1885—1962年）才提出了他的"互补原理"。然而，这个所谓的"互补原理"充其量也只能是一种折中主义的方案。在我们无法获得对象的"一"的本征存在方式的情况下，科学家们也只能这样来处理问题了。

如此看来，量子力学中所揭示的"不确定性原理""互补原理"，以及"薛定谔猫"的理想实验，等等，所可能证明的也只能是人的认识的主体相对性、真理的相对性和多元性。这样的一些情景最终说明的也只能是：人有人的认识方式，人只能以自己的方式来认识世界，虽然，人的认识方式又是历史的、社会的、现实的和不断发展着的。

八、人类追求智能的终极情怀

1. 人类哲学思维中的终极情怀

对于完美智慧和认识能力的追求是人类最古老的一种志思取向。这一取向的最初范式是和所谓的神或上帝联系在一起的。

古希腊的哲人们最初从他们所意识到的人的存在和人的思想的有限性出发，把完满的智慧赋予了神或上帝。这就是最初的人类追求完满智能的终极情怀。

赫拉克利特在强调"智慧只在于一件事，就是认识那善于驾驭一切的思想"的同时就指出这个"善于驾驭一切的思想"原本不属于人，而属于神，所以，人们要拥有智慧就必须用自己的思想去追求和体悟神所拥有的真理。他说："人的心没有智慧，神的心则有智慧"；"最智慧的人和神比起来，无论在智慧、美丽和其他方面,都像一只猴子。"①

基于同样的认识,苏格拉底也并不认为自己有智慧,他只承认自己是一个服从神的意志的,探求智慧的"爱智者"。他说:"只有神才是聪明的……人的智慧是很少价值和根本没有价值的。"②

亚里士多德认为,研究"智慧是一门关于第一原理的科学",正是"由于这个缘故,拥有它可以公正地被认为是超出人类的能力的;因为在许多方面人的本性是受束缚的,所以正如西蒙尼德(Simonides)所说,'只有神能有此特权'。"③

古希腊哲学家柏拉图则直接提出了具有客观精神韵味的理念论,他认为世界的终极性存在是一种具有普遍性的理念,并认为个体灵魂是轮回不死的,因而灵魂所拥有的知识便是永恒的,人们通过学习活动所获得的知识只不过是对已经被尘世暂时埋没了的灵魂早已把握了的知识的回忆。④

正因为从一开始,西方古代的哲学家们就把完满的智慧和无限的能力赋予了神,所以,在西方哲学传统中,把上帝或神看作是拥有完满智慧和能力的、终极性、普遍性、永恒性、无限性和绝对性的存在,把世界上的具体事物,包括人,都看作是由上帝或神创造出来的片面性、特殊性、暂时性、有限性和相对性的存在。根据这样一种原则,上帝或神便成了完满智慧、无限能力、永恒真理、绝对真理、必然真理的拥有者,而人则只能从与上帝的联系中"分有"某些智慧、能力和真理的内容。这就是西方传统中的"天赋观念"和"天赋能力"学说。

如果说柏拉图的不死灵魂的回忆说还具有比较模糊的神启性特征的话,那么,罗马帝国基督教的思想家们关于"上帝之光使我认识真理"的观点则

---

① 北京大学哲学系外国哲学史教研室:《古希腊罗马哲学》,北京:生活·读书·新知三联书店1957年版,第26、27页。

② 北京大学哲学系外国哲学史教研室:《古希腊罗马哲学》,北京:生活·读书·新知三联书店1957年版,第148页。

③ [古希腊]亚里士多德:《形而上学》,李真译,上海:上海人民出版社2005年版,第20、319页。

④ 北京大学哲学系外国哲学史教研室:《西方哲学原著选读》(上卷),北京:商务印书馆1981年版,第75、76页。

使这种神启性特征的表述更为明确化了。① 在中世纪，宗教哲学的神学家们则在认识的神启性特征之外又增加了信仰性特征。他们强调："只有信仰上帝，才能理解上帝"，人只能通过与神的紧密结合来认识神、爱慕神，从而达到神性的纯粹、光辉、强大、恢宏的真理性境界。②

这样，在西方古老哲学的传统中，研究智慧的学问不仅神圣而高贵，而且它所追寻的普遍理性或终极普遍理性是人通向神和上帝的途径，由于人自身存在的有限性、暂时性、个别性，所以，这种追寻之路永远只能是一个过程，不可能有其终点。

随着西方近代唯物主义哲学的兴起，尤其是在费尔巴哈之后，上帝的绝对性地位被一步步消解。费尔巴哈强调说：上帝是人的本质的理想化的存在形式，不是上帝按照他的样子创造了人，而是人按照自己的本质创造了上帝；人和上帝的对立乃是人的本质的自我分裂，是人的有限性的存在和人的理想的无限性的追求之间的对立和分裂；所谓上帝的智慧、能力、意识、精神、认识、灵魂和心，也就是人自己的智慧、能力、意识、精神、认识、灵魂和心；人们既可以通过自己来认识上帝，也可以通过人所创造的上帝来认识人自己。这样，费尔巴哈首先把上帝降低为人，同时又把人提升为上帝。

随着西方近代科学的崛起和近代唯物主义的发展，上帝的绝对性地位也被一步步消解。这就导致了西方现代哲学的认识论、语言哲学和现象学的几次研究领域和视角的转向。这个转向的一个基本情结是：上帝的退出导致了"分有"上帝智慧的"天赋观念"说的瓦解。原有的从上帝那里获得人的认识的理论失去了根基。

在传统哲学的物质和精神相互割裂的范式体系之中，谈论人的精神发生的原因不可能从物质世界中去寻求，这样，上帝的退场导致的直接结果便是，只能从人的精神内部的活动去考察人的精神发生的原因。这就是当代西方意

---

① 北京大学哲学系外国哲学史教研室：《西方哲学原著选读》（上卷），北京：商务印书馆1981年版，第224页。

② 北京大学哲学系外国哲学史教研室：《西方哲学原著选读》（上卷），北京：商务印书馆1981年版，第240、472、473、475页。

识哲学发展的一个基本路径。其最为极端化的形式便是胡塞尔现象学所强调的意识发生的纯粹主观意向自身建构的意向性自我显现的"意向性活动和意向性构造"。就此而言，外在的终极情怀转变成了内在的终极情怀。人的精神直接变成了构造人的精神，构造人自身，构造外部世界的上帝。

2. 人类科学中的终极情怀

我们知道，牛顿力学是建立在上帝创世说的基础之上的。他强调说：世界最初始的材料是由上帝创造的有质量的、实心的、僵硬的粒子构成的。因为这些粒子是上帝创造的，所以，任何力量都不可能把它打碎。据此，他把这些由上帝创造的初始粒子称为"永久粒子"。[1] 他的整个力学大厦的体系就是由这些"永久粒子"间的引力相互作用逐级建构起来的。

拉普拉斯根据牛顿力学的基本原则提出了一个假定：他假定了一个无所不包的万能的"智慧"，认为这个智慧能够把握自然运行的全部特征参量，并能用某一个万能的宇宙方程来精确推算过去、预测未来。他说：

> 智慧，如果能在某一瞬间知道鼓动着自然界的一切力量，知道大自然所有组成部分的相对位置；再者，如果它是如此浩瀚，足以分析这些材料，并能把上至庞大的天体，下至微小的原子的所有运动，统统包括在一个公式里，那么，对于它来说，就再也没有什么是不确定的了。在它的面前，无论是过去或将来，一切都将会昭然若揭了。[2]

拉普拉斯阐释的是一个完全刚性的决定论的宇宙观，他所假定的这个万能的"智慧"，后人称之为拉普拉斯妖。其实，除了那个全智全能的上帝之外，谁又能够具有这样的"万能的智慧"呢？

牛顿力学所描述的世界、拉普拉斯的世界，是一个即定的世界。在这个世界里，一切都是设定好了的，它不可能有创造，不可能发生奇迹和偶然变

---

[1] [美] 韦斯科夫：《20世纪物理学》，杨福家等译，北京：科学出版社1979年版，第47页。

[2] 转引自赵红州、蒋国华：《当心啊！拉普拉斯决定论》，载《光明日报》1985年7月8日，第3版。

异，因而也便不可能有任何新的事物发生，整个世界的运行只能服从某种既定的严格程序（公式），就像是一只一次上足了发条就永远作机械运行的钟表那样，沿着一个封闭的圆圈运动。而这样的秩序又只能依赖于一个具有全智全能的超越宇宙一切的"万能智慧"来设计、创造和安排，而这个"万能智慧"只能是上帝。

1871 年，麦克斯韦在他的《热的理论》一书的最后一章《热力学第二定律的限制》中，提出了一个与热力学第二定律相悖的假说。他假想存在这样一个神通广大的"妖精"，它能跟踪充满容器的每个气体分子的运动。把这个容器用一道隔板分为 A，B 两个部分，并在隔板上安装一个阀门，当阀门打开时，单个气体分子可以从容器的一部分经过阀门进入另一部分去。假设这个容器起先充满了一定温度的气体，按照热的运动论，一定的温度对应于分子的一定的平均速度。因为气体分子的运动具有随机性，有的分子的速度将大于平均值，有的则将小于平均值。那么，通过在适当时刻打开隔板上的阀门，妖精就能让快的分子从 A 进入 B，慢的分子从 B 进入 A，结果不须耗费能量，B 部分的温度就会上升，A 部分的温度就会下降，按照麦克斯韦的这一假说，只要系统中存在这样一个能够适时打开阀门开关的"妖精"，就能增大系统内部的温度差，从而导致系统总熵的减少。后人将这个假想的"妖精"称为"麦克斯韦妖"。后来的研究表明，在一个孤立的系统中，不可能为妖精提供分子运动快慢的信息，所以，"麦克斯韦妖"要展开工作就必须打破体系的孤立性，从体系外部输入照亮分子的光。

如果我们认真分析一下，我们便一定会得出这样的结论："麦克斯韦妖"和"拉普拉斯妖"具有同样的思维取向。这就是，它们都依赖于某种能够超越任何限制条件的"万能的智慧"，而这样的智慧只有人类创造的"上帝"才可能拥有。

在现代科学中，虽然显态的上帝已经明显退场，但是，隐态的上帝却依然存在。这就是科学家们始终保留着的终极情怀的基本志思取向——对完满性、绝对性、无限性、永恒性和终极性的追求。从第一类、第二类永动机的设计，到宇宙起源于无的"奇点论"；从统一一切相互作用的"超大统一场论"，到万物归弦的"超弦理论"，等等，都无不具有这样的性质。

当代理论物理学和宇宙学的最为震撼的一种假说便是霍金提出的宇宙起源于无的"奇点论"。

我们知道，20世纪初量子力学的重大贡献之一就是反粒子和正反粒子湮灭现象的发现。这一发现揭示：自然界存在两种类型的粒子——正粒子和反粒子。它们可以因得到足够能量而同时创生，也可以相遇放出能量而相互湮灭。按照量子力学的理论，任何粒子都会有和它相互湮灭的反粒子。科学家们甚至预言也可能存在由反粒子构成的反物质和反生命组成的反世界。这就意味着，有质量的粒子可以在能量场中以正反粒子的形式同时上升，也可以通过正反粒子的湮灭转化为能量。这就导致了质量消失、能量比质量更为基本的现代科学和哲学中的唯能论观念的兴起。

然而，唯能论并不能保证它就是世界基础的终极理论。量子力学理论的最新进展不仅倾向于彻底否定质量作为宇宙的初始规定的观念，而且就连宇宙的能量也可能会归结为"无"或"零"。世界著名的广义相对论、宇宙论和理论物理学家，英国学者史蒂芬·霍金（Stephen. W. Hawking, 1942—）就曾在其所撰科普名著《时间简史》中写过如下一段话：

> 在量子理论中，粒子可以从粒子/反粒子对的形式由能量中创生出来。但这只不过引起了能量从何而来的问题。答案是，宇宙的总能量刚好是零。宇宙的物质是由正能量构成的。然而，所有物质都由引力互相吸引。两块互相靠近的物质比两块分得很开的物质具有更少的能量，因为你必须消耗能量去克服把他们拉在一起的引力而将其分开。这样，在一定意义上，引力场具有负能量。在空间上大体一致的宇宙的情形中，人们可以证明，这个负的引力能刚好抵消了物质所代表的正能量，所以宇宙的总能量为零。①

如果霍金的这段话揭示了宇宙存在的真谛的话，那么，根据广义相对论宇宙原理，按照宇宙大爆炸理论所作的推论，在宇宙大爆炸产生之前的宇宙

---

① ［英］史蒂芬·霍金：《时间简史》，许明贤、吴忠超译，长沙：湖南科学技术出版社1997年版，第120页。

"奇点"状态,所有的宇宙能量都聚集在一个无限小的空间尺度上,那么,当时的宇宙能量恰好为零。这意味着我们所处的宇宙正是由"无"中创生出来的。这样的一种极端推论不仅使作为物质标志的质量消失了(在正反粒子的湮灭中,转化为能量),而且也使能量消失了(在正负能量的湮灭中化为"零"或"无")。

值得我们深思的是,关于宇宙产生于"无",宇宙有一个开端,即大爆炸之初的"零"的"奇点"的说法,与基督教创世纪所描述的宇宙在时间中创生的说法相暗合。这也就难怪,就连梵蒂冈的教宗约翰·保罗二世对当代宇宙学所作的推论都极感兴趣。1981年,在梵蒂冈召开宇宙学会议时,教皇约翰·保罗二世就召见了史蒂芬·霍金,并表示:

> 研究宇宙在大爆炸后的演化是可以的,但是由于大爆炸本身是创生的时刻,因而是上帝的事务,所以我们不应该去询问那个时刻本身。[①]

现代理论物理学中的另一个十分奇特的理论便是宇宙起源于某种超大统一状态的"超弦理论"。这一理论认为,构成世界的基本元件不再是只占空间单独的点的粒子,而是只有长度而没有其他线度,像是一根无限细的弦这样的东西。在弦理论中,原先以为是粒子的东西,现在被描绘成在弦里传播的波动,一个粒子从另一个粒子发射出来或者被吸收,对应于弦的分解和合并。[②] 不仅如此,超弦理论还指出:宇宙的维度是11维的(10维空间加1维时间),并且1维弦的最小尺度不能小于10^{-33}厘米(普朗克尺度)。一个极端化的推论便是:宇宙起源于一根高度蜷缩在普朗克尺度的一维弦,而当宇宙大收缩回到起点的时候宇宙又会最后塌缩为一根一维弦。

然而,这样一来,就出现了与宇宙起源于无的"奇点"论相似的一个问题:这根作为最初起源的一维弦又是由何而来的?这无疑就给上帝、就给创

[①] [英]史蒂芬·霍金:《时间简史续编》,胡小明、吴忠超译,长沙:湖南科学技术出版社1996年版,第106页。

[②] [英]史蒂芬·霍金:《时间简史》,许明贤、吴忠超译,长沙:湖南科学技术出版社1997年版,第142—146页。

世说留下了余地。对世界终极性解读的追求始终是贯穿在科学发展中的一条主线。然而，任何一个终极性阐释方案的被宣布，都意味着人类科学志思所暂时达到的一个限制。相应志思被限制在何处，相应志思终极的止点在何处，上帝就在何处出现。

人类科学经历了不断提出终极性方案的过程，在这一过程中不断提出的终极性方案又先后被后续的终极性方案所打破。这一过程也构成了对上帝所拥有的能力和权力的不断的消解或限制。

在对世界进行终极性解释的方案的追寻过程中，人类的科学已经走过了如下的历程：

实体（固定不变的微粒）——
原子论（有重量的微粒）——
化学原子（有质量的微粒）——
电子、质子、中子（组成原子的内在组分）——
基本粒子（分立的四种基本相互作用力场）——
超弦（超大统一力场）

图 4-5 简要标明了人类试图建立的从分立的四种基本相互作用力场走向超大统一场理论的探索历程。

3. 信息科学，包括人工智能中的终极情怀

在信息科学，包括人工智能的研究方法、特征和未来发展的可能性的实践研究和理论构想中，同样保留着这种终极情怀的志思取向的痕迹。

鉴于在早期信息科学，包括人工智能研究中计算主义的方法所取得的成功，许多研究人员便回到了毕达哥拉斯时代，认为一切智能行为都可以通过数的计算和逻辑的推演而实现，而整个宇宙、万事万物的所有秩序和演化也都无非是数的计算的过程和结果。进一步的比附则是，数就是信息，就是比特。世界不是由物质构成的，而是由数、比特，或说是信息构成的，所有的物质都可能只是由信息派生出来的一个具有幻象性质的世界。美国的大物理学家惠勒（John A. Wheeler）就曾形象地把宇宙表述为一个被许多小网格包裹

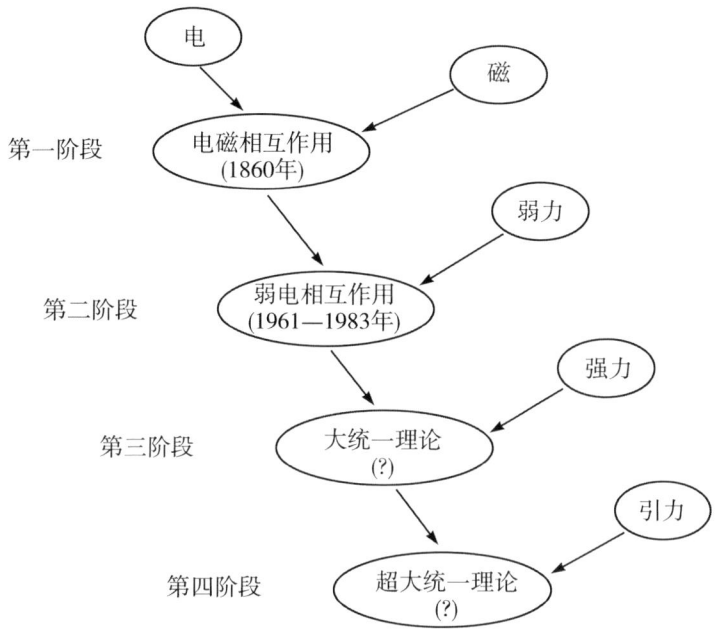

图 4-5　人类统一场理论探索的历程

着的球体，网络的每个部分用二进制的"0"或"1"表示。他还宣称：万物源自比特（It from bit.）。他强调说：

> 在我研究物理学的一生中，它可以分为三个阶段。在第一阶段……我笃信万物皆为粒子。而我把我第二阶段的信仰叫做万物皆为场……现在，我深信我的新观点：万物皆为信息（Everything is information）；所有物理性的东西从起源上说都是信息性的，这是一个参与性的宇宙。[1]

甚至有人还把信息科学、量子信息学、意识哲学和佛学进行了相互比附性的解释，得出了一系列惊世骇俗的结论：信息世界比物质世界更基本，物质世界是由信息构成的，信息才是最重要的，物质和能量不过是附属物而已，

---

[1] 闫学杉：《信息科学的历史、现状与未来》，载《信息科学交叉研究》，杭州：浙江教育出版社 2007 年版，第 9—10 页。

物质就是信息（信息是世界的本源）①；量子力学发现意识和物质世界不可分开，人类的观察生成了物质世界，人类的主观意识是客观物质世界的基础——客观世界很有可能并不存在（物质世界是精神世界的产物）②；人类意识中的图像来自记忆，但记忆不仅来自我们的亲身经验，也来自我们的基因中储存的祖先的记忆（天赋观念）③。

虚拟现实技术的初步成就也鼓舞了计算主义思想家们的幻想。他们认为凭借电子编码或物形编码的结构构造就可以迫使一部分人完全生活在虚拟现实之中。有文章宣称："我们可能只是一个巨大的电子游戏里的虚拟存在而已。如果在高维的世界中，有一个比人类智能更高的物种，他们中有一位超级程序员，在一台超级计算机的三维屏幕上虚拟'生命游戏'"。④

由于生物工程中的 DNA 遗传密码的破译、置换、重组技术的发展，再加上纳米技术的初步成果，一些富有理想主义色彩的研究家们十分乐观地提出，未来人完全可以通过纳米技术和生物工程的方式直接生产出我们所需要的任何形式的产品，包括无机物、有机物，甚至生命、大脑、人和智慧。这些研究家们开始在人造结构、人造生命技术发展的基础上讨论创造"超人"，以及人类个体不死的永生技术。更有甚者，有人居然开出了永生技术创生的时间表：2029 年。这使得很多人都小心翼翼地准备努力再活十多年，以求达到理想的不死的永生。一个叫尤瓦尔·赫拉利（Yuval Noah Harari）的以色列学者还写了两本厚厚的畅销书，书名分别是《人类简史——从动物到上帝》《未来简史——从智人到智神》。在这两本书里，作

---

① 朱清时：《科学与佛法谈世界和人生的真相》（四，五）2016-08-09 微博。网址：https://weibo.com/u/1984930215? is_all=1.

② 朱清时：《量子意识？——现代科学与佛学的汇合处》，来自 2017-02-1 网文。网址：http://www.sohu.com/a/126543502_481659.

③ 朱清时：《科学与佛法谈世界和人生的真相》（一）2016-08-07 微博。网址：https://weibo.com/u/1984930215? is_all=1.

④ 朱清时：《科学与佛法谈世界和人生的真相》（四，五）2016-08-09 微博。网址：https://weibo.com/u/1984930215? is_all=1.

者以极大的热情提出展望:"生物开始越来越由智慧设计形塑"①;人类将以"生化机制,再造我们的身心",并以"长生不死,幸福快乐,以及化身为神"作为自己追寻的目标;人类可以通过"生物工程,半机械人工程,非有机生物工程"将自己"升级为神"。②

更有一些研究人员则强调人工智能的最终结果可能会生产出"超人类的机器",这类机器必将会成为地球的统治者,并反过来压迫、奴役,甚至灭绝人类。随着"阿尔法狗"在与人对弈中的胜利,这样的观点又再度得以喧嚣。

当人们把大数据、云计算这样的信息技术所取得的部分成功绝对化的时候,那种排斥因果关系,排斥偶然性、随机性、不确定性的绝对化的思维方式也便得以张扬。按照这样的思维方式,人们只要对已有大量现象作数理统计的分析便可以精确地探明事物发展的未来走向。

这里所罗列的这一切观点都呈现着终极情怀的思维方式,因为,只有上帝才具有这样的完满性和发展的可精确预期性,从而凭借着某种单一化的方式绝对化的实现那种完满智能的成果。

4. 终极情怀思维范式的积极与消极意义

终极情怀是一种追求完满理想化、追求无限永恒性、追求绝对终极性的具有简单性、极端化色彩的思维范式。它的积极作用在于引导人们不断地在理论和实践方面去追求美好和完善。人类科学和技术发展的动力之一便是这种对完满理想化的追求。试想,科学家们如果不认为"机器会思维",又怎么能会在技术上去设计会思维的机器,还怎么会有智能科学和人工智能技术的实践。

然而,这种简单性、极端化的思维范式本身的局限性也是相当明显的。世界真的只是一架数的计算的机器吗?通过数的计算,运用可程序化的逻辑的推演,也包括大数据的统计计算分析,真的可以创造出会思维的智能机器、真的会准确无误的探明未来发展的轨迹吗?

---

① [以色列] 尤瓦尔·赫拉利:《人类简史:从动物到上帝》,林俊宏译,北京:中信出版社2017年版,第398页。
② [以色列] 尤瓦尔·赫拉利:《未来简史:从智人到智神》,林俊宏译,北京:中信出版社2017年版,第18、38页。

人脑的思维、人的有智能的实践活动是迄今为止我们所知道宇宙进化的最为复杂的现象，其间充满了多维、多层、多向度的交织、互动的不确定性和随机性因素。诸如外部环境和内部策略的随机变化的场域，自然与人与社会的复杂相互作用的映射，情感、顿悟、解释、想象、策划、创造的多歧路的随机变化的涌现，还包括生理的潜能和随机变化的情景，等等，这一切都很难通过逻辑计算的单一方式来实现。

人的思维和实践的本质在于自由：自由的意志、自由的思想、自由的抉择、自由的行为。人工智能的瓶颈在于如何赋予机器以这样的自由？而这样的自由是无论如何也无法通过程序化的逻辑计算的单一方式来实现的。

当然，人的自由并不具有绝对的性质，它必须受到自然的、社会的，乃至生理的和认知结构的制约，其中充满了内随机和外随机的互动影响，由此更呈现出不确定性和复杂性的特征。这就更增加了人工智能模拟的难度。

当代科学中的复杂性理论揭示，在事物进化的方向上，未来可能实现的模式是分叉的，在事物质变的分叉点上做出分叉方向选择的是某种特定偶然因素的介入，而不是仅仅依靠与事物的原有性质相一致的简单的量的积累。而所谓大数据的统计方法是依据历史的、多概率的路径分析对未来发展进行模拟，这样的方法是靠牺牲和忽略小概率事件、历史上未曾发生的事件来获得相关结论的，也就是说，它是对偶然性、不确定性、新颖性的排斥。据此而论，大数据的统计分析也只是适应于某些常规变化领域的简单性方法，并不具有复杂性方法的特征。另外，事物之间跨层次的相互作用的新的性质的建构和涌现也不可能通过单一的数的逻辑统计方法直接计算出来。因为，这种综合建构的新的性质是一种创造，它并不具有可还原、可计算的特征。而在人的智能活动中充满了极为复杂的外部情景、感知体验、思维创造和实践活动的层次跨越，相互作用的内在交织、制控、转化、支撑和融合，这一切都很难通过单一的数和逻辑的计算的方式来实现。就此而论，计算主义的观点和方法在人工智能的发展过程中的作用也并不具有人们所期望的那种完满性。

复杂系统的一个基本特征是，构成系统的要素不是一个僵死的单元，每个要素都是具有自主活动能力的主体（能动者）。① 能动者的活动方式既有服从整体约束的方面，又有自己自主活动的"自由意志"。由此便产生了复杂系统所具有的内随机性、不确定性和非决定论的性质。这样，复杂系统的未来运演方式也不是能够靠大数据的历史性统计所能完满预测的。

　　复杂性理论中有一个"蝴蝶效应"的隐喻，强调的就是事物未来演化的不确定性特征。这一隐喻指出，越是长期天气预报越是需要有精确的初始数据。这样的精确数据甚至要达到连一只蝴蝶扇动翅膀的微小因素都要考虑进去。然而，真实的情景比这一隐喻考虑的方面更为复杂，即使你考虑到了蝴蝶扇动翅膀的因素，要精确预报长期天气状况也是不可能的。因为，蝴蝶是有自由意志的，你计算了它当下扇动翅膀的情景，但是你不能预料它下一步如何动作，扇还是不扇翅膀？以多大力向什么方向扇动翅膀？这也使我们想起了"圣诞火鸡"的故事。在人和火鸡构成的系统中，由于人的自由意志和自由行为的自主性，火鸡通过以往人对他的行为惯例的大数据统计所得出的理想情景失效了。

　　爱因斯坦曾经说过"上帝不会掷骰子"。这是一个决定论的命题。然而，事实上，不仅上帝会掷骰子，自然会掷骰子，人也会掷骰子。人工智能的瓶颈恰恰在于怎样教会机器在外部和内部的复杂场域的互动中去掷骰子。然而，在自然、在人的认识和实践活动中真实发生的情景远比掷骰子更为复杂。掷骰子是在已有既定若干类型的模式中的选择，而自然、人的认识和实践活动中的创新、涌现，新事物的产生、旧事物的消亡则属于增加或减少模式的类型、重构模式的关系或框架。用概率论的语言来说就是，零概率事件的发生或大于零概率事件转化为零概率事件，或事件的数目、种类及其概率分布的变化。这样的情景绝非掷骰子能力所能应付，也绝非是大数据、云计算的统计分析所能直接完满的获得。或许，目前的人工智能的统计计算方法只是对那些渐进的变化有所预期，而对那些具有超常新颖性的新质涌现的突变性变化则可能束手无策。而人类智能行为中的创新则往往具有新质涌现的突变性特征。要真正实现这一层次的智能模拟，人类智能科学的发展还任重道远。

---

　　① ［美］约翰·霍兰：《隐秩序——适应性造就复杂性》，周晓牧等译，上海：上海科技教育出版社2000年版，第41—42页。

如果从宇宙、自然（人的社会、智能行为也是自然进化的结果）的无限性与人类、人类思维、人类实践、人类社会的有限性的差异上来考察，那么，人类的智能模拟实践则永远不可能达到那种终极情怀所寄望的完美程度。

还需要讨论的一个问题是逻辑和统计的关系。大数据、云计算技术是建立在归纳统计计算方法的基础之上的。有人据此提出了排斥因果性和逻辑方法的观点。最近，一个极富讽刺意味的事件就是，新版阿尔法狗—零（AlphaGo Zero）只按照给定的围棋规则学习了三天就打败了所有的老版阿尔法狗。而这个新版阿尔法狗—零的设计原则与以往的所有版本的阿尔法狗的设计原则截然不同，前者是根据逻辑规则通过自我学习来实现的，而后者则是建立在对大量人类下棋高手的经验数据统计运用的基础之上的。这明显的是逻辑对统计的胜利，因果规则对大数据的胜利。这也难怪有评论者强调指出，阿尔法狗—零的行为方式更接近于人类的行为方式。

关于机器能否最终战胜人类，甚至灭亡人类的想法其实并不是一个什么新鲜的观点预期。在人类的历史上，在人工智能科学尚未产生之前，人类就已经制造了可以灭亡人类自身的种种手段和方式。如不同时代的形形色色的杀人武器、毒药、化学制剂、火枪、火炮、核武器，乃至专制主义的国家机器、直接以屠杀为目的的战争。这一切都是人自己制造出来的。智能机器的情景也应当是这样。在这里，关键的是人和人的对立，而不是杀人工具、战争、智能机器和人的对立。

武器、机器都是人制造的、由人控制的。人们可以利用这些产品为自己造福，也可以利用这些产品伤害或毁灭人类自身。问题的关键在于如何能够建立一种民主、自由而和谐的人类社会。在专制主义、极端化体制充斥的地球环境上，人类自身的灾难并不仅仅依赖于是否研制出了所谓"超越人类的智能机器"。

第五章 物质和信息：双重演化的世界

信息哲学提出的物质和信息双重存在的存在观，必然导致物质形态和信息形态双重演化的演化观。既然所有的事物都是物质和信息的统一体，既然所有的信息都必须由相应的物质结构来载负（没有裸信息），既然所有的物质结构中都凝结了多重性质的信息（没有纯物质），那么，当物体在相互作用中发生改变的时候，它的物质结构和信息内容便会同时发生变化，这样，由此变化所构成的事物、世界的演化便一定是双重。无论是进化性演化，还是退化性演化，其过程都必然同时既是物质形态的进化或退化，也是信息形态的进化或退化。这是一个关于同一演化过程中所实现的物质形态和信息形态双重演化效应的理论。由此构成的正是信息哲学的全新演化观。

事物、宇宙的演化是在时间和空间的变幻中呈现出来的。这样，我们对演化问题的讨论便首先应当从对时空问题的讨论开始。

一、人类时空观念的变革

人类科学的时空观念的进化经历了一个从静态时空观、时间和空间相互割裂观到时空互化的时空内在融合统一观，以及分维、多维、全息时空观的变化，这一变化集中体现着人类时空观念从简单性到复杂性的发展历程。

1. 时空割裂的静态时空观

人类对时间和空间关系的早期研究，更多的是在一种静态的、相互割裂的状态下进行的。

牛顿提出的"绝对时间"和"绝对空间",是对时间和空间关系的绝对割裂。在那里,时间是和事物演化、空间状态绝对无关的均匀流逝的纯粹的持续性,空间是和事物存在、时间流逝绝对无关的一个永恒不变不动的虚空框架。牛顿写道:①

> 绝对的、真正的数学的时间自身在流逝着,而且由于其本性而均匀地,与任何其他外界事物无关地流逝着。
>
> 绝对的空间,就其本性而言,是与外界任何事物无关而永远是相同的和不动的。

爱因斯坦创立的相对论,否定了牛顿力学中的绝对时空的观念。他的"四维时—空连续统"指明了时间、空间同运动着的物质不可分割的联系。但是,在爱因斯坦那里,时间和空间的关系还只是一种外在的统一。爱因斯坦的狭义相对论揭示的是质量向能量转化的过程中所呈现出的时间和空间协同变化的性质,由此得出了"钟慢尺缩效应"和"不同时性原理"等结论。爱因斯坦的广义相对论揭示的是在引力场中呈现出的时间和空间协同变化的性质,由此得出了"时空弯曲"理论。这些理论揭示的还都只是时空在不同参照系中,在不同的质能运动系统中的相对差异性。至于时间和空间在演化过程中的内在统一性关系,在爱因斯坦相对论那里并未得到清晰地揭示。

爱因斯坦本人曾这样解释相对论时空观与牛顿绝对时空观的区别:②

> 老派物理学家只考虑空间的转换,因为对他们来说,时间是绝对的。他们觉得把四维世界连续区分解为空间和时间是自然而方便的。但是从相对论的观念来看,时间和空间从一个坐标系过渡到另一个坐标系时都是要改变的。

---

① 肖前:《辩证唯物主义原理》,北京:人民出版社1981年版,第82页。
② [德]爱因斯坦、[波]英费尔德:《物理学的进化》,周肇威译,上海:上海科学技术出版社1962年版,第153页。

所有的事件都可以描画成随时间变化而且投射在三维空间的背景上的动图。但是也可以直接描画成投射在四维时空联系区的背景上的静图。从经典物理学的观点来看，这两个图，一个动的，一个静的，都是等效的。但是从相对论的观点来看，静图比较方便，而且更符合客观实际。

由此我们也可以看出，爱因斯坦的相对论还是在一个没有自身演化的、静止的宇宙背景条件下，来谈论时间和空间与物质的质—能运动间的统一性关系的。在这样一种静态背景面前，时间和空间的关系只能是外在的。

只有当人们把时间的流逝、空间的结构和事物的演化、演化的历史统一起来考察之后，时间和空间所具有的内在统一性关系才逐步被揭示了出来。

2. 历史演化信息的时空观

首先以科学的方式把演化的、历史的观念引入时间流逝和空间变化的过程之中的是德国的哲学家康德。1775年康德出版了他的《宇宙发展史概论》。在这部著作中他提出了关于天体起源的"星云假说"，把太阳系以及一般天体的形成描述为自然本身按照自己所固有的规则"在永恒的流逝中"的"展现"，"在整个无限空间和时间范围中的造化"，并且，这种"展现"和"造化"具有生灭不已，循环往复的无穷发展系列的特征。①

康德明确地写道：②

> 在这个无限辽阔的范围中，造化处处都是有规则的，它的各个成员都是相互联系着的。
>
> 宇宙是在时间进程中从大自然所提供的创造物中逐步安排好和逐步建立起来的。但是，其特性和力量是一剂变化的基础的原始物质本身……它的各种组合的发展得以在永恒的流逝中按照计划展现出来，而这个计划本身包括所有可能包括的东西，不受任何限制，简单地说，它

---

① ［德］康德：《宇宙发展史概论》，上海外国自然科学哲学著作编译组译，上海：上海人民出版社1972年版，第133、135页。

② ［德］康德：《宇宙发展史概论》，上海外国自然科学哲学著作编译组译，上海：上海人民出版社1972年版，第54、139页。

是无限的。

恩格斯以十分深刻的洞察力看到了康德假说的真实价值。他写道：

> 康德的发现中包含着一切继续进步的起点。如果地球是某种逐渐生成的东西，那么它现在的地址的、地理的、气候的状况，它的植物和动物，也一定是某种逐渐生成的东西，它一定不仅有在空间中互相邻近的历史，而且还有在时间上前后相继的历史。①

其实，恩格斯从康德-拉普拉斯的星云假说中，从当时地质学的发现中，已经相当明确地指出了在历史的"痕迹"中时间和空间内在地统一起来了。他写道：②

> 康德的发现中包含着一切继续进步的起点。
> 自然界不是存在着，而是生成着并消逝着……地质学产生了，它不仅指出了相继形成起来的逐一重叠起来的地层，并且指出了这些地层中保存着已经死绝的动物的甲壳和骨骼，以及已经不再出现的植物的茎、叶和果实。必须下决心承认：不仅整个地球，而且地球今天的表面以及生活于其上的植物和动物，也都有时间上的历史。

正是这种"时间上的历史"在现实存在中的"保存"，实现着时间在空间中的停留，亦即是说，时间转化成了空间的结构，消失的时间在后续的空间结构中被储存了，亦即是并未消失。由这种空间中储存着的消失了的时间才印证出时间流逝和空间变幻的演化历史性。这就是消失了的时间的直接存在以某种间接存在的方式在后续的空间结构中保留了下来。这就是时间流逝的信息，当然也同时便是空间变幻的信息，因为这种时间流逝的信息直接便标明现存空间结构的后续生成的性质。

---

① 恩格斯：《自然辩证法》，北京：人民出版社1971年版，第12页。
② 恩格斯：《自然辩证法》，北京：人民出版社1971年版，第12、13页。

严格地来讲，一切关于演化的理论，一切种类的进化学说，都是关于时空转换的内在统一性的演化信息学说。因为，只有在现存空间结构中解译了储存的时间历史、空间历史的信息码后，演化才是可理解的，才是可被证明的，同时，在此基础上建立的理论也才能成为令人信服的科学。

热力学第二定律的发现，以及与之相关的熵概念的引入，是物理学上的一场带有根本性质的革命。因为，正是由此，演化的观念、历史的观念、时间不可逆的观念进入了物理学的视野。只可惜的是，以热力学第二定律为代表的经典物理学所研究的还只是系统沿着无序化退化方向不可逆演化的规律。在这样一个演化方向上，时间的历史具有不可追忆的特征。

普里戈金创立的耗散结构论研究了另外一条与热力学第二定律所揭示的演化方向相反的演化路线，即事物向有序化方向进化的路线。在这条路线上时间的历史被储存了。在这一进化的方向上，"时间就是构造"，并且，时间和空间是可以相互转化的，"科学把时间空间化了"，而"空间得到了一个时间维"，并且，因为空间结构形成的时间上的相继性，使我们有必要去研究"空间的计时"性。①

在耗散结构理论看来："一个非平衡系统的演化过程，可以用数学中的分支点理论来描绘。一个非平衡系统如果经过分叉点A、B到达C时，那么对C态的解释就必然暗含着对A态和B态的了解。这样，我们就在物理学和化学中引入了历史的因素"。在这里，"演化的历史被'记忆'和保留"。在这些"记忆"和"保留"中，"既有老一代性质的遗传，又有新的功能的产生和选择"。而在这样的一个分叉演化中，"时间已不再是一个简单的运动参量，而是在非平衡世界中内部进化的度量"。②

3. 分维时空的复杂性特征

20世纪70年代中期创立的分形几何学从一个特定的观察视觉进一步深刻揭示了时间和空间的复杂性。

---

① ［比利时］伊·普里戈金、［法］伊·斯唐热：《从混沌到有序》，曾庆宏、沈小峰译，上海：上海译文出版社1987年版，第50—52页。

② 沈小峰：《耗散结构论》，上海：上海人民出版社1987年版，第96、110、111页。

传统的几何学，包括欧氏几何学、非欧几何学等，都是用整数维度来描述空间性质的。如点是零维的、线是一维的、面是二维的、体是三维的。爱因斯坦把时间和空间作统一的考察，其建立的4维时空结构仍然是整数维的。控制论提出的状态空间法所描述的高维（n 维）抽象空间的性质仍然是整数维的。

整数维所描述的空间形式的共同特性是规则、连续而光滑的几何图形。如线是分段连续而光滑的，面是分片连续而光滑的，体是分块连续而光滑的。遇到不规则图形时，传统几何学总是采取将其化为规则图形的近似手法去处理。

然而，更多的自然物的空间结构都具有明显的不规则性、非连续性和不光滑性。如凹凸不平的地面、弯曲的海岸线、枝繁叶茂的树木、具有复杂褶皱的大脑皮层、飘舞的雪花、浮动的云朵……这一切都无法用任何规则的几何图形去描述。经典几何学在这些对象面前失效了。

分形几何学揭示了空间维度的非整数性特征。在分形几何学看来，任何物体的空间结构都是不规则、不连续和不光滑的，空间结构在本质上具有层次性、内部不均匀性和间断性，到处充满了空洞和缝隙、跨层次的自我嵌套和自相似。对如此复杂的空间结构不能简单用长度、面积、体积等规则几何对象的特征来予以描述。描述分形空间结构的特征量只能是分数维数（分维）。

其实，量子力学的相关学说已经揭示了微观、超微观世界空间结构的分维特征。按照广义相对论的结论，任何物体的具体时空都有一定的曲率，这一曲率的大小与物体质量所造成的引力的大小，以及该物体运动的方式直接相关。无论物体的具体时空具有多大的曲率，它都应当是光滑的和连续的。然而，按照量子力学的理论，在超微观尺度上点状粒子间的相互作用将可能引起量子涨落的时空跌宕起伏现象，越是在小尺度上，看到的引力场的起伏越大，类似于大海的波涛、浪花飞溅。量子力学称之为量子泡沫的喧嚣。量子力学所预言的超微观尺度上的量子涨落，在显示微观尺度时空结构复杂性的同时，也揭示了量子力学与相对论的矛盾，使广义相对论在微观尺度上失效，进而导致广义相对论不再是一种普适的理论。

分形学家们具体设计了应用数学方法构造分形结构的一般方法和程序：一般来说，只要给定一个源型（如线、面、体等）和生成规则（如生成线、面、体等），并应用生成规则反复作用于源型，就可以构造出特定分形结构来。

如果将演化和信息的观点引入对分形结构产生和发育问题的讨论，我们便可以将时间因素注入分形理论之中，并因而在更为复杂综合的层面上来探讨时间和空间的内在统一性问题。一种可能的情况是：事物在沿着有序化方向进化演化时，其空间结构的具体建构极有可能是按照分形原则展开的。如生命体中的各类器官、组织和系统并不是在其最初获得的胚胎结构中就预先存在的。也许，DNA中的生命遗传信息所规定的仅仅是各类器官、组织、系统按某种特定分形规则进行建构的一般性原则和程序。如果真是这样，DNA就并不需要拥有规定所有器官、组织、系统形成结构的详尽细节的信息内容。也许正是分形规则的原则，控制着生物形态发育的过程。诸如脑皮层的复杂褶皱的分形结构、神经系统的分叉网络分形结构、支气管系统的分支分形结构、肝脏的胆管系统的分形结构、血液循环系统网络的分形结构、人体经络系统的分形结构等，都是按照特定的分形原则，在不断同化相应的适宜环境信息的过程中一步步生成和建构出来的。由此，我们便可以清晰地看到，在事物进化演化的方向上，时间程序的维度是怎样具体融入或统一到复杂空间结构变换的过程之中的。

4."超弦"理论与时空复杂性问题

在当代物理学面临的诸多难题面前，作为当代物理学的两大支柱的相对论和量子力学陷入了解释力失效的困境。为化解当代物理学所面临的危机和挑战，一个试图要超越相对论和量子力学的新的物理学理论——超弦理论，在20世纪60年代末开始提出，并在20世纪80年代中叶以来逐渐发展成形和日趋标准化。

按照超弦理论的设计，构成世界的基本元件不再是只占空间位点的点状粒子，而是只有长度而没有其他线度、象是一根无限细的弦（或称超弦）这样的东西。这些弦可以有两端（开弦），或它们可以自身首尾相接成闭合的圈子（闭弦）。开弦和开弦、闭弦和闭弦、开弦和闭弦之间存在着相互分解和组合、相互生成和转化的复杂的相互作用。弦存在于超微观蜷缩状小尺度空间，其最小长度不能小于 10^{-33} 厘米（普朗克尺度）。这种小尺度空间就镶嵌在我们熟悉的三维空间之中。

超弦理论还预设了某种宇宙弦的存在。宇宙弦是早期宇宙生成的超微观凝聚态，没有端点，要么是封闭的，要么是无穷长。随着大爆炸持续至今的冷却效应，逐渐凝聚成一张由贯穿整个宇宙的弦缠结而成的网。这些弦具有巨大的张力，强烈的振动和扭动，并与其他种类的弦相互交缠。宇宙弦的猛烈运动，产生如水波峰一样的"引力波"效应。

弦本身的运动形式相当复杂，除了前已述及的弦与弦的分解和组合、相互生成和转化的相互作用之外，永不停息的振动就是弦自身的存在方式。迄今为止人类观察到的所有基本粒子都对应于弦的不同振动模式。闭弦的最低阶振动模式对应着引力子，开弦的最低阶振动模式对应着光子。一个基本粒子的性质（质量和力荷）是由其内部的弦产生的精确的共振模式决定的。因为各类弦的振动模式可能有成千上万种，所以，我们可能观察到的基本粒子的数量便远远大于目前发现的三百多种。

按照超弦理论的预设，普朗克尺度（10^{-33} 厘米）是宇宙收缩的极限。宇宙时空的维数也不是我们常见的 4 维时空（3 维空间和 1 维时间），而是 11 维时空（10 维空间和 1 维时间）。超弦理论预言宇宙在任何空间维上都不可收缩到普朗克尺度以下。当所有的空间维都收缩到普朗克尺度时，宇宙的收缩将会中止。

超弦理论还预言了产生宇宙膨胀的大爆炸之前发生的事情。大爆炸之前高度蜷缩在小尺度时空的 11 维宇宙处于某种高能级的"假真空态"，这一"假真空态"是不稳定的，在其向低能态跃迁时发生爆炸。11 维宇宙的失稳分裂为两个部分，其中 3 维空间和 1 维时间被展开，构成了我们可以观察到的宇宙时空，而其余 7 维空间仍然高度蜷缩在小尺度上，并在超微观尺度上镶嵌或缠绕在已被展开的三维空间之中。这 7 维空间虽然存在于我们周围，但由于其尺度太小，又由于我们本身是以三维空间架构起来的，所以，我们根本无法直接观察到这 7 维空间中的情景。

超弦理论还用它自己的方式解释了暗物质或暗能量的存在方式。按照超弦理论的说法暗物质或暗能量就存在于超微观尺度上的 7 维空间之中，我们认为是丢失了的质—能，其实是以未曾得以延展的弦的方式，高度蜷缩在超微观尺度的其他维空间之中，故而我们无法直接观测到它们的存在，但是，在某些场合，我们却可能感受到他们所引起的某些效应，如在某些观测结果中增加着的引力和排斥力等。

已有的相关理论认为，超弦理论还是科学界探索已久的统一场理论。按照超弦理论的预设，完全可以将现实世界中分列着的四种基本相互作用的力场，在弦的互化和振动的尺度上得到完满而统一的解释。

直到目前，超弦理论还仅只是一种科学假说，这一理论虽然在超微观尺度上预设了宇宙的终极存在形态及其运动方式，但是，宇宙的这一终极形态却并未被相应的观察、试验所发现，而且，有些学者甚至断言，由于尺度极小，人类也许永远不可能直接观测到这一宇宙的终级形态。另有一些学者则指出，与其说超弦理论是一种科学，还不如说它更像是一种艺术。但是，无论如何，超弦理论比较起相对论和量子力学来更具有科学的解释力，当代物理学所面临的诸多难题大都可能在超弦理论的相关预设中得以化解。

如果说，超弦理论所预设的宇宙弦及其网络，以及弦的互化和永恒振动的运动方式等学说在微观、超微观尺度上揭示了宇宙存在和运动的复杂性的话，那么，超弦理论关于 11 维时空的预设，以及在宏观延展的三维空间中镶嵌或缠绕着微观、超微观尺度的更多维空间的假定，则向我们昭示了微观、超微观尺度上宇宙时空结构的复杂性。显然，这一层面的时空复杂性是不可能用欧氏几何或任何一种传统的非欧几何来测度的，因为，如此复杂的时空结构，无论如何也难以用平直的或带曲率的、光滑连续的、整数形的时空维度来准确描述。虽然，超弦理论预设了一个 11 维的时空结构，但是，由于空间结构在宇观、宏观、微观、超微观尺度的不同层级之间的多重镶嵌和缠绕，以及弦自身永恒的振动和弦之间相互作用的互化，便不可避免地导致微观、超微观尺度上的具体时空的多层级性、多曲折性、永恒跌宕起伏的非光滑和非连续性。而诸如此类的时空特性则只能用分形几何予以描述。也许，将分维空间的特性引入超弦所设计的时空结构的探讨要比目前超弦理论所设计的整数型的 11 维时空结构更具有合理性。

5. 全息宇宙论与时空的全息性

前所述及的时空互化的时空内在融合的时空观、分维理论所揭示的层次嵌套的自相似结构的时空观、"超弦"理论所揭示的超微观尺度的"一维弦"振荡的涟漪波被我们观察为基本粒子的情景已经从不同侧面，在不同程度上揭示了事物、宇宙所具有的全息性特征。

对于全息概念，邬焜曾在一个特定的意义上作出过规定：

> 全息是指事物在自身的结构中映射、凝结着自身现存性之外的多重而复杂的信息关系和内容。我们完全可以结论说，全息现象乃是复杂性自组织进化所可能达到的一种相关信息凝结积累的结果，凡是在进化过程中所形成的有序结构都必然会呈现相应的全息现象。①

当代理论物理学和宇宙学提出了一种全息宇宙论模型。这一模型认为，我们熟悉而生存于其中的这个世界，可能只是另外一个遥远世界的全息投影。全息宇宙论的观点认为：

> 当我介绍全新原理时，我的视角是设想我们所经历的一记都发生在时空的内部区域，同时，我们意外地发现，在一个遥远的边界上，这一切镜像过程也在上演。②

更有学者认为，关于宇宙学的全息性原理，比较起其他的理论物理学和宇宙学的原理，也包括相对论、量子力学和超弦理论的原理，也许更具有本质性和完满性。③

---

① 邬焜：《信息哲学——理论、体系、方法》，北京：商务印书馆2005年版，第266页。

② [美] B. 格林：《隐藏的现实——平行宇宙是什么》，李剑龙、权伟龙、田苗译，北京：人民邮电出版社2013年版，第317页。

③ [美] B. 格林：《隐藏的现实——平行宇宙是什么》，李剑龙、权伟龙、田苗译，北京：人民邮电出版社2013年版，"导读"第 xxi 页及第278—279、313页。

物理环境本身也仅仅是一种外在的表现，它出自更基本的因素（信息），并按照特定的基本法则（物理定律）发展演化。①

全息宇宙论的观点还认为：古希腊哲学家柏拉图关于实物和它们的影像是两个相互对应的不同世界的划分可能正好便是宇宙的现实。他所设计的为了证明这两个不同世界的隐喻"洞穴假象"② 似乎已不再限于一个比喻。

现实（而不仅仅是影子）可能存在于一个遥远的界面上，而我们在通常的三维空间中所见证的一切不过是远处一举一动的投影而已。换句话说，现实也许就像一张全息图片，或者，现实其实就是一部全息电影。

这个奇特可能性的旅程融合了许多意义深远的研究进展，其中包括广义相对论、黑洞、热力学、量子力学以及最近的弦论。穿梭在众多不同领域的线索就是量子宇宙中信息的本质。③

---

① ［美］B. 格林：《隐藏的现实——平行宇宙是什么》，李剑龙、权伟龙、田苗译，北京：人民邮电出版社2013年版，第280页。

② "洞穴假象"是柏拉图炮制的一个寓言，在寓言中他把事物的世界比作地洞，把只认识事物的人比作锁在地洞里的犯人；在洞口上面有一些类似木偶戏的表演，借洞口的光把它们的阴影投到洞壁上，这个犯人所看到的就只是这些阴影。等到这个人被释放了之后，转过头来，才看到这些木偶，看到光，才知道以前所看到的不过是这些东西的阴影。等到他爬出洞来之后，才看到真正的事物，看到太阳，才知道以前所看到的木偶之类的东西，以及所看到的光还不是真实的，还只是这些东西的影像、模仿。柏拉图用这个寓言说明人是怎样摆脱被不真实的个别事物的迷惑，进而达到对真实理念的认识的过程。洞外事物之于洞里阴影正好像理念之于事物一样，是更真实的，而太阳光之于感觉世界也正像善的理念之于理念世界一样，是最高的、最真实的。（参见，北京大学哲学系外国哲学史教研室编译：《古希腊罗马哲学》，北京：生活·读书·新知三联书店1957年版，第203页。）柏拉图通过"洞穴假象"的寓言所描述的显然是人的感知世界的发生通过了多级信息中介的情景：太阳→光→木偶→木偶影子→人。其实，爬出洞的人所看到的太阳仍然不直接就是作为实物的太阳本身，仍然是被太阳发出的光所中介的，亦即是说，人所看到的仍然是太阳的影像。

③ ［美］B. 格林：《隐藏的现实——平行宇宙是什么》，李剑龙、权伟龙、田苗译，北京：人民邮电出版社2013年版，第278—279页。

当然，根据我们关于所有的事物都是直接存在（物质）和间接存在（信息）的统一体的理论，某物可以通过它派生的它物或通过它派生的它物的中介作用于本来异在的它物，并引起它物的时空结构的改变，这样，事物便会在派生的它物或本来异在的它物中建立某种程度的对象性关系，并通过这种对象性关系显示自身。这样的原则，不仅适合于宇宙中的事物，而且也适合于宇宙整体本身。

一个事物，将自身的信息投射到它物之中，一个宇宙也可以将自身的信息投射到另一个宇宙之中。然而，无论什么样的信息投射都必然会有其物质的载体。就此而言，宇宙自身的信息不是投射到宇宙之外，而是投射在宇宙之中，或更精确地说，是宇宙某一层次或局域的信息投射到宇宙的另一些层次和另一些局域之中。这一情景，反过来亦然。事物相互作用的相互性导致宇宙的所有层次、所有部分和领域都映射着另外一些层次、另外一些部分和领域的，以及自身历史关系的某些信息。而这些信息都会在其相应的时空结构中呈现出来，从而造成时空结构本身便具有了全息性的特征。这大概就是宇宙全息或全息宇宙自身存在方式的真谛。当然，这种宇宙的全息性、时空的全息性的存在也应该有其限度，即其所可能呈现的信息是不完全的、有限的、被扭曲的、可耗散的。关于这些问题，我们之后还要讨论。

二、相互作用、时空转化与全息凝结

1. 空间和时间分别描述的是静态和动态的差异关系

在最一般的意义上，空间指的是事物的并存性关系，时间则指的是事物的历时性关系。

事物的并存性是以差异性为前提的。试想，如果没有差异，事物便不可区分，也就不存在什么并存关系。讲并存就是有所差异的不同事物构成的结构。所以，空间的本质便是并存着的差异之间的关系。

然而，有差异就有差异之间的相互过渡和转化，也就是差异间的相互作用。而任何相互作用的结果都意味着相互的改变，由此改变的效应构成了事物的运动、变化和演化的过程，亦即是空间结构的流变。由此流变所呈现出来的便是时间的流逝。就此而言，时间的本质便是空间结构的变化，亦即事物差异关系的流变。从差异关系的角度来分析，空间描述的是静态的差异关系，即差异关系的并存性；而时间描述的则是动态的差异关系，即事物的差异关系在相互作用中的改变，由此改变构成的便是事物演化的过程。

现代科学的相关理论揭示了事物普遍差异，永恒运动、变化和演化的性质。热力学第三定律揭示微观粒子绝对不运动的绝对零度不可达到；现代宇宙学揭示的宇宙最冷物质是宇宙大爆炸最初产生的至今仍在宇宙背景中弥漫着的三种辐射——光辐射、中微子辐射、引粒子辐射。相关理论推算的这三种辐射的温度分别是3K、2K、1K。观测发现的宇宙背景中的光辐射（黑体辐射）的实测温度是2.7K；超弦假说所揭示的普朗克尺度的超微观构件（一维能量弦）的存在方式是永恒的振荡，其所产生的有所差异的振荡波形成千上万；量子宇宙学的相关理论揭示：在宇宙背景的看似真空状态的区域其实是潜能量存在的领域，其中充满随机的量子振荡，通过量子振荡成对的正反粒子从看似虚无的真空中随机产生，又随机湮灭，从而上演了时空普遍差异、永恒振荡、不确定性的运动、变化和演化的壮观奇景。

2. 相互作用与时空互化

差异关系的并存必然导致相互作用，相互作用的结果必然导致差异关系的改变，如此，时间和空间关系的问题也便可以具体化为事物相互作用的关系问题，或毋宁说，相互作用便是时间和空间的实质，相互作用便是时间和空间的统一，而时间和空间则只有在相互作用的过程中才能呈现其真谛。如此而论，时间、空间、相互作用便可以看作是一个三位一体，这个三位一体便是事物的存在方式。

信息哲学揭示了信息在相互作用中产生的机制，空间结构在差异的相互作用中改变着自身的差异关系从而呈现出了时间的流变，导致了事物的演化。由于演化通过了相互作用，所以，演化本身也便具有了信息活动的意义。

事物内部或外部的相互作用导致事物派生信息场的运动，而通过信息场运动的中介，本来异在物之间又会普遍发生相互改变的信息同化和异化的过程。在这一普遍相互作用的信息同化和异化的过程中，处于演化过程中的事物必然被普遍信息体化。事物的普遍信息体化的性质，决定了在其内部的特定结构

"痕迹"中必然凝结了关于自身演化历史的多重关系的信息。这样，演化之时间流逝的信息，以及事物演进由来的旧有空间结构状态的信息都会以某种被扭曲、变态、或部分耗散扬弃的形式，在演进之事物的现存结构中得到不同程度的保留。如此，在历史的东西的直接存在的过程消失了之后，这种直接存在还可以转化为某种间接存在的形式继续存在着。这种关于历史的间接存在以后续演化阶段上所建构出来的直接存在为载体而遗传下来了。这样，时间的空间化，空间的时间化便都是可以理解的了，并且也都是必然的了。

3. 时空互化的全息统一

时空转化凝结信息。宇宙大爆炸所产生的宇宙背景辐射的"遗迹"在现存宇宙空间中的游荡，给宇宙学家们报道了关于宇宙膨胀演化开端状态的信息，而各类天体远离我们而去的现存宇宙的时空运动，则向我们提供了我们所处的内宇宙自膨胀演化以来所经历过的时间的信息，以及我们这个内宇宙具有怎样的规模和尺度的空间的信息；太阳系现存的时空结构及其元素组成方式直接凝结着太阳系起源及演化至今的种种时空样态的信息；地球地质的层叠结构的现存空间样态，一页页地记录着地球地层的时空演化史，其中不仅包括地质时空样态的变迁，而且包括生活在不同地质年代的生物，以及与之相应的地球环境条件的具体时空样态的信息；物体以它的运动状态、外观形状，以及内在结构方式和元素组构成分间的现实关系编码自身产生历史的时间表（例如，据此而来的关于物体产生年代的同位素测定法）；空中飘落的每一片雪花都是具体差异的，这种具体差异的构型，详尽记录着它在高空结晶和落下历程中所经历的变化多端的天气条件的历史信息，在这里，雪花以它自己的特定构型全息着自身产生、运动、变化的历史；生物遗传基因 DNA 的空间排列结构编码着生物种系进化历史的相关信息，这种信息依其进化顺序的按特定时间序展开的表达便是由此 DNA 所规定的生物个体发育的过程，这种历史的时空样态以某种大大压缩了的方式在个体发育的现存时空样态中的具体展示，便构成了生物个体发育过程重演其种系进化过程的生物重演律现象。超弦理论所预言的超微观尺度上"一维能量弦"的永恒的振荡产生的涟漪波构造了量子力学的微观时空，全息宇宙论所描绘的层次映射、全息蕴涵的宇宙模型，中国学者所揭示的生物全息律，以及混沌理论所揭示的那种有规则或无规则的无限嵌套的自相似结构，则可能是事物在普遍相互作用中所达到的时间与时间的互化、空间与空间的互化、时间与空间的互化的一种全息境界。在此境界中，时空转化是全方位的，由此转化而凝结的演化信息也是全方位的。

时空转化中的演化信息的凝结并不仅仅是针对历史而言的，它还指向未来。事物现存的时空结构本身就规定着事物未来演化的路径。当然，这种未来演化的路径绝不是完全决定论式的，它是一个可能性的集合。对于这个集合中的某一可能性方向的选择还依赖于一些其他相关的条件。

事物的现存结构同时具有三重存在的价值和意义：一是它自身规定它自身的是之所是；二是它自身承接它自身的历史；三是它自身指示它自身的未来。这样，事物以它自身的现存性，凝结着关于自身历史、现状、未来的三重信息，也可以说，由于演化的"造化"，事物总是对它的过去、现在和未来全息的。当然，我们没有必要把这一全息绝对化，因为这里全息的并不是所有过程的具体的细节，而只能是某种扬弃了琐碎具体细节的一般性的"程序"，并且，随着演化过程的继续，这些一般性的"程序"也有可能会不断地被部分地"耗散"，同时，某些新的内容的"程序"又会被不断地创生出来。在这里，非完全决定论的，以及全息不全的原则仍然是适用的。

三、相互作用与双重演化

事物一般演化的相互作用的过程所具的物质形态和信息形态的双重建构的意义，以及事物演化过程中时空转化的信息凝结过程，使我们有必要从一个新的角度，即从信息形态演化的角度来对演化概念进行规定。

1. 演化过程中的两类信息活动

时空转化过程中之信息的凝结，相互作用所实现的双重意义的转化，都是在某种结构"痕迹"的建构中实现的。时空转化其实也只是相互作用过程建构的"痕迹"所体现出来的一种具体信息的内容方面。如此，时空转化便可以在关于相互作用的"痕迹"建构的理论中得到统一性的解释。

相互作用的被中介的性质，以及相互作用必然是某种结构"痕迹"的建构过程,都充分揭示着相互作用乃是信息产生、信息模式的传递的过程的实质。事物之演化恰恰就在这种结构建构、信息产生、信模传递、信息交换的过程中实现。

相互作用必然会产生某种凝结信息的"痕迹",但是。这种"痕迹"能够保留和延续的时间却是不同的。针对这种"痕迹"延续时间的不同情况,有理由将相互作用过程中的信息活动方式区分为两类:一类是"痕迹"和与之相应的信息模式的随机产生,又随机消失和耗散的过程;另一类是产生出来的"痕迹"和与之相应的信息模式的稳固化和被凝结积累的过程。

通常,有些相互作用所产生的"痕迹"会被种种涨落性干扰或载体本身保持旧有稳定性的惯力回归作用所耗散掉。如在空气介质中传播的声信息随着时空延展的逐步消失;又如,当某种外力消失后,在这个力作用下变了形的皮球又会在自身内压弹力的作用下恢复原状。在这类相互作用的过程中,各类结构改变的"痕迹"被随机建构着,由这类"痕迹"所显示的信息也随时产生着、传输着,并同化和异化着,但是,这些"痕迹",以及由之显示的信息又随时减弱着、消失着、被耗散着。这类信息活动,对于事物的总体演化,通常并不提供多少明显的贡献,因为它并不足以改变事物的整体结构模式,这一活动过程充其量也只是对系统旧有稳定结构模式的一种暂时偏离的微扰。这种相互作用的信息过程,在自然系统中也是一种普遍存在的现象。正是这种现象的存在,使自然系统的演化可能处于相对稳定的状态和阶段上。

另一类相互作用过程,即产生出来的"痕迹"和与之相应的信息的稳固化和被积累的过程同样是一种普遍存在的现象。在这一过程中,相互作用所产生的"痕迹"并不是随机地被耗散掉了,而是在一个相对长的时间上被稳定化和固化了,这种"痕迹"的稳定化和固化依赖于特定非线性相互作用模式的稳定化和固化。由于"痕迹"的稳定化,由之凝结的信息也被储存和积累起来了,正是此类相互作用的过程为事物的一般演化过程提供了建设性的贡献。通过这种稳定化、固化,系统打破了旧有的稳态结构,建立了一个新的结构模式,由此,系统实现了自身演化过程中的双重结构跃迁:物质形态的结构跃迁和信息形态的结构跃迁。

2. 物质和信息形态的双重演化

普遍差异的事物之间的相互作用构成了事物运动、变化和演化的过程。

在这一过程中，呈现出来时空互化、信息凝结、全息映射的复杂性特征。

具体分析这一复杂演化过程，我们可以发现，其中存在着物质形态和信息形态的双重演化效应。

物质形态的演化效应包括三个方面：

> 物自身的一种直接存在的样态向另一种直接存在的样态的转化；
> 中介物的产生和运动；
> 物物间的联系、过渡和转化。

从物质形态演化效应出发，我们可以把演化看作是物质形态运动、变化的过程，其中存在物质形态的进化和退化的两个方向。这也是传统科学和哲学已经集中阐释过的理论。

但是，由于在同一演化过程中呈现出了时空互化、信息凝结、全息映射的复杂性关系，所以，事物的演化必然会存在另一层面的效应，即信息形态的演化效应。

信息形态的演化效应也包括三个方面：

> 物自身的直接存在向间接存在的过渡（通过派生信息场显示自身）；
> 相互作用物的间接存在的相互凝结（通过信息的同化和异化建立相互映射的对象性关系）；
> 新的间接存在样态的建构（新的信息模式的创生）。

在信息形态的演化中，新的信息模式的创生是通过信息的同化和异化改变物质结构的结果。由于特定信息内容是以特定物质结构为其载体的，所以，物质结构的改变同时就意味着旧有信息的被改变，其中将可能发生的情景是多重的：旧有信息的耗散、扭曲和变态、新旧信息的叠加、重构的积累。由此分析我们便可以清晰地看到演化对于一般的信息活动所具有的三方面意义：一是特定信息模式的产生（建构、创生）；二是特定信息模式及其显示的信息内容的耗散（耗损、消失）；三是特定多重信息模式及其显示的信息内容的扩散、储存、叠加、凝聚、重构的积累，而所谓全息映射的建构正是通过这种信息的创生和积累而实现的。

据此，我们有理由从信息活动的参照系上，把演化规定为信息产生、耗散和积累的过程。

正是在相互作用中所实现的物质和信息的双重演化效应，将事物的存在方式二重化了，即所有的事物都是直接存在和间接存在的统一，都既是物质体又是信息体，任何物都以其演化生成的结构编码了关于自身历史、现状和未来的多重关系的信息。正是在结构生成的信息凝结的意义上，我们才可以理解时间和空间的复杂性问题：相互作用中的时空转化、时空转化中的信息凝结，以及由此导致的时间的空间化和空间的时间化。

3. 物质形态和信息形态演化的同步性关系

物质形态和信息形态演化的双重维度的规定同样可以合理地解释两种不同的演化方式和方向：

> 向上的有序化演化——物质形态的进化、信息模式的创生和积累；
> 向下的无序化演化——物质形态的退化、信息模式的消解和耗散。

就演化的两种不同的方向来看，向上的有序的演化方向，亦即是进化、发展的演化方向。它的新的结构的建构所达到的主要是信息的凝结、重构和积累。当然，在这一演化方向上仍然存在某些信息耗散的方面或过程，这一方面是指普遍存在着的信息的随机发生和随机被耗散的微观涨落的过程，另一方面则是指在产生和凝结新的信息所进行的重构性建构中。由于对原有信息结构的破坏，势必会产生原有信息的部分耗损现象。但是，无论怎样，对于一个系统来说，只要其结构变迁中所实现的主要方面是信息积累性的，并且，这些渐次积累起来的信息在进化的品级上也是较高的①，那么，这个系统

---

① 信息进化品级的高低是与物质进化程度的高低相一致的。那些进化程度较高的物质形态的间接存在就是品级较高的信息。在总类上可以根据系统形态发展的线索来划分。如自在、自为、再生信息是依次品级较高的信息。在各种形态的信息之中又可区分出不同的级别来。如关于较重元素的信息就比关于较轻元素的信息的品级高，关于有机物的信息就比关于无机物的信息的品级高。

就必然是处于有序化的演化方向上。

当自然、自然系统沿着向下的无序化方向演化的时候，相互作用所产生的相干效应对于系统的结构所起的作用并不是建设性的，而是破坏性的，在这里，并不是指系统不再产生新的结构，而是指这个新的结构较原结构相比有序度较低，也不是指系统不再凝结新的信息，而是指，这些新的信息的凝结是建立在旧有信息的巨大耗损的基础上的，并且，这些新的信息比较起原有的信息在进化的品级上也是偏低的。在这里，所产生的信息活动的总效应不是积累性的，而是耗散性的。

基于上面的讨论，我们可以总结说：演化是一个信息产生、积累和耗散的过程，当信息积累占主导方面时，系统将沿着有序化方向演化；当信息耗散占主导方面时，系统将沿着无序化方向演化。信息积累占主导的过程亦即是信息品级提高、物质形态进化的过程，而信息耗散占主导的过程则是信息品级降低、物质形态退化的过程。发展意味着信息的积累；退化意味着信息的耗散，而发展中也有局域性的退化现象，这便是总的信息积累中的部分信息耗散；退化中也可能有局域性进化。这就是总体的信息耗散中的部分信息积累现象。

其实，物质形态的演化和信息形态的演化是宇宙、宇宙事物同一个统一演化过程的两个侧面。在宇宙事物演化的层面上，信息形态与物质形态具有同步演化性。与无机、有机界——生物界——人类社会三大物质形态进化演化阶段相对应，信息形态的进化演化也经历了三个大的阶段，即自在信息——自为、再生信息——社会信息。

图 5-1 简略给出了物质形态与信息形态同步进化的对应关系。

由相互作用所引出的双重演化的理论，为我们揭示了一种更为丰富多彩，更为复杂变幻的世界演化图景，从而为我们提供一个全新的时空演化观。

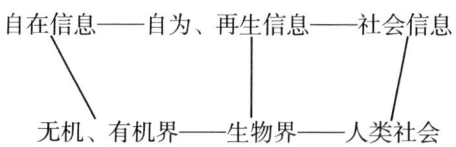

图 5-1　物质形态与信息形态同步进化的对应关系

四、自组织进化的信息机制

随着 20 世纪中叶以来的复杂信息系统科学学科群的崛起,尤其是 20 世纪 60 年代末以来的耗散结构理论、协同学、突变论、超循环理论、分形学、混沌理论、全息理论,以及广义进化理论和专门的复杂系统理论研究等众多新兴学科的兴起和不断发展,关于开放系统进化的有序模式生成和发展的自组织机制的理论已日渐清晰的被揭示出来,并且,这一进化的自组织理论已经渗透到了所有自然、社会和思维发展的领域,被用来解释极为广泛的进化现象。我们这里将重点剖析自组织进化的信息机制。

1. 组织、自组织和它组织

组织概念是自组织概念的上位概念。

通常,组织概念可以在静态和动态两种不同的意义上获得规定。

静态的组织概念指的是某一系统结构的有序性模式,相当于通常所说的秩序、模式、构架、结构等。

动态的组织概念指的是某一系统的有序结构的生成过程、途径、机制和方式,相当于通常所说的秩序化、结构化、有序化、组织化等。

在动态的意义上,组织概念又可以分为自组织和它组织,这是从有序结构生成的具体机制和方式的差异上被区别规定的。

可以把它组织定义为:从系统外部直接引入模式信息,并按此模式建构系统模式的过程。理解它组织概念的关键在于:模式是由外部输入的,而不是由系统内部自发产生的。例如,工人们按照工头发出的外部指令进行工作,导致联合行动的生产行为的发生过程;晶体按照置入的晶胚模式生长;工厂按照引进的产品模式进行复制性生产;按照已有先例的改革经验进行相应的改革。

可以把自组织定义为:在开放背景下,系统自发形成内部有序结构的过程。理解自组织概念的关键在于:模式是内部自发产生的,而不是由系统外部输入的。事实上,任何新的有序结构模式的生成都是通过自组织实现的。自组织就是新模式创生的一般机制。例如,工人们通过主动配合、默契行动的集体操作的生产过程；激光器中自发生成激光波列的过程；生命体通过吸收外部物质和能量建构自身血肉、躯体和器官的过程；没有先例可循的创造性改革过程。

它组织和自组织都是系统有序结构产生的过程，并且，二者都依赖于系统的对外开放性。二者的差别仅仅在于外部输入因素的性质上。在系统演化的实际过程中，它组织与自组织并不存在绝对的界限，自组织理论认为，可以用统一的观点对两类过程加以描述。其实，可以把它组织过程看作是在自组织过程中所创生的新模式的复制或扩散行为。这样，所有的物质或信息的新的有序结构的创生都是自组织过程，而它组织过程则相应被看成是自组织过程扩散或被进一步放大的必要环节。这样，它组织对应于已有的既定模式的量的增长，自组织则对应于新模式创生的质的进化。

相关的自组织理论依据系统自发形成的有序结构的类型，将自组织现象区分为空间的和时间的（或时空的）两种。

空间自组织现象是指，通过自组织的方式，系统在其演化过程中自发形成的有序的空间结构。典型的物理实验有贝纳德流形成的六角形嵌套的蜂窝状结构和大滚浪结构①、激光器产生的有序光波列②等。在自然界和社会中存在着极为普遍的空间自组织现象。例如：天上的"云街"；地质的分层色彩；旱地的龟裂；河中的漩涡；有机体的模式；社会群体中的等级结构；大型会

---

① "贝纳德流"由法国科学家贝纳德在 1910 年发现，并因此而得名。贝纳德把厚度为"h"（几毫米）的液层上下各放一块平板，使之与环境隔开，并在其底部均匀加热。当均匀加热过程持续到一定域值时，从上面可以清晰地观察到相互嵌套着的六边形花样模式，这一模式是由冷、热流的上下对流造成的。被加热的底部热流通过六边形花样的中部涌上来，上面冷却了的流体则沿着六边形花样的边缘落下去。如果继续加热，这种六角形花样将会被大滚浪结构所替代。贝纳德流揭示：外部无规热量的输入，怎样在系统内部自发产生出有序的空间结构模式。

② 当激光器中原子受到输入电流的激发时，绕原子核旋转的电子便会受激而跃迁上高能轨道，当它再跃迁到低能轨道时，便会发出光波列。当电流的输入功率小时，电子跃迁不同步，光波是随机发射的，激光器发出的光场杂乱无序，形如普通灯光；当电流的输入功率达到某一域值时，所有电子会突然进行同步跃迁，从而形成有序光波列，这时，激光器便会发射出激光。激光的形成过程揭示：外部无规电流的输入，却导致了激光器内部的相干性极好的有序光波列的自发生成过程。

议或演出时入、散场时的人流模式；自然村落的分布……

时间（或时空）自组织现象是指，通过自组织方式，系统在其演化过程中自发形成的有序空间结构随时间做周期性变化的现象。典型的实验有化学种、化学波与化学螺旋。[①] 在自然界和社会中同样也存在着极为普遍的时间（或时空）自组织现象。例如：太阳黑子的周期性变化；生态中捕食者与被捕食者的数量随时间而发生的周期性振荡；地球四季气候的交替循环；人体生物钟现象；经济繁荣与衰退的周期性波动；股票市场的升值与回落的交替运动；动物心脏的跳动；心理活动的起伏；精神状态的张弛……

就自组织乃是新模式（空间的、时间的或功能的）创生的质的进化过程的意义上来看，自组织显然不可能在纯粹的物质（质量）或能量活动的层面上得到合理的解释。系统模式并不是由质量或能量之类的因素简单规定的，模式本质上是一种关系、构架，是一种组织的方式、序的结构，而诸如关系、构架、组织方式、序的结构等则只能用信息活动来加以解释，在这里，质量或能量之类的活动仅仅是信息活动的载体形式。从整体主义的系统科学纲领所强调的系统乃是元素之间的关系，或说系统乃是关系的网络的相关规定来看，仅仅用质量或能量的活动是远不能清晰阐释系统存在和进化的具体机制的。

2. 自组织活动的信息特征

自组织理论的相关文献描述了自组织系统所具有的诸多方面的基本特征。诸如动态性、开放性、非线性、随机性、复杂性等。但是，由于相关描述缺

---

① 在化学反应中，有一种被称作"化学钟"的时间或时空自组织现象。20世纪上半叶，由前苏联的两位化学和生物学家彼罗索夫和沙博廷斯在试验中首先发现，所以，这种"化学钟"现象也被称为"彼罗索夫—沙博廷斯反应"。当他们把带有金属离子的几种有机酸在试管中进行混合反应时，试管中会出现两种化学物质的浓度随时间作周期性变化的现象。这时，如果在反应中适当加入某类催化剂或指示剂，试管中的物质会周期性地交替呈现出红色和蓝色，甚或会出现红蓝相间的空间花样随时间作周期性的交替变换。前一种变化称时间振荡，后一种变换则称时空振荡。更为复杂的彼罗索夫—沙博廷斯反应还有化学波和化学螺旋。化学波会形成从中心开始的红蓝交替生成的，向外逐步扩散着的，红蓝相间的动态变化的圈层结构；化学螺旋则会呈现出红蓝相间的复杂螺旋图形的动态变化的更为随机和复杂的运动。

乏信息维度考察，导致了相关研究难以深入的局限。信息哲学已经从信息活动的视角对自组织过程的基本特征进行了重新考察和阐释，从而使我们能够更为深刻地把握自组织现象的实质。

（1）动态性与信息模式的持存和复杂化重组的建构

相关的自组织理论区分了两类有序结构：一类是静态的，如晶格的模式（微观粒子处于静态有序的空间排列），哈肯称其为"死结构"；另一类是动态的，其特点是，体系的宏观有序结构是由组成体系的微观粒子的运动或不断更替来维持的。自组织现象都是动态的有序结构。所谓自组织现象就是在组构要素不断运动的变换中维持或发展着的体系整体层面的有序结构。如江河中的旋涡、贝纳德流、人体的模式，其微观构件是不断变化和更替的，而其宏观整体模式则是相对稳定不变的。

动态有序所关注的是系统有序整体信息结构（模式）的保持或增长，至于微观质—能的流动或替换则仅仅是保证此有序整体信息结构（模式）保持或增长的载体运动的形式。在这里，自组织所强调的有序模式只能是在信息活动形态的稳定性保持或复杂化演进的意义上成立的。有序是一种信息编码的构架。有序结构的保持相对于特定信息编码构架的稳定的持存，在动态有序中，标示系统本质不变性的方面既不是系统的质量，也不是系统的能量，系统的质量和能量都是随时流动和变化的，只有相应特定信息编码的序的构架才是系统本质的标示，因为只有这一构架是稳定持存的。有序结构的复杂化演进则相对于特定信息编码构架的复杂化重组或建构（更有序新结构的生成），系统自组织程度的增长、复杂性的增强，亦即从一种有序状态向更为有序状态的跃迁式进化，都是基于特定信息编码构架的复杂化重组或建构之上的，至于系统内部的，或系统与其环境交换的质量或能量的活动，都是通过这一特定信息编码构架的复杂化重组或建构而被组织起来的，或说是前者被纳入后者的有序模式建构过程而采取了服从于后者的统一协调的运作方式（随模协动——哈肯语）。只有从这样一个层面上来理解自组织的实质才有可能准确把握哈肯的序参量、艾根的超循环构架理论的要义。

（2）适宜的开放性与环境信息作用对自组织演化的必要性

自组织的有序结构必须从外界吸收物质（质量）、能量和信息才能形成和维持。例如贝纳德流就是在从外界吸收热量的过程中产生的；化学振荡现象也只有在不断加入化学反应物的条件下才能维持，一旦加入过程停止，振荡将渐趋衰减，最终导致均匀混合的平衡态。与此相反，像晶体那样的静态有序结构往往是在向环境排放能量的过程中形成的，并且能够在相对孤立条件下保持自身的稳定。按照耗散结构论的相关原理，适宜的开放程度是造成外部环境对系统施加非平衡约束的必要条件。约束是指环境对系统施加的持续作用，它不同于瞬时存在的外部扰动。约束必然会引起系统的反应或响应，这就是适应。只有处于与约束适应的状态，系统才能保持或形成稳定的宏观结构。当外部约束改变，系统原状态不再适应时，系统便开始寻求新的状态，以适应改变了的约束。与零约束相适应的系统是宏观无序的平衡态，只有与适宜的强约束相适应的系统才能形成稳定的宏观有序结构。

在这里，适宜的开放性一方面指的是从环境引入的作用的性质（此作用的性质必须能够抵抗体系内部自发产生的熵），另一方面指的是开放的程度，既引入的相关作用必须足够强（其作用量必须等于或超过体系内自发产生的熵的量。当等于时，体系的宏观有序结构保持不变；当超过时，体系将会增加其有序程度），在此，相关的进化理论强调了进化行为产生的开放性条件的质和量的统一。

开放系统与环境交换的并不仅仅是单纯的质量或能量，其间还涉及质—能的性质、质—能的序的结构、质—能的组织程度，以及它们与系统内部已有的质—能的序的结构和组织的秩序之间相互匹配、作用和影响的性质、途径和方式。诸如序的结构、组织的秩序，以及相互匹配、作用和影响的途径和方式都只能在信息活动的意义上成立。克劳修斯的"熵增原理（热力学第二定律）"指出，在孤立条件下，系统总是沿着无序化、组织性降解的熵增方向演进的。这里的"熵"所测定的量并不是关于质量或能量的，而是关于质—能（要素）所构成的序的模式、关系的结构、组织的秩序，以及质—能运作方式的统一协调程度的。

普里戈金将热力学第二定律拓宽到开放系统，并相应建立了广义热力学第二定律。按照普里戈金的观点，在开放的背景下，系统从环境引入了"外熵流"，因而可能导致系统熵变行为的复杂化。如果"外熵流"的性质与系统自发产生的"内熵变"的性质相反，即是带负号的熵，并且当"外熵流"的绝对量大于"内熵变"的绝对量时，系统才会沿着有序化的熵减方向演化，这就是通常意义的自组织进化事件的发生。

薛定谔在其1944年出版的名著《生命是什么?》中不仅提出了生命决定于"遗传密码"的构想，而且还提出了"生命赖负熵为食"的著名论断。在那里，薛定谔强调指出了生命有机体避免衰退的方式并不取决于其从环境吸收的物质（质量）和能量的多寡，而是取决于以这些物质（质量）和能量为载体所携带的负熵（与体内自发熵增趋势相反的因素），亦即结构、秩序、组织性之类的东西。

显然，无论是普里戈金的"外熵流"，还是薛定谔的"生命赖负熵为食"中的"负熵"，都不可能简单用质量、能量之类的因素予以解释，而只能在信息活动的意义上予以解释。

（3）非线性与系统整体信息构架

在所有的无序系统和静态有序系统中，其微观粒子间的相互作用都是"短程"的、随机的、非协同的，即其相互影响只分别发生在各个粒子之间，其距离是微观的。在自组织系统中，微观粒子间的相互作用则是"长程"的，即大量微观粒子的一致行动组成整体的非线性稳定模式，以致造成在宏观上可以观察到的效果。贝纳德流和化学钟等现象都是如此。像生命机体和社会这样的系统之所以被认为是自组织的，也是由于它们都具备动态性、开放性和非线性等特性。比如，生物体就是由不断进入和排出体内的物质（质量）、能量和信息形成和维持的有序结构，我们通常称这一过程为新陈代谢。体内的细胞和器官都是生物大分子长程相干的模式。在人类社会中，家庭、社区、企业、政府和国家等都是依靠长程通信手段形成的有序结构，它们一般不随其成员的流动而发生改变，并且与环境不断地交换物质（质量）、能量和信息。在不同的自组织系统中，虽然宏观和微观的相对范围不同，但其统一性的意义并没有发生变化。

其实，自组织理论所强调的非线性或长程相干的内部运作机制，也并不是仅仅针对系统内部的质量和能量而言的，而是针对质量和能量相互匹配、组合、统一运作的方式以及由此形成的整体性结构、秩序、模式的情况而言的。在这里，非线性和长程相干正是哈肯所强调的要素间的协同与合作的方式。正是基于这样的理解，我们说，非线性或长程相干的实质并不决定于体系所拥有的质量或能量本身，而是决定于将相应的质量或能量组织起来的途径和方式、秩序与模式等，而后者正是某种系统整体信息模式构架意义上的存在。

(4) 内随机与系统整体信息模式的演化

存在两种随机性：外随机性和内随机性。外随机性是指由外部环境干扰所产生的随机性，它反映外部环境的随机不定性对系统运动的影响；内随机性是指系统本身内部固有的随机性，它是由系统内部自发产生的随机性。混沌理论揭示，只要确定论系统具有稍微复杂的非线性，就会在一定外部控制参数范围内产生出内在随机性，由此类内在随机性所引发的系统未来演化的运动方式将是随机分岔的、不规则的、非周期的、异常复杂的。即使在初始条件和外部控制参数都已确定的情况下，系统的未来演化模式仍然是非决定论的。非线性所引发的内随机性导致自组织系统有序演化方向和方式的多样性、不确定性和复杂性。

系统内随机性的产生是由组成系统的要素的自主运动，以及在此自主运动的基础上所产生的要素之间、要素与系统整体之间的随机互动造成的。这样，内随机性的产生其实是根植于微观要素随机可变的复杂性的基础之上的。混沌理论所说的造成系统演化对初值的敏感依赖性（蝴蝶效应）的原因，就根植于微观要素的可变复杂性之中。因为，即使所测的初值完全相同，但由于构成系统的要素本身就具有"自由意志"式的可变性（具有活力的要素），系统也将会在后续的演化中产生出足以引起敏感性变化的内在条件差异（自主不确定性），从而引出未来演化模式的多样性和复杂性。

微观要素随机可变的复杂性是由系统结构的多层级性决定的。其实，要素仅只在特定层级的系统上被规定，在更为微观的层级上要素本身又是一个系统，要素也有构成其自身的要素，要素本身同样是一个特定信息构架的关系网络。这样，要素便具有了相对于其内部结构的整体性质，其内部结构之间的相互作用也会引起要素整体性质的相应变化或扰动，并进而影响到其与上一层级的要素之间、要素与系统之间相互作用的方式，此类影响便构成了上述的要素的自主不确定性以及系统的内随机性行为的发生。从信息活动的意义上来看，这种要素的自主不确定性以及系统的内随机性乃是探索新的信息构架和模式的富有建设性意义的活动，尤其在系统自组织演化信息模式更替的临界点上，此类随机探索的行为将可能成为系统未来演化模式与方向的选择机制。

（5）内反馈、信息网络与全息建构性

反馈是信息的传递和返回，其意的重点和关键是在"返回"上。控制论揭示：一个完整的控制过程就是通过信息的反馈来实现的。相对于某一系统行为而言，可以依据反馈作用的范围将反馈分为两类：一是外反馈，二是内反馈。外反馈指的是系统对环境的信息作用将对环境有所改变，而这一环境有所改变的信息又反过来影响系统的行为；内反馈指的是系统内部的要素和要素之间、要素和系统整体之间所形成的相互作用信息反馈环路。事实上，任何一种相互作用都是靠信息反馈环路来维系的。

系统要素的自主运动以及要素之间、要素与系统整体之间的随机互动必然会导致多层级的、多向的、复杂的内反馈环路，正是这诸多层级的、复杂的内反馈环路活动进一步相互联结所形成的整体性信息网络系统，构成了系统内部的整体非线性相互作用发生的机制，也正是在这一特定信息网络体系的意义上，系统的整体性有理由被看成是一个特定的关系网络。正是这一包含多层级的、复杂的内反馈环路的整体信息网络系统，导致了系统内在要素的整体协存共变性，运作机制的微观动态性、不确定性，以及系统与要素的双向建构与双重新质的超越。这同时也便就是系统整体新质涌现的全息映射与建构。

（6）复杂性与信息科学纲领

复杂性研究纲领乃是一个更为综合的科学研究纲领。复杂性研究纲领更强调系统的内随机性、要素的自主性，以及系统与要素、系统与环境的既相互依赖又相对独立的特征，从而把"还原论"和"整体主义（涌现论）""决定论"和"非决定论"、内随机性和外随机性、内反馈和外反馈、要素和整体关系网络、质—能因素和信息因素辩证地统一起来。

其实，复杂性研究纲领恰恰可以对系统进化的自组织特征和机制予以较为全面而综合的说明。结合前述的五个方面的特征，我们可以清晰地看到，复杂性乃是建立在对自组织行为的其他诸多基本特征有机综合基础之上的、自组织行为所具有的一个更为本质而基本的特征。

由于信息科学纲领在当代科学的发展中所具有的独特地位和作用，以及它的全新研究视角的不可替代性，这就决定了，复杂性研究纲领必须对信息科学研究纲领予以足够的重视，并且，从上述自组织特征的信息活动意义的考察中，我们也能清晰地看到，信息活动本身就是十分复杂的。正是基于此，我们才有理由说信息科学研究纲领可能为复杂系统研究提供某种最基础性的、具有核心理论意义的理论范式。

3. 自组织行为的信息过程和机制

一般来说，特定系统的创生和演化，大体需要经历分化、汇聚、成核、发育、复制、扩散、变异、选择、进化与毁灭等几个环节。如果从信息活动的尺度上对这些环节发生的内在机理予以讨论，那么，将有可能更为深刻的揭示出自组织行为的一般机制。

(1) 分化与原有系统信息关联的退耦

这是一个构成新系统的构件（要素）从原有系统的约束关系中游离出来，并获得自由的演化过程。该过程可以看成是在特定的环境信息的作用下，原有系统的信息编码构架、各类内外反馈环链失稳、解构的信息关联退耦过程。这一过程可以对应于原有系统极端退化演化的自我毁灭过程，也可以对应于某些系统由于内外相互作用使原有结构失稳而导致的质—能外溢或某些要素的外放。分化演化为后续的新系统的自组织创生提供了可能的先期条件。

(2) 汇聚与新信息模式的探索

这是一个分化出来的构件，聚集达到一定丰度、展开相互的竞争或吸引，并在此基础上进一步分化或类聚成团的演化过程。该过程可以看成是在特定环境信息的作用下，试探新的信息编码构架模式，以及可能的多种信息编码构架模式、相应的种种内外反馈环链初步试探性建立的过程。

(3) 成核与信息密码子的创生

这是一个在汇聚过程中形成的某一种或某几种信息构架被稳定化，并能为新系统的整体有序模式具体建构起到吸引中心作用、提供信息模版的演化过程。该过程可以看成是形成新系统的整体有序信息编码构架模式的最初指示物或最初信息密码子创生的过程。最初的信息密码子创生的过程一方面依赖于适宜的外部环境所提供的相关约束的性质和强度，另一方面则取决于系统先已汇聚起来的相关部分或组分的自主随机活动以及相关部分或组分之间的随机互动，正是在此类内随机性的探索性活动过程中相应的较为稳定的信息反馈链模式才可能在局部形成，从而成为系统整体有序结构建构的初始信息密码子。如果最初形成的信息密码子种类不止一个，那么，在多个初始信息密码子之间将会展开竞争，其结果可能是只有某一种类的信息密码子被保存和发展起来，而其他种类的信息密码子则可能在竞争中消失，或者也可能在多个种类的信息密码子之间形成协同合作效应，从而建立起更为宏观规模的较为稳定的信息反馈链模式构架。如贝纳德流所呈现的六角形花样就是由三个信息密码子（对应于六角形分割开来的六个三角形中每一三角形的三条边）协同支撑的，如果继续给系统加热，在达到一个新的阈值时，贝纳德流的六角形花样将会转化为大滚浪结构，此时决定大滚浪结构的信息密码子只有一个。对于能够指示系统整体行为的少数信息密码子，协同学的创始人哈肯称之为"慢变模"或"有序模"，而相应的只包含少数"慢变模"的演化方程则被称为"序参量方程"，而方程中代表"慢变模"的变量则相应被称为"慢变量"或"序参量"。

（4）发育与信息密码子指示的信息反馈链环的遍历性建构

这是一个按照先已建构起来的作为吸引中心的核的模板进一步生长或发展为新系统的整体稳定性结构框架的演化过程。该过程可以看成是由最初形成的信息密码子所规定的信息程序展开或表达为新系统的整体信息编码构架的过程。这一建构系统整体有序的稳定结构模式的过程，一方面依赖于适宜的外部约束条件的稳定持续地存在，另一方面则依赖于系统内部各类要素之间的相关信息反馈链环的遍历性建立，正是这一相应信息反馈链环的遍历性建立导致系统内部的各类要素都按照先已形成的"核"所指示的模式采取统一的整体协同或同步化的合作，这便是哈肯所强调的"随模协动"的整体协同效应。

（5）复制、扩散与信息模式的量的扩张

这是一个系统按照自身模式再行制造一个同样的系统的演化过程，这一过程乃是有生命现象进行种系遗传的一般演化方式。该过程正是系统的信息编码构架通过信息自复制的环节，保持和延续自身信息模式、使自身信息模式在数量上进一步扩张的信息活动过程。正是通过自复制，在随机过程中偶然产生的生命的最初结构获得了"一旦产生便永存"（艾根语）的量的不断繁衍和扩散。

（6）变异与信息模式的创新

这是一个由于在复制过程中发生错误，进而导致与所复制模式不完全相同的新模式，亦即新系统产生的演化过程。该过程恰恰对应于通过复制错误所导致的原有信息编码构架被改变，新的信息编码构架被创生的信息活动过程。变异发生的诱因可能来自环境提供的外随机性的偶然刺激，也可能来自系统内部固有的内随机性。由于内随机性的存在，变异将是生物演化中的一个必然现象。依据相关研究的成果，亿万年来在生命基因层面所发生的变异速率趋近于一个常数，对这一现象能够做出合理解释的恰恰是生命的基因结构内部所固有的内随机性。

（7）选择、进化与信息模式的复杂化发展

只要创生出来的新模式在与原模式的竞争中不被淘汰，那么，它便可能被环境所选择而发展起来，或者是同旧模式同样的并行独立发展，或者是取代旧模式占据优势发展地位，或者是与旧模式相互支撑协同起来，构成更为稳定的规模较大的新系统，这一演化过程便构成了通常所说的有序化、复杂化的进化事件。作为该过程得以顺利进行的则正是适宜的环境信息对相应的信息编码构架所起的选择作用。"适者生存"正是在信息模式选择的层面上推动进化的。

（8）新旧结构的交替与新的系统整体信息网络构架的形成

在自然演化的过程中，同一系统的内部可能存在着新旧结构交替的演化过程，如果新结构比旧结构更为有序则表现为系统的进化，反之则表现为系统的退化。一般来说，系统整体结构一旦建立便倾向于保持稳定，这便是一般系统所具有的"惯性"。但是，"惯性"是一种保守的倾向，它有碍于进化的发生。系统要进化首先必须打破"惯性",这就是必须使原有的结构失稳,正因为如此,哈肯才特别强调了"不稳定性"在系统有序进化中的重要作用。要使系统原有结构失稳,系统就必须具有某种产生新颖的机制。具体讲来,导致原有结构失稳,从而引发探寻系统新的结构模式的原因大致来自三个方面:一是原有的较为稳定的外部环境的改变;二是偶然的外随机性(外部涨落)的影响;三是系统内随机性(内部涨落)的偶然作用。通常,由于外部环境的改变,与原有外部环境约束相适应的系统结构不再能适应新的外部环境的新约束,于是原有系统结构将会失稳,但是,从旧结构的失稳到新结构的建立则依赖于寻求某种新结构的探索,而探索新结构的动力则来源于偶然的外随机性或内随机性,或内、外随机性的互动。由于系统建构新模式的路径具有分岔性,所以,内、外随机性的互动便成了探索和选择新结构的关键性因素。这便是自组织理论所强调的"涨落是系统有序演化的动力"。虽然,随机性探索选择了新的结构,但是,新的结构能否稳定,能否较长时期的持存则又取决于新结构与外部环境的适应程度,于是,稳定开放的环境背景条件便成了新结构能否稳定持存的选择因素。开放性、"适者生存""优胜劣汰"等原则都是在环境对系统的选择(约束)与系统对环境的适应这两个方面具体统一的意义上成立的。如此,任何一个系统整体有序结构的稳定持存都必然一方面依赖于内部多层级的、复杂的信息反馈环路所结成的整体信息网络构架,另一方面又依赖于此信息网络构架与适宜开放的外部环境条件之间所结成的多重而复杂的信息外反馈环路及相关信息网络的支撑。

五、自组织进化的信息凝结——全息境界

1. 全息的含义

自然向上演化的进化发展,乃是一个信息不断创生、不断凝结积累的自组织过程,在这一过程中,既有信息形态在量上的扩张,也有信息形态在质上的迁跃。这样的一种信息进化过程,很自然地会给我们提出如下两个问题:一是,在自然进化的过程中,新创生的和凝结积累起来的信息是通过怎样的一种方式来表明自己的存在的?二是,由这个不断创生、不断凝结积累起来

的多重信息结构所规定的物质形态又会具有怎样的一些特性？

与这两个问题紧密相关的便是自然界中普遍存在着的种种演化全息现象。

全息的含义是指事物在自身的结构中映射、凝结着自身现存性之外的多重而复杂的信息关系和内容。我们完全可以结论说，全息现象乃是复杂性自组织进化所可能达到的一种相关信息凝结积累的结果，凡是在进化过程中所形成的有序结构都必然会呈现相应的全息现象。

2. 演化历史关系全息

从信息形态进化的理论来分析，自然界中必然会普遍存在这样一类现象：处于演化高级阶段上的系统以其特定的内在结构形式积累着演化低级阶段上的系统及其环境的信息，而这个处于演化高级阶段上的系统的新的信息活动方式，又恰恰是在它所积累的种种信息的综合建构中产生出来的。由于这类现象中所凝结和表现出的信息是关于事物演化过程中的时空有序性的历史线索的信息，所以，我们把这类现象称为演化历史关系全息。

自然系统的发展、进化，意味着信息的产生、凝结和积累，而这种信息产生、凝结和积累是在一个全新结构的建构过程中实现的。随着这种建构，系统将它所产生和接受的种种新的信息不断整合重构到旧的信息结构之中去，通过这种整合重构，旧有凝结的信息以一种多少发生了变态、扭曲的形式被保留下来了，而新的信息则通过这种整合重构被同化和凝结到了系统之中。再者，这种全新的建构又会使系统在整体上呈现出全新的信息样态和信息活动方式。所谓演化历史关系全息则正是这种发展、进化的过程所引出的一个必然结果。

在无机界中，由于系统还不曾发展起较高程度的信息自调控的能力，其结构建构的方式主要依赖于一些机械性较强的物理过程，以及一些简单的化学过程。由于信息自调控能力的缺乏，系统的自组织能力就比较低下，这样，系统对外界信息的同化凝结过程，往往会造成原有结构较大程度的耗散。在这一范围里，结构的重构、信息的积累都是不很完全的。相对来说，这一范围内的全息现象具有较小的不全性。

演化进入生物界则大不相同了，随着生物进化的信息自调控能力的不断发展，生物系统的自组织能力日趋加强。由于有了较强的自组织能力，系统在同化外界信息的过程中，一般并不会引起原有结构的根本性破坏。与之相对应，生物系统中凝结着的旧有信息将较大幅度地叠加、重构、整合到新结构之中，在这里，信息的积累将是比较完全的，相对来说，这一领域的全息现象将具有比较小的不全性。

由于进化过程中的信息的全息性积累，系统的物质结构中必然凝结了多重的信息结构。这就使该系统具有了信息多质统一的特性。当这个新结构通过自身新属性的表现来展示自身存在的这种丰富性的时候，它便可能将它所拥有的不同层级的多质交织的种种信息呈现出来，这就构成了许多有趣的全息现象。

生物个体的发育过程将要重演其种系进化过程的生物发生律（亦称生物重演律）现象是演化历史关系全息现象存在的最为极端的一个例证。生物重演律的具体表现是多重的，既包括体质形态结构方面的重演，也包括生理机能方面的重演；既包括生活习性的重演，也包括心理活动形式的重演。

3. 演化未来关系全息

事物的演化对于演化赖以出发的初始条件具有极强的依赖性。一般来说，相同的初始状态在相同的条件和环境中会产生相同的演化过程和结果。这种由初始条件的相同所决定的演化过程和结果的相同的现象就是演化未来关系全息。

现代宇宙学揭示，我们所处的宇宙整体演化的一般模式（即是开宇宙，还是平宇宙，还是闭宇宙）决定于宇宙的物质密度（宇宙临界密度）。宇宙整体演化模式对其质—能总量的依赖性就是宇宙总体演化过程的全息性。对于闭宇宙来说，宇宙整体演化过程的全息性使整个宇宙的演化呈现出一种总体循环的闭环，这个闭环的任一阶段都是对其演化的过去、现在和未来全息的，并且，这个闭环的任一阶段都既是宇宙演化的初态，也是宇宙演化的过渡态，还是宇宙演化的一个终态。

星系起源、恒星演化的一般过程对其初始条件也是具有极强依赖性的。这些初始条件包括形成星系或恒星的星云物质的总体质量和密度。不同质量和密度的星云团将可能形成不同模式的星系和恒星，并且，也会导致这个星系和恒星演化的不同方式和结果。

生命的起源和进化，生命个体的发育，同样依赖于相应的初始条件。正是原始地球当时的具体环境所提供的初始条件造成了地球生命的诞生，又是地球环境在之后的变化所提供的环境条件产生了生命的分叉进化。生命个体发育的一般过程和结果是由个体发育的初始细胞中所编码的遗传信息结构所决定的。这个初始细胞的内在结构，以及细胞正常发育所必需的环境条件（包括温度、湿度、空气成分等因素），就是生命个体发育的初始条件。

对于那些内在随机性较小的，不太复杂的系统来说，只要同类系统所具有的初始条件十分相似，那么，这些系统演化的过程和结果将会呈现大致相似的情景。这类系统的演化对于初始条件的依赖性通常并不具有特别敏感的性质，它只要求一些大致类同的初始条件便会保持某种较为稳定的演化过程和结果，这些系统的演化具有某种刚性决定论的特征，初始条件中的小的差异，只可能导致演化过程和结果的小的偏离。

然而，对于那些内在随机性较大，具有内部复杂的非线性相互作用的系统的演化来说，则并不具有这种刚性决定论的特征。这类系统对于初始条件的依赖性是十分敏感的。从两个非常接近的初始条件出发的两个相似系统，在经过一个足够长的时间演化之后，无论在演化过程、方式，还是在演化结果方面都将出现极大的差异，甚至找不到任何可比较的相似点。

当代复杂性理论阐明的"蝴蝶效应"所揭示的事物演化对初始条件的敏感依赖性集中体现着事物演化的非线性和复杂性的特征。由此我们便会深刻地体会到，演化未来关系全息所呈现的演化过程和结果的全息性，其实是对演化系统的诸多条件、因素在动态展开过程中的某种全息综合，在这一全息综合中，一些偶然的微小因素都有可能对系统整体的运行提供十分重大的贡献。系统的演化对于微小因素的影响并不总是采取简单"抛弃"的态度，而是还可能通过某种"全息综合"的途径将其同化、放大，并与其他微小因素协同整合为一种影响系统全局的行为。

4. 演化系列关系全息

显然，演化历史关系全息和演化未来关系全息在一些事物演化的过程中是相互统一的。比如，生物起源和进化的种系联系的特征就在于：任何一个生物体都是它那个生物种系进化链上的一个环节，它既凝结着它那个种系进化的全部历史，也体现着它那个种系进化到目前所达到的程度，还潜在规定着它那个种系未来进化的种种趋势。任何一个健全的生物体，都是关于它那个种系的历史、现状、未来的一个全息元。在这里，全息不仅对历史而言，而且也对现在而言，另外还将对未来而言。不过，当面对未来时，事物的演化将出现分叉现象，全息的观点亦将只针对一个可能性的集合而言。事物到底沿哪个分叉演进，还将取决于种种外部条件的变化以及各类内、外随机性的作用。具体讲来，在事物演化的过程中，关于事物演化的历史、现状、未来的信息是具有互逆性说明的全息交织性的。如生物个体发育过程，一方面可以看成生物进化的物质、信息结构的双重建构过程的重演，另一方面又可以看成遗传密码中叠加的层层信息的依次展开；一方面可以看成种种演化历史印迹的再现，另一方面又可以看成遗传基因结构对未来发育程序的规定，这可以看成遗传细胞自身特性的表现和展开。这里既体现着物质进化和信息进化的具体的统一，也体现着历史、现状、未来三者的具体的统一。这样，在事物的现存性中便同时凝结了双重的关系：一是关于自身演化历史的关系，二是关于自身未来发展的关系，并且，事物自身的现存性又是由这双重关系所规定的。

在闭宇宙的总体演化过程中，历史、现状、未来的关系也是统一的。宇宙演化总体循环的闭环性，使处于这个闭环上的任一演化环节都同时具有了对宇宙演化全过程的历史、现状、未来的全息性。如果从一个更为一般抽象的层次上来看的话，任何事物都只能是一种在种种历史关系中的生成之物，并且又都必然会向未来演化而去。正是在这种历史生成和向未来演化的双重性质中，事物将自身在这样一个历史——现状——未来的关系系列中全息化了自身。事物并不简单地就是它自身，它的自身既是历史关系的凝结者，又是现实关系的承载者，还是未来关系的启动者。

事物演化的这种历史、现状和未来的具体统一性，将演化历史关系和演化未来关系具体地统一起来了。这样，我们便有理由把演化历史关系全息和演化未来关系全息具体地统一到一类更具普遍性的全息现象之中，这就是演化系列关系全息。

演化系列关系全息体现着事物在演化过程中呈现出的关于自身历史与现

状、历史与未来、现状与未来间的相互映照、相互规定、相互重演的多重复杂关系。演化系列关系全息集中反映着事物演化的过程性、复杂性，以及过程的连续性和统一性。在这样一个演化系列关系全息的相关之链中，演化历史关系全息、演化未来关系全息都成了演化系列关系全息总链中的某一片断或侧面。当然，作为片断或侧面的历史关系和未来关系之间又是相通的。历史关系须在未来关系中展示自身，未来关系又必须以历史关系作为自身展开的基础和前提。正因为这样，未来演化中所展示的对历史关系的重演构成了演化历史关系全息现象的发生；历史关系的凝结又构成了未来演化的初始条件，成了演化未来关系全息现象发生的依据。这样，在事物演进的任何一个过程中，都同时呈现着关于历史关系和未来关系的双重全息现象，并且这个双重全息又只能在同一演化过程中表现出来。

事物的演化是对自身历史关系和未来关系的双重展示，事物的现存性则正是在这个双重展示中获得规定性的。在这个双重展示中，时间就是空间，历史时间的演化在现存之物的空间结构中留存，未来时间的可能在现存之物的空间结构中潜存；在这个双重展示中，空间就是时间，历史空间的结构在现存之物的时间结构中重演，未来空间的结构在现存之物的时间结构中得到规定；在这个双重展示中，历史就是未来，历史是未来发展的初始条件，未来是历史秩序的展开；在这个双重展示中，未来就是历史，未来是历史的发展，未来是历史关系的重演。

5. 演化内在关系全息

系统的进化采取的是一种全面进化的方式，这一过程对于系统的整体和部分都是一个全新综合建构的过程，这就造成了另一类全息现象：不仅整体包括部分，而且部分也包括整体。一方面整体信息样态由部分的综合建构而产生，另一方面，部分的信息样态又由整体来规定，部分中也映射着整体的信息，部分即是整体的全息元。由于这类全息现象是从系统自身的内在关系演化的角度来看的，所以，我们有理由把这类全息现象称为演化内在关系全息。

在事物全面进化的全新综合建构中，进化中的事物内部普遍存在着一种非线性相互作用的协同相干现象，这种内部非线性相互作用的协同相干效应的稳定化一方面把事物的各个部分紧密结合为一个整体,另一方面又在各部分之间、部分和整体之间建立起不可分割的联系,这些联系原则上是通过种种质量、能量、信息的交换和沟通来实现的。通过这样的一种普遍的内在相互作用,使事物的部分和整体、部分和部分之间建立起了某些内在统一的相互规定性,这就导致了演化内在关系全息现象的发生。由于内在信息自调控、自组织能力发展水平上的差异,与演化系列关系全息一样,演化内在关系全息在无机界中也具有较大的不全性,而在生物界中则具有较小的不全性。

演化系列关系全息和演化内在关系全息是自然界存在的最为一般、最为基本的两类全息现象。从原则上来讲,所有其他类型的全息现象都可以归结到这两类全息现象之中。只是为了更清晰地展示全息现象的极为丰富的内容,我们才把次一级的、具有较大普遍性的、从属于这两类全息现象的一些全息现象单独挑选出来给以稍多笔墨的阐释。

6. 演化结构全息

演化结构全息是演化内在关系全息在事物组成结构模式方面的某种特殊表现。它的内容是:某些现存的不同等级的事物之间、事物的整体和部分之间、事物的部分和部分之间的一般结构模式相同或相似。

在宇宙存在的不同尺度的范围里,我们可以看到形形色色的结构全息现象,这就是,一些处于不同层级的自然系统的一般结构模式都基本相似。如原子结构、行星系结构、恒星系结构,以及银河系乃至更大星系的结构,都具有一个密度、质量相对集中的核心部分,在这个核心的外围则散布着若干个绕核心旋转着的粒子(广义的)圈层。这类现象一方面可以看成宇宙微观尺度、宏观尺度、宇观尺度,乃至超宇观尺度上的结构模式具有的某种相互性的全息对应性,另一方面又可以看成是事物整体结构模式和其部分结构模式具有的某种相互性的全息对应性。因为原子、行星系、恒星系、银河系、总星系等虽然属不同层级的事物,但是前者又依次是后者的组成部分。当然,决不能把这类全息对应性关系绝对化,因为一方面,宇宙不同层级存在的结构模式决非仅此一类,另一方面,就是这些相似结构模式之间仍然存在着极大的具体差异。

20世纪70年代以来迅速发展起来的分形几何学，在对大量不规则的、复杂形状的事物进行研究的基础上指出，在一些具有内在不均匀的层次结构的事物中，宏观尺度的形状和微观尺度的形状之间具有某种无穷嵌套的自相似的特征。

植物的形态是一种自相似分形结构；动物全身的各类系统，如支气管系统、泌尿系统、胆管系统、神经网络、血液循环系统等，也都是按照分形原则构成的。显然，在DNA中编码的信息，并不是详尽规定所有系统的组成结构的细节的，DNA中的信息所规定的仅仅是这些系统按照某些特定的分形规则进行分叉建构的一般性原则和程序。正是这样一些类似于分形规则的原则，控制着生物形态发育的过程。

法国数学家曼德尔勃罗首先思考了这样一个问题："一个国家的海岸线有多长？"他论证说：任何海岸线在一定意义上都是无限长的，通常，它的测量长度依赖于用以测量的直尺的长度。事实是所选用的量尺越长，所测得的海岸线长度便越短。在这里，海岸线的形状是分形的，特定长度的尺子只能在特定的分形层次上对海岸线的长度进行测定，不同分形层次上的海岸线长度是不同的。

显然，自然界中的自相似分形的结构全息度是不完全的，这些分形结构具有某种无规分形的随机性特征。尤其是在海岸线、脑皮质、雪花、浮云、星系等的形态结构上更是如此，这些事物的微观形状和宏观形状的自相似并不是在简单直接的等比例缩小的意义上构成的，而只是在都具有不规则的多层级曲折性的意义上成为自相似的。另外，自然事物的自相似分形结构的层级也不可能达到真正无穷的程度，每一事物的自相似分形层级都有其上限和下限。

数学家们利用一些精确的数学规则构造出了许多理想状态的具有无穷嵌套自相似的几何分形结构。康托尔集合、科克雪花、席尔宾斯基地毯是分别建立在线、面、体的基础上构造出的三种最为著名的无穷嵌套自相似的几何分形结构。这些理想的几何分形结构是演化结构全息的一种抽象化的数学表达。真实自然中的结构全息现象是不可能达到这样纯粹而完全的程度的。

分形的秘密在于事物整体结构和部分结构的自相似，而所谓的自相似则是跨越不同尺度的对称性。演化结构全息作为演化内在关系全息的一个方面的表现，就在于这种跨越不同尺度的结构的自相似的对称性。

美国混沌学家费根鲍姆所揭示的形成混沌的"周期倍分岔"理论就正是一种美妙的分形过程。有理由认为产生混沌的"周期倍分岔"正是一种分形演化的规则，正是通过这一规则的无限操作的运演，在原有的周期运动的无穷盘旋、折叠、缠绕、重构的复杂变幻中，呈现出了非周期运动的、起伏涨落的、无穷嵌套的、跨越不同尺度的自相似结构。在这里，我们有理由把混沌现象看作是一种在复杂的分形演化过程中生成的跨越不同尺度的全息境界。当然，混沌全息决非仅仅是结构全息，在此结构全息中必然还凝聚着其他形式的全息内容。

自然分形与混沌中呈现出来的全息现象充分揭示了自然事物及其演化过程的复杂性。

7. 对演化全息现象的几点说明

全息现象仅与演化的进化方向相关，因为在退化演化的方向上信息的耗散具有不可追忆的特征。

"全息不全"，就是在进化的方向上也存在大量信息内容的畸变和耗散。

全息所全息的信息内容主要是关于程序型信息方面的，绝大多数表现型信息将会被耗散，就是程序性信息也不可能包罗全部特殊细节和偶然因素的信息。

不能将全息观点"无限泛化"，全息仍有它的特定层次、范围和内容的限制，并且，某些类型的全息现象仅只是在个别事物和范围内呈现出的特殊情况，并不具有普遍性品格，如演化结构全息就是这样。

全息问题是迷人的，但是，如果不小心，它便可能是一个陷阱。对全息问题的研究和阐释同样需要严谨的科学态度。全息不是橡皮图章，但是它确实能够成为揭开世界普遍联系和事物演化的统一性奥秘的一把金钥匙，只不过这把金钥匙并非是由100%的纯金制作的。

六、宇宙及宇宙事物具有循环演化的自组织特征

现代宇宙学和信息系统自组织理论为我们对宇宙及宇宙中的事物的双重

演化的一般过程和机制的宏观描述提供了可能。其中涉及的一个重大问题便是宇宙和宇宙事物演化的方向问题。

1. 关于宇宙演化方向和终态的"热寂论"模型

1850年,克劳修斯提出热力学第二定律:热量总是从高温物体传到低温物体,不能作相反的传递而不带有其他的变化。1864年,他又引入"熵"概念对热力学第二定律予以重新表述:在孤立系统内实际发生的过程,总使整个系统的熵值增大,直到熵最大的平衡态为止。

克劳修斯在提出热力学第二定律的同时,又把这一定律所得出的结论加以推广,来解释整个宇宙的演化,由此提出了一个关于宇宙演化的方向和终态的理论模型,这便是那个直到今日还为众多科学家们奉为金科玉律的著名的"宇宙热寂论"。

"宇宙热寂论"认为,整个宇宙范围的热运动,必然遵循熵增原理。随着时间的推移,宇宙会自发地由有序变为无序,随着宇宙熵的趋于极大,万物趋于衰朽、结构趋于消亡、热能耗散、宇宙的宏观运动停止,宇宙最终达到热平衡态。在这种宇宙热平衡态中,物质和温度完全均匀,一切较高级的物质运动形式将永远终结。

"宇宙热寂论"描述了一个单向度的走向没落衰亡中的宇宙,在宇宙演化的方向问题上提供了一种极端悲观主义的路线。

由于热力学第二定律在物理学和化学中应用的广泛性,以及克劳修斯等学者在学术上的权威性,"宇宙热寂论"的基本思想一时几乎统治了整个自然科学家们的头脑,长时期来,科学家们把熵定律看作是自然界一切定律中的最高定律。

其实,早在1854年,德国物理学家赫尔曼·冯·亥姆霍兹就认识到了热力学第二定律在宇宙学上的这样一种含义:宇宙在耗尽它的一切自由能量,最终会像一座发条走乏了的钟那样停止下来,众恒星将耗尽它们的可用燃料,宇宙会化为一团灰烬,在这灰烬中,宇宙温度将达到一个恒定值,一切变化都将终止。这一结局便是宇宙必然在热寂中毁灭。

维纳有一段关于人类未来结局的论述,反映出一种悲观主义的必然毁灭的情绪:"在一个非常真实的意义上,我们都是这个在劫难逃的星球上的失事船只中的旅客。但即使是在失事船只上面，人的庄严和价值并非必然地消失，我们也一定要尽量地使之发扬光大，我们将要沉没，但我们可以采取合乎我们身份的态度来展望未来的。""在整个趋于衰退的宇宙中，当论及进步的作用时，我们所能指望的顶多是这样：面对着压倒一切的必然性，我们追求进步的目光可以扫清希腊悲剧的恐怖。"①

2. 生物进化论、传统辩证哲学的永恒发展说与宇宙热寂论的对立

1859 年，达尔文在其《物种起源》一书中根据大量考察资料详细阐述了一种生物进化的理论，这种理论认为：生物不是从来就有，物种是进化的，地球生物界是一个历史有序的统一体。生物产生和进化是一个由无序到有序，由低级的单细胞生物向高度有序的人类社会进化的过程。生物进化的结果导致生物种类的繁多，功能和结构的复杂，这是一个有序度增加的过程。

宇宙热寂论和生物进化论在自然演化方向问题上的这种对立，长期以来并未引起更大的争论。科学家们一般倾向于认为生命科学和非生命科学受制于不同的力学规律，生命毕竟是一种极偶然的现象。由此，存在这样一种普遍的信念：虽然宇宙总体是沿着无序化方向演化的，但是在宇宙的某些极个别的小岛（如地球）上却可能存在某种有序化的演化过程，只是这一种局部的有序化的演化过程终将被宇宙总体的无序化过程所吞没。如维纳就曾说过：

> 世界作为整体，遵从热力学第二定律：混乱在增加，秩序在减少……在一个总熵趋于增加的世界中，一些局部的和暂时的减熵地区是存在着的，由于这些地区的存在，就使得有人能够断言进步的存在。②

当然，在宇宙热寂论盛行之时，也并不是没有人试图把生物进化论的原则推而广之到整个宇宙范围内。达尔文进化论的积极支持者和宣传者赫胥黎在其《进化论与伦理学》（严复译为《天演论》）一书中就曾明确表达过一

---

① [美] 维纳：《人有人的用处》，陈步译，北京：商务印书馆 1978 年版，第 29 页。

② [美] 维纳：《人有人的用处》，陈步译，北京：商务印书馆 1978 年版，第 25 页。

种宇宙进化的思想。他写道：

> 天演之事，不独见于动植二品中也，实则一切民物之事，与大宇之内日局诸体，远至于不可计数之恒星，本之未始有始以前，极之莫终有终以往，乃无一焉非无之所演也。①

值得我们注意的是，传统辩证唯物主义学说关于事物永恒发展的理论与这种把生物进化论的原则推广到宇宙中的一切事物以及宇宙整体的演化方向的观点是一致的。例如，长期以来，前苏联和我国流行的马克思主义哲学的标准教科书中就把永恒发展看作是辩证法的两大基本特征之一。并且，在对永恒发展特征进行解释时总是把它描述成由"比较地高级和复杂"的新事物代替旧事物的过程，即"事物由低级到高级、由简单到复杂的发展过程。"②

其实，推广了的生物进化理论、永恒发展的理论与宇宙热寂论的观点描述的同样是一种具有简单性的、单向度运动的演化模式。只不过其所描述的演化方向是相反的，一个是单极的退化演化方向，另一个是单极的进化演化方向。

3. 恩格斯关于事物演化有进有退的永恒大循环思想

其实，那种把永恒发展看作是辩证法的基本特征之一的理论并不完全符合恩格斯曾经表述过的相关观点。虽然，在恩格斯的相关论述中也曾经提到辩证哲学把事物的运动和变化看作是一个"无止境地由低级上升到高级的不断过程"③，但是，在更多的时候，他却阐释了一种整体大循环的演化观，即事物的演化可能包含向上的进化和向下的退化两个分支，并且，事物整体演化又是在这两个分枝的相互转换的永恒的大循环中展开的。

---

① ［英］赫胥黎：《天演论》，严复译，北京：科学出版社1971年版，第7页。
② 肖前、李秀林、汪永祥：《辩证唯物主义原理》，北京：人民出版社1981年版，第157页。
③ 《马克思恩格斯选集》（第4卷），北京：人民出版社1995年版，第217页。

恩格斯写道:①

> 新的自然观就其基本点来说已经完备:一切僵硬的东西溶解了,一切固定的东西消散了,一切被当作永恒存在的特殊的东西变成了转瞬即逝的东西,整个自然界被证明是在永恒的流动和循环中运动着。
>
> 整个自然界,从最小的东西到最大的东西,从沙粒到太阳,从原生生物到人,都处于永恒的产生和消失中,处于不断的流动中,处于不息的运动和变化中。

恩格斯还进一步提出了这样一个问题:

> 这个过程是同一个过程——在大循环中——的某种永恒的重复呢,还是这个循环有向下的和向上的分枝。②

恩格斯还结合当时科学的成果,强调了地球和人类都有其向上的生存发展和向下的末日消亡的两个演化分枝:

> 自然科学预言了地球本身存在的可能的末日和它适合居住状况的相当肯定的末日,从而承认,人类历史不仅有上升的过程,而且有下降的过程。③

恩格斯还用运动不灭的思想和不同运动形式之间存在相互转化的循环运动的观点对当时盛行的运动可灭(宇宙热寂论)的思想提出了质疑和批判。他说:

---

① 《马克思恩格斯选集》(第4卷),北京:人民出版社1995年版,第270—271页。
② 《马克思恩格斯选集》(第4卷),北京:人民出版社1995年版,第344页。
③ 《马克思恩格斯选集》(第4卷),北京:人民出版社1995年版,第217页。

> 放射到宇宙空间中去的热一定有可能通过某种途径（指明这一途径，将是以后某个时候自然研究的课题）转变为另一种运动形式，在这种运动形式中，它能够重新集结和活动起来。①

从宇宙演化的大循环的尺度上，恩格斯甚至提出了类似于现代宇宙学所设想的某些类型的平行宇宙论的假说。并且他还提出了在宇宙大循环演化的过程中一切高级形式的物质运动都将可能被湮灭，但尽管如此，宇宙的大循环演化又会在其他的另外一些演化阶段上把这些高级形式的物质运动再度创生出来。

下面我们转引恩格斯的相关论述：②

> 诸宇宙在无限时间内永恒重复的先后相继，不过是无数宇宙在无限空间内同时并存的逻辑补充。
>
> 这是物质赖以运动的一个永恒的循环，这个循环完成其轨道所经历的时间用我们的地球年是无法度量的，在这个循环中，最高发展的时间，有机生命的时间，尤其是具有自我意识和自然界意识的人的生命的时间，如同生命和自我意识赖以发生作用的空间一样，是极为有限的；在这个循环中，物质的每一有限的存在方式，不论是太阳或星云，个别动物或动物种属，化学的化合和分解，都同样是暂时的，而且除了永恒变化着的、永恒运动着的物质及其运动和变化的规律以外，再没有什么永恒的东西了。但是，不论这个循环在时间和空间中如何经常地和如何无情地完成着，不论有多少亿个太阳和地球产生和灭亡，不论要经历多长时间才能在一个太阳系内而且只在一个行星上形成有机生命的条件，不论有多么多的数也数不尽的有机物必定先产生和灭亡，然后具有能思维的脑子的动物才从它们中间发展出来，并在一个很短的时间内找到适于生存的条件，然后又被残酷地消灭——尽管如此，我们还是确信：物质在其

---

① 《马克思恩格斯选集》（第4卷），北京：人民出版社1995年版，第278页。
② 《马克思恩格斯选集》（第4卷），北京：人民出版社1995年版，第278—279页。

一切变化中仍永远是物质，它的任何一个属性任何时候都不会丧失，因此，物质虽然必将以铁的必然性在地球再次毁灭物质的最高的精华——思维着的精神，但在另外的地方和另一个时候又一定会以同样的铁的必然性把它重新产生出来。

从当代宇宙学的发展来看恩格斯的宇宙永恒大循环演化的思想，不仅是深刻而合理的，而且是超前的。

其实，无论是单向退化演化（宇宙热寂论）的理论，还是单向进化演化（永恒发展论）的理论都具有单极化思维的简单性和形而上学性特征。我们的结论只能是这样，辩证法的演化观是：宇宙和事物的演化具有向上和向下的两个分枝，在整体上呈现出循环演化的特征，并且，在向上演化的整体进化分枝中总会兼容向下演化的某些局部退化的方面，而在向下演化的整体退化分枝中同样会兼容向上演化的某些局部进化的方面。无论是向上还是向下的演化都会有其极限，单极性的运动只能走向死亡，而只有循环才可能永生。辩证法承认事物的永恒运动、变化和相互转化的性质，并认为这是绝对的，无条件的。而其中呈现出的进化或退化的现象则可能是阶段性的、暂时的、相对的和有条件的。但无论是进化或退化都是事物永恒运动、变化和相互转化的过程，这一过程在整体上呈现出有进有退的大循环特征。

4. 引力能、核能的存在是抵抗宇宙走向"热寂"的实在因素

我们知道，"宇宙热寂论"，以及"宇宙热寂论"所依据的热力学第二定律都还只是从对热能这一单一能量的性质的研究中所得出的结论。问题的要害在于，在我们这个宇宙中起作用的能量并不仅仅是热能一种，并且，在这些不同性质的能量之间又存在着相互转化的关系。这里必须提到的是热能之外的引力能和核能，正是这两种能的存在成了抵抗宇宙走向"热寂"过程的实在的因素。我们知道，在宇观规模的演化过程中，只要在引力的作用下，依据物质系统中始终存在的某种随机涨落现象，就能够从极为混乱和分散的粒子中产生出某种物质凝块，这些物质凝块一旦产生出来就会成为越来越强大的吸引中心，在这个吸引中心的作用下，分布在这一区域内的所有粒子都

会进行定向的、有序性的运动,从而形成各类不同的天体,并且,惯力和引力的相互作用又调节着这些天体形成的规模和有序化的运动。当在宇宙中产生的物质凝块达到一定密度时,核力场的作用将会调节这一区域内的物质运动进一步有序化。在高密度的天体中发生的核燃烧又会重新造成宇宙物体间的温度差异,这又势必造成某种新的有序运动过程的发生。在这里,消散了的热能又会通过引力作用重新集结起来。在宇宙这样一个还不知其范围的偌大的时空领域中,必然会到处是非平衡,到处是非线性的相互作用、涨落(起伏),到处是不同层级的复杂的信息反馈环路所结成的信息网络体系,这就为各类引力中心的形成构成了必然性的条件和根据。迄今为止,在有限范围的宏观系统中所作的验证热力学第二定律的试验都是在不考虑引力能的条件下进行的。在宏观系统中,由于系统内引力作用的微小性,对引力能予以扬弃的试验是可行的,但是,在宇观领域中引力能则是维系宇观天体运动的最基本的能量形式之一,所以,在宇观水平上仅仅考察热能一种形式的运动是无法正确解释宇观水平的运动规律的。看来,由于引力能和核能的介入,由于存在不同能量间的相互作用、过渡和转化,所以,宇宙演化是高度自组织的。也许正是这一不同能量间的相互作用、过渡和转化的自组织行为导致了热力学第二定律在宇观水平上确确实实地出现了偏差。

5. 闭宇宙周期性大循环演化模型

当代宇宙学关于宇宙演化整体模式的相关理论,以及当代复杂性理论所阐释的混沌演化模型为恩格斯的演化大循环观点提供了有力的佐证。

根据当代宇宙学的相关理论,宇宙的整体演化模式依赖于宇宙总质量的大小,其基本演化方式是由其总质量决定的自引力和自发失稳膨胀的排斥力相互作用的结果。虽然,我们所处的宇宙自大爆炸之后,在总体上是沿着排斥力占主导的膨胀路线演化的,但是,许多宇宙学家已经指出,我们所处的宇宙的这种膨胀演化只能持续一个有限时间,在这之后,宇宙将会在自引力作用下再度收缩。有一个"宇宙的弗里德曼模型",这个模型指出,我们这个正在膨胀的宇宙的未来命运,决定于它的物质密度。这个密度被称为宇宙学密度或临界密度,它的计算值约为 10^{-29} 克/厘米^3。如果宇宙密度小于这个临界值,那么,宇宙向外膨胀的力将会大于宇宙自身向内收缩的引力,它将是一个"开宇宙",这时,宇宙将永远膨胀下去,宇宙所有的质量和能量都将随着这一膨胀而消失在外宇宙之中,我们所处的这个宇宙将会不复存在;如果宇宙密度等于这个临界值,那么,宇宙的自引力恰与膨胀力平衡,它将是一个"平宇宙",这时,宇宙的膨胀速度将在遥远的未来趋近于零,并停止在膨胀的末尾,宇宙的宏观演化将会停止,这将是一个类似于热寂状态的宇宙;如果宇宙密度大于这个临界值,那么,宇宙的自引力将会大于向外的膨胀力,它将是一个"闭宇宙"。闭宇宙只能持续膨胀有限时间,然后它便会停止下来,并在自引力作用下向原初爆炸的中心收缩。目前人类可观测到的宇宙物质密度大约是 10^{-30} 克/厘米^3,这个数值小于宇宙临界密度值,但是,种种迹象表明,宇宙中除了人类现在已能观测的可视物质之外,还有大量的人类还不可视的暗物质(甚至有理论认为这种暗物质可能占宇宙总质量的 90% 以上),另外,近年来的有些试验表明,人们一直认为静止质量为零的中微子也具有静止质量,根据计算,加上宇宙中存在的中微子的质量数,我们所处的这个宇宙的密度将会大于临界密度值。这就意味着,我们的宇宙将不可能永远膨胀下去,它将会再度收缩。

另外,还有人提出了一个"振荡宇宙"的模型。这一模型认为,宇宙收缩到某一极限范围后,将会被"弹回",重新开始膨胀。根据这一理论,可以推论,我们所处的宇宙已在极高密度和极稀薄密度的状态之间振荡了很多次。宇宙很可能是以膨胀→收缩→再膨胀→再收缩→……这样的无限循环展示它的演化过程的。

根据上面的论述,我们可以用图 5-2 来表明宇宙总体演化的这种循环性的特征。

图 5-2 表明了如下一些基本结论:

(1)宇宙整体演化的模式具有明显的循环性特征,在这一循环中,宇宙的任何一种状态都是暂时的、过渡性的,因而也便无所谓宇宙演化的开端。大爆炸宇宙模型所假定的宇宙初始状态,仅仅具有某种逻辑相对的意义,它仍然是前一演化过程所达到的一个终点。

(2)宇宙演化的整体模式具有平衡态和非平衡态相互过渡、转化的特征,它并不服从热力学第二定律所揭示的那种只能从非平衡态过渡到平衡态的单一方向的演化模式。由此，宇宙根本不可能永久地停留在"热寂"状态之中，如果说低密、低温的平衡态就是统计熵最大的"热寂态"的话，那么，宇宙自身所具的引力效应便是打破这种"热寂"平衡，使其重新走向非平衡，重新升温的内在动力。

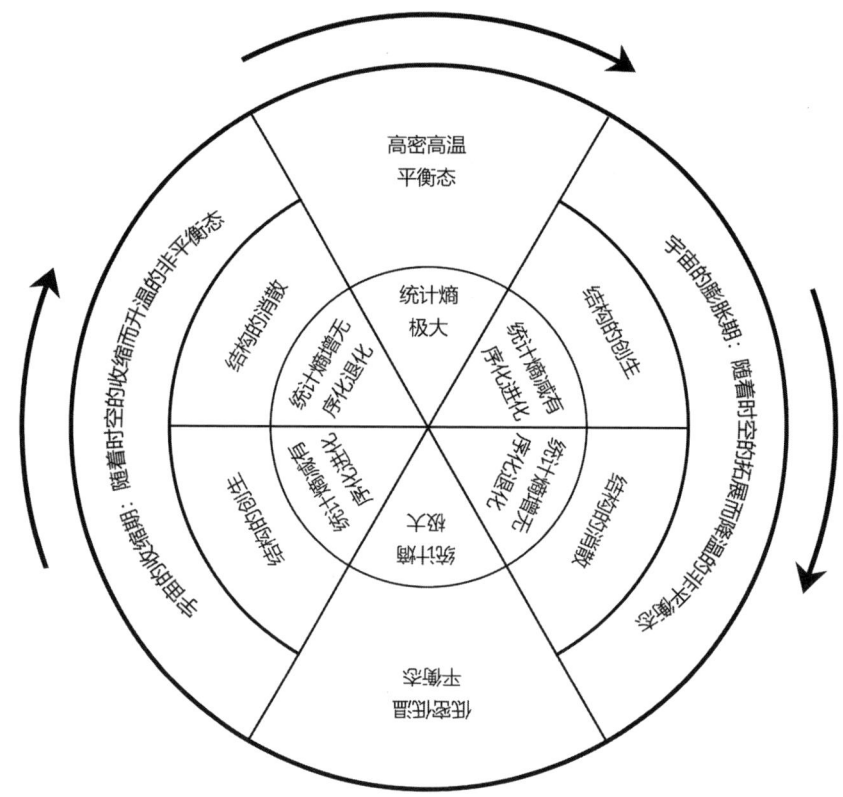

图 5-2　宇宙循环演化的总体模式图①

（3）在宇宙演化的过程中，并不像热力学第二定律所指明的那样随着体系温度的降低，必然会带来熵增的无序化。在宇宙膨胀降温演化过程的前期，宇宙事物的各种复杂结构将会被不断创生出来，这就形成了一个系统内部的统计熵减少的有序化进化演化过程，当宇宙膨胀降温演化过程达到了某一临界域之后，随着宇宙的继续膨胀，随着温度的继续下降便会导致演化方向的

---

① 邬焜：《在循环中永生——"宇宙热寂论"批判》，载《人文杂志》1991 年第 2 期，第 27—32、38 页。

逆转，在这一过程中，前期演化中形成的各种复杂结构将会逐步消散，整个系统内部的统计熵将会增加，宇宙演化将经历一个无序化退化的过程。当这种无序化的退化演化达到了一种低温、低密的平衡态之后，它又会逆转过来，在宇宙整体的收缩中重新升温。在这一升温演化的前期同样会出现有序化进化的各类结构创生的过程，这时宇宙系统的熵会随着升温减少。但当这一过程达到某种临界域时，继续的收缩升温便会造成演化方向重新逆转，于是，又一个熵增的无序化退化演化过程便开始了，直到达到一个新的极限——高密高温的熵极大的平衡态。这就完成了宇宙循环演化的一个周期。在这一演化周期中，我们清晰地看到，无论是宇宙升温演化的过程，还是降温演化的过程，都存在着各自的熵减期和熵增期。在这里，熵增还是熵减，有序化还是无序化，进化还是退化并不取决于温度的升高还是下降，而是取决于演化过程是离开平衡态，还是向平衡态接近。离开平衡态时的演化过程，无论是升温还是降温，它都必然是熵减的、有序化的、进化的；向平衡态接近的演化过程，无论是升温还是降温，它都必然是熵增的、无序化的、退化的。

（4）还有一点值得强调的是，虽然宇宙的循环演化并不能简单地看成是一个闭合的圆圈，因为经过一个周期的演化，重新回复到出发点（出发点是任选的，它可以处于演化图中的任一位点上）时一定会多少存在着一些与原出发点状态的差异，但是，我们又必须指出这种差异并不是本质性的。在整体规模上我们没有理由不承认这个圆圈的闭合性，重复循环的完满性，除非遭到来自我们所处宇宙之外的其他宇宙物质的强力作用，我们所处宇宙演化的这种循环闭合性一般是不会被打破的，没有任何迹象和理由能够确证，当宇宙演化再度回到"原始火球"时，是整体进化了还是整体退化了。这个新出现的"火球"必然会在整体上呈现它赖以出发的那个"原始火球"所具的一系列基本特征。

（5）宇宙的循环演化是高度自组织的。宇宙无需从它的外部引入模式，宇宙自身的质—能总量、宇宙自身的时空维度、宇宙自身的质量形态、能量形式、信息模式的多样性和复杂性，各类质量形态之间、能量形式之间、信息模式之间的相互过渡和转化，以及质量形态、能量形式与信息模式之间的复杂交织的相互作用、相互支撑、相互过渡和转化、相互协同的同步生成、进化和退化，充分展示了宇宙演化的不同阶段、不同领域和层面上的具体模式的内生性和各类模式间的相互过渡、转化、跃迁的自发建构性。由此也展示了宇宙自组织演化的自身反馈、自身调控、自身结网、自身编码、自身解码、自身同构、自身设定、自身展示的全息性和复杂性。

6. 自组织、混沌与有序进化的极限

自组织理论揭示，事物从无序到有序演化的过程是由支配系统的微观状态模式的数目的减少和各微观态出现的概率分布的集中化发展所导致的。这就是说，无序化的结构是由支配结构的模式的多样性和各模式出现的概率分布的均衡性所导致的，而有序化的结构则与之相反。但是，从无序到有序的进化发展过程却存在一个极限，这就是，当系统的进化演化导致系统的整体模式是由某个单一模式支配的时候，系统便会达到某种极端有序的状态。处于这种状态的系统不可能再进化到比这个状态更有序的状态。系统如果要继续演化便只能再度走向无序化演化的方向。

当代复杂系统理论还揭示：既存在无序到有序、低级有序到高级有序的进化演化，也存在有序到无序的退化演化。而远离平衡的自组织系统进化演化的一种可能归宿就是混沌状态。

混沌是非线性系统的控制参量按一定方向不断变化而达到某种极限情形的一种结构状态，是一种非周期运动体制。按照耗散结构论和协同学的描述，从周期运动到非周期性运动的过程是对称性不断破缺，周期性运动的对称性不断破缺到极点，终于转化为非周期运动。非周期运动不是无序运动，但也不是通常意义上的有序运动，而是另一种类型的特殊运动状态，或者我们可以说这是一种有序和无序在极端状态下的兼容态。

显然，当代自组织理论关于有序与无序关系的理论，混沌理论所揭示的系统演化可能达到了某种非周期运动状态，都不支持事物永恒发展的理论。事物有序进化的发展存在一个极限，达到这个极限时，事物的状态将会陷入不可能再度进化的极端有序态或非周期运动的混沌境界，而这一境界根本无法用传统的有序增长的进化模式来描述。也许，在事物运动、变化方向的理论上，我们也应当同时关注进化和退化两个分支，也应当把发展论和循环论辩证地统一起来。

7. 只适用于进化过程的否定之否定

传统辩证法的教科书体系把否定之否定看作是一个具有普遍性的规律，并把这一规律具体描述为螺旋式上升和波浪式发展的过程，在这一过程中虽然有暂时的和局部的倒退和回复，但是在总体趋势上却只能是"由低级到高级，由简单到复杂"的前进性和上升性的运动，亦即是"仿佛回到出发点，又高于出发点"的运动。显然，这样的阐释也与永恒发展的学说相一致，是一种单极性、简单性思维的结果。

长期以来，关于否定之否定规律的普适性问题始终存在争议。其中涉及的主要方面有：是否所有事物的运动都会回到出发点？回到出发点的运动结果是否必然会高于出发点？在这里，也和永恒发展的学说所面临的困境一样。发展有没有极限？发展到极限是个什么状态？

从我们前面关于宇宙演化的循环模式、有序进化的极限性的讨论中，我们已经可以看到，否定之否定规律并不是一种普适性的规律，它仅仅适用于描述进化过程的某些特征。

其实，无论是单向退化演化（宇宙热寂论）的理论，还是单向进化演化（永恒发展论）的理论都具有单极化思维的简单性和形而上学性特征。我们的结论只能是这样，辩证法的演化观是：宇宙和事物的演化具有向上和向下的两个分枝，在整体上呈现出循环演化的特征，并且，在向上演化的整体进化分枝中总会兼容向下演化的某些局部退化的方面，而在向下演化的整体退化分枝中同样会兼容向上演化的某些局部进化的方面。无论是向上还是向下的演化都会有其极限，单极性的运动只能走向死亡，而只有循环才可能永生。辩证法承认事物的永恒运动、变化和相互转化的性质，并认为这是绝对的，无条件的。而其中呈现出的进化或退化的现象则可能是阶段性的、暂时的、相对的和有条件的。但无论是进化或退化都是事物永恒运动、变化和相互转化的过程，这一过程在整体上呈现出有进有退的大循环特征。

第六章　经济、社会与人的信息进化

信息科学革命、信息技术革命、信息经济与信息社会的崛起，在全球范围内引发了一场强劲的信息化浪潮。这场世界性的信息化浪潮并不是仅仅在少数个别领域中发挥影响。信息化，就其本质而言，它乃是一种全新的生产方式、组织模式和发展模式。正因为如此，信息化浪潮才导致了人类的政治、经济、军事、文化、生活、观念等众多领域的全方位的全新变革。在这一全面信息化发展的时代背景下，我们有必要对人类生产、经济、社会乃至人类本身的性质、特征和发展的可能趋势从信息活动的尺度上做出全新的规定和阐释。

一、信息经济

20世纪中叶以来，尤其是20世纪70年代之后，随着信息科学技术革命的诞生和纵深化的发展，导致人类社会的经济、政治、军事、文化、生活、观念领域都发生了巨大的变革。这预示着人类正在跨入一个全新的时代。为了清晰揭示这一全新时代的本质和特点，学术界先后提出了各种观点和理论。诸如知识革命与信息革命、知识产业与信息产业、知识经济与信息经济、知识社会与信息社会等概念和理论得以突现。正是这样一些概念和理论不仅代表了20世纪人类经济与社会发展的理论思潮，而且也合理概括了基于先进生产力水平之上的20世纪人类经济与社会发展的伟大实践所取得的突出成就，同时，这样一些概念和理论还具体昭示着人类信息经济与信息社会时代的来临及其未来发展的宏伟前景。

1. 信息经济思想的萌芽

把信息当作经济生活中的重要因素来看待，这在经济学中并不是最近才有的。人们对信息在经济和社会中的作用，对未来经济社会形态的探索可以追溯到很久以前。300多年前，英国著名的哲学家费朗西斯·培根就讲过"知识就是力量"的名言。100多年前，马克思提出了科学技术是生产力的著名论断。18世纪，英国古典经济学创始人亚当·斯密也曾明确指出知识为经济发展做出重要贡献。进入20世纪后，发达国家的众多学者对技术、知识、信息在经济发展中的重要作用的认识日趋深刻和系统化。

1912年，美籍奥地利经济学家约瑟夫·熊比特（Joseph A. Schumpetes）在其出版的《经济发展理论》① 一书中提出了"创新"假说理论。在熊比特看来，经济发展的决定因素既不是社会消费偏好，也不是其他生产要素，而是生产方式的某个领域的创新。熊比特具体指出了5个方面的创新活动：第一，新产品的生产；第二，使用新型技术；第三，开拓新的市场；第四，寻找新的原材料供应方式和途径并发展新的控制方法；第五，建构新的产业组织形式，即进行制度和组织的创新。他还认为，制度创新和技术创新构成了创新活动的两个主要方面。创新活动通常被其他模仿者广泛仿效而形成创新的扩散，当创新扩散到一定程度后，形成全社会推动经济发展的一种动力，从而形成经济的周期性波动发展。尽管熊比特当时所说的技术创新的含义，与当代经济学界所说的技术创新的含义有较大的区别，但创新作为一种思想却通过现代经济学家，特别是经济合作与发展组织专家的发挥具有了新的意义，既技术创新构成知识与信息的经济思想的核心概念之一，并形成了科学技术创新体系、国家科技创新体系等新概念。

后来的学者们提出的相关重要思想包括：

1945年9月，经济自由主义学说的代表人物之一弗里德里希·哈耶克在

---

① ［美］约瑟夫·熊彼特：《经济发展理论》，何畏等译，北京：商务印书馆1990年版。

《美国经济评论》发表《社会中知识的利用》一文，提出不完全信息思想。基于这一思想，他认为，市场体制优于中央计划体制就在于市场具备一种将分散于各个市场参加者之中的信息进行有次序的汇总整理的天然机制。

1949 年，雅各布·马尔萨克（Jacob Marschak）在《美国经济评论》上发表《完全与不完全信息条件下流动性的作用》一文，第一次提出"信息度"问题，并以他所提出的信息度量标准讨论各种信息形式下资产的流动性和需求流动性等经济问题。

威廉·鲍莫尔（William J. Baumol）是美国新福利经济学的代表人物之一。早在 20 世纪 50 年代初期，他就注意到了信息在企业竞争中具有特殊的意义。他关于信息在企业竞争过程中的作用的观点，可以概括为三个主要方面：第一，企业家在获取利润的基本过程中实施的每一步计划或决策，都需要根据新的信息做出相应调整；第二，企业家可以借助信息交流达到其利润最大化的目的；第三，企业家在广告活动中花费巨额成本是值得的。

1960 年，赫伯特·西蒙（Herbert A. Simon）在《管理决策新科学》① 中认为，信息技术的进步导致美国就业结构发生了重大的变革。他看到，"现在蓝领工人（包括农民和农业工人）占不到美国劳动力的 40%，而一个世纪前则是 80%，或者更多一点"。西蒙的这项观察两年后被马克卢普所证实。西蒙写道："我们可以把白领（脑力劳动）组织看成是加工信息的工厂"。在西蒙看来，信息技术不仅仅是一项新的工业技术，它简直就是足以发动一场"信息技术革命"的时代技术。

2. 信息经济学科理论的提出

虽然，关于信息在经济活动中的地位和作用的问题，早在 20 世纪初的一段时间里就已经得到了人们的关注，并且，也产生了一些很有价值的观点和思想，但是，作为一种以信息为经济学学科名称的科学的建立，还只是 20 世纪 50 年代末期之后的事情。

雅各布·马尔萨克是最早提出"信息经济学"学科的经济学家。1959

---

① ［美］赫伯特·西蒙：《管理决策新科学》，李柱流等译，北京：中国社会科学出版社 1982 年版。

年，他发表了《信息经济学评论》一文，讨论了信息论对经济学的意义，以及信息系统的价值等诸多方面的问题。该文标志着信息经济学的诞生。马尔萨克将代理人之间的信息转让方式、程序和空间，称为团队的信息结构，并且称决策规则的选择为团队的决策结构。

1962 年，美国经济学家弗里茨·马克卢普（Fritz Machlup）出版了其划时代的著作《美国的知识生产和分配》，该书根据美国从第二次世界大战以来至 20 世纪 50 年代末的社会生产力发展和产业结构变化的背景，提出了"知识产业"（Knowledge Industry）的概念，并将其外延确定为：教育；R&D（研究与开发）；传播业；信息设备；信息服务。他不仅根据他提出的计算方法计算了美国自 20 世纪 40 年代末到 50 年代末的知识产业的比重，而且还作出预言，在不久的将来美国知识生产的产值将接近或超过国民生产总值的 50%。

1959 年夏季，美国社会学家丹尼尔·贝尔（Daniel Bell）在奥地利的一次学术讨论会上首先使用"后工业社会"的名称，提出了他对未来社会的设想，其后，在 1962 年和 1967 年又写了《后工业社会：推测 1985 年及以后的美国》和《关于后工业社会的札记》［Ⅰ］和［Ⅱ］，乃至 1973 年又出版了《后工业社会的来临》①一书，此书影响广泛，引起热烈之争论。贝尔认为："后工业社会是围绕着知识组织起来的"。1979 年，贝尔承认"信息社会"的概念较"后工业社会"更为确切。

"知识产业""后工业社会"理论的提出，在世界发达国家的有识之士中引起了极大反响。1963 年，日本学者梅棹忠夫发表了一篇独具特色的论文《信息产业论》，并在文中首次提出"信息社会"的概念。在当时的日本，信息产业、信息社会等概念已成为颇具影响的独特观念。日本朝日新闻社、日本经济新闻社、日本经济研究中心、日本电气、野村综合研究所等分别推进了日本信息产业计量化的研究。通过知识产业和信息产业的重要论辩，日本国民形成了应大力发展知识或信息产业的一致看法。在此背景下，日本才得以推进信息化的政策措施和电气通信的扩大化与高度化。这是日本经济在之后获得杰出成就的重大原因。对此国际上曾给予过极高的评价。

---

① ［美］丹尼尔·贝尔：《后工业社会的来临——对社会预测的一项探索》，高铦等译，北京：商务印书馆 1984 年版。

1977 年，美国年轻学者、信息经济学家马克·尤里·波拉特（Mac Uri Porat）在其博士论文的基础上，由美国商务部资助，以政府出版物的形式出版了题为《信息经济》的 9 卷巨著。在《信息经济》中，波拉特首先采用农业、工业、服务业、信息业四大产业分类法，成功的分析了美国就业结构的变化，显示了新的四分类法比之传统的三分类法的更为科学而合理的性质，从而确立了社会经济结构的四分类法在经济科学中的地位。波拉特以信息产品或服务是否直接进入市场交易为标准，将国家信息部门划分为一级信息部门和二级信息部门。一级信息部门由 8 类产业部门组成：知识生产与发明产业；信息分配与传播产业；金融和保险等风险管理产业；市场调查与协调产业；信息处理与传输产业；信息产品生产产业；邮政、教育等政府公共产业；信息设施建设产业。二级信息部门主要指政府机构或非信息产业企业内部为政府或企业内部提供服务的信息部门。波拉特提出的宏观信息经济学主要根据两项指标来测度信息经济的规模：一是信息部门或信息产业产值在国内生产总值和国民生产总值中的比重；二是信息劳动者在总劳动人口中所占的比例。

1970 年、1980 年、1990 年，美国未来学家阿尔温·托夫勒（Alvin Toffler）分别发表了他那预测未来世界发展的惊世骇俗的著作三部曲：《未来的冲击》[①]、《第三次浪潮》[②]、《权力的转移》[③]，提出了"超工业社会""信息社会文明时代""后大烟囱社会""超级信息符号经济""知识：一种符号财富""知识经济""以知识为基础的经济"等概念和提法，并预言：随着西方社会进入信息时代，社会的主宰力量将由金钱转向知识。

1982 年，美国未来学家约翰·奈斯比特出版了《大趋势》[④] 一书，从 10

[①] ［美］阿尔温·托夫勒：《未来的冲击》，秦麟征等译，贵阳：贵州人民出版社 1985 年版。

[②] ［美］阿尔温·托夫勒：《第三次浪潮》，朱志焱等译，北京：生活·读书·新知三联书店 1983 年版。

[③] ［美］阿尔温·托夫勒：《权力的转移》，刘江等译，北京：中共中央党校出版社 1991 年版。

[④] ［美］约翰·奈斯比特：《大趋势——改变我们生活的十个新趋向》，孙道章等译，北京：新华出版社 1984 年版。

个方面论述了美国社会发展趋势。他把"从工业社会到信息社会"看作是这十大发展趋势之首。他认为:"知识是我们经济社会的驱动力""信息经济社会是真实的存在,是创造、生产和分配信息的经济社会",在信息社会里"起决定作用的生产要素不是资本,而是信息知识","价值的增长不再通过劳动,而是通过知识"。他指出,信息社会的经济将会"从国家经济过渡到世界经济"。他还认为:信息社会的民主制度将会从传统的"代议制民主转变到参与制民主";信息社会的社会体制结构将会从集权制的"等级结构转变到网络结构";信息社会中人们的时间观念也将发生变化,人们注意和关心的不再是过去和现在,而是富有创造性的未来。

1985年,日本堺屋太一出版了《知识价值革命——工业社会的终结和知识价值社会的开始》[①] 一书,提出"知识社会""知识价值社会""知识价值产业""知识价值产品"等概念。并认为:"知识与智慧的价值的创造已成为经济发展和资本积累的主要源泉",并"决定社会结构和人的行为准则"。

3. 信息经济的学科理论的发展

可以把20世纪50年代末到80年代中期看作是信息经济与信息社会的学科理论提出、酝酿、阐释的时期。在这一时期,信息经济与信息社会学科理论主要是在知识产业论、信息经济论、后工业社会论、信息革命论、知识价值革命论、信息社会论、知识社会论等一些相互支持、衔接和统一的题目的名义下进行的。当人类社会进入20世纪80年代后期之后,当新技术革命进入一个新的第三阶段发展时期之后,人们关于信息经济与信息社会的学科理论的认识进一步得到了发展和深化,这其中主要体现在知识经济、网络经济、网络社会、智能经济、智能社会等概念的提出,以及与之相关的一些理论的阐述之中。

相关文献认为"知识经济"这个概念是20世纪90年代中期提出的,尤其认为知识经济是以发达国家为主要成员国的"经济合作与发展组织"(OECD),在1996年发布的年度报告《以知识为基础的经济》中首次正式提

[①] [日] 堺屋太一:《知识价值革命——工业社会的终结和知识价值社会的开始》,金泰相译,北京:东方出版社1986年版。

出的。其实,"知识经济"这个概念的第一次提出与解释并不是在 20 世纪 90 年代,而是在 20 世纪 80 年代,并且,首先提出这一概念的人还可能不是西方学者,而是中国人。

1984 年,当时在夏威夷美国东西方中心人口研究所任研究员的我国学者段纪宪在 1984 年 11 月 24 日的《世界经济导报》上发表题为《产业结构、知识与中国现代化》的长文,认为"信息社会所反映的社会形态,实质上是以知识经济为主体的知识社会"。文中还指出:"以知识为组织经济生活的主要手段的时候,社会就从传统的工业经济蜕变为知识经济,而以知识经济为特点的社会,就是知识社会"。

1986 年 5 月 17 日,我国学者项浙学、王光铸、李宝泰在《光明日报》上发表的《论知识劳动的价值观》一文中也提出了"知识经济"概念,并做出了确切的解释。文章指出:"在未来的社会中,知识经济将成为社会的主体。"文章不仅预测了知识经济是未来社会的主体经济形式,还给"知识经济"下了个明确的定义:"所谓知识经济,是指主要依靠知识去生产物质消耗很低而质量又很高的产品,并依靠知识实现高效率的管理。"

1988 年和 1989 年石悼英和郭强在《知识与社会》(载科学出版社 1988 年 6 月出版的《科学与社会》一书中)和《现代知识学探微》(发表于《宁夏大学学报》1989 年第 2 期)两文中提出创建"现代知识学"的构想,认为"知识经济"是知识学研究的重要内容,并指出迈向知识经济是我国经济发展的必由之路。

1996 年 6 月我国学者宋太庆在其出版的《知识革命论》一书中也提出了"知识经济"概念。宋太庆的"知识经济"概念是在其"知识经济一体化",即"知识经济化""经济产业化""知识产业化"的基础上提出的。在此基础上,宋太庆还提出了与知识经济有关的一系列概念,比如"知识经济复合化""知识物化""知识文化""知识经济产业群""知识物业""知识经济活动""知识经济行业""知识经济论""知识经济协同学""知识经济学"等。

就是在西方学者那里,最先提出"知识经济"概念的时间也不是在 20 世纪 90 年代中期,起码也应当是 20 世纪 90 年代初期。我们在前已经指出,1990 年 11 月托夫勒在其出版的《权力的转移》一书中就曾提出了"知识经济"和"以知识为基础的经济"这两个概念。他指出:"事实上,这种新型知识经济的发展就是一种爆炸性的新力量,它驱使先进的经济国家进行痛苦的全球性竞争,强迫许多'发展中国家'摒弃其传统的经济战略。"他还认为:"一种崭新的、以知识为基础的经济确实正在取代大烟囱工业生产";"所有的经济体制都建筑在一种'知识基地'上。"①

美国多家研究机构联合组建的信息探索研究所,在它出版的《1993—1994年鉴》中,以《知识经济:21世纪信息时代的本质》为总标题,发表了6篇论文,从6个不同方面审视了"明天信息社会"的特征和本质。认为"信息和知识正在取代资本和能源而成为能创造财富的主要资产","世界经济已变成信息密集型的经济,信息和信息技术具有独特的经济属性"。

1994年,温斯洛和布拉马共同出版了《未来工作:在知识经济中把知识投入生产》一书,书中不仅明确点明了"知识经济"概念,而且对概念的内涵外延作了较完整的论述。

1996年,以发达国家为主要成员国的经济合作与发展组织(OECD),在巴黎发表了一份《科学、技术与产业展望报告》,同年,他们又将该报告的有关部分以《以知识为基础的经济》为题独立发表。此报告不仅首次在国际组织文件中正式使用了"知识经济"的概念,而且还对知识经济的内涵进行了界定。此报告把建立在知识和信息的生产、分配和使用基础上的经济称作"知识经济"。同时,此报告还指出:知识是支撑 OECD 国家经济增长的最重要因素,据估计,知识经济已占 OECD 主要成员国 GDP(国内生产总值)的50%以上。

美国学者曼纽尔·卡斯泰尔(Manuel Castells)继1989年出版了《信息化城市》一书之后,在1996年、1997年、1998年连续出版了他的《信息时代三部曲》,分别为《网络社会的崛起》《认同的力量》《千年的终结》。这些著作全面展示了信息经济与信息社会的基本特征和全新风貌,并具体探讨了信息化发展模式给城市化发展模式带来的新特点、以及对传统的工业化社会的全方位改造和重组效应,同时,在这些著作中还特别注重强调了信息化发

---

① [美]阿尔温·托夫勒:《权力的转移》,刘江等译,北京:中共中央党校出版社1991年版,第16、95、268页。

展模式与城市化发展模式、与工业化发展模式、与社会经济的重组、与新兴劳资关系的变化、与信息科技的发展、与经济全球化等诸多层面彼此相互作用和影响的复杂互动关系。

在人类社会的发展进入 21 世纪 10 年代之后，随着人工智能科学技术领域的迅速发展，尤其是随着大数据、云计算、深度学习、互联网+、微信通讯、三 D 打印等一系列全新人工智能理论和应用领域的突破性进展，智能经济和智能社会的概念和相关理论探讨受到了极为广泛的关注，关于信息经济和信息社会、知识经济和知识社会、智能经济和智能社会的相关理论也进一步突显了人类科技发展的最热门的理论前沿。

从相关概念、观点、理论提出的过程来看，诸如信息革命、信息产业、信息经济、信息社会；知识价值革命、知识产业、知识经济、知识社会；网络经济、网络社会；智能经济、智能社会等方面的理论和实践乃是一个统一的时代之潮，这个时代之潮正是以信息（包括知识）的价值突现为其基本特征的，而信息经济与信息社会的概念则正是对这一统一的时代之潮以及由此引出的一个全新时代的基本特征的理性概括。

随着信息革命或知识价值革命、信息经济或知识经济、信息社会或知识社会、网络经济或网络社会、智能经济和智能社会的进一步发展，关于信息经济与信息社会领域中的相关问题的研讨必将日益显示出它那极为重要的理论和实践的价值，并且信息经济与信息社会的科学也必将会越来越处于经济学与社会学领域中的主导地位。

4. 信息产业的概念与范围

在信息的经济与信息社会理论兴起之前，经济学界对于社会经济形式结构的分析，基本采用的是克拉克三部类划分法：农业、工业、服务业（分别称第一、第二、第三产业）。随着信息革命、信息的经济与信息社会的兴起，引起了社会经济产业结构的变化，一类区别于上述三类产业的新兴产业迅速崛起，并越来越占据了重要的地位，这就形成了区别于传统三个产业的第四产业——信息产业。

马克卢普 1962 年提出"知识产业"概念，并确定其外延为：教育；研究与开发（R&D）；传播业；信息设备；信息服务。

1977年，波拉特定义的信息产业包括三个部分：直接向市场提供信息产品和信息服务，并以信息商品的形式出卖的信息提供业；政府或非信息企业为了内部需要而进行的信息活动；包括计算机、通信、电话、电台等信息工具的制造业。

在信息产业经济学的研究中，一个一般性的看法是，信息产业是指与信息的采集、存储、传播、加工、创制、利用以及信息设备制造、信息系统建设等活动有关的产业部门的总称。其具体外延为：计算机业（包括集成电路业）、信息处理业（包括软件业）、信息传播报道业（包括音像视听业）、信息流通业（包括通讯业、网络业、金融及保险业、咨询业等）、知识生产业（包括科研与技术开发、教育等）、信息管理与服务业（包括图书、资料、情报的管理、复制、印刷及出版发行业等）、信息设备及系统制造业。现在看来，还应该再加上文化艺术业、医疗保健业、旅游观赏业、体育业、娱乐业等。

信息产业的崛起并不意味着传统产业中没有信息成分的介入，信息产业与其他产业的区别标准并不简单在信息成分的有无上，而主要在其产品的性质和服务的性质方面。传统产业的产品供人消费和提供服务的内容主要是物质和能量方面的，而信息产业的产品供人消费和提供服务的内容则主要是信息（包括知识）方面的。

按照学术界通常的说法，信息科学、生命科学和材料科学乃是当今世界的三大前沿学科。根据这一说法，有理论认为这三者纯属一种并列关系，也就是说，生命科学和材料科学是纯粹独立于信息科学之外的科学。从此观点出发，进一步地引申便是生物工程及其产业、新材料技术及其产业也都全然纯粹独立于信息技术和产业之外。

其实，由于信息和信息系统具有更为一般和普遍性的品格，所以，信息科学并不能简单与生命科学和材料科学相并列。这一方面是因为，在现代科学的体系中，在现代科学技术的发展中，信息科学所处的地位和所起的作用都远比生命科学、材料科学要重要和巨大的多；而另一方面则是因为，无论是生命科学，还是材料科学，都必须依据信息科学技术提供的相关理论和方法来建构自己；还有一个更为本质的第 3 个方面的原因，这就是，生命科学在实质上研究和处理的是生物遗传信息发生、发展、运动、变化、复制、改变、重组的一般规律和方法,而材料科学在实质上研究和处理的则是一般材料物的信息结构的模式、功能、加工、配置和建构的一般机理和方法。如最新发展起来的新兴材料科学更多关注的是材料的声、光、电等信息功能的方面,而处于新材料科学的最前沿的纳米科学则是要在原子、分子尺度上破译一般物的信息结构编码方式,并在相应尺度上自由排布、复制、重组各类物体的信息结构模式。这样,从信息研究和信息处理的特定角度来看,无论是生命科学,还是材料科学都将在极大的程度上被包容于广义化的信息科学之中。按照这样的一条思路,无论是生物工程及其产业,还是新材料技术及其产业也都将在极大程度上或将在本质特征的尺度上被包容于广义化的信息技术和信息产业之中。

有关理论认为,按照联合国组织对"高科技"的分类,可以确定出8类高科技产业:信息科学技术产业、生命科学技术产业、新能源与可再生能源科学技术产业、新材料科学技术产业、空间科学技术产业、海洋科学技术产业、高效环保科学技术产业、管理科学技术产业。如果我们对上述8类高科技产业的具体内容详加考察,那么,我们将会发现,信息科学技术产业与其他7类高科技产业间的关系并不是简单并列的,信息科学技术产业将会在极大的程度上涵盖上述8类高科技产业领域。尤其是在今天,随着互联网+、智能化镶嵌改造技术的快速发展和广泛应用,人类的所有科学技术领域都面临着被信息化、智能化全方位改造的发展态势,信息科学技术产业高于其他科技产业、统领和改造其他科技产业的地位和价值将会越来越明确地突显出来。

5. 信息经济的实质

按照世界经济合作与发展组织1996年的年度报告中的说法,所谓知识经济就是"以知识为基础的经济",就是以"知识和信息的生产、分配和使用"为最主要方面的经济。

根据我们对信息经济的理解,参照、综合已有的相关观点和理论,我们可以从多个层面上对信息经济的实质予以阐释。

（1）信息经济是一种区别于物质经济部门、能源经济部门的独立的经济部门

在这样一个层面上所理解的信息经济是相对于物质经济和能源经济而言的。物质经济以物质形态的转换、开发与生产为其主要特征；能源经济以能量形态的开发、转换与生产为其主要特征；而信息经济是以信息形态的收集、存储、开发、创制、转换、生产与传播为其主要特征的。

这一层面上的信息经济概念是最为狭义化的一种理解。

（2）信息经济是区别于第一、第二、第三产业经济的第四产业——信息产业经济

在信息经济兴起之前，经济学界对于社会经济形式结构的分析，基本采用的是克拉克三部类划分法：农业、工业、服务业（分别称第一、第二、第三产业）。随着信息革命、信息经济的兴起，引起了社会经济产业结构的变化，一类新兴产业——信息产业迅速崛起，并逐步占据了越来越重要的地位，这就形成了区别于传统三个产业经济的第四产业经济。

在产业经济的层面上理解的信息经济的概念仍然是较为狭义化的。

（3）信息经济是对经济行为中的一切信息活动的总概括

这是对信息经济的范围做出的最为广泛意义规定的一种理解。按照这一理解，信息经济不仅指谓第四产业（信息业）经济，而且还指谓信息业之外的其他产业中的信息活动等方面，此外，它还指谓关于经济运行情况、规律、趋势等方面的信息活动。在这样一个含义的层面上，信息经济指谓的范围将与经济信息指谓的范围在极大的程度上相互吻合，或毋宁说，这两个概念已基本上成了同一个概念。

（4）信息经济是一种区别于农业经济、工业经济的经济体制

在这一层面上理解的信息经济概念是一种较为广义化的理解。并且，这一层面上的理解也能较好的揭示出信息经济的本质。

在信息经济体制下，经济活动对于信息活动的依赖已达优势突出的地位，一方面是在信息产业中就业的劳动力人数及其所创造的产值都远远超过其他产业部门；另一方面是其他产业部门的活动也在极大的程度和范围上依赖于信息产业部门的活动，如网络化、信息化、知识化的管理，以及智能自动化

技术的广泛采用、更多利用各类信息的处理、创制和传播媒介来完成自己的经济活动过程等。

在经济体制层面上理解的信息经济，不应简单地理解为信息产业的崛起和发展，而还应包括对传统产业的知识化、信息化、智能化的全方位改造。问题的关键并不仅仅在于生产什么，而更在于用什么方式去生产。作为一种经济体制的信息经济乃是一种生产方式上的巨大变革，它一方面体现在应用知识化、信息化、智能化的方式去生产大量的信息（包括知识）产品，另一方面则还体现在用知识化、信息化、智能化的方式去生产传统意义上的物质产品。正如工业化的结果并不导致不再生产人们每天都要吃的粮食，而是把用简单手工工具进行劳作的传统农业改造成用大机器操作的机械化农业一样，知识化、信息化、智能化给社会带来的并不仅仅是大量信息性（包括知识性）产品的涌现，而且更在于把传统生产部门改造成信息化、知识化、智能化的农业，信息化、知识化、智能化的工业和信息化、知识化、智能化的服务业等。这样，信息化给人们带来的还有用信息化、知识化、智能化的方式生产出大量涌现的物质产品。

回顾人类经济体制发展的历程，大致经历了从农业经济向工业经济，再向信息经济转化和过渡的历程。就一个国家的经济发展来说，以农业经济为主的国家，随着农业生产的机械化和工业经济本身的发展，能够逐步演进到以工业经济为主的国家，而以工业经济为主的国家，随着工业生产的信息化、知识化、智能化的发展，以及信息产业的发展，也会逐步演进到以信息经济为主的国家。

在传统社会中，信息经济或者是还未能形成，或者是虽然有信息经济的某些成分、某些因素的存在，但还未形成经济体制，或者是虽然已形成了体制，但在整个社会经济中的影响还不很大。但是，在现代，尤其是在现代西方某些发达国家或地区，信息经济所占比重已在整个国民经济体制中占据优势，这就使这些国家的国民经济体制演进到了以信息经济为主的模式。当然，在这些国家中，信息经济也不可能完全取代农业经济与工业经济。在现实的国家经济体制中，农业经济、工业经济与信息经济是可以同时并存的。通常，对于某一国家的经济体制性质的判定，换句话说，说某一国家是农业经济国家，或是工业经济国家，或是信息经济的国家，主要是根据这三种经济体制在该国整个国民经济体系中所占比重何者为优而做出的。

（5）信息经济乃是一种崭新的人类社会文明体制

这是在信息经济对人类社会发展所起的全面变革的意义上对信息经济的一种理解。信息经济的崛起首先给人类社会带来的是一种经济体制、经济模式的转变，在这一意义上，我们说信息经济开辟了一个新的人类经济时代。但是，经济是人类社会的基础，在此基础性变革之上必然会导致人类社会的多层面、全方位、综合性的相应变革。这就是说，信息经济给人类社会带来的不仅是经济领域的变革，而且还是政治、军事、科学、文化、生活乃至一般人的观念等极为广泛领域的变革。正是这一全方位的综合性变革最终导致了一种区别于农业文明社会、工业文明社会的新的人类社会文明体制的诞生，这就是信息社会文明体制的诞生。

二、信息社会

信息经济的崛起给人类社会带来的变革是多层面、全方位、综合性的。不仅是经济领域，而且是政治、军事、科学、文化、生活、教育、观念等极为广泛的领域都已经和将要发生十分巨大的变革。这一新时代的全面变革的趋势，早已引起了全世界的经济学家、社会学家、未来学家以及自然科学家和政治家们的高度重视。从20世纪50年代末以来，西方的一些学者就开始从理论上来探讨综合变化着的这个新时代的基本特征。

西方学者先后提出的，用以概括这个有别于工业经济时代的新的文明时代的提法很多，最有影响的一些提法是："后工业社会""超工业社会""知识社会""知识价值社会""第三次浪潮""后大烟囱文明""信息化社会""信息社会""信息时代""信息社会文明""网络社会""智能社会"等等。问题的实质不在于采用哪一种概念，而在于这些概念所体现出的一种真实情景：我们正面临着一个新的时代文明的转型期。

1. 西方学者关于信息社会应有特征的相关理论

下面介绍几种极有影响的相关理论。

(1) 贝尔的"后工业化社会"理论

美国社会学家丹尼尔·贝尔是最早从理论上研究这个新时代的学者。1959年他提出了"后工业化社会"的概念用来说明知识（或信息）经济时代。自1962年至1963年，他又对信息社会的基本特征和发展趋势作了系统分析。他认为后工业社会主要有以下5个方面的基本特征：

① 经济上以制造业为主转向服务业为主；
② 社会的领导阶层由企业主转变为科学研究人员；
③ 理论知识成为社会的核心，是社会革新和制定政策的根据；
④ 未来的生产技术和生活技术逐步朝着有计划、有节制的方向发展，技术评价占有重要地位；
⑤ 在决策制定上，日益依靠"智能技术"。

在贝尔看来，在后工业社会里，"理论知识的积累和传播"已成为革新与变革的直接力量。

(2) 奈斯比特的"信息社会"观

约翰·奈斯比特被一些人誉为研究美国社会、经济和技术发展的权威。他在那本著名的杰作《大趋势——改变我们生活的十个新趋向》一书中把1956年作为美国进入信息社会的起点，并认为从工业社会到信息社会的转变是我们这个时代的十大新趋势之首。他写道："我们生活在一个交替时期，即处于两个时代之间"。他还认为，贝尔所说的"后工业社会"就是"信息社会"。他预见信息社会将会有如下一些主要特征：

① 知识和信息成为社会的主要资源和财富；
② 从农民到工人再到职员，是职业发展史的必然趋势；
③ 信息业的增长是经济增长的主要因素；
④ 技术的发展从强迫性技术向高技术与高情感相平衡的方向发展；
⑤ 信息流动时间加快，全球信息化已经到来；
⑥ 代议制民主转变为参与制民主和直接民主；

⑦各类权利的金字塔式的等级结构向平行分散的网络式结构转变；

⑧人们的时间观念由农业社会的向过去看，工业社会注重现在，发展到信息社会的更为积极的关注未来；

⑨信息社会是诉讼密集社会。

(3) 曼纽尔·卡斯泰尔的"信息化社会"观①

曼纽尔·卡斯泰尔在《网络社会的崛起》一书中，将贝尔的后工业社会理论看作是"古典的后工业主义理论"，并认为这一理论有三个方面的论点与预测：

①生产力与增长的根源在于知识的产生，并通过信息处理而扩及所有经济活动领域。

②经济活动将由商品的生产转移至服务的传送。继农业就业缩减之后，将出现无可逆转的制造业工作缩减，而受惠的则是服务业工作；服务业最后将构成就业的绝大部分。经济体越先进，其就业与生产就越集中于服务业。

③新经济将提高具有高度信息与知识内涵之职业的重要性。管理、专业与技术性的职业将会成长的比其他职业快，并构成新社会结构的核心。

卡斯泰尔写道：

从历史的角度来看，20世纪前半叶与后半叶的经济结构之间，最显著的差异乃是信息技术的革命及其在各种社会与经济活动中的扩大，包括提供全球经济据以形成的基础设施。因此，我建议将分析的重点从后工业主义转向信息主义。

---

① 本部分内容的引述，请参阅 [美] 曼纽尔·卡斯泰尔：《网络社会的崛起》，夏铸九等译，北京：社会科学文献出版社 2003 年版，第 249—252 页。

据此，卡斯泰尔认为，贝尔模式中的上述三项论点与预测中的任何一点都有必要依据信息主义的视觉予以修正。正是在这一"修正"的意义上，卡斯泰尔提出了与上述三项相对应的如下三项论点与预测：

①社会之所以是信息化的社会，并不是因为符合特殊的社会结构模型，而是因为这些社会借由信息技术的发展和传播，并且完成运用信息技术所需的先决条件（主要是人力资源和通信基础设施），以知识为基础之生产力的极大化原则为核心将其生产系统组织起来。

②"服务业"的观念不仅含混而且还会造成诸多方面的误导。电脑软件、音像产品、微电子设计、生物技术农业，以及先进经济特有的其他许多重要的过程，其信息内容都已融入该产品的物质部分之中而不可分割，无法分辨"商品"与"服务"之间的界限。这就要求我们对不同类型的"服务"加以区分，从而抛弃由克拉克所奠基的农业、工业、服务业的产业模式的古典范式。

③信息职业的增长并非是新职业结构变化的唯一特征。伴随这种趋势同时发生的，还有低级的、非技术性职业的增加。先进信息化社会的特征，也可能是日趋两极化的社会结构，亦即高技术的顶端职业与低技术的底层职业所占比例的增加，中间性质的职业部分所占比例的缩减。

2. 信息社会的应有特征

要比较完整地概括信息社会的应有特征，需要综合已有国内外学者的相关意见，对相关资料予以全面分析，并从信息社会的政治、经济、文化、教育、观念和生活等诸多领域中的已有和将要可能发生的综合变化的全方位角度上来对信息社会的基本特征进行揭示。

下面，我们尝试着给出如下几个方面的概括性意见：

(1) 政治与权力领域的变化
①代议民主制逐步让位于参与民主制和直接民主制；
②在不妨碍社会和他人利益的基础上，兼容"少数人权利"的新兴

民主制的确立；

③各类集权制的金字塔式的权力等级结构逐渐过渡到分权制的平行分散的网络式结构；

④腐败、臃肿、低效的官僚政府机构向廉洁、精悍、高效的微型化政府机构转变。

造成如上四方面转变的可能性的根本原因在于社会的信息化和信息的社会化的普遍性。现代信息处理与传播技术已能为更简便及时的传达和收集民意提供技术上的条件，并且也足以打破专制体制和集权垄断体制，并能够更为有效地对充任公职的一般官吏进行监督；同时，权利的分散和缩小，办公室自动化程度的提高，也有助于克服腐败和低能的官僚习气的滋生。

（2）经济领域的变化

①信息化、智能化技术已成为社会生产的最重要组织方式和发展方式；

②劳动力结构出现根本性的变化，从事知识和信息职业的人数与其他部门职业的人数相比已占绝对优势；

③在国民经济总产值中，知识和信息的经济所创产值与其他经济部门所创产值相比已占绝对优势；

④传统产业在较大程度上已得到了知识化、信息化、智能化的改造；

⑤能源消耗减少，环境污染得以控制；

⑥知识创新和知识本身成为社会发展的基本动力和主要资源。

前3点的变化是信息经济时代到来的最基本、最重要的特征指标，它表明知识和信息的经济发展已在社会经济体系中占据了绝对优势的地位。

（3）社会文化、生活方面的变化

①建立在大数据、云计算、深度学习、人—机交互技术基础上的社会生活、通讯、教育的计算机化、网络化、自动化、智能化；

②生活模式、文化模式、学习模式、工作方式的多样化、个性化、自由化的加强；

③可供个人自由支配的时间和自由活动的空间都有较大幅度地增长。

（4）社会观念上的变化

①尊重知识的价值观念成为社会的风尚；

②人们具有更积极地创造未来的意识倾向。

也许，上面罗列的这些关于信息社会的基本特征是过于理想化、简单化了，现实的情景一定会比这些罗列的特征要复杂、丰富、具体的多。

3. 信息社会发展的指数型规律

信息科技、信息经济的崛起，建立在先进智能化技术基础上的全球性、个人化通讯网络系统的建立，企业的全面信息化、知识化、智能化运作和组织方式，社会生活的全面知识化、信息化、智能化，给社会带来了某种前所未有的深刻变化。

在信息经济、信息社会崛起的时代背景下，首先是西方发达国家经历了从工业文明向信息文明的快速转变，之后便是更多的国家通过信息化、智能化的方式逐步改变了国家的经济结构，从而大大提高了世界各国的信息化、智能化发展水平。这就在世界范围内爆发了一场深刻的加速人类文明从它的传统形态向现代形态，即向信息社会文明转型的发展进程。

综合现有的一些统计资料可以得出一组带有总括性意义的数字，用 GNP 或 GDP 或劳动力数目所计算的信息产业规模，可以把世界上的国家和地区分为三类：第一类是所占比重为 45%—60% 的发达国家和地区；第二类是所占比重为 25%—45% 的新兴工业化国家和地区；第三类是所占比重为 25% 以下的发展中国家和地区。

从产业结构变化的角度，我们可以看出社会进步的一般趋势（见图 6-1）。该图不仅显示了社会进步的产业结构变化趋势，而且还显示了社会信息化、智能化发展的过程是按照指数型规律变化的。

随着社会生产力的发展，直接从事物质资料生产的农业、工业的人口和所创产值的比重将大幅度减少。因为生产力的高度发展已经达到了这样的水平：只需少量的劳动力便可解决人们的日常物质生活需求了。与此相应的则是信息产业的日益增长。正是以信息产业的发展为基础和标志的信息经济时代的进步，有可能实现马克思所提出的美好的愿望：劳动再不简单是人们直接谋生的手段，而社会财富的大量涌现，最终又有可能奠定共产主义按需分配的物质基础。

人类社会发展的信息化、智能化过程的指数型规律充分揭示了人类社会与一般动物世界生存和发展方式的本质区别。从动物向人的转变、从动物群体生存方式向人类社会的生存方式的转变，以及人类社会生存和发展的基本方式就是信息化程度的提高，而其中最为关键和核心的信息发展因素便是智能化信息创制和处理方式的发生、培育和发展。

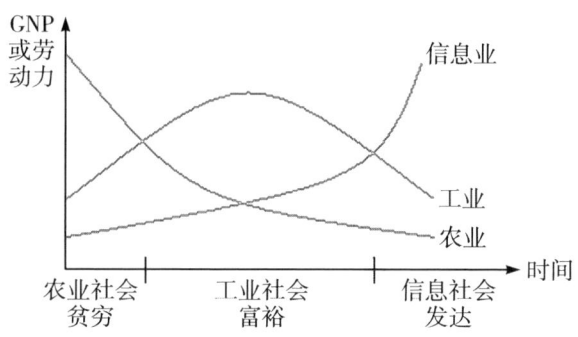

图 6-1　社会进步的一般趋势图示

信息革命、信息经济、信息社会带给我们的最本质的东西，就是要我们注重对未来的创造，崇尚科学技术与民主自由，尊重知识与人才，在对外开放的背景下，多向别人学习一些先进的东西，多改变一下自己，培养起一种危机意识，振奋起奋发向上、努力拼搏进取的民族精神，加速发展我国的生产力，更好推动社会的全面改革、发展和进步，从而加快我们进入信息社会的步伐。

从一个更为广泛的意义上来讲，信息社会并不仅仅是针对某一地区、某一国家的事情，它乃是全人类发展的共同事业。因为信息社会本来是一个普遍对外开放的社会，信息和知识的传播是没有国界的，全球化乃是信息经济时代的最基本特征之一。我们现在已经很清楚，信息社会的"全球村"已经是一个不争的事实。发展信息化、智能化产业，用信息化、智能化方式改造传统产业，加强信息基础设施的建设，关注和研究信息科技对人类社会及经济的影响，研究、制定、介入和实施全球信息社会的运作原则不能不是当今人类社会、相关国家和机构必须首先重视和面对的当务之急。虽然"全球信息社会"的持续发展还会遇到各种各样的冲突和曲折，但是，人类历史进步的信息化和智能化的总趋势却是不可逆转的。

三、信息生产①

马克思和恩格斯创立的历史唯物主义学说提出了一种人类创造世界的活动的"全面生产"的理论，这一理论把人类的生产活动分为四种形式：物质资料生产、精神生产、人自身生产、交往关系的生产。由于时代的局限，马克思和恩格斯当年更多是从物质活动的维度来揭示这四种生产的实质，以及其综合统一的特征。

随着信息科学、信息技术、信息经济和信息社会的崛起，随着社会的信息进化的加速发展，随着信息哲学的日益成熟性发展，信息世界的本质、信息与物质和精神的关系日益清晰而透彻地得以揭示，信息在现代社会生产中的重要作用日益显著地突现出来，这就使我们有必要从信息活动的角度来对人类生产活动本身重新加以审视和规定，并相应对信息生产力的问题进行探讨。

1. 信息生产——人类生产活动的实质

长期以来，对于人类的生产活动，学术界更多采用的是物质生产、生产物质产品的生产、创造物质财富的生产、获取物质生活资料的生产等提法。这类提法，给人一种错觉，以为人类在生产活动中生产或创造出了物质。

人类科学早已清晰地揭示出了一条具有基础性意义和价值的定律：物质（质量和能量）守恒，世界上的物质既不能消灭也不能创造。由此定律出发，

---

① 本节的某些基本思想最初发表于邬焜：《信息生产和信息生产力》，载《哈尔滨师专学报》1997年第3期；邬焜：《试论人类生产和生产力的本质及其微观结构》，载《教学与研究》2003年第4期。

人类在生产活动中是根本不可能创造出物质的。那么，人类通过生产活动到底生产或创造了一些什么东西呢？

我们首先考察一下人类获取物质财富的生产活动到底生产或创造了什么？其实，我们通过物质生产所改变的并不是物质的质量或能量，而仅仅是相关质量或能量的结构方式或活动状态。在生产中，人们破坏物质的某种旧有结构和状态，并相应建构某种我们所需要的结构或状态。我们通过对某种物质存在形式的改变来获取另外一种我们所需要的物质存在形式。这样，在获取物质财富的生产活动中，我们创造的仅仅是物质的特定结构或秩序。从最一般的意义上来讲，这种结构和秩序乃是一种信息的编码方式，而在此编码活动中所利用的物质（质量或能量）材料则具有信息载体的意义和价值。在这一生产活动中，人类所创造的并不是物质，而只能是信息（物的序的结构信息）。从这一特定的角度和意义上来看，物质生产、物质生产力这类提法是并不很确切的。囿于习惯上的成见，我们仍会沿用这些概念，但是，我们有必要在思想上明确，这类概念的含义并不意味着我们在生产中创造了一丝一毫的物质。据测，我们将会更多地采用"物质资料生产"这一提法。

对于物质资料生产的活动我们还可以换一个角度来分析。通常，物质产品的结构在生产过程未曾展开之前，可能处于两种不同的情况：一是我们已经拥有了这类产品的样品，这时，后续展开的生产活动便是按照样品的模式来生产。在这种情况下，生产活动便仅仅是对特定物的信息结构的复制；第二种情况是我们还不具有要生产的产品的样品，这一产品的结构模式需要我们先行予以设计。如一座新式大楼的图纸设计、一套新颖服饰的构想和纸样设计，在这种情况下，模式设计本身首先是一种信息结构的创造，而按此模式设计所展开的生产活动便成了使这一创造性的信息结构模式转化为实物对象的产品的过程，或说是主观创造的信息在客观产品中实现的过程。

综合上述的分析，我们可以得出一个一般性的结论，人类的物质生产是人类复制、创造特定物的结构信息，以及人所设计的目的信息在实物产品中实现的过程，简言之，即是人类改变和建构物的结构信息的信息生产过程。

精神生产是观念、知识的生产，而观念、知识是人类创造的主观信息（再生信息）的形态，所以，精神生产能够集中体现出人类生产活动的信息生产的本质特性。值得一提的是，人类的物质资料生产是以精神生产为前提和展开环节的。马克思就曾通过对比蜘蛛和织工、蜜蜂和建筑师的活动，十分精辟地论述了精神生产作为物质生产的前提，作为贯穿于物质生产全过程的本质性环节的意义。马克思写道：

> 蜘蛛的活动与织工的活动相似，蜜蜂建筑蜂房的本领使人间许多建筑师感到惭愧。但是最蹩脚的建筑师从一开始就比最灵巧的蜜蜂高明的地方，是他在用蜂蜡建筑蜂房以前，已经在自己的头脑中把它建成了。劳动过程结束时得到的结果，在这个过程开始时就已经在劳动者的表象中存在着，即已经观念地存在着。他不仅使自然物发生形式变化，同时他还在自然物中实现自己的目的，这个目的是他所知道的，是作为规律决定着他的活动的方式和方法的，他必须使他的意志服从这个目的。但是这种服从不是孤立的行为。除了从事劳动的那些器官紧张之外，在整个劳动时间内还需要有作为注意力表现出来的有目的的意志。①

劳动者的目的、在劳动者的观念中先已建构出来的关于劳动结果的表象、关于劳动过程的规划，以及始终决定和控制着劳动过程的注意力和意志、方式和方法等都是在精神生产过程中所获得的观念性产品。由此我们又可以进一步加深我们对人类的物质生产乃是人的目的信息在实物产品中实现的过程，乃是人类改变和建构物的结构信息的信息生产过程的规定的认识。

精神生产除了指观念信息（再生信息）的创造活动之外，同样也有一个观念信息复制的方面。当一种新颖的思想、观念在劳动者头脑中形成的时候，当一种新的设计、方案、构想、情景被劳动者构想出来的时候，这便是观念信息（再生信息）的创造活动。而当劳动者将这些创造出来的信息转变为语言、文字、图画、图纸、剧目情节而予以表达的时候，便构成了观念信息的复制，至于相关文本、图像、语言的印刷、录制、表演等活动，以及他人对这些文本、图像、语言、表演的再行认知、解读等活动都统统应该属于观念信息的复制。

---

① 马克思：《资本论》（第1卷），北京：人民出版社1975年版，第202页。

通过上述分析，我们可以得出如下结论：创造和复制观念信息是精神生产的实质。

人类自身生产是指人类自身世世代代的繁衍，这一生产领域的活动包括两个相互衔接的环节。一是通过对人类遗传信息的复制产生出人的个体生命；二是通过对人类社会文化信息的同化将具有个体生命的人培养教育成社会化的人类社会的一员。邬焜曾把人的个体对人类遗传信息的承接称为个体结构建构的"先天中介"，而将人的个体对人类社会文化信息的同化称为人体结构建构的"后天中介"①。正是这两个相互衔接的过程构成了人类自身生产的活动本身。从这两个过程来看，人类自身生产主要是对人类的遗传信息和人类的社会文化信息的复制（信息同化也是一种信息复制过程），当然，在此复制过程中也会出现复制中的错误，即信息变异，正是通过这种变异才导致了人的遗传信息结构的进化，以及人类的社会文化的进化。

交往关系生产即是生产关系、社会制度、社会体制，乃至国家形态的生产。这一切生产领域的活动可以从两个方面体现出来：一是人们在具体的生产活动中无时无刻都要延续和重复着既定的交往关系；二是人们在具体的生产活动中无时无刻不在改变和创新既定的交往关系。前者对应着交往关系的复制，后者对应着交往关系的创新。通常，在人类社会中表现出来的生产方式的延续、国家形态的保持，以及社会文明体制和制度的相对稳定等主要体现的是既定交往关系的复制（延续和重复），当然，其间必然存在着大量而频繁的小的、局域性的、或阶段性的创新；而在人类社会中表现出来的生产方式的更替、国家形态的变更，以及社会文明体制和制度的变革与发展则主要体现的是交往关系的改变和创新，当然，其间也必然存在着某些交往关系内容的复制（延续和重复）。另外，从交往关系的性质和实质来看，现实的交往关系活动本身乃是维系人和人之间关系的信息活动纽带，而制度化、体制化的交往关系则是这种信息活动纽带的习惯的、政治的、法的存在形式。所以，从上述分析中我们可以得出结论：人们的交往关系生产的实质在于对现实的人和人之间的信息活动纽带关系，以及这种信息活动纽带关系的习惯的、政

---

① 邬焜、李琦：《哲学信息论导论》，西安：陕西人民出版社1987年版，第十章。

治的、法的形式的复制、改变和创新。如果进一步加以讨论，我们还会看到，无论是人的现实的交往关系的信息活动纽带，还是以习惯的、政治的、法的形式表现出来的人的交往关系的信息活动纽带，都具有社会文化信息活动的性质。

讨论到这里，我们便能够对人类的四种生产活动的实质进行统一的概括，这一概括可以精确地表述如下：复制、改变和创造观念信息、人的遗传信息、人的交往关系信息、社会文化信息、物的结构信息，以及将劳动主体的目的信息转化为实物产品的结构信息是人类生产活动的实质。

世界上的物质（质量和能量）是守恒的，人类生产不可能创造物质，只可能改变物质存在的形式，但是，信息却不具有守恒性，人类在生产中创造的只能是信息，并且，物质存在的形式的改变又只能通过相应的结构信息的改变来实现。在严格的意义上，人类的生产不可能是物质生产，而只能是信息生产。

从我们关于信息生产概念的规定中，可以直接引申出信息生产力的概念，这一概念同样可以清晰地揭示出人类社会生产力的实质：人类的社会生产力是指人类复制、改变和创造观念信息、人的遗传信息、人的交往关系信息、社会文化信息、物的结构信息，以及将劳动主体的目的信息转化为实物产品的结构信息的能力。与人类的生产不可能是物质生产，而只能是信息生产的理由相一致。人类的社会生产力也不可能是物质生产力，而只能是信息生产力。

2. 生产力的微观结构

从我们对四种生产、四种生产力，以及我们对信息生产、信息生产力的具体讨论中，我们已经可以清晰地看到人类社会生产和社会生产力的复杂综合性。从这一复杂综合性的特征出发，我们有理由把人类社会生产力看成是一个复杂综合的大系统，它一方面是物质生产力、精神生产力、人类自身生产力、交往关系生产力的综合，另一方面又是自然力量、社会力量的多重效应的综合，再一方面还是物质因素（包括材料和能源）和信息因素的有机综合。在这里，生产力范畴理应是一个综合范畴、全息范畴。如此，对生产力结构的讨论也理应在全面、系统而综合的水平上来进行。

通常，学术界习惯于把生产力的要素分为两大类，一类是硬要素（实体性要素），一类是软要素（非实体性要素）。对于硬要素的构成有一个"三要素"论，即是指劳动者、劳动工具和劳动对象；对于软要素则一般认为由科技、教育、管理、信息等方面的内容构成。如果说仅从人类认识抽象把握的角度上来看，这种软、硬要素分列的做法还具有某些合理性（显然并不全面）的话，那么，要从现实生产活动过程的角度来看，这种合理性便丧失了。因为，在现实的生产活动中，软要素和硬要素是相互交织、贯通、融为一体、无法分割的。由此也体现着生产力过程的高度综合统一的特性。

下面，我们首先试以"三要素"论为参照，以物质因素和信息因素为硬要素和软要素的区别标准，并从软硬要素内在统一的原理出发，对生产力的微观结构予以具体的讨论。所谓生产力和微观结构，主要指的是作为生产力基本内核的"三要素"的每一要素的内部结构。

（1）劳动者的内在结构

在生产活动中，劳动者并不仅仅指从事劳动的人的血和肉、骨头和器官、神经和脑等硬件，而且更是指从事劳动的人所具有的劳动知识和技能，认知和思考的方式，控制注意力和意志力的能力，选择与操作工具、选择与作用于对象的方法和能力等软件。而劳动者区别于一般人、一般动物的方面恰恰并不简单在其硬件部分，而主要是在其软件部分。缺乏软功夫的人不能成为劳动者，不具有相关的某一方面的软功夫的人也不能介入到相应的劳动过程之中。从这一角度出发，我们可以将劳动者的内在结构具体描述如图6-2所示。

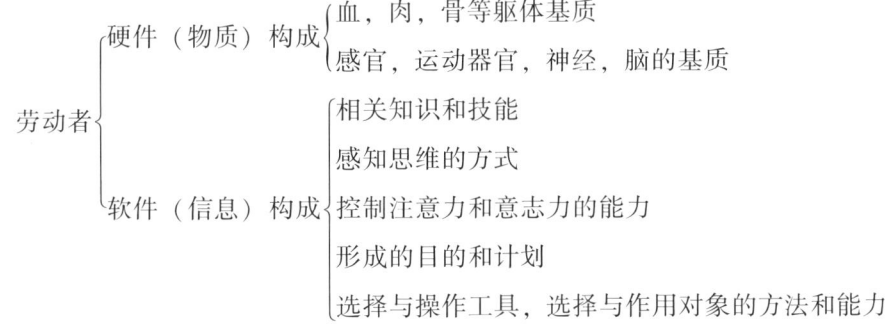

图6-2 作为生产力要素的劳动者的内在结构模式

(2) 劳动工具的内在结构

通常，理论界仅仅在认识、改造劳动对象的物质实体工具的意义上来规定劳动工具的概念。其实，在人类生产活动中起作用的劳动工具有两类：一类是主观工具，一类是客观工具。主观工具即认识、改造对象的主观方式和方法。这类工具是潜存于劳动者主体之内的，作为劳动者的软件（信息）构成而被具体规定的。主观工具的作用在精神生产中表现得最为明显，许多精神生产活动都是在劳动者通常操作相应的主观工具而展开并获得其产品的。客观工具即是通常理解意义上的物质实体工具。这类工具是劳动者为了认识和改造劳动对象而制作和使用的人工制造物。客观工具虽然以客观实体物的形式而存在，但是，它却不再是什么原初意义上的纯粹的自然实体物。由于它是被劳动者制作出来的，它便已经作为一种劳动的产品，以其新颖的结构和性能而凝结了被人加工制作过的信息，并与制造者的目的、意志相统一。在这里，劳动者的主观信息已经贯注到了客观工具的结构和性能之中，客观工具已经成了劳动者的相关知识、技能、方法的物化信息凝结体。作为主观信息的物化凝结体，客观工具的本质便不能简单由其物质承担的因素方面来规定，而只能由其所凝结的主观信息的因素方面来规定。

在最为一般的功能性意义上，劳动的物化工具乃是人的肢体、感官、大脑的延伸，是劳动者和劳动对象之间信息沟通、相互作用的中介桥梁。就作为人的肢体的延伸而言，劳动的物化工具乃是将劳动者探测、改造劳动对象的目的性信息表达于劳动对象之上的中介桥梁；就作为人的感官的延伸而言，劳动的物化工具乃是劳动者获取劳动对象的信息的中介桥梁；就作为人的大脑的延伸而言，劳动的物化工具乃是劳动者储存、分析、加工改造劳动对象的信息，以及创造新的知识性信息的体外机器。从这三个延伸方面的意义来看，劳动的物化工具的作用恰恰是在信息活动的意义上成立的，它既是劳动者的主体信息到达劳动对象的中介，又是劳动对象的信息到达劳动者主体的中介；既是对劳动者主体的信息进行储存、处理、创新的工具，又是对劳动对象的信息进行收集、储存、处理、创新的工具。

综合上述分析和讨论，我们可以将劳动工具的内在结构具体描述如图 6-3 所示。

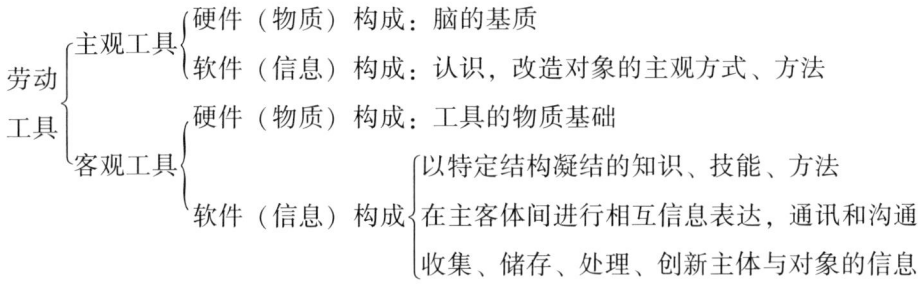

图 6-3 作为生产力要素的劳动工具的内在结构模式

（3）劳动对象的内在结构

劳动对象是劳动者在生产过程中所加工的对象。通常，学术界往往仅从物质生产和物质生产力的角度出发，把劳动对象理解为某种实体性的存在物。这种观点的狭隘性是与前所述及的仅仅注重物质生产和物质生产力过程，而排斥其他形式的生产和生产力过程的观点的狭隘性相一致，并且是由后者直接导出的。如果从我们前所提及的三种生产和三种生产力的理论出发，那么，我们便有理由在更为宽泛的意义上来讨论作为人类社会生产力要素的劳动对象的规定和范围。事实上，在人类社会生产过程中存在着三种类型的劳动对象：一是与人外在的被加工的实体物（包括无生命体和有生命的动植物体）；二是被加工的观念和知识（包括心理现象、概念、符号、理论等）；三是被养育、教化、培训的人本身。在生产过程中，这三类劳动对象都始终处于动态的变化之中，即都始终处于从被加工状态向产品转化的过程之中。因此，我们对于劳动对象的内在结构构成的讨论便理应采取动态的观点，在这里，劳动对象的构成内容不仅应包括被劳动者选择的加工对象，而且还应包括处于加工过程中向产品转化的东西以及转化完成时的产品本身。

作为劳动对象的被加工的实体物，在未被劳动者选择为劳动对象之时，它还只是一个一般的自然物或原料，这时，确立其结构的是两方面的因素：一是其作为物质体而存在的物质基质，二是其作为信息体而存在的内在凝结的信息结构。对于自然物，它的信息结构是由纯自然的原因形成的，而对于原料的信息结构的形成则还要加上对人类加工过的信息的凝结方面的原因。

对于人类训养和培育的动植物来说，则还应该加上生命的遗传信息结构方面的内容。自然物、原料、动物和植物，一旦被劳动者选择为劳动对象，并进入被劳动所加工、改造的过程之时，这些劳动对象则会逐步地将劳动者的目的性信息凝结到自己旧有的信息结构之中，这一过程可能会改变、甚至破坏其旧有信息，也可能会仅仅是将新的信息叠加或整合到旧有的信息结构之中，而并不破坏旧有之信息。对于一般动植物驯养和培育的生产过程而言，则应基本视为是遗传信息的复制或表达，而对于品种的改良、创新的生产过程来说，则应视为遗传信息的优化或新的遗传信息结构的创造。从一般物到劳动产品的过程就是将劳动者的目的性信息转化为产品的结构信息的过程。这其中必然存在着各类计划信息的实施，劳动者、劳动工具、劳动对象诸要素间的物质（包括质量和能量）流和信息流的传递、变换、储存、加工、改造等复杂的相互作用。

作为劳动对象的观念、知识等，它们本身就是信息活动的高级形态，通过对它们的进一步加工改造所获得的产品便是劳动者创造的新的观念和知识信息。当然，在创造新知识、新观念的生产活动中，也会伴有各类物质流的运动，如人的神经和脑中的电的和化学的活动、神经细胞的活动，以及产品输出时人的器官和肢体的运动（如在语言表达和书写时所发生的情景），声波和纸、笔的运动，甚至还要借助于某些机械，如计算机等的活动。然而，这一切都只是作为观念、知识信息活动的物质载体而存在。生产要达到的目的是获得新的观念和知识，而不是简单地获得那些物质载体。这样，我们有理由把观念信息的活动看作是精神生产中的劳动对象的主导性构成方面，而将其物质载体的活动仅仅看成是某种附带的、伴生的构成方面。

在人本身的生产过程中，劳动对象是被养育、教化的人本身。在这一生产活动中，劳动对象构成的关键环节有两个方面：一是通过选择、复制、优化和控制所获得的先天遗传信息，二是后天建构的体力、智力结构。遗传信息和建构的智力结构，除与之相应的物质载体的活动之外，其构成基本是属于信息内容的。建构的体力结构，就其表现型来看，似乎是物质性结构的，然而，它却首先由遗传信息所决定，其次又由后天的营养、训练、教化所决定。这样，造成体力结构建构的原因中，除了营养一项主要具有物质性活动的意义之外，其他诸项都基本属于信息性活动。其实，就营养一项而论，其信息活动的意义仍然是不容忽视的。按照著名科学家薛定谔的见解，"生命赖负熵（信息）为食"，生命为维持发育自身所需要的并不是什么质量、能量等物质性的东西，因为构成一个人的物质量是有限的，且在一定年龄段上基本保持恒定。生命摄取营养所需维持和发展的仅仅是它的结构、秩序、组织性等，而这些内容都是由其所凝结的信息决定的。

在交往关系的生产过程中，交往关系本身成了劳动的对象。就交往关系活动本身而言，其结构构成应当包括两个方面：一个方面是处于交往活动中的人的血肉之躯、为完成交往活动所必须借助的交往工具、设备，以及体现制度化交往关系的相应组织机构、建筑设施、文本基质等，这些构成了交往关系劳动对象的硬件（物质构成）方面；另一个方面是体现或凝结于人脑中、人与人现实交往活动关系中，以及相应工具、设备、组织机构、建筑设施、文本之中的个体的或社会文化的交往关系信息，这些构成了交往关系劳动对象的软件（信息构成）方面。

综合上述的分析和讨论，我们可以将劳动对象的内在结构具体描述如图 6-4 所示。

3. 生产力的宏观结构

我们关于劳动者、劳动工具、劳动对象的内在结构模式的讨论，还仅仅是在生产力的微观结构的层次上进行的。如果要从宏观上把握生产力的结构，那么，我们便会涉及更多的因素、更为广泛的领域。

所谓生产力的宏观结构，主要指的是构成和影响生产力的各类因素之间的相互作用关系。

（1）生产力的内核结构

通常，学者们总是在"三要素"论的基础上建立生产力的宏观结构。这一结构一般被表述为图 6-5。必须强调的是，按照通常的见解，图 6-5 中的劳动工具仅指以体外物质实体的方式存在的客观工具，而不包括认识、改造对象的主观方式和方法，即主观工具。

```
                          ┌ 硬件（物质）构成 ┬ 无生命体的物质基质
              ┌ 被加工的 ┤                  └ 生命体的细胞、组织、器官
              │ 实体物   │                  ┌ 无生命体凝结的自然、人工信息
              │         └ 软件（信息）构成 ┤ 通过选择复制，改良重组获得的生命体
              │                             │     的遗传信息
              │                             └ 产品中凝结的劳动者的目的信息
              │         ┌ 硬件（物质）构成：作为信息载体的物质基质
              │ 被加工的│
              │ 观念知识┤                  ┌ 处于加工过程中的观念、知识
  劳动        │         └ 软件（信息）构成 ┤
  对象  ──────┤                             └ 作为产品的新的观念、知识
              │         ┌ 硬件（物质）构成：人的物质基础
              │ 被养育  │                  ┌ 通过选择复制，优化控制获得的遗传信息
              │ 教化的人┤                  │
              │         └ 软件（信息）构成 ┤ 保证生命持存与发展的结构信息
              │                             └ 通过社会化教化获得的智能信息
              │         ┌ 硬件（物质）构成 ┬ 人体、工具、设备的物质基质
              │         │                  └ 组织机构，建筑设施，文本的物质基础
              │ 被加工的│                  ┌ 人脑中凝结的关于交往关系的知识
              └ 交往关系┤                  │ 人与人现实交往活动中的信息流
                        └ 软件（信息）构成 ┤ 工具设备中凝结或体现的交往关系信息
                                           │ 组织机构，建筑设施，文本中凝结或体现的
                                           └     交往关系信息
```

图 6-4 作为生产力要素的劳动对象的内在结构模式

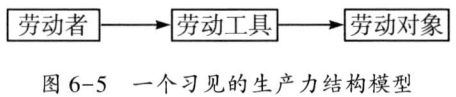

图 6-5 一个习见的生产力结构模型

其实，由图 6-5 所描述的生产力结构模型还存在三个方面的缺陷：第一个缺陷是，这一模型反映的仅仅是生产力的最内层的要素结构（我们称之为内核结构），而另外一些更为广泛的生产力要素和影响因素则未能在这一模型中表达；第二个缺陷是，此模型所描述的三要素间的关系是单向非反馈式的，这意味着劳动者不可能对劳动工具的运动状况和劳动对象的被加工过程实施有效的监控，因为要进行监控，就必须有来自劳动工具或劳动对象的反馈信

息；第三个缺陷是，此模型所表述的劳动者与劳动对象的关系只能是间接性的，即只能是通过实物型劳动工具的中介才能发生关系。其实，在现实的劳动过程中，劳动者和劳动对象不仅有直接的信息沟通的联系，而且有时也有直接的物质性的操作关系。就劳动者和劳动对象之间的直接的信息沟通而言，在四种生产过程中都是极为普遍和关键的环节，就劳动者和劳动对象之间的直接的物质性操作关系而言，它不仅在原始手工劳作的过程中经常存在，而且就是在现代化大生产的过程中也往往不可避免，在人本身生产、交往关系生产中，这种直接性的物质性操作关系也是经常而普遍的一种关系。

为克服上述三大缺陷，我们有必要在内核结构的意义上对图 6-5 的模型予以改进（见图 6-6）。图 6-6 中的劳动工具应当包括主观工具，用箭头标出的三要素间的联系，既有信息性的，也有物质操作性的。

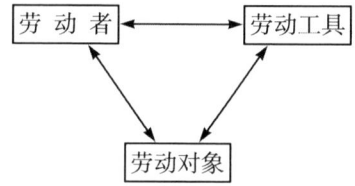

图 6-6　双向循环反馈式的生产力内核结构模型

（2）影响生产力的宏观因素

我们前已述及，人类的社会生产力是一个复杂综合的大系统，它一方面是物质生产力、精神生产力、人类自身生产力、交往关系生产力的综合；另一方面又是自然力量、社会力量多重效应的综合；再一方面还是物质因素、信息因素的有机综合。我们要全面讨论生产力的宏观结构就要在系统而综合的水平上对这诸多方面复杂综合的因素及其关系进行统一的形式化描述。

除了已经讨论过的生产力的内核结构的三要素（劳动者、劳动工具、劳动对象）之外，我们还可以罗列出如下一些在生产力运行过程中起作用的因素：科学技术、管理、教育、自然环境、经济体制、政治体制、文化传统、人口状况等。

科学技术就其产生过程而言，它是精神生产的产品；就其不断发展的过程而言，它又是精神生产加工的原料；就其对其他影响生产力的因素的关系而言，它又是普遍渗透、映射、贯通于所有其他影响生产力的因素之中，并从根本上决定着这些其他因素发展的水平、状况，以及对生产力影响的方式和程度。科学技术在生产力系统中所处的这样一种关键而重要的地位，在现代社会的生产过程中日益突出地呈现了出来，以至人们已经清醒地意识到，"科学技术是第一生产力"。

管理也是一个普遍作用于各项影响生产力运行的因素的环节，它的作用主要在于合理选择、调动、匹配、处理其他因素内部和各类因素之间的质的和量的比例关系，从而恰当地确定不同层次上的生产要素的结构组合、规模布局、时序进程等。现代大生产的活动是一个复杂的系统工程，只有通过科学管理的运筹作用才能保证生产的高质量和高效率。由于管理并不直接改变生产力体系中的物质成份，而只是针对生产力要素内部和要素之间的时空结构的调节、匹配的，所以，它应该属于生产力宏观结构中的信息构成方面。

教育是生产力宏观结构中的重要信息构成方面，它是使一般意义的人转化为劳动者的必要途径。越是建立在先进的科学技术发展水平之上的生产过程，对教育的要求越为迫切，对教育的质和量的要求也越高。在现代社会大生产体系中，教育和科学技术、科学管理等因素处于同等重要的地位，并且，从一个特定的角度上来看，教育又是科学技术、科学管理转化为现实生产力的一个重要的、不可替代的环节或桥梁。因为，只有通过教育，科学技术的内容、科学管理的方法、程序，才可能有效地转化为劳动者的知识、技能，以及劳动者制定、遵守和操作的规章、制度、方法、程序等管理内容。教育还是人类自身生产中的一个关键性的中介性环节，教育者正是通过教育的途径使受教育者社会化、知识化、专业化，从而将其培养成对人类社会有用的劳动者。教育的本质在于将社会的科技、文化、知识、技能、道德、法律规范等社会化的信息同化到受教育者的知识结构和行为方式之中，从而使受教育者达到与他所处的那个时代的要求，或是与他所要从事的生产活动的要求相一致的知识结构和能力水平。正因为教育在社会生产力中的地位如此重要，所以才有了关于"教育奠基、科技兴国"，以及"科教兴国"等一类说法。

自然环境是社会生产能够展开的前提和条件。因为人、人的社会都是在特定自然环境所提供的特定条件下存在和发展的。自然资源状况、气候变化条件等因素不仅会影响，而且在特定情况下还可能会决定生产什么，或以什么方式来生产。这就是为什么在当代社会发展理论中特别关注生态环境问题的原因。

从产生过程来看，人类的经济体制、政治体制都是在人类的生产活动中生产出来的，但是，任何具体的经济体制、政治体制一旦被生产出来就会反过来对后续的人类生产活动施加十分巨大的影响。这种影响可以从两个角度体现出来：一是作为经济基础的最基本方面的生产力要求经济体制、政治体制和它自身的发展状况相适应；二是经济体制、政治体制又会反过来作用于生产力，或对之起阻碍、破坏的作用（在不相适应时），或对之起促进作用（在相适应时）。如此，在生产力的发展状况之中便潜在凝结或包含了经济体制、政治体制的制约影响因素，由此也可以体现出生产力系统合理映射各类社会力量和因素的全息特性。

文化传统、人口状况也会在一定程度上影响生产力的某些方面的发展状况和具体面貌。如不同民族、宗教、国家和地区的服饰、饮食、信仰等传统可能对其生产什么，不生产什么造成影响，而人口数量的多寡和质量的优劣等情况也会对人自身的生产和劳动者的状况发生直接性影响，并从而对社会生产力的发展起到延缓或促进的作用。

(3) 生产力的宏观等级结构

综合我们已经讨论过的相关内容，我们有理由把社会生产力的宏观结构确定为三个圈层：一级圈层，即内核要素圈层，它是由劳动者、劳动工具、劳动对象的内在相互作用所构成的一个系统，由此系统的运作构成了生产力的实在运行过程；二级圈层，即外围要素圈层，这一圈层主要由科学技术、管理、教育等要素构成，在生产力的实在运行过程中，这一类要素是通过广泛渗透、贯穿于三个内核要素之中而发挥作用的；三级圈层，即边缘影响因素圈层，这一圈层主要由自然环境、经济体制、政治体制、文化传统、人口状况等因素构成。在一般情况下，这类因素并不直接作为生产力的要素而参与到生产力的实在运行过程之中，它们的作用仅仅在于对生产力的内核要素或外围要素施加作用，从而间接地影响生产力的发展状况。

我们可以用图 6-7 来对这个由三个圈层所构成的生产力的宏观结构予以形象的描述。

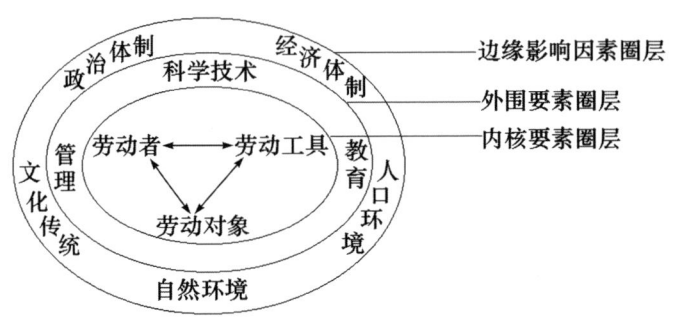

图 6-7　包括三个圈层的生产力的宏观等级结构体系

（4）生产力的宏观网络结构

如果考虑到所列生产力的各类要素、各类影响因素之间的普遍相互作用，那么，我们还可以用各类要素、因素间的普遍相互作用的关系图（图 6-8）来描述生产力的宏观结构模式。这一模式虽然能够较好体现出各类要素、因素间的普遍映射、渗透、影响的相互作用关系，但是它却存在不能有效区分不同要素、因素在生产力体系中所处的不同地位的缺陷。如果能将图 6-7 和图 6-8 联系起来考察则可能得到关于生产力宏观结构的、互补性的、较为全面的认识。

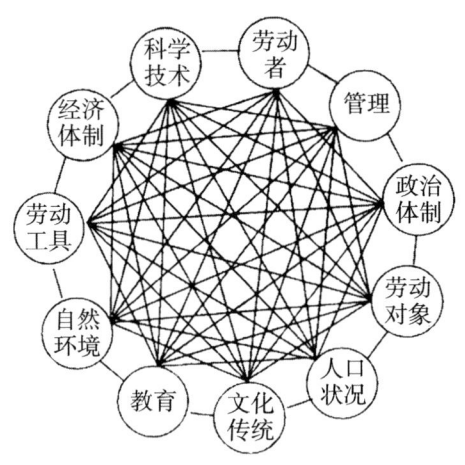

图 6-8　各类要素、因素普遍相互作用的生产力宏观网络结构体系

四、社会本质的信息规定

人和人的类，以及由人的类所构成的人的社会是内在统一的，从此内在统一性出发，人、人的类、人的社会三者便获得了统一的本质规定。人的进化、人的类的进化、人的社会的进化便是这个内在统一的本质的进化。如果从信息活动的角度上来探讨，我们便会清晰地看到这个人、人的类、人的社会的统一本质的信息规定，以及这个人、人的类、人的社会的统一本质的进化的信息尺度。

人的个体的本质与人的类的本质、人的社会的本质的统一性，使我们能够从人的个体本质的方面来推论出人的类的本质、人的社会的本质方面。在这里，人的个体的本质是内化了的人的类的本质、人的社会的本质；而人的类的本质、人的社会的本质则是外化了的人的个体的本质，实现了的人的个体的本质。这样，社会的本质就可以在人的本质中得到解释。

就人的本质而言，它应当具有三个相互规定和制约的维度：生理的、心理的和行为的。社会的本质是外化了的人的本质，从外化的层面上来看，人的心理和行为的方面是直接表现出来的人的本质的方面，而人的生理方面则是人的心理和行为活动能力的生理性基础。在人的心理和行为活动之中便潜在体现和外化着人的生理活动。这样，单从外在表现型的角度来看，从人的心理和行为本质的方面我们便可以集中地推论出人类社会的本质。

人类所独具的心理和行为活动，集中起来讲无非是意识、语言和劳动这样三个方面。作为人的个体来说，只有当他具有了这三个方面的能力时，他才能成为一个完整意义上的人。而作为社会本质的具体而集中的体现者的文化，正是和这些人所独具的意识、语言和有意识的心理和行为的活动相一致的。在这里，文化一方面指的是社会成员共有的意识、语言和劳动的具体活动模式和过程，另一方面还指意识、语言和劳动活动的结果，这就是人所创造的物质资料产品、精神产品、社会、国家以及人和人之间的复杂关系。这样，无论从人的活动的角度看，还是从文化的角度看，人的意识、语言和劳动都能够具体体现出人类社会的本质，正是意识、语言和劳动使人类、人类社会具有了对自然进行能动地认识和改造的功能，并从而把人类、人类社会从动物界，从纯粹自在的自然界中提升出来，超越出来，成了一种具有新质的存在。

要对社会的存在和进化做出信息化的解释。这里首先遇到的便是人类社会本质的信息规定的问题。具体说来，就是要从信息活动的角度，对人类、人类社会所独具的能动地认识和改造自然的能力，以及对具体突现此能力的人类独具的意识、语言和劳动这三个不可分割的、相辅相成的方面做出解释。

从信息形态的哲学划分中我们可以看到，意识是主观间接存在的标志，是信息的自为、再生的态，它包括感知、记忆和思维。感知是主体对信息的直观识辨，记忆是对信息的主观储存，感知和记忆都是主体对信息把握的过程。思维则是对感知和记忆中的信息的加工改造，是信息的主体创造。思维创造的信息可以是概象的，也可以是符号的。感知、记忆以及形象思维，从其起源来看，还只是一个没有抽象符号参与的纯感性的过程。由于人类抽象思维能力的发展，使人的感性认识过程不再能与抽象认识过程相脱离。人的感知记忆也包括对抽象思维的理性成果的识辨和储存，人的形象思维也可以通过符号信息和概象信息的相互转换来完成。主体认识中的不同层次的信息在本质上是相互作用和转化着的。由抽象理性主导的人的感性和理性统一的主体认识结构框架，使人的感知、记忆和思维过程具有了主体能动的全新性质。如此，人的意识在本质上是对信息的能力的把握和改造，以及在此基础上的信息的主体创造。

人类的复杂的语言系统（包括各种专业理论的符号体系）是符号信息的最为成熟的形式。符号信息既是思维的创造，又是思维的代码。说它是思维的创造，是因为只有通过思维的抽象才能产生语言、符号等形式；说它是思维的代码，是因为同一思维过程可以通过不同的语言、符号系统来表达，而如果你对某一语言、符号系统不通，那么也就不可能理解由这一语言、符号系统所表达的思想内容。如果我们说思维的本质是创造主观信息，那么，语言便是思维创造出来的主观信息赖以存在的形式。

劳动在广义上被理解为人们的生产实践，它是人们对自然客体有目的的改造活动。人们的生产实践过程首先是从人的主体目的性开始的，在实践的物质运动过程未曾展开之前，人们要制造的产品形象，人们为制造此产品而选择的手段和计划都已作为概象的、符号的信息在人的意识中被设定好了，这就是主体在实践之前所拟定好了的目的性和计划性信息。而这个目的性、计划性信息却恰恰是思维创造的信息形式。这种认识中的概象的、符号的信息转化为主体行为启动的指令信息，通过人的神经、激发人的运动器官行动起来。操作工具、作用于客观对象，从而完成实践的全过程。从这一过程中我们可以看到，劳动的实质是按照人的意志，改变客体的某种结构和状态，使之成为对人、对社会有用的产品（物质的、精神的）。这就意味着，劳动是一个主体目的性信息通过主体计划性信息的实施在客体中达到实现的过程。这里创造的不是物质，而是信息。是主观信息的客观实现改变了对象的性质，使它能够满足人类的需要。主体创造的一种信息（目的性）通过主体创造的另一种信息（计划性）实施的中介潜入客体，化为客体的特定结构和状态被生产出来了。所以，劳动在本质上是主体的目的性信息转化为客体的结构信息的过程，是主体能动地利用和实现信息的过程。

另外，由于劳动和意识的相互作用，也在实质上改变了人类把握信息的方式，人们可以在客体信息未曾展开，或未曾达到人的感知阈值的情况下，通过劳动（利用工具、仪器、设备）改变客体的状态，将其信息激发到可被人们感知把握的程度。这便是对信息的能动的利用和开发。

正是在对自然的能动的认识和改造的信息活动的意义上，我们说：能动地把握、利用、开发、创造和实现信息是人类社会的本质。

五、社会进化的信息尺度

社会是一个不断进化着自身的具体的、历史的存在。社会的历史具体性，规定着人类把握、利用、开发、创造和实现信息的方式的不断发展和进步，此正是人类社会本质的自身的进化。社会的进化即社会本质的自身的进化。

对于人类社会的进化。很多学者都发表了许多很有价值的意见。其中最有影响的是关于社会的"双轨进化"和"体外进化"的理论。

文化人类学家们已经区别出了两种不同的进化，一是生物进化，二是文化进化。生物进化是遗传基因的进化，是体内进化，文化进化则是文化传统和模式的进化，是体外进化。文化人类学家们强调指出的是，人类的进化主要不是生物进化，而是文化进化。

然而，文化的进化并不仅仅表现为"体外进化"，它还表现为"体内进化"。并且，在文化范围中的"体外进化"和"体内进化"又总是相协并进的。在这里，"体外文化进化"主要表现为物化工具系统的进化，"体内文化进化"主要表现为心理活动方式的进化，而勾通这一"体外文化进化"和"体内文化进化"的则正是人的行为的进化。通过行为进化的中介，一方面，人的"体内文化进化"外化为"体外文化进化"；另一方面，人的"体外文化进化"则内化为"体内文化进化"。前一个方面是人通过劳动在客体世界中实现自己的目的，将自身对象化的过程；后一个方面则是人通过学习将社会的文化传统、模式转化为自己的心理活动方式的过程。在文化进化的这种体内和体外进化的相协并进中，存在着一种明显的趋向，这就是人的心理活动方式的进化也日渐从体内进化向体外进化过渡，这就是，最初还是纯粹在体内进行的心理活动过程，随着科学技术的发展，也便日益更多地借助于体外的活动来完成。这不仅是指人类的感知、记忆的体外工具的发展，而且是指人的思维的体外工具的发展。人的心理活动方式对体外工具的依赖性的加强，标志着人的心理进化的新方式。

社会的进化是文化的进化，而文化的进化又是人的心理和行为活动方式的进化，而人的心理和行为活动的方式的进化又是人类把握、利用、开发、创造和实现信息的方式的进化。此进化即是人类对信息处理的方式的进化，即是人类社会本质的进化，即是人类社会的进化。

社会进化的尺度不应简单从社会产品的多寡的量的方面来寻求，而应从制造产品的方式的质的进化中来获得。这就是，社会的进化是人类把握、利用、开发、创造和实现信息的方式的不断发展和进步，而这种发展和进步的总规律就是间接化程度的不断提高。因为信息是间接存在的标志，所以，任何间接化程度的提高，都同时就是信息化程度的提高。

人类对信息的把握是通过感知和记忆的环节来完成的。人类感知能力的发展大致经历了这样几个阶段：①感官直接对外界在人体自然尺度范围内的信息的识辨；②将外界微信息放大到人体自然尺度然后通过感官加以识辨，如望远镜、显微镜；③利用工具对外界信息进行定性、定量的分析，如各种仪表、仪器等自动感测系统；④感知信息的超空间传递，如电话、电报、收音机、电视、信息高速公路；⑤利用一定工具、设施，改变或激发客体信息，以便对客体进行识辨。这是对客观信息的一种能动的开发。如人们对微观粒子领域的探索就是这样。人类感知能力的发展的实质是在感官和对象之间不断地增加一些必需的中介因素，或称环节，使人们的感知领域不断向宏观和微观两极发展，向远程高速感知方向发展，向对信息的定质、定量精细感知方向发展。这些中介环节的加入便不能不使人的感知越来越具有间接性的意义。这些中介环节的作用实际上是对客体信息进行必要的放大、整理、传递、转换、改变和激发。这些中介环节的意义正是在对客体信息的处理上。这些中介环节本身并不是感知的对象，它们只是在信息活动的意义上构成自身存在价值的。对象信息是经过一系列的信息处理环节才达以主体感知的。这种感知的日趋间接化的过程实质上也便是信息日趋高阶间接化的过程。

人类记忆能力的发展也经历了一个不断间接化的过程：①人脑记忆；②图画描绘、文字记载；③录音，录像；④电脑储存。

思维是主体创造信息的过程，思维的进化在人脑中表现为越来越多地利用更为抽象的符号信息，在更为抽象的水平和层次上把握事物，或者是越来越多地利用已有的种种公式系统进行逻辑推导；思维的真正高度间接化在于智能电脑的出现和发展，它使主体信息创造的部分过程可以借助于脑外的一个客体机械来完成。科学家们相信，未来的高智能电脑终将可以把思维当作一种工程来设计。

人类创造的信息可以被人们感知记忆再行识辨和储存（包括可感性的脑外储存，如文字记录、图画描绘）。但是，并非人类创造的所有信息都是可以通过劳动来达以客观实现的。人类思维创造的种种神话故事之类的虚幻图景就只能服务于人们的精神生活，而那种脱离现实条件的目的、计划也是不能进入现实实践过程的。只有当人类创造的信息不仅与客观事物的本性及其运动、发展的规律相一致，而且具有实现的现实可能性时，它才有可能通过劳动转化为客观现实。

劳动，就其起源来看，它是由于在动物和自然相互作用的关系中增加了一个中介环节——工具而开始的。劳动的目的性和借助于工具与自然对象发生作用的性质，不仅规定着人之所以为人的本质，而且也规定着劳动中人与对象发生作用的间接性。由于原始工具的简单性，原始劳动的间接化程度还是十分低下的，随着劳动工具的不断发展，劳动的间接化程度也在不断地得到提高，劳动不断间接化的过程也就是劳动过程的诸环节从对人的直接依赖中逐步解放出来，变成一种形式上的（仅仅是形式上的）没有主体参与的客观化的运动过程。劳动的这种间接化是在多方面的意义上实现的。这些方面主要有：人的体力、脑力在劳动中支出的间接化；个人在劳动中的作用的间接化；劳动过程的间接性环节的强化；劳动者间接性（智力信息）凝结的质和量的提高。

劳动中人的体力、脑力支出的间接化大致经历了如下阶段：①体力、脑力劳动的统一——原始劳动；②体力、脑力劳动的分离——脑力劳动者的出现；③体力劳动的间接化——机械工业的发展；④脑力劳动的间接化——智能工业的发展。

个人在劳动中的作用的间接化大致经历了如下阶段：①个人可完成决策、计划、操作、成品、消费的全过程；②劳动中的决策、计划、操作、成品、消费诸环节的渐次分离，分配、交换、储存、管理、科研等环节的产生；③中诸环节中每一环节上的再分工；④个人决策、计划、管理、科研向集体决策、计划、管理、科研的进化；⑤决策、计划的无选择的单方案向有选择的多方案的进化；⑥决策、计划、管理、操作的电脑化及电脑网络化的加强。

劳动过程的间接性环节的强化在于：科研、管理、情报、通讯、决策、计划以及市场、运输、能源等非直接生产产品的劳动环节越来越处于重要地位；短期计划向长期计划的转变；注重过去经验，眼前利益向注重未来发展的转变（这便是从对历史、现状间接性信息的注重转向对未来间接性信息的注重，而关于事物未来的信息是比关于事物的历史、现状的信息更具间接性的信息方面）。

劳动的间接化对于劳动的主体——劳动者个人的知识结构提出了更高的要求：不仅要拥有足够的知识量，而且在知识的质上也要求达到现代科学技术的水平；"知识爆炸"要求个人有正确的选择、不断创造、适时更新知识的能力；同时也对社会教育提出了全新的要求，必须有与之适应的教育内容和形式：创造型人才的培养、电脑化、网络化教育的普及、终身教育的施行等。因为人的知识结构正是人的主观信息的系统化的形式，正是人脑中凝结的主观间接存在，所以，劳动者知识结构在质和量上的强化就意味着对劳动者间接性（智力信息）凝结程度的全新变化。如此，劳动者的间接化的发展也同时意味着劳动的主体——人本身的间接化的发展，也便是人的特殊信息体化的加强。

从上述分析中我们可以看到，人类把握、利用、开发、创造和实现信息的间接化程度的提高，也还意味着就是社会化程度的提高。因为无论是把握、创造信息的间接化过程，还是实现信息的间接化过程，都是通过个人作用的间接化和社会、集体作用的直接化来实现的。

间接化的过程同时也就是把握、利用、开发、创造、实现信息的社会化的过程。正因为是这样，我们才可以说：把握、利用、开发、创造和实现信息的间接化（社会化）的程度是社会进化的尺度。这样，我们就不难明了所谓"信息社会"的实质了。

所谓"信息社会"就是人类把握、利用、开发、创造和实现信息的高度信息化（间接化、社会化）的社会。"信息社会"并不像流行说法所说的那样，好像人类只是到了现在才进入了"创造信息和分配信息为主"的时代了。问题不在于创造和实现信息与否，而在于创造和实现信息的方式。人类社会进化的信息意义也并不仅仅停留在"信息选择"上，而更重要的还在于信息的主体（个人的、社会的）创造，和通过人类的社会实践将这些创造出来的信息转变为社会的、自然的现实（直接存在）。

那么，今后人类创造和实现信息的间接化的方向箭头又将指向何处呢？许多科学家已经预言说。生物工程、纳米科技、虚拟现实技术、智能科学技术，以及这些相关科学技术领域的相互融合的综合性发展将会掀起一场更为广泛的变革社会的新的信息化浪潮。这将意味着，人类并不会仅仅满足于"智能机械"的创造，而且要开始动手创造新的"智能动物"本身了。这种新的创造一方面可以施加给活着的人体（或其他生物体）本身，用间接化的方法（如施加药物、放射处理、特化训练等手段）改变遗传基因的组构方式，改变或增加人体（或生物体）的某些方面的素质和性能，并在其之后的种系遗传中改变或强化整个人类（或生物种系）的素质、性能结构；这种新的创造的另一个方面是不必要通过传统的自然种系遗传和进化过程，只在人类创造的基因重组和拼接工程中创造出新的生物品种。这个新的生物品种的最高目标，自然是类似于人的智能动物本身，或竟要产生出"超人"，这便是真正意义上的人类社会所创造出来的"上帝"。只有当人类生产的"上帝"成为现实的时候，那个原始天国的"上帝"或许才会最终让出他的神圣权力。与此同时，人类最终将会揭开"意识"的神秘面纱，用智能科技的方法复制和发展意识，自我复制、自我修复或重塑、最终达到"返老还童、不死永生"的理想境界。这也许就是人们终将会把自己主观创造的上帝的"天堂"营造成人类自我生存的现实。

这并不是一个专门设计了来恐吓胆小鬼的可怕的虚幻图景，这确确实实是人类社会进化的间接化箭头的方向所指。但是，我们又不必过多地担心，当人类能够制造这个"上帝"的时候，人类也便必然会同时具有了控制这个"上帝"的能力，或许人本身也将自身改造（更确切地说是自我创造）上升到了"上帝"。

信息化、信息社会是地球人的共同事业，它要求地球人同心协力、共同奋斗。要牢固树立全人类的利益高于一切的观念。未来的地球人一定会在共同的奋斗中建立起与信息社会文明相匹配的和平、理解、宽容、融洽、协作的新风尚和新秩序。

六、多维存在的人

在传统哲学中，对于人的本性的更多的研究者，习惯于将这多维的诸方面加以割裂。或曰人是自然的人，或曰人是社会的人，或曰人是文化的人；或曰人是由肉体决定的，或曰人是由灵魂决定的；或曰人是生物的存在，或曰人是理智的存在；或曰人是符号动物，或曰人是会制造工具的动物；或曰生理遗传决定了人，或曰心理智慧决定了人，或曰劳动行为决定了人。信息哲学从人的遗传信息的编码和表达方式的一般特征中概括出了人的本质的多维综合的性质。

1. 人的存在的多重维度

人是一种在多维的综合中生成、建构和创造着自身本质的存在。人的本质并不简单直接地来源或存在于某一独立的单维之中，而是来源或存在于多维之间相互作用的综合建构。

在最为抽象的意义上，人是自然存在和社会（文化）存在的统一。自然的人只有在社会关系之中才能成为真正意义上的人，社会关系只有根植于人的自然遗传的结构之上才是人的社会关系。脱离了人的社会关系的狼孩、豹孩、熊孩，虽然有人的自然遗传结构，但是他们都还不是真正意义上的人；生活于人的社会中的动物，虽然天天与人打交道，但是由于未具备人的自然遗传结构，它们始终还是名副其实的兽，而无论如何也无法成为人。人的自然在人的社会中才能人化，人的社会在人的自然之上才能属人。这种二者统一的内在性、有机性，如此明白地昭示着人的自然存在和社会存在的不可割裂。在割裂状态下，无论是人的自然存在，还是人的社会存在，都将不再是人的。

在具体活动的意义上，人是生理（肉体）、心理（灵魂）和行为活动的统一。存在一种意见，以为人的生理（肉体）是自然赋予的，是人的自然存在，而人的心理和行为则是社会赋予的，是人的社会存在。这种意见是将人的自然存在和社会存在予以割裂的做法的一个具体表现。其实，在人的自然存在和社会存在与人的具体活动的生理、心理、行为形式之间存在着某种全息规定和普遍映射的复杂的统一性关系。具体讲来，无论是人的生理，或是人的心理，或是人的行为，都有其自然生理、自然心理、自然行为的方面，也都有其社会生理、社会心理、社会行为的方面。单纯具有第一个方面，人还不能成为人，只有在第一个方面之上建构出第二个方面之后，人才能成为真实意义上的人。没有第一个方面，只有第二个方面的情景则无论如何也是不可想象的。因为第二个方面只有在第一个方面的基础之上才能被建构出来。

2. 人的遗传信息结构的双维性

在人的遗传基因结构中编码着两种截然不同性质的个体发育信息的程

序：一种是决定论式的，它保证着个体最一般的基础性生理、心理和行为活动方式和模式的形式；另一种是非决定论式的，它只规定了某些可能的生理、心理和行为活动方式和模式的建构方向，而某一建构方向的实现则依赖于个体后天所处的环境条件。遗传基因中编码的个体发育的决定论式的程序是个体初级生成的最基础性的第一维的结构，而遗传基因中编码的个体发育的非决定论式的程序则是在第一维结构之上特化建构着的第二维的结构。第二维的结构虽然必须根植于第一维的结构之上，并且是第一维结构中所编码的信息按照特定程序的展开，但是，在第一维的结构之上可能形成的第二维结构的模式却不是唯一的，亦即不是单一决定论的。在这里，第二维结构的建构遵循着分叉演化的规律，而分叉演化方向的选择则依赖于个体所处的具体环境。

具体讲来，人与兽的区别主要并不表现在按照决定论方式所建构的人的个体的第一维的结构之中，而是主要表现在按照非决定论方式，在第一维的结构之上建构出来的第二维的结构之中。对于一个具体的人的个体结构的建构来说，在其第一维的结构之上，可以建构出人的第二维的结构，也可以建构出兽的第二维的结构。在人的遗传基因中同时编码着或形成一般的动物，或形成真正意义的人的这样两套截然不同的信息程序。如果后天的环境选择了形成一般动物的信息程序，那么，个体中关于形成人的信息程序便不再能得以表达，个体便建构为动物；如果后天的环境选择了形成人的信息程序，那么个体中关于形成一般性动物的信息程序便不再能得以表达，个体便建构成人。在这里，建构成人还是建构成兽的遗传信息的表达是以环境信息为中介的。如果环境是兽的氛围，那么个体便建构为兽的一员；如果环境是人的社会文化的熏陶，那么，个体便建构成人的个体。

在人的遗传基因中编码的个体发育的信息结构中，还可以区分出三个不同的结构层面，这就是生理结构的层面、心理结构的层面和行为结构的层面。在这三个不同的结构层面上都分别具有各自的第一维结构和第二维结构。

3. 人的生理的二维结构

就生理结构的层面而言，个体发育的信息程序的表达主要表现为不同维的体质形态的建构。按照决定论方式表达的人的个体的第一维的生理结构仅仅保证之后形成人的最一般性的基础性的方面，包括身体应有的部分、系统、组织和器官。至于这些身体的成分可能形成的某些整体组构形式，以及某些重要系统、组织和器官的进一步的特化发育，则由第二维的生理结构的建构的过程来完成。诸如直立行走、喉部发音器官的发育成熟，以及脑皮质中语言中枢的特化发育等一些属人的重要的生理性结构则基本上属于第二维的生理结构方面。这些方面的生理性结构的最终形成虽然也根据于个体遗传基因中的信息发育程序，但是，它却必须以人的社会文化为中介。人生下来并不是采取直立姿态的，直立行走的能力显然是在成人榜样的作用下，由后天习得的，由野兽（狼、熊、豹等）养大的小孩没有一个是直立行走的，他（她）们都以其养父、母为榜样四肢爬行，并且，长期的爬行生活，也使他（她）们的发音器官——喉头和声带的运动受到阻碍，发生结构性特化变化。虽然一些被野兽养大的小孩后来获得了重返人类社会的机会，但他们仍无法像常人一样灵活驾驭语言，与此相关的显然还有脑部结构的发育。一个明显的事实是，由于不会说话，脑皮质中的语言中枢显然不可能分化出来。属人的一些重要的生理性结构并非是先天预成的，而是在先天预成的第一维结构之上，通过后天的相应的活动建构出来的。

4. 人的心理的二维结构

就心理结构的层面而言，个体发育的信息程序的表达主要表现为不同维的心理活动能力的建构。按照决定论方式表达的个体的第一维心理结构显然是与第一维的神经生理结构所能具有的心理活动能力相一致的。这里包括由第一维的感官、神经、脑的一般性基础结构所具有的一般性的各类感知觉、记忆及初级的想象等心理活动能力。这些能力与一般的高等动物的能力并无更大差别。至于属人的通过语言符号的抽象思维的能力，在抽象思维的全息制控下的高超的认知、记忆和创造概象信息的形象思维的能力，以及在人的实践活动中延伸的感知、记忆、思维的能力则是按照非决定论方式在后天活动的人的社会文化背景的中介中建构出来的第二维的人的心理活动能力。与此第二维的心理活动能力的建构相一致的显然是，感官、神经、脑结构的更为成熟的定向化发育，这就是作为第二维心理活动结构的生理性基础的第二维的神经生理结构。相关资料表明，从幼年就完全脱离了人的社会文化背景的儿童,其成人后的心理活动能力与一般动物无异:不会说话,智力低下;没有自我意识、不能区分镜像和自己的关系;也没有完整连贯的长时记忆。重返社会后,经过有计划的社会教育的培养之后,虽然他们的智力有所发展,但是都不能恢复到一般常人的水平,对于他们脱离社会环境的那段生活也不能保持记忆。这一切都深刻地表明,人不同于动物的心理活动能力(包括语言、智慧、自我意识,以及高超的认知、记忆和思维的能力)并不是直接天生的,而是在人们的社会生活和实践中逐步产生、发展和完善起来的。不仅从幼年时期(3岁前)就离开人类社会的"野孩"不可能发展起人的心理活动能力,就是在早年受过一段文明教育、年龄稍大几岁(3—5岁)的儿童,长期被遗弃而脱离人类社会,也会发生人的心理特征的蜕变现象。

5. 人的行为的二维结构

就行为结构的层面而言,个体发育的信息程序的表达主要表现为不同维的行为活动能力的建构。按照决定论方式表达的人的个体的第一维的行为结构显然是与第一维的生理结构、心理结构的水平相一致的。这一方面的行为主要是一些维持生命的简单的初级本能性行为活动,如吃、喝、爬行、睡眠……至于那些属人的能够把人和兽区分开来的使用和制造工具的劳动的行为能力则是第二维的行为结构。这个第二维的行为结构在遗传基因中是以非决定论的方式编码的,这一行为结构方面的信息程序的是否能得以表达,以及表达的可能方式和程度取决于在后天环境中的培养。"狼孩"能习得狼的行为,"豹孩"能习得豹的行为……而要习得属人的行为则只能在人的社会环境中接受人的教养。

6. 非决定的、开放着的人

从一些描述熊孩、豹孩和狼孩的生理、心理和行为特征的相关资料中,我们可以清晰地看到,这些在脱离人类社会的环境中成长起来的孩童基本上属于动物,而不是人。虽然他们的遗传基因结构中储有属人的因素的信息编码程序,但是,这一程序却未能得以表达。因为他们失去了表达这些信息程序的中介信息——人类社会的文化背景。当这些孩童重返人类社会之后,在人类社会的文化背景中介下,他们的属人的因素虽然也能有所恢复，但是，却很难达到正常人的水平。因为属人的因素的信息编码程序的表达，不仅需要特定背景的社会文化环境的中介，而且，还是一个时间有序的表达过程。特定的属人的因素只有在特定的年龄段上才能在特定的社会文化的中介下生成，如果错过了这个年龄段，相应的属人的因素则不可能生成，最起码也是不可能完善地生成。这一点在语言的培养方面，以及与语言的培养相关的意识能力的发展方面都表现得特别明显。

一般来说，动物的遗传基因的表达基本是决定论式的，它们降生不久便会很快获得某种较为固定的体质形态模式，并且，按照一个一般的稳定的程序展示出他们的心理和行为活动的方式。而人则完全不同。它降生之时还不能保证它就一定能成为人。遗传基因的决定论式的表达，仅仅实现着人之为人的一半的路程，并且，这一半的路程为之后向真正的人的发展只提供着某种可能。这可能的后半段的路程则需要人自己在后天的努力中去建构。只有通过以社会为中介的新的建构，在形成的第二维结构中才能达到社会与自然的统一，从而，那原本自然发生的第一维结构也才会相应被改造或升华为人的结构，与所建构的第二维结构相统一而构成一个真实意义的人的个体。如果第二维结构的建构不是以人的社会为中介，而是以兽的群体为中介，那么，在这个形成的第二维结构中所能实现的也只能是兽群与自然的统一，从而，那原本自然发生的第一维结构也便相应会蜕变为兽的结构，与所建构的第二维结构相统一而构成一个兽的个体。

如果从人的第二维结构的建构需要社会文化的教养的角度出发，我们便可以说，人较动物而言，在本质上是非决定的，事实上自然只是使人走完了一半，另外的一半尚待人自身去完成。人在创造文化的同时，人也创造了自己。人是什么，不取决本体论的决定。

不仅人类文化的内容和形式是非决定的、开放的、被人所创造的属人的"第二维度"的结构，而且就连人的个体的某些"一般的"生理性"结构（如直立行走、喉部发育、脑区的细微分化等）"，"人的认识和行动的特殊方式"（无论是个体的，还是集体的或社会的）也都具有非决定的、开放的、被人所创造的属人的"第二维度"的性质。在这里，人与兽的区别既是本体论性质的（就其遗传基因结构的深层可能性基础而言），又是超本体论性质的（就其必须以后天的社会文化环境为中介的性质而言）。正是这种既是本体论，又是超本体论的双重决定性，才使人的本性具有了双重维度的多维性的结构，也才使人的本性具有了自然性与社会性的有机统一的性质。这种自然性和社会性的统一显然不仅是针对人的类的总体，人的社会文化的物化的形态而言，而且也是指人的个体而言的。因为，正是在人的个体形成的发育历程中，无论是在个体生理结构方面，也无论是在个体心理结构方面，还是在个体行为结构方面都已经被社会、被文化所中介了。这样，个人也成了社会的存在物，也成了社会关系的凝结物，当然，是在自然遗传的基质之上所实现的社会的存在物、社会关系的凝结物。

七、教育的信息化[①]

既然人的本质具有后天建构的非决定论的特征，既然自然遗传的因素只是使人走完了一半，另外的一半尚待人自身去完成，那么，在人的成长过程中，相应的社会文化的教育对于人自身的能力发展、本质建构来说便不能不具有十分重大的意义和价值。

一个明显的事实是，在人类的不同时代，人类的教育思想、教育观念、教育体制和方法都不尽相同。信息科技革命、信息经济与信息社会的崛起，使人类的教育事业也面临着全面信息化的发展，改变教育思想、教育观念，利用当代信息化、知识化和智能化科技所取得的相应成果，对现行教育体制、教学体制、教学方式和方法进行全方位的改革不仅是现实的，而且是必然的和紧迫的。

1. 一个全新的教育观——培养全面发展的人

随着人类进入工业文明而发展起来的大众化的教育体制，距今已走过了近 400 个年头。在此期间，人类的教育观念的变革也先后经历了三个大的阶

[①] 本节前七个部分曾由邬焜以《关于教学改革若干问题的思考》为题发表于《哈尔滨师专学报》1999 年第 1 期，第 111—117 页；本文第八个部分曾由邬焜以《走向信息时代的信息化教育》为题发表于《石油教育》1999 年第 1 期，第 5—8 页。

段：教育的目的从传授知识到培养能力、再到注重人的全面发展。

最初产生的近代教育观把传授既定的知识看成是教育的主要目的,"知识就是力量"成了当时最为振奋人心的格言和信条。把教育看成是传授知识的过程这一古老观念是和人类古代和近代的知识更新频率相对缓慢的状况相一致的。

当人类社会进入 20 世纪,尤其是到 20 世纪中叶之后,人类社会经历了一个重大的变革时期,这就是工业文明社会向信息文明社会的转型。在这一转型期中,科学技术的发展日新月异,新的理论、观点、学科层出不穷,知识更新的频率明显加快,仅仅依赖对既定知识的学习,已经不能保证一个人能够成功的适应变化神速的社会。这时,人们开始意识到,在一个知识爆炸的时代里,重要的不是灌输大量的知识(这是无济于事的),而是揭示知识的结构。要建构、把握、阐释、驾驭知识的结构,需要有一种比知识更为重要的人的素质,这就是能力。能力不是既定的知识本身而是获取和处理知识的方式。合理驾驭知识的方式乃是人们进行自由自觉的创造性活动的最基础性素质,是推动知识更新、科学革命、观念进化、社会进步的主体内在驱动力。正是基于此种认识,进入 20 世纪以来人类的教育观念开始从注重知识传授转变为注重能力培养。

然而,个人在社会中能够扮演怎样的角色,能够发挥怎样的作用,并非单单取决于它的能力素质。这是因为,一方面能力本身还只是主体内部规定的一种潜在的因素,这种潜在的因素要发挥出来,转化为现实的成就还需要有一系列其他方面的主客观条件。就主观方面的条件而言,能力能否发挥以及发挥程度的大小等,还与一个人的意志力、毅力、性格、情趣等方面的素质直接相关;另一方面,能力的发挥还有一个性质、方向问题,这就是说,能力可以为善也可以为恶,这就又涉及一个人的道德修养、政治态度、精神境界、价值取向、理想追求等方面的素质。尤其是随着市场经济的日益发展,信息革命、信息经济、信息社会的进一步加速推进,人们所面对的世界更加斑斓多彩。各种观念的冲突(保守的与激进的、拜金主义的与奉献精神的、享乐主义的与艰苦奋斗的)、各种思潮的抵牾(颓废的与进取的、消极的与积极的、悲观主义的与乐观主义的、怀旧复古的与未来理想的、粉饰的与批判的)、各种异己力量的压迫(竞争、失业、破产、社会强权、人际关系、自然报复)、各类社会现象的熏染(腐败、名位、权利、金钱、黑势力)等,都需要人们去面对、去评价、去选择、去承受、去适应。这样,仅仅把教育看成是传授知识和培养能力的过程便远远不能令人满意了。

20世纪下半叶以来,人们的教育观念又有了新的变化,这就是从传授知识的传统观念,到培养能力的现代观念,再到人的综合素质的培养,以及培养全面发展的人的全新观念。作为培养全面发展的人的教育不仅要传授知识、培养能力,而且还注重塑造人格、陶冶性情,解放个人的自由自觉的创造精神,并且,传授知识又是围绕能力培养、人格塑造、陶冶性情而进行的,另外,无论是传授知识、培养能力,还是塑造人格、陶冶性情,又都是为最终解放个人的自由自觉的创新精神而服务的。

把教育的目的定位在培养全面发展的人的全新教育观完全符合马克思主义对人的本性和社会进步的一般理解和认识。把个人的全面而自由的发展看成是人类的全面发展和达到未来理想境界的自由王国的前提,把社会的发展看作是对个性自由程度的不断的解放,这一直是马克思和恩格斯反复强调过的重要思想。马克思曾经指出:"人的类特性恰恰就是自由的有意识的活动"[①];未来的理想社会是"以每个人的全面而自由的发展为基本原则的社会形式"[②];一切民族最后都要达到"在保证社会劳动生产力极高度发展的同时又保证人类最全面的发展的这样一种经济形态"[③]。马克思、恩格斯还指出:"代替那存在着阶级和阶级对立的资产阶级旧社会的,将是这样一个联合体,在那里,每个人的自由发展是一切人的自由发展的条件。"[④] 也许正是这种与马克思、恩格斯关于人的本性和社会进步的一般理论相一致的注重培养全面发展的人的全新教育观,也许正是信息社会的未来的成熟性发展,可能为马克思、恩格斯所憧憬的那个美好的未来自由王国——共产主义社会的到来提

---

① 马克思:《1844年经济学哲学手稿》,北京:人民出版社1985年版,第53页。
② 马克思:《资本论》(第1卷),北京:人民出版社1975年版,第649页。
③ 《马克思恩格斯全集》(第19卷),北京:人民出版社1963年版,第130页。
④ 《马克思恩格斯全集》(第1卷),北京:人民出版社1972年版,第273页。

供一般性的形而上和形而下的前提和条件。

从人对人的本性和价值的认识的角度来看，注重培养全面发展的人的全新教育观同样是一个巨大的进步。着眼于传授知识的教育观把人看作是既定知识的奴仆；注重于培养能力的教育观把人看作是驾驭知识的主人；强调人自身的全面发展的教育观则把人看作是在自由自觉的创造性活动中不断实现自身价值，不断完善、超越自我的一个积极进取的，不断自我发现、自我生成和自我发展着的能动性主体，在此，人们不仅是知识的主人，而且是自身能力的主人，还是自我发展的主人。

在当代科技、经济与社会信息化、知识化和智能化全面发展的时代背景下，人类的未来教育必将会为人的全面发展提供比以往任何一个时代都更为优越的条件，人类未来的教育是培养全面发展的人的崭新教育。

2. 学习过程的内在机制——知识、能力、人格的三元互动统一运作

注重人自身全面发展的全新教育观，对人的成长，对一般的学习过程的内在机制有一个全新的理解。学习过程并不是一个由外部简单输入现成知识模式的过程，而是由学习者个人通过自身已建立的能力素质和人格素质对知识进行选择、加工处理的过程，通过这种选择、加工处理，学习者真实体验到的知识模式已不再可能简单雷同于外部输入的模式。学习者真实体验到的知识、情感、方法、逻辑是它通过自组织化的内部加工处理的运作而不断生成和发展着的。在这样一个学习的过程中，最初的知识仅仅为加工过程提供被加工的对象性材料，这些材料可以通过外求习得，也可以通过对内储相关信息的回忆而获得；能力则为加工过程提供相应的规则、逻辑、方式、方法；人格则为加工过程提供意志、价值、态度、方向、情趣等方面的考虑。通过这样一种学习最终生成的便是那种作为个体体验而呈现出来的结构化了的知识、观点、方法、逻辑、信念、禀赋、志向、情感等。显然，这种结构化了的内容不仅是关于知识的，而且是关于能力和人格的。

通过学习的过程，学习者的知识结构、能力水平、人格素养都将会有所改变，并且，在三种素质之间还可能会存在相互的规定和转化。如对能力和人格的认识可以转化为知识的模块，而相应的关于能力和人格的知识模块又会反过来改变人的能力水平和人格素养,另外,人格的力量又会有助于能力的发挥和知识的增长。

这样,我们便有理由把一个正常的学习过程看成是知识、能力、人格之间的三元互动统一体,并且这个统一体的运作又是在人类社会文化、社会需求和个人发展需求的普遍性背景中展开的。我们可以将这样一个过程很直观地表示如图6-9所示:

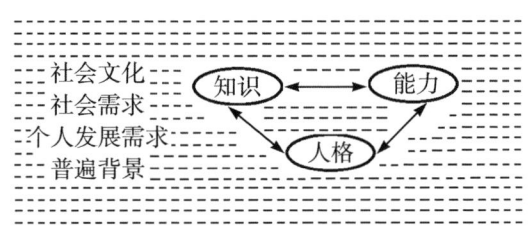

图6-9 对学习过程的新理解:在社会文化需求、个人发展需求的普遍背景中展开的知识、能力、人格之间的三元互动统一运作体系

3. 全面发展人才的合理素质结构——知识、能力、人格素质的全面综合

既然学习过程乃是一个在社会文化、社会需求、个人发展需求的普遍背景中展开的知识、能力、人格之间的三元互动统一运作体系,那么,一个全面发展的人才的合理素质结构便理应由相应的知识、能力、人格的不同方面的素质综合而成。

一个较高层次的人才的知识素质可能包含若干个层次,如一般知识背景——社会的、自然的、生活的、一般科学常识的知识;基础性、工具性知识——母语、数学、智能机操作、外语;学科知识——或哲学的、或历史学的、或物理学的、或生物学的学科知识;专业知识——某一大的学科领域中的分支学科知识;相邻、交叉学科知识——超出主修学科和专业之外的其他学科、专业的知识,或具有横断性、交叉性、综合性的一些学科的知识;智能性知识——关于逻辑的、心智的、一般方法的、科学与科学史的、人与社会的本质及发展规律的、思维策略的知识。

一个较高层次人才的能力素质也应包括若干个方面:理解能力——将从外部接收的或从内部回忆的形象的或语言的信息理解、编码后整合到内部先已建构起来的意义网络之中,并由此不断发展这一意义网络的能力;记忆能力——对接收的信息、信息加工过程以及通过信息加工产生的新的信息进行内部编码储存并适时回忆的能力；心智操作能力——对已掌握的信息进行逻辑加工，产生新的信息的能力，这就是传统心理学中所说的思维能力，以及认知心理学所说的"思维的信息加工能力"；意识自控能力——信息接收、处理、注意、记忆、思考、学习过程中的选择性、集中指向性、内部信息协调、匹配、组织的能力；信息综合与分析的策略——逻辑的、计算的、信息模式建构的方式、方法等；顿悟与想象的能力——产生和捕捉灵感、直觉，并由此展开想象力，获得创造性成果的能力；身体素质技能——身体状况保证学习与行为的程度，以及身体操作活动的技术与能力，包括身体健康水平、书写、表达、体育运动、文艺表演、职业技能等方面的状况和能力；交往与适应的能力——与环境、社会、他人协调、交际的能力。

一个较高层次人才的人格素质也应包括若干个方面：意志与毅力——形成目的，以及为此努力的坚定性和持之以恒的程度，对困难、挫折与压力的克服、忍耐、承受程度；道德修养——自觉采取的思想意识和实践行为的规范、原则和准则，有正当与非正当、正义与非正义、高尚与低级之别；价值与态度取向——基于道德评价及对相关事物、现象的意义理解所形成的对不同类的事物、人、思想、观点、行为的选择、评判、对待的尺度，包括利己享乐主义的或利他奉献主义的、赞同的或否定的、友好的或敌视的、喜爱的或厌恶的、同情的或摒弃的、保守的或激进的或折中的、自尊的或自卑的等一系列心理体验和行为取向；理想与精神境界；性格与情趣。

4. 课程结构设置的一般原则——宽基础、广交叉；淡专业、多综合；重能力、倡方法；兴人文、塑人格

注重人自身全面发展的全新教育观，对人才的素质结构有一个全新的理解，要培养全面发展的人，就要求有一个与这一全新教育观和全新人才素质观相适应的全新教育体制和教学体制。显然，在教育观和人才观未曾得到根本改变之前，基于传统教育体制框架内的所有的所谓教育改革都只能是形式上的，而非本质性的。

基于全新的教育观和人才观之上的全新教育体制和教学体制，首先体现在全新的课程结构上。

传统的课程结构基本上是学科本位型的,即仅着眼于学科专业范围来设计课程结构,很少或基本不考虑学生全面发展的问题,也很少考虑现代科学发展的广泛交叉、渗透和综合的基本情况。学科本位型的课程选择基本上是围绕前述知识素质中的工具性知识、学科知识、专业知识这三个层次设置的。这种设置方式基本不考虑"一般知识背景""相邻、交叉学科知识""智能性知识"这三个层次,也不对能力素质、人格素质方面的相应课程予以关注。与学科本位型的课程结构相一致,培养出的学生是高度专业化的、片面单科型的、统一规格而缺乏个性的。由此课程结构导引培养出来的学生无论在知识结构的合理性与全面性上,还是在能力素质和人格素质方面都是有缺陷的。

与这种学科本位型的课程结构设置不同,注重学生全面发展的全新教育体制的课程结构设置是从把学生培养成全面发展的具有健全人格和综合创造能力的新型人才着眼的。

我们可以为这个新的课程结构设置提出一个一般的原则,这就是:宽基础、广交叉——这主要是要拓宽学生的一般知识背景,让学生通过学习相应的自然科学、社会科学、思维科学、社会生活等方面的基本理论,为其进行高层次的综合型创造性活动提供足够的信息量,另外,在宽基础的同时还应注重文、理、工科的交叉,注重学科间的交叉,要相应注重开设一些新兴的交叉性、边缘性学科课程;淡专业、多综合——搞大专业,不搞小专业,必修的专业课要少而精,要有意识的采取措施模糊一些专业的界限,应更多关注现代科学发展的广泛交叉、渗透和综合的基本情况,开设一些相应的交叉性、横断性、综合性、全向性学科的课程,这也是与淡专业、广交叉的要求相一致的;重能力、倡方法——课程的设置要有利于学生能力的提高,这就要求一方面所开课程都要尽量增加课程体系的逻辑、方法、结构等方面的内容,另一方面则要开设一些专门讲授一般科研方法、思维方式、科技本质及一般发展规律、机制的课程;兴人文、塑人格——为将学生培养成具有健全人格的全面发展的新兴人才,就必须加强相关人文、社会科学类课程的设置,尤其是在以单一性工程类学科为主的工科院校中,加强这一方面课程的设置尤为关键和急迫,因为这类院校比较起综合性院校来人文气氛更为缺乏。

根据上述的一般原则,在今后的大学教育中,关于一般科研方法、思维方式、科技发展规律、机制、科技发展历史、前沿、未来趋势、人类社会、经济发展的规律、现状、趋势、道德、伦理、人的本质、人的价值、人与人、人与社会、人与自然的关系，以及身体技能等方面课程的地位将会得到强化。这方面的课程基本属于人文、社会科学类和交叉学科类。这也就意味着，在今后的大学教育中，人文、社会科学、交叉学科类课程的地位将会进一步得到提高。

根据我们的认识和了解，可以罗列出这样一些应该面向当代大学生（文、理、工、医、农）开设的人文、社会科学、交叉学科类课程：复杂信息系统理论基础、科学研究方法、科学哲学；科技史、现代科学基础与前沿；社会学、信息经济与信息时代、当代思潮（哲学、经济、科学）评介；逻辑学、伦理与道德、法律基础；心理学、美学、教育学、文化人类学；演讲与论辩、人体机能学、人与环境科学。

上述课程开设的方式可以灵活多样，有的可设为必修课，多数则可以以选修课的方式开出，也可以以系列讲座的方式开出，学时不易占用过多，有一些相近性质的课程还可以有选择的开出其中一两门，或将主要内容抽取、合并为一门课讲授。开设此类课程的目的主要是引导学生开阔视野、启迪思维、提高思想境界、陶冶情操、增强能力、塑造健全人格，最终目标则是把学生培养成全面发展的人才。

在课程结构的安排上，除了课程的空间结构，即安排多少门，什么样的课程之外，还有一个课程的时间结构问题，这就是所列课程应该按照怎样一个顺序来教学。

一般来说，人的认识发展的过程遵循的是分析──综合──再分析──更高层次的综合……的逻辑。这一逻辑决定着科学化、合理化的课程时间结构的一般模式。

我们应该把大学开列的课程分为三种类型：一是基础性综合类课程，二是专业性课程，三是高层次的综合类课程。这样，大学课程的时间结构应该是一二年级主要开设基础性综合类课程，使学生能够在中小学所学知识的基础上，通过一次新的综合性学习开阔视野、拓展知识领域，从低级知识向高级知识过渡，提高能力和人格素质，奠定向更高层次发展的坚实基础；三年级主要开设专业性课程，使学生成为某一领域的专门性人才；四年级主要开设高层次的综合类课程，以及结合专业、面向社会进行综合性实践活动，这有助于为学生以后的发展提供一个更高启迪性的、开拓性的前提条件。

另外，用增大学生选修课的比例和范围的方式来达到人才模式的多样化、个性化，也是课程的空间和时间结构安排中的一个重要原则。在这一方面，应该大力提倡在大学教育中普遍强化通识教育环节。

5. 选择课程内容的原则——"以质取胜""兼评各家"

建立在培养全面发展的人的全新教育观基础上的全新教育体制，对传统教育体制的改造是全方位的。这里不仅涉及教育目的、人才模式、课程结构等方面的转变和改造，而且还涉及课程内容、教学方法、考核方式和标准等方面的一系列改革。

信息时代的人类科学、文化的发展，呈现出多元化、复杂化，在量上极度膨胀，且更新频率加快等众多方面的特征。面对现代科学、文化的这一发展态势，以单纯追求知识点在量上的无所遗漏、面面俱到、精细而复杂的操作的方式来编制课程内容的传统做法已不再可能，也不再必要。这是因为：一方面，知识量的极度膨胀已使我们无法保证用有限的篇幅来使之无所遗漏，如果硬要沿袭旧法则会导致教材越编越厚、课时越拉越长、学生负担越来越重，而在大量知识性材料信息、精细而复杂的操作的压迫下，学生所学势必会不知根本、不得要领；另一方面，知识更新频率的加快，势必会导致学生费力掌握的许多知识点和精细操作方法，在其还没走出校门时就已经过时。

面对如此情景，我们对教材内容的选择必须采取"以质取胜"的策略，而不应一味追求量上的堆积。

一般来说，在任何一门学科的理论结构中都可以区分出三个部分的内容：第一部分是由一些基本概念和基本关系所构成的核心理论，或称根本理论；第二部分是由核心理论的推论产生出来的其他概念和关系所构成的核外理论，或称非根本理论；第三部分则是为证明或阐释相关理论而选择的知识性材料，以及由这些相关理论的应用所进一步派生出来的种种零散的知识点。这好比是一棵大树，核心理论对应于大树的根基和主干，核外理论对应于大树的分支，而各类知识性材料和派生的知识点则对应于大树的毛枝和叶片。在学科常规发展的阶段上，最具稳定不变性的是学科的核心理论部分，核外理论则较不稳定和较易变化，而最不稳定、最易变化的则是各类知识性材料和派生的知识点。另外，这三部分的内在关系又是：核外理论由核心理论推出，各类知识性材料和派生知识点又由核心理论和核外理论的需要来选择，或由核外理论的进一步应用所派生。

由学科理论结构的上述特征和关系，决定了课程内容选择的"以质取胜"策略的一般原则：紧紧围绕核心理论编制课程内容，注重讲授由核心理论推出核外理论的方式、方法和一般途径、线索、思路等，而对各类知识性材料和派生知识点则采取少而精的取舍原则，以能解释和说明核心理论和由核心理论推出核外理论的需要为限。

"以质取胜"的学习策略使我们联想起了目前我国中小学应试教育体制的诸多弊端与危害。在大量浩繁的追求细枝末节的知识点和计算技巧的海量教学内容和作业的压迫下，引导学生去应付种种题海测试的既定答案。这样的教学体制不仅使学生身心疲惫、厌学情绪严重、学习效率低下，而且也极大地压抑了学生自由自主学习和探索的创造性。其实，真正合理的学习策略应该遵循少而精的原则，以通过学习最核心的内容能够保证继续向更高层次的学习过渡为原则。考试的科目越精越少越好，如对于中小学学生，尤其是小学生来说，最重要的是要培养语文写作的能力和基础计算的能力。因为所有的学问、教科书和文化知识都是用语言表达的。所以，学生最基础的能力就是语言写作和表达能力。这样，母语学习的好坏便直接成了学习其他文化知识的最重要的基础。而在母语学习中，最能体现其综合水平的便是能够写出好的文章。写一篇好的文章不仅要求掌握相应的文化知识，而且还要求具有相应深刻的思维力度、高超的文字和语言组织能力和技巧，以及精炼而准确的表述方式和方法。这样，小学考试只要有语文和数学两门就可以了，而考试的内容也应当尽量注重简单性和基础性。如语文只考作文、数学只考基础计算以及由此基础计算综合运用的解题能力。至于其他学科的知识可以采取只学不考的原则，其基本宗旨是通过更多学科内容的了解而扩大学生的知识面。另外，还有一点需要提及的是，在人类信息文明已有所发展的今天，普及信息科技基础知识的教育已成当务之急，这也应当首先从中小学教育抓起。

但这一方面的知识除一部分是基础理论内容外，更多的则是实践操作层面的内容。所以，这一方面内容的学习更多是引导性、实践性的，也不需要进行严格的考试。

在此，我们想谈一谈我国目前在基础教育中所实施的所谓素质教育原则。其实，现行的所谓素质教育只是增加了几门课程和相应的考试，不仅未能达到素质教育的应有目的，而且还增加了学生的学习负担。至于外语的学习更应该是注重利用现代信息化的手段给学生创设一个良好的相应语言环境，而不是刻板的教材、语法学习，简单的单词背诵、句子背诵等。在我国的相关教育中有一种十分奇特的现象，这就是很多学生连一篇好的中文文章都写不出来，而其英语却可以考很高的分数。我们不知道，这样的学生在把英文翻译成中文的时候如何能够很好地用中文表达。当年鲁迅先生曾经对翻译的问题有一个观点：翻译的好坏并不简单取决于外文的能力，而是取决于母语的能力。一个连母语都不很精通的人，又怎么能够把外文文献用母语的形式很好地表述出来呢？如此想来，我们众多的由外文翻译成中文的文献使读者很难读得明白和透彻的情景便不难理解了。

然而，科学和学科并不总是处于较为稳定的常规发展的阶段，在科学和学科面临革命性变革的非常规发展阶段上，科学和学科的核心理论将面临挑战，一些新的核心理论会被提出，而科学的进步在本质上是由核心理论的变革所引起的。正是基于这种情况，我们仅仅依据处于常规发展中的学科的核心理论，采取"以质取胜"的原则来对课程内容进行选择仍然是有缺陷的。这样，我们便有必要再提出另外一个补充性的原则——"兼评各家"。

"兼评各家"的原则，要求我们在课程内容的选择上不能简单依据某种已被多数同行普遍公认的既定理论体系，编制出相应的一套规范化的内容，而且还要兼顾与主流派别存有差异或相对立的其他一些派别的观点和理论，并且要在对各家已有理论观点的分析、评介、批判中，给学生提供一种进一步讨论的线索，或尝试给出一些富有建设性的新假设。

"兼评各家"的原则要求在教材内容的选择上不应该为学生提供一种完美无缺的既定科学图示，因为科学本身是不可能达到这种完美无缺的程度，否则科学将会不再可能发展。注重对不同理论的比较分析和批判，注重在比较批判的基础上展开进一步的讨论和探索，这有助于引导学生在反思的水平上进行学习，从而能有效地培养学生的科学批判精神和创新能力。

6. 新的教学方法——在问题的自觉探寻中唤起学生自主学习的冲动

根据我们前面已经阐释过的观点，学习者所习得的知识并不直接或简单的来源于外部的灌输，而是来源于学习者与外部环境信息的相互作用中的内部操作的建构，这一学习过程的内部建构的方式便是学习者的知识、能力、人格的三元互动统一运作。另外，学习过程也绝不是既定知识的简单的累积或叠加，一个发展了的知识结构不仅在量上增加了知识，而且更重要的是在质上经过了结构的重建。不同质的知识结构对于同样的材料信息将会从不同的视角去加以理解，将会用不同的方式去加工处理，因而由此得出的结论或由此引起的学习者内在的认知体验也将会是有所差异的。

与这种知识习得的内部建构理论相一致，与培养全面发展的人的全新教育观相统一的教学方法就不应该是只注重简单直接的外部输入的、单纯由教师滔滔不绝的满堂灌的方法了。新的教学方法的着眼点应该是通过怎样的方式去调动学习者的主动性，使其能够更为自觉地通过内部运作的过程来合理建构自己的知识状态，来发展自己的知识结构。

邬焜曾在一篇文章中提出过一种讨论式的教学方法①，这一教学方法一般应该把每一相对独立的教学内容的学习过程分为四个相互连接的阶段：教师讲授内容线索，并向学生提供应参考的资料范围；学生按照教师提供的线索进行有针对性地预习；师生共同围绕教学内容包括的问题进行讨论；教师总结讨论情况，对讨论中提出的种种观点不采取简单否定或肯定的做法，而是有针对性地提出种种疑问，并在可能的程度上提出对问题进一步探讨的若干种思路和方法。

在这样的一种学习过程中，教师提供的线索，以及参考资料提供的相关内容，仅仅是学生用以进行内部操作的知识结构的建构的材料，学生有针对性地预习，以及围绕相关问题的讨论都是学生发挥自身的主动性，对

---

① 邬焜：《科学批判与创造性人才的培养》，载《哈尔滨师专学报》1995 年第 3 期，第 78—84 页。

材料进行内部运作的、创造性加工处理的、知识结构建构和重建的过程。教师在总结中之所以对学生的讨论中提出的种种观点不采取简单肯定或否定的态度，这就是要承认不同学生现有知识结构、内部运作方式上所存在的差异，同时也是对不同学生在自己能力的水平上做出自主判断分析、自主得出相应结论的做法的一种肯定。这就有助于更为充分地调动学生自主地进行创造性学习的积极性。教师在总结中有针对性地提出种种疑问，并提出对问题进一步探讨的若干种思路和方案，则是试图进一步唤起学生对未能解决的问题继续讨论和思考的兴趣，以引导学生课后在感兴趣的方向上继续其自主学习的过程。

一个成功的教学活动，并不在于通过这一活动交给了学生多少解决既定问题的答案，而在于通过这一活动使学生自主地提出了多少尚待解决的问题，使学生产生了多少值得他通过后续的努力去解开的疑惑。一句话，一个成功的教学活动在于给学生开拓了多大的自主地进行创造性学习活动的天地，在于引发了学生多么强烈的自主追求和创造的冲动。在这里，一个好的教师并不像是一本答疑解惑的字典，也不像是一个布道释经的牧师，而更像是一个杂乱丛棘林中的引路人。

7. 新的考试方法——考核学生综合创新能力的非标准化命题及评判方式

传统考试方法基本上是一种"复述型"考试。这种考试方法只能考学生的记忆功夫，其评判的标准则是重复既定教科书内容的准确程度。在现代考试制度中，则又发展起一种"标准化方案"（包括标准题形、标准试题库、标准试题、标准答案）。出题者在指定给学生的标准教材中寻词摘句，设计出各种机械性的选择、填空题，学生只在卷面上划"×"或打"√"，或选填 A、B、C、D。考卷的评判者则是一架按既定程序编制好了的计算机。

这真是一个极富讽刺性和戏剧性的情景，在一个充满活力和创造更新能力的信息时代，我们对学生学习效果的评判方式和评判标准却达到了如此无以复加的机械化程度，也就是说，在一个最需要发挥人们自觉的创造力的时代里，我们却通过自己精心设计的大众化教育体制来有计划的、系统的扼杀儿童和青年学生的创造力。在这样一个考试制度的引导下，学生的学习目的、学习内容、学习方法和学习过程都处于极大的扭曲状态。学习的目的是为了应付这样的"标准化方案"的考试,学习的内容是一些既定的条条、点点、句子,学习的方法和过程就是全盘接受和死记教科书的内容,这种死记的范围甚至达到了逐句、逐段的程度。在现今大学里流行着一种最为基本的学习方法:"上课记笔记,下课对笔记,考试背笔记,考完忘笔记。"

与培养全面发展的人的全新教育体制相适应的考试方式和评判标准也应该是全新的。不是考学生对既定知识性材料的记忆功夫,而是考学生对问题进行探索的方式和能力。考试命题的形式不应当是简单复述性的,而应当是综合思考性的,即应当是对相关问题的讨论。评判标准则主要看学生在对问题的讨论性解答中反映出的创造性能力的大小,这样,答案就不再是既定的、规范的和千篇一律的了。在这里,通常考试时的标准命题、标准答案都将是不存在的。

邬焜曾在为研究生开设的相关课程中尝试过一种新的考试方式和评判标准。他给学生布置写一篇论文时只给出论文的副标题:"——与任课教师或教科书商榷",正标题则由学生自拟。从此副标题中我们可以看出,题目的用意是要鼓励学生进行批判性的思考和讨论。而他在布置题目的同时,便公布了他对论文的评判标准。这个标准依次为"独立性、创新性、逻辑性、自洽性"。公开评判标准本身同样是一种引导。在这个新的评判标准面前,那些流于一般又无可指责,易于被人接受又无大创见的常规复述性、资料综合性的论文显然是不会得到好的成绩的,而这类平庸之作,在通常的考试标准下则往往能获得一流的好成绩。所以,培养学生的能力、培养全面发展的创造性人才的考试制度,并不仅仅在于考试题目的类型怎样,而且还在于相应的评判标准怎样。

为了引导学生在更为一般综合的层面上进行跨学科的、创造性的学习,邬焜还曾针对考试方式的改革,提出过一些更为大胆的想法[①]:或者用数学知识来解答某一哲学问题;或者用社会学理论来回答某一物理现象;或者以某一问题为中心,谋求多学科的综合解决方案。这样,在不同学科知识的撞击中使学生更易产生奇思异想,更易激发出创造性的冲动。

---

① 邬焜:《关于教育未来化的几点思考》,载《高等工科教育》1988年第3期,第29—33页。

教学改革的关键是教育体制和教师的人才类型。制定一个好的教改方案固然很重要，但是，一个真正在质上改进了的方案要切实实施则又是不容易的。这一方面依赖于教育体制的相应变革以及相关部门、领导和教师的普遍共识，另一方面则又依赖于教师素质的相应提高。有些教改的措施得不到落实，也许并不是因为这些措施不合理，而仅仅在于现行教育体制以及教师自身的素质和能力与这些改革方案不相匹配。

注重人自身全面发展的全新教育观，以及与此相应的全新教育体制、教学体制，对教师提出了更高的要求，这就是，教师必须努力把自己造就成全面发展的人：要不断更新知识结构、要注重提高创新能力、要具备高尚而健全的人格素养；既要成为一个具有渊博知识、较强能力和高尚品德的学者，又要成为具有崭新教育思想、教育观念的教育家。

8. 走向信息时代的信息化教育

21世纪将是全面信息化的世纪，在这崭新的世纪里，人类的教育事业也将呈现出信息化改造的全方位的变革。智能科学的发展、新的人—机互动的信息创制和传播，以及信息网络的发展和普及可能从根本上改变现有的教学体制和方法，极大地开拓学生学习的主动性，同时改变教师在教学过程中的主导地位。

（1）新型自导式学习体制

网络自主获取的课程课件、各类学习智能机的普及和完善，可能导致一种自导式程序化教学体制的建立。这一体制预先设计出学生需要学习的课程，并将每门课程的知识按难易程度顺序编排，然后将各门课程也按难易程度予以排列。这样一套精心设计的课程内容体系可以在网上以课件的形式公布或以软件的形式发放或出售给学生。一些教学名师的授课也可以放到网上供学生自由获取，而相应的教学机器人还可以在与学生的互动中答疑解惑。

学生学习的过程也就是通过网络或利用相关软件或教学机器人在人-机互动的过程中循序渐进地实施学习的操作，亦即通过网络聆听名家授课以及与机器的互动对话式连续的探索，使学生学到他应该掌握的知识内容。学生也可以按照自己的需要进行操作，每次操作都会使学生的学习前进一步。如果必要，自导学习后还可以通过某种类型的相应考试，从而获取某类专业或学科的毕业或结业证书，并且，相应的考试也可以在网上操作。

由于诸如多媒体、计算机模拟、虚拟场景模拟、交互网络、各类学习软件、网络课程、教学机器人的普及以及其他一些新的教学信息技术的广泛采用，未来的大多数学生可能会主要靠自导学习的方式来获取知识并通过相应的文凭考试。

通常，在自导式学习中要解决的一个重要问题便是学生真正需要学习的是什么？网络中所储存和流动的信息、软件中所设计的学习内容将是极大量的、五花八门的。怎样从这样大量的形形色色的信息之海中明智地选择出那些对学生的长远发展最为重要的内容来重点学习，这将是十分关键的。一般来说，一个人在做学生期间所可能学到的知识只是社会现有知识基础中的一小部分。社会、教师、家长也包括相应的网络必须帮助学生做出理性的选择，哪些知识是孩子们必须重点了解的，而哪些知识则只是稍有用处，最多只值得作一般了解，另外，还有极大量的内容则可能是有趣而没什么用处的。那些被无理智地淹没在网络或软件的信息之海中，而不善于选择必需知识和技能重点学习的孩子将可能导致终身无所成就的境地。

利用先进的信息技术所进行的自导式学习还可能把孩子们接受教育的年龄大大提前，利用人-机交互性网络、相应软件和教学机器人的学习可以从婴儿期就开始。一些学习内容可以编排到各类游戏性、观赏性的软件或教学机器人的程序之中，使之适合于仍在摇篮中或刚刚开始学步、学语的婴幼儿。电子游戏也可能极大刺激儿童早期的智力发育，有些儿童则可能在三四岁时就能无师自通地学会初级读物的阅读或讲授自编的半科幻、半童话式的故事。

自导式程序化教学有很多优点。例如不必修建校舍也不需要多少教师，自导式程序化教学还可能最终打破现有的专业壁垒，为学生自由选课、自我设计知识结构开辟广阔的前景。但它也可能导致大批教师失业，大量建制性的学校萎缩甚至倒闭。真正能够更多保留下来的则可能是少数适应网络教学体制的教学名师和相应的学习软件、教学机器人的设计和制作者，以及相应的自导式教育的管理人员。

（2）大规模的网络教育体制

先进的移动网络的普及乃是推动教育方式信息化的强有力的加速器，这一加速器可能为人类开辟一种世界规模的崭新意义的网络教育体制。这种教育体制一方面是指学生可以通过网络随时调用世界上任何一个国家、地区的数据库中的学习材料，另一方面则是指，如果学生愿意，他便可以通过网络去聆听世界上任何一个国家、地区的教师的讲授。当然，如果世界上哪一个机构想要向地球上的人们普及某类知识，那么，他们便可以利用相应的网络去向世人传授。如果有人考虑到语言上的障碍，那么他们可以利用自动翻译软件把相关的讲授或资料即时转换为自己熟悉的语言。

一个最可行的方案是，一个国家可以有计划地发展一种大规模的网络教育体制。目前各国已经实行的电视教学体制可以看作是这种网络教育体制的雏形。今后发展的方向是增加这一体制的灵活性，即学生可以通过网络随时提取某一教师讲授的某一课程的声像资料，同时可以更为灵活地接受当地配备的指导教师或教学机器人的辅导和通过相应的学科考试。另外，交互性网络技术的发展还可能在学生和远方授课的教师之间进行相互式的反馈性对话。

网络教育体制除了教育规模巨大这一优点外，另一个明显的优点则是它可以最大限度地利用最优秀师资，向尽量多的人讲授知识。网络教育体制为合理配置师资创造了条件。只需要少数最优秀的教师进行授课便可以满足众多的学生的学习需要，而那些常规性的辅导、批改作业、考查考试等工作都可以交给配备有相应软件的计算机去完成。

网络教育体制也为学生提供了主动学习的良好环境和条件，它可以跨越年龄、职业、时间和空间的限制。网络教育体制可望成为未来人类教育的一种理想模式。这一模式不仅为人类新知识的迅速传播和普及，以及人们接受终身教育的学习活动提供了一种方便可行的途径，而且还能有效地打破现代常规院校教学体制和教学模式的诸多局限。

一个可以想象的情景是，在不久的将来各类网络大学将会竞相在世界各地建立，它不需要固定大面积占地的校区和校舍，也不需要把众多的教师、管理人员和学生在时间和空间上集结一处。这类大学的教学活动将是面向世界的。这类大学可能对最有才华的人的智慧和知识加以开发，然后供学生、公司以及其他类型的用户共同使用。

网络教育体制还能够为人们有效实施终身教育开辟广阔的前景。多少年来，人们一直把接受正规教育看作是向儿童和青年人提供的、使他们为工作和生活而做好准备的最佳途径。一般人都能拿到中小学毕业文凭，优秀者还能上大学，最终获取学士、硕士、甚至博士学位。然而这种传统教育体制的一个共性则是，学习知识通常只是在规范的学校中进行的事情，一个人的知识是在其年轻时被学校教育集中授予并准备好的。出了校门之后学习就算结束了，然后便是凭借学校学得的知识去工作和生活。信息时代和传统社会在知识更新方式上有一个显著的区别。传统社会的知识较为稳定，一个人年轻时在学校集中学得的知识可能在其以后的工作、生活中一直都会派上用场，这就使传统社会中的人接受知识的活动往往只是集中在青少年这一年龄段上。信息社会知识更新速度极快，新知识层出不穷，一般人所学知识不出三五年便有可能部分或全部过时。这样为了更好地适应变化了的社会，人们必须在整个工作生命期间不间断地学习。倘不如此，想凭借过去学到的知识来应付日新月异的社会将会是十分困难的。由于网络教育时空跨越性极大，能同时面对不同地域、不同年龄段的人，能在不同时间段上进行教学，而其教学内容选择的自由度也极大，所以它便可能为终身教育的实施提供一种十分适宜的、新的教育体制和教育方式。

（3）教育方式信息化的启示

教育方式信息化发展的一个最重要的核心内容是计算机网络课程、相应教学软件和教学机器人的普及化。这一发展趋势最终可能建立起一种个人自导式学习或世界性网络教育的新体制，从而代替现行的大众化的、刻板的、以书本教材为基础，以教师课堂讲授为基本教学方式的现代学校教育体制。自导式或交互网络教育体制比较传统教育体制将会具有更多方面的优越性。

第一，信息储量大是计算机软件或网络的第一大特点。借助于网络便可能获得极大量而丰富的信息内容。那时中小学生背负的日益加重的书包将会最终消失。

第二，计算机软件或网络还具有信息存取方便、快捷之特点。现已大量涌现的新型"导游旅行"式电脑软件则并不会给初学的使用者带来任何不便之感。

第三，相应的网络、软件、虚拟情景设计和教学机器人还能使学习过程和问题探索变得丰富多彩和富于趣味性，从而使人们的学习兴趣更浓。很多以往十分枯燥的学习内容，现在都可以通过设计卡通游戏、虚拟情景与教学机器人的娱乐游戏互动等方式来向学生传授。在人-机交流的界面上，通过娱乐游戏、情景浸融、人-机对话的互动方式来获得所需的知识，将会是新型教育体制下学生学习的一种基本方式。

第四，教学过程的个人化是新型信息化教育体制的必然结果。凭借教学软件、互联网或教学机器人，坐在家里的计算机旁自主地操作，不再有必要或很少需要在指定的学校、课堂和时间接受教师或家长的指导，将是新型信息化教育体制下学生学习的基本方式。这一情景将可能使目前创办的形形色色的、规模庞大的学府大幅度地萎缩，同时造成众多的教师的失业或改行，而一个可以想见的时髦职业则是各类教学软件的设计师职业。教学过程的个人化还会极大调动学生学习的主动性，从而培养起学生自我发展的相应能力。在新的体制下，学生的学习不再是一种被动地接受知识的过程，而是一个在人—机互动中进行娱乐性、创造性探索的过程。如果愿意，学生还可以自主选修课程，自我设计知识结构，从而把自己培养成新型的、跨学科的、别具一格的综合性人才。

长时期以来，具有远见卓识的教育家一直主张大学不要限于单纯传授知识，而要把重点放在能力素质的培养上。可惜的是，大多数学校更多的是在口头上而不是在实际上贯彻这一主张。问题的要害也许正在于传统的、统而划一的、大众化的标准教育体制本身就存在着阻碍学生充分发挥其能动创造力的弊端。在先进信息技术所提供的未来教育体制中，传统教育体制的这一状况将有可能被极大地改变。新型的教育体制将更为有效地激发出学生的创新精神和批判精神，而这种新型教育体制与信息时代的社会现实的结合也一定会更为有效地激励学生的竞争意识，并为其个性化学习和终身学习提供相应的基础性条件和技术性保障。

教育方式信息化的发展前景对我国的高等教育的发展同样具有多方面的启示。

首先，教育方式信息化的发展要求我们更多地注重网络化、虚拟化教学的作用。一方面要尽快建立全国性、地区性或校际间的教育网络基础设施；

另一方面则要建立健全与这一网络相匹配的各类教育中心数据库；再一方面还要大力开辟、设计和发展各类可供网络和个人使用的教学软件、教学机器人。具体到一个高校就是要尽快加入到这一网络之中，集中力量发展自己的网络化、虚拟化教学体系和设施，并相应开辟设计发展自己的教学软件、教学机器人。如有能力则要努力建立自己的教学网络体系（校园教学网），并使这一体系不仅能面对本校教职工和学生使用，而且还要尽量使之与校外的分校、分部以及其他院校或个人联网，以扩大自己的办学规模和范围。

其次，教育方式信息化的发展还要求我们在扩大高等教育规模的时候更注重教育网络体系的作用，而不是盲目地扩大校舍的建筑面积。从现在开始就要合理规划，采取校舍建筑面积适度发展的原则，与此同时要把更多的资金投入到教学网络的建设之中。学校办学规模的扩大不再应该采取极度膨胀教学大楼的面积、增加任课教师的数量的传统方法，而是应该采取扩大教学网络延伸的范围、增加网络用户终端的数量的方式来进行。在教学大楼的面积相对萎缩的同时，大楼内部的设施则要与网络教育的需要相配套。与网络教育相适应，高校教师的数量和质量则要采取少而精的原则，几个好的教师，通过网络的宣讲，将会使学校争取到更多的学生，从而扩大学校的办学规模。而讲授能力差的教师，一旦进入网络讲授，则可能会使通过网络学习的学生感到厌烦，从而导致更多的学生去选择其他学校的网络教学，这一结果便是使该校的教学规模萎缩。

未来教育发展的竞争，一定是各国、各校、各学科、各专业间的网络教育的竞争、软件设计的竞争、为数不多的优秀教师的竞争。而由于网络教育、软件教育体制的发展，学校、学生、教师的地域性的接近或阻隔将不再能够成为影响学校扩大办学规模的利或弊的重要因素。

信息革命、社会的信息化和信息的社会化的发展为人类的教育事业的变革开辟了极为广阔的前景。对于这一前景的启迪，以及这一前景给我们带来的机遇和挑战，我们一定要予以足够重视，以便在未来的人类教育中能够立足和发展。

第七章　天道与人道：自然价值、社会价值与信息价值

　　事物通过普遍相互作用所实现的信息同化和异化的信息凝结不仅导致了物质和信息的双重存在、双重演化、时空内在融合，以及形形色色的全息现象，而且还导致了在所有相互作用的事物之间普遍建立起了某种对象化、效应性关系。基于这种普遍的对象化、效应性关系我们便可以在自然本体的意义上建立某种全新的价值哲学。

　　值得强调指出的是，西方很多学者在他们的长期努力中建立起了不同形式和层次的环境价值伦理学、生态价值伦理学，但是，因为他们都未能彻底突破以人为中心的价值伦理范式，所以，在关于价值本质的认识上仍然备受限制。而信息哲学所提出的信息价值论则能够为信息生态文明和可持续发展理论提供一般哲学层面的理论基础。

　　信息哲学所阐释的信息价值论具有区别于以往价值哲学的全新研究视角。这一全新研究视角不仅涉及对价值存在范围和价值本质及价值发生的具体机制的新认识，而且也涉及对天道价值和人道价值、自然价值和社会价值，以及物质价值和信息价值（包括精神价值）的全新理解，另外，还涉及对价值事实、价值反映、价值评价、价值取向、价值实现的诸多领域方面的全新阐释。

一、自然生态主义与可持续发展的理念

1. 人类中心主义与自然生态主义

人类的价值观念经历了一个从工业文明的人类中心主义价值观向信息时代的自然生态主义价值观的转变。

人类中心主义（或曰人类中心论），是在处理人与自然的关系中以人为核心的观点。无论是传统的人类中心主义，还是在自然环境日益恶化的情况下迫使对自己观点有所修正的人类中心主义，都主张行为的出发点是人，行为的目的是人，行为的结果也是人。这样，人们完全可以无约束的从自身利益和需要出发向自然索取或者更好更充分地索取。从伦理学的角度分析，人类中心主义认为，只有人类才具有内在价值，才具有资格获得伦理关怀。人作为理性地存在物，其道德地位高于或优于其他物种，其他存在物仅仅具有为人所用的工具价值，而无内在价值和自我价值。在这种价值观的支配下，诸如"人是万物的尺度""人为自然立法""人是自然的主人""人定胜天"等信条也便成了处理人与自然关系基本定律。

与人类中心主义的基本价值观倾向相反，自然生态中心主义（或曰非人类中心主义），将人看作与自然平等的存在，否定人类的特殊性，在人与自然的关系上强调自然的基础性和优先性地位，认为人是自然演化发展的产物，人不能离开自然而独立生存和发展，人是自然的一个部分。自然生态中心主义不仅承认人对自然的能动改造作用，而且更进一步强调自然对人的制约性和限制性作用。西方学术界提出的以动物解放论（或动物权利论）、生物中心主义、生态中心论和深层生态学等为代表的非人类中心主义，对人类中心主义进行了猛烈的抨击，把道德主体从唯一的人类延伸拓展到动物、植物以及所有的生命共同体，进而扩展到大地、岩石、河流乃至整个生态系统和无机的自然界。他们不仅承认自然具有对人而言的工具价值，而且更加强调自然自身所具有的"内在价值"和"固有价值"。因此，人与自然的关系不应当是一种奴役和被奴役、征服和被征服的单向性关系，而应当是一种互惠互利、和谐共处，相互促进、共同发展的关系。

从人类中心主义到自然生态中心主义,从否认自然的"内在价值"到尊重自然的"固有价值",从坚持对自然的奴役和征服关系转变到提倡与自然和谐共处、共同发展的关系的巨大转变,乃是人类世界观、价值观的一场根本性的革命。

生态中心主义所主张的"道德关系应该包括人和自然的关系"的观念,实现了从人际伦理学到自然生态伦理学、从人的价值哲学到自然价值哲学的革命。

2. 可持续发展理念与自然生态价值论的兴起

人类的自然生态主义价值哲学的兴起是基于人类对工业文明时代带来的人类生存环境的生态灾难的理性反思的基础之上的。这也是人类进入信息生态文明时代之后在价值观和价值哲学层面所实现的一次重大转型。

关于自然生态主义价值观的理念的提出可以一直追溯到 19 世纪中叶,因为美国著名作家、自然主义者亨利·戴维·梭罗(Henry David Thoreau,1817—1862 年)曾在 1854 年出版了一本著名的散文集《瓦尔登湖》①,书中详尽地描述了他在瓦尔登湖湖畔一片再生林中度过两年零两个月的生活以及期间他对人与自然和谐共处的新的价值理念的诸多思考。

但是,真正能够标志自然生态主义价值论学说诞生的文献则产生于 20 世纪中叶。这就是美国著名生态学家和环境保护主义先驱奥尔多·利奥波德(Aldo Leopold,1887—1948 年),在 1949 年出版的《沙乡年鉴》。该作品以散文随笔的形式描述了自然和谐、生态平衡的美丽画面,用相关实例抨击了人类对生态环境的破坏,并明确提出了大地伦理的学说。该书第三章的标题就是"大地伦理学"。书中强调有必要将伦理学范围予以扩展,应当尊重生物的生存权,明确反对"人类中心沙文主义"。呼吁人类必须改善生态环境,制定人与自然生态和谐发展的全新战略。

20 世纪 60 年代之后自然生态主义的价值论学说得到了迅速的发展。其中重要的成果包括:美国生物学家蕾切尔·卡逊(Rachel Carson)的《寂静的春天》(1962);美国历史学家林恩·怀特(Linn White)的《我们生态危机

---

① [美] 梭罗:《瓦尔登湖》,徐迟译,沈阳:沈阳出版社 1999 年版。

的历史根源》(1967);罗马俱乐部的《增长的极限》(1972);挪威著名哲学家阿伦·奈斯(Arne Naess)的《浅层生态运动和深层生态运动》(1973);美国环境伦理学家霍尔姆斯·罗尔斯顿(Holmes Rolston)的《哲学走向荒野》(1986)、《环境伦理学:大自然的价值以及人对大自然的义务》(1988)。

自然生态主义并未仅仅停留在人类价值观变革的层面,它还是一场人类主动调节人与自然的关系、主动保护和改善人类生存的自然环境的现实的运动。

提出自然生态主义的理论家们从一开始就不仅把自己的学说当作一种理论,而且更强调了这一理论的实践性价值。自然生态主义的理论家们不仅关注人类科技发展本身给环境问题带来的正面或负面影响,而且还对现有的社会制度、文化体制、生产方式、生活方式、观念模式进行深刻的反思,抨击了其中与自然环境关系的不协调的和造成相应危机的方面。在此基础上,很多自然生态主义的理论家们都从社会实践的角度,制定了一系列的实现自然生态主义的价值理念、改善人与自然环境的关系、保障人类可持续发展的行动纲领。

1972年6月,联合国在瑞典首都斯德哥尔摩召开人类环境会议,大会通过了《联合国人类环境宣言》,明确强调:要把发展和环境问题统筹起来加以解决,要把保护和改善环境作为优先考虑的任务。

1987年,世界环境与发展委员会向联合国提交了一份题为《我们共同的未来》的研究报告,报告指出了"既满足当代人的需求,又不对后代人满足需求能力构成危害的发展"的可持续发展理念。

1992年6月,联合国环境与发展大会(简称"环发大会")在巴西里约热内卢召开,将可持续发展确定为大会的指导方针,并通过了具有历史性意义的《21世纪议程》。议程认为:人类实行工业化以来的政策,加大了国家之间发展水平的差距,使我们赖以维持生存的地球生态环境恶化。为改变这一状态,我们必须最大限度地利用资源,最小限度地排出废物,联合起来共同走可持续发展的道路。议程还指出:可持续发展是当今人类发展的主题,人类要把环境问题同经济、社会发展结合起来,树立环境与发展相协调的新发展观。

二、价值的本质

虽然自然生态主义的伦理观和价值观作为一场全新的理论建构和实践运动已经在世界范围内得到了一定程度的发展，但是，在哲学基础理论的层面却未能找到，也未曾具体建构出能与这一全新伦理观和价值观相匹配的一般价值理论。由于这一层次哲学理论的缺陷，导致自然生态主义的相关理论和实践、人类可持续发展理念和实践、人类信息生态文明的理论和实践始终缺乏其一般哲学的基础和根据。

一个值得我们关注的情况是，自 20 世纪末以来，中国的信息哲学从天道和人道、自然和社会、物质和信息等多维兼容的尺度上提出了一种一般价值哲学的理论。[1] 这一理论可以为当代的自然生态主义、人类可持续发展运动以及人类信息生态文明的理论和实践提供最为核心和一般的哲学基础。

1. 价值存在的范围

在一般价值哲学的层面上应当首先给出一个能够兼容自然价值、人的价值、人的社会的价值以及物质价值和信息价值的关于价值本质的界定。然而，要做出这样的界定首先就需要确定价值存在的范围。

在现有的种种价值哲学或价值学理论中，一种占主导地位的倾向是，各种理论大都把价值存在的范围限定在以人的世界为参照的主客体关系的领域。此类理论的深层理论根据概源于某种关于人的至上性的观念。然而，种种关于人的至上性的观念则是十分狭隘的。因为宇宙中真正具有至上性的不是人，而是宇宙的自然本体，正是宇宙自然本体在其自发演化的特定阶段上创生出

---

[1] 邬焜：《一般价值哲学论纲——以自然本体的名义所阐释的价值哲学》，载《人文杂志》1997 年第 2 期，第 18—21、25 页；邬焜：《天道价值与人道价值》，载《价值与发展》，西安：陕西人民教育出版社 1999 年版，第 86—97 页；邬焜：《与价值哲学相关的几个问题的探讨》，载《社会科学辑刊》1999 年第 5 期，第 19—23 页；邬焜：《价值事实、价值反映与价值评价》，载《学术界》2000 年第 6 期，第 183—189 页；邬焜：《网络文化中的价值冲突》，载《深圳大学学报》2001 年第 5 期，第 45—51 页；邬焜：《信息价值论纲要》，载《西安交通大学学报》（社会科学版）2005 年第 2 期，第 37—43 页。

了人、人的类、人的社会、人的世界，并且，宇宙自然本体又必将会在其后续自发演化的过程中将它所创生出来的人、人的类、人的社会、人的世界，统统重新湮灭。这就是为什么仅仅从人的主体出发，仅仅在人的世界里无法找寻到解决全部人的问题、社会的问题的答案的原因。

要克服现有的主流价值理论所面临的困难，就必须把对价值存在范围的理解从以人的世界为参照的主客体关系的束缚中拓展出来。从逻辑推论的情况来看，价值关系的范围理应超越以人的世界为参照的主客体关系的范围。我们完全可以这样思考：在人类还未产生之前，地球生物的演化对人类的产生是具有价值作用的，而地球的早期演化对地球生物的产生和进化同样是具有价值作用的；太阳系的演化对地球的形成和演化是具有价值作用的……这样的一个逻辑线索完全可以一直追溯到宇宙从其"原始奇点"爆发之后的一系列相继演化的步骤和阶段上。这样，就宇宙事物的演化来说，其前一阶段的演化对后一阶段的演化具有直接的价值关系，而对再次后一些的阶段则具有间接的价值关系。这样，在事物演化的系列关系上同时就呈现着系列的价值关系。

另外，我们还应该注意到，宇宙、事物演化的系列关系总是通过事物相互作用的横向关系来实现的。一般而论，事物的演化就是其旧有结构的改变和新的结构的创生，这一结构变迁的过程是通过相对于某一事物的内部和外部的相互作用来实现的。正是横向的事物间和事物内部的相互作用导致了纵向的事物的演化。据此，我们完全有理由认为，在事物之间和事物内部的相互作用中存在着最基本的价值关系。

从现代科学的理论来看，事物间的相互作用是通过物质（包括质量和能量）和信息的交换来实现的，而这种交换的直接结果便是暂时的或长久的改变了参与相互作用诸方的质—能分布结构、信息模式结构（信息编码方式）以及凝结着的信息内容。就相互作用必然引起参与相互作用之事物的物质和信息结构的改变这一情景来看，凡是相互作用过程都必然会伴有价值关系的发生。由于相互作用是事物存在的方式，无论在即时性还是历时性上都具有普遍性，所以，价值关系存在的范围也便必然会具有普遍性。概而言之，价值关系存在的范围与相互作用存在的范围，与事物（包括物质的和信息的）

存在的范围具有同样的普遍性和广泛性。

2. 对六种习见的以人为中心的价值定义的批判

我国著名价值哲学家王玉樑先生在其《价值哲学新探》一书中，将现有的价值界定归纳为六种类型，并对其一一做出了评价。①

我们注意到，这六种类型都全然是在以人的世界为参照的主客体关系的范围里来界定价值的本质的：

"需要"论——"所谓价值，就是客体能够满足主体的一定需要"；

"意义"论——"价值是客体对主体的意义"；

"属性"论——"价值就是指客体能够满足主体需要的那些功能和属性"；

"劳动"论——"哲学的价值凝结着主体改造客体的一切赋出"；

"关系"论——"所谓价值，就是客体与主体需要之间的一种特定（肯定或否定）关系"；

"效应论"——价值"是客体属性与功能满足主体需要的效应"，"是客体对主体的功效"。

综观上述六种类型的价值界定，其对价值本质进行规定的基点全都是人类中心主义的，其视野十分狭隘，这显然与界定者对价值存在范围理解的狭隘性相一致。此外，上述六种界定还存在着一些其他方面的局限。

"需要论"更强调了主体主动意向的方面。而事实上，主客体间的价值关系并非都是主体主动需要的，有些价值关系往往是主体不需要，或想尽量避免的。但是在现实的主客体关系中，不需要不等于不发生，想避免不等于能避免。如客观条件对个人或人类发展的限制，自然灾害对个人或人类行为的惩罚等，这也全然是一种价值关系。看来，就是严格限定在客体对主体作用的这样一个层面和角度上，价值问题也绝不仅仅是只存在于主体主动意向的追求和选择之中，而且还必然存在于主体无奈的被动接受或承受之中。

---

① 王玉樑：《价值哲学新探》，西安：陕西人民教育出版社 1993 年版，第 127—141 页。

"意义论"更加强调了主体的理解和评价的方面。然而,主客体间发生的价值关系是一回事,主体对这一关系的理解和评价又是一回事,二者根本不是在同一个层面上成立的,不能用后者去代替或解释前者。显然,用意义去规定价值的本质在逻辑上是很难说通的。

"属性论"的着眼点在于把价值看成是作用于主体的客体的某种属性。诚然,价值确实是通过物在相互作用中所呈现出的属性来实现的,但是,却不能因此就把这一属性与价值相等同。价值不是作用物的属性本身,而是通过作用物的属性对被作用物的特性的改变所产生的效应。属性是就作用物本身的特性而言的,而价值则是就被作用物的特性改变的状态而言的。正因为是这样,才会发生同样的物的属性的作用对于不同的被作用物则可能带来十分不同的价值。

"劳动论"的局限在于,它以劳动产品的价值代替了哲学的"普遍价值"。王玉樑先生的批评是十分恰当的:

> 哲学价值范畴不同于劳动价值论,这是不言而喻的,因为劳动价值论是经济理论,而不是哲学理论,哲学价值范畴不等于商品价值范畴,这是不难理解的。相反,把政治经济学中的劳动价值论,作为哲学价值理论,是一种简单照搬的做法,实际上取消了哲学价值范畴,是很有害的。①

其实,就是在经济学领域里讨论问题,对人有价值的东西也并非全是劳动产品。我们知道,当有人把"劳动是一切财富和一切文化的源泉"这样的一般性信条写进了德国工人党纲领草案的时候,马克思曾经给予了多么严厉的批判。马克思尖锐地指出,这是"给劳动加上了一种超自然的创造力",这是"把自然界当作隶属于他的东西来处置","劳动不是一切财富的源泉,自然界和劳动一样也是使用价值(而物质财富就是由使用价值构成的!)的源

---

① 王玉樑:《价值哲学新探》,西安:陕西人民教育出版社1993年版,第138—139页。

泉"①。马克思的这些论述将可能引导我们从自然界本体运动的尺度上去理解价值问题。

"关系论"把价值确定为"客体与主体需要之间的一种特定（肯定或否定）关系"。这一规定有两点是成功的：一是这一规定看到了价值不是由主体或客体中的任何一方单独具有的，而是由二者的相互关系决定的；二是这一规定隐含承认了价值对主体和客体的相互性意义，因为即是关系就是双方的，而不可能仅仅是单方的，如习见理论所强调的仅仅是客体对主体的价值，而无视主体对客体的价值。然而，关系论的缺陷也是明显的：一是，这一规定强调的是"客体与主体需要之间的特定关系"，这就难免陷入前所述及的"需要论"所具有的局限之中；二是，仅仅用"肯定或否定的关系""一种特定关系"来界定价值的本质，还是模糊而不明确的，因为主客体之间的关系是十分复杂和多重的。

"效应论"把价值界定为"客体对主体的功效"或"效应"。应该说，用"效应"来界定价值是十分正确的，这比起那些用"功能""属性""相互作用""关系""意义"等范畴来简单说明或替代价值范畴的做法显然高明了许多。现有的一些用"效应"来界定价值的说法的缺陷往往并不存在于"效应"这一概念本身，而是存在于对"效应"范围的理解之中。如已有的界定往往仅把"效应"限定在以人的世界为参照的主客体关系的范围里；更有狭隘的观点则仅仅强调了客体对主体的效应，而不承认主体对客体的效应；有的规定还强调了"满足主体需要的效应"，而这个"主体需要"则正是"需要论"的影子。

3. 罗尔斯顿自然价值理论的局限

美国环境伦理学家霍尔姆斯·罗尔斯顿是西方自然生态主义伦理学说的重要代表人物之一。他于1986年和1988年分别出版的两本著作《哲学走向荒野》和《环境伦理学：大自然的价值以及人对大自然的义务》直到今天仍被学界奉为这一领域的经典之作。在这两本著作中，他不仅特别强调了自然的价值，而且还把"荒野"（自在自然）的价值看作是一切价值的源泉；他

---

① 《马克思恩格斯选集》（第3卷），北京：人民出版社1995年版，第298页。

不仅认为动植物有其维护自身存在、发展和进化的天然权利,而且还特别强调人类不应当把自己看作是对自然、对动植物界的奴役者、征服者和统治者,而应当把自己看作是地球的守护人;基于自然价值理论的思考,他认为人们应当限制和约束自己的行为,并对自然、对动植物负有善待和保护的伦理责任。这也是他所提出的环境伦理学的最核心的要旨。

然而,令人遗憾的是,罗尔斯顿虽然提出了自然价值,但是,他却未能给出一个能够兼容自然价值的关于价值本质的一般哲学界定。在他强调自然价值的相关讨论中,他仍然更多保留了传统价值理论以人的需求为目的、以人的评价为标准的基本维度,这便导致了在他的学说中关于自然价值的理论根本无法贯彻到底。

罗尔斯顿自然价值理论的不彻底性特征可以从他对自然价值的一般形式的分类理论中得到证明。他曾把自然价值划分为14种类型:生命支撑价值、生命价值、经济价值、消遣价值、科学价值、审美价值、宗教价值、多样性与统一性的价值、稳定性和自发性的价值、辩证的价值、历史价值、使基因多样化的价值、文化象征价值、塑造性格的价值。他认为这些价值是自然独有的价值,而不是基于人类创造或者评价的。①

邬天启博士经过分析,把罗尔斯顿上述的十四种价值类型分为了两大类:第一大类是抽象价值,包括多样性与统一性的价值、稳定性和自发性的价值、辩证的价值;余下的十一种价值是第二大类,可以看作是具体价值。

邬天启博士认为:②

> 第一类价值从表面来看,既可以针对自然,也可以针对个人、人类和人类社会。然而,它们都不是在"效应"的层面上做出的解释,而只是一种评价,因为多样与否、统一与否、稳定与否、自发与否、辩证与

---

① [美]霍尔姆斯·罗尔斯顿:《环境伦理学:大自然的价值以及人对大自然的义务》,杨通进译,北京:中国社会科学出版社2000年版,第1—34、119—148页。

② 邬天启:《罗尔斯顿自然价值论和全新价值哲学理论的建立——基于信息哲学的新解读》,载《重庆邮电大学学报》(社会科学版)2014年第6期,第54—60页。

否等，都需要借助某种有智慧的评价主体才能做出评定。

至于第二大类中的十一种价值则基本上都是从人类自身角度出发的价值评价。邬天启进而评论说：

> 其实，仅从字面的含义来理解就不难发现，这十一种价值都被或多或少地打上了人类需求尺度的烙印，这些价值评价在实质上都不是从自然本体出发的，而是从自然对人类自身利害关系的角度出发的。

不对价值、价值评价、价值理想做出区分，以价值评价、价值目的和价值理想来代替价值，这是西方传统价值哲学相关理论中的一大特色。如果把价值现象仅仅限定在人的范围之中，从以人为中心的价值哲学来看，这样的混淆并没有什么不可取的地方。因为，价值既然是属人的现象，那它便必然会带有主体性认识和实践活动的特征，这就和人们的评价、目的和理想不可区分了。然而，如果要把价值的范围扩展到自然的领域，承认自然也有自身的内在价值，那么，这样的混淆便不可容忍了。因为一般自然物并不具有认识和实践主体的性质，它们也不可能对自身的价值或自身对他物的价值做出评价，并相应设计出要实现的价值目的或价值理想。

如此看来，如果不彻底摆脱以人为中心的研究视角，那么，要真正建立一种以自然为本体的一般价值哲学便是不可能的。目前已有的自然生态主义的相关伦理学、价值论之所以无法达到应有的彻底性，就在于其相关的理论始终未能彻底摆脱人类中心主义阴霾的束缚。

4. 以自然本体的名义所揭示的价值的本质

1997年，邬焜发表了一篇题为《一般价值哲学论纲——以自然本体的名义所阐释的价值哲学》① 的论文。在该文中，基于邬焜对价值现象存在范围的讨论，邬焜从自然本体的尺度上给出了一个关于价值本质的一般哲学规定：

---

① 邬焜：《一般价值哲学论纲——以自然本体的名义所阐释的价值哲学》，载《人文杂志》1997年第2期，第18—21、25页。

"从哲学层次来看，价值乃是事物（物质、信息，包括信息的主观形态——精神）通过内部或外部相互作用所实现的效应。"

这一定义起码包含如下一些思想要点：

（1）价值现象不仅仅存在于以人的世界为参照的主客体关系中，它乃是一切事物内部或外部相互作用中普遍存在的一种现象。

（2）这里的事物指的是广义的存在，它是宇宙间一切现象的指谓，包括所有的物质现象、信息现象，以及作为信息活动高级形态的精神现象。这样，无论是在物质体系、信息体系、精神体系内部的相互作用中所实现的效应，或是在物质和物质、信息和信息、精神和精神之间的相互作用中所实现的效应，还是在物质和信息、物质和精神、信息和精神的相互作用中所实现的效应都全然是价值。这样，作为事物相互作用所实现的效应的价值便可以既包容自然价值、人的价值、社会价值，也可以包容物质价值、信息价值和精神价值。

（3）价值作用绝不仅仅是单向的，因为事物间的作用是相互的，所以在此相互作用中所实现的价值也必然是双向或多向的。

（4）仅仅相互作用还不是价值，只有通过相互作用所引起的体系自身或作用双方或诸方的改变的效应才是价值。

（5）对于某事物的存在和发展来说，相互作用引出的效应可能是有利的，也可能是有害的，可能是正向推动的，也可能是负向退化的。但无论是哪类性质或哪类作用方向上的效应都是价值关系。这样便可能区分出正价值、负价值、中性价值等，而并不像某些学者所认为的那样，只有有利的效应，或对事物存在和发展起推动作用的效应才是价值，否则便不构成价值。

（6）作为事物相互作用所实现的效应，价值与有理性的生命所作出的价值评价、价值理想并不能同日而语。虽然，价值评价、价值理想也可以看作是一种相互作用的效应，据此也可以把其看作是价值的某种形态，但是，他们却都只能是价值发展了的形态，而不是价值本体的最初形态。这就是说，决不能以价值评价和价值理想简单取代价值本身。价值所可能包括的范围比价值评价和价值理想要广泛得多。

三、天道价值与人道价值①

1. 阐释价值哲学的方法

把价值问题放到主客体关系的领域来考察，仅仅以"主体需要的满足"为尺度来界定价值，这是目前国内价值论研究所遵循的主要方法论模式。这一方法论模式的深层理论根基是要把价值现象严格限定在作为认识主体的人的世界之中。

我们注意到，已有的一些对"主客体价值关系模式"的批评大至来自两个方向。一个方向是认为这一模式尚未把"以人为尺度"的立场发挥彻底，只承认客体对主体的价值，而不承认主体自身的价值，或仅仅把主体当作客体时才谈论主体的价值。据此，赖金良先生又提出了人道价值和社会规范价值，并且，他还把"主客体价值关系模式"称为"效用价值"。另外，赖先生还认为，"人道价值是规范价值及效用价值的终极判据"，而"价值就是人类所赞赏、所希望、所追求、所期待的东西"。韩东屏先生在这一方向上走得更远，他干脆说："价值是人"，价值"是一个特定的实体即人。"②

对"主客体价值关系模式"进行批评的另一个方向是认为这一模式太过"人类中心化了"，它无视作为人类产生前提和人类持续发展基础的自然本体的存在和演化。

胡义成先生就曾写到：③

> 从物质以时空形式运动的本体角度，追问价值的本质，追问主体何以拥有价值，永远是价值研究在哲学上面对的首要问题。主客体方法在

---

① 本节的主要内容曾发表于邬焜：《与价值哲学相关的几个问题的探讨》，载《社会科学辑刊》1999年第5期，第19—23页。

② 韩东屏：《论价值定义困境及其出路》，载《江汉论坛》1994年第7期，第33—37页。

③ 胡义成：《"价值即时间"论纲》，载《中日价值哲学新论》，西安：陕西人民教育出版社1994年版，第64、65、73页。

这里具有明显的局限。因为，它起码无视主体出现之前在客观事物间业已存在非主体的"前价值"（或潜价值）关系，因而，其必然推出的主体价值说，或者对价值的本体含义讲不明白，或者可能遁入唯心思路。

为克服"主客体价值关系模式"的局限性，胡先生提出了他的"价值即时间"的"进化价值论"，并认为"价值本体就是进化范式实现所形成的物质进化方向性。"

在邬焜的《一般价值哲学论纲》[①] 一文中，已经提出了一种与"以人为尺度"的"主客体价值关系模式"直接相反的另一种讨论价值哲学的方法。这一方法就是邬焜的文章的副标题"以自然本体的名义所阐释的价值哲学"。

从哲学的宏观方法上来看，在已有价值哲学的研究中，已经显露出了三种不同的方法：一是以人为本体的本体论方法，"主客体价值关系模式"或"主客体相互作用的效应模式"属于此种方法之列；二是以人的认识为研究之出发点的认识论方法，这一方法讨论问题的基点不是从现实的价值效应出发，而是从人的认识中的观念形态的价值评价或价值取向（理想）出发，用后者简单等同或代替前者；三是以自然为本体的本体论方法。

我们承认，对价值问题的讨论必须以人的认识活动为中介，因为，不通过人的认识的反映和加工，任何一种现象都不能被认识，任何一种理论都不可能被建构出来。但是我们同时又必须清醒地认识到，以认识为中介的认识并不只是对认识本身的认识。如果认识的对象不是认识本身，那么，这个中介便应当予以扬弃。我们在价值问题的研究中所面临的正是这样的一种情景。

以自然为本体的本体论方法要求我们从自然本体的角度来对价值问题寻求解释，通过某种意识水平上的反思过程，对人的认识的中介予以扬弃，然后，将我们主观反映所认识的价值现象的客观内容复归到自然本身之中，再"以自然的名义"进行一种客观化的阐述。虽然，这种阐述不可避免地会带有以人的认识能力和水平为参照的特点，但是它所陈述的内容却可以是关于自然本身的，而不是关于人的认识的。另外，从自然本体的角度出发，人的认

---

① 邬焜：《一般价值哲学论纲——以自然本体的名义所阐释的价值哲学》，载《人文杂志》1997年第2期，第18—21、25页。

识中的价值反映、价值评价、价值取向、价值设计等又全然都是自然价值过程在人类认识中的反映和模式重建。

2. 价值、价值评价、价值取向

在前面，我们从自然本体的角度给价值范畴下的定义不仅揭示了价值是一切事物内部或外部相互作用中普遍存在的一种现象，而且还揭示了价值并不像某些学者所说的那样只能是什么"情感性的""空悬的"。① 价值的实在性恰如吃了饭之后的饱食状态、阳光雨露促进了植物生长的状态、大风卷起漫天飞沙的状态、地震引发的山崩地裂的状态等一样。诚然，也有情感性的价值过程，如听音乐、观看艺术作品、奇妙的自由想象给我们带来的种种具有情感性的主观体验的感受，但是，并不是所有的价值过程都能归结到这类感受之中，况且，这类感受仍然是实实在在的效应，而绝非是"空悬的"，不可捉摸的。

我们注意到，许多学者对价值范畴的定义或说明，在实际上都并不是针对价值的，而是针对价值评价（标准）或价值取向（理想）的。如"价值的普遍本质在于，客体对于主体来说的合目的性"，"所谓价值，就是在劳动实践基础上形成的人的超越性、理想性、目的性"②；"价值可看作'纯粹的好'或'本元的好'的同义语"③；"价值就是人类所赞赏、所希望、所追求、所期待的东西"④；"能够成为本体价值的东西，是一定的历史时期人们普遍认同的'应该存在'，这种'应该存在'是人们期望要实现的'理想'"⑤；

---

① 朱宝信：《如何评价"从认识论到价值论的转向"？》，载《哲学动态》1996年第12期，第19—21页。
② 孔易人：《价值：合目的性》，载《浙江学刊》1997年第3期，第61—64页。
③ 韩东屏：《论价值定义困境及其出路》，载《江汉论坛》1994年第7期，第33—37页。
④ 赖金良：《人道价值的概念及其意义》，载《天津社会科学》1997年第3期，第40—44页。
⑤ 邓安庆：《我国价值哲学研究的危机与出路》，载《湖南师范大学社会科学学报》1996年第4期，第49—54、60页。

"价值是客体对主体的意义"或"价值是客体对主体所具有的积极或消极意义"①;"真是认识的价值""善是道德的价值""美是艺术的价值","西方的一些思想家称'真、善、美'为'内在价值'或'终极价值',即人类所追求的最高目标","我认为'真、善、美'三者,可称为'最高价值'"。②

所谓真、善、美、好、意义,所谓目的、理想、希望、应该存在等,都还只是价值评价或价值取向,都还只是某种人类意识建构出来的价值观念,而并不等同于价值事实本身。用主观意识中的价值观念去定义客观现实中的价值事实,这显然是不合逻辑的。

有必要对现有文献中的诸多价值表述,在价值事实、价值评价、价值取向等不同层次的意义上加以区分。现有的种种关于价值问题的争论,大多源于对这些不同层次含义的混淆。

3. 关于人道价值

基于对"主客体价值关系模式"的不满,赖金良先生提出了他的人道价值论。他把价值区分为三个主要方面或类型:③

> 一是人道价值,包括人的生命存在的意义以及人的尊严、自由、权利等,它是主体自身的内在价值;二是规范价值,包括社会的民主、公平、正义等,它是主体与主体之间的结构性价值;三是效用价值,包括人的效用价值与物的效用价值,它是客体对于主体的功能性价值。从存在方式来看,人道价值是价值的本然状态,规范价值是价值的应然状态,而效用价值则是价值的实然状态。

---

① 袁贵仁:《价值与认识》,载《北京师范大学学报》1985年第3期,第47—57页。
② 张岱年:《论价值的层次》,载《中国社会科学》1990年第3期,第3—10页。
③ 赖金良:《人道价值的概念及其意义》,载《天津社会科学》1997年第3期,第40—44页。

赖先生还进一步认为：①

  人道价值是规范价值、效用价值赖以产生的根源和基础。

  人道价值是原生价值，社会规范价值和人的效用价值是次生价值，而物的效用价值则是更次一级的次生价值。

  对人道价值的确认是规范价值及效用价值的必要前提。

  人道价值是规范价值及效用价值的终极判据。

赖先生的这一观点其实是要把"以人为尺度"的立场发挥彻底。他所运用的研究价值问题的方法是以人为本体，兼以人的认识为研究出发点的方法，这一方法既是人本本体论的，又是认识论的。

如果从自然本体的角度来看，赖先生所论的种种价值现象的关系在实际上是颠倒着的。

"人的生命存在的意义以及人的尊严、自由、权利"，"社会的民主、公平、正义"等，当它作为一种现实的已经在人的行为和社会的运作中实现着的关系效应时，它是一种实实在在的价值过程，然而，当它仅仅作为一种对人生意义、对个人行为、社会制度、人际关系的评价标准，或追求目标的时候，它还只能是一种价值评价尺度或价值取向、理想。通读赖先先的文章，我们看到，他主要是在后一种意义上来谈论人道价值和规范价值的，因为他强调人道价值、规范价值的本意是要与效用价值相区别，而前一种意义上的人道价值和规范价值则仍属效用价值之列。

在赖先生所说意义上的人道价值根本不是什么价值，更不是什么价值的本然状态，以此作为原生价值、作为其他价值的必要前提和终极判据也是不能成立的。

其实，规范价值也是人道价值，因为人道并非只是个人自我之道，而且更是人类之道、由人与人之关系结成的人类社会之道，这样，作为规范人的社会行为、社会关系的规范价值便不可能存在于人道价值之外。由此我们可

---

① 赖金良：《人道价值的概念及其意义》，载《天津社会科学》1997年第3期，第40—44页。

以清晰地看到，赖先生所讲的人道价值其实还只是某种对待人、对待人和人的关系、对待人的社会结构的价值评价标准和价值理想取向，并非是现实的人的价值。

另外，赖先生所讲的效用价值同样没有超出人道价值范围，因为按赖先生的解释，效用价值，"它是客体对于主体的功能性价值"。人道并不仅仅是孤零零的、单纯的人本身，而是在对自然客体的认识和改造的基础上建构着的人道（人的社会之道）。这样赖先生所讲的人道价值与效用价值的差别在其根基上是虚设的。

4. 天道价值是价值之本

从自然本体的尺度上来看，人道是和天道（自然之道）相对的概念，人道价值是和天道价值（自然价值）相对的概念。

天道价值并不否认人道价值，它只是把人道价值看成是天道价值在自身发展演化的进程中所创生出来的价值现象，这一价值现象同样是实实在在的相互作用之效应，只不过它是在人与人、人与社会、人与自然、人与自身的现实相互作用中呈现出来的效应。另外，在人道价值中不仅仅是物与物、物与自在信息、自在信息与自在信息的相互作用之效应，而且还增加了物与精神、自在信息与精神、精神与精神的相互作用之效应。

从自然本体的角度来看，天道价值是原生价值或本源价值，人道价值是次生价值或派生价值，而人的价值反映、价值评价、价值取向、价值设计则是对原生和派生价值的主观认识，以及主体观念形态的价值模式创造。

从自然宇宙存在和演化的尺度上来看，天道高于人道，天道价值高于人道价值，这不仅仅是指人道价值是从天道价值的演化中创生出来的，而且是指人道价值的持存和发展仍然需要以天道价值的运动为其基础性条件。人不能把自然当成是任其剥夺的、仅仅是"为人所用"的、简单隶属于人的奴仆，而应该把自然看成是自身赖以产生、持存和进步的母体或根基。人与环境协调发展、走人类可持续发展之路的当代人类价值观，恰恰体现着天道价值高于人道价值、天道价值是人道价值的根基的合理性思想。

我们注意到，已有学者提出要建立"本体价值"，只不过他们所称的"本体价值"是以人为价值之本,尤其是以人的认识、人的理想为价值之本。①

这种以人的认识、人的理想为价值之本的观点的失当之处恰恰在于我们前已述及的用主观形态的价值评价和价值取向(理想)去替代客观实存的价值过程。把价值的本体、根基和源泉空悬起来,使其非实存化、虚无化,并且永远是可望不可即,甚至望犹不可。

我们说,真正的本体价值是客观实存的,这就是天道价值。人不仅是天道演化的产物,而且又必须依赖天道而生存发展,并且,人不可能为天道立法。天道为先,人道为后;天道为大、人道为次;天道自然,人道必须遵循天道。人对自然的改造,人的目的、理想的实现必须符合自然天道的规律,必须借助自然天道所准备好的条件和基础。

四、物质价值和信息价值

我们已经定义:价值乃是事物(物质、信息,包括信息的主观形态——精神)通过内部或外部相互作用所实现的效应。然而,相互作用所实现的效应是多重的。这些多重效应最起码应当包括六个方面:

A:物自身的一种直接存在的样态向另一种直接存在的样态的转化。
B:中介物的产生和运动。
C:物物间的联系、过渡和转化。
D:物自身的直接存在向间接存在的过渡。
E:相互作用物的间接存在的相互凝结。
F:新的间接存在样态的建构。

上述的六重效应中的前三重(A、B、C)属直接存在变化的效应,后三重(D、E、F)则属间接存在变化的效应。这样,我们便区分出了在一般事物相互作用的过程中所实现的双重性质的效应:物质性效应和信息性效应。

---

① 邓安庆:《我国价值哲学研究的危机与出路》,载《湖南师范大学社会科学学报》1996年第4期,第49—54、60页。

我们有理由将这双重性质的效应分别称为物质价值和信息价值。

由于物皆处于普遍的相互作用中，所以，任何物都必然同时就发生着四种过程：派生中介物、改变自身的物质性结构（质—能分布方式）、异化自身信息、同化它物信息。正是这四种过程造成了上述的六重效应。其实，在一个具体的物物相互作用中，上述的四个过程乃是同一个过程，上述的六重效应也是在同一个相互作用过程中具体呈现出来的。

任何处于相互作用中之物必然同时兼具三重角色（用通讯信息论的语言来表达）：信源——异化信息、信宿——同化信息、载体——以自身变化的"痕迹"载负信息。这就意味着，相互作用所实现的物质效应和信息效应、物质价值和信息价值不仅具有同时性，而且具有必然性和普遍性。

另外，我们还应注意到，相互作用所实现的物质效应和信息效应、物质价值和信息价值又都总是具有互为基础和表征的内在统一性。因为，任何信息效应、信息价值的实现都必须以相应的物质结构（质—能分布）变化所产生的特定编码方式为载体，而任何物质效应、物质价值的实现又都总是通过相关信息内容的凝结、改变和创生呈现出来的。

因为"相互作用是事物的真正的终极原因"，而相互作用的效应便是变化、运动、演化（包括退化和进化两个分支），所以，我们赞同将演化的观念、时间的观念引入价值哲学讨论的视野。其实，横向的（共时性）相互作用的效应便是纵向的变化、运动和演化，而时间正是变化、运动和演化的一个具体量纲。如是，任何变化、运动、演化、时间都可以看作是在事物相互作用中所实现的效应，亦即都可以看作是价值。然而，上述的解释并不意味着可以将价值完全归结为变化、运动、演化或时间。因为，事物在相互作用中所实现的效应的具体内容是十分广泛、丰富和复杂的，变化、运动、演化或时间仅仅是在某种抽象表述的层面上对效应结果的一种揭示。其实，变化、运动、演化或时间的效应又都只能通过相应的物质结构（质—能分布）的改变和信息结构（凝结特定信息内容的特定编码方式）的建构来具体实现或具体呈现。如果从时间延续的实在过程而言，时间乃是横向相互作用所实现的某种物质效应；如果从时间表征着横向相互作用所实现的变化、运动和演化的结果而言，时间乃是表征横向相互作用所实现的结果的信息效应。这样，在一个统一的时间延续过程中，时间便是横向相互作用所实现的物质价值和信息价值的具体而现实的统一。由此而论，在事物的相互作用中所实现的效应存在诸多表述层级，物质效应和信息效应在这诸多表述层级中不能不处于最为具体和最为基础的地位，在此基础之上，才呈现出了诸如变化、运动、演化和时间等其他抽象表述的效应层面。

在物质和信息双重存在和双重演化的理论中必然内含在事物相互作用中同时实现着物质价值和信息价值的双重效应的理论。这一双重效应的理论构成了信息价值论赖以成立的最深层级的一般基础和根据。

五、价值过程与价值哲学的范畴体系

1. 价值生成的一般过程

相互作用应该是阐释一般价值哲学的逻辑开端。事物通过相互作用普遍建立起对象性关系，并在这种关系中将自身的特性与品格映现出来，这就是对象化。事物通过内部相互作用在自身内部的各组分之间，在自身与自身的历史形态之间普遍建立起对象性（或对象化）关系，在内部相互作用中，事物以自身为对象；事物通过外部相互作用在事物之间普遍建立起对象性（或对象化）关系，在外部相互作用中，事物以它事物为对象。正是这种对象性（或对象化）关系的建立，使任何一种事物都必将在自身内部和在与之发生过或正在发生相互作用的它事物之中普遍映现自身。这种映现是通过在自身内部或在它事物之中建立相应的物质和信息的特定结构来实现的。

事物的对象性是通过相互作用所建立的特定结构（物质的、信息的）来实现的，而这种特定结构的建构同时就意味着对事物的旧有结构的改变，这种结构的改变就是通过相互作用所实现的效应，也就是价值。这样，对于一个价值过程的完整描述就应该采取这样的一个三段式：相互作用──对象化──效应（价值）。

2. 自存事实和价值事实

通常，价值哲学中也往往提到一般存在物和价值存在物这两个概念。其实，这两个概念对应于我们对事物的两种不同的考察方式或观察角度。

当我们割裂了事物本身所具有的内部或外部的相互作用，对之进行对内或对外的纯粹孤立性考察的时候，该事物则被我们看作是一个一般存在物，我们称之为自存事实。如我们说"有一块石头存在"，这就是关于某石存在的自存事实的描述。如果我们的认识仅仅停留在自存事实的层面，虽然自存事实本身也具有区别与它物而确证自身的内在规定性，然而，这一规定性却不可能被我们清晰地揭示出来。

舍弃相互作用，对事物进行孤立性考察，这样的考察不可能引导我们达到对事物的本质性认识，因为相互作用乃是事物的存在方式，世界上并不存在不处于种种内外相互作用之中的事物。

当我们对事物的考察不再采取纯粹孤立的态度，而是注重从相互作用的种种关系和联系中来考察事物时，事物便不再以一般存在物的方式在我们面前呈现，这时，事物将会在内在相互作用中成为为已与受已的效应关系之物，或是在外在相互作用中成为为它与受它的效应关系之物。此时，事物便被看作是价值存在物，我们称之为效应事实、价值事实。如当我们说"有一块石头把地面砸了一个大坑"时，这就是对某石在相互作用中对地面产生的一种效应，以及对某种效应事实的描述。由事物内外相互作用的普遍性可以确定事物作为效应事实、价值事实、价值存在物而存在的普遍性。

作为价值存在物，任何事物都已在普遍的相互作用中转化成了凝结着特定效应关系的生成之物。作为凝结着特定效应关系的生成之物，任何事物都不可能以纯粹的一般存在物的方式存在。正是通过特定效应关系的凝结，事物普遍拥有了双重尺度的价值存在方式，即物质价值和信息价值的双重价值尺度。也正是由此双重尺度的价值存在方式的生成，事物普遍二重化了自身：一方面，任何事物都是具有特定构成成分和组构方式的物质体；另一方面，任何事物又都是通过相互作用的过程凝结着种种特定历史关系、演化程序，并由此关系和程序潜在规定着自身未来演化路径的信息体。由此可见，任何价值过程都同时就是相关信息的交换、变换（信息同化与异化中的耗散与重组）、建构（凝结与创生）的过程。于是，从价值过程和信息过程内在统一的尺度上，我们又有理由将上述描述价值过程的三段式具体改写为如下的形式：相互作用（信息交换）——→对象化（信息变换）——→价值效应（信息建构）。

3. 价值认识、价值创造和价值实现

在人的活动的层面上不仅存在着与一般事物相一致的自在的价值发生过程，而且还有能力对价值现象进行主观把握和认识。这一过程是通过价值反映、价值标准和价值评价来完成的。价值反映所解决的是对一般价值现象的直观把握。从一般价值现象到价值反映必须通过价值现象所显示出来的价值信息的中介，反映是对信息的反映。价值标准是主体根据以往的经验和认识所确立的价值评价的尺度。价值评价则是对一般价值过程给承受这一价值效应的事物所带来的利害关系的认识。这样，要完整描述一个价值认识的过程就需要这样一个三段式：价值反映——→价值标准——→价值评价。

人们认识价值现象的目的是为了更好地趋利避害，更好地利用价值现象来为个人、人类、人类社会的发展服务。这就必然会涉及在多种价值关系中的选择问题，以及理想的价值关系模式的创造问题。与这两类问题相关的范畴表述便是价值取向和价值设计，而价值取向和价值设计又是以主体的价值需求来驱动的。这样，我们便又有了一个描述理想价值关系模式的创生过程的三段式逻辑：价值需求——→价值取向——→价值设计。

人们所创造的种种理想化的价值关系模式，最初还仅仅是以某种主观信息形态的方式呈现出来的。然而，只要这一模式是符合事物自然发展之本性的，并且又是具备了实现之现实条件的，那么，人们便可以通过特定实践活动的过程来使这种理想的价值关系模式转化为现实的价值关系，这就是主体创造的价值模式的客观实现。从主体创造的新的价值模式，到为实现这一价值模式而展开的实践活动，是以主体创造的相应的实现所创造价值的计划，以及此计划的实施为中介的。如此描述这一通过特定实践活动来实现所创造的价值模式的三段式的逻辑结构便是：实践计划（价值实现计划）——→实践过程（价值实现过程）——→实践结果（价值实现结果）。

4. 价值哲学的范畴体系

通过价值实现，人们一方面可以对自己创造的社会价值模式的合理性予以检验，另一方面又可以深化对种种价值关系的认识。这样，上述的价值认识、价值创造、价值实现的三个三段式便又是一种首尾相接的大的三段式结构，并且，这个在人的活动的层面上所展开的大的三段式结构又是以我们已

论述过的存在于一般事物中的价值过程的三段式为其展开之深层基础的。如果考虑到所有过程在现实中的复杂交织的相互关联、互为中介和前提的性质，我们还有必要在描述各类过程的三段式内部和三段式之间建立起普遍的相互作用的反馈环链式的联系。

可以将我们已阐释过的诸多三段式的结构统一为一个相互作用的范畴网络体系（如图6-1所示）。

显然，图6-1所标明的所有环节都与相应的信息活动过程具有内在的统一性。相互作用与信息交换过程相统一；对象化与信息的同化和异化的信息变换过程相统一；效应（价值）过程与信息凝结、建构与创生的过程相统一；价值认识、价值创造活动乃是认识主体的感知、思维活动的信息把握和信息加工处理活动的过程，这一过程本身就是人的自为、再生信息的活动；价值实现过程是通过人的实践活动实现的，而人的实践活动在本质上乃是主体创造的目的性信息通过主体创造的计划性信息的实施在客体中实现的过程，亦即主体信息的客体实现。所以，价值实现的过程亦即是主体目的性信息转化为客体的结构信息的过程，亦即是主体信息在客体中实现的过程。而图中标明的所有环节之间的普遍相互作用的双向反馈式的网络关系又都是靠相应层面的信息内容的交换、沟通、同化与异化的具体活动过程来维系和实现的。

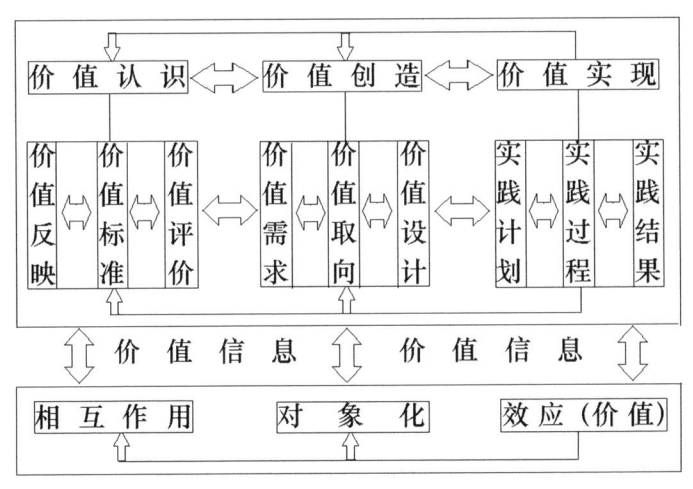

图6-1 价值哲学的范畴体系图

六、价值形态的发展

1. 物质价值和信息价值的统一性和普遍性

就宇宙自身的演化，以及事物相互作用的逻辑顺序而言，一般物体在物质性（包括质量、能量）相互作用中所实现的价值乃是最初具有和发生着的价值形态。对于这一价值形态我们称之为物质价值。

然而，在事物的物质性相互作用中所实现的效应并不仅仅是物质性的，而且还是信息性的。因为，在一般物的结构中都凝聚着关于自身历史、自身特性、自身未来发展趋势，以及与它物之关系的多重信息，亦即是，所有的物体，既可以从其质量、能量结构的角度把它看作是物质体，也可以从其凝结着种种复杂关系的角度把它看成是信息体。如此，在同一个相互作用中所实现的效应便不仅仅是物体物质性结构的改变，而且同时就是物体的信息结构的改变，因为现实的相互作用过程不仅能使参与作用的诸方创生或凝结新的信息，而且还有可能改变参与作用的诸方先已凝结着的旧有信息（或使之耗散、模糊，或使之强化、扭曲）。从相互作用中所呈现出的信息性活动的角度上，我们有理由确定价值的另一种形态：信息价值的形态。

实现物质价值和信息价值的过程并不是截然分离的两个不同的过程，而是在同一个相互作用过程中所实现的双重效应。从信息价值的角度来看，物质价值的实现是实现信息价值的载体的活动；从物质价值的角度来看，信息价值的实现是与物质价值的实现相伴发生的另一层面的效应结果。

2. 精神价值

在一般物的相互作用的层面上所实现的信息价值还仅仅是在自在信息活动的水平上进行的。如果涉及具有感知、思维能力的系统的活动，尤其是在人的活动的层面上，除了自在信息活动的方面之外，还有自为、再生信息的活动，亦即主观信息（精神）的活动。这就有必要来讨论精神价值的问题。正如精神是信息活动的高级形态一样，精神价值也是信息价值的高级形态。精神价值活动的范围既包括认识主体在与客体的相互作用中所实现的对客体信息的感知、认识效应，也包括主体通过内部运作的思维过程对内储知识信息的加工处理，以及在此基础上创造出新的概念和符号信息的活动，还包括主体内部不断形成和变化着的情感、情绪、意志等活动。因为细究起来，这三个方面的活动都是通过主体与客体的相互作用，或者是主体内部的相互作用所实现了的人的精神活动状态、知识结构模式的变化效应。正是这种旧的精神状态的改变、新的精神状态的生成，以及新旧知识结构的更替，构成了精神价值活动的现实过程。

如果我们采取两分法的原则，那么，物质价值和信息价值便构成了两类最为基本的价值形态。在这一原则下，精神价值是作为信息价值的高级形式而从属于信息价值的。

如果我们采取三分法的原则，那么，我们便可以说，物质价值、自在信息价值和精神价值乃是三类最为基本的价值形态。

3. 社会价值

通常，在价值哲学中，学者们更为注重讨论关于人的价值、社会的价值等方面的问题。其实，人的价值与社会的价值是统一的。因为作为人来行动的人的个体只能是人类社会中的一员，否则这类个体便不能以人的方式来行动。我们完全有理由用社会价值来统一称谓通常学者们所讨论的人的价值、社会价值等这一领域的问题。

社会价值就其活动的性质，以及其活动展开的层面而言，它并不是一个基本的价值形态，而只能是对前述三种基本价值形态的某种综合。因为在社会领域中，既有物质价值活动的方面，又有自在信息价值活动的方面，还有精神价值活动的方面，并且，这三种价值形态的活动在社会领域中又总是内在综合统一的。无论是人们的社会认识活动，还是人们的社会实践活动，无论是人与人的相互作用，还是人与自然、社会与自然的相互作用，都是在三种基本价值形态交织综合、有机统一的过程中进行的。

从上述的三种基本价值形态和一个综合着的价值形态的论述中，我们可以看到，对价值问题进行讨论的广泛性和复杂性。可以罗列出如下一些领域的价值问题，这些领域的问题都是一般价值哲学所应该详细研讨和阐明的：

一般存在物相互作用中的价值问题；物质在相互作用中生成信息的价值问题；价值存在物相互作用中的价值问题；信息相互作用中的价值问题；

自在信息向自为信息、自为信息向再生信息转化中的价值问题；精神相互作用中的价值问题；主体进行价值评价、价值选择、价值创造活动中的价值问题；主体实践活动中的价值问题；主客体关系中的价值问题；人与人、个人与社会相互作用中的价值问题；人与自然、社会与自然相互作用中的价值问题……

七、信息处理方式的变革是文明形态变革的技术前提

1. 问题提出的时代背景

20世纪下半叶以来，在世界范围内兴起的信息革命、知识与信息的经济、信息社会，以及信息社会化、社会信息化、智能信息化的浪潮，已经和正在全面刷新人类社会的政治、经济、军事、文化体制，并进而全面改变着人们的生活方式、思维方式及观念模式。正是这一伟大变革的社会浪潮，将一个区别于工业文明的新的人类文明时代——信息社会文明时代日益清晰地展示在世人面前。同时，在这一新旧人类文明交替的剧烈变革的时代，人类也必然会面临诸多方面的价值观念和价值体制的震荡、碰撞和冲突，修正、扬弃和重建。也正是在这一文明转型的伟大变革时期，也正是在人类面临着诸多复杂交织的理想与现实的价值观念的冲突、震荡与重建中，信息对社会进步和发展所起的巨大价值迅速得以突现。

其实，当人们论及信息社会文明的基本特征，以及由信息经济发展的比重所标志的社会进步的一般趋势的时候，当人们论及社会进化的信息尺度，以及社会生产的信息本质的时候，当人们论及虚拟现实、人工智能、智能科学对人类的认知方式的改变和影响的时候，当人们论及信息的诸多社会功能的时候，人们便已经十分具体地揭示了信息对人类社会的发展与进步所具有的巨大价值。

2. 农业文明的信息技术前提

人类的不同文明时代是以不同的信息处理、创制和传播方式为其技术前提的。

在人类的农业文明时代里，由于未曾发明远程信息处理、创制和传播的

媒体工具，所以在这一时代里，人类的信息处理、创制和传播的方式主要是个体内向的信息处理、创制的自我传播、个人与个人之间面对面的信息互动的亲身传播，以及在自我传播和亲身传播基础上展开的团体传播和组织传播。

这样的信息处理、创制和传播方式具有短程、分散和对外封闭隔绝的特点，与这一信息处理、创制和传播方式相一致，建立起了农业文明时代的个体或家族或村落的自给自足的经济体制，以及个人或家族集权的君主制度的政治体制。

毫无疑问，在这一信息处理、创制和传播方式的基础之上，在这种形式的经济体制和政治体制之下，无论如何也形不成相对于全社会的、大众化的、统一的、一元化的价值观念体系。

3. 工业文明的信息技术前提

在人类的工业文明时代里，无论是政治体制还是经济体制，都要求全社会中人应当具有某种高度统一的、一元化倾向的价值观念。我们知道，工业文明时代的政治体制是国家集权的民主共和，而经济体制的特征则是尽量追求统而划一的大规模的、大机械批量化生产。这一政治体制、经济体制要求社会的一切领域、方方面面都要同步化：产品的规格、型号的同步化，各行各业的工作时间的同步化，教育模式的同步化，生活方式的同步化，行为规范、道德准则的同步化，观念模式、思维方式的同步化，等等。这就是一切都在严格决定论的、既定安排好了的、标准化的程序中统一运行着的集权制、机械化社会的模式。

在这一社会模式的规范下，长期以来各国政治领袖们更多期望的是建立那样一个由某种统而划一的意志，按照严格决定论的方式所支配的社会：一个主义、一个思想、一个头脑、一个领袖，崇尚完善的秩序性、简单的一致性、严格划一的思想控制、不容变通的经典规范、单一确定的行为模式。这样的一种全方位的高度同步化、严格决定论的完善的秩序必然要求和导致社会中人价值观念的高度一元化。正是这一全方位的高度同步化、严格决定论的完善的秩序、高度一元化的价值观念体制，才可能成为保证国家集权能够得以建立和维持、国家大机械化生产得以巩固和发展的世俗基础。

这一时代发展起来的大规模、单向式、自上而下统一制控的信息处理、创制和传播方式乃是形成和加强高度集权化国家统治和高度同步化、机械化经济秩序的技术前提。由中央集权高度制控下的信息处理、创制和传播的大规模、单向式信息媒体（广播、电视、电影、书报杂志等）都成了保证形成、维护和强化统一舆论、统一思想、统一信仰、统一价值观念、统一行为模式的强有力的有效工具。在这类单向式、自上而下统一制控的大众信息媒体中所传播的信息是由主宰这类信息工具的统治集团通过认真筛选、严格规范、精心炮制之后的某种单一模式化了的内容，正是这类单一模式化的内容使在相应媒体中所传播的信息具有了单调、刻板、僵化且体现着主宰信息工具的统治集团意志的特征。

由于由统治集团所主宰的单向式大众传播媒体是社会信息媒体中的主导成分，所以一般民众通过正常渠道所获得的信息具有基本一致和广泛雷同的性质，在这样一些基本一致的信息内容的规范下，工业文明时代的集权制国家统治下的民众通常都总是具有某种大致雷同的、统一的、一元化的价值观念体系是很自然的事情。

4. 信息文明的信息技术前提

我们知道，新的信息社会文明是以计算机网络化的发展为其技术前提的，计算机网络化乃是一种信息处理、创制和传播的全新方式，信息处理、创制和传播方式的网络化发展导致了一种新的网络文化的诞生。正是这种网络文化的产生、发展和普及，有可能使人类价值观念模式的变革朝着多元化的方向发展。

网络化的信息处理、创制和传播方式与上述的由国家集权控制下的单向式、自上而下的权威主义的信息处理、创制和传播方式截然不同。网络化的信息处理、创制和传播方式在其形式上具有交互性、平行性、开放性、全球性、多元性、自由性、共享性、平等性和非权威主义的基本特征。网络化的信息处理、创制和传播方式与上述的由国家集权制控下的单向式、自上而下的权威主义的信息处理、创制和传播方式截然不同。网络化的信息处理、创制和传播方式的交互性、平行性和非权威性特征能够有效地克服单向式、自上而下集权制控的信息处理、创制和传播方式的局限。

交互性的网络信息处理、创制和传播过程在信息发布者与信息接收者之间建立起了某种即时互逆性的反馈联系和沟通的有效渠道,这就使信息活动不再是简单地由信息发出者一方单独主宰的一种行为。在这种情况下,信息发出者有可能随时受到来自信息接收者的提问、质疑、挑战和反对,这时在网络媒体中所传播的信息就不再可能是某种简单划一的单一模式。任何一个信息接受者只要他愿意,便可能即时转化为信息发布者,并把他所创制的可能的其他类型的信息模式输入网络,反馈给原有信息模式的信息发出者或更多的介入网络的机构和人员。同理,在网上信息发布者同时又可能成为信息接收者,因为他必须随时准备接收来自网络其他终端的提问、质疑、挑战和反对,它必须与网上已经、同时或将要发布和传输着的其他类型的信息模式进行竞争和较量;无论你是具有怎样等级或权威的机构或个人,都不能简单地用你的意志和所炮制好的信息模式来唯一决定或左右网上的其他机构或个人;无论你是怎样一个微不足道或无名小辈的机构或个人,如果你愿意,都可以将你创制的体现你的意志的信息模式在网上获得同样广泛的传播,并以此同样广泛地去影响其他机构和个人。

网络化信息处理、创制和传播的平行性普遍联系的特征使网络信息活动不再是由某些集权机构制控的自上而下的行为。用户终端的普遍联网导致信息在网络中扩散的自由程度、随机性极大,任何一个政府、一个机构或个人想要有效地对网络中扩散的信息加以较为严格的控制都是不容易做到的,人们总会用各种各样的办法来逃避类似于极权性质的检查和控制。与网络信息扩散的自由度和随机性极大的情景相统一的便是网络中扩散的信息在量上的极度膨胀和在质上的多元化模式。

值得我们注意的是,信息时代的先进通讯网络有能力沟通每一个家庭和个人。各类信息传递的准确、快捷、方便、逼真都是前所未有的,随着信息社会的成熟性发展,通讯网络技术为每个人、不同利益集团、各类组织、多层次的政治机构提供了直接性的、普遍交互式、平行性普遍联系的表达意愿、传递信息、商议、质询、监督、审核、建议、选举、表决的先进技术装备。

另外,信息的传播是没有国界的,信息社会是全人类的事业,成熟的信息社会必然是全球信息社会,信息的全球性共享是信息时代所要达到的目标,这样网络就不再单单是针对某一国家或地区的。就信息的普遍开放性的本质而言，网络只能是针对全人类的、全球化的，在全球化网络中所可能扩散的信息的数量、种类和模式不仅是极大量的，而且必然是多元化的、非权威主义的。

在全球性网络中，不同国度的任何人都可以迅速而容易地获得过去是难以得到的世界上任何一个国家或地区，不同行业、民族、机构，甚至个人的大量信息。如果愿意，世界上的任何人都可以方便而及时地在网上发表自己的各种见解、意见或建议，甚至倡议并组织召开网络会议，讨论各种感兴趣的问题；能够在网上加入各类问题的讨论，只要他的意见有价值，便很容易在较为广泛的领域中赢得反响。并且，意见相同或相似的人们还可以通过网络微信、朋友圈很方便地建立网友组织，不同的网友组织将可能会形成截然不同的意见集团。由于网中扩散的信息在数量上极大且种类和模式众多，可供人们选择的余地是相当之大的，有人甚至提出，网上信息将可能拥有无限选择的可能性；由于选择的内容和方式的不同，个人拥有的知识结构、利害关系以及看问题的角度不同，在网上要形成对某种意见模式的赞成与否的绝对多数的民众集团将是十分困难的。一个极为可能的情况是，持有各类不同意见的集团的数量将会很多，而任何一个意见集团所拥有的人数都不可能达到多数。从这一情景来看，正是网络化信息处理、创制和传播的全球化、交互式、平行性和非权威性方式，为知识的多元化、信息模式的多元化、意见集团的多元化、价值观念的多元化的发展奠定了最为基础性的技术前提。

八、网络民主与国家集权、世界霸权之间的价值冲突

1. 网络民主的政治诉求

显然，网络是国家集权制体制的消解器。一方面，网络的全球化发展将导致众多的全球性机构、跨国集团的产生，一些涉及全球性关系和利益的问题，任何一个国家政府想要单独进行裁决和处理都是不可能的。这样，工业文明时代国家权力的至上性将会受到来自于各类全球性机构的挑战，这就迫使旧有的国家集权政府不得不将他们的部分权力转移到各类超国家机构中去。

另一方面，由于平行性普遍联系的网络的发展，在事实上将会导致国家旧有的某些权力的下移，因为网络中的各类机构和个人将可以越过国家权力的中介而直接进行对话、交易和决定处理许多相互关联的问题。随着旧有国家的部分权力向上转移到各类超国家机构和向下转移到各类下层机构和个人，国家的权利在总体上将会弱化，传统的国家集权体制将有可能得到部分的消解；与此相一致的是，旧有的以强大的国家集权体制所维持的一元化的价值观念体系同样会得到极大的弱化和消解。这一发展态势所产生的最终结果便是社会中价值观念的多模式化、多元化。

网络是知识的解放者、信息的解放者、信息创造和传播方式的解放者、社会权利的解放者、人际关系的解放者、人的思维方式的解放者、人的价值观念的解放者、人的生活方式和行为方式的解放者，总括而言是人本身的解放者、人类社会的解放者。也许，正是网络化信息处理、创制和传播方式的发展和普及为马克思和列宁早已憧憬的国家集权的消解和个人与人类的充分解放展示了更为宽广的前景。

信息处理、创制和传播的网络方式的普及性发展所导致的国家集权体制的消解、传统社会的一元化价值观念体系的消解以及多元化价值观念模式的成为现实，必然要求建立某种新的与这一变化趋势相一致的民主体制。在这一新的民主体制中将会有更多的宽容和理解，少数人的权利、利益、价值观念，不同意见集团的权利、利益和价值观念，将会得到更为充分的尊重、施行和满足。

也许，正是网络化信息处理、创制和传播方式的普及和发展，正是人类价值观念体制的多元化发展，为我们昭示着一个崭新的人类文明社会的美好前景。

信息处理、创制和传播方式的网络化发展导致了一种新的网络文化、网络民主的诞生。正是这一网络文化、网络民主区别于传统文化、传统民主的全新特点，将可能引出一系列基于网络文化、网络民主之上的，信息时代所独具的相关行为和观念方面的价值矛盾和价值冲突。

网络文化、网络民主将有效地克服单向式、自上而下的集权控制的信息处理、创制和传播方式的诸多局限，同时又不可避免地与工业文明时代形成的国家集权主义和世界霸权主义构成鲜明的对比，并进而与后者发生尖锐的对立、矛盾和冲突。

2. 网络民主与国家集权之间的价值冲突

由网络化的交互性、平行性、开放性、全球性、多元性、自由性、共享性、平等性和非权威主义的基本特征所构成的网络民主，从根基上改变了支撑工业时代建立起来的国家集权体制的信息技术前提，所以网络文化、网络民主乃是国家集权体制的挑战者和消解器。

交互性的网络信息处理、创制和传播过程在信息发布者与信息接受者之间建立起了某种即时互逆性的反馈式联系和沟通的有效渠道，这就使信息活动不再是简单地由信息发布者一方单独主宰的一种行为；网络化信息处理、创制和传播的平行性普遍联系的特征使网络信息活动不再是由某些权威机构主宰的自上而下的等级性信息活动的行为；网络的开放性和全球性特征不仅把网络信息的输入、处理、输出的信息权交给了全球的所有入网机构和个人，而且极大地缩小了人类的时空界限，导致信息交往活动的"全球村"效应的出现；网络信息处理、创制和传播的多元性、自由性、共享性、平等性和非权威主义的特征，为知识的多元化、信息模式的多元化、意见集团的多元化、价值观念的多元化的发展奠定了最为基础性的技术前提，同时也便打破了工业文明时代创造的单向式、自上而下式的，由集权机构制控的权威主义的大众信息媒体的单调、刻板、强制和僵化。另外，信息社会需要有一些人类共同遵守的某种维护全球性网络畅通的秩序，为了保证这些秩序，建立相应的超国家机构就是必要的，并且，保证这一秩序正常运作的各类超国家机构的相应权力也将会是极为重要和具有实质性的。就这一方面的情景来看，全球性网络同样会对国家集权体制提出严峻的挑战。

由于网络化信息处理、创制和传播方式与工业文明时代创建的单向式、自上而下的大众媒体的信息处理、创制和传播方式构成了本质性的区别，并进而对工业文明占主导地位的国家集权体制提出了严峻的挑战，这就在网络文化、网络民主与国家集权体制之间形成了现实而深刻的矛盾和冲突。一方面，各国政府总是试图通过对网络的强化管理来实现对网络的较为严格的控制，另一方面，网络文化、网络民主的本性又具有超越和抵制国家集权控制的平行性、开放性、全球性、多元性、自由性、共享性、平等性和非权威主义的基本特征。随着网络技术的日益发展，随着网络技术使用范围的日益普及，随着介入网络的用户的日益增加，随着网络文化、网络民主的相关体制和观念被更多的机构或个人所接受、所理解、所认同，上述两个方面的矛盾和对立便越来越具有本质性和鲜明性，由此所引发的行为上的和观念上的价值冲突也必将会越来越显得尖锐和激烈。

3. 网络民主与世界霸权之间的价值冲突

应该说，在信息社会的发展还处于初级阶段的时期里，由于信息技术发展的不平衡性、社会信息化发展程度的不平衡性，少数发达国家利用其首先建立和控制的全球性网络来实现其经济、政治、军事的目的，广泛推行其文化、制度、信仰、伦理等方面的价值体系和价值观念，并利用网络对世界事务拥有更多的控制权的情况是不可避免的。但是，我们也应该注意到，网络的控制和以往的凭借军事优势而实施的强权控制是有根本性区别的。这就是，拥有网络的人要想充分控制网络内流动信息的方向和内容是根本不可能的。当人们普遍进入了网络，并在网络中交换一些什么的时候，将会发生一些什么情况是任何人都难以预料和控制的。控制网络是一回事，控制网络内流动的信息又是一回事。极有可能发生的情景是，网络内信息流动的方向和内容恰恰与控制网络的人的意愿相悖，而控制网络的人又对之没有足够的办法。

换一个角度来看，网络有效运行的前提在于取消限制、信息自由交换和全面开放。这些前提性原则，决定了网络即开便会不可逆转地国际化、全球化、多元化、自由化、平等化，而网络的竞争又势必会导致网络技术的普及化。这样便会形成网络的层次和网络的网络。不同国家、地区，不同行业、跨国公司都将会拥有各自的网络，而不同的网络又会联合成更大的国际性、全球性网络。这样，网络化的最终发展便会自然而然地打破少数人和少数国家企图通过控制网络而称霸的愿望。

一个极有可能的情景便是，网络的初步发展可能会暂时加强少数发达国家的霸主地位，但是，网络的充分发展则又可能会使霸主们的权势和地位逐步削弱。正处于第三世界的发展中国家不必要为网络资本主义的发展而过多地担心、忧虑和惊恐，而是要尽量多地介入网络，建立自己的网络，并尽量多地利用网络发展自己。未来将要实现的全球信息社会对于穷国和弱国同样会带来令人兴奋的福祉，不过，这个福祉还需我们通过不懈的努力去争取。问题的要害是：网络民主不仅仅是针对国家集权体制的，而且是针对世界霸权体制的；网络不仅仅是国家集权主义的挑战者和消解器，而且同样是世界霸权主义的挑战者和消解器。网络民主与集权、霸权的这种根本性的对立，使它极有可能成为集权和霸权的掘墓者。也许正是网络民主的充分发展最终走向了与网络创设者和控制者的意愿相悖的方向，以致使世界霸主们所创设和控制的网络最终变成挑战、反对、瓦解并埋葬他们自己的强大的、不可控制的力量。

当然，上述情景的最终实现是一个需要较长时间酝酿和发展的过程。因为，人类的农业文明、工业文明所经历的年代是那样的久远，国家至上主义和世界霸权主义的观念积淀是那样地深刻，以致当网络民主开始出现之后，传统的体制和观念仍然强有力地束缚着一般政治家们和一般民众的头脑。从这一意义上来看，网络民主并不是自然而然就会到来的现象，在网络民主和传统集权、霸权主义之间必然会展开多方面的、反反复复的、复杂而激烈的交锋、较量、抗争和冲突。网络民主既是一个不断生成、培育、发育和发展的过程，也是一个与传统体制和观念相互斗争、相互冲突的过程。但是，无论这一过程面临多少困难，需经历多久的时间，网络民主毕竟已经敲响了国家专制主义和世界霸权主义的丧钟，网络民主必然会最终迎来它美好而灿烂的春天，那时，也便自然而然的宣告了国家专制主义和世界霸权主义的末日的来临。

网络的全球开放性、资源共享性、平行性、多元性、自由性、平等性、非权威主义、无限构造与创新性等基本特征，必然导致网络生存中的意见模式、观念模式、文化模式、意见集团、网络虚拟社会组织呈现出多元化的样态。文化霸权主义者们仍然沿用工业文明时代形成的一元化的集权主义的思维模式，他们企图通过控制网络的方式来控制意见模式、观念模式和文化模式，从而在网络中推行其文化占领、文化侵略、文化殖民的霸权主义战略。然而，这种基于一元化思维模式基础上的，企图通过网络推行单一文化模式、单一价值观念的做法是行不通的，最起码也是不可能较长时期行得通的。因为一元化、单一模式是与网络的本质、本性不相容的。

传统社会中的文化相对于某一国家、民族而言基本上是一元化的，相对于全人类而言则是多元化的。然而，传统社会中的文化多元性是靠国家、民族文化的相对封闭性来维系的，其间很少或基本不发生不同文化模式间的较为激烈的碰撞和冲突。而网络社会中的文化多元性则是靠网络中传输的文化模式的多样性来维系的，并且，这一新的多元文化格局将有可能普遍交织、渗透于不同的国家、民族文化之中，从而改变传统社会中不同国家、民族文化的相对单一性和封闭性的特色，更多呈现出不同文化的直接面对、直接碰撞和冲突，同时也更多呈现出不同文化间的具体相容性和不同文化价值的具体认同性的情景。这就是全球性的跨文化的碰撞和冲突、兼容、互补、认同和融合。随着网络技术的发展、网络使用范围的普及，网络霸权主义、文化殖民主义的市场必将日益萎缩，并会最终被消解。

另外，还有必要强调指出的是，在信息社会文明时代，人类信息处理、创制和传播的时间方向是指向未来的。过去、现在和未来并不是等价的。崇拜历史、注重现在的信息活动方式所能适应的仅仅是知识更新频率相对缓慢的社会状态。随着信息社会的到来，知识更新、社会发展的速度是如此之快，以致使过去和现在的距离会如此神速地拉大。如果仅仅停留在对过去的学习上，那么，我们便不可能轻而易举地来弥合这种日趋加速拉大的距离。这样，我们就会像是永远生活在历史中。这就要求我们必须对未来的信息给以更多的关注。与此相适应，人类的教育观念、教育内容和教育方法也应该做出相应的改变：从注重既定知识的传授转变到注重创新能力的培养和注重人的全面发展的塑造；从对所谓完整体系和成熟知识的讲解转变到注重于介绍不同学派间的争论和前沿问题的探索；从只注重直接接受式的教学方法转变到注重启发式、探索式的教学方法；从只注重科班式教学体制转变到兼而注重短训式、自导式、终身式教学体制。正是这种指向未来的信息活动方式充分彰显着网络化信息处理、创制和传播方式的无限构造和创新的非凡能力，从而为信息社会的高速发展奠定了坚实的信息活动前提。同时，这种指向未来的信息活动方式也充分展示着信息时代人类的价值观念更多具有崇尚创新知识、创新未来的多元化发展的一般倾向和特征。

九、智能化社会的前景展望

随着信息技术、信息经济、信息社会的快速发展，今天的科技界、文化教育界、经济界乃至政治界谈论最多的、兴奋点最旺盛的便是与智能化技术发展相关联的一系列领域：互联网、物联网、互联网+、移动互联；大数据、云计算；自动驾驶、自动医疗、服务机器人；类脑计算、深度学习；智能制造、智慧城市；智能超人、智能永生……

一些科技工作者、政府部门、经济界人士、相关机构和个人看到了智能科学（包括人工智能）领域的巨大发展前景和诱人商机，开始超常性的关注和炒作这一领域的研究和应用。那些持乐观主义态度的人们又开始重提以前曾经有人提出过的智能服务、智能永生（"化身为神"、赋人以"神性"[①]、人—机共生的美好的未来社会理想，并以半科学、半科幻的形式予以渲染，而另一些人则对智能科学、人工智能的未来发展感到恐惧，重谈智能机超越人类、毁灭人类的可怕预期。

如何合理评价智能科学的未来发展前景，如何积极面对、研究和发展智能科学，如何合理而恰当地引导人们对智能科学进行认识，如何更好地设计我们的科技、政治、经济体制和文化教育体制，已成当务之急。

1. 失业大军的快速增长被看作是社会的进步

在讨论人工智能对人类社会的影响时，很多学者都提出了劳动者的失业问题，并表示了深深的忧患。

其实，失业人数的增加恰恰是社会进步的标志。从古及今，人类社会的发展和进步就是以必要劳动时间的缩短为其标志的。原始人过着半动物似的生活，通过整日艰苦的采集、狩猎才能勉强维持生存，很少有更多的闲暇来从事文化、娱乐的活动，最多也就是在晚上大家围着篝火歌舞，并且，当时也没有更多的个人和群体财富的积累。那时的人们，劳作时间之

[①] [以色列] 尤瓦尔·赫拉利：《未来简史》，林俊宏译，北京：中信出版社2017年版，第28、46页。

长是可以想象的。

在农业文明时代,"日出而作、日落而息"成了一个基本的劳动时间程序,尤其在农忙季节,人们每日的劳动时间也都很长。由于气候的原因,寒带和温带会分成农忙和农闲的不同季节,人们只有在农闲的季节时段才可能有更多的闲暇,就是在这一季节时段,人们也会为备战农忙之季而劳作。而在热带则由于季节的原因,农民们一年四季都要劳作,根本没有闲暇时间休息。并且,依靠简单手工工具的畜力和人力的劳作,不仅劳动时间比较长,而且劳动强度也很大。这一时代的一般民众最多也只能达到温饱而已。

在工业文明时代,由于机械化生产的发展在很大的比例上代替了畜力和人力的劳作,给劳动者带来的一个直接的福利便是劳动强度的降低和必要劳动时间的缩短。随着机械化程度的不断提高,人们的劳动强度降低的幅度也越来越大,人们的必要劳动时间也越来越缩短,社会的一般劳动体制所规定的必要劳动时间从最初的 12 小时工作制,逐步转变到了后来的 10 小时、8 小时、6 小时,甚至是半天(4 小时)工作日制度。另外,法定的劳动者的休假制度也从无到有,从少到多。从每周休息一天到每周休息两天,法定休息的节假日的天数也在一步步增加,大多数国家还普遍规定了劳动者每年享有的带薪休假制度。一个明确的事实是,随着人们的必要劳动时间的缩短,闲暇时间的增长,社会的文明程度、人的文化修养水平,社会财富的积累和消费的程度也得到了极大幅度的提高。人们的生活也越来越舒适、富足,人们的行为、学习、娱乐活动也越来越丰富、自由。

当人类进入了信息时代之后,随着生产自动化、智能科学、智能技术的迅速发展和普及化,不仅人们的体力劳动,而且人们的部分智力劳动也都可能被机器、机器人所替代。这样,人们为了维持生计的必要劳动时间将会迎来一个更大幅度的缩减便是十分必然的了。

智能科学技术的发展所导致的人类传统劳动行业或部门被智能机所取代的一个直接结果便是在传统行业和部门中工作人员的大量失业,与此同时,虽然有一些不能或不能完全被智能机所取代的新型劳动行业和部门一定会产生出来,但是,由于这些新型行业可容纳的劳动力有限,以及要进入这些新型行业所需要的相应知识水平和能力的层次比较高,所以,也必然会导致失业大军的增加。这样，人类社会进步的程度与失业大军所占劳动力的比重的增长应当是一致的。

其实，与人类以往的文明时代比较，必要劳动时间的日益缩短也可以被看成是部分的或局部的失业现象，这样的进步我们已经经历了一个很自然的发展过程。只不过，在信息化、智能化高度发展和继续发展着的今天和我们将要面对的未来，这样的一种必要劳动时间缩短的进步对于很多劳动者来说，将可能达到它的极限——缩短为零。

人类作为一个整体，其大部分或绝大部分的体力和脑力劳动被机器所取代。我们面临的问题并不是失去了劳动的机会，而是由于劳动机会的丧失所带来的失业者的贫困。问题的关键在于，如何能够使那些丧失了工作机会的失业人员，也能够体面而优越的生活。这不是一个失业与否的问题，而是一个制度设计的问题。社会劳动和个体服务的自动化程度的提高所创造的社会财富无论是从量上还是从质上，都一定会远远超过以往社会形态所可能创造的社会财富。就此而言，贫困无论如何也不应当成为今天这个信息时代以及其未来发展了的形态的社会中人的生存状态。

2. 可能失业的领域、行业的范围

从理论上讲，凡是可程序化的劳动过程，无论其是体力活动的还是脑力活动的，随着机械化、智能化和自动化科学技术的提高和发展都必将会被相应的机器、设备所替代。另外，在今天看来还不可被程序化的劳动过程，随着智能科学技术的发展仍然可能被程序化，从而在自动智能机器的相应行为活动中实现。

已经有很多人做出了预测，为可能被自动机所取代的行业领域开出了菜单：

纸质杂志编辑。网络化的普及使文章的发表和获取也日益便捷化和网络化，这就导致纸质杂志的发行空间被大大压缩，甚至会被取代。

纸媒印刷工。由于网络化发表成果和获取资料的普及，以及个人复制文本的自动化便利操作，专门的纸媒印刷工职业也将会最终消失。

银行出纳。信用卡、网银和移动支付的普及将导致银行柜台出纳的多余。

印钞工。信用卡、网银和移动支付的普遍采用使纸钞的流通量大大减少，

已有一些国家已经基本发展成了无钞交易的社会。

驾驶员。无人自动驾驶技术必将会被普遍采用，与此相应的便是专门的驾驶汽车、火车的司机职业将会消失。不仅汽车、火车驾驶员，而且飞行员的职业也将会被自动飞行器的普及而取代。

路警和交通管制人员。由于自动驾驶的普遍采用，十字路口的红绿灯以及相应的交通管制人员将有可能成为多余。这也在极大可能的程度上避免了交通拥堵和交通事故频发的现象。

制造业中的装配工、操作员、流水线工人和基层管理人员。由于生产环节的自动化、智能机器人化，一般的职业工人和大量的基层管理人员中的大多数都将会被取代。

售货员、加油站工作人员。商场、汽车加油、充电的自动化管理以及网络购物方式的普遍采用，最终将会导致相关领域工作人员失业。

小商品制造者。3D打印技术的发展，只要有一个相应的程序，便可以借助于智能机把所需要的商品打制出来。这样，大量的小商品制造者将可能无用武之地。

商场售货员、小商店业主、书店、图书馆经理和服务员。3D打印、商品直销、网络书店、无纸媒杂志和书籍的出版业……最终将可能导致传统商场、商店、零售摊、书店、图书馆等行业的萎缩和大规模的倒闭。这就使这一领域的相关工作人员失业。

职业模特儿。增高术、美容术的高科技的发展使人人都可成为美男、美女。这样，模特儿便不再是天生丽质的靓男倩女的专享职业。

电话接线员、咨询服务、客服人员。各类智能服务性平台已经实现机器与客户的基本沟通。与之相应的众多服务性岗位将会在极大规模上被智能服务机所替代。

有线电视台和相关设施安装和服务人员。无线电网络的普及化最终将会导致有线电视业和相关工作人员退出历史舞台。

行政文管、文书和秘书。各类智能系统已经可以完成自动采集和分析数据、迅速判断和决策，精确精准地向客户投放信息等一系列工作，势必会导致这一领域的相关工作人员失业。

普通医师。机器人系统能够代替医师进行诊断、检测和手术。这就会使大量的普通医师失去用武之地，只需要少数机器人助手岗位。

记者。利用大数据和人工智能开发的撰写新闻报道软件，可以在输入几个关键词的前提下立即生成一篇生动而规范的报道文章。

普通教师。各类学习软件、网络教育、机器人教师的涌现在改变人类的教育体制、教育模式和教学方式的同时将导致普通教师大量失业。

经纪人、中介商。网络购物、咨询、自选旅游、消费项目的日益普及和便捷，导致经纪人、中介商行业的消失。

律师。线上律师事务所的自动程序可以代替人类执行很多项目，诸如法律咨询、申请商标、处理遗产和离婚事务。

心理咨询师。未来人工智能机所可能拥有的心理咨询能力将会远远超过普通的人类心理咨询师。

股票操盘手。有些国家的证券交易所已经起用了机器人股票分析师代替了职业分析师。

软件工程师。有些软件设计项目已经可以由相应的机器工程师来完成。

士兵。已有相关报道揭露了机器人士兵参与战争的情况，未来的战争将是机器人士兵之间的战斗。

………

当然，这样的罗列还远远不是全部。随着人类智能科技的发展，形形色色的智能机系统和智能机器人越来越多的取代人类的工作岗位已经不是什么令人神奇的事情了。

已经有机构预测，目前人类从事的 80% 的工作岗位都将可能被机器人或自动化系统所取代。

3. 新的人类阶层的分化

当人类的大部分工作岗位都被相应的智能机系统和智能机器人所代替的时候，势必导致大量传统职业的消失，并相应造成广泛失业的现象。

当大量智能机系统和智能机器人代替了人们的传统劳作行业之后，留给人类的基本工作行业大致可以划分为三类：

一是对智能机系统和智能机器人的管理、维护和引导。

二是对机器人与机器人、人与机器人、人与人之间的关系的协调与管理（这将是未来各类政府机构人员所从事的主要社会服务领域，当然，这一领域的大量工作也可能被机器人所替代）。

三是从事更高层次的创造性的研究和制造活动。如创造新的和改善旧的智能机系统和智能机器人；运用全新的科技手段改变或提升人自身的性质和能力；发展人类自身的文化娱乐事业。

由于这三类职业中的前两类职业的岗位有限，而第三类职业又需要有超常的聪明才智和相应的勤奋和努力，所以，失业人数的大量增加将会是一种长期而必然的趋势。

与此相一致，人类社会将会产生出新的阶层分化。其分化标准是有无职业或从事怎样的职业。

新的阶层大致可以划分为三个层次：

基础层：大量无所事事的处于社会底层的一般人员（这一阶层看起来对于社会的发展起不到积极的作用，有人称之为"多余的人""无用阶级"[①]）。

中间层：对机器人世界和人的世界进行具体管理、维护和协调的政府、机构或企业的管理人员。

最高层：从事高层次的创造性研究和制造工作的人员。

从人口数量来看，最多的是基础层人员，其次是中间层，而最高层人员则可能只是少数精英。

4. 新的社会问题和全新社会协调体制的诉求

新的阶级分化必将会带来新的社会问题。

如果按照现有的社会体制的分配和管理方式，处于社会底层的大量失业人员将会成为人类中的贫穷和落后一族。由于失业而没有经济来源，没有岗位又无所事事，他们很难融入高度发展的智能科技所创造的机器人和人类共生的新世界。失业所造成的贫困将会导致他们没有经济实力来更多的享受智能科技的成果，同时也无法进一步发展和提高自己的能力。这部分人将会沦

---

① ［以色列］尤瓦尔·赫拉利：《未来简史》，林俊宏译，北京：中信出版社2017年版，第286页。

为社会的底层和边缘。由于失业、贫困、落后和被边缘化，相应的众多社会问题和对其上两个阶层的对抗性情绪和行为也会产生出来。

处于中间层的管理人员由于有固定的经济收入将会成为生活富足的一族，并拥有相应的权力。

处于最高层的从事高层次的创造性研究和制造工作的人员应该是社会中最勤奋、最辛苦的一族。因为他们从事的是创造性的研究和制造工作，所以，他们不仅需要有超常的天赋，而且还必须通过超常的努力才会有所成就。他们在创造着一个全新的世界。如果他们有所成就，那他们将会是更多财产和相应权利的拥有者。当然，他们所从事的创造性研究也会是一种高风险的职业，而在这一领域的失败者又将会沦落到中间层，甚或是基础层。

新的三个阶层的形成，将会带来新的社会矛盾和社会冲突。对于基础层而言，关键的问题是如何解决他们的贫穷问题，如何有效保障他们的生存权；对于中间层而言，关键的问题是如何限制他们的权力，防止他们的腐败和以权谋私，同时也要防范其利用所掌控的先进智能手段从事个人牟利的犯罪行为；对于最高层而言，关键的问题是如何激励他们的创造力，如何防范创造中的风险以及如何规范其研究的内容和方向，以有效防止其研究成果反过来危害人类。

要合理解决如上种种新的社会问题，使人类社会在一个健康和谐的氛围中持存和发展就需要建立一种新的适应于人机共生世界的高度发达的全新社会体制。

首先，这一全新社会体制一定是社会财富高度共享的社会，它应当有效保证处于社会底层的失业人员也能够体面而富足的生活。这一点，在一个高度发达的智能化社会里面并不应当成为问题，因为，一个人机共生的世界一定是一个社会财富大量涌现的世界，只要这些社会财富不被少数人所垄断，要满足全社会人的相对富裕的生活是不会有任何问题的。

也许有人会对这种共享性社会体制的正当性提出质疑。其实，少数人的创造总是建立在人类社会发展所取得的相应成就的基础之上的，所以，其所创造的现实价值并不完全属于他自己。他理应拿出一部分让渡与全社会共享。就此而言，凡是人一出生就应当拥有"生而有享"的生存权。这样，要求建立一种具有高度共享性的社会体制就不仅是应当的，而且是合理的。如果一种社会制度总是让某一部分人处于贫困和无助的状态，那么，这种社会制度就是不合理的，就应当予以改变。曾有西方学者预言：到 2050 年，共享经济体制将会在全球大范围内成为主导性的经济体制。这似乎也意味着，资本主义将自发演化为社会主义。①

其次，这一全新社会体制应当尽量使更多的人就业。当然，这里的就业和传统的全职工作不应当是一个意义上的概念。人类社会的进步导致的一个直接结果便是社会中人必要劳动时间的缩短。一个合理的社会体制不应当把有限的劳动机会只给予少数人，而应当尽可能均衡的使有相应能力的人都得到相应的劳动机会。这里就出现了一个怎样分配劳动的问题。一个可行的方案是，大幅度缩减个人的劳动时间，可以每人每周只工作一天或两天；或每人每天只工作两个、三个或四个小时。另外，要实行劳动者长期休假制度、轮换工作制度、弹性工作制度、任务目标管理工作制度，等等。这样，便可以使更多的人有工作机会，从而能够有效地减少基础层人员的数量。这就有可能在极大程度上消除贫困和不和谐因素。

再次，要为相关的创造性研究，以及对相应智能产品的管理和使用立法，以防止其研究成果对人类本身造成可能的危害。在这一方面，很多人担心的机器人危害人类、智能科技毁灭人类的构想也并不纯粹是什么杞人忧天的虚枉之谈。

未来的社会是一个智能科技高度发达的社会，这样的一个社会对于地球人而言，其作用也将可能是不确定的，不是天堂就是地狱。而无论是怎样的一种结局，它都只能是我们人类自身的一种选择，无论这种选择是自觉的，还是被动的，它都源出于我们人类自身。正如我们研发了核能技术一样，它既可以解决人类的能源危机问题，也可以成为毁灭人类的大规模杀伤武器。在此，到底成为怎样一种结果，其选择的权利在人，而不在其他什么东西。

---

① 信息社会 50 人论坛：《重新定义一切——如何看待信息革命的影响》，北京：中国财富出版社 2018 年版，第 61 页。

5. 智能化与人的本质的全面展示①

人，不是一个抽象的神物，它是处在一定历史阶段上，并不断进化着自身的具体的、历史的人的存在本身。人的本质不是别的，它只能是这种人的历史具体性存在的本质。马克思就曾在其著名著作《哲学的贫困》中明确地强调过：人类的"整个历史也无非是人类本性的不断改变而已。"②

劳动，作为人的现实本质的集中形式，同样也是一个具体的、历史的现象。劳动的这种历史具体性应该包括两个方面的内容：一是，在不同的人类历史阶段上，劳动具有自己的具体的、与那个特定历史阶段相一致的不同的存在形式；二是，劳动的历史具体性终将导致这样一个趋势——随着社会生产力的不断提高，在人类发展的一定阶段上，劳动也必将改变自己在人的整个活动中的主导地位，到那时，集中表现着人的现实本质的活动形式就将不再是劳动，而是其他的人的活动了。

劳动的历史具体性，使我们对人的本质的认识从抽象的劳动一般，过渡到了生动、具体的劳动特殊。正是基于对劳动特殊的认识，才使我们看到了人的本质的丰富多样性、历史具体性和整体结构性。

辩证法把事物的内在矛盾性看作是事物变化发展的根据。劳动，作为人的主要活动形式，仍具有自身的内在矛盾的方面。这个内在矛盾的方面不是别的，就是劳动自身的结构。正是劳动自身内在结构的对立统一的矛盾运动，构成了劳动自身进化的历史，而劳动进化的历史又充分体现着人的本质的历史的、具体的存在和发展。

辩证法认为，事物的矛盾运动，在质和量的交互变化的发展中，必然经历三个大的阶段，这就是肯定、否定、否定之否定。马克思在《1844年经济学——哲学手稿》中把它规定为：原始劳动、异化劳动和劳动的复归。

原始劳动是和社会分工形成之前的原始社会相一致的。原始社会是人类刚从动物界脱胎形成的时期，在这一阶段上，劳动本身长期停留在极其低下

---

① 本节的部分内容改写自邬焜在1983年5月完成的关于《劳动结构的历史进化》的手稿。该手稿的内容曾经收入邬焜所著的《哲学的比附与哲学的批判》，北京：中国社会科学出版社2002年版，第163—175页。

② 《马克思恩格斯选集》（第1卷），北京：人民出版社1995年版，第172页。

的水平上。劳动自身结构的种种矛盾关系，还仅仅是处在不断形成和完善的阶段上。在这一阶段上，劳动自身的种种关系都只能是本能的、原始的、天然的统一着，或是说，还只能潜在地、自发地规定着劳动本身。

当劳动得以发展，但又不很发展的时候，当劳动产品在局部范围内产生剩余，但对全社会来说仍然十分不足的时候，劳动的结构便在自身的发展中产生了一个质的变化，当初在原始劳动中潜在统一的劳动结构的各个环节、要素，矛盾的诸方面便逐渐呈现出差异，最终走向分离和对立。这就是劳动本身从最初的原始劳动的肯定阶段过渡到了异化劳动的否定阶段。而异化劳动的实质无非是劳动结构的自我分裂，无非是劳动的内在矛盾的自我展示。

分工、交换、私有制；体脑劳动的对立、人和物的对立、人和人的对立，这都是劳动结构的内在矛盾性的自我展示。为了维系劳动异化的这种状态，从劳动异化的头一天起，就自然地产生出一种力量，这种力量最终导致国家的形成。而国家从劳动异化中产生出来，又凌驾于劳动之上，凌驾于全社会之上，作为一种强制的权力施加于社会、施加于劳动本身。国家无非是异化了的人的本质的存在形式，它是异化为压迫者的人的集团对被压迫者的集团实施压迫的工具。而人，最终都被划归于与一定物的不同关系相一致的不同的集团中，这就是不同的阶级，人的本质在这里也就与人的阶级性相一致了。

劳动的异化既然是由劳动结构的自我分裂产生的，那么，异化劳动的消除也便必然是劳动结构的重新统一，这就是劳动的复归。劳动的复归仍然是劳动内在矛盾的合乎规律的发展。当劳动结构的分裂在工业文明的大生产中达到了极端的时候，这个劳动分裂的极端形式本身的发展就创造了劳动自身复归的条件：①社会化大生产向劳动者提出了全面发展的要求，劳动技术、手段、工具的现代化，要求每一个劳动者自身必须知识化，这就为体脑劳动的重新统一提供了物质的前提；②劳动技术、手段、工具的不断提高和更新，导致劳动种类、范围的相互渗透、变换，其结果必然是劳动者的全面流动性，打破了分工将个人限定在特定范围的固定化状态；③劳动现代化的发展，最终使人们看到劳动产品无限涌出的可能性，这就必然打破劳动结构分裂的自然前提，使劳动产品的剩余不仅在局部范围对某些人，而且在整个社会对所有的人都将具有可能；④劳动的社会化进步，又要求劳动占有形式的社会化的统一，亦即要求消灭私有制，消灭劳动者和劳动资料、劳动对象、劳动产品的分离；⑤劳动的信息化、自动化、智能化程度的提高最终又可能将劳动过程中诸多分裂的环节再度统一起来，无论是体力还是脑力，无论是物质资料的生产还是精神文化的生产，无论是人的教育还是人的医疗，无论是人与人关系的调节和社会体制的管理和运作……都可以在高度自动化和智能化的水平上达到某种程度的统一。

上述劳动自身复归的条件虽然是在工业文明大生产的发展过程中逐步发展出来的，但是，这些条件的真正现实性的实现却依赖于人类文明的又一次新的转型，这就是信息化、自动化、智能化文明时代的到来。正是信息化、智能化发展极大地提高了人类创造物质财富和精神财富的能力，而其发展的一个已经看到现实端倪的未来情景便是智能系统和智能机器人的普遍采用，以及其能够在极大程度和规模上替代甚至在某些方面超越人的体力和脑力的劳动，使人类成为通过自己创制的智能机实现自己目的的一个全新的族类。

未来的人-机共生世界的理想形式并不是智能机与人平权，更不是智能机对人类的压迫和奴役，而是人类对智能机的研发、创制、改善、控制、引导和利用。

真正可以导致智能机对人类伤害的因素不是智能机本身，而是制造和控制智能机的人。因为人类制造的智能机既可以为善，也可以为恶。正如人类开发的核能既可以为善，也可以为恶一样。就此而论，关键的问题不在于智能机本身，而在于人本身，在于人与人之间的关系，在于掌控和调节人与人之间关系的社会制度。

劳动的异化、劳动诸环节的割裂和对立的根源在于人自身本质的异化，在于人自己与自己、人与人关系的割裂和对立。在异化劳动的状态下，任何人自身的性质、精神和行为都是自我分裂的，其表现就在于双重人格、多重人格，或说是精神分裂者、行为分裂者。因为，在一个劳动异化所导致的人自身本质的异化的社会里，如果一个人不具有双重人格或多重人格，那么，他便不可能适应这个处于异化状态的社会体制，其结果必然是被这个体制所清除。

但是，劳动的复归，亦即异化劳动的消除仍然是一个过程。从工业文明的大生产所带来的异化劳动的极端化到信息智能化文明的异化劳动的消除必然会经历一系列的过渡性中介阶段。在这些不同的阶段中，虽然劳动自身的结构仍然可能处于不同程度的分裂状态（而劳动结构的分裂就是劳动的异化，就是人的异化，就是人的本质的异化），但是，在这些不同的中介阶段中，劳动的异化与工业文明时代的情景又有着质和量的区别。在工业文明的体制下，劳动异化的各种结构的环节、要素，处于普遍的对立的状态之中，而在新的文明体制下，劳动异化着的各种结构的环节、要素已经失去了绝对对立的性质，它是一种消亡中的矛盾运动，是从对抗复归到差异、差别的过程中的矛盾，正如当初劳动的结构从差异过渡到对立一样，这里是一个反向的运动过程。这个过程本身既是劳动异化的还存在，也是异化劳动的正在消除；既是劳动结构还处在分裂中，又是劳动结构在走向自身的统一。总之，新的文明的诞生和发展的过程是一个旧的因素不断消亡，新的因素不断生成的过程，这个过程中劳动本身就具有新旧形式的二重化的质的规定。当劳动结构的进化最终克服了自身异化，达到了新的质的统一时，劳动的复归也便完成了，这同时也是人的异化的消除，也是人的本质的复归，也就是马克思当年所憧憬的"以每个人的全面而自由的发展为基本原则的社会形式"① 的实现。

正是在这一意义上，我们便有理由说：智能化系统、智能机是人的解放者而不是人的压迫者。因为，信息化、自动化、智能化的发展最终解放的是人的体力劳动、脑力劳动，最终发展出来的是人与人之间的新型关系。就这一意义上，它不仅解放和重塑了人，解放和重塑了人与人的关系，而且解放和重塑了人自身的本质。在任何一个社会中，只有人压迫人，只有人利用工具去压迫人，而没有什么直接的机器对人的压迫。

在传统社会的体制下，人们习惯了用传统体制的思维方式去思考，这就是高度垄断的大机器生产造成的对人的劳动机会的剥夺，而人的劳动机会又是和他的经济利益相一致的，这样，在一个不劳动就不得食的社会体制下，劳动便成了人的唯一生存手段和生存方式。机器对人的排斥导致的直接结果便是一部分人劳动机会的丧失，以及与之相应的贫穷和无助状态。然而，当

---

① 马克思：《资本论》（第1卷），北京：人民出版社1975年版，第649页。

智能机系统和智能机普遍采用之后，当绝大多数人都丧失了劳动机会的时候，人们便必然会开始诉求一种全新的社会体制，这一新体制必须保证不仅获得了劳动岗位的人们有饭吃，而且，丧失了劳动岗位的人同样也必须有饭吃。而社会生产力的高度发展又完全可以保证这样的全新社会体制成为现实。

辩证法不承认什么永驻不变的事物和现象，人的本质也是这样，它是一个不断改变着自身的历史的人的自我规定。表现这个历史的人的自我规定的具体形式也不是一成不变的。劳动作为人的一种活动，也不是永远都能以同样的程度集中体现人的本质的。在原始社会，人们首先必须维持生存，由于生产力十分低下，这就使人的各种活动形式都必然从属于维持生存的物质资料的生产劳动，而其他形式的生产劳动活动，如精神生产、人本身生产，以及人的交往关系的生产等形式都是依附于物质资料的生产劳动形式之上的。所以，在那时，物质资料的生产劳动就当然的成了人的本质的集中体现形式。在之后发展起来的更高文明的社会阶段中，由于劳动生产力还不很发达，人们仍然必须以创造自身需要的物质资料产品为自己活动的基本目的，但是，同时又发展出了独立的精神生产（文化产品的创造）、人本身生产（教育、医疗和优生优育体制）、人的交往关系的生产（法律、制度、国家）等形式。所以，在异化劳动还存在的条件下，劳动就仍然是人的本质的集中形式（当然，在各种劳动形式分别集中的程度上会随着历史的进化而有所改变）。然而，一个明显的事实是，随着劳动的发展，人的其他活动形式也必然逐步增大在人类活动中的比重，如自主学习、自觉研究、自由创造、旅游、娱乐、闲暇……当信息化、自动化、智能化的新的生产过程所创造的巨大生产力使得社会全体成员有可能只需以较少时间从事相应生产活动，就可以满足自己的物质和精神的需要的时候，当劳动已经消灭了自身的异化，已经能够在全社会按需分配自己的产品的时候，当劳动真正在更高的层级上复归了的时候，劳动本身也便必然改变了自己在人的整个活动中的作用和地位。到那时，人们不仅消灭了对于某一特定范围、特定种类、特定工序的劳动的奴役性服从，而且也消灭了对整个劳动的奴役性服从。到那时，劳动便不再是一种为饥饿、为衣着所迫的人的活动了，它成了人们的一种真正的享受，一种真正的为实现人自身的自由创造本性的活动。而这种享受也如同人们在其他活动中达到的享受一样（在这里，其他活动也成了人们生活本身的第一需要），就不再具有更为迫切和须臾不能脱离的性质了。到那时，人们会有更多充裕的闲暇来从事其他各种活动。

可见，劳动的历史进化不是孤立的，在劳动进化的同时，人的其他活动（生理、心理、行为）也在进化。显然，这种进化必然存在着各种活动的复杂交织的相互作用、渗透和转化。进化仍然是人的活动的全面进化，人的本质的全面进化。劳动的复归在某种意义上也是劳动从人的本质的集中形式向非集中形式的转化。人、人类社会在自身发展的过程中，随着信息化、自动化和智能化程度的不断提高，人也在不断改变、创造着自身的本质，也不断地从对某种单一性旧的本质的束缚中得到解放，使自身本质的更为丰富、多样的方面创生出来并得以展现。就此而论，失业并不可怕，而这恰恰是人自身的新的生存方式的开端。如果人类能够共同努力设计并实施一种适应这种新开端的全新社会体制，那么，信息化、自动化、智能化的全面发展给人类带来的并不是地狱，而是天堂。当然，如果要固守传统的社会体制，固守一部分人对另一部分人的压迫，更有甚者，通过操控智能系统或智能机来实现一部分人对另一部分人的更为有效的统治、奴役和压迫，那么，这样的科学技术的发展所导致的便是人间地狱，其发展的极端结果便可能是机器行为的失控，人类自身的毁灭。在这里，真正可以做出选择的是人，是人自身的善恶，而并不是机器本身。

我们说，劳动的复归是人的本质的复归，是人的本质的解放，但是，劳动的复归却并不是人的本质的终极的归宿，人的本质仍然会在人的新的活动结构（形形色色的活动相互作用、交织着的整体结构，当然仍然包括劳动）的辩证运动中继续创造、规定、发展、进化自身。

6. 人的进化的新方式

文化人类学家早就提出了一般生物和人类在进化方式上的不同，这就是关于人类社会的"双轨进化"和"体外进化"的理论。"双轨进化"指的是生物进化和文化进化。前者是遗传基因的进化，是体内进化；后者则是文化传统和模式的进化，是体外进化。

美国文化人类学家马文·哈里斯就曾在其《文化人类学》一书中写道：

"智人出现以后,文化演化和生物演化之间的关系就出现了巨大的变化。在近十万年里,人的大脑平均体积没有增大(事实上,它还有所减小)。然而人类社会文化体系的复杂性和变化速度却大大增加了。"①

中国学者牛龙菲先生则强调说:"人的进化,已经不是单纯的生物进化,而是生物进化和人文进化的双轨协同进化……而且,在人类之'生物进化和人文进化的双轨协同进化'中,'人文进化'已经成为主导的进化方式。"②

舒炜光先生曾经从科技进步的角度对人类的这种"双轨进化"进行过精辟表述,并称之为"人的新进化"。"人的新进化的特点表现在:既有体内进化又有体外进化……思维方法的进步发生在肉体器官之内。交往工具的演化则发生在体外。体内进化和体外进化共同构成人的新进化。""人的工具包括观念形态的和物理形态的,方法和思考方式都是观念形态的工具,仪器和机器则都是物理形态的工具。两种形态的工具的演化史都与科学技术的兴起和发展密切联系着。"③

邬焜也曾强调指出过,随着人类智能科学和技术的发展,"在文化进化的这种体内体外进化的相协并进中,存在着一种明显的趋向,这就是人的心理活动方式的进化也日益从体内进化向体外进化过渡,这就是,最初还是在体内进行的心理活动过程,随着科学技术的发展,也便日益更多地借助于体外的活动来完成。这不仅是指人的感知、记忆的体外工具的发展,而且是指人的思维的体外工具的发展。人的心理活动方式对体外工具的依赖性的加强,标志着人的心理进化的新方式。"④

然而,上述的关于人的进化的新方式的讨论还是有些落伍了。一个最新的人类科学技术发展趋势提出了人的新进化的更为革命性的方式,这就是,人工智能和生物工程领域的新融合所导致的重塑与再造生命体本身的新的生

---

① [美]马文·哈里斯:《文化人类学》,李培茱等译,北京:东方出版社1988年版,第35页。

② 牛龙菲:《人文进化学——一个元文化学的研究札记》,兰州:甘肃科学技术出版社1988年版,封面题段。

③ 舒炜光:《论人的新进化——从科学技术的发展看人》,载《哲学研究》1987年第12期,第31—35页。

④ 邬焜:《信息世界的进化》,西安:西北大学出版社1994年版,第300页。

命进化方式。① 加拿大当代生物学家查尔斯·J. 拉姆斯登（Charles J. Lumsden）和美国生物学家爱德华·威尔逊（Edward O. Wilson）就曾在其《基因、思想和文化：共同进化过程》中强调，"许多哲学家和科学家仍然认为生物学和社会科学之间的差距是永久性的不连续性……我们认为它（人类进化）在很大程度上是未知的进化过程，即一种复杂的、迷人的相互作用，其中文化是由生物命令产生和塑造的，而生物学特性同时通过遗传进化改变以应对文化创新……"。② 德国莱比锡马克斯普朗克进化人类学研究所的博士后研究员迈克尔·丹纳曼（Michael Dannemann）和加州大学伯克利分校综合生物系的助理教授费尔南多·拉西莫（Fernando Racimo）也认为，人类的进化是混合和适应的过程，一部分来自古老基因物质的遗传，一部分借助于向其他同类的学习和对环境的适应，因此人类的进化是一个"自学习"与"他学习"、混合与适应的融合过程。③ 由此我们可以看出，这种新的进化方式将会导致传统意义上的"双轨进化"融合在一起，使原本相对割裂的两条进化路径在一定程度上融合为一条，从而以文化进化的方式直接作用于基因型的变化，从而改变基因进化的模式。

尤瓦尔·赫拉利认为有三种方式可能让智慧设计取代自然选择：生物工程、仿生工程和无机生命工程。生物工程指的是人类刻意在生物层次进行的干预行为，目的在于改变生物体的外形、能力、需求或欲望，以实现某些预设的文化概念，例如科学家在老鼠的背上植入牛软骨组织，就能让它长出人类耳朵的形状。仿生工程结合有机和无机组织，便能创造出"生化人"，例如芝加哥复健研究中心就能利用仿生技术为截肢人群安装"生化手臂"。无机生命工程则是创造出完全无机的生命，最明显的例子就是能够自行独立演化的

---

① ［以色列］尤瓦尔·赫拉利：《今日简史：人类命运大议题》，林俊宏译，北京：中信出版社 2018 年版，序 IX，第 251 页。

② Charles J. Lumsden, 2005. Edward O. Wilson. *Genes, Mind, and Culture: The Coevolutionary Process*. Singapore: World Scientific Publishing Co., p.352.

③ Michael Dannemann, Fernando Racimo, 2018. "Something Old, Something Borrowed: Admixture and Adaptation in Human Evolution". *Current Opinion in Genetics & Development*, No.53, pp.1–8.

计算机程序和计算机病毒。①

苏联和俄罗斯的哲学家和心理学家亚历山大斯皮尔金认为"人类生活在自然界中，他们不断被它包围并与之相互作用。人与自然之间的相互作用是由这样一个事实决定的：除了生物圈中已经运行了数百万年的两个变化因素生物遗传和非生物遗传之外，还增加了另一个具有决定性意义的因素：技术遗传。"②

面对人类科学技术发展所出现的新端倪，不同领域、层次和性质的人们开始提出了各种各样的未来遐想：心怀善意的人们想到了根除顽疾、增强体能和智能、延长寿命，甚至实现个体永生；专政主义者则看到了可以利用相关技术手段实行对个人的无限控制，从行为和思想的监控、专项体能的强化，到思想的清除、定制和灌输；具有战争偏好的人们则看到了无人战机、战车和机器人士兵的无限潜力；关注社会公平的人们则看到了人类增强技术与金钱定制之间的关系，深深忧虑人类的阶层分化，极端的设想直接指向了新的贵族统治社会的出现，人类增强技术的受益者们将会成为某种新的生命族群，像对待猴子一样去对待因为贫困而无缘享用此类技术的人们；一个极端化悲观主义的未来社会模式则是新型智能机器、超人对人类的统治和奴役。

德国哲学家和社会学家哈贝马斯认为，生物技术和遗传研究的最新发展正在引发关于遗传干预的合法范围和限制的复杂伦理问题。当我们开始考虑干预人类基因组以预防疾病的可能性时，我们不禁感到人类物种很快就能够掌握其生物进化。"扮演上帝"是这种物种自我转化常用的隐喻，它似乎很快就会在我们的掌握之中。③

我们不是预言家，但是，我们完全可以从现有和可预期的人类科学技术发展的趋势出发，呼吁人们应该理性的对未来做出选择。为了避免灾难，为

---

① [以色列] 尤瓦尔·赫拉利：《人类简史》，林俊宏译，北京：中信出版社2017年版，第377—385页。

② Alexander Spirkin, 1983. *Dialectical Materialism*, translated by Robert Daglish. London: Central Books Ltd., p.302.

③ Jürgen Habermas, 2003. *The Future of Human Nature*. Cambridge: Polity Press, 2003，封底.

了人类的福址，合理选择人类自身进化的方式，采取合理的政策和措施，建立合理的社会制度。这是人类整体的事业，应当超越阶级、国家、民族和地区的利益。

8. 几点结论

基于本节的讨论，我们可以做出如下几点结论：

（1）人没有绝对、固定的本质。人的本质是先天性基质和后天创造的结合，是决定论和非决定论、确定性和不确定性的统一。

（2）集中体现人的本质的劳动具有历史性、具体性和发展性。人类的劳动最初是以物质资料生产为主导的，之后逐步分离、产生并强化出了一些新劳动形式：精神生产、人自身生产的优化、交往关系的生产、虚拟化生产……

（3）随着机械化、智能化程度的提高，劳动在体现人的本质中的集中度也将会日益降低，而人的其他方面的本质则可能会日益得以突显。诸如，自主学习、自觉研究、自由创造、游戏、娱乐、旅游、闲暇……这既是人的全面本质的发展和展示，也是人的解放所理应达到的必然趋势。

（4）未来人工智能和人类增强的生物工程技术的结合将会突现出人的发展的新方式。这一发展新方式给人类的发展前景带来了不确定的预期。一个极端化结果将会导致人类的分化和人的本质的分化。如何避免负效应，研究、探讨、设计、建立新的经济、政治、社会体制将会成为引领未来的关键。

（5）对于机器人奴役人类的种种讨论，我们所持的观点是：只有人压迫人，人利用机器压迫人，而没有什么机器直接对人的压迫。

（6）面对未来的发展，人类的首要任务是如何建立一个合理的社会体制：避免战争、停止内斗；建立共享经济、共享社会，让人类真正进入自由自觉创造未来的全新时代。

第八章 科技革命与信息范式的崛起①

我们有理由把20世纪中叶看作是一个新的人类时代的开端。正是从那时起，首先是科学领域爆发了一场新的科学革命，这场新的科学革命的标志是现代复杂信息系统科学学科群的崛起。与这场新的科学革命相一致同时或相继又爆发了一场新的技术革命，即现代信息技术革命。这一科学和技术革命的浪潮，一方面极大地开拓了人类的视野，改变了人类总体认识和改造世界的科学世界图景和科学思维方式，另一方面也全方位地改变着人类的政治、经济、军事、文化、教育、生活、观念的体制和方式。正是在这一信息科学和技术革命浪潮的推动下，引发了信息经济、信息社会的新的经济体制和社会文明体制的崛起，从而将人类带入了全新的信息时代。

从近代科学技术诞生以来，曾经经历了三次大的科学技术革命，20世纪

---

① 本章的基本思想和部分内容曾经发表于邬焜的如下论文：《物质思维·能量思维·信息思维——人类科学思维方式的三次大飞跃》，载《学术界》2002年第2期，第60—91页；《复杂性与科学思维方式的变革》，载《自然辩证法研究》2002年第10期，第46—49页；《信息思维：信息时代的全新科学思维方式》，载《西安交通大学学报》（社会科学报）2003年第1期，第43—48页；《建构统一复杂信息系统理论的几个问题》，载《自然辩证法研究》2006年第12期，第96—99页；《科学革命：科学世界图景和科学思维方式的变革》，载《中国人民大学学报》2008年第3期，第41—46页；《科学的信息科学化》，载《青海社会科学》1997年第2期，第53—59页；《现代科学的范式——信息科学》，载《信息高速公路和信息社会》，北京：北京邮电大学出版社1998年版，第48—52页；《社会信息学的学科体系初探》，载《西安交通大学学报》（社会科学报）2009年第3期，第56—59页。

中叶以来爆发的这场新的科学技术革命正是人类历史上的第三次科学技术革命。人类历史上的三次科学技术革命同时带来了人类科学世界图景和科学思维方式上的三次大的变革，这就是人类的科学世界图景从实体实在论，过渡到场能实在论，再过渡到信息系统复杂综合论，而人类科学思维方式则相应从传统的实体思维，过渡到能量思维，再过渡到信息思维。

由于未曾考虑新的科学技术范式与新的科学世界图景和科学思维方式的统一性变革关系，已有的一些关于科学革命和技术革命划界的分类往往具有主观随意性。在这里，我们将根据科学技术革命与科学世界图景和科学思维方式变革的统一性关系对人类历史上的科学技术革命的内容和划界标准重新予以审视和探讨。

一、科学技术革命的概念及二者的关系

科技是科学和技术的统称，科技革命是科学革命和技术革命的统称。

1. 科学与科学革命

人们可以从不同的视角对科学进行界定，但是，如果从所实现的功能的意义上来看，科学就是人们认识世界的方式和方法。它解决的是世界"是什么""为什么"等方面的问题。

科学革命指的是人们在认识世界方式上的飞跃性变革，或者说是人们认识世界方式的根本性转折。"革命"二字的意思就是在强调所实现的变革是"根本性"的。那么，什么是认识世界方式的根本性变革呢？这里涉及科学理论自身的结构。

通常，科学理论体系是按照逻辑规则严密组织起来的逻辑整体，它必须有一些基本概念和基本定律（定理）作为逻辑的基础和出发点，而后由此推论出次一级的概念、定律（定理），再后就是将基本概念、基本定律与这些推论出的次一级的概念和定律相结合进一步推论出更次一级的概念、定律……一个完整的科学理论体系就这样一步步建构起来了。但是，无论这个体系建构的多么庞杂，总可以在体系的结构中区分出两个部分，一部分是作为理论赖以建构的逻辑基础和出发点的基本概念和基本定律，另一部分则是由这些

基本概念和基本定律推论出来的非基本概念和非基本定律。前者构成该科学理论的核心理论或根本理论部分，后者则构成该科学理论的非核心理论和非根本理论部分。根据科学理论体系结构的这一性质，从理论变革发生的结构位置就可以判定其对科学理论发生影响的变革性质。一般来说，针对核心理论发生的变革便是根本性的变革，亦即是具有科学革命意义的变革，而针对非核心理论发生的变革则是非根本性的变革，从而不具有科学革命的意义。从核心理论所起的作用来看，也可以把核心理论称为相应学科的"科学范式"。即是说，核心理论为该学科的建立提供了某种基础性的理论规范和标准。

通常，科学革命可以在两种不同的意义上成立：一是指从根本上改变旧有科学理论范式的整体性变化，亦即新的科学理论范式从根本上取代旧的科学理论范式，这便是范式更替式的变革，如哥白尼的日心说代替托勒密的地心说的变革；二是指新的科学理论范式的产生限定了旧的科学理论范式的适域，导致了科学领域的整体性重新分割，这便是领域分割式的科学革命，如爱因斯坦的相对论和牛顿力学之间的关系。原来认为，牛顿力学的原理无论在宏观、宇观和微观领域都是普遍有效的，爱因斯坦的相对论产生之后，人们发现，牛顿力学的原理仅只在宏观、低速领域有效，而在宇观、微观和高速领域则必须考虑相对论效应。

2. 技术与技术革命

从所实现的功能的意义上来看，技术是人们改造世界的方式和方法。它解决的是"做什么""怎么做"等方面的问题。

技术革命指的是人们改造世界方式的根本性变革。这里所强调的"根本性变革"同样指的是基础性、核心性"技术范式"层面上发生的变革。技术革命是引起社会生产力巨大发展并推动生产关系变革的物质条件。一般地说，只有世界性的技术突破才能称作技术革命，而局部性、一般性的技术进展则只称之为技术革新。

3. 科学革命、技术革命与社会变革的关系

一般来说，科学革命并不能直接变成生产力，而技术革命则能够直接影响或推动生产力的发展。但是，科学革命却可以成为技术革命的先导，因为

对世界的新认识往往是新技术产生的深层理论基础。因为科学能够通过技术的中介影响和推动生产力的发展，而技术又能直接的影响和推动生产力的发展，所以，科学技术成了第一生产力。我们知道，生产力是人类社会赖以存在和发展的基础，在此基础之上，与这一基础相适应，建构着相应的经济、政治、军事、文化、生活、观念等方面的体制或模式。正因为如此，科学革命通过技术革命所引发的并不仅仅是人类生产方式的变革，而且还包括经济、政治、军事、文化、生活和观念的诸多领域的、全方位的社会层面的变革，亦即是说，科学技术革命首先变革了人类的生产方式，并通过生产方式的变革进而全面推动人类社会的进步和发展。

在科学革命、技术革命和人类的经济、社会发展之间存在着一种相互推动和综合变革的统一性关系。一般认为在思想、理论和社会现实的变革之间存在着如图 8-1 所示的一条逻辑关系之链。

图 8-1　思想、科学、技术、经济、社会革命综合变革逻辑链

当然，对于图 8-1 所示的逻辑关系链的理解，决不能仅仅停留在从左到右的单向性、线性相关的层面上。在现实上，上述逻辑关系链中的诸环节之间存在着复杂交织的相互作用，其中充满了不确定的、复杂反馈关联的多重、多向影响的变革关系。尤其是，在当代科学、技术、经济、社会革命呈现出高度一体化综合变革的趋势，科学理论向技术操作、经济实现转化的频率日益加快，后者对前者的反作用效应日趋明显，在很多场合并不是科学革命引出技术革命，而恰恰相反，技术革命反倒要求和推动了科学革命。当代信息技术和信息科学之间的关系便很能说明问题。正是通讯领域信息技术的发展推动了信息科学的诞生，而直到信息技术已经得到了广泛而蓬勃发展的今天，一个完整而统一的信息科学仍然未能合理建立。

4. 作为展开过程的科技革命

有必要指出的是，不应当把科学或技术革命仅仅理解为个别科学或技术事件的发生，而应当理解为一个新的科学范式、科学世界图景和科学思维方式从诞生到确立的持续推进和展开的过程。一场大的科学革命必然伴有一系列前后相继的学科性或领域性的科学变革事件，并相应引发系列技术变革事件，乃至技术革命事件。并且，一个新的科学范式虽然往往仅只在某一个别学科领域首先兴起，但是，只要这一科学范式在本质上具有更为普遍性的品格，她便可能持续推进扩展到更多学科领域，乃至成为一个时期里在科学领域占据主导地位的科学范式，并相应展示出与之相应的新的科学世界图景和科学思维方式的巨大魅力。

如果从新的科学范式与新的科学世界图景和科学思维方式，以及技术革命的统一性变革关系来考察，也就是说，如果把科学革命看作是一个新的科学范式、科学世界图景和科学思维方式，乃至相应的技术革命从诞生到确立的持续推进和展开的过程的话，那么，在人类科学发展的进程中，大的科学技术革命只经历了三次。

二、第一次科技革命：实体实在论和实体思维

1. 第一次科学革命的时间、内容和过程

第一次科学革命起始于 16 世纪中叶哥白尼的"日心说"，完成于 17 世纪下半叶的牛顿力学和 19 世纪初道尔顿与阿伏伽德罗提出的物质结构的原子–分子理论。

1543 年，波兰天文学家哥白尼出版了《天体运行论》一书。该书系统阐发的"日心说"理论，以其革命的姿态向封建教会的神学提出挑战，改变了人类几千年来以地球为宇宙中心的人类宇宙观。之所以把"日心说"的提出看作是第一次科学革命爆发的标志，并不在于"日心说"与"地心说"相比哪个更具有真理性（其实，太阳和地球谁都不是宇宙的中心），而在于它所具有的解放人的思想的革命性意义和价值。既然统治西方几千年的宗教神学的宇宙观（托勒密的"地心说"）可以被否定，那么，宗教神学的其他教义也便值得怀疑了。

1687 年，牛顿撰写的多卷本的《自然哲学的数学原理》一书全部出版，这标志着牛顿物理学体系的最终完成。牛顿物理学的核心是试图用"质点"之间相互作用的力推导出一切现象，为物理学提供了一个力学解释纲领。

1803年，道尔顿在英国早期的科学团体——曼彻斯特《文学哲学学会》上宣读了有关原子论的论文。他认为：化学元素由非常微小的，不可再分的微粒——原子组成。1811年，意大利物理学家阿佛伽德罗又提出：原子是参加化学反应的最小粒子，分子由原子组成，化合物分子由不同元素的原子组成，单质的分子由相同元素的原子组成。这些观点与道尔顿的原子论相结合形成了物质结构的原子—分子理论。

2. 第一次科学革命的科学意义

第一次科学革命的意义在于：实体实在论世界图景的科学实现。

早期的实体实在论是古希腊哲学家们的一种哲学理论，这一哲学理论坚持的是一种微观不变的简单性观念。按照亚里士多德的解释，实体就是固定不变的，作为其他东西的主体、基础、原因、本质并先于其他东西而独立自存的东西。也就是说，实体是构成世界上一切事物的最小的结构单元，世界上所有的事物都由它构成，而它本身却不由任何东西构成，其内部不再有结构，不再能够被打开（不可入）。德谟克利特和伊壁鸠鲁所提出的原子论是古希腊实体实在论的最高成就。这一学说为之后的实体实在论世界图景提供了一个最基本的构架：世界的本原，或说万物的始基是无数最小的、不可再分的、不再变化和生灭的，具有不同大小、形状和重量等基本属性的微粒——原子（实体），这些原子在虚空中的聚散便构成了宇宙间所有有形和无形的物体和现象，以及各类物体和现象的产生和灭亡。后来，随着近代科学的兴起，科学家们把古希腊原子论所提出的原子称为"宇宙之砖"，并且，找寻这种"宇宙之砖"的努力便成了科学家们的主要工作目标之一。

牛顿力学直接承继了古希腊哲学中的实体实在论观念，将相互作用中的物体抽象为只具有质量特征的"质点"。"质点"中的"质"指的就是"质量"，它直接由古希腊原子论中的"重量"概念转变而来。近代科学发现"重量"是受引力左右的一个量，为了找到一个衡量物质多少的标准量，近代物理学提出了一个不受引力左右的一般的量——"质量"。"质点"中的"点"指的则是几何点位。牛顿的"质点力学"强调的正是有质量的空间结构之间的力的相互作用。在牛顿看来，"质点"是分有层次的，而最小的"质点"便是一种被称为不会破碎的、由上帝最初创造的"永久粒子"

的实体。由这些最小的具有质量的"永久粒子"之间的相互作用构成更为宏观的"质点",再由这些更为宏观的"质点"间的相互作用构成更大规模的"质点"……这样,一步步建构出整个宇宙大厦。牛顿写道:

> 上帝在最初以实心的、有质量的、硬的、不能穿透的、运动着的粒子做成了物质;这些粒子的大小、形状和其他性质,以及在空间中所占的比例,大都符合上帝创造它们的目的。这些原始的粒子都是实心的,和它们所构成的任何有孔的物体相比,要硬的不可比拟;它们甚至硬到永不会耗损,也不会破裂成碎块;没有任何通常的力量能够分开上帝在第一次创造中制造的东西……自然可能是永恒的,而有形事物的变化只是在这些永久粒子发生各种分离、新的组合以及运动中,才体现出来。①

牛顿力学的整个体系就是建构在"质量"概念基础之上的,而物体间相互作用力的大小则与相互作用物的质量的大小成正比。

道尔顿与阿伏伽德罗的物质结构的原子-分子理论曾经以科学的名义宣告了实体实在论世界图景的暂时胜利。按照这一学说,原子乃是构成世界大厦的最小的、不可再分的终极粒子,原子质量(原子量)是其最基本的量纲,不同种类的原子正是由其所含的质量(原子量)的多少区分开来的,而分子及其以上层级的物质结构都是由最基础的不同种类的原子通过不同方式的聚合而形成的。这里突出的内容仍然是"质量"。

正是牛顿力学为代表的经典物理学,以及道尔顿与阿伏伽德罗的原子-分子理论继承了古希腊原子论的观点,把物质归结为具有某些绝对不变属性、不可再分的"质点"或"原子"的集合。这就是近代科学中把物质归结为实物或实体的观念。在这一观念的支配下,质量便成了"物质多少"的量度,并且是"质点""原子"(或实物,或实体)所固有的本质特征。在此,近代科学以更具一般性特征的"质量"概念代替了当年德谟克利特赋予原子的"重量"特征。

---

① 转引自[美]韦斯科夫:《20世纪物理学》,杨福家等译,北京:科学出版社1979年版,第47页。

近代科学中所盛行的"机械论""还原论"思潮，正是建立在实体实在论世界图景的微观不变性的简单性观念之上的。当时的科学家们深信，世界上所有的事物和现象最终都可以在原子、分子的物质层面上得到解释，而科学中的所有学科最终都可以统一到关于原子、分子的物理科学之中。正因为是这样，也才有了建立在刚性不变的质点（粒子）运动基础之上的牛顿力学的辉煌以及拉普拉斯妖的诞生。

近代科学的牛顿力学、道尔顿与阿伏伽德罗的原子-分子理论将人类古代朴素的、猜测的、思辨的实体实在论世界图景以实证的方式上升到了一般的科学范式的高度。可以认为，近代科学的经典物理学，以及原子-分子理论代表了迄今为止实体实在论所曾经达到的最为辉煌的时代。

3. 实体思维

在实体实在论基础上培育起来的科学观念和科学思维方式乃是实体观念和实体思维。

实体观念乃是人类把有质量的微粒看成是构造宇宙和宇宙中事物的初始构件，并由此建立起一种关于世界本源、本质意义的理性认同，而依据这一认同对宇宙、事物的自然实体性本源、本质的追寻，以及对宇宙、事物进行自然实体化解释和思考的方式和方法便构成了实体认识方式或实体思维方式，亦即实体思维。

虽然古代哲学和近代科学中的实体观念和实体思维方式在现代科学的背景下受到了致命的打击，但是，作为一种具有普遍影响力的观念和思维方式，它几乎统治了整个人类古代哲学家和近代科学家们的头脑，直到现在，在流行的一般哲学和科学文献中，在一般科学工作者和一般民众的头脑中，还都普遍渗透或保留着微观不变简单性观念的实体观念和实体思维方式的深刻影响和烙印。

4. 第一次技术革命

在第一次科学革命的基础上爆发了第一次技术革命。

第一次技术革命即爆发于18世纪60年代到19世纪40年代蒸汽机技术革命，主要标志是纺织机、蒸汽机的广泛应用，这次技术革命的科学基础为牛顿力学、热力学等。第一次技术革命宣告了工业革命的来临，实现了工业化的蒸汽机械化时代。

蒸汽机技术革命的动因是社会生产发展的需要，而自然科学的成就为蒸汽机的发明提供了理论基础。蒸汽机技术革命源于英国，具体原因有三个方面：其一是英国新兴的棉纺织业急需新的动力机械；其二是英国采煤业急需新的动力机械，矿井排水的需要是导致实用性蒸汽机产生的直接原因，蒸汽机的发明正是矿井排水问题的刺激下产生的；其三是自然科学新成就和生产技术水平的提高是蒸汽机发明的必要条件。蒸汽机是利用水蒸气工作介质的热机，蒸汽机的发明，以蒸汽动力代替人力，迎来了近代史上的第一次技术革命。

蒸汽技术革命的后果有三点：促进产业革命的胜利；促进其他工业部门的发展，造成产业结构的变动，开创了灿烂的工业文明；蒸汽技术革命反过来又对科学、教育的发展产生了重要影响。

三、第二次科技革命：场能实在论和能量思维

1. 第二次科学革命的时间、内容和过程

然而，由近代科学的牛顿力学、道尔顿与阿伏伽德罗的原子-分子理论所带来的人类实体思维、实体实在论的微观不变性的简单性观念的辉煌时代并未持续多久。

19 世纪 30 年代，为了解释电磁感应现象，英国物理学家法拉第提出"力线"和"场"的概念，认为空间不是空虚的，而是布满磁力线的"场"。因此空间也就具有同物质一样的性质。继法拉第之后，麦克斯韦在大量实验的基础上，证明和重新概括、阐释了法拉第的思想，并建立了电磁场的基本方程，即麦克斯韦方程组。

法拉第和麦克斯韦的"电磁场"理论揭示了一种区别于"实体"实在的另外一种实在——"场"。"场"不再可以用大小、质量等描述"实体"特征的量来进行描述。这一新的实在形式的揭示，标志第二次科学革命的爆发。

第二是科学革命完成的标志是爱因斯坦创立相对论，以及量子力学和现代宇宙学的发展。

已有的一种关于科学革命划界的标准理论，将电磁场理论与相对论和量子力学分别划归为两次不同的科学革命。然而，由于电磁场理论、相对论和量子力学在其科学范式、世界图景和思维方式上的一致性，我们有理由将其归属到同一场大的科学革命之中。

2. 第二次科学革命的科学意义

相对论、量子力学和现代宇宙学的发展标志着第二次科学革命所形成的新的科学范式的理论形态的基本确立。这一新的科学范式便是场能实在论的世界图景的科学实现。

爱因斯坦于20世纪初创立的相对论是建立在他所提出的相对论场论的基础之上的，相对论场论将法拉第和麦克斯韦的电磁场理论作了更一般化的拓广。按照相对论场论的观点，场是一种在本质上不同于实体的实在形式。场具有能量和动量，却没有静止质量，它不再可以被看成是由牛顿力学所描述的只能作机械运动的质点所组成的实在，也不再可以被看成是德谟克利特或道尔顿意义上的原子，或更为微观的具有静止质量的粒子。在相对论场论看来，实在的场的形态比实在的实体的形态更为基本，因为实体仅仅是场的密度比较大的空间区域表现出来的特征，所有具有静止质量的实体都可以在一定条件和关系中转化为不具有静止质量的场。在狭义相对论中，爱因斯坦将时空尺度的变换与物体运动中的质量和能量的转化关系联系起来，提出了在高速运动下以光的运动为时空测量工具所产生的钟慢尺缩效应，从而揭示了质量和能量的统一。按照狭义相对论提出的质速关系式，可以将质量看作是速度的函数，相对于不同的参考系，在不同的运动速度下，同一对象将具有不同的质量。爱因斯坦还给出了任何物质的质量（m）与其能量（E）之间的一个关系式（质能关系式）：$E=mc^2$，其中 c 为真空中的光速。当物体的能量发生改变时，它的质量就按照这一关系相应地发生变化。爱因斯坦的质能关系式还标明了这样一种情景：当所有的质量（m）都消失了的时候能够转化出多少能量（E）。人们正是根据这一原则才设计了核武器，也就是用技术的方法让原子核中的质量在瞬间转化为能量，看能够爆发出多大威力。爱因斯坦的质能关系式标明了质量和能量的不可分割的联系和统一，也表明质量并不是物体恒定不变的、固有的量纲或属性。在广义相对论中爱因斯坦又进一步将惯力场和引力场统一起来，更深刻地揭示了时间和空间的性质随着场的强度的变幻而变幻的非均匀性质（时空弯曲），并由此建立了相对论的引力场理论，而狭义相对论则被看成是广义相对论在引力场很弱时的特殊情况。

19 世纪末，由于 X 射线（1895 年）、放射性（1896 年）、电子（1897 年）以及镭（1898 年）的发现，尤其是之后的相关研究，将原子的内部结构逐层剥开，导致了由近代原子论所代表的实体性结构理论被否定，人类古老的实体性观念、微观不变性观念以及与之相应的思维方式在新的科学背景下开始动摇。量子力学正是在这样一种科学发展趋势的背景下于 20 世纪 20 年代被创立。量子力学以及之后逐步发展和完善起来的现代宇宙学为场能实在论世界图景提供了有力佐证。相应的科学事实和理论包括：电子、基本粒子和放射性现象的发现；电磁场以及一般物理场论的建立；反粒子以及正反粒子湮灭现象的发现；形形色色的无静止质量的粒子的发现；虚粒子①和超弦论假说的建立，以及大爆炸宇宙论所提供的宇宙由最初的时空量纲极小的统一规范场演化而来的宇宙模式等，对传统的以"质量"为核心标志的实体实在论和实体思维所维系的微观不变的简单性观念起到了极大的消解作用。

量子力学的现代学说还揭示了基本粒子的潜存性的性质。微观基本粒子的复杂性并不仅仅在于它们可以相互转化，而还在于他们本身并不具有既定不变的构成性性质。它们并不是彼此由对方构成的，也不是由别的更简单、更基本的粒子构成的。例如，由中子分出电子和反中微子，不能与化合物分解相提并论。后者分离出来的粒子在分解前就以现成粒子的形式预先存在于被分解的系统之中了，而重核子（在这里是中子）产生的轻粒子（在这里是电子和反中微子）的过程则完全不同，轻粒子并没有以现成粒子的形式预先存在于核子里，它们纯粹是利用被裂解的核子的质量和能量重新产生出来的。人们现在认为，基本粒子的"结构"极其独特，根本不像我们已经熟悉的原子的结构，甚至也不像原子核的结构。基本粒子是由潜在的即可能存在的粒子构成的，在一定的条件下，这种可能性便转化为现实性。正是在粒子的分

---

① 量子力学的相关理论认为，存在某种虚粒子。虚粒子可以在实粒子之间实现力的交换，我们虽然可以测到由这种力的交换所引发的效应，但是却不能直接探测到虚粒子本身。

解和生成的过程中，显示出该粒子的实在性，即在其母粒子内部潜在的预存性。此后人们不再把研究对象当作现实地存在的东西了，而仅仅承认它是可能存在的、潜在的东西，这就否定了研究对象在其构成形态上的既成性。基本粒子的"结构"问题现在发生了根本的变化，这里涉及的已经不仅仅是这些粒子应当具有什么性质的问题，而首先是：只能从这种粒子生成别种粒子的可能性、从粒子的潜存而不是实存出发来确定粒子的"结构"。这是从既成性到潜在性的变革。①

正是电磁场理论、相对论、量子力学、现代宇宙学突现了场能实在论的科学意义和价值，从而构成了第二次科学革命产生和发展的基本领域。

3. 当代物理学的危机

在当代物理学沿着消解质量的方向发展的过程中，不能不使我们对于一种处于当代物理学前沿的一个理论假说——"超弦理论"予以足够的关注。而这一理论假说的建构直接缘起于当代物理学所面临的众多危机现象。

为送别旧世纪，迎接新世纪，1900 年 4 月 27 日，英国科学界当时最有地位的开尔芬勋爵在一次庆典上作了题为《热和光的动力理论上空的十九世纪乌云》的长篇讲话。在这篇讲话中他认为，古典物理学本来已经是万里晴空，但在世纪末出现了两朵乌云。一朵是所谓"以太漂移"问题。按照经典物理学的设计，为了保证光的有效传播，在宇宙背景中一定存在某种无处不在的媒质——"以太"，用光学实验可以侦察出地球在以太中运动的相对速度。然而，1877 年迈克尔逊和莫雷所作的相关试验却未觉察出这种相对运动的任何迹象。另一朵乌云则是同辐射能量有关的理论问题。按照经典理论设计的辐射定律，当辐射波长趋于零时，物体所发出的辐射能量的理论值应当趋于无穷大，而相关试验所得数据却趋于零。这就是被科学界称为"紫外灾难"的难题。当时，开尔芬对这两种乌云的解决持有十分乐观的态度，他认为，第一朵乌云是"非稠密"的，而第二朵乌云则在"二十世纪开头就可以消失"。

---

① 本段论述转引自刘大椿：《科学技术哲学导论》，北京：中国人民大学出版社 2000 年版，第 51 页。

然而，在一百多年后的今天，随着现代物理学的发展，不仅上述的两朵乌云并未彻底解决，而且还遇到了更多无法解决的难题。以至今天的物理学家们开始惊呼，当代物理学的上空何止是两朵乌云，简直就是乌云密布、一团乌云。

下面我们仅将现代物理学所面临的部分难题予以概要性介绍。

(1)"质—能亏损"：暗物质、暗能量

20世纪末的相关天文观测发现，绕星系转动的星体的速度远远大于我们已测知的该星系的质量常规限定的速度；经过遥远星系边缘的光走了一条比所测星系质量决定的空间曲率更为弯曲的路线；宇宙正在加速膨胀。这些观测结果预示着，宇宙中可能存在人类尚未发现的，或人类不可能直接测度的暗物质（质量）和暗能量，这就是引起物理学家普遍困惑的"质—能亏损"难题。这些暗物质、暗能量有可能遍布整个宇宙，据测算其总量相当于宇宙质—能总量的96%，其中暗物质占23%，暗能量占73%。暗物质与已测知的4%的常规物质共同构成了星球与星系，其作用表现为万有引力，暗能量则表现为与引力作用相反的排斥力，它导致宇宙加速膨胀。一个合理的解释是：暗能量可能从宇宙真空中以虚粒子的形式产生出来，当然它也可能重新湮灭于宇宙真空态中。

(2) 微观时空的跌宕起伏难题（广义相对论与量子力学的矛盾）

按照广义相对论的结论，任何物体的具体时空都有一定的曲率，这一曲率的大小与物体质量所造成的引力的大小，以及该物体运动的方式直接相关。无论物体的具体时空具有多大的曲率，它都应当是光滑的和连续的。然而，按照量子力学的理论，在超微观尺度上点状粒子间的相互作用将可能引起量子涨落的时空跌宕起伏现象，越是在小尺度上，看到的引力场的起伏越大，类似于大海的波涛、浪花飞溅。量子力学称之为量子泡沫的喧嚣。量子力学所预言的超微观尺度上的量子涨落，在显示微观尺度时空结构复杂性的同时，也揭示了量子力学与相对论的矛盾，使广义相对论在微观尺度上失效，进而导致广义相对论不再是一种普适的理论。

(3)"无穷大能量"问题

在超微观尺度上，理论推算可能导致的"无穷大能量"问题同样是现代物理学面临的一个重大难题。这一难题与当年的"紫外灾难"难题具有同样的性质。按照引力和电场的"平方反比原则",在一个点粒子表面力场应是零的平方的倒数（$1/0^2$）,这实际上是一个无穷大能量。这一理论推算的结果与人们常识理解的情景截然相反。

（4）300 余种基本粒子、几百种"强子"引发的困惑

微观粒子种类多样性所呈现出的微观复杂性同样是困扰科学界的一大难题。依据人类哲学和科学的一个古老而基本的观念,越是在小尺度的层面上,构成该世界层面的基本成分的种类应当越少,这就是关于世界构造的基础构架应当是极为简单的世界构成的微观简单性原则。然而,当科学揭示了原子的基本结构是由电子、质子和中子三种粒子构成的情景之后,在其下的世界层次上却发现了 300 余种基本粒子,并且这还不是最后的数目,也没有任何迹象表明如此众多的基本粒子可以最终归结为少数几种粒子。

20 世纪 50 年代—60 年代,原子对撞机上发现了数以百计的强相互作用粒子,后来又发现描述强相互作用需要有 36 种夸克。这就打破了关于宇宙的微观构架简单性的传统观念,同时也表明微观世界的基础层次远未找到,这就需要产生新的理论。

（5）宇宙起源于"无"的断言

量子力学理论的最新进展不仅倾向于彻底否定实体作为宇宙的初始构件的观念,而且就连宇宙的能量也可能会归结为"无"或"零"。世界著名的广义相对论、宇宙论和理论物理学家,英国学者史蒂芬·霍金就曾在其所撰科普名著《时间简史》中写过如下一段话：

> 在量子理论中,粒子可以从粒子/反粒子对的形式由能量中创生出来。但这只不过引起了能量从何而来的问题。答案是,宇宙的总能量刚好是零。宇宙的物质是由正能量构成的。然而,所有物质都由引力互相吸引。两块互相靠近的物质比两块分得很开的物质具有更少的能量,因为你必须消耗能量去克服把他们拉在一起的引力而将其分开。这样,在一定意义上,引力场具有负能量。在空间上大体一致的宇宙的情形中,人们可以证明,这个负的引力能刚好抵消了物质所代表的正能量,所以

宇宙的总能量为零。①

如果霍金的这段话揭示了宇宙存在的真谛的话，那么，根据广义相对论宇宙原理，按照宇宙大爆炸理论所作的推论，在宇宙大爆炸产生之前的宇宙"奇点"状态，所有的宇宙能量都聚集在一个无限小的空间尺度上，那么，当时的宇宙能量恰好为零。这意味着我们所处的宇宙正是由"无"中创生出来的。这样的一种极端推论不仅使作为物质标志的实体消失了（在正反粒子的湮灭中，转化为能量），而且也使能量消失了（在正负能量的湮灭中化为"零"或"无"）。

其实，关于"宇宙起源于无"的理论，完全可以从量子力学的相关理论中直接导出。按照量子力学的预设，微观尺度上的存在以"点粒子"为最小基元，这就可能导致宇宙大塌陷的最终收缩效应可能达到只具有几何意义的纯粹的"奇点"状态，从而引发不可思议的宇宙起源的"无中生有"论的断言。

如此众多的物理学难题，一方面反映出我们对宇宙、世界的认识远未达到合理的境界，另一方面也反映出宇宙、世界的存在方式可能比我们预想的要复杂得多。

（6）大爆炸之前的宇宙的不可言说性

由于存在"宇宙起源于无"的断言，所以，现代宇宙学所设定的宇宙诞生的大爆炸之前的状态不可言说。

如此众多的物理学难题，一方面反映出我们对微观和超微观世界的认识远未达到合理的境界，另一方面也反映出微观和超微观世界的存在方式可能比我们预想的要复杂得多。

4. 超弦：一个关于超微观世界构造模式的研究纲领

面对当代物理学的诸多难题，面对相对论和量子力学的矛盾以及其所面对的困境，一个试图要超越相对论和量子力学的新的物理学理论——超弦理

---

① ［英］史蒂芬·霍金：《时间简史》，长沙：湖南科学技术出版社1997年版，第120页。

论，在 20 世纪 60 年代末开始提出，并在 20 世纪 80 年代中叶以来逐渐发展成形和日趋标准化。

（1）超弦的存在方式

超弦理论对宇宙超微观尺度的构造作了如下基本预设。

①一维能量弦（超弦）是迄今理论描述的宇宙的最微观构件

按照超弦理论的设计，构成世界的基本元件不再是只占空间位点的点状粒子，而是一种小尺度的能量弦（或称超弦），这种弦只有一个维度，其他维度都为零。由于一维弦极细，无法稳定，永恒震荡是其基本存在方式。

②弦有两种

开弦（有两个端点的一维线段）；

闭弦（没有端点的一维环形线圈）。

③弦的运动具有五种基本相互作用模式

开弦和开弦、闭弦和闭弦、开弦和闭弦之间存在着相互分解和组合、相互生成和转化的复杂的相互作用。其基本相互作用模式有五种：

一根开弦对半分成两根开弦；

一根闭弦，两边相互嵌断，形成两个更小的闭弦；

两根开弦，相互碰撞后，重新形成两根不同的弦；

一根开弦通过变形产生一根开弦和一根闭弦；

一根开弦的两端相互衔接，形成一根闭弦。

④弦存在于超微观蜷缩状小尺度（普朗克尺度：10^{-33}厘米）

弦存在于超微观蜷缩状小尺度空间，其最小长度不能小于10^{-33}厘米（普朗克尺度）。这种小尺度空间就镶嵌在我们熟悉的三维空间之中。

⑤宇宙具有 11 维时空结构

在目前的宇宙中，除了宏观延展着的三维空间和一维时间之外，在超微观尺度上还高度蜷缩着另七维空间。

⑥宇宙弦

早期宇宙生成的超微观凝聚态，没有端点，要么是封闭的，要么是无穷长。随着大爆炸持续至今的冷却效应，逐渐凝聚成一张由贯穿整个宇宙的弦缠结而成的网。这些弦具有巨大的张力，强烈的振动和扭动，并与其他种类的弦相互交缠。宇宙弦的猛烈运动，产生如水波峰一样的"引力波"效应。

（2）超弦理论的预言

①观察到的基本粒子对应于弦的不同振动模式

弦本身的运动形式相当复杂，除了前已述及的弦与弦的分解和组合、相互生成和转化的相互作用之外，永不停息的振动就是弦自身的存在方式。迄今为止人类观察到的所有基本粒子都对应于弦的不同振动模式。闭弦的最低阶振动模式对应着引力子，开弦的最低阶振动模式对应着光子。一个基本粒子的性质（质量和力荷）是由其内部的弦产生的精确的共振模式决定的。因为各类弦的振动模式可能有成千上万种，所以，我们可能观察到的基本粒子的数量便远远大于目前发现的三百多种。

②可以有效避免"$1/0^2$"带来的"无穷大能量"的问题

弦虽然很小，但因为它不是点粒子，而是一维的线或环，所以它可以有效避免理论推算的点粒子表面力场陷入"无穷大能量"的问题。

③普朗克尺度是宇宙收缩的极限

按照超弦理论的预设，普朗克尺度（10^{-33}）是宇宙收缩的极限。宇宙时空的维数也不是我们习见的4维时空（3维空间和1维时间），而是11维时空（10维空间和1维时间）。超弦理论预言宇宙在任何空间维上都不可能收缩到普朗克尺度以下。当所有的空间维都收缩到普朗克尺度时，宇宙的收缩将会中止。这也就打破了宇宙创生的"无中生有"的断言。

④暗物质、暗能量存在于其他维的空间中

超弦理论还用它自己的方式解释了"质—能亏损"难题。暗物质或暗能量就存在于超微观尺度上的7维空间之中，我们认为是丢失了的质—能，其实是以未曾得以延展的弦的方式，高度蜷缩在超微观尺度的其他维空间之中，故而我们无法直接观测到它们的存在，但是，在某些场合，我们却可能感受到他们所引起的某些效应，如在某些观测结果中增加着的引力和排斥力等。

⑤超弦预言了大爆炸之前发生的事情

超弦理论还预言了产生宇宙膨胀的大爆炸之前发生的事情。大爆炸之前高度蜷缩在小尺度时空的11维宇宙处于某种高能级的"假真空态"，这一"假真空态"是不稳定的，在其向低能态越迁时发生爆炸。11维宇宙的失稳分裂为两个部分，其中 3 维空间和 1 维时间被展开，构成了我们可以观察到的宇宙时空，而其余 7 维空间仍然高度蜷缩在小尺度上，并在超微观尺度上镶嵌或缠绕在已被展开的三维空间之中。这 7 维空间虽然存在于我们周围，但由于其尺度太小，又由于我们本身是以三维空间构架建构起来的，所以，我们根本无法直接观察到这 7 维空间中的情景。

⑥超弦理论是寻找已久的统一场理论

已有的相关理论认为，超弦理论还是科学界探索已久的统一场理论。按照超弦理论的预设，完全可以将现实世界中分列着的四种基本相互作用的力场，在弦的互化和振动的尺度上得到完满而统一的解释。

迄今为止，人类对统一场理论的探索可以分为四个阶段：第一阶段是把电场和磁场统一起来的电磁场理论阶段，这一理论在 1860 年就已经完成；第二阶段是把电磁场和弱力场统一为弱电力场的统一场理论，这一理论完成于 1967—1968 年；第三阶段是把弱电力场和强力场统一为弱电强力场的大统一场理论，这一理论也基本趋于完成；第四阶段是最终把弱电强力场和引力场这四种相互作用力场统一起来的超大统一场理论，这一理论正是超弦理论所追寻的目标。

⑦终极理论的追求

人类的科学有一种自发追寻终极目标的倾向。在世界的微观和超微观尺度上具有怎样的终极构造模式的理论建构方面，人类已经走过了如下的历程：

实体——原子论——化学原子——电子、质子、中子——基本粒子——超弦

直到目前，超弦理论还仅只是一种科学假说，这一理论虽然在超微观尺度上预设了宇宙的终极存在形态及其运动方式，但是，宇宙的这一终极形态却并未被相应的观察、试验所发现，而且，有些学者甚至断言，由于尺度极小，人类也许永远不可能直接观测到这一宇宙的终极形态。另有一些学者则指出，与其说超弦理论是一种科学，还不如说它更像是一种艺术。但是，无论如何，超弦理论比较起相对论和量子力学来更具有科学的解释力，当代物理学所面临的诸多难题大都可能在超弦理论的相关预设中得以化解。

如果说，超弦理论所预设的宇宙弦及其网络，以及弦的互化和永恒振动

的运动方式等学说在微观、超微观尺度上揭示了宇宙存在和运动的复杂性的话,那么,超弦理论关于 11 维时空的预设,以及在宏观延展的三维空间中镶嵌或缠绕着微观、超微观尺度的更多维空间的假定,则向我们昭示了微观、超微观尺度上宇宙时空结构的复杂性。显然,这一层面的时空复杂性是不可能用欧氏几何或任何一种传统的非欧几何来测度的,因为,如此复杂的时空结构,无论如何也难以用平直的或带曲率的、光滑连续的、整数形的时空维度来准确描述。虽然,超弦理论预设了一个 11 维的时空结构,但是,由于空间结构在宇观、宏观、微观、超微观尺度的不同层级之间的多重镶嵌和缠绕,以及弦自身永恒的振动和弦之间相互作用的互化,便不可避免地导致微观、超微观尺度上的具体时空的多层级性、多曲折性、永恒跌宕起伏的非光滑和非连续性。而诸如此类的时空特性则只能用分形几何予以描述。

5. 能量思维

在场能实在论基础上培育起来的科学观念和科学思维方式是能量观念和能量思维。

能量观念乃是人们将没有静止质量的场能看作是宇宙、事物运动构成、持存和变化的根据的理性认识,而依据这一认识对宇宙、事物运动、变化的根据、原因及方式的追寻,以及对宇宙、事物进行能量化解释和思考的方式和方法便构成了能量认识方式或能量思维方式,亦即能量思维。

其实,能量思维在人类古老的哲学观念中就曾拥有它的最原始的形态。亚里士多德在论及他之前的古希腊哲人们关于事物本源的论述时,曾经说过如下一段话:①

> 这些古哲,一部分以物质为世间第一原理,如水如火,以及类此者皆属实体;这部分人或谓实体只一,或谓非止一种,至于其意专主物质则大家相同。另一部分人则于物因之外又举出了动因;这部分人或谓动因只一,或谓动因有二。

---

① [古希腊] 亚里士多德:《形而上学》,李真译,北京:商务印书馆 1959 年版,第 15 页。

直到意大利学派（即毕达哥拉斯学派——引者注）以及此后的学派止，哲学家们对这些问题的讨论还是晦涩的，只是实际上他们也引用了两因——两因之一是动变的来源。这来源或一或二。

这一"两因说"便是人类最古老的物质、能量二分法原则，这一原则体现着人类的物质观念和能量观念的分立。这一分立的状态构成了人类古代思维和近代科学思维的典型特色。

如果说承认世界的"二因"法则，将物质和能量分立乃是古代哲学思维和近代科学思维的一个基本特色的话，那么，通过第二次科学革命所实现的对这种"二因"法则、物质和能量分立的观念的消解则构成现代科学的一个基本特色。这一消解是通过实体的非始基化、物质因的非实体化、能量因的泛化来实现的。

自19世纪末20世纪初以来，人类的能量观念和能量思维方式得到了泛化式的突现。古老的物因、动因的二分原则被统而归一，而统一的基础则是能量。据说德国的物理化学家奥斯特瓦尔德基于当时电子和放射性现象的发现，首先提出了唯能论的观点，宣称物质"消失了"。

其实，唯能论并不就等于唯心论。唯物和唯心的对立仅仅在于承认世界的本质是客观实在还是主观的心灵或上帝。对于能量既可以作唯心主义的解释，也可以作唯物主义的解释。正是基于这样的一种认识，当代唯物论者大多都采取了对传统的物质观念予以辩证扬弃的方法，即摒弃传统物质观念中机械化、绝对化的方面，而保留其合理的根基。对物质范畴重新阐释乃是当代唯物论者的一个重大课题，也是唯物主义面对现代科学的发展提出的挑战寻求新的出路的基本方式。这一方式所遵循的基本思路是：将传统物质观念中的物质必备的质量特性、最小物质微粒的不可入性等予以剔除，而将场态存在、能量存在都看作是客观实在的存在形式，并且把它们都包容到新的物质概念所指谓的范围之中，并由此建立起与当代科学相适应的现代化物质观念和物质思维方式。

爱因斯坦在确立场和能量存在的基本性的同时，又指出了这种基本存在

形式的实在性和物质性的本质。他说：①

> 我们有两种实在：实物和场。
>
> 我们能够把实物和场认为是两种不同的实在吗？
>
> 在我们熟悉相对论之前，我们可以这样回答这个问题：实物有质量而场却没有质量。场代表能，实物代表质量。但是我们在熟悉了更多的知识以后，已经知道这样的答案是不充分的。根据相对论，我们知道物质蕴藏着大量的能，而能又代表物质。我们不能用这个方式定性地来区别实物与场，因为实物与场之间的区别不是定性上的区别。最大部分的能集中在实物之中；但是围绕微粒的场也代表能，不过数量特别微小而已。因此我们可以说：实物便是能量密度特大的地方，场便是能量密度小的地方。但是如果是这样的话，那么实物和场之间的区别，与其说是定性的问题，倒不如说是定量的问题。把实物和场看作是彼此完全不同性质的两种东西是毫无意义的。我们不能想象有一个明确的界面把场和实物截然分开。
>
> 我们不能把物理学只建立在纯粹是实物的概念基础上。但是在认识了质能相当性以后，实物和场的截然划分就有些牵强和不明确了。我们是否能够放弃纯实物的概念而建立起纯粹是场的物理学呢？我们的感觉器官作为实物来感受的东西，事实上只不过是大量的能集中在比较小的空间而已。我们可以把实物看作是空间中场特别强的一些区域。用这种方法就可以建立起一种新的哲学背景。
>
> 在我们这种新的物理学中，不容许有场和实物两种实在，因而场是唯一的实在。
>
> 我们希望观察到的情况能够和我们对实在所作的概念相符合。如果不相信我们的理论结构能够领悟客观实在，如果不相信我们世界的内在和谐性，那就不会有任何科学。

---

① ［德］A. 爱因斯坦、［波］L. 英费尔德：《物理学的进化》，周肇威译，上海：上海科学技术出版社1962年版，第178—180、216页。

正是因为坚持了能量和物质的统一性，爱因斯坦才提出了他那著名的质能守恒定律：$E = MC^2$。

列宁曾针对当年某些科学家利用科学发展的成果否定唯物论的倾向，对古代、近代的传统物质观念进行了合理的扬弃，用"客观实在"这一更具一般性、普遍性和抽象性的概念对辩证唯物主义的物质观予以了全新阐释，并指出：

> "物质正在消失"这句话的意思是说：迄今我们认识物质所达到的那个界限正在消失，我们的知识正在深化；那些从前以为是绝对的、不变的、原本的物质特性（不可入性、惯性、质量等等）正在消失，现在它们显现出是相对的、仅为物质的某些状态所特有的。①

从列宁的相关论述中可以看到，列宁关于物质即客观实在的规定不仅彻底克服了以实体范畴所阐释的传统物质观念的历史局限，而且也能很好的包容和解释当时自然科学所取得的相关成果和结论，并且，也能很好的包容和解释之后涌现出的一系列崭新的自然科学成果。正是物质即客观实在的规定，将传统二分的实体和力，将自然科学中的实物和场、质量和能量等在辩证唯物论的基础上统一起来了，一句话，将传统二分的物质观念、物质思维方式和能量观念、能量思维方式在辩证唯物论的基础上统一起来了。

6. 第二次技术革命

在第二次科学革命的基础上爆发了第二次技术革命。②

第二次技术革命是场能开发意义上的能源技术革命。这场技术变革主要

---

① 《列宁选集》（第 2 卷），北京：人民出版社 1972 年版，第 266 页。
② 目前学术界较为流行的是一种关于近现代以来经历了四次大的技术革命的理论。这一理论单独把电力技术看作是第二次技术革命的标志，而将原子能技术，以及计算机技术和空间技术的诞生看作是第三次技术革命。其实，电力技术和原子能技术都是场态能源的开发技术，所以我们这里将其看作是同一场技术革命的两个阶段，而计算机技术和空间技术则属于信息技术变革的领域，所以我们将其看作是第三次技术革命（新的信息技术革命）第一阶段的标志。

源于科学知识的快速增长以及机械化对于高效能源的巨大需求，这场技术革命可分为两大阶段：

第一阶段从 19 世纪 70 年代到 20 世纪 20 年代，主要标志是电力的广泛应用，科学基础是电磁学。

第二阶段从 20 世纪 30 年代到 20 世纪 40 年代，其主要标志是原子能技术的诞生与发展，其科学基础是相对论、量子力学，以及相关科学学科的综合发展。

电力技术革命的进程包括直流电机的研制和改进、交流电的研制和改进以及中心发电厂的建造和电能远距离传输的实现。电力技术革命的动因的内因是电机的开发成功，外因是社会需要，社会需要指社会经济、文化和政治上的需求的综合。电力技术革命的特点是以科学为指导，科学理论对技术进步和生产力提高的指导作用明显加强。在原子能技术中这些特征表现地更为明显。

第二次技术革命推动工业文明进入了电气、原子能机械自动化时代。

四、第三次科技革命：信息系统复杂综合的世界图景和信息思维

1. 第三次科学革命的时间、阶段和过程

第三次科学革命爆发于 20 世纪中叶，并表现为一个持续推进和发展的过程，标志这一过程的是一批可以用信息系统、复杂性科学这一统一的名称来指谓的新兴学科群的崛起，以及相应的全新科学范式、科学世界图景和科学思维方式的涌现。直到目前我们仍然未能看到第三次科学革命终结的迹象。第三次科学革命无论在涉及学科领域的范围和规模上，还是在科学思想的创新力度上都远远超过了前两次科学革命。

可以将信息系统、复杂性科学学科群的崛起具体分为三个阶段：

第一阶段是信息系统基础理论创立期（20 世纪 40 年代—50 年代初），诞生的主要学科包括分子生物学、一般系统论、通讯信息论、一般控制论等。有必要特别指出的是，按照通常的见解，人们并不把分子生物学划归在信息

系统科学理论的名下。然而，正是标志分子生物学建立的 DNA 双螺旋结构的发现，将生命的本质建立在了生物基因结构的遗传信息编码、生物大分子间的信息转译与表达的生物信息活动规律的基础之上。正是据此，我们有理由认为分子生物学正是建立在生命和遗传信息理论基础之上的生命信息系统科学。

第二阶段是信息系统自组织理论发展期（20 世纪 60 年代末—80 年代初），创立的主要学科包括耗散结构论、协同学、超循环论、突变论等。

第三阶段是复杂性信息系统理论研究期（20 世纪 70 年代中期—90 年代以来），创立的主要学科包括分形几何学、混沌理论、全息论、智能科学、虚拟现实科学、纳米科学、复杂系统研究理论等。

2. 第三次科学革命中涌现出的四大科学研究纲领

20 世纪以前的科学崇尚"还原论"的科学研究纲领，这一纲领主张从构成事物的微观构件的性质的探讨中便可以透析出事物的本质。随着信息系统科学、复杂性理论研究学科群的崛起，科学界提出了区别于"还原论"科学研究纲领的新的四大科学研究纲领。

（1）系统科学（整体主义）研究纲领

第三次科学革命中诞生的系统科学则强调了与"还原论"相悖的另一种"整体主义（整体涌现论）"的科学研究纲领，这一纲领强调了事物整体性质具有超越其组成部分性质的全新意义和价值。按照系统科学研究的开创者贝塔朗菲的说法，他所创立的"一般系统理论是关于'整体性'的一般科学"，"整体化是系统的一般理论的核心"，而"整体大于它的各部分的总和"则"是基本的系统问题的一种表述"。[①]

（2）信息科学研究纲领

第三次科学革命中兴起的包括分子生物学、控制论、通讯信息论、全息理论、智能科学、虚拟现实与纳米科学在内的信息科学，借用信息、编码、程序、反馈、控制、网络、全息等概念，强调了一种通过信息普遍联系，结

[①] 庞元正、李建华：《系统论 控制论 信息论经典文献选编》，北京：求实出版社 1989 年版，第 57、133 页。

构化组织、调控和综合建构的信息科学研究纲领。

（3）自组织科学研究纲领

第三次科学革命第二阶段中兴起的耗散结构论、协同学、突变论、超循环理论以及广义进化理论等强调了一种有序生成、维持和增长的自组织科学研究纲领。

（4）复杂性理论研究纲领

20世纪最后20年来，在第三次科学革命第三阶段中兴起的分形几何学、混沌理论、虚拟现实科学、纳米科学以及复杂系统研究理论等领域培植起了一种全新的复杂性理论研究纲领，这一纲领试图在一个更为综合的层面上将上述诸多科学研究纲领有机统一起来，以便能够说明我们所面对的这个复杂世界中的复杂事物。

3. 第三次科学革命中涌现出的研究纲领的五大缺陷

然而，20世纪中叶以来兴起的上述科学研究纲领虽然具有某种内在的统一性，但是，这种内在的统一性却未能得到较为充分地挖掘和展示。其中呈现着的缺陷大致可以归纳为五个方面。

（1）系统与自组织纲领被片面化张扬

整体主义（系统科学）的科学纲领，以及自组织的科学纲领在片面化和简单化的方向上得到了绝对化的张扬，从而占据了20世纪下半叶在相关领域中进行研究的主导地位。据此，学术界也把20世纪称为系统科学与系统哲学占主导地位的世纪，把20世纪兴起的新的科学思维方式称为系统思维方式。与此相一致，以"系统科学""系统工程学""自组织系统理论""系统哲学""系统辩证法""系统思维方式"等标题命名的学术专著和学术论文则大量充斥着学术论坛的各个领域和角落。

（2）信息科学纲领的非凡价值未能合理彰显

信息科学研究纲领，虽然在技术、经济和社会层面上引起了巨大的变革，但是，作为某种时代科学的范示研究纲领的意义则一直未能被清晰揭示，信息因素对事物存在和演化的价值也未能获得充分的认识和挖掘。虽然，在维纳的信息反馈控制原理中，在哈肯关于"信息与自组织""信息子"和"协同学信息"的探讨中①，在艾根关于超循环构架的信息密码子生成的具体机制的研究中都深刻地体现了信息科学研究纲领的巨大价值和非凡魅力，但是，总的来看，在20世纪的研究风格中，信息科学研究纲领是从属于系统科学研究纲领和自组织研究纲领之下的，尽管在某些学者的某些方面的研究中或多或少也进行了某种强调性的关照，但是，这种关照也仅仅是在外在方法描述的意义上进行的，很少涉及内在机制的具体的统一和融合。在我国，系统科学界的主流学派仅仅把信息科学看成是"关于系统的信息传递和处理的科学理论"。② 著名的复杂性研究方法的探索者法国学者埃德加·莫兰虽然敏锐地看到了信息在组织创新过程中的非凡作用，但是仍未能明了信息在一般存在论层面上所具有的普遍性品格，还只是把信息看成"负熵组织的一部分"。③

（3）复杂性纲领的复杂性尚未得以清晰表述

复杂性研究纲领则仅指在20世纪最后的一个时间段上才开始引起更多的重视。从已有的一些较有影响的学派的相关理论来看，复杂性理论的基本研究方法和视角还未曾得到较为清晰地表述，其与其他科学纲领的相互关系尚未很好揭示。如最著名的复杂性理论研究机构，美国圣塔菲研究所的学者们虽然阐释了一种个体通过自主的能动性在与其他个体、在与环境的相互作用中，通过适应性的变化而造就出复杂性的思想，但是，所阐释的相关理论还仅仅在生物、生态、经济与社会领域里具有较大的可行性价值，一旦涉及无机自然层面的复杂性问题时则显得无能为力。至于其他一些较有影响的复杂性研究理论，如法国学者莫兰的多元互动环链复杂性模式、中国学者的复杂巨系统理论等，则过于宏观笼统，因而显得比较粗糙，离现实操作的运用尚有一段距离。

（4）信息的普遍性品格尚未得到学术界普遍认可

信息哲学的研究还仅限于个别学者的理论建构领域，被世界性的系统哲

---

① ［德］A. H. 哈肯：《信息与自组织》，成都：四川教育出版社1988年版，第49—55页。

② 许国志：《系统科学》，上海：上海科技教育出版社2000年版，第7页。

③ ［法］埃德加·莫兰：《方法：天然之天性》，吴泓缈等译，北京：北京大学出版社2002年版，第327页。

学潮流所屏蔽。由于信息本质的普遍性品格尚未得到学术界的普遍认可，信息概念的普适性问题一直被作为某种存疑的东西而悬置，这不仅影响到信息科学纲领的一般理论层面的发展，而且影响到系统科学、自组织理论、复杂性研究理论一般理论层面的发展，当然，也影响了这诸多研究纲领走向内在融合的统一综合建构的发展进程。事实上，由于信息科学研究纲领所具有的特殊地位，21世纪的复杂性研究要真正超越20世纪的科学视野，在更高层级上实现新的综合，就必须对信息因素和信息科学纲领加以充分的关注，并给其应有的地位。

（5）诸多研究纲领有待进一步综合

有理论认为，系统论、信息论、控制论、耗散结构、协同学、超循环理论等，都是复杂系统理论。然而，就上述理论最初起源的情境来看，它们都还不能算是标准的复杂性研究理论。复杂性研究纲领是在对上述众多研究理论所提出的各种纲领再度综合的基础上产生出来的。复杂性研究理论并不简单的存在于上述诸多研究纲领的某一单维纲领之中。如果用复杂信息系统研究理论所阐释的更为综合的视角对上述理论加以重新解读，那么，则可能使上述理论具有复杂信息系统理论研究的性质，然而，这已经是上述理论的更为发展了的一种形态。事实上，由于存在上述四个方面的缺陷，在20世纪的研究风格中，信息科学研究纲领与系统科学研究纲领、自组织研究纲领、复杂性研究纲领是相互割裂的，而由于复杂性研究纲领的尚未成熟，就其发展现状而言，也很难承担起人们对其奢望的对其他研究纲领的再造性解读和超越的使命。

4. 建构统一复杂信息系统理论应注重研究的四个方面

针对上述五方面的缺陷，当代复杂性理论与信息科学、系统科学的发展需要在如下四个方面寻求突破。

（1）深化信息哲学理论研究

由于信息现象在哲学存在论层面上具有普遍性品格，因而，信息科学研究纲领在当代复杂性理论、自组织理论、信息科学和系统科学的综合发展过程中具有十分独特的地位和作用。而这种普遍性品格，这种独特的地位和作用必须在一般哲学理论的层面上才能得到较为深刻地揭示。这就需要首先深化信息哲学理论的研究。在这一领域有两方面的工作要做：一是合理建构信息哲学的基本观点、理论和体系；二是展开与其他研究纲领和其他哲学流派的论辩性对话，以期深入展示信息哲学对传统哲学所具有的根本性变革的意义和价值。第一个方面的具体内容包括：信息本体论、信息认识论、信息进化论、信息价值论、信息方法论等。第二个方面的具体内容包括：信息哲学与马克思主义哲学的比较性研究；信息哲学与系统哲学的比较性研究；信息哲学与当代西方哲学的比较性研究，尤其是与现象学、语言哲学、后现代理论的比较性研究。

（2）深化信息科学研究纲领的一般理论研究

以信息哲学所揭示的信息所具有的普遍性品格为基础，重新解读和阐释信息科学研究纲领的一般理论；在与系统科学研究纲领、自组织研究纲领和复杂性研究纲领的比较性研究中，具体揭示信息科学研究纲领更为基本、更为综合，并且也能更好体现出复杂性研究纲领的相关基本特征的性质。其具体内容包括：信息科学研究纲领的基本方法和原则；信息科学研究纲领所具有的一般世界观和方法论意义的研究；信息科学研究纲领与系统科学研究纲领、自组织研究纲领和复杂性研究纲领的比较性研究；信息科学研究纲领的复杂性特征研究；从信息科学研究纲领的层面上对系统科学研究纲领、自组织研究纲领、复杂性研究纲领的重新解读和阐释。

（3）深化复杂性研究纲领的研究

重点关注复杂性研究纲领的清晰表述，以及用此纲领对其他研究纲领的再造性、综合性解读。其具体内容包括：复杂性研究纲领的基本方法和原则；复杂性研究纲领与信息科学研究纲领、系统科学研究纲领、自组织研究纲领的比较性研究。

（4）建构统一的复杂信息系统理论体系

在上述具体研究的基础上，从复杂性研究纲领和信息科学研究纲领的综合视角出发对系统科学研究纲领和自组织研究纲领进行再造性、综合性解读，最终实现统一的复杂信息系统理论体系的建构。

当然，要实现上述研究设想所面临的困难是相当巨大的。这是一个十分宏大、雄心勃勃的研究计划，需要众多相关领域的志士仁人达成共识、协同攻关，并在长期而艰苦的努力和探索中去寻求突破。

5. 信息系统复杂综合世界图景和信息思维

第三次科学革命的意义极为广阔和深远。信息系统学科群的崛起，不仅揭示了一个区别于传统科学与哲学所集中阐释的物质（包括质量、能量）世界的一个全新的存在领域（信息世界的领域），而且提出了四大全新视角的科学解释纲领：与传统科学中盛行的"还原论"解释纲领相悖的"整体主义（整体涌现论）"的系统科学纲领；强调通过信息普遍联系、反馈、调控、网络化和综合建构的信息科学纲领；系统模式创新的有序生成和增长的自组织纲领；在更为综合的层面上将诸多上述研究纲领有机统一起来的复杂性信息系统研究纲领。正是这诸多全新科学解释纲领的综合展示以科学的名义实现了信息系统复杂综合的世界图景，并最终导致人类的科学观念和科学思维方式从实体观念和实体思维、能量观念和能量思维转向信息观念和信息思维。

信息观念乃是人们将信息作为一种区别于质量和能量的基本存在，以及对其本质、存在方式、意义和价值所做的一般性理解、规定和认识。而依据相应的理解、规定和认识，从现存事物的结构组织和关系网络互动模式、演化程序和过程模式中去把握和描述事物的本质、特点和属性的方式和方法，将现存事物的结构、关系、过程作为信息的载体或符码，并由此破译出其中蕴涵着的关于事物历史状态、现实关系、未来趋向等间接存在的内容的方式和方法，以及将现实对象物或信息再行人为符号化，并赋予其特定的代式关系的方式和方法便构成了信息认识方式或信息思维方式，亦即信息思维。

信息思维方式、信息系统科学的最一般的、最普遍的理论和方法乃是一种新的科学范式，这一新的科学范式具有极强的渗透力、贯穿力和改造力。当把相关的一些信息系统科学的原理和方法扩展开来应用到已有的传统学科时，当用全新的信息思维方式对传统的学科理论和内容进行重新审视和研究时，便会立即赋予这些传统学科以某种崭新意义的全方位改造或全新意义的阐释。我们这个时代的科学，信息时代的科学正在面临着一个全面信息化的发展过程，这一科学发展的全面信息化过程可以更为贴切地称之为"科学的信息科学化"①。

6. 第三次技术革命

（1）第三次技术革命的时间、内容和过程

第三次技术革命，又称新技术革命或信息革命。可以将这场技术革命分为三大阶段：

第一阶段爆发于20世纪40年代后期到20世纪50年代，计算机技术和空间技术的诞生是其主要标志。

第二阶段爆发于20世纪70年代到20世纪80年代末，微电子、生物工程、空间技术、海洋开发、新材料、新能源等领域是其主要标志。

第三阶段爆发于20世纪80年代末以来，多媒体技术、信息网络技术、现代通讯技术、人工智能技术、大数据、云计算与深度学习技术、虚拟现实技术（灵境技术）、新生物工程（无土细胞组织培养、人类基因组测序、高等动物自体克隆技术）、纳米技术等是其主要标志领域。

信息系统、复杂性科学学科群的崛起构成了第三次技术革命的科学基础。

第三次技术革命爆发的三个阶段也恰恰对应着人类计算机技术发展的三大里程碑：计算机的研制成功、计算机的微型化、计算机的网络化。

（2）信息技术革命：第三次技术革命的实质

信息技术是一个十分宽泛的领域，它包括人类所有的与信息处理、创制和信息传播相关的技术领域。而这些领域在极大的程度上涵盖了上面所讨论过的那些新技术革命的领域。

如果把微电子技术理解为一种在特殊材料上通过细微加工制作的电子电路，那么，它就是一种高超而特殊的信息传播通路或通路网络；如果把微电子技术还理解为一类应用其电子电路技术而设计的应用性产品，如微型电子计算机等，那么，它就不仅仅是一种信息传播通路，而且更是一种信息处理

---

① 1995年7月，邬焜参加了在北京召开的"全国信息科学技术与哲学学术研讨会"，他提交了题为《科学的信息科学化》的论文，具体阐释了作为现代科学范式的信息科学的体系、地位及其与传统科学之间的关系等诸多方面的问题，并提出了"科学的信息科学化"的现代科学发展的必然趋势。该文后来发表于《青海社会科学》1997年第2期，第53—59页。

过程的技术。这样，微电子技术及其相关产品（主要是微型计算机）给人类带来的便是一种在信息处理和传播方式上的革命。

空间遥感技术、空间通信技术本身直接就是信息传播技术的领域，而控制和制导技术则属信息反馈调节处理和传播的技术领域方面。至于空间运输技术则应主要看成是信息传播媒介或设施的安装定位技术，只不过这种安装定位不是在地面，而是在太空。

生物工程处理的是生物信息，作为生物工程的核心内容的遗传工程就是通过对生物遗传信息单位"基因"的重组和拼接来改变生物遗传信息链结构，从而改变生物品种和性能，甚至创造新的生物物种。我们完全有理由把基因重组和拼接看作是一种生物信息模式的创新，而这一模式的大量培植则正是一种信息模式的复制、扩散和传播技术。其实，整个生物界的起源和进化就是一个信息模式的创生、复制、扩散、传播、改变、再复制、扩散、传播、再改变……的过程。

新能源、新材料的开发、利用和研制是新技术革命的重要工业支柱，它们可以为微电子技术、空间技术、海洋工程、人工智能技术，以及社会经济、人民生活提供动力和材料方面的基础性保障。当然，它们同样可以为信息技术的发展提供基础性保障。应当特别指出的是，材料工程为微电子技术和光纤通讯、计算机网络、人工智能事业做出了巨大贡献。

海洋工程是利用现代科技手段对海洋资源的勘测、开发和利用。它是在应用其他科学技术成果的前提下发展起来的一门更为具体的技术领域，其中显然包括应用信息技术革命的一系列成果。

至于作为第三次技术革命前沿领域的信息网络技术、新的生物技术、人工智能技术，以及虚拟现实技术、纳米技术等，则标志着人类信息技术的更为高深层次的变革。信息网络技术主要体现着信息综合处理和传播技术的进步；新的生物技术，包括基因重组和破译、自体克隆技术，乃是人类处理、复制、表达生命遗传信息模式的巨大进步；虚拟现实技术是对人的信息认知感受和对环境实施信息影响的信息模拟技术；而纳米技术则着眼于一般物的原子、分子层次上的结构信息破译、复制、重组、拼接、排布或建构的信息处理技术；人工智能技术则更是着眼于人的认知、学习、记忆、情感、意志、思维、行为等方面的信息加工处理和实践能力的模拟和提高，以求在更为深刻和高超的水平上实现人的认识和实践的信息自动化和智能机器化的程度，从而在更为普遍的程度上解放人的劳动。

（3）信息革命：信息处理、创制和传播方式的根本性变革

第三次技术革命虽然涉及了众多新兴技术领域，但是，这众多领域都基本上可以被信息技术领域所涵盖。尤其是作为第三次技术革命的核心领域的计算机网络技术、新的通信工程技术、人工智能技术等则更是信息技术的核心部分。根据上面的考察，我们完全可以在一个十分概括的层次上说，计算机网络技术、现代通讯技术和人工智能技术的结合构成了第三次技术革命的核心内容，这一内容同样也是当代信息科学技术发展的核心内容。

信息技术革命就其本意而言，它是指人类处理、创制和传播信息方式的根本性变革。人类历史上曾经发生过的语言革命、文字革命、印刷革命等都应属于信息技术革命。20世纪下半叶以来兴起的以计算机网络、现代通讯技术和人工智能技术相结合为核心标志的信息技术革命是人类进入工业化时代以来的第三次技术革命，但是此次技术革命与前两次技术革命不同，它不再简单是物质材料和能源领域的技术变革，而是信息技术领域发生的重大革命。

对于社会的全面变革来说，技术革命比较起科学革命来要直接得多。虽然，从20世纪初到20世纪中叶便展开的量子力学、相对论、分子生物学、信息与系统科学学科群的崛起等科学成就使现代自然科学的面貌发生了根本性的全面变化，并在自然科学领域中实现了一场又一场新的革命，但是，这些科学革命对于社会的一般政治结构、经济结构，以及人们的一般生活方式、文化心理模式，却并未带来更多的根本性的变化。真正引起这诸多方面的根本性变化的则是上述的第三次技术革命——信息技术革命。当然，科学革命和技术革命并不是截然分离的，科学革命乃是技术革命的基础和先导，而技术革命则又是科学革命所引出的科学理论的应用化发展。正是分子生物学的成功导致了现代生物技术的重大突破和进展，正是信息科学的技术化应用引出了现代计算机和通讯技术的巨大进步，同样，也正是量子力学理论与当代信息科学理论的结合构成了虚拟现实、纳米技术全新突破的科学基础。在现代科学、技术、经济、社会的全方位、综合性发展的过程中，科学革命和技

术革命日趋被结合为一体，呈现出不可分离、相互交织、统一综合的发展态势。

信息技术革命给人类带来的不仅仅是一种技术上的进步，而是社会的全面信息化的进化，这种进化导致了生产方式、生活方式、认识方式上的极为深刻的变革。就生产方式来说，信息技术革命导致了信息经济的出现和发展，这种信息经济与以往的生产目的不同，它并不直接生产物质性产品，而是生产各类知识和信息形态的产品，并以知识和信息形态的生产活动来重组和改造传统的物质产品的生产过程；就生活方式来说，信息革命导致人们在日常生活中更多地注重对知识和信息产品的利用，使一般社会生活、家庭生活计算机化、自动化、网络化；就认识方式来说，信息革命推动人们的观念从以物质为中心的价值观向以知识为中心的价值观转变，人们将更多地注重知识和智慧的创造和积累，更为积极地关注和创造未来。

信息科学和技术革命给人类社会带来的是一种整体性的变革，它宣告了人类工业文明的结束，把人类推进到了一个崭新的时代——信息时代。

如果说古代和近代科学前期，占主导地位的哲学和科学思维方式是实体思维方式，近代科学后期和现代科学前期占主导地位的科学思维方式是能量思维方式的话，那么，19世纪下半叶（以"熵增原理"的提出为标志）以来，一种新的科学思维方式——信息思维开始悄然崛起，并逐渐发展为20世纪下半叶以来占据主导地位的科学思维方式。

复杂信息系统科学的崛起、信息技术（新技术）革命的持续推进，科学的信息科学化，以及信息经济、信息社会的全方位的变革，已经和正在全面刷新着人类的科学体制、经济体制、政治体制、军事方式、文化模式、劳动方式、生活方式和观念模式，最终导致工业文明的终结和信息社会文明的崛起。

在21世纪，信息思维的光芒必将更加辉煌地普照人类科学的殿堂，并加速推动人类社会文明的全面进步和发展。

五、信息范式的崛起与科学的信息科学化[①]

1. 信息科学——信息时代的全新科学范式

随着 20 世纪中叶以来的信息科技革命的爆发,以及信息经济和信息社会的崛起,人类的科技和社会发展迎来了前所未有的巨大变革。科学的信息科学化、信息的社会化和社会的信息化发展已经在统一而综合的层面上汇聚为一种不可抗拒的时代之潮。在这一时代之潮的推动下,一方面极大地开拓了人类的视野,从总体上改变了人类认识和改造世界的方式,另一方面也全方位地改变着人类的政治、经济、军事、文化、教育、生活、观念的体制和方式。正是这一系列统一而综合的变革将人类带入了一个全新的时代——信息时代。毫无疑问,随着信息时代的纵深化发展,信息科学技术的发展必将会更加日益突显,并处于当代科学技术发展的核心和关键的地位。

如果我们从广义科学的尺度来理解信息科学,那么我们便有理由把信息哲学、信息工程技术等都看作是信息科学的具体学科领域。显然,发展到今天的信息科学已经不再仅仅是一门单一的学科或仅仅是某种交叉性、横断性学科,而是一个具有诸多层次,涉及众多学科领域的学科群体系。

当代信息科技革命、信息经济与信息社会革命所引发的信息化浪潮乃是一种全新的生产方式、发展模式和组织模式,这一浪潮对人类科技、经济、社会的发展具有全方位重构、重建的全面改造的意义和价值。与之相一致,科学的信息化的发展导致信息科学的最一般的、最普遍的理论和方法已经成为一种新的科学范式,这一新的科学范式具有极强的渗透力、贯穿力和改造

[①] 本节的部分内容曾由邬焜以题为《科学的信息科学化》的论文的形式参加"全国信息科学技术与哲学学术研讨会"(1995 年 7 月,北京),并作了大会报告。该论文的内容曾以两篇文章发表:《科学的信息科学化》,载《青海社会科学》1997 年第 2 期,53—59 页;《现代科学的范式——信息科学》,载《信息高速公路和信息社会》,北京:北京邮电大学出版社 1998 年版,第 48—52 页。另外,本节中的部分内容还曾以《社会信息学的学科体系初探》为题发表于《西安交通大学学报》(社会科学报) 2009 年第 3 期,第 56—59 页。

力。当把相关的一些信息科学的原理和方法拓展开来应用到已有的传统学科时，便会立即赋予这些传统学科以某种崭新意义的全方位改造。到目前为止，还没有发现哪一个传统学科是信息概念、信息科学的一般性的观点、理论和方法所绝对不可涉入的。按照已经呈现和将要呈现的发展趋势，我们有理由这样说：对于传统学科而言，只有尚未被信息范式改造的学科，而不存在不可被信息范式改造的学科。

信息科学本身的建立和发展是融汇于当代科学的综合性发展的广泛交缘的背景之中的，尤其是融汇于现代复杂信息系统科学的兴起和发展之中的。就目前的发展现况而言，现代复杂信息系统科学是一个容纳性极为广泛的学科群，诸如信息论、控制论、系统论、耗散结构论、协同学、超循环理论、突变论、混沌学、分形几何学、广义进化理论、全息理论、智能科学等，都是这一学科群中的成员。信息科学就是在现代复杂信息系统科学的相关学科的基础上，以及在众多计算机、现代通讯技术、人工智能、信息网络自动化技术的理论学科的基础上发展起来的。

作为在现代系统科学的相关学科基础上发展起来的一门综合性科学的信息科学，自然与其他一些复杂信息系统科学学科结下了不解之缘，这些学科间的相互渗透、相互补充和贯通统一，更丰富和深化了信息科学本身。发展到今天的信息科学已经能够从自身学科的角度对现代复杂信息系统科学的诸多学科方面进行全息性辐射，从而在极大的程度和范围上将现代复杂信息系统科学的诸多学科统一包容于自身之中。诸如一般信息系统论、一般信息控制论、一般信息自组织理论（辐射着耗散结构论、协同学、超循环理论、突变论、混沌论、分形学，以及进化与全息方面的理论等众多现代复杂信息系统科学之学科和领域），智能科学技术学科、专门的复杂信息系统理论研究，等等，都已是现代信息科学中的一般性理论学科和技术探索的领域。由于这种全息辐射性的对现代复杂信息系统科学诸多学科的包容，在与信息科学的交缘面上产生出的新兴学科的范围也就更为广泛。

按照学术界通常的说法，信息科学是以信息作为主要研究对象的各种学科的总称，是一门研究信息的性质和本质、信息的运动规律和运用信息原理对对象进行描述、模拟、处理、控制和利用的横断性、交叉性、综合性学科，它与生命科学、材料科学一起,被称为当今世界的三大前沿学科。

然而,由于信息和信息系统与物质和物质系统相比,具有同样广泛意义和范围的最为一般和普遍性的品格,所以,以信息及其运动规律为主要研究对象的学科将会与以物质及其运动规律为主要研究对象的学科一样不可胜数,并且,这些学科之间还会分有层次和门类。另外,以信息及其运动规律为主要研究对象的学科与以物质及其运动规律为主要研究对象的学科又总是相互交缘而不可截然分开的,因为物质体和信息体(直接存在和间接存在、载体物和信息、物的存在方式和物的信息结构)总是内在而具体地统一着的。这样,信息科学便不能仅仅被看作是一门学科,并且,仅仅用横断性、交叉性、综合性等一类说法也不能对之进行恰当而全面的阐释。另外,信息科学也不能简单与生命科学、材料科学相并列,这一方面是因为,在现代科学的体系中,在现代科学技术的发展中,信息科学所处的地位和所起的作用都远比生命科学、材料科学要重要得多;而另一方面则因为,无论是生命科学,还是材料科学,都必须依据信息科学所提供的相关理论和方法来建构自己;还有一个最为本质的第三个方面的原因,这就是,生命科学在实质上研究和处理的是生物遗传信息发生、发展、运动、变化、复制、改变、重组的一般规律和方法,而材料科学在实质上研究和处理的则是一般材料物的信息结构的模式、功能、加工、配制和建构的一般机理和方法。这样,从信息研究和信息处理的特定角度来看,无论是生命科学,还是材料科学都将在极大的程度上被包容于广义化的信息科学之中。

2. 信息科学的体系

发展到今天的信息科学是一个拥有众多学科的大家族。信息概念、信息原理的普遍化,导致信息理论与几乎所有的传统学科间的普遍交叉、渗透和映射。通过这种普遍相互作用的发展,可以说,信息科学在任何一个传统学科领域中都能辐射开辟出自己的一块领地,并且,信息科学自身的发展又能派生出一些与传统学科研究的领域迥然不同的新兴学科来。

1995年,邬焜从当代科学范式转换的意义上提出:"我们这个时代的科学,信息时代的科学,正面临一个全面信息化的发展过程,这一科学发展的信息化过程可以更为贴切地称之为'科学的信息科学化'"。

信息科学家族中的众多学科并不都是地位平等的，在这些学科之间仍然存在着诸多方面的差别，如理论抽象度的高低、概括或适用范围的宽窄、可操作性或应用性程度的大小等。根据这诸多方面的差别，我们有理由用图8-3对现代信息科学中的众多学科进行分层归类。

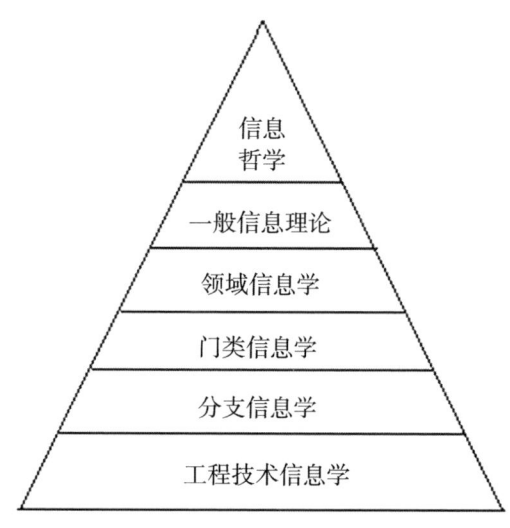

图8-3 现代信息科学体系的等级结构

下面对图8-3的各等级结构的内容作一些解释。

（1）信息哲学

信息哲学是信息科学的哲学理论的层次，是对信息问题的哲学方面的考察，是对信息概念和信息原理的哲学层次的概括。

对于信息哲学的学科性质，邬焜曾在《亦谈什么是信息哲学与信息哲学的兴起》一文中做出了这样的表述："信息哲学乃是区别于所有其他哲学的一种元哲学或最高哲学。基于对信息本质的不同认识，信息哲学也可能产生诸多学派"；"信息哲学把信息作为一种普遍化的存在形式、认识方式、价值尺度、进化原则来予以探讨，并相应从元哲学的高度建构出全新的信息本体论、信息认识论、信息生产论、信息社会论、信息价值论、信息方法论、信息进化论等，在这些信息哲学的大的领域之下还可以再包括若干分支哲学，从而派生出第二、第三或更深层次的信息哲学学科。"①

根据上述表述，诸如信息的哲学本质、哲学分类，信息的质和量的哲学表述，以及信息作为一种普遍化的存在形式、认识方式、价值尺度、伦理原则、进化原则的一般性理论等，都是信息哲学所应考察的方面。信息哲学本身又可以包括信息本体论、信息认识论、信息方法论、信息进化论、信息价值论等诸多哲学领域方面，并且这些领域方面还可以再包括若干个子项分支哲学学科。由此可见，哲学学科本身仍然是分有等级层次的。

（2）一般信息理论

一般信息理论是信息科学的基础科学原理的层次。在这一层次上，信息科学要解决的问题应该包括：信息的科学含义、信息系统的一般模式；信息产生、运动、变化、转化的一般规律和机制；信息获取、编译码、传输、变换、存取、加工、创造、控制、利用的一般原理等。

就目前学科发展的现状而言，在这一层次上，一般信息理论的学科仍然未能达到具体的统一，它同样是一个学科群。诸如一般信息论、信息反馈和控制理论、一般信息系统论、信息的自组织理论、混沌信息学、一般全息学、信息传播学、智能科学等都应属于这一层次的范围。

信息科学的这一层次的理论具有中介环节的性质，它一方面是较低层次上的信息科学的一般理论概括和总结，一方面又是通向信息哲学层次的最为切近的理论来源。从另一个角度来看，一般信息理论还是从传统学科领域中开辟出相应信息科学学科的中介桥梁。可以把信息科学家族中的众多学科都看成是在相应传统学科和一般信息理论的交缘过程中，通过理论折光的再造创生出来的。

（3）领域信息学

领域信息学是一般信息理论的基本原理在几个大的世界领域中的具体化的层次。

现代科学一般都把整个世界分为自然、社会和精神三大领域，而现代科学的体系一般也可分为自然科学、社会科学、思维科学三个部分。与这些情

---

① 邬焜：《亦谈什么是信息哲学与信息哲学的兴起——与弗洛里迪和刘钢先生讨论》，载《自然辩证法研究》2003年第10期，第6—9、14页。

况相一致，领域信息学最起码也应当包括三大并列学科：自然信息学、社会信息学、智能信息学。

自然信息学是以自然信息为其研究对象，揭示自然信息运行的一般规律和机制的信息科学学科；社会信息学是以社会信息为其研究对象，揭示社会信息运行的一般规律和机制的信息科学学科；智能信息学则是以智能（包括生命智能、人工智能）信息为其研究对象，揭示智能信息运行的一般规律和机制的信息科学学科。

（4）门类信息学

门类信息学是领域信息学再行分化出来的大的门类性信息科学学科。

例如，在自然信息学之下可以再分出物理信息学、生物信息学、天体信息学、地质信息学……在社会信息学之下，可以再分出经济信息学、政治信息学、文化信息学、人本信息学……在智能信息学之下，可以再分出语言信息学、认知信息学、人—机信息学等等。

（5）分支信息学

分支信息学是门类信息学再行分化出来的一些适域较窄的信息科学学科。

例如，在生物信息学之下又可再分出微生物信息学、植物信息学、动物信息学、生态信息学……在经济信息学之下又可再分出经济管理信息学、商品信息学、经济信息传播学、信息产业经济学……在认知信息学之下又可再分出辨识信息学、美感信息学、决策信息学、价值信息学……

在某些门类之下的分支信息学还可能具有多级分支的情景。如在经济管理信息学之下便能再分出会计信息学、统计信息学、金融信息学、经济决策信息学等。另外，在各门类学科之间以及各分支学科之间又可能通过相互交叉的方式产生出一些在深层综合着的信息科学学科。如经济决策信息学就是由决策信息学（属智能信息学领域之下的认知信息学门类的分支学科）和经济管理信息学（属社会信息学领域之下的经济信息学门类的分支学科）相互交叉而形成的二级分支信息科学学科。

（6）工程技术信息学

工程技术信息学是应用信息科学的原理和方法对对象世界进行直接作用的具体工程技术，亦即为实施信息的获取、识辨、编译码、传输、变换、加工、创造、存取、控制和作用，而与制作和使用相应的工具设备有关的技能和方法的学科。

诸如微电子学、计算机工程（包括硬件制作、软件设计及计算机应用技术等）、通信工程（包括有线电通信、无线电通信、卫星通信和光纤通信工程等）、自动化及网络化系统工程、数据库理论、供计算机使用的各类符号语言的系统设计工程、与人工智能产品的制作相关的各类技术工程等，都属于工程技术信息学的范围；生物工程、纳米技术，以及与信息工程技术相关的一些材料工程和能源工程等也应属于工程技术信息学的范围。

显然，工程技术信息学本身同样是分有层次的，最起码可以区分出基础技术工程和应用技术工程两个层次，前者是关于一般性信息工具设备的制作和使用的技能和方法的学科，后者则是关于适用于某些特定工作部门或行业的信息工具设备的制作和使用的技能和方法的学科。上面所罗列的一些学科都是在前者的意义上成立的。在后者的意义上成立的学科则相当多，如气象信息预报系统工程、医疗诊测信息系统工程、空间情报信息系统工程、环境污染监测信息控制工程、电子银行信息系统工程、办公室自动化信息系统工程等，不胜枚举。

如果将上述的信息科学的 6 个层次相对地予以展开，便可得到如图 8-4 所描述的一个现代信息科学体系的等级分层及相互作用的模式。

从图 8-4 中可以清晰地看出，现代信息科学体系具有整体系统性、层次结构性和普遍相互作用性等基本特征，并且，整个体系的层次结构还与人类所认识的对象世界的层次结构具有同构性关系。由此也可以看出，信息科学绝非只是适用于世界之一隅的狭隘学科。信息科学本身的发展就是要从信息方式的这样一个角度来对人类所面对的世界整体及其各部领域予以全息性透视，通过这个透视，信息科学将从自身性质和规范的尺度上对世界整体及其各部领域做出相应的解释。

必须强调的是，这样的一个宏伟体系，直到目前仍未系统建立起来，其中的有些相应学科或者是还根本没有提出，或者是仅仅提出了一个名称，或者是虽然已有了诸多讨论，但还未形成体系。当然，其中的许多学科目前已经有了一个充分的发展或正在建立、发展之中。其中最为活跃的当属工程技术信息学层次上的理论和实践，正是这一层次上的杰出工作才导致了信息科学的产生，才引出了信息革命、信息经济、信息社会、信息时代等一系列的深刻变革。

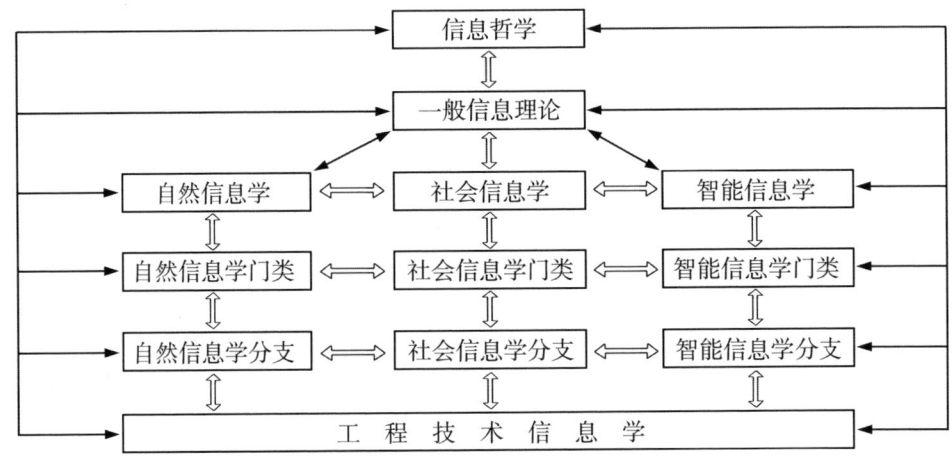

图 8-4 现代信息科学体系的等级分层及相互作用模式

3. 社会信息学的体系结构

作为三大领域信息学之一的社会信息学，首先，应当包括社会活动过程所涉及的不同具体范围的门类信息学。其中最主要的是：经济信息学、政治信息学、军事信息学、法律信息学、历史信息学、文艺信息学、宗教信息学、教育信息学、人本信息学等。其次，还应当包括维系社会结构和过程的相关关系和模式的门类信息学。其中最主要的是：伦理信息学、道德信息学、社会交往信息学、社会价值信息学、社会管理信息学、社会模式信息学等。再次，还应当包括社会信息学与一般信息理论及智能信息学、自然信息学所交缘产生的一类门类信息学。其中最主要的是：社会环境信息学、社会行为信息学、社会发展信息学、社会遗传信息学、社会信息传播学、社会心理信息学、社会语言信息学等。

在社会信息学的门类学科之下还可以再分化出社会信息学的分支学科。这些分支学科可以由社会信息学的门类学科研究对象的领域分化产生出来，也可以由社会信息学的门类学科之间的研究内容或研究方法的相互交叉产生出来，还可以由社会信息学的门类学科与一般信息理论或自然信息学或智能信息学的学科相互交叉产生出来。如在经济信息学之下又可再分出经济管理信息学、商品信息学、经济信息传播学、信息产业经济学……某些分支信息学中还可能出现多级分支的情景。此类多级分支的学科同样可以通过其上的分支学科的领域分化，或者是相关分支学科的相互交叉的方式产生出来。如在经济管理信息学之下便能再分出会计信息学、统计信息学、金融信息学、经济决策信息学等。

显然，在各门类学科之间以及各分支学科之间通过相互交叉的方式产生出来的一些学科往往会具有深层综合的性质，由此也体现着学科发展的分化与综合相统一的一般趋势。如上述的经济管理信息学就是由经济信息学和社会管理信息学这两个社会信息学的门类学科相互交叉而形成的社会信息学的一级分支学科，而经济决策信息学就是由决策信息学（属智能信息学领域之下的认知信息学门类的分支学科）和经济管理信息学（属社会信息学领域之下的经济信息学门类的分支学科）相互交叉而形成的社会信息学的二级分支学科。

社会工程技术信息学是应用信息科学的原理和方法对人类社会领域的对象世界进行直接作用的具体工程技术，亦即为实施社会信息的获取、识辨、编译码、传输、复制、变换、加工、创造、存取、控制和作用，而与制作和使用相应的工具设备有关的技能和方法的学科。在这一层面涉及的学科众多，我们就不一一罗列了。显然，社会工程技术信息学本身同样是分有层次的，最起码可以区分出社会基础技术工程和社会应用技术工程两个层次，前者是关于社会工程技术领域的一般性信息工具设备的制作和使用的技能和方法的学科，后者则是关于适用于社会工程技术领域的某些特定工作部门或行业的信息工具设备的制作和使用的技能和方法的学科。

图 8-5 只在门类信息学的层面上，以十分简化的方式标明了社会信息学的一般体系结构。

必须强调的是，与我们前面已经讨论过的信息科学中的应用学科的情景一样，图 8-5 以及我们在本节论述中所揭示的社会信息学的层次结构中涉及的众多学科及其体系，直到目前仍未系统建立起来，其中的有些相应学科或者是还根本没有提出，或者是仅仅提出了一个名称，或者是虽然已有了诸多讨论，但还未形成体系。当然，其中的有些学科目前则已经有了一个充分的发展或正在建立、发展之中。

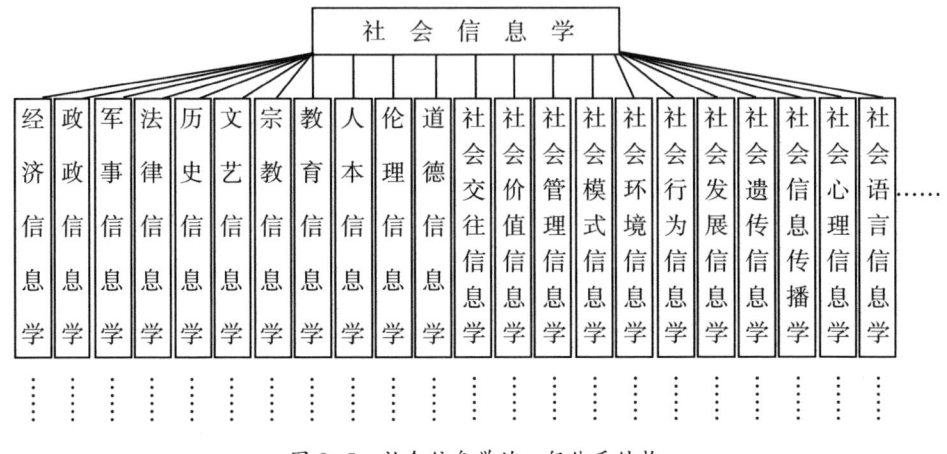

图 8-5　社会信息学的一般体系结构

4. 信息科学与传统科学之关系

对于信息科学的学科性质，以及它与其他传统学科间之关系，人们往往只用交叉学科、横断学科，以及新兴学科、综合学科等提法来予以说明。虽然，这些说法并不算不贴切，但是，仅仅停留于这些说法则还远远不能揭示出信息科学本身所具有的对传统科学全面辐射性的改造的意义和价值。

从前所述及的信息科学的宏伟体系来看，信息科学在本质上是一种科学范式的转型，这一转型导致了一种崭新的现代意义的，以信息理论为主导认识方式的现代科学体系。如前所述，这一体系是由一般信息理论通过对传统科学的体系的全方位的理论折光而再造创生出来的。如此看来，信息科学乃是一种现代化科学体系的模式，而并不仅仅是某一单一的领域性或分支性学科。

我们可以用图 8-6 来标明信息科学与传统科学间的这种全方位范式转型的关系。

图 8-6 中的"A"平面代表传统学科体系平面，其代表的学科范围包括哲学、数学、自然科学、社会科学、思维科学及其相应的门类、分支学科、交叉、横断学科等。

图 8-6 中的"B"平面代表一般信息理论平面，它是提供从传统学科体

系向现代学科体系实行范式转型的理论中介。

图 8-6 中的"C"平面代表以信息认识范式为主导的一种现代学科体系平面,其代表的学科范围包括信息哲学、自然信息学、社会信息学、智能信息学及其相应的门类、分支学科,以及工程技术信息学等。

而图 8-6 中的"B"和"C"平面又共同构成了现代信息科学的体系。

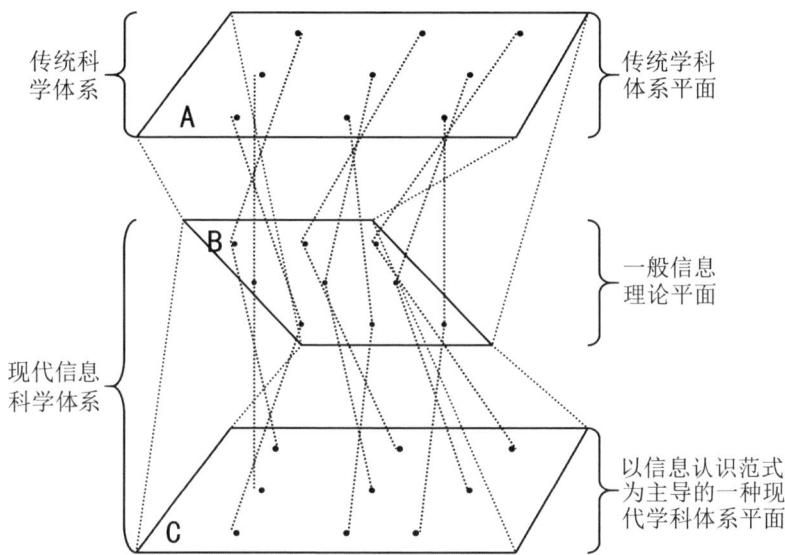

图 8-6　信息科学与传统科学之间的全方位范式转换之关系(各平面上的点标明相应学科的理论聚集点)

第 三 编

意义阐释

第九章 信息思维和系统思维的比较研究[①]

在新兴信息社会中,对信息现象给出某种合理性的解释是一个关键性的问题,相关解释应当把信息作为一种方法以克服霍夫科尔希纳所谓的现代社会和帮助其道德发展的根本性失误。霍夫科尔希纳自己对于一个统一信息理论(UTI)的可能性质和作用的理论性描述,包括其对于系统理论的贡献,正是在此方向上的关键一步。[②]

尽管如此,在信息哲学和科学中的必要性进展仍然受阻于现有的复杂性理论对信息过程之本体论、动力学和逻辑学研究的无能为力。可惜的是,在信息研究领域,面临着同样现实的困境,即它反映了对于一般复杂过程以及这些过程对构成其载体的能量性质的依赖,在动力学和逻辑学上的错误认识。尽管诺波特·维纳(Norbert Wiener)和约翰·惠勒(John Wheeler)具有很高的威望,然而他们对于能量无关信息、质—能(它来自于比特)始源于信息的相关论述则造成了极深的误导。

布伦纳认为特伦斯·迪肯(Terrence Deacon,加利福尼亚大学伯克利分校

[①] 本章由约瑟夫·布伦纳和邬焜合作完成。由王健(西安交通大学人文社会科学学院副教授)担任中英文互译。本章曾分上、下两篇发表于《佛山科学技术学院学报》(社会科学版)2013年第2期,第1—7页及该刊2013年第3期,第1—10页。本章的英文版曾参加第五届国际信息科学基础大会(2013年5月,莫斯科),并作大会特邀报告。

[②] W.Hofkirchner, 2009. "How to Achieve A Unified Theory of Information", *Triple-C*, Vol.7, No.2, pp.357-358.

的人类学学院院长）对于生命和心灵动力学以及理解信息做出了重要贡献。迪肯提供了一个对香农和玻尔兹曼熵的新解读，即在一个崭新的关于生物和认知过程（包含信息）的"缺席的"理论上，重新建立信息和能量交换之间的环节。

在霍夫科尔希纳的 UTI 进路中，他提请注意相应于卡普罗（Capurro）关于信息本质的三难推理的三种思维方式，并且提出了整合性的第四条道路，从而又一次开启了一种新的信息概念的可能性。如人们所知道的那样，在此，"思维"指的是海德格尔式的表达，即它要求采取某种超越性理念，更加直接地理解我们与自然之间的本体论意义上的交互作用。

在本章中，我们将讨论中国西安交通大学的邬焜对于信息哲学和科学的另一个主要的和非常复杂的贡献（本文是布伦纳与他合作的）。我们大部分人，也包括布伦纳自己，对于邬焜 30 年来的著作的关注开始于在北京举办的第四届国际信息科学基础大会。① 在此，我们将概述邬焜的信息哲学和元哲学，将它作为一个关于信息本质和结构的全新纲领，同时也包括信息在一般哲学和科学中所处的地位和作用。我们会把邬焜的信息思维概念作为信息科学的一种方法，将其与更为人们熟知的系统思维［由福里斯特（Forrester）最早提出的关于涌现的复杂系统理论］进行比较。正如我们在论文开始处所提及的，迪肯和邬焜的视角都在于解决信息是什么和信息应该干什么。虽然二者所使用的语言不同，但是总的思路却是互补的。

霍夫科尔希纳、迪肯和邬焜关于信息性质的观点都能为布伦纳称之为现实逻辑（LIR）的关于现实的和在现实中的动态逻辑学提供扩展性支持，对此布伦纳略有个人满足感。② 同样奠基于能量的辨证属性，LIR 为描述复杂能量过程的结构和演化（我们不严格地称之为能量与信息的关联）提供了一个逻辑的框架。

---

① Wu Kun, "The Basic Theory of Philosophy of Information". Paper, 4th *International Conference on the Foundations of Information Science*, August, 2010, Beijing.

② J.E.Brenner, 2008.*Logic in Reality*. Dordrecht：Springer.

一、三种相关的新理论

或许信息论的主要问题,正如迪肯在《不完备的自然》[①] 中所援引的,已经很大程度上被约翰·柯里尔(John Collier)简要地列出来了:"形式信息论的最大灾难,即它极具表现性的力量恰恰是通过对它被设计出来以对事物进行抽象描述而获得的。"因此,任何一本新的信息著作的首要任务便应该是,用一种严格的建基方式,将被一种现实(信息作为其一部分)的理论所移除的东西放回原处,以作为进一步探讨的基础。

1. 迪肯的《不完备的自然》和缺席的动力学

布伦纳认为,迪肯进路中有两个关键性环节:①对复杂的生物和认知现象的独特特性的一个描述和②从基本的热力学过程对它们进行解释,通过形式(形态动力学)的演化,上升到更进一步的目的动力学的复杂化——目的的涌现。

(1) 外延性

信息,也如所有其他复杂的生物、认知和社会过程一样,迪肯用"外延性"这一术语来描述它们所具有的某些目的性形式。如果一个生命有机体部分地涉及另一个生命有机体,那么对于那个有机体而言,这便是有意义的事情。外延性是一个用来描述所有内在不完备的现象的通用形容词,这种不完备是在有关于、构成于或者组织起来以获取非内在的,即缺席的事物的意义上被使用的。物理解释的架构中留有意义、目的和价值的空间,因为,这些现象有效地占据了那些区分和关联于物理在场的世界的缺席。

它们是具有目的性行为的现象,并在有目的的过程中演化。与此相关的是科利尔(Collier)[②] 创造的信息化一词,它被用以描述类似现象的内在信息方面。

[①] T.W.Deacon, 2012. *Incomplete Nature. How Mind Emerged from Matter*. New York: W.W.Norton & Co.

[②] J.Collier, 1990. "Intrinsic Information". In Philip P.Hanson (ed.) *Information, Language and Cognition*. Oxford: Oxford University Press.

众所周知，外延性过程只能通过实验性科学的严格方法来加以研究（这显然是有很大的难度的）。然而，如果大家都认为它们并非发生于物理和化学定律之外，那么这些过程之先前状态的未知特征是什么呢（这些特征使得它们如此交互作用以保证非生命基质跃迁为原初生命系统，进而成为复杂的人类认知和社会现象）？

迪肯认为普遍特征乃是相对于缺席而言的一种否定性关系，他对此的展现值得历史赞誉。信息、功能、目的、含义、意向、意义、意识、变化和人类价值等概念都是由其根本的不完备性所内在规定的。

迪肯的论证是，任何事物的存在都需要某些力量的强制，这些力量将它与其他事物分离开来。这是一种约束；这种约束减少了事物之可能状态的数量，这些事物乃是相应地由其所不是，或者其所尚未是所规定的。缺席，作为一个物理和形而上学原理，乃是因果有效的。以外延性和缺席等概念所揭示的否定性哲学的方法是关于未言说事物的重要性的，但并非是关于未在场事物的。

（2）自发性和约束，顺势动力学过程

自发性和自发过程的存在是热力学第二定律的作用的一种表达，这一定律描述了大爆炸（或者在一种宇宙循环模式中的等效事件）以来的世界能量梯度。自发性指的是为人熟知的"水流下坡"现象，或者当生成物的自由能量低于反应物时所发生的化学反应现象。换句话说，自发过程是被牛顿第一惯性定律所描述的，同时也被迪肯作为顺势动力学过程所特指的那些现象。

约束概念为实在论提供了一个否定性的进路，由未发生的离散交互作用的效应所确定。对于秩序、习惯和组织，约束是一个有效的补充性概念，因为它通过排除确定了一个相似的类别。强调约束在确定性因果关系过程中所扮演的关键角色，为我们提供了一个外在环境的背景，它在发展一种关于涌现、进化和信息的科学理论中至关重要。约束乃是未出场的但应该是已经在场的因素，不论其是否已经被任何观察行为所正式揭示。

（3）内生性变化和外涉性变化的过程

内生性变化的过程是迪肯用来表示在一种与自发性相一致的系统状态中的变化的术语，指没有外在干涉的变化的"自然的"趋势。外涉性变化的过程是指需要非内在的力量的推动的变化，因为它们相反于内生性变化的趋势。潜在的交互作用，可能导致分子的"自然"运动趋势偏离各自的空间位置和动态值分布的标准模式，而内生性变化的动力学揭示的则是通向平衡态的总体变化的趋势。以此方式，在某一层次上的外涉性变化的动力学产生了更高层次上的内生性变化的动力学。这些互补性术语对变化描述的另一个优点是，它可以规定物质的性质——一种对变化的阻碍和能量的性质——即使通过阻碍所产生的变化获得全新的意义。由于内生性变化的过程自发地相继发生，它们是同时普遍存在的在场，即使在外涉性（强迫的）变化过程中。因此，一个外涉性变化的变化应该来源于两个或多个内生性变化的过程，每一个都以某种方式对抗着另一个的影响，每一个都应该相互约束。所以，以否定性的方式再次描述这一现象，即约束的持续增长的复杂形式的演化——缺席，引起了关于这些内在约束的持续增长的各种各样的约束世界的方式。在此意义上，作用力的来源可以被描述为交互作用约束的发生，这种交互作用的自身约束的相互支持能够永久地维持或发作一个有机体。

（4）形态动力学过程（部分）

形态动力学组织涌现归因于对反热力学过程的交互作用（例如扰动和平衡），并且它导致了约束扩大而不是约束耗散（例如熵的增长）。就此而言，原初系统的自复制（自生体）能力的形成，例证了一种涌现的形态跃迁的规定性特征。

（5）目的动力学过程

目的动力学指的是一种实在过程的动态组织的形式，它显示出目的或者终极定向结果的指向性特征，这些特征是由共创生、补充性约束和两个或以上强力成对的形态动力学过程相互协同作用所构成的。它导致约束的稳定化而不是约束的扩大化，以及熵"微扰"而不是熵产生。

（6）目的动力学工作

由迪肯所做的一个关键创新是，强调工作在复杂过程演化的阐述中的作用。内生性变化和外涉性变化的过程发挥作用以改变事物的状态，即做工作。目的动力学工作可以作为外涉性变化的目的动力学过程来进行规定。因为这应该在内生性变化的动力学过程的术语中得以理解，所以，描述这一层次的工作的第一步,是去规定和识别内生性变化的目的动力学的例子。在一般术语中,一个内生性变化的目的动力学过程是一个终极定向的过程,更具体地说,一个倾向于自发性生成的过程。尽管目的动力学过程是极为复杂的,而且对于目的动力学结构的解释是迄今为止最复杂的——因为它是由形态动力学工作的形式之间的特殊关系所构成的——它也是最熟悉的。

(7) 信息

在迪肯的理论①中,对于一个足以将其与更为简单的物质的或能量的关系区分开来的信息的本质的完全说明,需要一个视角的颠倒,一个背景的转换,这是基本的和违反直觉的。这是因为,重要的不是仅仅关于其物理属性,或者其形式属性的说明。在信息和产生其独特的物理结果的情况中,重要的是信息与并不在其中的事物之间的关系。信息是典型的缺席的概念。②

迪肯的关键概念,即信息,是一种涌现于约束的嵌套层次中的关系属性:信号概率的约束(香农)、信号发生的动力学约束(玻尔兹曼)和要求自维持、远离平衡态、终极导向的动态学的约束(达尔文)。由于信息是由内在不稳定物理过程所引发的约束层次之间的关系,相对于这些过程,它也是规范的。综上,约束是一种否定性属性,因此既不是内在的也不是决定论的事物;它是内在地不完全的和易错的,或者以 LIR 的术语,它是由其可能性所描述的。熵减对于三个层次的嵌套的依赖——由香农的、玻尔兹曼的和达尔文的在熵减论题上的变体所描述的——规定了一个循环的结构,它说明了信息的三层嵌套的观念。它对于句法(香农)、语义(加上玻尔兹曼)和语用(加上达尔文)这三个经典等级区分进行了非常粗糙地并联。它也对于数据、内容和意义之间的关系进行了粗糙地并联。而布伦纳的 LIR 理论则为我们提供了一种从符号学层次上如何理解这些相互关联着的内容的方式。

---

① T.W.Deacon, 2012. *Incomplete Nature. How Mind Emerged from Matter.* New York: W.W.Norton & Co.

② T.W.Deacon, 2010. "What is Missing from Theories of Information?" In Paul Davies and Niels Henrk Gregersen (eds.), *Information and the Nature of Reality: From Physics to Metaphysics.* Cambridge, U.K.: Cambridge University Press.

2. 邬焜与一种信息本体论

(1) 存在领域

邬焜信息哲学的基本洞见，乃是客观实在＝客观存在太过于贫乏而难以描述信息世界。需要一种新的本体论和世界观去描述存在的基本领域。邬焜的信息进路开始于，从一个本体论的而非现象学的立场，他并不仅仅停留于将存在领域看作是由客观的和主观的两部分构成。他将客观的和主观的、实在和不实在、直接存在和间接存在置于同一个存在领域划分框架或分割图表中，其中术语的每一种组合都规定了一种路径，即一边导向质—能，而另一边通往信息。重述他的关键结论，即信息具有以下特征：

①信息具有间接存在性，既有客观的又有主观的。

②主观间接存在指的是主观不实在，即主观存在（精神世界）。

③客观间接存在指的是客观不实在，它仍然是客观存在的一部分。

在此图景中，从物理的视角来看，存在乃是由质—能和信息共同构成的。因此，我们可以确定信息的本质，即它通过其客观的和主观的两种形态而与存在和实在相关联。它是**存在**的领域。因此，所有物体都具有质—能和信息的二重化特性。这一发生在信息形式相互转化之间的复杂化，以等级或层次的术语得以很好的解释。作为间接存在的却仍有其客观存在部分的信息概念使邬焜得以表明，任何对象都有其直接存在和间接存在的意义和价值，任何物体的现存结构中都具体编码着关于自身的历史、现有性质和未来发展程序的信息，这些方面共同构成了事物的信息存在的领域，或者邬焜所谓的"信息体"。当把邬焜关于存在领域（现实世界）再分割的理论用来描述信息过程或者信息"活动"时，它体现了 LIR 的原理，后者进一步详细规定了信息活动所遵循的逻辑的规范和性质。

(2) 信息的分类和结构

邬焜将信息区分为三个独立形式和一个综合形式：

①自在信息

自在信息是客观间接存在，且未被任何主体认识。信息场（IF）、信息的同化和异化是自在信息的两种基本形式，信息场以具有质—能分布的粒子及波的运动为载体，具体携带有产生这个场的物体的信息（差异关系）。

通常所说的物理场，既是物质场，又是信息场，并具有直接存在和间接存在的统一性。通过信息场的交互作用产生了物体间的相互改变，并由此改变相互同化和异化信息，从而使所有的物体都转化成了信息体，都具有了物质体和信息体、直接存在和间接存在相统一的二重化存在的意义和价值。自在信息活动乃是最基本的信息活动，其他形态的信息活动都源于此。邬焜描述的信息活动包括，但不仅限于，弗洛里迪眼中的信息（一种形式规整的、有意义的数据）。

②自为信息

自为信息是由具有感知记忆能力的认识主体对自在信息进行识辨和记忆储存而达到的主观间接存在的初级形态，是主体的信息把握。邬焜称这样的认识主体为"信息主体"。

这两种分类引入了萨特对存在所进行的自在（en-soi）和自为（pour-soi）的区分。在这里，我们不打算深究这种分类的复杂起源和作用，而只是要强调，这样的分类提供了探讨存在和信息概念的本质，以及从客观对象到客观信息，再到主观信息的可能途径及其处理过程的连续性和相容性。

③再生信息

再生信息是由信息主体在对自为信息进行加工处理的基础上而产生的更高层次的具有主体创造性的信息形态，它的具体形式是概象信息和符号信息，它们的存在方式同样是主观的和间接的。认识主体把握的自为信息以及认识主体创造的再生信息正是通常所说的"心灵"或精神。

④社会信息

社会信息是自在、自为和再生信息三态统一的、非独立的信息形态，其中后两者涉及人的信息把握、处理和创造，乃是最重要的。社会信息经历了自身发展的"进化"历程。

（3）信息场

邬焜的信息场概念进一步规定了信息的本质。场乃是多维的，在信息的生产、传输和接收中具有诸多功能、作用、结构和关系。从 LIR 的立场来看，所有这些实体，特别是结构，应该被看做因果效应过程。卢帕斯柯（Lupasco）曾用结构化概念来强调复杂结构（生物的、认知的或社会的）的动态过程方面。对于他自己的问题："什么是结构？"（Lup 1967）①，他的回答是：结构也是运动状态，不必对象化和具体化。在 LIR 的视角中，结构化是对两个个体之间关系的真实操作。考虑到能量的本质和逻辑，任何个体结构，无论如何，都绝不是严格现实的。一种动态的"结构化"总是功能性地与一种敌对的和对反的可能结构化相联合。换言之，一种结构化，外表地看是一种形式；内在地看，它由过程自身所构成。

在本章的剩下部分，我们将继续论述 LIR 原理在实质上支持邬焜对存在领域（现存领域）的描述性再分割的根据，LIR 对此增添了一个新的逻辑维度。

3. 布伦纳的现实逻辑，作为过程的信息

现实逻辑（LIR）是一种新的、非命题式的逻辑，它扩展了现实过程的逻辑领域。LIR 建基于一种宇宙的粒子/场观点，而且它的定理和规则，在逻辑的、认知的和社会的现实或复杂性层次上，为分析和推理复杂现实世界中的实体和交互作用过程提供了框架。

现实逻辑一词意图表明（1）变换原则符合于现实的运作，这一运作乃是一种逻辑内嵌的，即现实中的逻辑；（2）逻辑究竟是什么或应该是什么，涉及这同一现实的原则，这一原则既是物理—形而上学的，同时也是逻辑的。这种逻辑的主要组成部分如下：

①自然之物理和形而上学二元属性的基础。

②它的定理和算法试图反映现实的变化。

③与它相关的本体论的分类结构。

④关系分析的一种双层框架。

LIR 的细节呈现于布伦纳 2008 年的文献②。简明而言，它最重要的观念是：每一现实的复杂过程都是由其对反方面（动态对反原则；PDO）所伴随的（在逻辑上和函数上），但只是在此意义上，即当一个因素是（主要地）在场的或现实化的，另一个是（主要地）缺席的或潜在化的，二者交替互换，

---

① S.Lupasco, 1967. *Qu'est-ce qu'une structure?* Paris：Christian Bourgois.

② J.E.Brenner, 2008. *Logic in Reality.* Dordrecht：Springer.

都永不归于零值；一个新的事物在一个较高现实或复杂性层级上的涌现，能够发生于二者交互作用的均衡或最大极限点上。

在一种现实的过程——本体论的观点中，LIR 应被看做一种应用于过程、倾向和趋势而非"客体"或变化图景中状态转换之步骤的逻辑。考虑到其他的逻辑运算符，合取和析取被描述为现在过程本身，过程被形式地描述为蕴含式的交替现实化和潜在化的无限的环节的环节等。变化的方向或者指向在一种"非对反性"的个性或差异的方向上的，稳定的宏观物理对象和简单情景，即过程的过程的结果等；或者指向新事物涌现于其中的一种最大极限的对反状态。因此，LIR 是一种关于涌现的逻辑，一种关于变化的、非命题式的、非真值函项的新逻辑。

现实逻辑并不假称给予或者构成一个独立的信息理论，从而取代任何或者所有现存的进路。作为与定量信息的对比，LIR 提供了一个对于信息的性质或者作为过程的信息概念的新解释。① 由于其对所有复杂现实事物的对反性进路，LIR 能够被看作一种方法，一种逻辑方法论，它鼓励保留和使用其他进路中的略有冲突的信息观念和理论。

在信息哲学的关键性开放问题中，弗洛里迪②纳入了数个关注信息与现实世界之关系的问题。因此，信息可以从三个视角来思考：作为实在的信息（例如物理符号的模式，既不真也不假），也被知晓为环境信息；关于实在的信息（语义信息，真值可限的）；和用于实在的信息（指令，如遗传信息，算法，命令，或配方）。

许多外延主义者以作为实在或关于实在为定义信息的进路，这些都为回答什么是信息的问题提供了不同的起点。但是邬焜提出的广义信息理论要求一种对于信息在所有事物层级上（在所有质—能结构中）的属性和作用的理解。对于这种理解的任何贡献都必然相应地有益于一般哲学。

一种对作为一个过程的信息的新描述，以及其哲学意义也由卢恩（Luhn）

---

① J.E.Brenner, 2010. "Information in Reality.Logic and Metaphysics. *Triple-C*, Vol.9, No.2, pp.332-341.

② L.Floridi, 2004. "Open problems in the philosophy of information". *Metaphilosophy*, Vol.35, No.4, pp.554-582.

[Luh11] 所做出：信息乃是一个过程。

它的原初价值在于描述一个特定的物理系统，它的现实状态、潜在的可能状态空间、它的稳定区域、规则合理性及其在宏观物理尺度上可测量的系统特性。

它的进一步价值在于描述一种对于系统的质—能特性的影响。

正如卢恩所指出的，这一定义既具有算法描述性的、决定论的程序，也具有非算法的程序，它能够导向新的定律、思想和经验。在此意义上，信息是世界中的开放事物的同义词。

与 LIR 相宜的另一个信息定义是由柯尔莫戈罗夫（Kolmogorov）所做出的，其大意是指，信息是在一系列既定的事件中，改变可能性分布的任意运算符。这与其对算法信息理论的著名贡献十分不同，但是适合于 LIR 的过程观念。在 LIR 中，实在过程的逻辑因素类似于（非柯尔莫戈罗夫式）可能性，而且逻辑运算符也是过程，例如，那种主要地现实化的肯定性蕴含式，总是伴随着一种主要地潜在化的否定性蕴含式。将信息和意义（更高层次上的信息①）分析为具有潜力或成为一种机制，从而改变信息文本是可能的。

因此，LIR 能够在最低数据层面的语义信息概念，和它们更宽广的应用之间，提供连接性概念或"黏合剂"。LIR 将这一概念和信息的"超概念"②，置于一个自然化的物理的、形而上学的和逻辑的文本中。信息既是对世界建模，又是对部分被建模的世界进行建模的一种方法，而且 LIR 描述了它们之间的辩证关系。

二、信息元哲学

在分析信息现象和定义其本质时所产生的困难和错误，反映了科学和哲学思维模式中的不足之处，它们来自于对某些武断概念的长期使用。从迪肯、

---

① J.E.Brenner, 2010. "Information in Reality Logic and Metaphysics", *Triple-C*, Vol. 9, No.2, pp.332-341.

② W.Hofkirchner, 2009. "How to achieve a unified theory of Information", *Triple-C*, Vol.7, No.2, pp.357-358.

邬焜以及 LIR 的视角来看，迄今有两种问题，物理的和形而上学的，折磨着信息理论：关键的二元性，特别是主观和客观、主体和客体的二元性，完全由二者的相互排斥和对立所规定，没有二者联系、过渡和转化的中介环节，甚至有人试图以无活动力的静态差异测度的比特来规定信息，然后说实在的交互作用过程源自于它们。

在我们看来，信息是实在过程演化的能量模式，与能量在实在中以其动力学和逻辑学表达自身的方式同样的复杂和简单。在邬焜的信息场中，能量是基础的，它的结构，较好的结构化具有显示和表征事物的特征，被认为具有部分独立于背景的能力，但是并不脱离于背景。场乃是多维的，在信息的生产、传输和接收中具有诸多功能、作用、结构和关系。从 LIR 的立场来看，所有这些事物，特别是结构，应该被看做是因果效应过程。

我们将信息元哲学和信息科学看作不同的视角，但是它们之间并无脱节，而且它们都将信息看作为能量过程中产生的现象，尽管它表现出分析性地可区别的本体论特征。他们都建基于物理学，并扩展到复杂的人类社会行为。如果将一种哲学的复杂体进行自然化，例如现象学，意味着将其引入科学，那么信息的元哲学乃是自然化的原始起源。因此，我们认为近来对于一种自然化的元哲学的定义是毫无希望地、天真的，这一定义"发现"哲学是一项由人类完成的活动，社会力量决定了其发展。然而，它与科学的关系则完全被忽视了。如果进步在其中是可能的，一个自然化的元哲学确实有必要，从而提供工具去获得一种对哲学是什么的较好理解。另外，知识基础中的许多其他变化也是必需的，因此，围绕着信息主题的一种新的对话将会极为重要。

为了获得这条进路的历史视角，让我们将系统理论看作一种早期的尝试，即它试图提供一种深入的、对于世界之复杂性的更为动态的理解。

三、系统和系统思维

这里所要辩护的论题是通过提及信息属性和系统的组分，如同它们的逻辑动力学，以肯定一种最低程度的本体论内容，从而作为进一步理解的一个基础。我们将通过回顾系统理论科学的起源来开始我们的讨论。

1. 一般系统理论

贝塔朗菲提出了多种关于物理学的、生物学的和社会科学的综合性理论，并创立了一个从根本上超越它们的学科，从而获得了历史的赞誉。在他的一般系统理论（GST）中，[①] 基于对生物学和胚胎学的基础性研究，他提出研究有机体的唯一有意义的方式是将其作为一个系统。GST 成为一个新的学科，它的主题内容是对于一般系统有效的形式化和推导原理。

贝塔朗菲将系统简单的定义为"处于交互作用和相互关系中的复合体或元素的集。"但是 GST 被认为应当给出精确的定义，甚至是量化的复杂概念。然而，如贝塔朗菲自己所陈述的，他的"整体性科学"应该是一个形式的逻辑——数理学科，它根本上建基于微分学方程式。但是他脑海中的逻辑是什么？他想应用于现实现象的逻辑——数理的定律系统在哪里？他确实说过传统逻辑的"全有或全无"概念的不足，在于缺乏数理分析的基本的连贯性概念，但是他认为这些概念来自于我们的，如同一台电子计算机的，中枢神经系统的结构。这其实是我们的二值对错逻辑的来源，想想对反术语和为什么"我们对宇宙的心理表征总是只反映了实在的某些方面或角度"就明白了。他将这种并不能够处理生物整体性或形式之问题的思维方式，看作是一种西方物理学的"极大困窘"。

动态系统理论和微分方程式已经被建议作为对人类行为和知识进行模型化的最合适的工具。贝塔朗菲对于 GST 的最初论述聚焦于微分学，但是他明确认识到，在非物理领域中存在着"符合定义问题"，它不能通过这条进路来处理。[②]

从卢帕斯柯式的视角来看，GST 只能偷换哲学和形而上学问题。它所利用的微积分方法只是抓住了变化现象（形式术语中的瞬时变化）的既连续又离散的本质。但是，并不能据此便武断的肯定说实在是由"瞬时"（就其在理

[①] L.V.Bertalanffy, 1969. *General Systems Theory*. New York: George Braziller.

[②] L.V.Bertalanffy, 1972. "The History and Status of General Systems Theory". *The Academy of Management Journal*, Vol.15, No.4, pp.407-426.

论中所具有的意义①）组成的。根据赫尔曼·韦尔（Hermann Weyl）的观点，微分学，如经典逻辑，并不能充分地抓住实在过程和系统的本质属性。卢帕斯柯提供了一个关于意识和"系统认识论"的理论，在其中，如贝塔朗菲所认为的，知识处于认识者和被认识者之间的交互作用中，而且这种交互作用服从动态对反原理。

2. 控制论的演变

控制论的进一步演变，归功于福斯特（Foerster）对二阶控制论的普遍化，马图拉纳（Maturana）和瓦雷拉（Varela）对观察系统的控制论和自创生观念的详细阐述都导致了对存在之"结构"的实质的新洞见。由施瓦茨（Schwarz）提出的"纳沙泰尔（Neuchâtel）模型"②，将所有这些观念，以及那些关于自然发生的观念（事物发生之规则的自创生），都置于等级（或层次）、结构、信息和整体等术语中。施瓦茨的模型对那些非分离的，和运作于一种静态的、二值亚氏逻辑的约束中的对象和定律，以及具有复杂性的整体（即现存的非物理事物）都是有效的。

随之而来的普里高津及其学派的工作乃是众所周知的。正如布伦纳和施瓦茨都曾指出的那样，普里高津对于理解生命和其他复杂系统的贡献在于，他将这些系统看作是经典决定论无法解释的、远离平衡态的、涌现的耗散结构。然而，能量的获取（非由其自身）提供了一种对于形态发生的阐释。自组织系统理论、动态系统理论、非线性动力学或者混沌理论的下一阶段发展，在此便不再赘述了。在我们的术语中，这些进路被看作是，试图通过给予内在于生命系统的多样性以充分的基本哲学价值，从而打破同一性的经典逻辑的束缚。然而，由于缺乏一种对于反馈环中的动态关系的适当发展，在这些学者那里，GST或者普里高津的观念都未完成其早期的承诺。尽管贝塔朗菲拒斥哲学和科学中所有形式的独断论，但是他缺少对于一种足够宽容以支持如此的逻辑的想象力。他的系统概念包括了部分与部分之间，而非部分与整

---

① J.L. Bell, 1998. *A Primer of Infinitesimal Calculus*. Cambridge, U.K: Cambridge University Press.

② E. Schwarz, 1997. "Toward a Holistic Cybernetics; From Science through Epistemology to Being". *Cybernetics and Human Knowing*, No.4, pp.17-50.

体之间的对立关系。

3. 系统科学和复杂性系统

GST 之后的系统科学发展来自于经典信息论和控制论的交互作用。系统科学的一个定义如下［由法国控制论、认知和技术系统科学学会（AFSCET），1994 年给出］："一个新的学科，它综合了理论的、实践的和方法论的进路，这些进路相关于那些被认为是太复杂而难以在一个还原主义者的方式中实现的研究主题，而且它具有以下论题：（1）边界，内在的和外在的关系，结构和定律或者涌现属性，这些属性将系统以此来进行描述，即（2）观察模式，一个复杂性整体的表征和建模或者模拟。"在此定义中，读者将会发现在一种逻辑（极有希望是非还原主义的）方式中所涉及的问题。

系统科学部分重叠于复杂性科学，其中后者建基于一个对复杂系统的定义上，即复杂系统乃是系统科学研究的对象，虽然是从一个较弱的计算立场上来说的。一个复杂系统被宽泛地定义为一种如此交互作用的结果，它是由大量简单的、交互作用的部分，促进其与环境的交流、适应其内在结构的能力所建构的。所涉及的非线性交互作用能够促进一个丰盈结构的融贯性、涌现性复杂行为。复杂性科学中的关键概念，例如，多样性和稳定性的共存，对此，LIR 提供了一个解释。复杂性科学也关注系统在自组织临界状态的转变区域中的动力学。图式系统被用于研究自组织，但是并没有建基于动态的对反性和潜在性中。我们认为有必要解释这种组织的功能，以及进一步澄清"自组织"这一术语的模糊性。

正如在 2005 年召开的第六届欧洲系统科学会议（巴黎 2005. 9. 19—22）上所陈述的那样，当今系统科学的主要目标是，根据"把人置于最紧迫的任务的中心"这一值得称赞的意向，提供一个通向社会所有领域的工作者所面对的、不断复杂之问题的、一致同意的、跨学科的进路。模型和策略被设计来发展有效的操作性的，以及概念性和哲学性的工具。

系统科学包括一系列科学和学科，其多样性使其难于简而言之。一个例子是，由贝尔纳 - 威尔（Bernard - Weil）所发展的前 - 对抗者系统科学（SAAS），与 LIR 具有表面上的相似性。SAAS 声称要在具体的系统中，识别和说明那些既冲突又联合（同时或交替）的成对元素。正如布伦纳所表明的，有必要去更加完全地明确说明"同时"或"交替"意味着什么,并在系统的元素的潜在性中追寻既冲突又联合的起源。

这一理论,如同其他系统科学,已经作为理解成对对抗者的对反作用的一个步骤,并已实际应用于生命细胞、人体和商业组织等。

4. 系统、复杂性和涌现

通过微小偏离平衡态系统、涌现和复杂性的争论,这一事实变得极为明显,即它们并非独立的概念而是紧密纠缠的,如果不是循环的话。在用它们来讨论信息时,另一个主要问题是多数系统科学和复杂性理论被抛入到认识论的术语中,或多或少涉及抽象的观察者和模型。

这种通往系统和涌现的进路的一个例子就是米纳蒂(Minati)、彭纳(Penna)和佩萨(Pessa)的著作[①]。这些作者如实地展示了系统的通常图景,但是太有限而难以逻辑地处理开放性系统,在其中,系统的内在状态,以及其所处环境,需要得以解释。米纳蒂的主要策略是,为具有逻辑开放性的认识论层次中的观察者,设定了一个原则性的角色。

然而,对于许多复杂现象,它们的特性和总体动态并没有被当前的理论,如信息、交换、意向性等所描述,因为在一个解释中,观察者所具有的认识论角色需要一个本体论的非概念性解释来补充,在其中,事物之间(包括观察者)的现实交互作用之规则也应该得以涉及。在 LIR 中,观察者与被观察者处在一种本体论先验动态关系中,观察者仅只是这一关系中的一个部分。科学家及其实验架构之间正是这样一种关系。

因此,由米纳蒂等人所提出的顺序——实在系统——→观察者的还原——→模型 1,2,3……→观察者中认识的转换——乃是在"认识的"空间中的一个认识论的建构;系统中并未"发生"任何事情。米纳蒂在关于"一般化自身"概念的文本中讨论了他的一般涌现理论(GTE)[②]。他的理论并不直接处

[①] G.Minati, M.Penna and E.Pessa, 1998. "Thermodynamical and Logical Openness in General Systems". *Systems Research and Behavioral Science*, *Syst.Res.*, No.15, pp.131-145.

[②] G.Minati, 2009. "General Theory of Emergence.Beyond Systemic Generalization". *Processes of Emergence of Systems and Systemic Properties.* Singapore:World Scientific, pp. 241-256.

理任何类型的物理、认知过程，而且涌现一般被看作为新的形式属性和运算符，它们的有效性能够从一个领域扩展到另一个领域。GTE 聚焦于整合性现象，其确定可被看作为系统，且被较好地描述为一个元理论以处理：

①通过一种认知的涌现的形式来确立系统，但是确立的动力学并不相关于其作为考虑到时间的过程的实在，而是相关于多维建模、认识论的等级层次。

②被认为是模型和表征涌现的现象之间的符合。

③可能的非还原性质的涌现（例如生物的和物理的）的识别和分类。

米纳蒂的 GTE 和本文中所呈现的概念之间的不同的本质是清晰的：对米纳蒂而言，一个系统是一个现象的模型，而非现象自身和其演化。这种系统的有效的建模并不基于分离的模型，而是能够表征涌现的层次和过程之间交互作用的整合的模型，在其中，米纳蒂的"模型的动力学应用"（DYSAM）概念扮演了一个关键角色。GTE 中，探索涌现属性及其编纂的过程可以提供诸多应用于生命、心灵和一般发展的崭新的进路，但是它们仅仅是认识论的。

比较之下，邬焜和 LIR 关于实在-世界过程（作为涌现的）的观点不是认识论而是本体论的，类似于霍夫科尔希纳。正如霍夫科尔希纳在其关于信息和计算的讨论中所强调的："只有当计算，在一种非认识论的意义上，意味着一种涉及涌现的自组织过程时，它才能适当的评判信息的发生"①。

5. 系统思维观念

系统思维首先被定义为，一种通过将问题看作一个整体系统的特征以解决问题的进路，这些特征应当在其相互之间及其与其他系统之间的关系情境中，而非孤立的情境中才能得到最好的理解。原则上，系统思维技术可以用来研究任何类型的系统——自然的、科学的、机械的、人类的或者概念的。系统思维与传统形式的规范性分析之间的差异和优势是明显的。

在实践中，有两件已被忽视的事情，以我们的观点，给予系统思维以必要的深度：第一，首先是一个系统的充分建基的定义，在其中，对反性的交

---

① Hofkirchner Wolfgang, 2010. *Does Computing Embrace Self - Organisation*? *Information & Computation*, G.Dodig-Crnkovic and M.Burgin（eds.）. Singapore：World Scientific Publishing. Available at http://www.idt.mdh.se/ECAP-2005/INFOCOMPBOOK/.

互作用被建构性地展现；第二，一个关于系统的质的特征如何得以表达的恰当观念。

在其2005年的论文中，德波拉·哈蒙德（Debora Hammond）概述了系统思维自其应用分类（技术、科学和哲学，由贝塔朗菲做出）建立起来后的发展[1]。我们今天都同意他的一般系统理论的观念，这一观念强调一种对于知识和实践更为整体性的和人文性的进路，然而可惜事实是，这一进路没能实现。

我们认为其文是对系统思维的"艺术状态"的一个非常准确的反映。由贝塔朗菲开始，作者提出许多对于一种系统观的重要贡献，她定义为："系统观强化了一种建构主义者的方向，即将知识看作一种强调相互理解、意义和价值的重要性的、辩证的、多元论的和参与性的过程。"在达到这些目标时，众所周知的困难在于：知识的破碎，和指出系统思维对于社会控制的用处，以及事实上的"我们还未发现对于系统的适当的进路。"我们认为卢帕斯柯（Lupasco）对于内在的质—能物理对反中的系统的建基问题的观点（形成于1962年[2]），属于这样的一种进路。

最有影响的系统思维学者之一，彼得·圣吉（Peter Senge）的进路接近于一种劝告，它着眼于"整体"，将组织看做一个整体的、动态的过程，以平衡短期和长期收支变量[3]。这是非常好的，但是今天没人会说它足够好。

在这里，哈蒙德（Hammond）客观的、也值得称赞的评述是："或许在21世纪中，对于系统思维学者的最基本的挑战是，去发现一条将过去五六十年来从系统思维的诸多分支中涌现出来的洞见整合起来的途径。"我们提出信息思维为达成这种整合提供了新的途径，尽管知识的破碎所造成的困难必然会发生。

6. 系统动力学

系统动力学是理解复杂系统行为的一个路径。它处理那些影响整个系统

---

[1] D.Hammond, 2005. "Philosophical and Ethical Foundations of Systems Thinking". *Triple-C*, Vol.3, No.2, pp.20-27.

[2] Lupasco Stéphane, 1986. *L'énergie et la matière vivante*. Monaco：Éditions du Rocher. (Originally published in Paris：Julliard, 1962).

[3] Senge Peter, 1990. *The Fifth Discipline：The Art and Practice of the Learning Organization*. New York：Doubleday.

行为的内反馈环和时间延迟。虽然这一路径原则上可应用于生态系统和政治系统，事实上，它仅能用于这些系统的能够在因果循环范式中进行模拟的那些机械的、量化的特征。相应地，系统动力学基本上并未增添其他，如一种对于理解信息或者其他复杂现象等的系统"思维"形式。

应用系统理论解决实践问题，例如那些组织机构，或多或少地比一般常识具有先见之明。然而，世界的状态是这种解决方式具有局限性视域的一个证明。作为一个系统科学家，在其关于系统、符号学和信息的主要著作中，布莱尔（Brier）明确地揭示了例如尼克拉斯·鲁曼（Niklas Luhmann）的系统理论的局限性，其中，在一个未能充分建基于外在实在和一个适当的哲学框架的功能主义中，对象丢失了。①

四、复杂性

一般认为，复杂性的观念提供了对信息本质的基本洞见。明确地说，它实际上展现出，当前复杂性的相对严格的观念都回溯到了计算机科学中，尤其是算法信息理论中（如关于一个信息对象的柯尔莫戈罗夫复杂性中）。然而，我们认为基于系统或者复杂性的规范计算观念的现存路径，对于规定信息的独特的本体论地位是不充分的。

由于复杂系统路径中缺乏形式化方法的基础，使其与严格的计算主义区分开来，并且这种基础的缺乏降低了其人文和道德属性的价值。唯一得到详细研究的复杂系统，似乎是那些足以简单从而能够计算性地进行处理的系统。如果复杂性的本质是非计算性，那么这类系统被叫做复杂系统的正确性便值得商榷。

一个更为适当的方法论是将复杂性辩证地关联于简单性，正如简单性在其中能够涌现于复杂性和反之亦然的情境。当然，这正是现实逻辑理论的概念，在涉及变化的动力学的讨论中，为了确保某些融贯性而大有作为之处。对于为何这些事物（如复杂过程）能够现实地涌现于自然，我们目前还没有

---

① R.Brier, 2008. *Cybersemiotics. Why Information Is Not Enough.* Toronto: University of Toronto Press.

答案，但是对于理解它们如何实现涌现的可能基础则有一个基本的认识。

从邬焜的信息哲学立场来看，法国学者莫兰（Morin）的复杂性观念乃是关于存在的（如上述的系统观点）、单维度的和不充足的集合体。在我们看来，所有这些系统进路或者"思维方式"的根基的缺乏，已经阻碍了它们作为一种获取对自然的深入洞见的进一步发展。因此，这里的"系统思维"臆断了作为原始起源的实在的精确结构，它或者没有涉及，或者仅仅以"自发性"这种简单的线性过程来描述这种更为高级的现象。

莫兰的逻辑、辩证体系，在系统理论中，常常被认为是非严格地与卢帕斯柯的体系相互关联。莫兰规定："一个辩证原则允许我们在整体的中心坚持二元性。它相关于同时互补的和对反的两个术语。"① 然而，这一原则及其运作基础都未建基于物理学中。卢帕斯柯的动态对反原则并未描述复杂性的抽象元素或概念（哲学的、政治学的等），而是描述了实在中的复杂元素的具象呈现。

因此，我们的假设是，系统思维，即使是由复杂性概念所优化，也不能进一步规定信息或者它如何能够既成为一种现实的部分又能对其进行显示和表征。因此，我们将深入探究作为一种替代范式的信息思维概念，及其动力学和运作的 LIR 逻辑。

五、信息思维

在其信息元哲学中，邬焜将信息作为对所有学科的一个批评性成分，超越了其具体的科学内容。在我们关于信息思维和系统思维比较的第一步中，我们也会确定地将暗含在上述科学、哲学和逻辑学中的信息进路转变成为一个新的、仍然具有深刻批判性的学说，它是由邬焜所发展的，应用信息思维将在本质上推进其彻底前进。

我们发现邬焜的信息哲学基本理论和布伦纳的实在逻辑的联合导致了，复杂性、结构、涌现和信息之间的关系：

①信息结构和系统不是静态客体，而是伴随着，由遵循动态对反原理的

---

① E. Morin, 2008. *On Complexity.* Cresskill, NJ: Hampton Press.

能量模式、交互作用关系构成的因果效应。

②复杂性最重要的属性是作为对构成信息的，一系列微观可变性关系的交互作用导致新的宏观-可变性（涌现）关系的结构的一种表达。

③信息乃是被编码于构成关系结构及其涌现整体性特质的模式中的显示事物存在方式和状态的内容。

④世界上的一切事物普遍相关，不仅通过肯定性的关系，也通过否定性的关系或者迪肯所谓的缺席关系。

LIR 在邬焜的自然概念和信息作用中应用的进一步结果见于其余章节中。

1. 现象学的重构

邬焜在 2011 年再一次表达了他关于信息的批判性作用的观点。[①] 基本上，在信息论看来，自康德至胡塞尔以来的现代哲学的缺点变得明显。信息的存在，符合于或超出于现实逻辑（LIR），打破了传统的主客体之间的绝对割裂。尽管胡塞尔发现了一条原初描述意识实在的道路，但是他的单维度现象学的还原，以另一种形式，对规范二值逻辑构成了灾难性（对人类社会）的极端化。因此，作为一个解释学过程，胡塞尔的悬置具有根本缺陷。

在标准现象学的地方，邬焜提出一种信息本体论，其中我们作为人类（自明地）具有通向"事物自身"的路径。他强调说，他的信息哲学和现实逻辑不是现象学，因为现象学是用主观意向性去解释世界的结构，而我们的理论则坚持以"自然现象自身的运动来解释世界"，这也如同卢帕斯柯的辩证法所揭示的。由帕蒂托（Petitot）和瓦雷拉（Varela）在 1999 年编辑的重要文章——自然化现象学，并未达到所需的最低限度的复杂性[②]。

我们的结论是，信息的功能性和操作性定义虽然在实践应用中发挥了巨大作用，但是，它们都无法揭示信息活动复杂的内在动力学过程，以及信息的本质。因此，对于一些对经典认识论中进行了重大修改的观点，如知识理解和知识扩展的观点等，无论是合理的还是不合理的，也都被 LIR 所谈及了。

---

① 邬焜：《哲学基本问题与哲学的根本转向》，载《河北学刊》2011 年第 4 期，第 11—21 页。

② J.Petitot, et al（eds.）, 1999. *Naturalizing Phenomenology. Issues in Contemporary Phenomenology and Cognitive Science.* Stanford：Stanford University Press.

邬焜建立的新的信息认识论理论基于客观世界的信息自显运动与主体生理和心理信息结构之间的多级中介的相互作用过程，揭示了人的认识发生的复杂涌现性特征，而 LIR 则可以为其提供相应形式化的逻辑描述基础。

在相关的著作中，拉考夫（Lakoff）和约翰逊（Johnson）应用一种信息范式来阐明"具身心灵"的活动方式[1]。在这里，正如邬焜所强调的信息体理论那样，心身的物理的和生理的结构的交互作用与各种复杂的信息活动形式交织在一起。在任何除了最低的计算层次上谈论信息，需要关注整个客观信息活动的动力学和主观信息活动的特异模式（一致的或不一致的），人类认识发生的方式涉及主客观多级中介的质—能、信息的复杂运动，以及它们的选择、建构、创生，及其种系发生的历史维度，等等。

这对于科学是一个困难的任务，但是比起开始于沉思的对存在的复杂信息特性的排除，它是一个更为准确的起始点。如邬焜所说："信息行为的发生并不在一个理想主体的纯粹'生活世界'中，而是在客观世界自身交互作用的存在和演化中。"一个人必须在其思想的最前沿，坚持物理形式和信息形式之间的协同，以及它们演化的规则，从而完全理解它们的整体性关系。

现实逻辑为讨论内在和外在的"纠缠"，现在和潜在（或缺席）的交互作用、认识发生的"主观积极性和客观被动性"的关系，以及霍夫科尔希纳所谓的在其多元统一体中的人和自然的协同关系，提供了一个形式化的解释原理。信息概念所揭示的深刻理念，不同信息形式的交互作用，以及它们相互提供的必要条件和约束，为理解世界进化中的"层次跃迁"提供了新的和必要的多维度架构。

因此，信息哲学首先揭示了一个作为存在部分的客观间接存在的具有本体论意义的存在领域，它们具有客观的、复杂的意义和价值，因而并不需要提供进一步的经验证据，便可能为那些在还原主义者的经典意义上难以描述的自在之物的特性做出合理的解释。

2. 邬焜的信息元哲学——信息思维

正如布伦纳去年在瓦尔纳举行的会议上所首次谈到的（它或许是对一种

---

[1] Lakoff George, Mark Johnson, 1999. *Philosophy in the Flesh. The Embodied Mind and its Challenge to Western Thought.* New York: Basic Books.

接近成熟的信息领域之进路的首次阐发），基于邬焜的贡献，我们可以来探讨一种信息的元哲学或元理论。然而，其结果之一是，这样的一种元哲学的综合性质确定了那些作为一种社会-政治角色的作用，涉及它们作为存在的信息成分的社会和道德方面①。

因此，在一种邬焜称之为信息思维的过程中，信息元哲学要求关注作为一种方法论必然性的复杂过程的信息方面。信息思维（IT），如邬焜所构想的，指的是一种通过指涉信息从其历史起源到未来可能性的演化的结构和动力学，来把握和描述事物的本质特征和属性的方式。这一策略涉及，类似于一种对于任何复杂过程的细节的胡塞尔式的悬置，以考察其中信息的动力学功能，正如 LIR 所提出的逻辑元素之间的辩证关系。然而，邬焜和胡塞尔的理论之间的差异是明显的：邬焜的信息哲学的原初目的是澄清客观世界中物质和信息的双重存在和双重演化的本质，它开始于存在的逻辑和自然人类自身的动力学。邬焜的理论，不同于胡塞尔的，不需要"自然化"，即将其带入自然科学的领域，它已经在那里了。邬焜的进路清除了为胡塞尔的先验直观寻找自然等价物的艰巨任务。在他创立的信息认识论中，邬焜直接阐明了一种在主客观统一的层次上的个体认识的过程机制，其内在和外在的交互作用具有必要的主客体多维因素的中介。

在此意义上，由邬焜所提到的所有认知问题，尤其是信息价值、效应和社会演化，都应用了信息思维进行分析。信息思维要求对传统、绝对物质术语思维的抛弃，保留其本源性的基础。信息思维本质上是一个方法论概念，它通过对信息载体和编码的定义，做出关于一个信息系统的历史的和潜在的或者可能的未来状态的推理。信息思维辩证地将能量和信息因素、独立的（自主的）和相互依赖的、决定论和非决定论、内在的和外在的反馈过程统一起来。LIR 基于布伦纳对这些二元性之间的任何总体逻辑或物理分割所做的陈述，为这样一种统一路径的辩证解释提供了补充性的逻辑结构。事实上，信息思维是信息元哲学的另一种说法。

信息思维要求对所有哲学的和科学的信息方面进行思考，就此而言，我

---

① E.Joseph Brenner, 2011. "Wu Kun and The Metaphilosophy of Information International Journal". *Information Theories and Applications*, No.2.

们相信接近了一种新的科学（和逻辑的）范式，在其中，信息思维，作为实体术语思维的对立面，导致了对于传统学科及其理论的崭新阐释。总之，我们认为这里所述的信息的（元）哲学和（元）逻辑，对作为自然过程的信息本质的揭示做出了贡献。另外，通过考察发生于人类信息行为和社会形式中的价值变化之间的关系，一个能够有利于全部人类文明的进步和稳定发展的，对于信息更为深刻的理解是可能的。因此，正如邬焜所说的，信息科学、信息元哲学、信息元逻辑和信息思维，即运用相应的信息哲学的概念和原理，使揭示和解释所有复杂自然过程中的多元动态变化关系和过程变得更加容易。

通过对作为存在的最重要特征之一的信息的研究，以及对信息行为的形式化，邬焜的信息元哲学能够且应该改变对哲学-形而上学的、认识论的和本体论的基本问题进行探讨的方式。由逻辑的新扩展所支持的信息哲学，能够成为"一种哲学中的综合性变革"，正如有人对 LIR 所作的评价那样，这能够成为"在当前非经典逻辑的变革中的重要事件"。

3. 信息思维与系统思维

邬焜在 2006 年对信息科学纲领和系统科学纲领之间的关系做了一个分析，其中，他提请注意经典系统科学、信息科学、自组织和复杂性理论研究纲领的局限性[1]。在上面的讨论中，我们已经关注了邬焜曾经提到的这些领域中的某些局限性。从邬焜的相关讨论中，我们可以看到，上述诸多研究纲领之间的相互割裂，以及对信息科学研究纲领的重要价值估计不足，乃是这一领域中存在的最大缺陷。

在其早期著作中，邬焜看到了系统理论的重要性，正如在贝塔朗菲的著作中所显现的，也看到了其与信息之间的关系。他的关于信息客观性和普遍性的研究恰恰开始于超越信息科学、系统科学、自组织和复杂性研究之间的割裂。我们总结认为，信息思维将成为最有用的思维方式，因为它包括和超越了作为系统动力学描述的系统思维，后者不可能充分把握和揭示现实变化过程的复杂性。

---

[1] 邬焜：《建构统一复杂信息系统理论的几个问题》，载《自然辩证法研究》2006 年第 12 期，第 96—99 页。

现实逻辑，作为一个初始进路以实现逻辑与现实世界之动力学的具体结合，被称为逻辑学中的一个变革。从我们的观点来看，邬焜所做出的逻辑推论如果是合理的，那么，它便必然会导致整个哲学和科学的一场"根本性变革"！在此我们也应当对现实逻辑和迪肯的缺席理论之间的关系给予特殊而恰当的关注。

在本文中，邬焜提出了对信息思维和系统思维进行深入比较的研究纲要，其部分内容如下。

（1）本体论

系统思维：本质上是描述性的，一种在整体性框架中看待事物属性的方式。

信息思维：本质上是建构性的，在直接存在和间接存在的双重存在的尺度上确立了关于存在领域的新的划分方式，进而导致了哲学和其他学科的综合性、根本性变革。

（2）认识论

系统思维：为把握认知行为提供一个方法论。

信息思维：为复杂创新思想提供具身机理，阐明认识发生的主客体相互作用的多维中介的综合涌现的复杂性过程和机制。

（3）进化论

系统思维：对生物学的演化和一般物质世界演化的层级进化做出了贡献。

信息思维：更宽广，为质—能和信息的双重演化提供基础性原理。迪肯的动力学的层次术语中的描述与信息进路相容。

（4）时空观

系统思维：使用基本的、标准的、基于爱因斯坦式的宇宙背景的时空观念。

信息思维：确立在相互作用中的时空转化、信息凝结的时空内在统一性关系的全新时空观，亦即时间的空间化和空间的时间化。基于与卢帕斯柯的对反性图景的信息属性。［正确的模式更接近于一种德·西特（De Carroll）宇宙，参看卡罗尔（Carroll）的《从来世到这里》①］

---

① S.Carroll, 2010. *From Eternity to Here.* New York：Dutton.

(5) 价值论

系统思维：没有价值概念的内在性定义（没有"最好"系统）。

信息思维：作为自然和涌现于自然的物质价质和信息价值的双重自然价值的理论。类似于但不限于弗洛里迪在《信息哲学》中的人文主义的构想①。

(6) 社会发展理论

系统思维：描述了社会的许多复杂性结构。

信息思维：具有一种阐明性功能，将信息发展和人类社会及其演化的本质整合起来，进而从信息活动的维度上确定人类社会的本质，以及人类社会进化的尺度。

(7) 经济发展理论

系统思维：如上，具有描述作为经济事实的信息行为的能力。

信息思维：能够建构性地将信息生产和人类生产的所有方面，与一个潜在的创造信息世界的过程相关联。

(8) 科学研究——科学和哲学的变革

系统思维：系统思维是一种聚焦于，并解决在生物的、认知的和实在的社会层面上，定义复杂认知实体等有关问题的有效方式。

信息思维：信息思维用一整套相关的信息术语［它将基础物理学和形而上学概念（例如决定论和非决定论）一直扩展到个体和集团的复杂性行为模式］来从整体上系统的解释世界。不同于系统思维，信息思维直接针对传统的和当代的已有科学和哲学的范式，提出用全新的信息范式对之进行全方位的根本性改造，并由此创生出某种以信息范式为主导的全新的现代科学体系，邬焜在1995年提出并预言了科学和哲学发展的这一趋势，他称之为"科学的信息科学化"②。

(9) 系统思维和信息思维

系统思维和信息思维：如上所述，信息思维不仅仅包括系统思维的当前

---

① L.Floridi, 2010. *The Philosophy of Information*. Oxford: Oxford University Press.

② 邬焜：《科学的信息科学化》，载《青海社会科学》1997年第2期，第53—59页［该文曾参加"全国信息科学技术与哲学学术研讨会"，并作大会报告（北京1995）］。

构想，而且超越了它，正如跨学科超越多学科和交叉学科一样。

本着 LIR 和本书的精神，这里并不存在任何排他的令人反感的要点；基于知识的视角，系统思维和信息思维非常辩证地相互关联，而且人们会看到，例如，具有一个或大或小的重点的组织性结构和相关网络的交互作用模式，客观地依赖于邬焜对存在领域的新阐释所提供的信息哲学基础。尽管如此，信息思维，其逻辑还是初始的，为一个对系统的深入理解提供了框架。为此，在对系统进行认识时我们有必要增加一个更具有综合性和复杂性的信息维度。我们甚至应该规划一个"必要复杂性定律"，它类似于阿什比（Ashby）的必要多样性定律，即认为必须把一个作为基础的复杂性的视角包括到对任何生物学、认知或社会过程的解释中。而信息则是使所有这些视角的运作能够被理解和处理的"黏合剂"。

由我们所规定的信息观念和信息思维概念促进了哲学和科学的进展，在这种进展的广大可能性空间中，我们希望它能够将论争的焦点从信息的形式、数学概念上转移到一个更为广阔的自然的、人类的、社会的整体而统一的进路上来。邬焜的"科学的信息科学化"的理论并不打算否定任何关于我们的系统的已有的不严格的物理和逻辑标准的有效性，即通过其在实践中的应用以增加科学和道德责任所需的程度。但是，我们必须看到，仅仅是那些标准对于实现人类科学和哲学的目的仍然是不充分的，这就有必要引入信息哲学和信息科学的全新维度。

神经科学家麦考·加扎尼加（Michael Gazzaniga）在其著作《谁在买单？》[①] 中，在探讨自由意志的表象和脑科学之间的关系时，说道："一种独特的语言，它尚需发展（我们的强调），以用来把握发生在心理过程中的大脑约束和反之亦然之时的事情"，即描述我们的层次的、等级的存在界面之间的交互作用的一个词汇表。最后，我们希望本书中所描述的信息思维和态度可以促进这样一种语言（既在神经科学又在其他地方）的发展。

4. 信息立场

正如我们在其他地方所建议的，本书中所提出的信息思维进路进一步描

[①] M.S. Gazzaniga, 2011. *Who's in Charge?* New York: Harper Collins Publishers, pp.219-220.

述了一种态度或立场，即信息立场，一种哲学的姿态和态度，它极为适合（既不分离又不割裂）新兴的信息科学和哲学自身。信息立场①是一种需要关注作为一种方法论必然性的复杂过程的信息方面的态度，它超越了其经验主义认识论的形式［由范·弗拉森（Van Fraassen）做出］。

我们所描述的信息立场支持兰德曼（Ladyman）这样的一种观点，即"我们应该具有一种形而上学的世界图景以描述科学方法论，以及科学和教育政策"，而且我们注意到，正如邬焜所强调的那样，本体论、认识论、价值论和社会问题的研究是统一的。我们将信息立场看作一种交互作用过程，人类个体或集团，正如作为一个认识论的观察者在标准哲学的意义上，道德地和政治地参与其中。事实上，与我们的整个逻辑进路相一致，没有必要去在信息立场、思维、哲学和道德维度之间做出绝对的区分。它更是一个交替聚焦的综合性问题。正因为是综合的，所以是复杂的，因为，只有在多样性的差异和同一中才需要有综合，而只有通过综合才可能产生涌现，而涌现则正是复杂性的根本特征。当然，当我们引入信息维度之后，涌现将不仅发生在整体性的层面，而且同时也必将会发生在整体中的部分的层面，由此带来的便是事物的普遍信息体化的全息性效应。

六、结论和展望

我们已经展现了关于信息科学和哲学基础的主体工作的应用结果，它们大都基于邬焜的著作。我们将此工作既相关于信息的先验规范理论，又相关于由迪肯所做的关于复杂实在过程的动力学的初步成果。正如我们在其他地方所述，本章中所描述的理论可以与来自于系统和复杂性立场的进路相联系（却更加一般化），构成一个新的跨学科范式，其中，信息具有某种核心作用。邬焜的信息元哲学的应用，在现实逻辑和迪肯的动力学复杂化的支持下，可以为解决信息领域的关键性未解问题做出贡献。

在我们看来，由邬焜早在 1987 年提出的这一视角，填补了先前的辩证哲

---

① J.M.Sagüillo, "One Sense of Information A Quick Tutorial to Information-Theoretic Logic", *Triple-C*, Vol.7, No.12, pp.179-184.

学探索中的"空白"。[在一种必要的自我批评主义中,包括卢帕斯柯的哲学和 LIR 对过程(由交替现实化和潜在化意蕴所构成)的描述。]

如我们所展现的,系统术语的过程思维方式提供了对于其元素的演化能量关系的最早洞见。卢帕斯柯的能量逻辑,正如在现实逻辑中所扩展的,描述了这一辩证演化。然而,信息思维,指的是以信息术语来把握和描述这些过程的本质、特征和属性,它们的交互作用的组织模式、关系结构、演化过程和程序。它依赖于作为一种基本存在的信息观点,这一观点在仅为现实逻辑所允许的辩证逻辑中,既不同于也相容或包含着纯粹"性质"(迪肯用语)和能量观念。它们通过解释和解码事物的历史关系、当前状态和未来趋势来形成基本的世界图景,其中质—能的所有结构和关系都被看作信息的载体或编码。对象的"再符号化"则对应于认识主体所创建的各类知识和知识体系,这诸多方面的观点和理论原则、解释和行为方式共同构成了信息思维的基本立场和方法。

相比于以系统为中心的思维,以信息为中心的思维的高级形式,信息思维(我们在信息态度或立场中所论述的)超越于系统思维,能够通过指涉一个位于世界之中的、融贯本体论概念的发展,而被揭示出来。这是一种对基于先验主体性的胡塞尔式现象学的替代性哲学。哲学的基础性转变指向一种对由邬焜在 2011 年所分析的①,被称之为内在的/先验的实在论的评价。如我们所写,"信息的变革性意义和价值已经超越了传统哲学的所有先前理论"。信息社会这一术语(其中对信息的理解仅仅在一个有限的实用性的意义上),或许最终会造成意义的缺失。另外,人们应该将信息时代作为一个更为历史地综合性概念来探讨。

往好处说,系统思维的意义在于更为有效地管理一个基于现存原则的社会的思维取向。往坏处说,其结局仅限于更为有效地操作现存事物,例如新资本主义的经济结构,这在系统动态学的讨论中很容易体现出来。信息思维,亦如现实逻辑,则能够从哲学道德的基础上为建立一个更为公正的社会做出客观而必要的贡献。在这一新型社会体制中,由经典逻辑学甚至在其现代形

---

① 邬焜:《哲学基本问题与哲学的根本转向》,载《河北学刊》2011 年第 4 期,第 11—21 页。

式中所支持的,惹人反感的摩尼教徒的道德标准已无立足之地。在我们看来,人们经历了如此之久的时间才发现康德对"物自身"的抛弃相当于一种对他者的抛弃。

有必要指出的是,信息思维所强调的更为民主和个性更为独立的新型社会形式的必然出现,并不意味着当信息思维一旦普及,反社会行为便会在一夜之间消失,这不是布伦纳的现实逻辑或邬焜的信息哲学基本理论的主张。我们在这里强调的仅仅是在这样一个新型的社会体制下人类个体和相对自由的意志所具有的独立性地位。从理论上来说,信息自由在社会管理和组织层面导致的是集权体制的消解,在个人活动层面导致的则是自由个性的发展,这必然会引发社会的、组织的、个人的意见模式、行为方式和伦理道德标准的多元化发展态势。[①] 面对这样的发展,如何合理调解社会的不同层级之间,以及人和人之间的关系,如何有效调整和规范社会和个人的伦理道德标准,则不能不成为一个十分紧迫的任务。

[①] 邬焜:《网络文化中的价值冲突》,载《深圳大学学报》2001 年第 5 期,第 45—51 页。

第十章 信息立场：哲学和逻辑[①]

一、引言

在信息领域研究的目的——如同所有在科学和哲学领域的研究一样——是有益于知识的增长和人类的福祉。然而，因为信息在自然、思维和社会领域中普遍存在，且具有多层次、多方面的存在形态、属性和功能，所以，要更好地理解什么是信息，以及如何阐释与信息相关的问题已不能仅仅局限于从一般具体科学、伦理学或社会学的层面上进行探讨了。这就有必要建立一门新的哲学——信息哲学。值得强调的是，这样的一种研究视角与西方学界宣称的信息哲学的创始人弗洛里迪先生的研究视角不同。它是一种真正的元哲学和最高哲学。这种哲学首先应当在哲学本体论的层面上建构出自身的信息逻辑。

在过去的 30 年中，邬焜教授的工作为信息哲学的研究奠定了一个一般性的理论基础，在一个篇幅不长的英语文献——信息哲学的基础理论（The

---

[①] 本章由邬焜和约瑟夫·布伦纳合作完成。由邬天启（西安交通大学人文社会科学学院副教授）担任中英文互译。本章的英文稿曾分上、下两篇发表于 *Logic and Logical Philosophy*, 2013, No. 4, pp. 453-493. 和 *Logic and Logical Philosophy*, 2014, Vol. 23, No. 1, pp. 81-108. 本章的中文稿曾分"之一""之二""之三"分别发表于《佛山科学技术学院学报》（社会科学版）2014 年第 3 期，第 1—10 页；2014 年第 4 期，第 1—14 页；2014 年第 5 期，第 1—11 页。

Basic Theory of the Philosophy of Information；BTPI）中，他对自己的研究成果进行了简明的概述。在他看来，信息哲学首先应当具有元哲学的性质，它应该在如下六个方面建立自己的理论：①

①信息哲学应当赋予信息一个哲学本体论的地位，从最为一般的存在论层面揭示和规定信息的普遍性品格和核心本质；

②信息哲学应该从基本物理学的层面为信息提供一个产生和存在的根据；

③信息哲学应该从相互作用的现实逻辑的层面为从自然信息到生物学信息，再到人类认知的信息能力和社会层面的信息进化提供某种合理的动力学描述；

④信息哲学应该为信息价值提供一个一般性定义；

⑤信息哲学应该为信息思维方式提供一个最一般的解释模型；

⑥信息哲学应该为统一信息科学的建立提供一个最一般的基础性纲领。

在本章中，我们除了对邬焜教授所建立的信息哲学的基本内容和体系框架进行讨论之外，还将对哈夫科克尔（Hofkirchner）、迈尔旺（Marijuan）、开普若（Capurro）、布尔金（Burgin）和其他学者或多或少为建立一个统一的信息哲学理论所做出的贡献进行讨论。我们将证明，BTPI（信息哲学的基本理论）对于当前的信息范式的转向是一个全面而综合的贡献。

近年来，布伦纳在其最新著作中提出了一种把逻辑延伸到一般现实系统过程，包括对复杂的物理现象和信息现象进行描述的"现实逻辑"。经过讨论，我们（邬焜和布伦纳）决定对如下目标进行探讨：

①为邬焜建立的信息哲学提供某种现实逻辑的支持；

②揭示信息的逻辑基础并不具有笛卡尔的物质和精神二元分立的性质；

③运用这个新的信息活动的现实逻辑为诸多层面的信息活动、信息相互作用，以及信息的价值和它们的演化过程和机制提供更为完整的描述。

2010年8月，在中国召开的第四届国际信息科学基础大会（FIS 2010北京）上，中国西安交通大学的邬焜教授，第一次用英语总结了他30年来在信

---

① Wu Kun. *The Basic Theory of Philosophy of Information*. Paper, 4th International Conference on the Foundations of Information Science, Beijing, August, 2010, pp.12-13, pp.115-117.

息哲学方向上的学术成果，尤其是，他的理论（信息哲学的基本理论；BTPI）侧重揭示了信息的自然本体论地位，展示了信息在哲学认识论、进化论、价值论和方法论领域引起的全新变革，以及信息方式对社会，尤其是对新兴信息社会的发展所具有的重要意义和价值。

同样，在这次会议上，法国巴黎跨学科研究国际中心研究员约瑟夫·布伦纳博士，阐释了他把逻辑延伸到一般现实系统过程，包括对信息现象进行描述的最新成果（现实逻辑；LIR）。他们注意到了邬焜的研究立场和布伦纳的现实逻辑的规范性原则在关键性的方面具有诸多相通之处。

在本章中，我们提供了两个相关学说的提纲：一个是布伦纳的"现实逻辑"，另一个是邬焜的"信息哲学的基础理论"，并试图由这两种理论之间的协同作用定义一个信息的元哲学和元逻辑。在邬焜提出的信息思维概念的基础上，我们提供一种哲学上的最为合理的信息立场。这一立场表明，新兴的信息科学和信息哲学并不是相互孤立和割裂的。我们提出的联合理论可以为建立统一的信息科学奠定某些最基础性的根据，并对信息社会的伦理发展提供进一步的理论支持。

二、信息哲学：现状和问题

在新的信息和计算技术迅速发展的推动下，信息哲学正在成为一个重要的独立学科。然而，尽管信息的重要性已得到世人的公认，但在信息的本质、信息的构成、信息的定量和定性的描述，以及一个统一的信息理论是否可能等方面学术界都还缺乏共识。和其他科学和哲学的研究一样，在信息领域研究的目的也是为了增加人类知识和为人类造福。无论怎样，由于信息所具有的普遍性品格及其在个人与社会发展中的非凡意义和价值，提高对信息的认识绝不仅仅局限于道德层面的考虑。

在西方学术界，信息哲学的概念及其相关的思想是由弗洛里迪提出的，他一直是探讨信息的哲学理论以及其逻辑和道德领域的相关问题的先锋。他的研究重点是信息的最低水平的语义层面的理解以及相应的定量化特征，再就是关于信息本质及其意义和价值的进一步的讨论①。他的研究已经引起了相关学界的关注。然而，在最近的一些权威杂志发表的名为"信息的本质和范围"的大部分文章，其实却并不有助于解决信息"性质"的问题，这些文章的重点仍然把关注的重点放在了信息的技术问题的层面②。他们声称运用信息技术的工具可以处理信息的实体化的问题，并仅仅把信息视为一个抽象的名词。马雷什（Mares）提出了一个理论，他使用"静态"信息的概念，采用线性和动态认知的逻辑，试图建立一个与当代信息流学说相联系的具有动力学特征的信息概念［Mar. 2010］③。

在过去的 30 多年里，在西安交通大学工作的中国学者邬焜，已经从对信息本质的哲学规定出发，建立了一种包括信息本体论、信息认识论、信息进化论、信息价值论、信息思维论、社会信息论在内的严谨的概念化体系，对信息的自然属性、生物学意义、认识和方法论功能，以及社会价值等方面都进行了别具一格的具体阐释。在邬焜看来，信息哲学乃是区别于所有其他哲学的一种元哲学或最高哲学，它把信息作为一种普遍化的存在形式、认识方式、价值尺度、进化原则来予以探讨，并相应从元哲学的高度建构出全新的信息本体论、信息认识论、信息生产论、信息社会论、信息价值论、信息方法论、信息进化论等，在这些信息哲学的大的领域之下还可以再包括若干分支哲学④。

邬焜认为，信息哲学的建立不仅有利于人们利用当代科学、技术、社会发展的积极成果重新建立对自然、社会和思维领域的认识，而且还有助于人们建立一种更为合理的价值观，从而能够更好地处理人与自然、人与人、人

---

① J.E.Brenner, 2010. "The Logic of Ethical Information". In H.Demir (ed.), *Knowledge, Technology, Policy*, Vol.23, No.1-2, pp.109-133.

② S.French, 2010. "The Interdependence of Structure, Objects and Dependence". *Synthese*, No.175, pp.89-109.

③ E.Mares, 2010. "The Nature of Information: a Relevant Approach", *Synthese*, No.175, pp.111-132.

④ 邬焜：《信息哲学——一种新的时代精神》，西安：陕西师范大学出版社 1989 年版，第 22—32 页；邬焜：《亦谈什么是信息哲学和信息哲学的兴起》，载《自然辩证法研究》2003 年第 10 期，第 6—9、14 页。

与社会的多层面的、综合而交织的复杂性关系。信息哲学给人们带来的全新的自然观、认识观、社会观和价值观不仅能够积极的推动人类信息社会的发展，而且还可以在此基础上促进建立一种更为文明和民主的社会的政治、经济和文化的新秩序。

1980 年以来，邬焜在与信息哲学相关的领域先后以中文发表了 300 余篇论文，出版了学术专著 20 部。现在，这个哲学已经有了一个简明反映其基本内容的尚未正式出版的英文版本《信息哲学的基本理论》（*The Basic Theory of the Philosophy of Information*；BTPI）。

邬焜教授所建立的信息哲学对于哲学而言是一个大的变革，本章中我们仅能对这一学说的一些最基本的内容进行简明的概述。在本章中，我们将致力于把邬焜的信息哲学和布伦纳的现实逻辑的理论结合起来，并由此提供一个更为完整的关于信息交互过程及其演变活动的描述。因此，我们建议，为解决信息哲学和信息科学的相关理论和应用中的问题提供一个新的透视方法。[①]

三、现实逻辑

现实逻辑是一种形式系统。现在将它放在对邬焜的信息哲学基本理论介绍的前面来讨论，是因为它可以成为邬焜建立的信息哲学（BTPI）的逻辑基础。

1. 现实逻辑概述

现实逻辑是一种新的逻辑，它将逻辑领域扩展到现实事物的过程，这一逻辑也适用于对个人和社会层面的复杂相互作用过程的分析，并能够为与这些领域相关联的潜在的因素提供一个形而上学的新视角。布伦纳是在法籍罗马尼亚哲学家斯特凡·利巴图（Stéphane Lupasco）相关工作的基础上提出他

[①] 本章将不讨论理论和哲学之间的差别，也不讨论相关术语在某些情况下可以互换使用。而哲学是一种具有更高层次和更大普遍性的理论，在任何情况下，两者都不能绝对的区分或割裂，这也是布伦纳提出的现实逻辑的相关原则的灵魂。

的现实逻辑理论的（布加勒斯特，1900—巴黎，1988）。① 现实逻辑建立在宇宙微粒说和场论观点的基础之上，它所提出的相关公理和规则为现实世界的活动过程，包括各类物质性实体和能量，也包括信息活动，以及更具有复杂性的生命现象、认知过程和社会层面的现实活动提供了一个分析和解释框架。

现实逻辑这一术语的内涵包括两个方面：①现实中的逻辑，即在那些现实运行变化的过程中实际嵌入而发生的逻辑原则；②真实的或应当的逻辑，即与那些真实的物理形而上学的过程相关的同样符合相应逻辑原则的逻辑。

现实逻辑的主要内容包括如下几点：

①物理学的基础和自然的形而上学的二重性；

②它的公理和微积分，旨在反映真实的变化；

③其相关的本体论范畴和结构；

④一个关系分析的双层次框架。

LIR 的理论是由布伦纳提出的。简明说来，LIR 最重要的思想是：

①在任何一种真正复杂的过程中，都伴随着逻辑上和功能上的对立或矛盾的二重化因素。当对立或矛盾的二重化因素中的某一方面的因素（的主要方面）在当前被现实化的时候，与其对立的另一方面的因素（的主要方面）则会处于潜存的状态，在事物运行的过程中，这两个方面会交替转化和相互作用。在任何一种情况下，都不会存在对立或矛盾的双方中的某一方完全消失的情景（矛盾双方的有条件的相互依赖和共存的原则）。

②在现实过程中，一个更为复杂的高层次新事物的产生，可以用对立或矛盾因素的极强相互作用达到一个新的平衡点的建立来解释（包括中间状态的原则）。概括地说，上两个方面的矛盾关系将被称为 LIR 的动态对反原则（PDO）。

应该把 LIR 看作是一种适用于过程的逻辑，它是关于一个现实过程的本体论观点②，它揭示着某种趋势或倾向，而不是对某一"物体"或状态变换

---

① J. E. Brenner, 2010. "The Philosophical Logic of Stéphane Lupasco". *Logic and Logical Philosophy*, No.19, pp.243-285.

② J. Seibt, 2009. "Forms of Emergent Interaction in General Process Theory". *Synthese*, No.166, pp.479-512.

进行静态图示描述的步骤①。稳定的宏观物理学对象和简单的事物，是由于过程的性质达到了"矛盾平衡"状态所产生的结果，在这种情况下，可以用二进制的逻辑来描述。

已有的标准化的基础性逻辑，更确切些，这些简化的逻辑模型未能捕捉到生物学和认知过程的基本动力学结构，如推理的动力学结构。LIR 不会取代古典的二进制或多值逻辑，但把它们的适用范围仅仅限定在简单系统中。这些系统也包括那些有其特定的计算和算法的，在数学上不难处理的混沌系统，因为这些系统中的元素并不处于某种复杂的互动关系。LIR 所适用的那种互动关系，是生物活动或认知活动内部所表现出的某种形式的过程的特点。

2. 本体论范畴

以具有本体论地位的能量作为其基础性范畴，以动态对反原理作为其最重要的规则，是 LIR 的重要内容。

从 LIR 的形而上学的角度来看，真实系统或现象的现实过程都是二重化的，二重化的两个方面总是具有不可分离的性质。真正复杂的现象表明，存在某种矛盾关系，以及这些矛盾的对立面之间的相互作用。而在其他一些可以用古典的二进制逻辑或它的现代版本进行描述的许多简单现象那里，却显示出缺乏这种矛盾对立面的复杂的相互作用。

LIR 采用一种新的方法，对古典哲学的二分法、表象和现实、空间和时间，以及因果关系和可分离性之类的不可回避的问题和范畴的性质进行分析，由此探究现实过程的真实的原因，并得出相应的结论。

非分离性构成其他形而上学对现实进行描述的鲜明的二元论基础，如决定论和非决定论、主体与客体、连续性和非连续性、内部和外部，还有间断性和继承性，等等。非分离性是一个极其重要的概念：可以用这一概念来考察处于过程中的元素间的矛盾关系，同样，也可以用这一概念来揭示那些关于过程可分离的观点的不合理性。尤其是在事物宏观层次的非分离性，正如在量子水平正在探索的情景那样，这些探索提供了一个已在科学和哲学中被

---

① J.E.Brenner, 2005. "Process in Reality: A Logical Offering". *Logic and Logical Philosophy*, No.14, pp.165-202.

长期忽视了的关于宏观现象的组织或结构生成机制的原则。

路亨（Luhn）也曾说过，通过适当选用物理变量和三元变化过程的概念，包括发送者、信息和接收者，可以建立一种新的信息本体论①。世界在不断"创新"，从 LIR 的角度来看，显然，原因和原因产生的结果都是自发的过程。

3. 对于哲学的影响，确定性和非分离性

在对时间、空间和因果关系的标准概念的关系描述中，许多理论观点都或明或暗地采用了二进制逻辑命题的绝对可分的二分法术语的抽象原则。LIR 从物理过程的动力学方面来讨论哲学问题，它不需要利用那些关于现实分离方面的抽象的范畴结构。换言之，LIR 的过程本体论范畴的关键特征是对立现象的不可分离性，例如，两种理论或现象的元素的不可分离性，又如，语法和语义、类型和标记的不可分离性。

LIR 的哲学特点是很明显的，它可以作为一个关于真实世界的并非没有相应科学根据的二元化现实主义的假说，它可以解释所有的经典理论所描述的现实过程中的二元互动关系。LIR 构成了当前"回归形而上学"的哲学本体论转向的一部分，正如雷德曼（Ladyman）和他的同事们在他们提出的信息理论的结构现实主义中所表示的那样②。

从 LIR 的观点来看，关键是关于自由意志的讨论，这个世界是否既是确定性的又是非确定性的？尤其要结合上面提到的关于矛盾互动关系的原则来考察这一方面的问题。从某种意义上说，所有的进程都具有确定性，自从它们被创生出来，所有的粒子的运动轨迹原则上都是可以被预测的；不确定性是认识论的，而不是本体论的。可能的例外是放射性衰变的时间，但这并不影响进一步的论证。③关键的思想是，在量子水平上就存在有构成新的实体的

---

① G. Luhn. *Towards an Ontology of Information and Succeeding Fundamentals in Computing Science*. Paper, 4th International Conference on the Foundations of Information Science, August, 2010, Beijing.

② J. Ladyman and D. Ross, 2007. *Every Thing Must Go. Metaphysics Naturalized*. Oxford: Oxford University Press.

③ 在这个层级上呈现出的非决定论性质并不排除在其他层级上存在的决定论性质，但后者仅只是一种潜在存在的状态。

潜能，量子世界正是在较高的水平上创生新实体的必要的因果属性的载体。那样随机性是认识论意义的，而认知的结果本身也是一个确定性的现实，相关的经典理论仍然有其存在的价值，应该把 LIR 的理论和相关的经典理论辩证地结合起来。

一个明显的事实是，已有的理论中没有 LIR 中经常用到的某些概念，包括"LIR"这一概念本身，LIR 具有 100% 真实的本体论的价值，其内容构成了本章核心论题的一部分。任何复杂的真实过程都不可能是完全实体化的，或是说不可能在所有情况下都是实体化的。在特定情况下，存在着某种在实体或构造模式间的选择。在这一规则面前，遵循平方反比规则的重力定律或电磁辐射定律也不能例外。也许，存在于人类范围之外的微弱的热力学变化过程是这一规则的唯一例外。

4. 内部和外部

LIR 的基本公理意味着对事物的内在和外在性质的规定有一个重大的改变。在涉及动态交互作用的过程时，无论是量子系统、生物系统或精神活动系统，没有任何一种系统可以与它的对立面或否定的方面相分离。所有系统的性质都是部分内在的和部分外在的，在它们的内部和外部的相互作用中存在着某种现实化和潜能化（LIR 的本体论用语）的相互转化的运动。邬焜认为：这一内外互动的原则将对规定信息本身，以及对内部和外部的信息现象之间的相互匹配、重组、再造创新的复杂互动关系的确证提供非常有价值的支持。

一个明显的事实是，从绝对分离的二元论的思想原则出发，很难理解人类个体认知相互作用过程的复杂性机制。虽然很容易看到一个细胞，说它在与环境或背景的动态相互作用下，可能引起双向的变化，但是，我们却很难由此理解环境在我们意识发生中的作用，以及为什么意识发生的机制既是内部的又是外部的。这将导致一个全面的反实在论的立场。

LIR 的现实和潜能的相关因素的相互作用和转化过程的理论，为我们解释获得意识和行为发生的具体细节提供了方法。因此，"你的"心灵是外部作用开发出来的人的感知潜能的内部化，也许我们在这里可以借用拉玛钱德朗（Ramachandran）提出的镜像神经元概念。通过这种内外互动的方式，有助于作为群体中的部分的个体对其未来个性的发展做出某种程度的预测。在群体心理学中可以找到这样的例子，这就是个体心理包含着群体心理的一部分。什么是"个体中的群体部分"，这是一个在更直观的水平上，在更高等级的层面表现出来的实例，它具有更大的真实性。在不同层级的现实中，我们将假定存在着某种与现实的充满活力的过程相对应的认识论上的因素，并且，在这二者之间又具有某种对立面互动的冲突。在现实认识的活动中，有些人可能总是将他们的注意力集中在这两个对立面中的某一方面，但事实是，在这两个方面存在着某种矛盾关系，当一个方面是现实时，另一个方面则可能是潜存的。

由 LIR 的理论直接发展出一种认识论学说也许是不可能的，但读者不妨去关注一下黑格尔的一句名言，哲学的功能就是把我们引向接触真理的道路。这肯定也是 LIR 的目标。

5. 把信息当作过程

用布伦纳的相关理论的方法来看信息，所有我们熟悉的信息活动，以及信息的产生、传播和接收都被看成是一个充满活力的过程。因此，任何信息活动、任何关于信息的理论，都应该遵循现实逻辑的辩证原则。依据这一原则，对信息过程的真实性质而言，二元性和非二元性并不是相互割裂的，这就有必要在不同层级的现实中，针对真实发生的情景，引入固有的非二进制的充满活力的过程机制。另外，什么是现实的信息，怎样以现实的信息为基础建立一个合理的信息理论，这两个问题是不能割裂的。

与 LIR 最相容的信息的定义是由柯尔莫哥洛夫（Kolmogorov）提出的①，其大意是：信息是任何操作者对一个给定事件的概率分布的改变。这跟他的著名的贡献"算法信息理论"相当不同，但却符合 LIR 的过程的观念。在 LIR 中，真实过程的逻辑基础类似于（非柯尔莫哥洛夫）概率，而且逻辑操作者也是过程，它是一个占主导地位的真实的行动着的介入者，就好像是总是伴随着一个占主导地位的潜在的否定因素的作用。它提供了一个潜在的或

---

① D.Mindell and S.Gerovitch, 2003. "Cybernetics and Information Theory in the United States, France and the Soviet Union". In M. Walker (ed.), *Science and Ideology*: *A Comparative History*.London: Routledge, pp.66-95.

正在活动着的信息背景，它的作用正是（在更高层次的信息水平上）对信息意义做出分析，并导致信息改变的活动机制。

LIR 的方法整合和提供了信息的两个相辅相成的组成部分之间的关系：①已经形成的信息，有意义的和真实的数据；②真实的充满活力的信息过程。据此，作为过程的信息，可以把操作者的作为数据的较低水平的信息运行到更高的信息层次。

四、自然的逻辑和辩证法

1. 格瑞兹

语言经常被人们认为是有逻辑的，虽然语言有自己的性质和功能，但是，语言自己的规则更为模糊，更难以形式化和公理化。格瑞兹（Grize）的自然的逻辑是皮亚杰（Piaget）的目的逻辑（logique opératoire）的一个分支。其目的是描述非形式化的人类推理的各个方面和给出其最简单的定义：日常语言的意义是，一个使用自发地习惯推理的逻辑①。这一理论的要害是，涉及一个现实的逻辑，涉及一个必不可少的带有"随机性逻辑"的图式，就这一逻辑本身而言，它并不是谈话或文本本身，而是一种潜在的活动（能力），是语言使用中的现实。自然的逻辑的应用领域是有区别的：个人体验、形式逻辑、科学观测。

在社会背景中，自然的逻辑始终位于非主导的或被主题排斥的地位。从格瑞兹特意批评的实际情景来看，形式化的古典逻辑和推理形式走进了一个封闭的领域，不能够进一步的体现对观念进行详细阐述的现实的关系。在这种形式化推理逻辑中，一个真的纯粹观念和它的建立需要有一个确定无疑的前提，与之相对应的推理的唯一规则便是演绎推理。而自然的逻辑则不同，它不仅被称为"主体的逻辑"，而且也是一个"客体的逻辑"，为了与形式化的古典逻辑相区别，也可以把自然的逻辑称为关于"任何既定客体"的物理

---

① J.B.Grize, 1996. *Logique naturelle et communications*. Paris：Presses Universitaires de France.

或逻辑。可以这么说，这个想法赋予了对象背景一个特殊性场域，并提高了它们的本体论地位。在动态对反的逻辑中，主体与客体的关系是辩证的和矛盾统一的。与自然的逻辑相比，冯·赖特（Von Wright）的行动逻辑只可以看作是在这一方向上所进行的早期探索的某种失败的形式，因为，在事实上，他的这种逻辑并不能为行动和变化提供完整的描述和说明。

2. 邬焜

在1990年出版的《自然的逻辑》①一书中，邬焜对自然存在和进化的内在逻辑进行了另外一种意义的独立性探索。该书的理论内容包括3个部分：①直接存在论；②间接存在论；③自然演化论。书中具体探讨了物质形态和信息形态的双重存在性和双重演化性，揭示了其内在活动过程的具体机制。该书的内容是对他在20世纪80年代初中期创立的信息哲学中的信息本体论学说的进一步展开和深化②。在该书中邬焜认为，揭示自然规律的方法只能是本体论的。

其实，早在1988年邬焜就发表了一篇题为《"以自然的名义"表述自然》的论文。该文写道，在自然规律的表述问题上，我们显然出于一种矛盾境地：一方面，自然的规律是纯粹自在的、客观的；另一方面，对自然规律的表述却只能以人的主观认识为中介。这就必然给表述着的自然规律带来了某种认识论的特征。在这里，客观的规律是不可能在纯粹客观的程度和水平上被揭示出来的。虽然，人所描述的自然模式的具体样态对人类的认识方式和认识水平具有依赖性，但是，我们还是可以把自然规律和人类认识本身加以区别。在这里，规律是关于自然的，而不是关于人类认识本身的。对自然规律的表述必须采取一种相对外在于认识的方法，表述客观规律时必须要借助哲学的反思，将其借以呈现出来的认识结构这一参照系的规范予以扬弃，而认定为是由自然自身而出的关于自身的种种规定。我们必须"以自然的名义"来表

---

① 邬焜：《自然的逻辑》，西安：西北大学出版社1990年版。
② 1982年，邬焜提交的大学本科毕业论文是一本名为《哲学信息论》的学术专著，该书的纲要以《哲学信息论要略》为题发表于《人文杂志》1985年第1期，第37—43页，该书的修改稿于1987年以《哲学信息论导论》的书名由陕西人民出版社出版。这些成果成为信息哲学在中国创立的标志。

述自然。阐述自然规律的方法只能是本体论的①。

这与布伦纳从现实逻辑（LIR）角度提出的看法，以及与保罗·戴维斯（Paul Davies）提出的自然法则的概念极其接近（Dav. 2007）。正如有人已经指出的那样，根本不需要用什么宇宙之外的神秘力量的"精确掌控"来解释自然规律。

邬焜的研究超越了同一时期其他学者的工作。下面我们列举伊戈尔·格列维奇（Igor Gurevich）的一个迥然不同的研究方法的例子（Gur. 2010）。格列维奇，同时还有铁马克（Tegmark）、劳埃德（Lloyd）和其他的人，他们提出了一个假说：宇宙是按照信息的比特单位，根据"信息程序"的规则构造出来的。然而，在我们看来，他们所说的信息程序，此外，还包括哥德尔原理和申农熵，比特，等等，这都无法阐明能量的原始起源问题。因此，格列维奇所提供的还仅仅是某种由物质活动所派生的后验的基础性信息内容的静态模式，这一模式根本无法揭示信息动态演变的一般机制（SIC）。

另外，正如在现实逻辑中那样，邬焜认为在自然的存在和演化过程中有一个"逻辑"，存在一个关于信息的本体论的物理学基础，并据此可以相应建立一种关于自然的本体论学说。他明确地表明：解释自然（规律）只能"以自然的名义"，其方法只能是自然本体论的。这正是一种对自然进行表述的合理的本体论的方法，由此展示的"自然的逻辑"，无需涉及语言或命题的性质和功能。

当然，在语言和命题逻辑的性质中也包含自然逻辑的方面，但它们的抽象属性本身却并不属于自然的逻辑。从另一个角度来看，信息是一个动态的过程，不能也不应该将其限定在语义范围，邬焜提出的"自在信息"的信息形态就具有这一特色。信息需要一个自然的逻辑对其进行描述，因为，按照邬焜的说法，自然具有物质和信息"双重存在的性质"。

在现实逻辑的相关规定中，情景可能与邬焜的说法有所不同，由于引入了动态对反原则，现象的对立或矛盾方面的现实和潜能两个方面将会连续交替呈现，如物质和信息的形式。在这里信息同样是"物质的"，同样是一个在

---

① 邬焜：《"以自然的名义"表述自然》，载《自然辩证法报》1988 年 1 月 19 日。

自然法则中的物质过程，但它是一个更高层次的现实的运行过程，当物质和信息的某一方面处于主导地位时（按照 LIR 的原理）则呈现出"自为"的特点。自然界（天然物质）中的二重性是一种性质的二重性，而不是一个双重物质的理论，物质和信息都是完全的物质，但这两种物质又存在差异。从 LIR 的观点来看，在现实中，物质和信息既是相同的又是不同的，而这两个方面又都会同时存在。就同时存在这一点而言，它适用于 Grize 和邬焜两者的自然的逻辑。

3. 黑格尔和马克思

在"第二次世界普遍逻辑大会"上，何华灿（He Hua-Can）在发言中强调把辩证法、信息、逻辑和社会进步联系起来。他写了一首小诗[①]：

循序前进：信息的基础是逻辑，不同的逻辑要统一，统一的过程很艰难，辩证的方法是关键。

鲁帕斯高（Lupasco）最初开发出了一个逻辑系统，这个系统具有辩证法的性质，布伦纳提出的现实逻辑（LIR）就是以它为基础的，可以把这个具有辩证性的逻辑系统和黑格尔，也包括他的追随者马克思、恩格斯和列宁的辩证法相比较。虽然鲁帕斯高和黑格尔的辩证法具有某种差异性，但是，鲁帕斯高却更多地指出了他和黑格尔辩证法之间最重要的相似之处。黑格尔和鲁帕斯高都是从现实矛盾或对立的性质的角度发展出了复杂的针对矛盾的逻辑系统，并且远远超过了正规的命题逻辑，并把辩证法的观念广泛地应用于个人、社会、意识、艺术、历史、伦理和政治等领域。黑格尔把矛盾纳入逻辑之中，并且对经典的"正式的"逻辑方法进行否定，他认为观念仅仅是内容的抽象思想形式。

黑格尔提出了一个三段式的主要历时态顺序：正题 A、反题非 A，和综合二者的合题。黑格尔的逻辑仍然是亚里士多德的，他把这种逻辑综合成了一个"形而上学的辩证法"，在矛盾二重性发展的进程中，他推论出对立面不断地被纯化，并且被一个更为广泛的综合命题所取代。在他之后，马克思和恩

---

① He Hua-Can. "Dialectical Contradictions and Universal Logics-The Spectrum Phenomenon in Flexible Logic". In J.-Y.Béziau, He Hua-Can et al. (eds.), *UNILOG*'07, Available at http://www.uni-log.org, 2007.

格斯又把辩证法的逻辑直接移植到社会现实的层面，与黑格尔的学说相比，他们对黑格尔学说所强调的综合的方面予以排斥，并把黑格尔关于矛盾对立的观点当作其学说的全部，并把它看成是事物发展的驱动力。

鲁帕斯高的逻辑系统，涉及两个辩证法：一个是矛盾双方交替上升和下降（分叉）演化的矛盾辩证法，另一个是同一性和差异性走向综合的非矛盾的第三种状态的辩证法。如上所述，矛盾的根源是能量所固有的，而能量是唯一存在的实在。正如鲁帕斯高所指出的那样，黑格尔的体系"只有半个辩证法"。在黑格尔那里，统一的肯定性价值总是超越了差异的否定性价值。

正如泰勒（Taylor）指出的那样，黑格尔的观点有一个必然性的本体论前提，同时又有一个矛盾有限性的前提。黑格尔建立了一个"高层级"的本体论框架，但是，他需要确定一个基本的最低水平的存在形式来证明他的本体论，他试图用矛盾来证明他的本体论的做法是不成功的。我们认为，LIR 的实在论观点，成功地克服了黑格尔体系中的这一重大缺陷，而不需要借助于他的学说的基础，即他的学说中的唯心主义承诺。更重要的是，本章关于人道主义的论断，使我们的辩证法不可能导致极权主义、反社会倾向的极端化意识形态。

皮亚杰（Piaget）的矛盾论也是一个标准的马克思主义的辩证唯物主义的黑格尔形式，这一形式要求在社会现实改造的冲突和矛盾中寻找一个占主导地位的起核心作用的方面。矛盾性或次协调性逻辑对于这样的解释是必要的，尽管在我们看来这些解释都还不具有充分性。从 LIR 的形式逻辑来看，应当从现实的矛盾中涌现出新结构的特征。

4. 辩证逻辑和辩证实在论

在这里，我们只是要强调指出，邬焜关于存在领域的分类，邬焜的哲学，以及布伦纳的逻辑，应该被看作是从康德，通过黑格尔、费尔巴哈，再到马克思和列宁的哲学以及逻辑和辩证法学说的延续。邬焜的"客观实在"概念是基于列宁所提出的新辩证唯物论的非实体化的发展之上的[1]。相对于这个概

---

[1] 邬焜：《"客观实在""实体唯物论""唯能论"与唯物论的非实体化——论列宁的"客观实在"物质观的科学价值》，载《西安交通大学学报》（社会科学报）2004 年第 2 期，第 69—75 页。

念，邬焜建立了他的"信息思维"的学说，这一学说构成了解释经济和社会的新的信息范式的核心理论。①

在这里，要提供一个关于逻辑、辩证法和现实之间的发展关系的详尽讨论是不可能的。有兴趣的读者可以参考埃房德·严伊柯夫（Evald Ilyenkov）的图书（在线可获得）。② 严伊柯夫指出③：列宁比黑格尔走得更远，他认为，逻辑不是关于思想外在形式的科学，而是所有物质、自然和精神事物发展的法则。在逻辑和知识理论之间没有基本的原则上的差别。由于逻辑与辩证法是同一的，所以理论知识和辩证法的逻辑"具有完全的同一性关系"。其中一个关键的问题就是如何对矛盾进行恰当的理解。

马克思避免了把内部矛盾和外部矛盾作形而上学的还原，他侧重于阐明现实的内部矛盾和现象的关系。辩证法强调事物的另一个方面，并同时确认事物的两个方面都具有客观性。现实逻辑使用与之相同的"术语"，但是避免了"完全同一性"的承诺，这一承诺本身就是一个绝对化的观念，这一观念构成了从黑格尔就开始的对"旧式"（二价的）逻辑进行批判的前提条件。

在今天，我们提出的现实逻辑比列宁当年所面对的"能量主义"更具有坚实的物理学基础。描述鲁帕斯高哲学的最恰当形式也许是"辩证实在论"，而不是"辩证唯物论"的本体论，其性质正如詹姆斯·雷德曼（James Ladyman）和他的同事所进行的结构实在论的研究。④ 这样一种实在论的学说必然隐含着一个相应的"虚实"二元化构造，这种"虚实"相对的双重性存在正是邬焜的"信息的基本理论"（BTPI）的核心思想。

正如马克思和列宁所预期的那样，相关分析的最重要的结论之一便是，在真实的过程中，逻辑矛盾和辩证矛盾是一回事，这也是 LIR 的逻辑的延伸

---

① 邬焜：《物质思维·能量思维·信息思维——人类科学思维方式的三次大飞跃》，载《学术界》2002 年第 2 期，第 60—91 页。

② E. Ilyenkov. *Dialectical Logic*. Moscow：Progress Publishers，1974. Available at http：//www.marxists.org/archive/ilyenkov/works/essays/essayint.htm

③ 我们对基辅大学的尤里·麦卡夫（Yuri Melkov）先生让我们关注本文献的提示表示感谢。

④ J.Ladyman and D.Ross，2007. *Every Thing Must Go.Metaphysics Naturalized*. Oxford：Oxford University Press.

意义。只有在语言学或简单数学的领域，那个关于二值或多值逻辑函数的形式才是适用的，也只有在这些领域对这些不同的逻辑形式做出区别才是合理的。

由邬焜和布伦纳的方法得出的基本结论有助于恢复辩证法作为一门哲学和科学的，包括社会科学和政治科学的一种合理的理性分析策略。如前所述，以物理学为基础的现实逻辑的辩证原理，能够为不同层级的现实而复杂的事物的性质提供操作性的解释模型。可以这么说，矛盾的运动趋势能够在同一时间形成肯定的和否定的两种不同的潜能，如机遇和风险同在。在这里，我们提出的理论，可以把逻辑和辩证法的学说贯彻到不同层级现实的相类似的现象之中。

在这里，我们遵循哈夫科克尔（Hofkirchner）的说法："在相关环境背景中，辩证的方法具有复合性动态思维的特征"①（或信息思维，或遵循 LIR 的逻辑的特征）。在辩证的分析中，对现象进行分析的术语包括：功能和结构、非连续性和连续性、一和多、潜在和实在、整体和部分、虚与实、乐观和悲观、本质和现象，内在性和超越性等。LIR 是一种理解事物如何从一种状态转化到另一种状态时的具体机制的解释方式，在本体论层面，所有这些状态都具有不可分离的性质，都蕴涵着可以产生的根据，在信息哲学中也体现着同样的原则。

5. 通用逻辑

在过去的十年中，标准逻辑发展的最重要的进展之一，是中国学者何华灿和瑞士学者让·伊夫·毕鸠（Jean-Yves Béziau）的相关研究，他们把他们研究的逻辑称为通用逻辑。与通用代数学的功能相似，这种逻辑为统一的代数学提供了一个广泛的抽象理论基础，毕鸠已把这一通用逻辑定义为：就其本身而言，它并不是一个普遍性的逻辑，它只是为目前的数学思想提供了一个普遍理论的逻辑基础。

何华灿还进一步证明了标准静态变量逻辑的局限性，其中还包括用来解

---

① W.Hofkirchner, 2009. "How to Achieve A Unified Theory of Information". *Triple-C*, Vol.7, No.2, pp.357-358. Available at http://www.Triple-c.at/index.php/tripleC/article/viewFile/114/138/.

决计算机科学中的相关问题的瑞坡维芝（Japaridze）的数学逻辑的局限性。虽然，依照何先生的意见，数学逻辑将始终是计算机科学和人工智能的重要基础，但同时他又认为，必须对现有的数学逻辑加以改造，使其同时能够兼有"严格"与"灵活"的二重性特征，从而使其可以以某种更为实用的辩证方式来井然有序地处理矛盾和不确定性的情景，以适应复杂性的现实世界。然而，尽管他强调说他提出的通用逻辑的适用范围已经扩大，其中既包括严格又包括灵活的逻辑，并且能够考虑到"矛盾性和不确定性"的情况，但是，它仍然是一个命题逻辑。在我们看来，这样的命题逻辑形式虽然已经明确扩展了可计算的领域，但它所适用的范围仍然是有限的，它仍然无法描述现实系统的真实过程和性质。

在一本名为《通用逻辑》的书中又提出了另外一些关于通用逻辑的解释，其中毕鸠是主要的作者，遗憾的是，该书的大部分内容都还只是一种数学上的语言逻辑，并不适用于对现实过程，包括信息过程的描述。

然而，从信息科学的角度来看，我们需要的恰好是另外一种性质的逻辑，这种逻辑必须同时适用于信息作为数据的语义以及信息作为现实过程的两个方面的性质。现有的通用逻辑仅只对前一个方面的逻辑的数学辩证方面能够很好地适用，而 LIR 的描述则适用于后者的非数学的辩证法。这样，在我们看来，为了建立一个完整的适用于信息科学的逻辑，上述两种逻辑都是需要的，在这种逻辑和辩证法的背景下，让我们转向对邬焜创立的信息哲学的详细讨论。

五、邬焜信息哲学的基础理论

1. 存在论

邬焜的信息哲学的深刻见解的基础是"客观实在＝客观存在"的传统信条不能恰当的对信息世界予以描述，需要相应建立一个新的本体论和世界观来更为完整和准确地把握存在领域。

邬焜因此定义了一个经典的逻辑系统，这个系统包括四个命题项（由两个命题和它们各自的对立面构成）：客观（P）和实在（Q），还有主观（−P）

和不实在（-Q），由四个命题项的两两组合构成一个经典二值逻辑的 6 个合取式。在邬焜的逻辑中，消除了其中两个矛盾的合取式（"P∧-P"和"Q∧-Q"），能够标识存在的种类的合取式减少到了 4 个。

根据邬焜提出的富有创意的逻辑形式，即使是在经典逻辑的范围内，要描述一个新的动态信息形态的活动也是可能的。

客观实在（P∧Q）：一个用一般性的质—能概念规定的客观实在，它完全可以作为我们讨论的起点，因为它不仅是当代科学所揭示的构成世界的基本实在形式，而且它也对应于我们日常生活体验到的实在形式。通常，在一般科学文献中，客观实在对应的是物质和能量，邬焜从一般哲学的层面把它们都叫做物质，也称为直接存在。

客观不实在（P∧-Q）：客观不实在指的不是事物相互作用的过程本身，而是这一过程所造成的结果中凝结的内容，邬焜把它称作是在事物的自然关系的"痕迹"中所呈现的内容，或说是，客观事物间的反应（类反映）内容，而客观世界中普遍映射、建构的种种自然关系的"痕迹"则正是储存物间的种种反应内容的特定编码结构。正是在这个特定的意义上，我们说"客观不实在"和"客观实在"具有本质的区别，前者是后者显示出来的存在方式。客观不实在指的是客观事物中凝结的客观关系的内容，它不同于现象学意义的主观呈现的现象，它是由纯粹客观物理过程产生的客观事物的显像，邬焜称之为物质自身的显示。

主观实在（-P∧Q）：邬焜认为主观实在是不存在的，因为一个关于某物的主观映像并不是某物本身，如果把某物看作是实在的，那么，就不能用同一个实在的概念来描述它的主观映像，这也类同于不能用同一个实在的概念来既描述客观物自身存在的方式，又描述该物在它物中所映现的关系内容一样。

主观不实在（-P∧-Q）：邬焜用这一概念来指谓所有的精神现象，从动物的最低水平的感知、记忆，直到人类的高等级的感知、记忆和思维的所有的主观存在。在邬焜的存在观中主观不实在指的是"不实在的"意识和潜意识的心理现象，另外，也包括人在思维活动中所创造和运用的新形象和符号及其系统。

邬焜进一步指出因为主观存在和客观不实在都共同具有不实在的性质，所以，主观和客观就可以相互贯通，从而达到统一，人和他所认识的对象便不可能绝对相互割裂，正如在 LIR 中所阐释的那样。

在此基础上，邬焜重新规定了存在领域的构成方式。他提出一对新的范畴，直接存在和间接存在，间接存在是直接存在的"自身显示"。客观不实在是客观间接存在，主观存在是主观间接存在。邬焜用直接存在来指谓客观实在，即哲学的物质范畴，用间接存在指谓客观不实在和主观存在，并把通常的信息概念改造为哲学概念，用之指谓间接存在。

由此，邬焜建立了如下等价关系式：
①客观实在＝实在＝直接存在＝物质
②不实在＝客观不实在＋主观不实在（精神）＝间接存在＝信息
③客观不实在＝客观间接存在＝客观信息
④主观不实在＝主观间接存在＝主观信息

在对相关问题分析的基础上，邬焜给出的信息的哲学定义：信息是标志间接存在的哲学范畴（Wu Kun 1984），它是物质存在方式和状态的自身显示（Wu Kun 1981）。

邬焜的信息方法是从自然本体论的立场出发，对存在领域的结构做出分析，这一分析首先把存在区分为客观和主观两大领域，然后，再区分为实在和不实在两种类型，再然后则是把这两大领域和两种类型进行交叉组合放到一个统一的分类图示中进行考察，并给出与每一种组合相匹配的术语，接下来便是将这些组合的意义与存在的现实领域结合起来进行讨论，最后得出了关于存在领域的新的划分方式的结论：物质＝客观实在＝直接存在；信息＝客观不实在＋主观不实在＝间接存在。这个分类显然与传统哲学把存在分为物质和精神两大领域的分类方式截然不同。由于分类所利用的命题项，主观和客观是一种全分类，实在和不实在也是一种全分类，所以，由这两种全分类所产生的四个命题项的两两组合所构成的关于存在领域的分类也必然是周延的和完满的，由此产生的关于存在领域的分割方式也便是逻辑自恰的和全分类的。

虽然，布伦纳曾对运用传统的分类理论对复杂的过程，如对信息现象进行分析提出过质疑，然而，在这里，我们认为，在本体论的最基础性的阶段应用这种分析方法仍然是有效的。邬焜关于存在领域分割的方法是非常有益的，它为进一步展开存在领域的自然化的讨论提供了一个基础。在此，有必要重申邬焜的关键性结论，信息是间接存在，它包括客观和主观两大领域：

①主观间接存在是主观不实在，是主观世界（精神世界）的总概括，他并不仅仅局限于人的主观世界，也同时包括动物中的精神现象。

②客观间接存在是客观不实在，它是客观存在的一部分。

从这个关于存在领域的划分中我们可以看到，邬焜是从物理活动的层面来具体分析物质和能量以及信息的存在形式的。由此，我们可以获得关于信息的本质，即信息是通过其客观和主观两个方面的形态现实而具体的"捆绑"于存在的。信息正是这样的一个存在领域。

这个关于存在领域的新划分，从物理活动的层面描述了质—能形式和信息形式的共在性。因此，所有的存在都具有物质（质—能）和信息的二重化存在的特征。依照划分的关于存在形态的等级或水平，我们很容易解释从一种信息形态到另一种信息形态的过渡和转化。邬焜认为，作为间接存在的信息的观点并未否定物质的存在，任何物体都是由直接存在和间接存在构成的，在物体现存的物质结构中就凝结着关于它自身的历史，目前的规定性和其未来发展的可能性的信息，而由于凝结了这样一些关系的内容，这就使任何物质体同时又是"信息体"。[重要的是区分出了关于物体中包含着"历史"的观点（或者，换句话说，通常，在迅速发展的过程中，我们只是暂时从静态的角度来看待物体），这也可以看出，波普尔从社会历史的角度提出的批评是正确的。在已有的分析方法中，缺乏对可能的历史状态的抽象性表述。]

我们后面将说明当把邬焜所描述的存在领域的新划分应用于信息过程或信息活动时，利用 LIR 的原则有助于对其性质做出进一步的阐明。

2. 信息形态的分类

邬焜把信息具体分为三个基本的形态和一个综合附属的形态。

（1）自在信息

自在信息是客观间接存在，他不依赖于任何主观性的规定而存在。信息场以及信息的同化和异化是自在信息的两种基本形式。信息场产生于物质

（质量和能量）在其内部和外部的相互作用过程中所派生的粒子场和波场，本来，在通常的物理学中人们只把这个场看作是一种物质场，但是，由于特定的物质在其内外相互作用中只派生特定性质的物质场，所以，这个场便能把派生这个场的物体的某些差异关系显示出来，正是在这个意义上，这个场便具有了信息场的意义和价值。

按照邬焜的描述，这个场本身就兼具物质场和信息场的二重存在方式。信息的同化和异化则指的是物体在相互作用的过程中，通过信息场的中介作用而引起的相互作用之物的改变。按照通常物理学的说法，这一改变是某种物质结构的变化，但是，由于这种结构的变化与原有结构之间的差异是由发送或接受信息场中的信息所造成的，所以这一结构的变化便可能凝结了某种差异关系的内容，正是这种差异关系内容的凝结使这种结构的变化具有了信息编码的意义和价值，这样的一种物形信息编码的效应无论对于发出信息方还是接收信息方都具有意义，针对发出信息方而言，这就是异化信息的过程，针对接收信息方而言，这就是同化信息的过程。

由于物质相互作用的普遍性，又由于物质和时间的无开端性，所以，宇宙间现存的任何物体的结构都是在漫长的物质的相互作用过程中后续生成的，因而，所有物的结构都具有物形信息编码的意义。由此也可以得出结论，所有的物体都同时既是物质体又是信息体，都是二者的统一体。也可以说，只要有物质就有结构，就有信息，信息与物质同在。自在信息的活动又是所有其他信息活动的基础，其他所有层面的信息活动都必须同时就伴随着一个相应的自在信息的活动，换句话说，所有其他形态的信息活动都必须建立在自在信息活动的基础之上才可能展开。

邬焜教授还把这个通过信息场的中介的信息同化和异化的自在信息活动的过程描述为一个既有开端，又无开端的循环逻辑圈。说它有开端，是因为所有物体都必须通过派生信息场才能显示自身；说它没有开端，是因为所有物体都已经是一个信息体，所以它所派生的信息场便不可能具有初始信息活动的意义。

这样，从历史发生的角度我们有必要设定一个信息活动的开端，否则，我们就无法描述信息是如何产生出来的。然而，这个开端仅只是逻辑上的，而不是现实上的。由于信息是在物质的相互作用中产生的，而物质和物质的相互作用都没有开端，所以，世界上现存的所有事物都已经在漫长的历史过程中，通过普遍的信息同化和异化过程将自身转变成了凝结着多重关系的信息体。这样，在现实性上，由于物体的普遍信息体化，使由这些信息体产生出来的信息场都脱离了信息产生的原始的、最初的历史性。就这个意义上，所有的信息场都只是信息的多级运动过程中表现出来的现象，都还只是相应信息活动的后续派生现象，都还只是信息自身运动的历史过程中的一个中间活动的环节。在现实性上，信息场中的信息内容既有新信息的创生，又有原有信息的再现，还有多重信息的畸变、匹配、重组和重构，所以，信息场中的信息内容便呈现出了多层级性的复杂性。

在这里，这正是一种现实的动态的逻辑，这也正符合 LIR 所揭示的那种事物"本身的"逻辑循环的矛盾运动的合理观念。

（2）自为信息

自为信息是主体运用必要的精神和心理活动的能力对自在信息进行把握和理解的过程中所产生的结果，它是一种主观间接存在。邬焜把有这种认知能力的主体定义为"信息主体"。

自在和自为的这种分类，让人首先想到的是萨特（Sartre）的分类方法，同时也使人想到黑格尔的相关用语。在萨特那里，自在（*en-soi*）和自为（*pour-soi*）分别标示的是客观和主观的存在，自在的存在就是"它所是的那个东西"，而自为的存在则是一个复合的东西，它不是一个独立的实体，是一个没有自身基础的存在，它不能离开某个存在而存在，它是某种虚无化的存在，即是说：它既是它不是的那个东西又不是它是的那个东西。萨特的这一分类揭示的是存在和虚无（*néant*）的辩证关系。我们不打算进一步追寻这一分类方法的久远的历史以及其曾经扮演过的更多的角色，在这里，我们只是要利用这一分类方法来谈论信息的存在方式，来描述信息形态的本质和它的过程。

在邬焜的相关学说中，自在信息和自为信息属于两个不同的信息领域，前者是客观信息的标志，而后者则是主观信息中的一种，但不是主观信息的全部，只是主观信息的较为低级的形态。邬焜借用自在和自为这两个术语的目的是要描述客观的信息怎样通过相互作用和匹配的重组和建构而上升为主观信息的形态，也就是升华为意识和精神。

自在和自为概念的相对性恰恰可以很好地描述人的感知和记忆活动中的信息与相关对象信息的直观对应性关系。正是在这一直观对应的特征上，人的感知和记忆的信息活动才成了相对于自在信息而言的自为信息。

在邬焜的存在观中，物质和信息都是存在，毫无疑问，物质是自在的存在，但是，它却并未包容全部自在的存在，因为在客观世界中还有自在信息的活动，而信息除了自在的形态之外还有自为和再生的形态。自为和再生的信息同样是存在，它不是虚无，也不可能虚无化，它同样是一种有，只不过是一种不实在的存在，是一种不实在的有。并且，在客观世界中，同样存在着不实在的有，自在信息就是这种不实在的存在。由于主观世界是不实在的存在，又由于在客观世界中存在着实在的存在和不实在的存在两个大的领域，并且，这两大领域又是嵌套在一起的，所以，我们面对的世界才拥有了物质和信息双重存在的性质。

（3）再生信息

再生信息是主观间接存在的高级形态，是信息的主体创造。它的基本形式是概象信息和符号信息。概象信息是形象思维创造的新的形象，符号信息则是一种对自为信息和概象信息的符号代示。人类的抽象思维正是一种对符号信息进行逻辑推演、加工改造的高级分析综合过程。再生信息的活动必须以某种具有思维能力的信息控制系统为载体。而思维的本质恰恰在于，它是一种在思维主体内部通过信息加工的操作、运演步骤而实现的信息的主观创造活动。这种信息的主观创造活动乃是基于对自为信息的加工改造之上的信息活动的高级形态。我们通常所说的精神，其实正是信息的自为、再生的形态，是主观间接存在。

（4）社会信息

社会信息不是一个独立的信息形态，它是在自在、自为、再生三种信息基本形态的关系中呈现出的一种综合性的、三种形态具体有机统一的信息形态。存在着三个社会信息世界：一是人所认识和改造了的那部分自在信息（以自在信息体的形式存在着）的世界；二是人所认识了的自为、再生信息本身的活动；三是再生信息的可感性外在储存（人所创造的文化世界）。

所谓社会信息，就是已被人类认识把握，以及人类创造出来的那部分信息世界的总称。社会信息被人类主体认识和改造了的性质，规定着社会信息中自在、自为、再生三种信息形态的不可分割的统一。事实上，只有部分自在、自为、再生信息能够达到有机统一，从而进入社会信息的范围。

恰如自然的物质形态经历了不同阶段的进化历程一样，自然的信息形态也经历了不同阶段的进化历程。自然信息在自身活动的不断"造化"中，经历了自在、自为、再生的漫长发生、进化过程，在社会信息中达到了自身完成的、本质的统一，这就是信息形态运动的辩证法。

（5）信息场概念的再讨论

邬焜提出的信息场概念能够集中地体现出信息的本质。场具有多重意义，包括各种功能、作用、结构和关系，涉及信息的产生，传输和接受。从 LIR 的角度来看，所有的实体，尤其是结构，必须被看作是一个因果关系的现实的过程。鲁帕斯高习惯使用结构化这一术语，在法语中结构化一词可以写成"*structuration*"，这一术语强调的是在生物、认知和社会领域的动态过程中所产生的复合性的构造。鲁帕斯高曾经自己给自己提问："结构是什么？"他的答案是：结构是一个具有活力的动态过程，它不可能被纯粹客观而具体的固定下来。从 LIR 的观点来说，结构化是一个在两个个体之间的现实的运作关系。从绝对的意义上来看，由于能量活动的性质和逻辑，任何个体的结构绝不是严格固定的，它永远是一个在结构和功能的对立和矛盾的潜在运动中不断变换着的动态的"结构化"过程。换句话说就是，从外部来看它具有一个结构形式；但如果从内部来看，它有一个自身不断结构化的过程。

结构化这个术语后来被吉登斯（Giddens）所使用，他用人和人之间有意识的相互作用中的双向解释现象对这一术语进行阐释，他用可观测的沟通关系网络为例强调说，结构化即是信息。

3. 迈向统一的信息理论

我们首先注意到，哈夫科克尔最近列出的一个关于统一信息理论（UTI）的研究方案与邬焜提出的理论之间的区别与联系。哈夫科克尔认为应当建立一个统一的信息理论,这个理论将会对信息过程的不同表现形式做出统一的解释①。这样的统一信息理论必须有能力解释物质和非物质、普遍性和特殊性等看似明显矛盾的但又不可归约的特性。它的根本原理必须"可以解释抽象的概念,但同时又必须能够解释具体的现象。"哈夫科克尔认为,信息就如同一个"超级概念",其中应当包括一组相互交叉重叠的概念,如消息、信号等,它也应当普遍适用于来解释人类以及非人类的生物之间的通讯、认知和合作。哈夫科克尔问道,怎样能够把物质、思想、理性和信息等元素,都在某种东西(一种结构,一个过程)中相互关联起来,并可以通过人的认识中的信息建构予以把握。哈夫科克尔的观点暗含着对主体认知状态和客体自然状态之间的差异关系的某种辩证的解释,这一解释认为,人类的理性是一种"非自然发生的"信息,这一信息与客观物质状态的"物质性"相比存在某些差异。

他用自己的方式提出的那个统一信息理论(UTI),试图要消除我们观念中人为设定的不同类型的信息之间的绝对分离,这也类似于在倡导一种古代哲学中的"多样性统一"的辩证关系。特别是,他的"统一信息理论意在寻求一个具体而普遍的信息概念,而不是单纯对这一概念进行抽象化的界定"。哈夫科克尔希望避免采用"形式逻辑的必要充分条件的方法以及割裂普遍性和特殊性的思考方式",他的这一观点和 LIR 的意见一致。

从 LIR 的立场出发,如果把理性和信息都看成是一种过程的话,那么,它们便是"相辅相成的"。结构、过程和"人类的加工活动",所有这些都遵循同样的现实的、物理的辩证法。如果物质和信息是在"共同的类"中的差异方面的话,那么,在 LIR 看来,这个类就是能量,并且二者都遵循能量逻辑的运动模式,这就可以避免使用"不同的物质性"的术语所带来的问题。现实逻辑是这样,而且,层次涌现或者"涌现进化唯物论"的逻辑也是这样。按照维纳的观点,信息是一个充满活力的矛盾现象的现实的例子。

邬焜和布伦纳认为,信息活动中的相互作用的"对立面"并不是一个经

---

① W.Hofkirchner, 2009. "How to achieve a unified theory of Information". *Triple-C*, Vol.7, No.2, pp.357-358, Available at http://www.Triple-c.at/index.php/tripleC/article/viewFile/114/138/.

典的和静态的"对立面的统一"的观念,而是一个对立面之间辩证相互作用的动态过程,就像在邬焜的信息形态分类中所表明的那样。因此邬焜的分类在定性描述复杂的信息现象上迈出了关键性的一步。

由于邬焜关于信息本质的规定以及关于信息形态的分类是从哲学一般的自然本体论的层面给出的,又由于这一学说能够对客观信息、主观信息和人类社会的信息进行统一的动态性研究,所以,邬焜的信息理论能够成为建立统一信息科学的哲学基础。

4. 信息系统的一般模型

贝塔朗菲(Von Bertalanffy)以相关的生物学和神经胚胎学的研究为基础,建立了他的一般系统论(GST),他强调指出,研究复合体的唯一的有意义的方式就是把它当作一个系统来对待,他给系统下的简单定义是"处于相互作用中的元素集。"只是到了20世纪中叶,由于相关的理论物理学和数学的发展,系统方法的必要和可行性才得以公认,尽管在事实上这一方法并未在数学上得到充分而明确的表达。贝塔朗菲看到了物理学和生物学这两个领域具有同样的能量活动过程。无论这些过程的种类、构件的成分,或者关系,又或者它们之间的力的性质有多么的不同,它们都可以明确的利用统一的广义系统和子系统的模型、原理和规则予以描述。但是,正如布伦纳在相关文章中指出的那样,一般系统论所代表的系统科学还只是沿着与那些标准逻辑相同的道路发展起来的构想,通常,它们所描述的系统模型总是排除了自然过程中最具动态性活动的方面,造成这一情景的原因仅仅是后者很难用现有的数学形式表示出来。

邬焜教授从另外一个角度对信息系统的问题进行了分析,他认为,申农关于通讯信息系统的模型,仅仅是一个无反馈的,决定论式的信息传递和接收系统的模型,所以,该模型不能作为信息活动的一般系统模型。要建立一个关于信息活动的一般系统模型必须考虑如下几个方面的内容:一是信息反馈的机制,二是信息活动的决定论和非决定论的具体统一的性质,三是新的信息产生的动力学机制,四是新创生的信息如何通过相应的相互作用过程转化为客观物的现实的动力学机制。

为此,他根据人的信息活动的特征分别建立了人的认识发生的信息创生系统和人的目的实现的信息实现系统①。

在邬焜看来，人的认知活动是在内外多重信息模式的相互选择和匹配、重组和重建的过程中，按照非决定论的方式创生新的主观信息的过程，而人的实践活动则是人所创造的目的信息在客体中实现的过程，人的物质资料的生产活动也只不过是人所创造的目的信息通过人所创造的计划性信息的实施转化为客体物的结构信息的过程。

这里，我们特别关注的是，就像邬焜所阐明的那样，新的信息是创生于有效模式的重组；在从发出者（主体）到接受者（客体）的信息传输过程中，主体蕴含的目的性也就是它的目的信息将要在客体中实现。我们现在打算遵照 LIR 的辩证法原则来对这个过程的意义进行探讨。非可分性范畴所描述的特征直接关联着主体、客体，以及主客体间相互作用的动力学机制。

5. 信息的层次（等级）、目的性

上面提到的关于信息的 4 个形态的分类同时也对应着人的信息把握、加工处理、创造和实现的认知和实践活动过程的具体特征，这些特征集中体现着人与环境、人与社会相互作用的过程中所现实发生的信息转化、信息创造和信息实现的动力学机制。邬焜认为，这些信息活动包括如下 5 个基本的层次：

①相关的自在信息的活动；
②信息直观识辨，即自我意识的感知活动；
③信息的记忆（存储）；
④信息主体创造，即思维产生新信息的活动；
⑤主体信息的社会实现，即人的实践活动。

邬焜具体分析了在这些层次之间由下至上和由上至下的复杂的相互作用关系，他洞察到在高层次和低层次之间存在着互逆的双重控制的对立和互补过程，他称之为"导向"和"抑制"。简言之，这个强调高层次和低层次之间的关系是相互制约和转化的，它们共同组成了一个有机联系的信息构造的整体。

---

① 邬焜：《信息系统的一般模型》，载《系统辨证学学报》1998 年第 2 期，第 52—57 页。

在邬焜阐释的信息基本理论的相关章节中，始终贯穿着一条主线，这就是他反复强调的，在信息活动的不同层次之间存在的互补性的不可分离的相互作用关系。LIR 把这种复杂的相互作用关系称为一种现实逻辑，并认为它体现了一种进化的模式。

邬焜用四个相应的互补性定律来揭示这个统一的复杂相互作用关系的四个侧面：

①主体信息活动的层次递进建构关系；
②主体信息活动层次由上到下的全息制控关系；
③主体信息活动的层次综合参与关系；
④主体信息活动层次的相互转化关系。

邬焜认为人类的主观目的性是人类信息活动的一个更高水平或等级的发源地。1970 年，莫诺（Jacques Lucien Monod）引入目的性作为生物体的 3 种基本性能之一，其他两个是形态发生的自发性和繁殖的不变性。目的性被定义为在一个具有生命力的组织系统中所形成的明确意图。后来，尽管他的某些理论（关于生命起源和进化的纯粹偶然的观念）存有缺陷，但是，目的性还是成了埃德曼（Edelman）和其他人讨论精神等现象时普遍采用的一个基础性理论。LIR 支持用一个客观现实和主观现象互动的修正了的目的性概念来描述目的性行为。我们认为现实和现象都是真实的，因为它们在相互作用的动态过程中会交替成为现实和潜能；同时，偶然性和必然性、决定性和非决定性都会在其中发挥作用。

结合邬焜和布伦纳的方法，我们对现实逻辑和信息中的层级概念重新予以评价，存在某些更高层级的信息活动，在其之下还有某些较低层级的信息活动。在现实的逻辑中，我们提出了两个重要的原则：

①每一现象都体现着其下的低层次的现实发展起来的不同层级内容的相关方面；
②在所有复杂现象中，如在主体和客体之间，在主观和客观之间，都存在一个现实的相互作用过程，即都存在一个对立因素动态互动的原理。

由此我们也可以看到，在跨越不同层次的结构和功能的相互作用机制的描述上，邬焜的信息图示和 LIR 的相关原理是基本一致的。

六、现实的逻辑关系、过程

现实逻辑的对立互动的过程辩证法与标准逻辑的方法具有根本性的区别，举例来说，对于客观和主观、实在和非实在（就像在艺术中那样），在这些对立的关系之间都允许包含现实的交互活动。我们初步的结论是，由于同时使用了标准逻辑和过程逻辑这两种方法，所以，邬焜对于信息领域的分类是周延而充分的。

单纯运用经典二值逻辑的方法要想揭示信息现象的深刻本质是根本不可能的，因为信息产生于事物相互作用的过程，而经典二值逻辑的方法不可能描述过程的逻辑。在邬焜对存在领域进行重新分割的逻辑中他利用了两对矛盾命题：主观和客观，实在和不实在。如果运用经典二值逻辑的矛盾规则单纯对实在和不实在进行分析，这就只能表达一种二元分类，不可能揭示从实在到不实在的转化过程，这就不可能给我们提供对信息现象的深刻理解，它只会取消了矛盾运动的过程。

同理，如果运用经典二值逻辑的规则单纯对主观和客观进行分析，那么，则不仅无法揭示客观世界和主观世界各自的内在的矛盾运动的方面，而且也无法揭示主观和客观之间的动态相互作用和转化过程，因为单纯主观和客观的分类方法假定的前提是自然界里没有真实的矛盾，这种分析方法一旦运用到相关的领域，则只能是掩盖了这些领域间的动态相互关系。

然而，由于邬焜同时使用了主观和客观、实在和不实在这两对范畴，并将其进行了交叉组合的逻辑推演，这就不仅使客观世界也具有了实在和不实在的二重化矛盾运动的性质，而且也使主观世界的不实在的信息本性得以揭示。

这样，原本是某种机械分割的主观和客观的分类，便在实在和不实在分类的交叉互补性说明中获得了全新改造的从客观到主观的有中介的过程性逻辑的韵味，而这正是布伦纳提出的 LIR 所揭示的有"中介状态"过渡的逻辑。

正是邬焜的存在领域全新分割的学说，为其后他提出的关于人的信息活动的多级层次和层次间的复杂相互作用关系的全息性过程和效应的理论奠定了本体论的基础。在此值得一提的是，关于过程的逻辑不应当是二值逻辑的，因为，过程需要有中介，仅仅是对立两极的关系并不能构成过程，而有中介的矛盾运动才可能把现实描述为一个过程①。另外，中介还往往是多级的，这就构成了存在的层级、关系的层级，以及事物相互作用的运动和转化过程的复杂性图景，而邬焜关于存在领域分割的层级理论，以及其关于信息活动多级层次以及层次间的复杂相互作用的理论恰恰与这种多层级的分类、有中介的相互作用过程的现实逻辑的原则相符合。

LIR 能够使所谈论的客观和主观、实在和不实在（实与虚）、内部和外部、直接和间接等之间的相互作用关系"逻辑化"，但又不排除有一个优先存在的现实矛盾。LIR 保留了邬焜的存在领域分割模式中关于信息的本体论定位的结论，并对其做出了形式化的解释。对于 LIR 来说，信息的"不实在"的存在仅只是一种外观的显现，因为所有的信息——比如发出和接收的信息——都是一些现实因果过程的效应。当把这样的观点应用于对信息过程或者"活动"进行分析时，它便有助于对信息现象进行定性的分析，并可以对信息的传输、感知和理解的动态演化过程做出解释。

LIR 主要将信息定义为现实物理空间中的过程，这一过程体现着信息发出者和接受者之间的辩证关系，意义和价值则形成于进化的相互作用的条件约束②。将信息看作是过程的观念对于 BTPI 和 LIR 的观点来说都是极为重要的。就像奎罗斯（Queiroz）等人所说的那样③，把信息理解为过程的观念偏离了认为信息包含在一些（静态）结构中的观点，但布伦纳的观点则倾向于把信息看作是一个动态的符号过程，但又不是皮尔士（Peircean）所说的符号

---

① J.E.Brenner, 2005. "Process in Reality: A Logical Offering". *Logic and Logical Philosophy*, No.14, pp.165-202.

② J.E.Brenner, 2009. "Prolegomenon to a Logic for the Information Society". *Triple-C*, Vol.7, No.1, pp.38-73. Available at http://www.Triple-c.at.

③ J.Queiroz, C.Emmeche, C.N.El-Hani, 2008. "A Peircean Approach to 'Information' and its Relationship with Bateson's and Jablonka's Ideas". *The American Journal of Semiotics*, Vol.24, No.1-3, pp.75-94.

过程①。

至于邬焜所说的信息则不仅包括在动态过程中所呈现的内容，而且还包括由相应动态过程所产生的效应中所呈现的内容，在邬焜看来，作为过程的信息主要体现在信息场的生成及其结构之中，这是信息空间传输的主要形式，而作为过程之效应的信息则主要体现在信息的同化和异化的结构之中，这是信息时间传输的主要形式。

如果说，前者主要体现为一个动态过程的话，那么，后者则主要体现为一个静态的结构。当然，信息的空间传输和时间传输又不是相互割裂的，二者又具体的相互蕴涵在一起，这样，信息活动的过程性和静态结构性又总是相辅相成的，正因为是这样，才保持了信息内容的可储存、可传递和可共享的相对稳定性，以及信息内容的可畸变、可耗散和可演化的相对变异性。

如此看来，对于信息的本质及其存在方式的理解和把握也应当从静态和动态这两个互补的层面上进行。也许，我们在此应该同时采用"结构"和"结构化"这两个概念，"结构"表示特定的信息内容需要一个与之相对应的特定"结构"的编码形式，"结构化"表示特定信息内容的产生依赖于原有"结构"的失稳以及一个新的"结构"编码形式的形成。如此看来，这两个概念分别对应的是信息的静态性和动态性，把这两个概念结合起来便能够很好地说明信息活动的静态性和动态性相互统一的特征。这也与布伦纳所提出的现实逻辑所阐明的对立项之间的互补性原则相符。

七、信息在自组织中的作用

作为现实逻辑在信息哲学基础理论中应用的一个例子，我们将要分析自组织的概念。由于马图纳拉（Maturana）和瓦雷拉（Varela）以及他们追随者的研究，自组织和自创生的概念已经成为对各类事物的独特性质进行描述的必要的习惯用语，这其中就包括对复杂的生物、认知和社会系统中的信息属性的描述。然而，即使在某种特定的意义上使用自组织的概念是正确的，但

---

① J.E.Brenner, 2011. "On Representation in Information Theory". *Information*, No.2, pp.560-578.

它又往往被批评为不够严谨①。在已有的文献中，有两个概念被频繁使用来揭示自组织的特性：一个是"自发性"的概念，另一个是在本体论意义上使用的随机性概念，把这两个概念组合起来使用的目的是要确保自组织现象有一个最低水平的发生概率。这就带来了一个疑问：如何解释为什么必须同时需要随机性和确定性这两个过程。就像莫兰（Morin）所做的定义那样，在一个自组织过程中，系统自己做出创建自身模式的决定并自己获得相应的结果。这就产生了一个新的疑问，如何确定最低限度的自组织系统的成立条件，这可能导致一个恶性循环。斯图尔特·考夫曼（Stuart Kauffman）已经提议，最低限度的自组织系统应该有能力执行一个热力学循环的操作，但是形成这种操作能力的根据仍然没有搞清楚。利根（Deacon）和奥外路维次（Ulanowicz）在关于偶然性和自发性的相关讨论中，则试图要排除其绝对性的特征，而鲁帕斯高则认为需要考虑决定论和非决定论之间的辩证关系。

在对自组织现象的标准讨论中，至少遇到了这样一个问题，相关的分析与对其基础的分析是有区别的、截然不同的。任何自组织过程的结果都是出现一个新形式的结构，或者通过重组使现有的结构复杂化。问题的关键在于这些新的复杂化的结构是怎样在相关系统中产生出来的。按照 LIR 提出的关于"涌现的逻辑"，新结构涌现的原因可以被看成是原有的基础结构中所蕴涵的潜能在其运动过程中所产生的效应。另外，已有的关于自组织的数学理论，只是要描述一个理想的对象是如何通过相应的组织过程把自己转变到更为复杂的结构状态水平。因为此类数学理论仅只适用于那些具有时空结构的物理对象，而不适用于建立一个关于自组织原理的批判性理论，所以，我们将不在此对其进行进一步的讨论。

1. 邬焜的自组织概念

邬焜解释自组织概念的方法有一个最重要和新颖的特点，这就是，他认为与自组织活动相对应，还存在一个不具有自组织性质的结构建构过程，用他选取的更好的术语来表示，这一过程被称为它组织。在更为进一步的讨论

---

① J.Collier, 2003. "Fundamental Properties of Self-Organization". In V.Arshinov, C. Fuchs（eds.）. *Causality, Emergence, Self-organization*.Moscow：NIA-Piroda, pp.150-166.

中，邬焜深刻揭示了自组织和它组织之间的区别，以及二者在相互作用中的相互合作和转化的关系。

在邬焜看来，一个有效的自组织的有序结构仍然必须依靠特定的外部质—能和信息的输入才可能形成和维持。这就意味着，即使是系统内部"自发"形成的有序结构，也不可能是纯粹由系统内部"自发"的因素产生的。在这里，自组织的"自发性"针对的仅仅是有序结构的模式，而不是形成这一结构的原因，即只是说，这个有序模式是内部生成的，而不是外部直接给予的，但是，内部有序模式的生成又不能离开外部相应因素的作用而孤立进行。自组织的过程一旦开始就会导致形成一个新的结构。然而，这又需要新的（外部的）可利用信息作为它们进一步进化的条件。与自组织相对的它组织概念指的是系统直接从外部引入信息的模式，并按照这一模式把系统的结构组织起来的过程。在邬焜的学说中，无论是自组织还是它组织的过程都需要从系统外部引入质—能和信息，都是由内外因素的相互作用所导致的结果①。

LIR 可以用精确的逻辑方法来表示自组织的概念。通常，有一个关于系统自组织的标准定义，这个定义认为由系统内部的各要素之间的共同相互作用（偶然地）产生的一些状态或者实体的构造的特征，完全独立于外界的输入。然而，按照 LIR 的理论，"自己"和"独立"这两个核心概念涉及了循环论证的假定，即涉及了相关关键范畴的非可分性特征。

2. 布伦纳的评论

布伦纳认为，组织过程中的关键环节不可能是独立于外部输入的自发的，在这里没有资格使用"自我"这一术语。新的组织结构的产生是由存在于原有自然系统或者人工实验系统的结构要素中的潜能有效发挥的结果。福克斯（Fuchs）关于自组织在社会中的作用的讨论可以作为这一观点的补充，其中的核心内容是由一个或者两个变量构成的简单结构通过随机突变的方式转变到更为复杂的结构或功能的辩证运动的过程。福克斯还提出需要建立一个关

---

① 邬焜：《复杂信息系统理论基础》，西安：西安交通大学出版社 2010 年版，第 211—212 页。

于新的功能产生的"自组织的逻辑"的概念①。LIR 在解释组织系统理论方面具有优势，因为它至少为某些自组织系统，或者表现出自创生能力的其他一些系统的发生原理提供了可行的部分答案。LIR 只需要（至少）从一个基础的现实运动的过程就可以对自组织现象做出解释，而不必要采用任何非因果的自发性过程的提法。

因此，邬焜和布伦纳认为，一个最合理的观点是，自组织，显然并不是一个完全"自行"形成其系统模式的变化过程。所有系统，也包括所谓的自组织系统，在其结构形成和演化的过程中，都在一定程度上依赖于外部因素的中介，在这里，我们再一次遇到了内部和外部、条件和根据的相互作用、相互补充的辩证统一的逻辑。

当瓦雷拉在陈述耦合式非线性震荡可以对各种自组织产生增强并导致出现神经结构的层级水平的时候，这也就意味着他提到了一种类似于这样的自组织的观点。一个部分和整体的相互依赖关系对于理解涌现的发生是必要的，部分通过它们结成的整体性的关系而"获得相关性"。同时，由于相关整体性关系的约束，涌现并不仅仅在整体层面发生，而且也在部分层面发生，因为，这种整体性的关系也会反过来改变其部分的性质和功能。这就是莫兰（Edgar Morin）所说的"双重涌现"。而迪肯（Deacon）则为从热力学、动态地貌学到语言学的动态相互作用的现实过程提供了某种精细的描述。

结合系统的其他一些活动过程，如内部和外部的反馈活动过程来考察，自组织行为发生的独立性特征可能没有那么明显，它或许仅仅是某种附带的或派生的现象，对于这一过程中的复杂性情景，信息科学将可能给予比较全面的描述。邬焜所阐明的自组织行为发生的过程依赖于一个基本的原则，这就是系统内部和外部的随机性，然而，这一基本原则恰恰意味着宇宙事物中固有的随机性作用可能成为信息理论建立的重要基础。因此，我们便有必要在此对标志宇宙基本存在，以及 BTPI 和 LIR 这两个理论的最基础的概念、能量概念进行探讨，以从两位作者的观点出发，阐明信息的起源和特征，并从相关约束条件的角度为上述的理论提供支持。

---

① C.Fuchs, 2006. "The Dialectic of the Nature-Society System". *Triple-C*, Vol.4, No.1, pp.1-39.

八、信息的物理学基础：能量的作用

1. 信息和宇宙学

大部分非物理学家都是以某种非精确的、隐喻性的方式来理解相对论的时空理论，通常人们不会把时空问题和复杂性问题关联起来考察，如他们不会对其中的信息问题予以讨论。新近的理论，更少涉及这一方面，他们缺乏一个相应的时空观念为其理论提供更进一步的背景支持。然而，在我们看来，只有那些最新发展起来的宇宙论方法，能够为信息理论，以及其他一些关于复杂性过程的理论提供最根本的理论基础。

在 BTPI 中，邬焜首先指出，要阐述信息的起源，需要建立一个关于时间和空间协同演化的理论模型，空间和时间都彼此映射着对方的某些特征，这一观点与鲁帕斯高使用的某些术语所表达的思想十分接近：时间（部分的）是空间的，并且空间（部分的）是时间的。邬焜提到，信息是动态演化过程中的历史关系内容的"凝结"，现在我们可以说，这也是现实逻辑遵循的原则。进一步，就像布伦纳已经说过的那样，按照鲁帕斯高的观点，在时间和空间相互转化的过程中也遵循着同样的辩证原则①。然而，无论这些相互转化的例子是完全确定的，还是不可预言的，我们都可以暂时把它们归入同一类问题予以考察。

2. 随机性和相互作用

从一般哲学的立场出发，邬焜提出了一个关于物质—能量的基础性作用的新认识。邬焜关于信息存在和信息特性的基础性解释是基于物理学的立场，从对时空的相对性特性的解读开始的。之后他又利用了超弦理论的某些观点，邬焜看到开弦和闭弦的永恒的震荡，以及它们之间的复杂相互作用和转化是造成宏观现象的非线性相互作用、非连续性，以及随机产生又随机耗散的必要基础。换句话说，他假设微观世界的随机波动及其相互作用是造成现实系

---

① S.Lupasco, 1986. "La topologie énergétique". In *Pensées hors du Rond*, *La Liberté de l'esprit*. Paris: Hachette, pp.11-28.

统不规则的、随机的、不可完全预测的复杂特征的根源。

内部随机性是事物的一个"必然的、本质的、始终如一的不可或缺的内在关系",依据这一原理能够解释系统,乃至整个世界的非线性特征。在邬焜的关键性陈述中揭示了与信息相关的过程:"在最一般的意义上,事物的演化是通过相互作用实现的",一个相互作用过程同时就是一个信息产生、传递、接收、积累或耗散的过程,通过这一过程,直接存在的"物"向其间接存在的形式转化,并以信息的方式被储存。因此,通常,事物的现有结构中总是编码着关于它们的进化历史和现存状态的信息,并且,其结构的编码中还包含着关于它们未来发展的种种可能性的信息。从 LIR 的原则来看,后者的载体是系统潜在的"不充分的"潜能。并且,邬焜认为,我们提出的事物有序发展的现实和潜能之间的关系的理论在本质上是一致的。

由于邬焜认为世界上的所有物体都是直接存在和间接存在的统一体,所以世界的演化便表现为一种"双重演化":物质形态和信息形态的协同演化。邬焜认为这种演化的模式是按照"非完全决定论"的方式展开的,换句话说,简单线性的相互作用更多具有的是严格决定论的特征。然而,复杂的非线性过程不可能用经典的时空概念予以描述,真实的时空结构是复杂的,是非均匀、不连续、非光滑的分形构造,正是依据这样的观点,邬焜认为演化在本质上不可能是完全决定论的。

在邬焜和布伦纳看来,根源 LIR 的辩证法原则,相互矛盾的两个方面并不是相互独立或排斥的,在一些不同的领域或相同领域的不同时间段上二者都同时发挥着作用。

在讨论复杂性和信息科学研究纲领的关系的文章中,邬焜提出了一个基本的原理,这一原理既强调信息系统中的要素的相对独立性,又强调它们之间的相互依赖性,并且认为,这样的性质适用于所有的系统。正如 LIR 所强调的那样,邬焜也特别强调了对立面之间相互综合的辩证性关系,他认为诸如还原论和整体论、决定论和非决定论、内部反馈和外部反馈、要素和整体关系网络,最后还有质—能因素和信息因素,等等,都应当辩证地统一起来。布伦纳和邬焜的意见分歧可能只在于他们对于事物内部和外部的随机性以及它们的相互作用的现实或其外部表现的重视程度的强调有所不同。然而,就像邬焜所认为的那样，正是系统内部和系统与环境之间的多层次的复杂信息反馈网络环路决定着系统的稳定持存和演化发展的一般方式和路径。

3. 事物自身的物质和信息双重存在论和物质——能量二重性

与邬焜提出的双重存在和双重演化的理论相对应，LIR 也有一个关于世界构成的非常相似的观点，这一观点的核心理论是关于对立面间的动态相互作用原则（PDO），其根据就在于事物自身的二重化存在和量子水平上的二重化存在所造成的非线性关系。这也是系统在其整体和部分之间，以及系统内部和外部之间的相互作用中能够产生各种约束条件和协同相干过程的原因。

上文所概述的物理学中的热力学演化过程对于信息的定义是必要的，但却是不充分的，因为在更深层级的量子水平上确实存在着更为基本的影响宏观世界的信息性质的活动过程，这也是邬焜所提出的一个问题。他指出，对于超弦理论所假定的量子空间中的复杂相互作用的性质我们仍然了解甚少，康拉德（Conrad）也同样积极的讨论了类似的主题。

目前看来，一个最可能的情景是，在更深层级的量子水平上所固有的随机非线性关系是造成更高层级的物质世界现实发生的线性和非线性相互作用过程的根源。另一方面，在宏观世界，从表面上来看，却不需要把随机性当作是信息的复杂属性的基础。信息过程既有线性活动的特征，也有非线性活动的特性，显示出稳定性和易变性、连续性和间断性的双重特征。正是诸如此类的双重性特征可以证明邬焜所说的"双重演化"的结论，这是一种现实的结构的变化的过程，也是一种现实的结构变化的结果，并且它们都可以通过 LIR 的矛盾法则来予以解释。

虽然，关于量子世界和更深层级的超量子世界之间的相互作用的理论目前仍然没有被直接的证实，然而，从现实逻辑的角度来看，已经完全可以得出某些结论了。马树诺（Matsuno）也曾强调过，关于现实具有绝对非矛盾性的观点的表述是不严谨的。盖尔曼（Gell-Mann）以前也曾作过这样的构想，如果每一个复杂粒子的路径都可以从宇宙起源的大爆炸过程，或者说都可以从一个宇宙作周期性循环演化的模型中来加以测定，那么，就可以证明量子微粒的自身的二重化存在的性质。如果把它翻译成人们在认识论上仍然缺乏认识的物质和能量的基本二重性存在，那么，根据这些路径便能够足以在生物学、人类个体和社会结构的领域，也包括信息过程的领域，确立层次创新的进化理论，而不必要依赖任何形式的康德式的所谓超越论的说法。

从 LIR 的立场来看，在自然进化的过程中，在本体论的层面上，无论是事物的内部，也无论是事物的外部都存在着某种随机性的作用，因为环境绝不会与演化系统完全解耦，另外，在一个不断发展着的系统中，其中的每一个元素也都相应有一个确定的演化路径。

根据邬焜的阐释，正是这种演化路径的痕迹呈现出了事物演化的信息。在邬焜的学说中，时空相互作用的时空转化中的信息凝结产生了一种全息性的结果，即时间的空间化和空间的时间化。此外，布伦纳还指出，鲁帕斯高也曾强调过，时间和空间之间的相互转换同样遵循复杂现象运动的辩证法①。正是这一结果造成了事物的物质性和信息性双重存在的世界图景。在邬焜看来，物理学中所阐释的物质和能量都是"客观实在"，在哲学层面上，它们都是哲学的物质范畴所概括的领域。所以，邬焜所说的双重存在不是指物理学意义上的物质（质量）和能量的双重存在，而是指哲学意义上的物质（包括物理学中所说的物质和能量）和信息的双重存在，与此相一致，邬焜所说的双重演化也是指哲学意义上的物质和信息的双重演化，而不是指物理学意义上的物质（质量）和能量的双重演化。

4. 物质和信息的双重演化——"物质体"和"信息体"

从信息理论的重要结论中可以推出这样一种观点：所有存在物中都包含着规定其未来演化路径的可能性。按照 LIR 所阐释的对立面动态相互作用的原理（PDO），所有的物体都是现实与潜能的统一体，而按照 BTPI 的原理，所有的物体都是直接存在和间接存在的统一体。LIR 的根据是事物内部和外部的属性，以及它们之间的复杂相互作用的非完全的可分离性，以及事物演化过程的整体性。在我们看来，这其中就包含了相关的信息。根据现实发展的水平，信息应该包括我们已经规定的不同的形态（自在、自为、再生和社会信息）。邬焜已经指出这样的复合体都是一种"信息体"。这个术语目前还只

---

① S.Lupasco, 1986. "La topologie énergétique". In *Pensées hors du Rond*, *La Liberté de l'esprit*. Paris：Hachette, pp.11-28.

是在生物学中被采用，它描述的是细胞中的蛋白质转译机制，但是，根据本章的论述，这一术语确实应该在广义信息的意义上被重新理解。这是我们从物质过程和它的信息内容两者共同进化的观点所得出的进一步的结论。（"信息体"这个新词的含义与另一个新词"接触组"的含义很相似，后者同样来源于生物学领域）。在病理学范围内，"接触组"这个术语指的是一个个体从受孕开始所承受的环境关系的总和，并认为这一关系的总和是产生相关疾病的关键性原因。我们注意到，"接触组"很像信息体，它是通过完整性的信息关联而构成的。它就是一个信息体。当然，信息体概念的抽象性和可能涵盖的范围远远超过了"接触组"这一概念。

邬焜也利用"信息体"的概念来描述主体和客体之间相互作用的基本原理，主体和客体也像其他物体那样被明确规定为不同的物体，它们之间任何时候始终都没有直接的接触。根据现实逻辑观点，举例来说，就像两个人一样，他们并不是完全独立的，他们各自都共享着另一个人的意识或者个性的一部分，并将其内在化为自身的内容。正如邬焜恰当指出的那样，这就像一个过程，必须要经由一系列的中间步骤（"中介环节"）而发生关联，每个中介环节都应该从信息活动的意义上被考察，都应当被看作是一个信息活动的过程。这一观点意味着人类的认知活动也是一般信息活动的过程。

对此，LIR 可以补充说的是，遵照 LIR 的相关原理，在特定条件下，矛盾、功能协同的潜能可以创生出新的物体（包括中间状态），而其中的每一个中介环节都是一个充满活力的过程。换句话说，随着主体和客体间的相互作用过程的推进，有一些变化将会发生，在某些情况下，可以观察到的相关物体的某些特性和差异关系将会被改变，与之相伴的便是某些方面的现实或潜能可能会被另一些方面的现实或潜能所替代。

在关于新颖的信息的基础理论的讨论将要结束的时候，让我们来讨论这样一个问题：信息是否也像物质（质量和能量）那样具有守恒性？回答这个问题的最简单方法就是从最基础的层次上来探明物质和它的结构之间是否具有可分性，因为信息是由物质的结构所编码的。据此，我们可以根据现实逻辑的原则提出一个新的观点：作为现实的信息可以部分地丢失，但是它将会通过"前信息"的潜能的形式而得以补偿。在现实的更高层级上，相对于某些具体信息的计算，应该把一本书或一张计算机硬盘的信息量看成是包括涉及它的生产和后来的使用的所有过程中所产生的信息的量的总和。如果书或者硬盘被烧掉了，那么其中所包含的信息也便被耗散掉了。这就是邬焜所说的一般物的结构作为"信息载体"所包含的价值，这也如同人和生物体中所包含的种系进化的信息的价值一样。

邬焜在他的信息哲学的基本理论中还提出了这样一个新观点：具体的信息是不守恒的，因为它可以部分地或全部地被耗散或被改变。但是，如果从一般抽象的层面来看，这一过程又具有某种守恒的意义。因为，相应物质结构的改变虽然会导致原有信息的耗散或丢失，但是，改变后的新的结构又一定会凝结某些新的信息，这样，在新的信息的产生和旧的信息的耗散之间便建立了某种相互对应转换的补偿机制。按照邬焜提出的双重存在和双重演化的理论，质—能结构的变化和转换总是和信息的变化和转换相伴相生的，事物的质—能结构的变化和转换，同时就是信息内容的变化和转换的过程。

为此，邬焜早在 20 世纪 80 年代就提出了绝对信息量和相对信息量的概念①。邬焜认为绝对信息量是对物质自身显示出来的信息的量的规定，所以，这个量应当与物质自身的相应的量的规定相对应。如果，物质是守恒的，那么这个与物质的守恒性相对应的显现出来的信息的量也理应具有守恒性，否则，我们就不可能由此来判定物质的是否守恒。目前在科学和一般哲学界所讨论的信息量指的不是绝对信息量而是相对信息量，这种相对信息量的着眼点并不是要去度量与物质相对应的某些质的量的绝对规定的方面，而仅仅在于去规定在相关的信息活动中信息的接收者被信息改变的程度。正是在这种意义上，信息不具有守恒性。

换一个角度来看，宇宙的计算理论，往往把注意力放在考察一个特定的结构中包含有多少比特的信息，而不是去度量它的信息量的改变，可以认为，这样的信息对应于邬焜提出的绝对信息量。

LIR 的相关理论还可能为新的信息结构的涌现，以及邬焜针对社会信息活动的层面所提出的"信息目的性"概念提供基础性的解释。

---

① 邬焜、李琦：《哲学信息论导论》，西安：陕西人民出版社 1987 年版，第 137—187 页。

九、信息、相互作用和价值

人类和所有存在的事实最重要的维度就是它的不可还原的道德价值和随之而来的个体、社会的道德责任。

邬焜的元哲学视野认为信息价值的来源就在于真实而复杂过程中的信息处理之间的互动。邬焜和布伦纳共同认可的核心观点是信息及信息活动的不可分割性和互动过程。在我们看来，人类个体和社会的价值是物理世界自然活动的自然规律嵌入到人类现实活动的各个层面所形成的逻辑同构。基于这一目的，我们明确阐释了在物质（质量和能量）的相互作用中所实现的信息产生、交换和接收的结果。

邬焜阐释的人类存在的信息活动意义的最重要观点就是人类个体的自然因素与社会因素，生理的、心理的和行为的诸多维度的不可分割性。不可分割性这一概念同样也是与现实逻辑相关的本体论学说中的最重要的范畴。邬焜使用术语"多维度"来描述人和人类的存在并视其为关系的"复杂综合体"、自然和社会存在的相互映射的统一体。

信息以不同的方式展现在人类存在的不同层面和维度。在我们所熟悉的生理的层面、心理的层面和行为的层面都相应存在着信息的不同层级的关系，这些层级关系（在实际上明显的）增加了人的信息活动的复杂性和非决定性程度。现实逻辑（LIR）提供的多元对立的各个层级内部和之间的相互作用关系的一般性原则支持了这一理论。

1. 相互作用链

我们现在将进一步解释邬焜关于信息理论中的核心概念相互作用。相互作用过程中含有信息这一观点并不是最新的解释。然而，在我们看来，需要特别强调的是（在相互作用过程中）内外因素之间的相互作用必须同时被考虑，并且，相互作用（本身）是逻辑的和辩证演化的。

邬焜认为，在内部认知的和其他结构（主观结构）与外在客观结构之间的相互作用发生在"一步一步"的信息变换、选择和建构的链环之上。每一个相互作用都是这个作用链上的一个环节，并且为下一个环节提供了输出。

然而，邬焜的关键构想就是"针对于始于客体的相互作用链和建构于主体的信息状态之间仍然保留了与相应客体的某些对应关系（布伦纳注释）"。现实逻辑关于演化过程的观点，即关于通过作用链与作用链的相互作用，能够对现实的某些内容予以映现。这样，在我们看来，客体的相应属性或者"相似性"的本质，将随作用链的运动而变化，即"客体"的性质将会映现在"主体"的性质之中，而"主体"的性质也会投射到关于"客体"的主观映现状态之中，这就是邬焜所指的在人的认识过程中主观模式信息和它认识的客观"对象"的信息之间存在着某种本质性的变换、重组和重建的相互"匹配"。

2. 信息价值理论

邬焜基于信息哲学基础理论的界定提出了价值是相互作用的效应①，该观点源自于康德的关于事物的内在和外在方面的相互作用的观点。相互作用之间的关系是非常清楚的："相互作用是事物存在的方式"，并且，存在的最本质的方面就是事物（包括过程）的存在本身及其相互作用的结果。

在物质和信息结构横向地改变和纵向演化过程中伴随新结构的显现，这样，所有的相互作用都具有了价值。蕴涵于现实逻辑中的多元对立关系的原则，同样具有建构现象的内在互动的基本关系的意义。

邬焜认为最根本的价值是存在本身的价值（自然价值），这也得到了弗洛里迪和布伦纳的认同。事物的内在价值产生于内外部各方面的相互作用，换言之，产生于内容和环境之间（的相互作用）。由此我们可见内外相互作用的动力逻辑观点的重要性。邬焜强调说最基本的价值形态是物质价值和自在信息价值，建构其上的更高层级的价值是主体认知的精神信息的价值，以及人的价值。

无论信息互动是在信息系统、物质系统还是认知系统内部还是各个系统之间，所有价值产生的结果都基于这些系统的"整体性"或者"不可分割性"。此外，根据邬焜的观点，无论是物质的，还是信息的效应，无论是物质价值，还是信息价值都具有同时性、必然性和普遍性特征。现实逻辑主张用

---

① 邬焜：《一般价值哲学论纲——以自然本体的名义所阐释的价值哲学》，载《人文杂志》1997年第2期，第18—21、25页。

特征的改变去涵盖同时性和连续性的某些更明确的辩证特征，而这些特征事实上支持了邬焜关于"时间持续性"的概念。现实逻辑（LIR）是一种互动逻辑，是事物互动的逻辑序列，在其中物质价值被创造出来，而其形式变化的方面则构成了信息价值。

总之，核心的观点是，事物的任何变化、运动，或者进化的过程都会导致物质价值和信息价值及其之间的相互作用。在价值哲学中，相互作用不是价值本身，而价值产生于过程。我们的这个观点为进一步探讨信息的质提供了必要的基础，而描述信息量的比特本身是不包含意义的，并且也无法揭示相互作用。

3. 人的价值和信息

在进一步的阐释中，邬焜提出了一个关了基本价值形态的"三分原则"，即物质价值、自在信息的价值和精神价值。然而，人的价值是在人类起源的过程中后续派生出来的价值。社会价值，与其被简单地等同于人的价值（因为人不能独立于社会而存在），不如把它看成是三种基本价值形态综合统一的形态。强调这一原则的重要性在于，在容纳"自然价值"的概念的同时又不至于用同样的术语来描述人的价值和非人的价值。

在我们看来，邬焜的信息价值理论与布伦纳的相同之处就在于通过相互作用而产生的信息价值应该从相互作用的作用者和被作用者两个方面进行考察，即谁对谁的作用所产生的效应。邬焜还认为从作用效应的性质来看，信息价值还可以区分为正价值、负价值和中性价值。这一情景也可以看作是在一个物理空间中发生的相互作用过程中作用者和被作用者之间所产生的现实的道德价值（这不是一个数据空间的性质和特征，与弗洛里迪的观点相比较）。按照邬教授的观点，相互作用导致的效应虽然可以是积极的、消极的，或是中性的，但是无论在什么情况下，这样的一些关系都是价值。现实逻辑（LIR）既不是一种中立性的学说，也不是一种独立的学说，它能够支持同时包括正反两方面价值的矛盾性观点的信息价值论学说，并且赋予了正信息和负信息同等意义的本体论价值的地位。

现实逻辑使用负信息这一术语的意思是要表明在一个特定相互作用的环境中，消息中所包含的有意义的信息中有负面的或者非必要的虚假的消极的内容，这些内容对于接受者可能产生负面的效应。这一观点是由强调哲学研究的必要性的克帕若（Capurro）提出的，他认为，一个关于"与他人共在的存在世界"的存在论的信息理论，应当包括关于错误信息以及信息的相互交织（不可分割性）的讨论。在他看来，正是这种不可分割性确保了信息科学成了一门解释学的科学，并因而构成了信息伦理学的基础[①]。（关于信息伦理学的进一步讨论可以参见布伦纳的研究。[②]）

十、信息社会

作为社会的一个部分的人的个体和社会之间的关系是极为复杂的，我们提出的信息和逻辑的观点提供了一个关于信息社会的新的可能理论。我们认为"信息社会"是一个信息和知识型经济的社会，在信息社会中，信息的创造、处理和传播技术的发展和应用已经占据了社会发展方式的主导地位。信息是知识的源泉，是知识经济的基础，并且二者一起建构知识型社会。然而，我们的分析强调的核心观点是，在信息社会中，信息和知识的经济价值并不能自然的，或者是根本不可能在社会的不同利益集团和个人层面上进行均衡分配。

与此相关的有两个方面的关系过程：一是个体和类或者社会群体之间的相互作用；二是个体内在意愿和群体目标之间的相互作用。

我们注意到，针对第一个方面，传统的关于类和类中成员关系的集合论的经典概念已经不适用了，因为基于经典二值逻辑基础上的集合论概念并不曾为任何相互作用过程提供一个解释框架。然而，在上述指明的关系中，明确存在着某种双向互动的过程，即邬焜所谈到的双向运动的过程，而这一双向运动的过程用现实逻辑的原则却很容易描述。对于任何过程，考察的主要视角都必须立足于个体和群体之间相互作用的反馈性回环。现

[①] R.Capurro, 2008. *Information Technology as An Ethical Challenge*. ACM Ubiquity, Vol.9, No.22.

[②] J.E.Brenner, 2010. "The Logic of Ethical Information". In H.Demir (ed.), *Knowledge, Technology, Policy*, Vol.23, No.1-2, pp.109-133.

实逻辑中的多元对立原则能够为个体和群体之间相互作用的关系提供某种新的解释框架①。

针对上述的第二个方面,从现实逻辑的视角来看,相对于社会,群体不再被认为是等同于由个体构成的集合而是集合中的要素。经典集合论把集合和集合中的要素作了完全的区分,并且集合论也只是基础二值逻辑的另外一种形式。不能把人类和人类的个体看作是相互外在的存在,我们认为,任何一个团体,只要它是一个真正的群体,它就不可能是集合关系中的外在附加的方面。即使是在标准哲学的理论中,群体都会拥有某些认知的属性,例如,意见和目标。现实逻辑(LIR)把这一群体所拥有的属性看作是一个动力学的过程,在这个过程中,个体和群体的目标在同一时间是有差别的,群体目标是个体目标的合力的产物,同时,群体目标又可能反过来主宰个体的行为。正如邬教授提出的那样,社会本质能被解释为人的本质,反之亦然。

1. 意识、语言和劳动

可以把人的心理和行为活动的能力具体分解为意识、语言和有组织的劳动来进行具体分析。从信息活动的形态来看,意识指的是主观间接存在。按照一般性的看法,人类的语言系统是人类通过抽象思维的活动所创造的主观信息的载体。

根据邬焜的观点,人类社会一旦产生,便拥有了高超的语言和意识活动的能力,以及有目的和有计划地适应和改造世界的"生产实践"的能力,而邬焜把这些与"生产实践"相关联的行为能力统称为"劳动"。这样,劳动、语言和意识便成了人和人类社会的本质。从信息活动的观点来看,意识是人类把握和创造信息的活动,语言是意识的载体,而劳动则是人的目的信息通过计划信息的实施,在客体中实现的过程。由于物质(质量和能量)守恒,所以,人类在劳动中不可能创造物质,而只能创造信息,这样,从信息活动的维度上来看,人类社会的本质就在于"能动地把握、利用、开发、创造和实现信息"。

---

① J.E.Brenner, 2010. "The Logic of Ethical Information". In H.Demir (ed.). *Knowledge, Technology, Policy*, Vol.23, No.1-2, pp.109-133.

2. 社会的信息进化

邬焜在其信息哲学的著述中，特别强调了信息的社会价值和功能，而相关价值和功能可以实现的理论基础则是人类个体和社会存在的统一。现实逻辑把辩证逻辑中的"统一体"的观念形式化了，在这一统一体的观念中包含了多维度的相互作用。邬焜也使用了同样的多维度的术语，这一术语能够兼容现实逻辑所描述的"综合体"和全息原则①。下面讨论的便是对前述的信息的人类价值进行解释所得到的一个结论。

邬焜认为人是一种多维的存在，在人的生理、心理和行为的结构中都存在着某种二维性结构，其中一个维度是由自然发育生成的结构，在这一维度的结构之上，增生发育着第二个维度的结构，而这个第二个维度的结构的建构需要后天文化环境的介入，正是在这个第二维度的结构建构的过程中产生了或者为人，或者为兽的分野，并且该结构的生成又是以人类演化的非决定论的第二维基因信息结构为基础的②。

正如前面指出的那样，这个非决定论的结构对于建立人和动物的分化发育是必要的，但并不是充分的，从现实逻辑的观点来看，它只为人和动物的分化发育提供了某种可能的突变选择的潜能。属人的社会能力的形成是部分

---

① 按照邬焜的解读，全息的含义是指事物在自身结构中映射、凝结着自身现存性之外的多重而复杂的信息关系和内容。他把全息现象看作是复杂性自组织进化所可能达到的一种相关信息凝结、积累的结果。邬焜关于"信息体"的学说就集中体现了全息的思想。他还把全息现象归为五类：演化历史关系全息；演化未来关系全息；演化系列关系全息；演化内在关系全息；演化结构全息。邬焜同时又强调了讨论全息问题的四条原则：一是全息现象仅与演化的进化方向相关，因为在退化演化的方向上信息的耗散具有不可追忆的特征；二是"全息不全"，就是在进化的方向上也存在大量信息内容的畸变和耗散；三是全息所全息的信息内容主要是关于程序型信息方面的，绝大多数表现型信息将会被耗散，就是程序型信息也不可能包罗全部特殊细节和偶然因素的信息；四是不能将全息观点"无限泛化"，全息仍有它的特定层次、范围和内容的限制。（详见邬焜：《论自然演化的全新境界》，载《西北大学学报》（社会科学版）1994 年第 2 期，第 7—13 页；邬焜：《信息哲学——理论、体系、方法》，北京：商务印书馆 2005 年版，第 266—275 页）

② 邬焜：《多维存在的人》，载《社会科学研究》1994 年第 2 期，第 5—8 页；邬焜：《试论人的多维存在性》，载《求是学刊》1995 年第 5 期，第 18—22 页。

的基于非基因型信息传承的，相对于社会化的动物而言，在适应性进化的过程中，并不存在某种非连续性演化过程的逻辑形式。

然而，把信息哲学和现实逻辑的相关理论内在地统一起来是本研究的重要成果，其中包括信息互动和行为过程的辩证关系、个人和社会的辩证关系，以及个体和群体或者类的辩证关系。如前所述，类或者集合和其要素关系相互外在的经典观念在现实逻辑内被类和类的成员共同拥有其相关属性的观念所替代了。相互作用的理论为个体对其所在的类和类对个体的影响提供了基础，后者包括了一些类属性的内化。一个类的概念因此是动态的、具体的，并且能够被双向因果关系所影响的存在。这也类同于当代复杂性理论所阐释的整体和部分间的双向涌现建构的关系。正是通过这种双向涌现的建构过程，事物的整体和部分之间建立了某种双向规定和映射的全息性关系。

3. 文化进化

根据邬焜的观点，人类社会进化的观念一旦被真正接受，最好是把它看作是人类文化的进化，而人类文化的进化又主要是一种体外进化，即外部的文化传统和模式的进化，相对而言，体内进化在本质上则是缓慢的、长期的基因进化。体外的文化进化和体内基因所规定的能力是"相互协同"的，但是这不应该被看作是任何类型的人类基因染色体层面编码的程序型信息的变化，而只应该被看作是在程序型信息的展开过程中所可能呈现的表现型信息的具体内容上发生的变化。这样，在作为特殊"信息体"的人的内在结构中，便可以区分出两种不同层次的信息，一种是在遗传基因结构中深层编码的程序型信息，另一种是基于程序型信息之上具体展示着的表现型信息，后者虽然是前者所具有的潜能之现实化的表现，但是，它却需要凭借后天环境的信息中介而具体生成，由于环境信息的多样性和特定性，所以，后者的具体样态和内容也便具有了多样性和复杂性的特征。

程序型信息指的是由事物的现存结构所规定的事物未来演化的一般途径和方式的信息。在事物的未来状态尚未呈现的时候，这类程序型信息还只是作为某种潜在的可能性以间接存在的方式被事物所规定。这也类似于分形理论所揭示的分形构造的生成规则。在分形学家看来，生物的 DNA 中的信息所规定的仅仅是生物体的各类组织和系统按某种特定分形规则进行建构的一般性原则、方式和程序。如果真是这样，DNA 就并不需要详尽规定所有组织和系统组成结构的细节。大概正是分形规则的原则，控制着生物形态发育的过程。然而，生物发育的任何程序型信息的表达都需要有相应的环境信息为中介，这就会造成这样一种结果，以不同性质的环境信息为中介，由同一程序型信息的表达所具体生成的表现型的信息形态将可能会千差万别。如正常人都有习得语言的潜能，这一潜能的实现是由相应的程序型信息的表达为基础的，但由于语言环境十分不同，所以，同一个人在不同的语言环境中将可能习得完全不同的语言，而由野兽养大的儿童则由于无法获得人类语言环境的中介，所以，相应的习得语言的程序型信息则不可能得以表达，这样，他们便不可能拥有相应的语言能力。

因此，文化（体外的）进化是明显的信息进化现象，也是心理和行为模式的进化，并且这种进化是人类在处理间接存在的信息的方式上的进化。然而，从现实逻辑的观点看，有必要指出的是这种进化不是且不可能只是单向的，因为在其相关的结果中包含着某些冲突或者矛盾的因素。文化的进化不可避免地伴随着文化和社会中的某些现象的退化，网络的负面影响和语言的退化现象都是我们非常熟悉的例子。

迈尔（Mayr）和其他生物学家已经探讨过将"进化"概念借用于社会是不正确的，社会没有与进化相对应的内容，它没有染色体，没有物种或者繁殖过程的物质属性。然而，罗伯特·瑞德（Robert Reid）在关于"生物综合体"的论述中则提到，有必要建立一种新的关于进化的理论，以代替传统的选择理论、达尔文主义或者新达尔文主义，以及本质还原（由标准的二值逻辑描述的）的突变论。这就是邬焜提出的关于体外进化和体内进化"相互协同"的理论的真实韵味。

生物学家 E.O.威尔森（Wilson）已经发展了一个社会进化的模式，该模式以昆虫、动物和人类的相关数据为基础，建立了关于包含大量个体的群体选择行为的动力学模型。该模型的最重要成就在于，它成功地描述了与利他主义的群体或者由利他的个体主宰的群体的起源和进化机制。他的理论明确地表明了特定过程的辩证性质："在群体内部，自私的个体打败了利他的个体。而在群体之间，利他的群体打败了自私的群体。所有的例子都证明了这一点"①。针对这一模型，通常，人们很容易忽略这样一个观点，即没有任何一个理论是百分之百的正确，或说是适用于所有的案例。

4. 信息社会的模式——网络

应用邬焜的信息哲学，以及布伦纳的现实逻辑的理论，能够阐明新兴的信息社会未来发展的某种全面的经济-政治变革的模式。

不过，有必要指出的是，邬焜在其创立信息哲学的 30 多年的过程中，已经从信息活动的视角研究了社会现象，并且提供了一种揭示社会本质的信息理论和一种社会进化的信息尺度。

在 20 世纪 90 年代，邬焜在一系列相关的论文和著作中，将他的研究扩展到信息生产、信息经济和信息社会的领域。在邬焜的观念中，能动地把握、利用、开发、创造和实现信息是人类社会的本质，而把握、利用、开发、创造和实现信息的间接化程度是人类社会进化的尺度②。不同形式的人类文明经由信息创制、处理和传播的不同方式而发展。不同于物质—能量，它们是守恒的，不能被"创造"，人类仅能够创造信息。因此，人类生产和生产力在本质上只能是信息生产和信息生产力，在生产活动中人们只能生产、创造和处理信息模式③。

与信息创制和传播的网络模式的发展相伴的是国家集权和世界霸权的消解。在这一过程中，信息创制、处理和传播的网络化方式是建立一个新兴民主社会的"技术前提"④。邬焜因此将实质上的重要性附加于一个社会结构的网络概念之上，就此与卡斯特尔（Castells）的构想相比较看来是适当的。

---

① J.E.Brenner, 2009. "Prolegomenon to A Logic for the Information Society". Triple-C, Vol.7, No.1, pp.38—73. Available at http://www.Triple-c.at.

② 邬焜：《信息·人类·社会》，陕西省哲学学会 1984 年年会报告论文；邬焜、刘世文、李琦：《关于信息论研究中几个问题的探讨》，载《社会科学评论》1986 年第 1 期，第 50—57、79 页。

③ 邬焜：《信息生产和信息生产力》，载《哈尔滨师专学报》1997 年第 3 期，第 28—39 页。

④ 邬焜：《网络文化中的价值冲突》，载《深圳大学学报》2001 年第 5 期，第 45—51 页。

卡斯特尔关于新兴信息社会和知识经济的新信息、新通讯技术的经济、政治应用的主要著作：《信息时代：经济、社会和文化》，首次出版于1993年，被证明极具先见之明。他将社会比作一个网络的复杂系统，这一系统乃是新信息和新通讯技术的一个结果。他的观点从 LIR 的视角来看，非常令人感兴趣，因为它们涉及一种网络社会及其动态学的"逻辑"。卡斯特尔的社会网络模型，作为"流的空间"能够从 LIR 的逻辑立场上进行分析。LIR 也能分析更加规范的社会学模式，例如雷蒂斯托夫（Leydesdorff）的"三螺旋"结构模型。LIR 的逻辑路径可以应用于对网络及其节点的属性的分析，也可应用于对处于完全对立或排斥的社会因素间关系的分析。

卡斯特尔还描述了网络统治的结构和动力学特征，以及拒斥网络的反对因素，这些反对因素，如同其他情景中的反对因素一样，都可以用现实逻辑的观点来进行描述。现实逻辑是一个思维的方法论，一个推理的方式。在这里，利用现实逻辑的方法可以对网络社会中的两种相反的因素——网络和对网络的拒斥进行分析，这种分析有助于更好的理解在网络内部和外部起作用的相关因素及其之间的关系，并揭示网络社会内在的不确定性和非平衡性。LIR 的一般原则还为进一步探讨信息社会中的道德问题以及伦理观的变化和发展提供了基础。因而，LIR 和 BTPI 二者均从辩证法理论的方法论中获益，而无需对任何社会模型的意识形态的后果做出任何预言家式的承诺。

按照邬焜的理论，应该对网络社会的结构予以特别的关注。把邬焜和卡斯特尔的网络概念进行进一步的比较和阐释是有益处的。

5. 导向一个全新的社会民主体制

在今天，任何一种关于人类社会变革的理论都应该建立在对当代科学、经济和社会领域的信息处理方式的发展认识的基础之上。然而，任何一种关于社会变化的模型或理论都不应该忽视那些相反的、反社会的和反文明的力量，为了实现人类的所谓"共同利益"，就有必要对上述的相互反对的因素予以具体的研究。

在邬焜看来，网络能够是"知识、信息、信息创造和传播模式、社会权力、人类关系、人类思维模式、人类价值、人类生活方式和行为模式，乃至于最后是人类自身和人类社会的解放者。"邬焜认为信息处理的中央、国家模式的消退和通向一个新的民主体制的盛行是与新趋势相符合的。这一新的民主体制将对属于少数人的权利、利益、价值给予更多的宽容和理解，以及关于这些内容的、个体和群体的不同观点将会被更为充分地尊重、实施和满足。他对网络信息处理、创造和传播模式的普及和发展，允许一种多元的人类价值，从而为一个更加公平的未来社会奠定信息基础充满希望①。

因此，邬焜所称谓的"新民主体制"将允许从新信息技术获得的利益最大化。如上所述，一个"理想的"信息社会要求非专制主义的网络（邬焜建议一种多元化的涌现），它涉及天然集权体制衰退的现代形式。在任何情况下，对于任何一种政治-经济模式的信息因素的适当关注是必要的。这也是我们在下文中所描述的信息思维和信息立场所得出的结论。

十一、综合学科和信息哲学

1. 综合学科

迄今为止，信息哲学（PI），包括邬焜的信息哲学基础理论（BTPI）和他关于信息社会的应用性观点都可以明确地被看作是科学和哲学研究的新领域中的重大创新。

本章所描述的信息是所有事物的构成因素，包括物质的和非物质的，所有理论的和实践的学科都必须对信息和信息活动进行研究，特别是认知科学和社会科学。现在，我们相信，作为多学科或跨学科领域的信息理论与信息哲学的研究，一定会给科学和哲学的新发展提供大量新的启迪。

根据尼克莱斯库（Nicolescu）的定义，综合学科是对所有学科中的共性进行研究的学科，它的目标关注的是学科间的统一方面，而不再把这些学科看作是相互分离的，它的核心理念、它的兴趣点在于知识的统一性。在我们看来，信息理论和信息哲学就具有这样的性质，并能够扮演这样的角色。

弗洛里迪在探讨信息哲学的起源时指出，早期的研究认为信息哲学的性

---

① 邬焜：《网络化与人类价值观模式的多元化》，载《青海社会科学》2000年第5期，第55—57、48页。

质应该定位于综合学科,而不是交叉学科。他写道:

> 信息哲学被认为是如同控制论或者符号学那样的综合学科,而不是像生物化学或者认知科学那样的交叉学科……即使信息哲学的发展还远不成熟,或者如所说的那样,它具有综合学科的性质,哲学的和科学的共同体在很大程度上仍然没有准备好去应对它的重要性。

弗洛里迪致力于非元理论的信息哲学研究,但是从现实逻辑的观点看,没有必要在元理论的和现象的、抽象的和应用的理论之间作绝对相互排斥的选择。不同的人完全可以或者选择性地关注学科的这一方面的内容,或者选择性地关注学科的另一方面的内容,这并不会造成相互间的冲突。因为信息是多层面的现象,所以,对信息的哲学研究既可以在元哲学的层面,也可以在分支哲理的层面,还可以在一般理论的层面,甚至是一般技术和工程应用的层面展开。

邬焜早在 1989 年出版的《信息哲学——一种新的时代精神》一书中就写下这样观点:

> 信息哲学要研究的课题是十分广泛的。除在信息哲学的基础理论部分之外,它无疑还包括应用性的课题。另外,信息哲学首先是一种元哲学,由它的基础理论的拓展又可以延伸出许多亚层次的哲学来。[①]

(关于这一方面的问题我们将在下一节中作进一步讨论。)

迈尔旺(Marijuan)认为,从信息科学发展的基本领域来看,它并不仅仅是一种特殊化的单一性观念研究的结论。他写道:

> 信息已经发展为一个具有"垂直性"或者"跨学科性"的智力探险的科学领域,它贯通了不同的信息过程和层级,这些都要求信息科学应

[①] 邬焜:《信息哲学——一种新的时代精神》,西安:陕西师范大学出版社 1989 年版,第 31 页。

当成为一种既统一又具有多维视角的理论。①

同样，哈夫科克尔（Hofkirchner）、福克斯（Fuchs）和他们的同事们在关于社会技术的辩证法的著述中也提出了与此类似的观点，即任何伦理理论和实践的进步都必须从跨学科的角度来研究。从现实逻辑的理论来看，一个理论和理论的对象是不能完全分离的，并且，包括对这些对象进行研究的不同学科之间的关系也同样是不能相互割裂的。

目前，通过邬焜、哈夫科克尔、迈尔旺、弗洛里迪和其他人的工作，信息哲学已经获得了一个独立学科的地位，信息科学和信息方法也都获得了它们应有的基本领域。我们认为，对信息科学和信息哲学采取某种综合的或跨学科的研究方法也许会更为有成效。正如我们在邬焜的"多维度"的概念中看到的那样。在下一节关于信息的元哲学的探讨中我们也将会看到，没有任何一门真正的学科不涉及信息问题，或者说没有任何理由表明信息对于这些学科是无关紧要的。信息的元哲学具有典型的跨学科性质②。

2. 信息哲学——元哲学和元逻辑学

如今的信息哲学理论的研究缺乏两个重要的方面：①一个关于信息结构的本体论分类；②一个关于信息活动过程的多元演化的详尽图式。正如我们已经在本章中看到的那样，邬焜提出的信息哲学的基础理论提供了一种统一的哲学体系，在这一哲学体系中对如上两个方面的内容提供了一种系统的理论框架。他的信息哲学基础理论的元哲学部分已经对哲学的发展产生了重大的影响。

（1）元哲学和现实逻辑

要理解元哲学的概念，首先必须对一个看似简单的和并不存在争议的关于哲学性质的界定予以讨论。塞拉斯（Sellars）曾经这样认为："哲学的主旨是怎样在尽可能广泛的意义上理解事物的关系以及把这些关系结合在一起"。

---

① Marijuan, 2009. "The Advancement of Information Science. Is a New Way of Thinking Necessary". *Triple-C*, Vol.7, No.2, pp.369-375.

② 《三重-C》(*Triple-C*) 在 2011 年特刊中曾定义："信息通信技术与社会：一个跨学科的研究领域"。

一个明显的问题是要对元哲学进行讨论就首先需要有一个关于哲学本身的定义。然而，一个符合要求的基本理论则往往会在元哲学的层面缺乏其本体论和认识论的动态性考察的根基，也就是说，缺乏从事物本身的特性入手，对事物自身的差别和冲突的方面进行把握，并最终可以把二者"结合在一起"。

布伦纳已经提出了这样一种基础，也就是，一种关于哲学的概念和理论以及这些概念和理论的要素或者数据关系的元哲学解释①。

"元"系统作为一种系统性理论并不是一个单纯的分类学意义的理论。它具有某种在元和非元之间进行"超越性研究"的韵味，是对其可能的本质意义的探索。对于哲学和元哲学层面的大部分解释大都采用了模糊其边界的方法，并在两个研究层级或领域之间进行自我循环的论证。哲学和元哲学之间的循环关系应该超越二者的任何一个层面的研究，因为没有哪一个方面完全能够脱离另一个方面，不可能对二者进行绝对的割裂，非要把二者绝对区分开来则一定是武断的。现实逻辑为元哲学提供了一个辩证的解释原则，在某些情况下，基于二者之上，会产生出第三个。因此，一个符合元哲学特征的模型能够在实体，包括理论的复杂性等级关系或者一些其他的因素之间产生出来。

现实逻辑的认识论理论消除了一个关于"哲学"的无限循环论证的问题。循环论证的关系在经历了两个或三个阶段之后将会停止下来，因为缺乏新的信息对之后的循环提供支持。在智力结构空间的对立性关系的发展中已经耗尽了可利用的知识以及知识的元素。虽然我们可以想象一个永远不会停止的无限循环的过程，但是，在实际的过程中，总会因为某种原因会使这个循环停止下来，或者就是这个循环过程本身便会使它自己停止下来。

（2）作为元逻辑的现实逻辑

现在应该很清楚了，现实逻辑是一种新的"动态逻辑"，它比任何一种已有的建立在语言学模式基础上的标准逻辑和应用此类逻辑所建立的集合论式的逻辑都能够更为彻底的改变我们对所研究的客体性质进行研究的概念、理论和方法。从它涉及的内容和逻辑本身的逻辑，以及这个逻辑能够描述的现

---

① J.E.Brenner. *Philosophy and Metaphilosophy*; *A Logical Relation*. Paper at the Annual Meeting of the New Mexico-West Texas Philosophical Society, El Paso, April 5, 2008.

象来看，它就是一种元逻辑。

一个逻辑的元逻辑性质如同一个关于命题推论的系统，能够在一个符号语言关系中被形式化的描述，通常，除了另外一些考虑之外，这种描述被看作是相关逻辑的完整性、简洁性和稳定性的特征（虽然，相容性是否能够成为元逻辑的一条公认原则仍然存在争议，然而，一个次相容性逻辑的原则却得到了普遍偏爱）。元逻辑的性质经常体现在一种元语言中，可能就是普通数学上的英语，通过一些元语言符号的扩展，在重视推论的有效性中加入标准语言所给予的逻辑形式。例如，相比较而言，在不受限制的条件下，二值逻辑和路卡西威克斯（Lukasciewicz）的三值逻辑的基础，在值的数目上都是元逻辑原则的。但是，对于现实逻辑，就不仅仅是在值的数目上是元逻辑的，而且在其揭示的真实过程的性质上也同样具有元逻辑的特征。

因为是以自然的视野，而没有考虑单纯经典命题，或者数理逻辑的抽象概念，也没有考虑现象学的神、人同形同性的本体论观念的那些基本原则，所以，现实逻辑的元逻辑性质属于完全不同的类型，现实逻辑的大部分基本元逻辑原则都具有矛盾或对抗的性质，在这个逻辑面前，没有了矛盾和对抗，任何事物都不可能存在。因此，这就是，在同一时间内包括对抗性的原则便是现实逻辑的基本的形而上学原理。在现实逻辑的本体论中，没有任何事物能够独立于其他事物之外而存在，这个原理与邬焜的信息元哲学理论也是完全相容的。

（3）信息元哲学

早在 1989 年，邬焜教授就强调了信息哲学的最高哲学和元哲学的性质，并指出没有哪一个哲学（或者科学）领域是信息哲学（或者信息科学）所不能涉足的。当时，邬焜认为在元哲学的层面上，信息哲学的研究重点应该集中放在如下一些问题领域：信息的哲学本质，信息的哲学形态和形式；信息的不同性级的质；信息本体论、信息认识论、信息方法论；信息社会学、信息心理学、信息美学、信息价值论；信息进化论、演化与全息现象，还有其他很多领域[①]。

[①] 邬焜：《信息哲学——一种新的时代精神》，西安：陕西师范大学出版社 1989 年版，第 31—32 页。

从 1995 年到 2005 年，邬焜教授又曾多次集中阐释了信息哲学的元哲学和最高哲学的性质。他写道：

> 信息科学的最一般、最普遍的理论和方法在本质上是一种科学范式的转型，这一转型导致了一种崭新的现代意义的以信息理论为主导认识方式的现代科学体系①。
>
> 信息哲学作为当代信息科学的最高层次的学科，同样为当代哲学的发展提供了一种全新的哲学范式。信息哲学把信息作为一种普遍化的存在形式、认识方式、价值尺度、进化原则来予以探讨，并相应从元哲学的高度建构出全新的信息本体论、信息认识论、信息生产论、信息社会论、信息价值论、信息方法论、信息进化论等，在这些信息哲学的大的领域之下还可以再包括若干分支哲学，从而派生出第二、第三或更深层次的信息哲学学科。
>
> 信息哲学乃是区别于所有其他哲学的一种元哲学或最高哲学。
>
> 在这一全新的时代哲学面前，所有形式的传统哲学，以及形形色色的当代时髦哲学都将会黯然失色。基于对信息本质的不同认识，信息哲学也可能产生诸多学派。②

称信息哲学为元哲学、为最高哲学，因而能够区别于所有已有的其他哲学的更为深刻的理由恰恰在于信息哲学的独特性和普遍性，恰恰在于信息哲学所阐释的新的世界观、历史观、社会观、价值观、认识观和科学技术观。

以现实逻辑的元逻辑为背景，结合邬焜的信息元哲学理论，可以对哲学本体论和认识论的基本概念做出必要的修正。信息哲学提出的关于存在领域的新的分割方式的本体论学说可以对信息活动过程中所表现出来的对立因素

---

① 邬焜：《科学的信息科学化》，全国信息科学技术与哲学学术研讨会（北京，1995）大会报告论文；邬焜：《科学的信息科学化》，载《青海社会科学》1997 年第 2 期，第 53—59 页。

② 邬焜：《亦谈什么是信息哲学和信息哲学的兴起》，载《自然辩证法研究》2003 年第 10 期，第 6—9、14 页。

间的辩证发展的相互作用过程给出某种全新方式的表达。

我们要强调的是，不管怎样，我们并不把我们提出的信息哲学和现实逻辑的联合理论看作是一种"万能的理论"。我们只是要指出，我们提出的理论能够为所有其他的学科的相关研究提供某种再造性重建的方式。比如，物质和信息的双重存在，以及它们在相互作用中的双重演化的理论一旦被接受，便有可能改变所有层面的哲学和科学看待其所研究的领域中的事物和问题的方法。信息元哲学还是信息科学和信息技术，以及与之相关的伦理责任能够实现的理论基础。

十二、结论：信息思维和信息观

在本章中，我们已经展示了邬焜的信息哲学基础理论（BTPI）的一个综述和基于约瑟夫. E. 布伦纳的现实逻辑（LIR）的辩证原则的一个解释。我们主要的结论是 LIR 为 BTPI 提出的批判性观念提供了一个逻辑的解释和根据，这些观念包括：存在领域的新的分割方式；信息与质—能相比的独立性意义；物质和信息双重存在和双重演化的原则；人类认识发生的多级信息中介特征；信息及其相互作用成为价值来源的一种形式；信息在人类和社会发展中的非凡价值；以及作为元哲学的信息哲学的界定。LIR 提出了一系列的哲学的和科学的观点：主体和客体、内在和外在、个体和群体的不可分割性，等等，并由此揭示了人类和自然过程的辩证要素间的不可分割性的事实，从而支持了信息哲学的基础理论（BTPI）。

信息哲学基础理论是一个信息元哲学，因为它为信息哲学应当研究的全部领域提供了一个本体论基础。LIR 作为一个元逻辑，描述了事物多元演化能力和过程的一个全新的逻辑，并且能够为信息哲学的元哲学的理论提供一个演化逻辑的基础。

我们认为信息哲学的基础理论（和 LIR）显然是跨学科的，因为它们提供了能够为所有学科共享的信息属性的视角，并且还在自身独特理论建构的层面上超越了这些学科，即在关于一般事物的性质和规律、人和人类社会的性质，以及价值和伦理的维度上，确立了信息存在和信息功能的新的世界观。在我们看来，从一个跨学科的观点看待信息科学和信息哲学是邬焜所强调的信息思维的一个必然的特性。

1. 信息思维的方法论

由邬焜构想的信息思维（IT）是一种从事物演化的历史起源到未来可能性的关系内容的层面来探讨信息的结构和动力学意义，并进而对事物的本质特征和属性进行把握和描述的学说。这种认识方式对事物的任何复杂过程的细节予以扬弃，只考虑信息的功能及其动态特征，这一策略类似于胡塞尔所采用的悬置的方法，也类似于现实逻辑提出的只考察逻辑要素之间的辩证关系的方法。

在这个意义上，所有本章涉及的认知问题，价值和社会进化的问题，都可以运用信息思维的方法来进行分析。信息思维要求在人的具体思维过程中扬弃单纯从传统的物质概念出发进行的思考，同时又从一般常识出发保留了物质的基础性地位。IT是一个根本的方法论的概念，通过规定信息载体和信息编码的方式，能够构建关于信息系统的历史的和潜在的或者可能的未来状态的推论。信息思维具体揭示了事物存在和发展的质—能因素和信息因素、决定论和非决定论、内在的和外在的反馈过程、独立（自主）和相互依存的辩证统一关系。现实逻辑的理论从另外一个角度为这样一个二元关系的不可分离的统一性理论提供了一种合乎逻辑的和物理学的辩证解释的逻辑框架。事实上，信息思维就是信息的元哲学。

从某种程度看，信息思维并不是一个局域性的研究策略，它将对所有的科学和哲学的领域进行信息系统化的全新解读。无论如何，邬焜和布伦纳相信我们正在面对一个新的科学（和逻辑）的范式——信息思维的范式，它区别于传统的实体思维范式，导致了对事物，对传统的学科和它们的相关理论的新解释。首先，我们看到，我们的信息元哲学和信息元逻辑作为一个完整的关于信息过程的科学化的理论，为科学和哲学的整体性变革做出了贡献。其次，通过对人和社会的信息活动的价值和意义的揭示，一个更为深刻的对于信息的理解变得可能了，而这种理解对于人类文明的整体进步和可持续发展也是一个贡献。

信息科学、信息元哲学、信息元逻辑的相关理论充分体现着邬焜所倡导的，所有的复杂的自然的和社会的过程都可以从信息活动的维度上做出全新的解释。

通过对存在的最根本领域之一的信息世界的研究和对信息形态的划分，信息哲学能够建构一个新的科学和哲学的范式，这个范式从根本上改变了哲学基本问题的解读方式，从而也从根本上改变了哲学的体系和结构，以及哲学的思维方式——形而上学的（元哲学的）、认识论的和本体论的。信息哲学，它的基础理论和基本逻辑在哲学的相关领域中的具体延伸和展示将会导致"哲学的全新的革命"，另外，LIR 也已经被称作"在非经典逻辑学的当今革命中的一个重要的事件"。

2. 信息观

我们相信，我们提出的观点揭示了一个信息立场，揭示了一个最合理的哲学考察的态度，并且所有相关内容都既不是相互分离的也不是相互孤立的，它们在整体上构成了一门关于信息本身的新兴的科学和哲学。

这个信息立场是一种态度，它要求对于复杂过程的信息维度必须从存在论和方法论的层面上予以考察①。特别是，这个信息的立场支持和拓展了近年来信息伦理学领域的领军人物的研究工作，这些领军人物中有弗洛里迪、克帕若（Capurro）和邬焜本人，他们都将信息伦理价值推广到了所有信息存在的领域。

在此，我们提出了一个兼容动态物理和逻辑结构的信息哲学体系。这个体系实现了邬焜的信息哲学和布伦纳在现实逻辑的全新综合。这样的一种新的研究成果，无论是在中国还是在西方的信息研究领域都还未有先例。

我们做出结论：邬焜和布伦纳理论的综合对解决信息领域的一系列悬而未决的重大问题做出了新贡献。

---

① J.M.Sagüillo, 2009. "One Sense of Information A Quick Tutorial to Information-Theoretic Logic". *Triple-C*, Vol.7, No.12, pp.179-184.

第十一章 善：张弛于有序与无序之间[①]

——对一种简单以熵量为判据的荒诞伦理学的批判

一、引言

2013年，牛津大学出版社出版了英国哲学家弗洛里迪先生的《信息伦理学》（*The Ethics of Information*）。[②] 在这本学术著作中弗洛里迪先生雄心勃勃地要建立一种宏观伦理学。然而，他把他所建立的宏观伦理学的根基建立在以熵量的多少来评判善恶的伦理原则的基础之上的做法，却明显具有简单性和单极化思维方式的特征。如果按照他所制定的对熵的绝对排斥的至善原则来实践的话，那么，在自然界和生物圈领域只能导致运动变化活力的终结，在人的思想和科学发展的领域只能导致僵化和停滞，在社会领域则只能导致法西斯式的专制集权体制。事物的有序化和无序化发展都是有极限的，熵和熵增并不就是绝对的"恶"，信息和熵减也并不就是绝对的"善"。在宇宙、宇宙事物的具体演化过程中，不存在永恒的熵增的恶，也不存在永恒的熵减的善。当整体熵增的演化达到某种极限的时候，它自然便会转入整体熵减的演化过程；反之亦然，当整体熵减的演化达到某种极限的时候，它自然便会转入整体熵增的演化过程。一个合理的伦理原则应当把诸如信息和熵、有序

[①] 本章由邬焜和王健（西安交通大学人文社会科学学院副教授）合作完成。
[②] Floridi, L., 2013. *The Ethics of Information*. Oxford: Oxford University Press.

和无序、整体性和还原性、确定性和非确定性、决定论和非决定论、目的性和随机性、必然性和偶然性这些看似对立的因素兼容起来，并在这些相关对立因素之间保持某种合理的张力。一个合理的结论只能是：善——张弛于有序与无序之间。另外，弗洛里迪借用的与有序和无序相对应的熵理论（无论是物理熵还是信息熵），其所涉及的还仅只是语法信息。而与伦理和价值问题直接相关的信息问题主要是在语义和语用方面，而不是简单地在其语法方面，也完全不可能从这种形式化的熵值的大小中简单而直接的推导出来。由于思维方式的滞后、对熵和信息理论理解的偏差，导致弗洛里迪先生提出的信息伦理学框架难以支撑他要建立宏观伦理学的勃勃雄心，同理，他的信息伦理学也很难能够成为他所承诺的建构人类生态文明的哲学基础。其实，早在20世纪90年代，中国学者就已经提出了一种超越以人类为中心的狭隘立场的以自然本体的名义所阐释的一般价值哲学。这一价值哲学不仅能够很好地兼容自然价值和人的价值，而且还能很好的兼容物质价值和信息价值。正是这样的一种价值哲学所提出的价值伦理范式奠定了建构人类信息生态文明和可持续发展的理论和实践的一般哲学基础。

二、弗洛里迪的宏观伦理学模型

弗洛里迪先生认为，相对于以往的具有极大局限性的计算机伦理学而言，他所创立的信息伦理学是从"存在"出发，而不是从"行为"出发的伦理学，超越了单纯生命伦理的视角，是一种更具有普适性和无偏见性的、关涉于信息圈（infosphere）的发展的数字—环境伦理学（E-nvironmental Ethics），因而能够成为真正的宏观伦理学。

评价一个学说的合理性并不仅仅在于看他自己或某些评论家给该学说戴上了多少华丽的桂冠，而更重要的是看这一学说阐释了怎样的内容，运用了怎样的方法，奠基于怎样的理论基础。

弗洛里迪的宏观伦理学，奠基于科学中的"熵"理论。他首先确立了四个基本伦理原则：

(1) 在信息圈中，熵不应该被引起（零定律）。

(2) 在信息圈中，熵应该被阻抑。

(3) 信息圈中的熵应该被移除出去。

(4) 应该通过保藏、培育和增加信息实体和整个信息圈的福利，从而促进它们的繁荣。①

为什么要有四条？这是故弄玄虚，还是烦琐哲学呢？其实，上述四条原则完全可以归结为一条：清除已有的熵和阻止新熵的产生。

在具体的解释中弗洛里迪直接把熵增或熵减与伦理学中的恶或善简单地对应起来。他认为，不必要的熵增是一种产生恶的行为，因为熵增会导致系统的紊乱；反之，任何保持和促进信息增加的行为便是善的，因为信息的增加有助于系统的稳定，使得系统更有秩序。于是，具有后一种行为特征的任何物体或结构就具有最小的内在价值。这样，

某个行动是道德上可限制的，当且仅当它能够引起道德的善或恶，即当它减少或增加信息圈中形而上学熵的量值的时候。②

在这里，弗洛里迪沿用了通常熵和信息理论中的对系统结构化程度的量化判据的方法，把熵和无序统一起来，把信息和有序统一起来，之后，他又直接把熵、熵增、无序、无序化简单而直接的和恶统一起来，把信息、熵减、有序、有序化简单而直接的和善统一起来。

在这里，弗洛里迪真正实现的创新有三点：

(1) 熵（无序）＝恶，信息（有序）＝善；

(2) 熵增（无序化）＝恶，熵减（有序化）＝善；

(3) 至善的行为策略是：对熵的绝对排斥——清除已有的熵和阻止新熵的产生。

---

① Floridi L., 2013. *The Ethics of Information*. Oxford：Oxford University Press, p.71.
② Floridi L., 2013. *The Ethics of Information*. Oxford：Oxford University Press, p.147.

按照这样的标准，所有的系统（事物），无论是有生命的还是无生命的，在静态上，只要根据其结构化程度的大小（有序化程度的高低）便可以直接判定其善或恶的程度；在动态上，只要根据其熵增或熵减的程度便可以直接判定其向恶或向善转化的程度。

这一创新确实大胆而新颖，给我们提供的信息量极大（因为其意外程度是空前的）。

但是，面对这样的一种大胆的创新，我们还应当有必要予以小心求证。

三、回到物理熵

弗洛里迪借以讨论善恶的熵理论始于物理学的相关研究。

1850年，德国物理学家鲁道夫·克劳修斯提出了热力学第二定律，1865年，克劳修斯又提出了"熵"这一概念，并相应地把热力学第二定律表达为"熵增原理"："在孤立系统内实际发生的过程，总使整个系统熵的数值增大。"由于克劳修斯只在"转化""变化"的意义上把握熵概念，只是指出了"熵增现象"，而关于某一物理系统本身所具有的熵的绝对值，以及熵所具有的那种更为一般性的创造性意义和价值，在克劳修斯那里则并未得到明确的规定和阐释，这就使克劳修斯的"熵"具有了某种神秘性和猜测性的色彩。

1877年，波尔兹曼从分子运动论的角度，运用统计方法对熵的物理意义，以及熵增原理作出了概率性解释。他指出，孤立系必然要从包含微观态数目少的宏观状态向包含微观态数目多的宏观状态演化；必然要从各微观态概率分布不均匀的状态向各微观态概率分布均匀的状态演化。他给出了平衡态熵的统计公式：

$$S = k \ln \Omega$$

这一公式对应于微观态等概率出现的平衡态体系，式中 k 是波尔兹曼常数，Ω 是体系的微观状态数。

如果将平衡态熵推广到非平衡态的系统熵的计算，则可以获得比上式更为一般化的统计熵公式：

$$S = -K \sum_{i=1}^{n} p_i \log p_i$$

式中 P_i 是 n 个微观态中第 i 个微观态可能出现的概率。

波尔兹曼工作的杰出之处不仅在于它引入了概率方法，为体系熵的绝对值的计算提供了一种可行的方案，而且更在于他通过这种计算揭示了熵概念的一般性的创造性意义和价值，这就是，熵所描述的并不是体系的一般性质量或能量的存在方式和状态，而是这些质量或能量的组构、匹配、分布的方式和状态。这就把熵和体系要素的组构方式、序的结构联系了起来。对于热力学系统来说，熵乃是热力学分子在体系中的分布方式和组构秩序、排布结构状态的度量。与此相一致，熵的改变（熵增或熵减）便意味着体系要素的组构、匹配、分布的方式和状态的改变。波尔兹曼的工作不仅揭开了熵概念和熵增原理的神秘的面纱，而且揭示了正是从熵概念的引入启始，科学的视野开始从对一般物的质量、能量的研究转入对一般物的结构和关系的研究，另外，波尔兹曼的工作还为熵概念和熵理论的广义化的发展提供了科学的依据，因为如果所面对的系统要素不再是热力学意义上的分子，那么，系统要素的结构和关系，以及对这一结构和关系进行描述的熵便能够获得更为普遍性的品格。这就是为什么熵概念百余年来魅力不减，并与"信息""负熵"等概念联姻，广泛渗透，跨越了众多学科，并触发形成了一系列新兴、边缘、交叉、综合性学科的原因所在。

在热力学中，热力学第三定律（能斯脱热定理）也与熵理论相关。1912年，德国物理化学家能斯脱提出了热力学第三定律。这一定律有一种表述方式就是：温度为绝对零度时，系统的熵值为零，而与其他性质，如压强等无关。

我们知道，热是大量微观粒子在作无规则的运动时所产生的宏观效果。而热力学温度（绝对温度）所度量的正是大量微观粒子在运动中相互作用的程度。所谓绝对零度对应的则是所有构成系统的微观粒子都不存在任何形式的运动（绝对静止）的极限状态，亦即"绝对不热状态"。

四、通信与控制理论中的信息熵和负熵论

20 世纪 40 年代末发展起来的申农信息熵理论和维纳的负熵论是对物理熵

理论的一个拓展。

一个明显的事实是，申农所阐释的信息熵和波尔兹曼所阐释的统计物理熵在内在本质上是完全一致的。① 从产生的过程看，申农的信息理论是在波尔兹曼统计熵理论的直接启迪下创立的。申农利用了波尔兹曼统计熵理论的两样东西，一个是统计方法，另一个是熵公式。在申农看来，信源是一个能够产生一组具有各自产生概率的随机消息的集合系统，并在此基础上提出了度量信源产生的信息量的数学公式，并用"信息源的熵"② 来予以称谓。其公式的一般形式为：

$$H = -K \sum_{i=1}^{n} p_i \log_2 p_i$$

其中，H 是平均信息量，P_i 是第 i 个消息出现的概率，n 是消息集合中消息的总数，K 为正常数。申农写道：

> H 的公式与统计力学中的所谓熵的公式是一样的，式中 P_i 表示一个系统处在它相空间中第 i 个元的概率。因此，这里的 H 就是波尔兹曼著名的 H 定理中的 H。我们将把 $H = -\Sigma P_i Log P_i$ 称为概率集 $P_1 \cdots\cdots P_n$ 的熵。③

由此看来，申农的信息论，其实是关于信息熵的理论，亦即是熵的理论。

如果从宏观和微观互为表征的对应关系的角度出发，申农信息量的计算也同物理熵的计算一样揭示着某种宏观状态和微观状态间的相互规定和联系。如果我们把信源可能发出的全部消息总集看成是信源特性的宏观表现，那么，信源所发出的每一消息事件便构成了与这个宏观表现相对应的微观表现，正是这些所有微观表现的综合作用体现着信源的宏观特性。如果把物理体系中

---

① 邬焜：《从哲学看申农和维纳信息量公式的差别和统一》，载《延边大学学报》1987 年第 3 期，第 33—44 页。

② [美] 申农：《通信的数学理论》，载《信息论理论基础》，上海市科学技术编译馆 1965 年版，第 8 页。

③ [美] 申农：《通信的数学理论》，载《信息论理论基础》，上海市科学技术编译馆 1965 年版，第 7 页。

的分子的每一种分布方式都看成是一个可能发生的消息事件，那么，熵也便成了信息熵的量度。

物理熵和信息熵所具的这种内在统一性说明这样一番道理，无论是熵还是信息量都是关于某一物质系统本身的某种状态的量度，物理熵概念在通讯领域中的推广就是信源的不确定度，信源不确定度概念在分子物理学体系中的具体化就是物理熵。从上面公式的对比中也可以看出，波尔兹曼统计物理熵公式仅仅是申农信息熵公式在等概率情况下的特例。其实，早在1927年，匈牙利数学家冯·诺依曼就曾把波尔兹曼统计物理熵公式推广到了微观状态不等概率分布的体系之中，并得出了 $S = -K\Sigma P_i \text{Log} P_i$ 的熵的一般表达式①，这一表达式与申农信息熵公式在形式上完全一致。

几乎与申农创立他的通讯的信息熵理论的同时，美国数学家、控制论的创始人维纳也在综合通信及自动控制理论，创立控制论的过程中提出了信息的负熵理论。他在1948年出版的《控制论》一书中独立地给出了与申农信息量公式只差一个负号的维纳信息量公式。他写道：

> 我们事前的知识是已知某个量应落在 X 到 $x+dx$ 之间的几率为 $f_1(x) dx$，事后的知识是得知这几率为 $f_2(x) dx$。试问，事后的知识给了我们多少新的信息？
>
> 这个问题实质上是把曲线 $y=f_1(x)$ 和 $y=f_2(x)$ 下的区域的大小用某种宽度来表示。……由于 $f_1(x)$ 下是几率密度，我们有 $\int_{-\infty}^{\infty} f_2(x) dx = 1$，因而，$f_1(x)$ 下区域宽度的平均对数可以看成 $f_1(x)$ 倒数的对数之高度的某种平均。因此，相应于曲线 $f_1(x)$ 的信息量的合理测度为 $\int_{-\infty}^{\infty} [\log_2 f_1(x)] f_1(x) dx$。②

这就是维纳推导他的信息量公式的思路过程。从这一过程中，我们可以清晰地看到，维纳公式所导出的并不是消息（某个量）本身所含的信息量，

---

① 曹铁林：《熵增加与负熵增加及熵量守恒定律的提出》，载《自然辩证法研究》1992年第10期，第20—27页。
② [美]维纳：《控制论》，郝季仁译，北京：科学出版社1963年版，第62页。

而是此消息带给接收者（我们）多少新的信息量。如果把维纳的积分式改写成与申农公式相对应的加和式，则可以写成：

$$信息量_{维纳} = \sum_{i=1}^{n} p_i \log_2 p_i$$

这一公式所测度的显然不是申农意义上的信息熵，即显然不是信源产生消息的不定度。维纳在对这一公式的意义进行阐释时写道：

> 信息量的概念非常自然地从属于统计力学的一个古典概念——熵。正如一个系统中的信息量是它的组织化程度的度量，一个系统的熵就是它的无组织程度的度量；这一个正好是那一个的负数。
>
> 信息量是一个可以看作几率的量的对数的负数，它实质上就是负熵。①

也许，从认识方式的差异的角度来分析，可以帮助我们找到产生申农信息量和维纳信息量的差别的根源。

我们已经指出，申农把信源看作是一个能产生一组具有各自产生概率的消息的概率集系统，而信息量则是这个系统本身将产生怎样消息的不确定性。对于维纳来说，他要推导的并不是消息本身所含的信息量，而是此消息带给接收者（信宿）多少新的信息的量。在这里，信息量不是作为信源信息本身的一个概率统计不定性的特征量度来规定的，而是作为信宿接收信源信息后引起信宿的"知识"变化的概率统计特征的量度来规定的。

在机械通讯领域，信源发送消息的基元数和每一消息的发送概率，都是预先规定好了的，而信宿对这一规定又是完全明了的。信宿对信源发送消息的不确定性的先验估计也正是从这个预先规定中得到的。这样，信源发送何种消息的不确定性，既可看作是信宿对信源状态估计的特征，又可看作是信源本身的特征。申农和维纳信息量公式的负号之差则正可以看成是他们分别从这样两个不同的角度考察的结果。

信息量是可以依据信源和信宿相互作用和相互规定的这一相对性原则来

---

① ［美］维纳：《控制论》，郝季仁译，北京：科学出版社1963年版，第65页。

推导计算的。这便引出了关于"先验概率"和"后验概率"的规定。

如果按申农的原则,从信源本身状态特征的角度出发推导信息量公式,那么,先验概率对信息量的贡献就是反向的,因为它提供的是信宿对信源估计的"不确定度",它的方向与信源自身特征的方向是相反的。而后验概率对信息量的贡献则是正向的,因为它提供的是信源自身此刻实际发生的信息状态本身,它的方向是与信源自身状态特征的方向一致的。如果用对数函数表示便是:

$$信息量_{申农} = \log[(后验概率)/(先验概率)]$$

如维纳那样,从信宿对信源了解的角度出发推导信息量公式,那么,先验概率对信息量的贡献就是正向的了,相反,后验概率对信息量的贡献则是反向的了。所以,在维纳那里,信息量公式将与申农公式差一个负号:

$$信息量_{维纳} = \log[(先验概率)/(后验概率)]$$
$$= -\log[(后验概率)/(先验概率)]$$

从信源和信宿相互作用和相互规定的两个相反的角度和方向可以分别推导出申农和维纳的信息量公式的事实,说明这两个公式的负号之差的产生具有深刻的认识论根源。这在某种程度和意义上反映着哲学本体论和认识论方法的区别和统一。

在维纳提出信息的负熵论的前后,比较著名的负熵论还有薛定谔的生命负熵论和普里戈金的耗散结构负熵论。

其实,无论学者们已经提出了多少种负熵论,其意义都不外乎两种:一是相对于同一体系而言,它的结构组构方式偏离标准值(最大熵值)的程度;二是一个体系在结构组构方式变化的过程中所引出的熵值减少的程度。

五、熵、负熵、信息、熵增与熵减的科学含义的统一

虽然,熵、负熵、信息、熵增、熵减这样一些概念,在不同的学科领域,以及在不同的科学家那里往往具有十分不同的具体含义,但是,这些概念在本质上是具有一致性的,它们都是在一个统一的意义上,对同一类现象进行研究的,它们之间的差别则是在把同一类概念运用到同一类现象的不同方向

的研究中所产生的。

我们有理由把这些概念的规定区分为两类：一类是在静态的意义上给出的规定，而另一类则是在动态的意义上给出的规定。

波尔兹曼的统计熵、申农的信息熵，以及上面指出的标示与体系标准熵值偏离程度的负熵，究其实质而言，它们都是在静态的、体系绝对值的意义上对熵（信息熵）、负熵（信息）进行的量的规定。这一规定的基本含义在于计算系统所处微观状态的不定度（不确定性），以及这种不定度（不确定性）偏离可能的最大不定度（不确定性）的程度。

对熵和信息概念的动态规定是在两个方向上展开的，一个是以热力学第二定律为框架的熵增的方向，另一个是以在抵抗体系熵增的意义上所构建的种种负熵论为框架的熵减方向。

极富有意味的事实是，对熵和信息的动态性研究比对它的静态性研究要早。还在人们并不真正明了熵是什么的时候，克劳修斯便已经在定量它的变化了。

种种形式的负熵论则是从另外一个与热力学第二定律相反的方向来对信息（熵）的变化的动态量度。薛定谔、维纳、普里戈金都有一个共同的想法，即系统能从环境输入外熵（信息）流，以抵抗系统内部的熵增趋势。它们都用外熵（信息）流引起的系统内部的熵（信息）的变化的量来度量这个外熵（信息）流的量。因为外熵（信息）流可能引起系统内部的熵减效应，所以，这个外熵（信息）流的量便可以用它所引起的系统内部的熵减效应的程度来度量，并且，它同时便被相对规定为负熵。

看来，函数 $\Sigma P_i Log P_i$ 具有某种独特的价值。在静态上，它的绝对值表明系统所处微观状态的不定度。在动态上，这个函数值的改变的量则表明系统所处微观状态的不定度的变化。这个变化是由标示系统微观状态数的 n 值的变化和 P_i 概率分布的变化引起的。总的说来，n 值的增大，以及 P_i 值的趋于均衡造成的是熵增过程，而 n 值的减少，以及 P_i 值的趋于差异的分化所造成的则是熵减过程。至于说把信息和熵看成是对立的一般性见解则更多地具有某种人为规定的色彩。说是外界信息引起了系统的熵减效应，与说是外界引入的熵流引起了系统的熵减效应是等价的。普里戈金用外熵流，薛定谔用负熵，维纳既用信息又用负熵，其实他们都在计量着同一个过程的同一类变化的量。我们完全有理由把熵、信息、负熵的种种理论都看成是关于熵的理论，同时也完全有理由把它们都看成是关于信息的理论。据此，我们可以建立一种广义熵理论或广义信息理论，把迄今为止在不同学科领域中所进行过的和正在进行着的关于熵和信息的讨论统一起来。

当把熵和系统的有序或无序化程度对应起来讨论的时候则出现了如下的一些情景：在一般的熵理论中，熵值大的系统对应的是支配体系的微观状态数目多且其概率分布均匀化的状态，亦即是无序化程度高、随机性、不确定性大的状态；熵值小的系统对应的是支配体系的微观状态数目少且其概率分布非均匀化的状态，亦即是有序化程度高、决定性大、确定性大的状态；存在两个相反的极限状态：熵最大状态和熵最小（为零）状态，前者指的是支配系统的微观状态不止一个且其概率分布等概的状态，这也是由具有同样微观态数支配的系统中最无序化的状态，后者指的是支配系统的微观状态只有一个，这样的系统是有序化程度最高的系统，其熵值 $S = k \ln 1 = 0$；熵增或熵减则是随着系统演化而产生的有序化和无序化程度改变的情景。无序化程度的增强对应着熵增，其具体机制是支配系统的微观状态数的增加或微观状态概率分布的均衡化；有序化程度的增强对应着熵减，其具体机制是支配系统的微观状态数的减少或微观状态概率分布的非均衡化。

六、熵和信息、有序和无序、善与恶

本来已有科学中的熵和信息、有序和无序的理论与伦理或道德学科中的善与恶并没有什么直接的关系。但是，经过弗洛里迪先生创造性的简单对应性嫁接，它们便发生了关系。如上文所揭示，弗洛里迪先生的创造有三个：

(1) 熵（无序）= 恶，信息（有序）= 善；

(2) 熵增（无序化）= 恶，熵减（有序化）= 善；

(3) 至善的行为策略是：对熵的绝对排斥——清除已有的熵和阻止新熵的产生。

如果按照这样的对应性关系，那么，当弗洛里迪先生所期望的移除已有的熵和阻抑新熵的引起的至善策略实现了的时候，是一种怎样的情景呢？

在自然界：所有的系统，乃至整个宇宙都将趋近于这样一种极限状态，一切微观运动停止（根据热力学第三定律）；一切宏观状态都将由某种单一而固定不变的模式所支配（按照体系熵的计算公式：$S=k\ \ln 1=0$）。

在生态圈：所有有差异的物种都将最终灭绝，生态圈只能由某种固定不变的单一物种所支配。并且，这一单一物种的个体自由度也必须严格限定在服从某种统一意志所规定的整体性规范化秩序之中。因为，只有这样的一种状态整个生态圈才可能达到熵极小的有序化状态。

在个人意识层面：消灭了一切可能的奇思怪想，每个人的意识都将被严格限定在一个僵化而固定的认识范式之中，知识和思想的内容顽固而陈旧，不可能出现任何的新颖性和创造性。因为，任何新颖性和创造性相对于原有的认识范式而言都将是熵增行为，都应当被严格的列为必须被阻止和取缔的方面。

在社会秩序的层面：整个社会都应当被严格规范在某种单一化的标准化体制之下，服从某种单一领袖、单一思想和单一主义的支配，任何偏离这种单一性的意见、观点和行为都应当被清除或绞杀，不服从这种单一性的异端分子不仅有必要在思想上清除，而且更有必要在肉体上消灭。这样一种熵小的有序化社会体制和社会意识的状态使我们更多联想到的是黑社会、法西斯和专制主义的集权体制。与之相应的便是充满了压迫和奴役的，对人权、民主和自由的绝对扼杀。

我们注意到，从表面看来，弗洛里迪和维纳的信息伦理学观点具有极大的相似性：他们都认为宇宙在本质上是信息的；都将人类看作为信息客体；并且都将熵看作为一种极为重要的恶。这也是弗洛里迪用以佐证他的观点的一个理由。[1] 然而，弗洛里迪并不清楚，维纳并未曾把熵与恶的同一关系看作是绝对的，他也并不认为把这样的观点推广到更广泛的领域是有效的，相反，

---

[1] Bynum T.W, 2010. *Philosophy in the Information Age Putting Information First: Luciano Floridi and the Philosophy of Information.edited by Patrick Allo*, New York: Wiley-Blackwell, pp.171-193.

在维纳看来，在有些领域，如人的思维、社会秩序、科学发展的领域，一味追求排斥熵、排斥偶然性和随机性的有序化的秩序则可能是危险的，甚至是邪恶的。

在此，我们有必要转引维纳的几段相关论述：

（虽然——引者加）进步的观念和熵的观念是对立的……（但是——引者加）二者之间并无绝对的矛盾。①

进步不仅给未来带来了新的可能性，也给未来带来了新的限制。看来进步自身和我们反对熵增的斗争都似乎一定要以我们正在力图避免的毁灭道路为结局。②

他们所向往的预先指定个人社会职能的秩序井然的国家……（就如同——引者加）在蚂蚁社会中，每个成员都执行着各自特定的职能。其中也许还存在着专职的士兵阶级。某些高度特殊化的个体执行着皇帝或皇后的职能。如果采用这种社会作为人类社会的模式，那我们就会生活在法西斯的国家中。

当个体人被用作基本成员来编织成一个社会时，如果他们不能恰如其分地作为负着责任的人，而只是作为齿轮、杠杆和连杆的话，那即使他们的原料是血是肉，实际上和金属并无什么区别。作为机器的一个元件来利用的东西，事实上就是机器的一个元件……肌肤骨骼组成的猴掌就跟钢铁铸成的东西一样没有生命，瓶装妖魔作为描述整个团体的综合形象时，就跟惊心动魄的邪法一样的可怕。③

多样性和可能性乃是人的感官所固有的特性。

多样性和可能性都是人的结构本身所特有的东西。

人之所以能够进行大量学习和研究工作……（正是因为人——引者

---

① ［美］维纳：《人有人的用处》，陈步译，北京：商务印书馆1978年版，第27页。

② ［美］维纳：《人有人的用处》，陈步译，北京：商务印书馆1978年版，第34页。

③ ［美］维纳：《人有人的用处》，陈步译，北京：商务印书馆1978年版，第37、155页。

加)生理地装备了这种……(能够产生多样性和可能性的——引者加)能力。

那些想把我们按照恒定不变的个体职能和恒定不变的局限性这一方式组织起来的人,就是……把人的可能性差不多全部抛弃掉了,由于限制了我们可以适应未来偶然事件的种种方式,他们也就毁掉了我们在这个地球上可以相当长期地生存下去的机会。①

维纳曾经对"我们的大学偏爱与独创精神相反的模仿性,偏爱庸俗、肤浅、可以大量复制而非新生有力的东西,偏爱无益的精确性、眼光短浅与方法的局限性"而排斥新颖性和创造性的情景表示过"愤怒""失望和悲伤"。维纳也反对按照组建军队和宗教组织的方式来组织科学研究,他说:"这类秩序和组织和我们鼓励科学家采取奥古斯丁式的态度就完全不相容了","宗教的军事组织几乎不得不十分重视服从、信仰自白以及所有那些对科学家有所损害的限制条件。""在极权主义的国家中,科学家所必须适应的正是像这样的一个世界":科学家们没有个人意志的自由,"而游戏的规则则是根据女王时时刻刻随心所欲的命令来制定的。"基于这一原则"建立起来的社会必然会由于瘫痪而导致灭亡,因为在这样的社会里,科学没有健康生长的基础。"因为,"科学是一种生活方式,他只在人们具有信仰自由的时候才能繁荣起来。"②

显然,维纳并没有给出一个简单以熵量的多少来直接判定善或恶的伦理标准。恰恰相反,他坚决反对了绝对排斥不确定性、随机性、偶然性、个体意志自由,从而扼杀了新颖性和创造性的一味追求整体有序性的所谓熵减效应的原则,他特别强调了以这一原则来规范人的思维、科学研究、社会体制的所谓有序性的荒诞和邪恶。

如果按照弗洛里迪给我们制定的伦理原则——"在信息圈中,熵不应该

---

① [美]维纳:《人有人的用处》,陈步译,北京:商务印书馆1978年版,第38页。

② [美]维纳:《人有人的用处》,陈步译,北京:商务印书馆1978年版,第109、158、159、160页。

被引起""在信息圈中,熵应该被阻抑;信息圈中的熵应该被移除出去"——来处理信息圈中的复杂关系的话,那么它可能给我们带来的绝对不是什么"增加信息实体和整个信息圈的福利",也绝对不是什么"通过保藏、培育和增加"它们的"福利,从而促进它们的繁荣。"如果按照弗洛里迪给我们制定的伦理原则行事,其结果只有一个,那就是信息圈、生态圈、人类社会和个人的生存状态的一步步恶化,直到灾难性的毁灭。

人类信息文明的价值伦理观绝对不应当是为黑社会、法西斯、极权专制体制服务的理论,相反,它应当是为通向一个更为民主、自由、多元而和谐的新的人类文明体制服务的理论。另外,它还应该为地球生态和谐和人类可持续发展提供价值伦理的哲学基础。

七、复杂性的视角:在有序和无序之间保持某种适度的张力

弗洛里迪先生给我们制定的伦理原则为什么会导致如此恶劣的结果呢?这是因为,弗洛里迪先生仅仅以熵量的多少这一单一维度来评判善恶的伦理原则是建立在简单性和单极化思维方式的基础之上的。而伦理问题的复杂性本身决定了合理的伦理原则的建立必须超越简单性、单极化的思维方式。

一个明显的事实是,无论弗洛里迪先生抱有怎样的雄心,无论他怎样把自己的伦理原则标榜为具有超越性的真正的宏观伦理学,然而,就其建立伦理原则的思维方式而言,他仍然停留在熵和信息系统理论研究的早期阶段,这一阶段从19世纪中叶的物理熵理论到20世纪中叶的信息通信和控制理论,最多再延伸到20世纪六七十年代的自组织理论。这一阶段相关理论的发展崇尚的是由热力学第二定律"熵增原理"派生出来的宇宙退化演化的悲观主义的热寂论、通过有序化的方式所建构的整体性的绝对优越性、自组织进化的熵减发展过程的永恒性。这就是弗洛里迪对熵和无序的绝对排斥和对信息和有序的绝对推崇的信息伦理观得以产生的理论基础。

其实,把熵减的有序化的发展观推崇到极致的原则,无论在理论上,还是在实践上都已经被证明并非总是合理的或说是"善"的。我们在前面已经转述和讨论了维纳当年对把控制论的方法应用于人的思想控制、科学研究的

规范和社会秩序的建构领域的负面效应的担忧和批判。事实上，以苏联为核心的，包括作为其同盟的一些东欧国家，为维护其集权政治和计划经济体制的长治久安就已经建立了某种社会控制论的理论，希冀通过某种单一规划的方式，合理设计社会和经济发展的方式和路径，通过某种高度有序化的程序的实施有效消解异端熵增因素，从而赢得社会和经济的高速发展。然而，在这样的理论支配下的社会实践结果却与理论设计者们的意愿相反，不仅未能给他们带来所预期的繁荣和昌盛，反而带来的是人心的背离、经济的衰败和制度的毁灭。

为什么会是这样吗？这是因为事物的有序化和无序化发展都是有极限的，熵和熵增并不就是绝对的"恶"，信息和熵减也并不就是绝对的"善"。熵和信息是一对孪生兄弟，在任何一个现实的具有活力的系统中都必须保持某种程度的熵和信息的比值。当一方消灭了另一方的时候，即熵达到极大或极小时系统便会丧失其发展的活力，从而走向"善"的反面"恶"。

一个合理的伦理原则应当把那些看似对立的因素兼容起来，并在这些相关对立因素之间保持某种合理的张力。诸如，信息和熵、有序和无序、整体性和还原性、确定性和非确定性、决定论和非决定论、目的性和随机性、必然性和偶然性等看似对立的因素并不是相互绝对排斥的。

有序是在无序中通过限定约束条件而发展起来的，如果消灭了无序，有序也便陷入了僵化和停滞。面对这一情景通过熵增效应，引入异端和新颖便会打破僵化和停滞，使事物重新获得运动变化的活力。这时"熵增"不仅不是恶的，而且一定是"善"的。

由于复杂系统在其进化演化的方向上存在多种可能性的选择，当系统通过熵减的有序化的进化在某一方向上发展了它的整体性的时候，它同时就意味着对其部分实施了限制自由的约束，同时，也意味着对其他发展可能性方向的屏蔽，这样，在同一个有序化的熵减过程中就产生了多重"善"或多重"恶"的复杂效应。

至此，我们有必要对复杂性范式理论的建构者，法国著名学者埃德加·莫兰（Edgar Morin）对整体与部分、有序和无序的复杂关系的论述予以介绍和评价。

在整体和部分的关系的讨论中，莫兰集中批评了还原论和唯整体论的片面化和机械性特征。从而揭示了整体和部分关系的多面性和复杂性特征。

针对流行整体主义的基本观点"整体大于部分之和"，莫兰写道：

系统同时大于、小于、有别于部分之和。部分本身也会有变小或变大的区别，总之它在系统内外不一样。①

莫兰还写道：

相对于其部件独自存在或被容纳到另一类系统中，某一系统会拥有一些新特征和新属性，我们可以把这些新特征和新属性称为种种涌现。所有整体状态都会带有涌现的特征。

整体要比它的各个部分孤立地叠加在一起时拥有更多的东西：组织性、整体统一性（构成一个"整体"）、从组织和整体统一性中间涌现出来的新特征和新属性。②

莫兰强调：

除了涌现原则之外还有约束原则。

所有联合都必然导致约束：相互依赖的各个部分之间的约束，部分对整体的约束，整体对部分的约束。

约束就是对部分进行限制和束缚。这些约束、限制和束缚或者剥夺或者压抑各个部分的优点或属性。从这个意义上讲，整体小于部分之和。

整体小于部分之和：其意为部分孤立之时所有的优良品质会在系统中消失。

---

① [法]埃德加·莫兰：《方法：天然之天性》，吴泓缈、冯学俊译，北京：北京大学出版社 2002 年版，第 108 页。

② [法]埃德加·莫兰：《方法：天然之天性》，吴泓缈、冯学俊译，北京：北京大学出版社 2002 年版，第 98、99 页。

> 一切确定并发展层级化和分工化的组织都会确定和发展约束、压迫和奴役。我们今天还知道肌体上每一个细胞之中都储存着整个机体的信息。然而，细胞中大部分信息都被窒息了，其中只有很小一部分与专业化分工有关的信息能得到表达。①

基于如上几个方面的认识，莫兰写道：

> 我们在面对系统时不仅要看到它在涌现方面的收获，还应看到它在约束、意志和束缚作用下所受到的损失。一个系统不仅意味着更加丰富，也意味着更加贫困，贫困化的程度有可能大于丰富化的程度。
>
> 某些系统的发展是以系统中某些可能性的萎缩为代价的。系统是这样一个整体，它在形成的过程中改造自己的成分。
>
> 把对系统的描写简化为定量的算式是十分荒唐的。他还表明，对系统之描写不仅应是定性的，而且应是复杂性的。②

其实，无论是"整体大于部分之和"，还是"整体小于部分之和"，甚或有人还提出"整体等于部分之和"这样的命题都仅仅还是一种象征性、隐喻性的说法，这一说法的主旨是要强调系统整体的性质和构成系统的要素在孤立状态下的性质的不可简单归结性，以及不可直接比较性。这就意味着试图通过纯粹数学的方法从部分的性质逻辑地推出整体的性质，一般来说是不可能的。

在有序和无序的关系这一重大问题上，莫兰提出了一种二者对立兼容、互补的关系学说。他写道：

> 有必要确认复杂性的构成特点：它不仅包含着多样性、无序性、随

---

① [法] 埃德加·莫兰：《方法：天然之天性》，吴泓缈、冯学俊译，北京：北京大学出版社 2002 年版，第 106—107 页。

② [法] 埃德加·莫兰：《方法：天然之天性》，吴泓缈、冯学俊译，北京：北京大学出版社 2002 年版，第 108—109 页。

机性，而且显然也包含着它的规律、它的秩序和它的组织。①

无序现象与组织现象之间的关系并不一定是相互排斥的关系，很可能还存在着一种相互补充的关系。

异常、紊乱、耗散等现象也会产生"结构"，也就是说它们能够同时生成组织和秩序。

宇宙的秩序和组织正是在紊乱、不定、异常、不可能和能量耗散中发展起来的。②

莫兰还强调了在进化的两个方向上有序和无序兼容互补的作用：

> 无序带给我们的信息就是命令我们去寻找复杂性，进化不可能是一个简单的观念：向上的进化，它一定同时包含了建设与退化，集中与离散。……有序，无序，潜在的组织力量都应放在一起来考虑，既考虑我们深知的它们相互间的对立特征又考虑我们不知的它们相互间的互补特征。以上这些概念相互依存构成了一个运动着的圆环。
>
> 无序是一切宇宙发生过程的组成部分，它成为一个含义极为丰富的观念：宇宙中不是只有一种无序，而是有着多种无序（有序亦然）：不平衡、紊乱、涡流、随机的相遇、断裂、灾变、波动、不稳定、散射、离散、正反馈、runaway（逃逸）、爆炸。③

莫兰关于整体和部分、有序和无序关系的复杂性的论述给了我们一个明确的提示：试图通过熵增或熵减的量的规定的效应来直接对应的简单评判整体和部分、有序和无序的关系，并将之与"善"或"恶"进一步简单而直接

---

① ［法］埃德加·莫兰：《复杂思想：自觉的科学》，陈一壮译，北京：北京大学出版社 2001 年版，第 6 页。
② ［法］埃德加·莫兰：《方法：天然之天性》，吴泓缈、冯学俊译，北京：北京大学出版社 2002 年版，第 19 页。
③ ［法］埃德加·莫兰：《方法：天然之天性》，吴泓缈、冯学俊译，北京：北京大学出版社 2002 年版，第 24、29 页。

的对应起来的观点或理论的荒诞和滑稽。

如果我们一定要用熵增或熵减、有序和无序这样的量度来评判善或恶的话，那么，我们也许只能给出一个定性的宏观说法：要真正达到善就有必要在有序和无序之间保持某种适度的张力。

有必要强调指出的还有一点，这就是，弗洛里迪借用的与有序和无序相对应的熵理论（无论是物理熵还是信息熵），其所涉及的还仅只是物的结构差异化的形式方面，这就是通常所说的语法信息。而真正的全信息理论不仅包含语法（形式）方面的问题，而还应当包含语义（意义）和语用（价值）方面的问题。与伦理和价值问题直接相关的信息问题主要是在语义和语用方面，而不是简单地在其语法方面，更不是一个简单的与语法形式相关联的熵值的大小或有序程度的高低的问题，也完全不可能从这种形式化的熵值的大小中简单而直接的推导出来。由此也可以看出弗洛里迪的所谓信息伦理学的简单性和单极化思维的特征，以及由此而导致的整个理论的片面性和荒诞性。

八、生态文明需要怎样一种价值哲学基础？

思维方式的滞后、对熵和信息理论理解的偏差，导致弗洛里迪先生提出的信息伦理学框架难以支撑他要建立宏观伦理学的勃勃雄心，同理，他的信息伦理学也很难能够成为他所承诺的建构人类生态文明的价值伦理基础。

其实，早在20世纪90年代，中国学者就已经提出了一种超越以人类为中心的狭隘立场的以自然本体的名义所阐释的一般价值哲学。这一价值哲学不仅能够很好地兼容自然价值和人的价值，而且还能很好的兼容物质价值和信息价值。正是这样的一种价值哲学所提出的价值伦理范式奠定了建构人类信息生态文明和可持续发展的理论和实践的一般哲学基础。

1997年，邬焜曾发表过一篇阐释自然价值的论文。在该文中邬焜从自然本体的视角出发，对价值的本质做出了一个一般性的规定：

从哲学层次来看，价值乃是事物（物质、信息，包括信息的主观形态——精神）通过内部或外部相互作用所实现的效应。①

这一定义起码包含如下一些思想要点：

① 价值现象不仅仅存在于以人的世界为参照的主客体关系中，它乃是一切事物内部或外部相互作用中普遍存在的一种现象。

② 这里的事物指的是广义的存在，它是宇宙间一切现象的指谓，包括所有的物质现象、信息现象，以及作为信息活动高级形态的精神现象。这样，无论是在物质体系、信息体系、精神体系内部的相互作用中所实现的效应，或是在物质和物质、信息和信息、精神和精神之间的相互作用中所实现的效应，还是在物质和信息、物质和精神、信息和精神的相互作用中所实现的效应都全然是价值。

③ 价值作用绝不仅仅是单向的，因为事物间的作用是相互的，所以在此相互作用中所实现的价值也必然是双向或多向的。

④ 仅仅相互作用还不是价值，只有通过相互作用所引起的体系自身或作用双方或诸方的改变的效应才是价值。

⑤ 对于某事物的存在和发展来说，相互作用引出的效应可能是有利的，也可能是有害的，可能是正向推动的，也可能是负向倒退的。但无论是哪类性质或哪类作用方向上的效应都是价值关系。这样便可能区分出正价值、负价值、中性价值等，而并不像某些学者所认为的那样，只有有利的效应，或对事物存在和发展起推动作用的效应才是价值，否则便不构成价值。

如果要把伦理学中的善或恶与邬焜所提出的正价值、负价值和中性价值对应起来讨论的话，那么，我们便有理由把正价值看作是善，而把负价值看作是恶，至于中性价值则是既不善也不恶的。但是，在这里正或负的价值的评判绝不能简单的依据熵的大小，或熵增或熵减的程度来规定。因为，当体

---

① 邬焜：《一般价值哲学论纲——以自然本体的名义所阐释的价值哲学》，载《人文杂志》1997年第2期，第18—21、25页。

系过度有序的时候，适当增加其熵值则可能对其存在和发展是有利的；而当体系过度无序的时候，适当减少其熵值则可能对其存在和发展是有利的。

另外，这里的正价值或负价值是一个相对化的概念，它只相对于承受现实相互作用的效应的事物而言。而同一事件的发生，其所产生的效应则可能是多方面、多层次的。从不同的方面或层次来分析，其价值的性质、其正或负的程度则可能是多样的，甚或是截然相异的。

我们可以举个简单的例子：狼吃羊。在一般情况下，这一事件对狼所产生的效应是正价值的，因为它延续了狼的生命和正常的发育；而对羊所产生的效应则是负价值的，因为它终结了羊的生命和正常的发育；但是，它对草场所产生的效应则是正价值的，因为以食草为生的羊的生命的终结使草场免受了些许的破坏。另外，如果被吃掉的这只羊是不良基因的携带者（老弱病残亦然），那么，这一事件对整个羊群的发展则是正价值的，当然，在相反的情况下（如被吃掉的羊恰好是羊群中的优良品种，或是一个正在哺乳中的母羊），则可能产生另外一些层面的负价值……然而，这样一些正或负的价值的确定都很难用熵减或熵增的单一化评判标准来一一对应的判明。

在这里，我们还要强调的一点是，就整个自然和宇宙的演化而言，只要是符合其基本演化规律的运动模式或方式都应当是善的。

根据当代宇宙学的相关理论，宇宙的整体演化模式依赖于宇宙总质量的大小，其基本演化方式是由其总质量决定的自引力和自发失稳膨胀的排斥力相互作用的结果。存在一个宇宙质量密度的临界值，如果我们生存于其中的这个宇宙的质量密度大于这个临界值，那么，宇宙的自引力将会大于向外的膨胀力，它将是一个"闭宇宙"。如果是这样，目前处于膨胀阶段的我们生存于其中的这个宇宙只能持续膨胀有限时间，然后它便会停止下来，并在自引力作用下向原初爆炸的中心收缩。

闭宇宙是一个在膨胀和收缩的周期性运动中展开振荡的宇宙。也许，我们所处的宇宙已在极高密度和极稀薄密度的状态之间振荡了很多次。宇宙很可能是以膨胀→收缩→再膨胀→再收缩→……这样的无限循环展示它的演化过程的。

宇宙的循环演化是高度自组织的。宇宙无需从它的外部引入模式，宇宙自身的质—能总量、宇宙自身的时空维度、宇宙自身的质量形态、能量形式、信息模式的多样性和复杂性，各类质量形态之间、能量形式之间、信息模式之间的相互过渡和转化，以及质量形态、能量形式与信息模式之间的复杂交织的相互作用、相互支撑、相互过渡和转化、相互协同的同步生成、进化和退化，充分展示了宇宙演化的不同阶段、不同领域和层面上的具体模式的内生性和各类模式间的相互过渡、转化、跃迁的自发建构性。由此也展示了宇宙自组织演化的自身反馈、自身调控、自身结网、自身编码、自身解码、自身同构、自身设定、自身展示的全息性和复杂性。

显然，在这一过程中，不存在永恒的熵增的恶，也不存在永恒的熵减的善。当整体熵增的演化达到某种极限的时候，它自然便会转入整体熵减的演化过程；反之亦然，当整体熵减的演化达到某种极限的时候，它自然便会转入整体熵增的演化过程。在这一循环演化的过程中，无论是熵增演化的过程，还是熵减演化的过程，也无论是熵增向熵减转化演化的过程，还是熵减向熵增转化演化的过程，都是善的。

据此，我们也可以得出这样的一个结论——善：张弛于有序与无序之间。这也是本章题目所昭示的真实韵味。

第十二章 试论认识发生的多维综合"涌现"的复杂性特征[①]

——对胡塞尔现象学还原理论的单维度、简单性特征的批判

人的认识活动是我们所了解的宇宙自然进化迄今为止所产生的最复杂的现象。当代复杂信息系统理论把人的认识活动看作是一种最具有新奇性和创新性特征的复杂性的"涌现"。"涌现"是一种系统性的创新性行为,"涌现"只能是在多维度、多因素、多层级的复杂相互作用的互动中通过系统创新、综合建构的产物。既然认识是一种"涌现",它就不可能是在某种单一维度的活动中被构造出来的。然而,西方20世纪影响最大的哲学流派之一,由德国哲学家胡塞尔(Edmund Husserl,1859—1938)开创的现象学运动却把人的认识活动产生的原因简单归结为纯粹主观意向的对象性构造,而将其他的一切因素和维度,如自然的维度、社会的维度、身体的维度、历史的维度,等等,统统予以悬置,存而不论。这样的学说,虽然在阐释认识自身的结构方面不乏深刻之处,但是,对于全面阐释和解读人的认识活动的成因却不能不有失偏颇。这就使我们有必要在多维综合建构的尺度上重新探讨人的认识发生的一般机制和过程。

[①] 本章的基本内容最初由邬焜以同题发表于《河北学刊》2014年第4期,第25—30页。

一、胡塞尔现象学还原理论的单维度、简单性特征

胡塞尔的现象学是一种追求纯粹意识化的哲学。胡塞尔认为：哲学仅只是关于人类认识的普遍理性的科学，而对于人的认识的普遍理性的根据和原因的考察只要严格限定在自身孤立、封闭的人的认识的现象界，只要在人的意识活动的内部去寻求便可以达到。并且，人的意识活动的能力和方式又是"与生俱来的"。他写道：

> 哲学和科学应该是揭示人类本身"与生俱来的"普遍理性的历史运动。①
> 一种统一的理论兴趣应该仅仅指向主观东西的领域。
> 它能够被证明是一个理论上首尾一贯地进行的特殊研究的自身封闭的领域。
> 实行这项任务就意味着创造一种特殊的新的科学。②

对于胡塞尔上述的观点，我们提出如下三个质疑的问题。

第一个问题是：为什么只能把哲学的研究任务限定在人的认识的领域，哲学为什么就不可以对人的认识之外的世界，对自然的、社会的、人自身存在的世界进行思考？从哲学自身的历史和哲学应有的本性来看，胡塞尔，以及西方近代以来发展起来的哲学的这样的一种视角，显然是十分狭隘的。

第二个问题是：即使严格限定在人的认识的领域，对人的认识的根据和原因的考察仅仅在认识活动的内部是否就能够实现？意识作为一种

---

① ［德］胡塞尔：《欧洲科学的危机与超越论的现象学》，王炳文译，北京：商务印书馆2009年版，第29页。
② ［德］胡塞尔：《欧洲科学的危机与超越论的现象学》，王炳文译，北京：商务印书馆2009年版，第150页。

复杂性的"涌现"是否仅仅与绝对封闭、孤立的自身相关，而与意识之外的世界无关？

第三个问题是：人的意识活动的能力和方式是否就是纯粹直接的、"与生俱来的"？如果离开了人类种系进化的自然的、社会的历史，离开了人的个体发育的自然的、社会的条件，人的意识活动的能力和方式还能否产生出来？

为了对意识进行绝对封闭的孤立性考察，胡塞尔提出了他的著名的对自然进行普遍悬置的理论。他强调说，应该把意识之外的一切事物，包括自然的、社会的对象，包括文化的、社会的产物，包括生命的、人的、社群的整体，也包括从这些事物出发的一切客观主义的态度，统统都要予以悬置。他写道：

（我们应当——引者加）使把握的和理论上探索的目光指向在其自身绝对独特存在中的纯意识……（而把——引者加）包含一切物、生物、人、我们自己在内的整个世界……排除。①

整个自然界，首先是物理的自然界"被消除了"：那么就不会再有有机体，因此也没有人。我将不再作为一个人而存在，而且也不再有同伴对我存在。②

作为自然存在和作为人的联合体中的、"社群"中的存在的人被排除了；此外也排除了一切其他生物。③

由价值的和实践的意识功能所构成的一切个别对象，各种各样的文化构成物，各种技术的和艺术的作品，科学作品……各种形式的审美价值和实践价值……同样当然还有如国家、习俗、法律、宗教……一切自

---

① ［德］胡塞尔：《纯粹现象学通论》，李幼蒸译，北京：商务印书馆2009年版，第157页。
② ［德］胡塞尔：《纯粹现象学通论》，李幼蒸译，北京：商务印书馆2009年版，第169页。
③ ［德］胡塞尔：《纯粹现象学通论》，李幼蒸译，北京：商务印书馆2009年版，第174页。

然科学和文化科学,以及它们的全部知识组成,正如要求自然态度的科学一样,都要加以排除。①

这样的一种对自然进行普遍悬置的态度,拒斥了一切自然的、社会的、文化的、人本身的事物的存在,并且否定了与之相关的一切客观主义的态度的有效性和合理性,从而保证了意识活动的绝对孤立和封闭,这就为把对人的认识的讨论严格限定在主观世界的领域扫清了障碍,提供了一般的方法论前提。

在自然悬置的基础上,胡塞尔进行了现象学还原。现象学的还原是要把人的认识产生的根据还原到纯粹的主观的意向性。胡塞尔认为,排除了一切自然意义之后,所可能剩余的东西("现象学剩余")只能是那样一种"在其自身绝对独特存在中的纯意识"②,只能是一种"绝对物,即纯粹意识"。③ "在我们进行了这种还原以后,绝对的或先验纯粹的意识仍然作为一种剩余物留存下来"。④ 这样,在胡塞尔那里,悬置和还原是同一个过程,悬置为还原服务,还原是悬置的结果。通过悬置和还原现象学家们就可以"运用我们能在意识本身中和在纯内在性中洞见到的东西",⑤ 在纯粹主观化的场域中去探寻认识产生的根据、原因和机制。现象学的还原并非到此为止,它还有第二个还原步骤,这就是在纯粹主观化的场域中再作出其结构的区分,并找到那个具有意识发生的原动力的绝对开端意义的纯粹自我,这就是意向性。胡塞尔写道:

---

① [德] 胡塞尔:《纯粹现象学通论》,李幼蒸译,北京:商务印书馆2009年版,第173页。
② [德] 胡塞尔:《纯粹现象学通论》,李幼蒸译,北京:商务印书馆2009年版,第157页。
③ [德] 胡塞尔:《纯粹现象学通论》,李幼蒸译,北京:商务印书馆2009年版,第168页。
④ [德] 胡塞尔:《纯粹现象学通论》,李幼蒸译,北京:商务印书馆2009年版,第172页。
⑤ [德] 胡塞尔:《纯粹现象学通论》,李幼蒸译,北京:商务印书馆2009年版,第179页。

> 意向性是涉及整个现象学中的一个问题名称。这个名称正好表达了意识的基本特性；一切现象学问题……都可纳入其内。因此，现象学以意向性问题开始。
>
> 它是一个关于本质开端的问题……（是一个——引者加）有关的开端和基础的问题。①
>
> 一种综合可逐步地被实现，它是生成性的，它在原初的生产中产生。
>
> 自我并非……生存于设定中，相反，设定是从作为一种生产源泉的纯粹自我中放射。
>
> 每一设定以起始点与根源设定点开始。
>
> 每一个不论何种行为都可以在所谓创造性开端的此自发性样式中开始，在此开端中纯粹自我作为自发性的主体而出现。②

从这个绝对的开端——纯粹自我的意向性出发，胡塞尔把人的认识活动看作是纯粹在主观意向自身的活动中建构认识对象的过程，从而产生了他关于意识结构的理论：意向活动和意向构造。意向活动指的是由意向性所指向的意识的活动，意向构造指的是由意向活动构造出的意识的对象，即认识的对象。这样，意向活动和意向构造理论的实质是把人的意识活动看成是由意识内在先天具有的纯粹自我的意向活动的"自我显现"构造出意识对象的过程。这样，意向性——→意向活动——→意向对象，便构成了认识的现象建构的单极化模式。对于他所建立的这一现象学理论，胡塞尔雄心勃勃，认为凭借这一理论，所有关于人的认识，关于人的主观现象的解释和说明都可以在纯粹的主观化场域中得到科学的揭示。为此胡塞尔提出要建立一种关于"意向作用—意向对象的本质关联体"的"形式本体论"，并认为所有关于认识的问题都可以"在完全的意识关联体中加以研究"。③他认为只有这样的一种研究

---

① ［德］胡塞尔：《纯粹现象学通论》，李幼蒸译，北京：商务印书馆2009年版，第404—405页。

② ［德］胡塞尔：《纯粹现象学通论》，李幼蒸译，北京：商务印书馆2009年版，第344—345页。

③ ［德］胡塞尔：《纯粹现象学通论》，李幼蒸译，北京：商务印书馆2009年版，第377、409页。

态度才是"超越论的和纯粹的现象学家"的研究态度,而"超越论的纯粹的研究,所涉及的是诸主观的以及它们的超越论的生活的这种意向的相互融合与渗透"。①

这样,胡塞尔建立起了关于他的现象学理论的三条基本原则:对意识之外世界的"悬置"、对作为意识本质的意向性的还原、意向性自我显现的意向活动和意向构造。在这三条基本原则之上,胡塞尔建立了一个绝对封闭的、自给自足的、纯粹的主观化场域,并希冀通过对这一主观化场域的内在结构、运作方式的考察获得关于人的认识的全部奥秘。按照胡塞尔的说法,这也是哲学所应当采取的唯一科学的方法,同时也是哲学应有的全部内容。

显然,胡塞尔的现象学对人的认识的考察采取的是一种主观意向性单维度、单极化活动与构造的方法。这种方法明显地具有封闭性、孤立性和简单性的特征。

问题的关键在于,人的认识活动乃是自然进化的最为高级的活动形态,是一种最为复杂的宇宙现象。当代复杂性理论把人的意识活动看作是一种"涌现"现象。既然是一种最为复杂的宇宙现象,既然是一种"涌现",意识现象便不可能只与自身相关,更不可能只与自身内部的某一个别因素(胡塞尔认为这个个别因素便是意向性)的活动和构造相关。另外,意识也绝不仅仅是一个既绝对又纯粹的"自身封闭"的孤立体系,主观活动的奥秘也绝不可能仅只在一个人为设定的绝对而纯粹的主观化场域中得到完全而最终的解答。

二、合理的现象还原应有的多维度、多极化特征

人的意识活动作为一种最复杂的现象,作为一种"涌现",对其产生原因的考察只应当是多维度、多极化的。因为,复杂现象、"涌现"行为都是在异质、多层级的大量成分、构件、因素的复杂(非线性)相互作用中产生出来的。这样,对人的意识现象成因的合理的还原性考察便不可能不涉及多维、

---

① [德]胡塞尔:《欧洲科学的危机与超越论的现象学》,王炳文译,北京:商务印书馆2009年版,第321页。

多极因素的复杂综合建构的问题，而不应当像胡塞尔那样割断意识与其外部对象、与作为其载体的人的身体和大脑之间的关系，只将其归结为意向性的单维度、单极化的，意识内在活动的自我显现的构造。

作为一种多维度、多极化的复杂综合建构的涌现，意识的生成既是意识内部的、又是意识外部的，还是内外互动的；既是主观呈现的，又是潜在规定的，还是呈现和潜在交织、过渡和转化的；既是主观能动的，又是客观受动的，还是能动和受动相统一的；既是自然的，又是属人的，还是人和自然相互作用的；既是个体的，又是社会的，还是个体和社会互动内化和外化的；既是直接呈现的，又是间接中介的，还是在直接呈现和间接中介的互动中建构与虚拟的；既是当下的，又是历史的，还是在当下和历史的互动中相互转化和生成的；既是生理的，又是心理的，还是行为的，并且更是三者协同、互动和综合的；既是有意识的，又是无意识的，还是潜意识的，并且更是三者互动、过渡和转化的。

当代信息哲学理论提出了一个"哲学认识论的信息中介论"（邬焜，1984），该理论用多级中介的建构与虚拟活动来解释人的认识活动的一般机制和过程。这一理论提出的相应中介有四个（邬焜，1989）：客体信息场、主体自身的神经生理结构、主体先已建构起来的认识结构、主体认识的物化手段（工具、仪器、设施）。既然通过了这四个方面的中介，对意识生成的还原论考察就应当包括对这四个中介方面的考察，亦即是说，这样的还原论考察就应当有相应的四个维度。

根据认识发生通过了"客体信息场"中介的理论，可以确定关于意识成因的还原性分析的第一个维度：认识主体与其所对应的外部认识对象相互作用关系的还原。一个明显的事实是，在我们与外部世界的接触中，我们在感知中获得的主观呈现的现象通常总是与一个主体外部的客体保持着某种直观对应关系，然而，我们的感官又不与这个客体本身直接接触，而与我们的感官直接接触的物却不是我们当下认识的对象。如我看到了天上的一朵云，我的眼睛却并未与那朵云直接接触，而与我的视网膜直接接触的只是云所反射出来的光子场，而这个光子场却不是我当下认识的对象。要对这一情景做出合理的解释，就必须承认，与我们的视网膜直接接触的光子场载负着关于那朵云的相关差异关系的信息。这样，对于感知现象发生原因的还原性分析首先遇到的便是这样的一个问题：客体对象的信息是怎样到达于我们的感官，又怎样与我们主观呈现的现象保持了某种直观对应关系？由此维度的分析便可以判明，意识发生的原因不仅是主体内部的，而且是主体外部的，是与外部的自然事物相关的。就是在人的内部信息加工的思维活动中，一个适宜的外部信息场域的环境作用仍然是必要的。相关的试验证明，当屏蔽了所有外界信息的输入时，受试者的思维活动将会陷入混乱，并很快导致整个意识活动的崩溃。这也足以说明，如果将主体外部的自然予以悬置，存而不论，那么，在一个纯粹封闭的主观性场域中，那个所谓的纯粹的意向性的自我显示的构造活动不仅无法展开，而且终将会被毁灭。

根据认识发生通过了"主体自身的神经生理结构"中介的理论，可以确定关于意识成因的还原性分析的第二个维度：人的意识活动对作为其活动载体的生理性身体具有特定依赖关系的还原性分析。人的生理性身体是在自然进化中产生的一个特殊信息体，正是这种特殊信息体所拥有的生理性结构构成了认识活动能够发生的生理性基础。一个明显的事实是，我们的感官、神经和大脑都是高度特异化了的，不同的感知现象又是通过不同的感官、神经路径、大脑皮质的特定分析器区域的相应活动而获得的。同样的外部信息刺激作用于我们不同的身体部位其所获得的感知现象是截然不同的。光不仅打在我们的视网膜上，而且也打在我们身体的其他部位，但是，只有前者能够产生视觉现象，而后者则根本无所视见。另外，特定的感官不仅只接受特定性质的信息刺激，而且还要求相应的信息刺激必须保持在一定的阈值之内，太弱或太强的外部信息刺激，都不可能产生相应的感知现象。再则，如果感官和神经通路、大脑的相应部位发生了生理性变化，其所可能产生的感知现象也会发生相应的畸变。这一切都足以证明，人的意识活动是以其特定的生理性结构为基础的。如果将身体性生理结构予以悬置，存而不论，那么，人的意识活动也便因为无所依附而被消解了。

根据认识发生通过了"主体先已建构起来的认识结构"中介的理论，可以确定关于意识成因的还原性分析的第三个维度：意识活动对意识内部作为当下意识活动赖以展开的参照背景的先已生成的认识结构具有特定依赖关系的还原性分析。如果将个体意识活动能力的发育建构过程存而不论，在一个相对成熟的具有了一定意识活动能力的个体意识活动中，人的当下的意识活动是在其先已建构的认识结构的参照背景中具体展开的。这样，这一维度的还原性分析要解决的便是哪些先已具备的认识方式和主观信息的内容介入到了当下的意识活动之中，并成为当下意识状态的生成和意识活动展开的主观性中介？这其中就包括意向的能动选择和构造作用，认知方式、图式、概象和符号的匹配、修正和建构，逻辑的、非逻辑的或想象的信息处理加工方式和过程，情感、意志、兴趣的选择与定向等诸多复杂活动环节。显然，胡塞尔的意向作用和意向构造的理论应当属于这第三个维度的还原性分析的内容。胡塞尔理论的缺陷在于，他仅仅看到了认识发生的主观化场域这一单极性维度，便以偏概全的将其他维度全然排斥。他并不明白，认识发生的主观化场域维度的活动是与认识发生的其他众多维度的活动现实不可分的，是相互协同、互为基础和条件的。

根据认识发生通过了"主体认识的物化手段（工具、仪器、设施）"中介的理论，可以确定关于意识成因的还原性分析的第四个维度：认识对其所利用的物化中介手段具有特定依赖关系的还原性分析。一般来说，人们对宏观现象的把握只要凭借自己的生理感官和一些简单的工具便可以实现，但是，当人们超越宏观领域，对微观及其以下或宇观及其以上的世界层次进行认识的时候，便必须借助于人们自己制作的各类认识工具、仪器和设施。在这一情况下，人们对客观对象信息的把握通过了物化工具中介的信息转换，这就给人们的认识活动带来了更为复杂化的情景。在这样的认识活动中，人们必须对工具与对象、工具与主体、主体通过工具中介与对象之间的多层级的复杂相互作用的具体机制和过程，以及此类机制和过程对人的认识产生的具体影响进行考察和分析。在这一维度上，人们发现工具与对象、工具与主体之间发生了某种不可遏制的相互作用，通过此类相互作用工具自身的特性所规定的种种信息，主体认知结构的理论分析的信息与对象信息之间发生了多重选择、转换、畸变、重构的建构与虚拟。正因为有了这样的发现，在相关科学哲学的理论分析中才提出了理论对客体的选择与建构作用，以及相应的客体层次的信息对特定的认识工具和认识理论具有相互对应的一致性关系。如果没有相应的认识工具和认识理论,特定客体的特定层次的信息对我们将是封闭的和不可认识的。由此看来,在人的认识过程中不仅存在着主体内部认识结构中的相关信息(意向性、认知方式、认知图式)对所生成的主观呈现的现象的模式匹配、意向选择的建构作用,而且还存在着另外一条相反的由外而内的信息匹配、选择和建构的路径。这就是外部客体对象的信息、所利用工具中介的信息对主观呈现的现象的构造性作用。当然,还有主体生理结构所规定的认识方式和认识能力的信息对主观呈现的现象所起的规范和构造作用。由此可见,在复杂工具中介的认识活动中更能体现人的认识发生的多维中介、多极综合建构和虚拟的"涌现"性质,也更能说明人的认识现象的发生既是内部的,又是外部的;既是个体的,又是社会的;既是生理的,又是心理的,还是行为的。由此也更能映现出胡塞尔关于认识发生的纯粹意向单维建构理论的片面与狭隘了。

上述关于意识生成的四重维度的还原性分析还仅只是针对已经在生理和心理层面都得到了一定发育,并具有相对成熟的认识能力的个体的当下意识生成的层面上进行的。然而,人的认识发生的复杂性还并不仅仅在于意识活动当下的多维中介建构和虚拟的性质,而且还在于其具有自然进化的、社会生成的历史过程的性质。这样,我们便还有必要去考察第五个还原性分析的维度,这就是关于意识生成的自然史和社会史的历史性还原分析的维度。这一维度考察的内容既包括主体生理结构产生的自然史和社会史的进化与建构的渊源,也包括主体认识结构建构的遗传能力和后天自然的、社会的和文化的信息环境的作用,还包括与人的社会实践能力的进化相一致的物化工具产生和发展的历史。显然,这个第五个还原维度的考察是要对认识发生的前四个中介维度作历史生成性的考察,亦即是对其进行再还原。通过这一还原我们有必要建立一种关于"认识发生的信息中介说"(邬焜,1984),其基本观点包括:认识主体的产生必须以信息凝结为中介,这主要是指人是在漫长的生物种系进化过程中对适宜信息不断同化和异化、不断凝结积累、不断选择自构而生成的一个特殊信息体,人的认识能力的发生便可以看成是这一特殊信息体的特殊功能;个体认识结构的建构仍然必须以信息凝集为中介,"受之父母"的遗传信息是个体认识结构建构的先天中介,对适宜环境信息(包括人类创造的文化信息）的不断同化，是个体认识结构建构的"发之天地"的后天中介；人的认识活动就其本质而言是一个以信息（自在信息、主客体信息的相互作用、主体结构中凝结着的生理的和心理的信息）为中介的信息活动（对信息识辨、储存、加工改造、再生性创造）的过程；人的实践活动既是一个主体信息向客体运动的过程，也是客体信息向主体运动的过程，既是主体信息在客体中实现的过程也是客体信息在主体中实现的过程，人的实践和认识能力的发展既依赖于人类科学技术的相关理论的发展，也依赖于与相应科学技术的理论相匹配的物化工具的发展。①

我们这里所作的关于意识发生的五个维度的还原性分析足以证明，人的意识活动并不像胡塞尔所宣称的那样可以在一个完全封闭、孤立的、纯粹绝对自我的主观化场域中进行，对其生成原因和本质的理论化解释也不可能在单维度的主观化场域的结构中获得。在当下发生的意义上，人的意识活动必然会受到它之外的肉身和环境物（包括客观认识对象和各类物化工具）的纠缠。如果加入自然史和社会史维度的考察，那么，这个意向性的自我意识便还会被再还原，它也有它自身生成的缘由，也有从它物转化而来的发生学的过程，也有关于自身"格局"（皮亚杰语）形成和转换的运动、变化的自然的和社会的历史和条件。

三、胡塞尔"主观间性"和"生活世界"理论的单维度、简单性特征

值得一提的是，胡塞尔早年提出的"悬置"与"还原"理论还只是针对个人意识的主观领域而发的，这就不可避免地使他的学说具有了唯我论的性质。为了避免陷入唯我论，晚年的胡塞尔又把他的学说扩展到他人的主观领域，扩展到人际间共有的主观生活的世界，与此相应的学说便是他提出的

---

① 方元（邬焜笔名）：《哲学认识论的信息中介论探讨》，载《兰州学刊》1984年第5期，第57—63页。

"主观间性"① 和"生活世界"的理论。

在胡塞尔看来，人们首先是生活在"自我学的自我沉思中划定我的原初领域"的自我意识的主观世界之中的，然后，人们又可以通过"移情作用"与他人进行"诸主观的以及它们的超越论的生活的这种意向的相互融和与渗透"，并由此构成一种"超越论的主观共同体的本质结构"，这样，人们就可以建立起一种不仅仅是个人意识，而且是与他人共同拥有的"主观间性"的主观化场域，这也便是人类所共同拥有的由纯粹主观性的东西所构成的"生活世界"，而人类的真正的科学，作为一种超越论的科学的现象学哲学所应当研究的唯一的东西便是这个所谓纯粹主观化场域的"生活世界"。② 显然，无论是胡塞尔的"主观间性"理论，还是由此而生的"生活世界"的理论，都是以其关于自然"悬置"和意向"还原"的个体意识生活的理论为基础的。其对世界的解读方式同样都具有单维度、单极化的特征，亦即都还只是在纯粹、绝对、封闭的意识领域中予以考察。胡塞尔本人也讲得很清楚：纯粹现象学考察的领域"是一个完全自身封闭的主观东西之领域"，纯粹现象学的考察方法是"将日常世界当作人的意识的世界来考察"。③

然而，胡塞尔却未曾意识到，当把意识的领域从个体意识扩展到他人意识的时候，首先遇到的便是对他人自身存在性的肯定，亦即对他人自身存在的不可"悬置"的问题。而他人的存在首先是一个它物的存在，首先是一个自然物的存在。另外，人际间的主观意识的沟通和共享必须通过相互认同的语言文化的中介，并且，其具体交流的过程还必须通过相应自然物的载体所载负的非意识性的自在信息的活动的中介才可能实现。这样，在胡塞尔自身

---

① 在通常的文献中，总是把胡塞尔所用的德文词"Intersubjektivität"译为"主体间性"，王炳文先生则认为，这样的译法不符合胡塞尔学说的本意，因为胡塞尔在这里"讲的是人的'意识'，而不是'人'本身"，所以，上述德文词应该译为"主观间共同性"。参见［德］胡塞尔：《欧洲科学的危机与超越论的现象学》，王炳文译，北京：商务印书馆2009年版，第693页。

② ［德］胡塞尔：《欧洲科学的危机与超越论的现象学》，王炳文译，北京：商务印书馆2009年版，第275、321—322页。

③ ［德］胡塞尔：《欧洲科学的危机与超越论的现象学》，王炳文译，北京：商务印书馆2009年版，第143、148页。

所阐释的理论扩展之中便潜在蕴含着否定自身理论前提的因素与契机。

至于胡塞尔提出的那个由主观意向的自我显现给定的、纯粹主观化场域的所谓"生活世界"的理论则更是很难成立的，其失当之处的关键在于：人的现实的存在，人的现实的生命，真的只能生活在一个纯粹意识的、绝对封闭的主观化场域的世界之中吗？自然的现实，身体、生命的活动真的与我们的存在、与我们的生活毫不相关，并因而可以完全地被清除和消解吗？其实，人的生命、人的生活绝大部分都是在无意识的状态下展开的，人的身体、人的意识都是一个开放的系统，都必须由环境物、环境信息提供必要的生存和活动的前提、基础和条件。考察一下我们的行为与外部世界的关系，考察一下我们的意识活动与外部世界的关系，考察一下我们在特定环境中生存的被动性和无奈性，考察一下我们被无名原因所伤害而不能自知、自觉或自愿的情景，这一切便十分明了了。作为在世的"此在"，我们总是无意识地来，无意识地去，就是在有意识生存的那段日子里，又有多少无意识的状态左右着我们的生活。我们并不是仅仅生活在纯粹主观化的所谓"生活世界"之中，而是生活在客观化的自然、身体和主观化的意识的相互作用和互动影响之中，并且，这一相互作用和互动影响又是普遍被中介的，相互制约和规定的。正如我们饥饿状态的主观感受的消解，需要借助于吞食客观现实的大饼，而不是去享用主观的"大饼"一样。

值得我们警觉的是，在当代西方哲学的相关理论面前，我们的大多数的哲学工作是已经丧失了应有的分析和批判的能力，在热衷于顶礼膜拜的简单奉迎的学术氛围中，他们所做的工作更多的是颂扬、理解、阐释和拓宽。也许，有效培植自己独立的哲学理性批判精神才是当代中国哲学发展的希望所在。

第四编

两篇附录

附录一 邬焜和信息元哲学[①]

在 2010 年 8 月北京举行的第四届国际信息科学基础大会上,西安交通大学的邬焜教授第一次用英文提交了近三十年来的信息哲学理论研究成果[②]。尤其是,邬教授的理论(信息哲学的基础理论:BTPI)聚焦于信息的现象学结构和功能属性,以及适当理解信息对于新兴信息社会的重要性。

或许更重要的是,邬教授强调了作为一个基本的哲学范畴的信息概念,界定了信息和信息科学在诸如本体论、认识论乃至科学等所有相关学科中的核心角色。这是一条元哲学的原则,因为它必须处理哲学自身的内容。邬教授的信息哲学被他称为一种元哲学,"一种最高哲学",这正是因为其出众之处在于它的独特性和普遍性,在于它的新世界观,即作为一种关于历史、社会、价值、知识、科学和技术的信息观念。

邬教授将信息科学领域视为一种由信息哲学、一般信息理论和各种实践应用的次级领域所构成的复合体。在所有的这些方面,他都做出了贡献。充

---

① 本附录译自 [法] Joseph E. Brenner, 2011. "Wu Kun and The Metaphilosophy of Information International Journal", *Information Theories and Applications*, No.2, pp.103-128。本附录原为约瑟夫·布伦纳先生为 2011 年 6 月 20—26 日召开的 21 世纪国际一般信息理论研讨会(GIT, 2011, 瓦尔纳)提交的会议论文。本附录的中文稿由王健、刘芳芳译,王小红审校,发表于《西安交通大学学报》(社会科学版)2012 年第 3 期,第 6—21 页。

② Wu Kun. *The Basic Theory of Philosophy of Information*. Paper, 4th International Conference on the Foundations of Information Science, August, 2010, Beijing.

分评价邬教授关于哲学和信息科学与哲学的著作及其蕴意必须要等到它们全部被译成英文之后。显而易见的是，他的研究提供了一个关于信息的复杂本体论属性的重要的新视角，但是在本附录中讨论所有这些领域是不可能的，因此我将主要聚焦于信息元哲学的"伞状概念"。

对由邬先生发展的关键的现象学概念的支持来自于我近来对逻辑学向包含有信息的实在过程体系的扩展（现实中的逻辑：LIR）①。我指出邬先生的研究路径体现了这种逻辑的规范原则在应用中的许多关键方面。我非常感谢邬教授给予本文的有价值的评论和增补。

我确信，在邬先生的思想中，信息哲学处在一种新的信息范式或者信息本体论转向的中心位置。本附录第一部分，我提出那种范式的意旨，包括一种一般信息理论的可能性，这个理论包含着哲学、逻辑学以及体现一种跨学科视角的本体论。本附录第二部分将我的信息研究路径和其他近来的路径进行比较，以作为对不可避免的复杂性的另一种表示，这一复杂性甚至不具有完全令人满意的定义。本附录第三部分返回到邬教授的独特的元哲学概念中，这些概念对于理解信息的社会和伦理维度的动态学是必不可少的。

至于方法论，读者会看到我在试图避免将一种理论、逻辑和信息哲学相混杂的同时，并非一直将它们明显地区别开来。事实上，我相信作为 LIR 的理论原则的一个结果，这些学科并非是完全分离的或可分离的，而且它们的重叠和知识的相互作用比起它们的区别来更重要。实际上，邬教授的一个提议就是，将信息科学作为一门统一信息理论的基础，而这将会导向知识的统一体。

一、一种新范式的意旨

1. 哲学和逻辑中的进步

这次会议②不久后再举行一次会议，会议的主要焦点将是这类适合于新技术、尤其是新的信息和通讯技术（ICTs）的哲学和逻辑学。卢西亚诺·弗洛

---

① J.E.Brenner, 2008. *Logic in Reality*. Dordrecht: Springer.
② 第 14 届逻辑学、方法论和科学哲学大会，南希，法国，2011 年 7 月。

里迪曾指出信息和通讯技术已经达到了我们这个时代的典型技术的地位（Floridi，2010）①：电脑及其相关设计构成了一种"文化地定义性的技术"。信息和通讯系统（ICSs）以及信息和通讯技术的应用处于对科学、社会生活及其未来发展方向的最关键的统治因素当中。

科学技术的进步是如此真实地被接受，但是哲学进步的本性，如果有的话，却并不清楚。新的逻辑学不断地被提出来，但是仔细地看来，它们都遵循着一种规范命题的、真值函项的形式，而没有能力去描述复杂的过程和现象，例如其基本属性不能还原为物质的信息。

另一方面，正如弗洛里迪和拉菲尔·卡佩罗（Capurro，2008）②所展示的，信息和通讯技术的效用性增加了社会和政治进程与基础的哲学范式之间的联结。一种合理的信息哲学因此便成为在道德上负责任的公共政策的详细内容的基本组分。

邬焜教授提出的信息哲学基本理论不仅仅聚焦于信息的现象学结构和功能属性，也聚焦于对它的一种准确理解的重要性，即确切地将它作为一种导向更加民主的社会的运动之基础。我可以认为，邬先生的信息著作的主体构成了哲学的进步，这正如下述其他作者所做的。

正如我在别处（Brenner，2010）③所表明的，一种令人满意的信息哲学也需要一种恰当的逻辑，但是要获得一种适用于新信息技术文本的逻辑学是不容易的。弗拉森等人（Franssen et al.，2010）④概述了技术哲学，但是关于一门技术的逻辑学却什么也没说。埃吕尔（Lovekin，1977）⑤将"技术的逻

---

① L.Floridi, 2010. *The Philosophy of Information*. Oxford, Oxford University Press.

② R.Capurro, 2008. "Information Technology as an Ethical Challenge". *ACM Ubiquity*, Vol.9, No.22.

③ J.E.Brenner, 2010. *Information in Reality: Logic and Metaphysics*. Paper, 4th International Conference on the Foundations of Information Science, Beijing, August.

④ M.Franssen, G.-J.Lokhorst and I.van de Poel. "The Philosophy of Technology". *In The Stanford Encyclopedia of Philosophy* (Spring 2010 Edition). Ed. E. N. Zalta. URL = http://plato.stanford.edu/archives/spr2010/entries/technology/

⑤ D.Lovekin, 1977. "Jacques Ellul and the Logic of Technology". *Man and World*, Vol.10, No.3, pp.251–272.

辑学"视为那种需要由非同一性的包括用以教化的思想的"封闭的、恶意的理性主义者的"还原形式。另外，卡普罗（Capurro，1996）[①]宣称技术是"非中立的"，并且规范的逻辑学实际上需要成为主题中立的和文本独立的。

作为致力于描绘信息的第一步，弗洛里迪（Floridi，2006）[②]发展了一种属于和应用于信息的逻辑（信息逻辑；被告知的逻辑），它填充了一个巨大的鸿沟，因为规范的认识的和信念的逻辑学无法抓住它的基本特性。布伦纳所提出的新的现实中的逻辑（LIR）是一种新的非命题式的逻辑，它将逻辑领域扩展到现实的过程中。在应用于弗洛里迪（Floridi，2004）[③]所提请注意的尚待解决的信息的开放性问题中，它构成了一种对解决这些问题的逻辑路径的更加彻底的改变。

2. 邬焜的基本理论

（1）存在的领域

邬焜教授的信息哲学的基本洞见是，客观实在=客观存在的概念不足以去描述信息世界。需要一种恰当的新的本体论和世界观来描述那种存在的现象学特性。邬教授的信息研究路径开始于存在，从一个现象学的立场来看，这个存在是由客观的和主观的存在所构成的。然后他又在一个框架或分割表中列出了存在的关键术语：客观的和主观的，实在和不实在、直接存在和间接存在，其中术语的每一种结合都界定了一条导致物质—能量和信息各占一边的路线。因而，重述他的关键结论，信息具有如下特性：

- 信息是一种间接存在的方式，包括客观的和主观的；
- 主观间接存在源自主观不实在，这种主观不实在是主观存在的一部分（人类个体）；

[①] R.Capurro, 1996. "Information Technologies and Technology of the Self". *Journal of Information Ethics*, Vol.5, No.2, pp.19-28.

[②] L.Floridi, 2006. "The Logic of Being Informed". *Logique et Analyse*, Vol.49, No.196, pp.433-460.

[③] L.Floridi, 2004. "Open Problems in the Philosophy of Information". *Metaphilosophy*, Vol.35, No.4, pp.554-582.

●客观间接存在源自客观不实在，这种客观不实在不过是客观存在的一部分。

因此，这张图中的存在是由物理学视角中的物质—能量和信息所构成的。因此我推断出信息的本质，即通过其客观和主观的存在形式而成为连接实在的"纽带"。它就是一种存在的形式。因此，所有的实体都具有物质—能量和信息的两重特性。从一种信息形式转换为下一种信息形式的运动中的复杂化，很容易根据层次或等级来进行解释。信息作为间接的但仍然是客观性存在的概念，使得邬教授得以表明任何客体都由其直接的和间接的现存部分、物质的及其历史、现在的以及未来的结构所构成。这些组分共同构成了一个信息存在体，或者用邬教授的话说："信息体"。邬教授关于存在领域（现存的领域）的描述性的再分割，当应用于信息过程或"活动"时便得益于 LIR 的原则，LIR 进一步阐述了他们的规范的和定性的属性。

（2）信息的分类和结构

邬先生接下来将信息分为三种独立形式和一种附属形式：

① 自在信息

自在信息具有一种不被任何主体所介导的客观间接存在方式。它是由物质—能量的基本粒子和它们的波动所构成的，而这些波动又反过来构成了信息领域（IF）。这种信息领域具有一种直接存在和间接存在的统一性。发生于信息领域的相互作用涉及在信息传输和接收过程中的所有实体。自在信息活动是最基本的活动，所有其他活动都来源于此。它包括了，但是并不仅限于，在弗洛里迪的观点中的信息：一种完备的、有意义的数据。

② 自为信息

自为信息是由具有必要的心智能力的主体把握和处理自在信息，使其具有主观间接存在方式的结果。邬教授将这种主体指定为"信息主体"。

这两种类别恢复了萨特对存在所进行的"自在"（en-soi）和"自为"（pour-soi）范畴的划分。在这里，我不能追溯更为复杂的起源和这些范畴的作用，只能说它们提供了一种谈论存在的方式，这种存在是与一种内在信息及其过程的概念相符合的。

③再生信息

再生信息是创造性信息活动的结果，这种活动由信息主体作用于自为信息而产生较高层次的概念、想象、符号等。在个体中的所有这些信息的综合物正是通常所提到的"心灵"或精神，它们的存在也是主观的和间接的。

④社会信息

社会信息是一种由自在信息、自为信息和再生信息的三位一体所构成的信息的附属形式，其中后两者涉及人类的信息创造和处理，是最重要的。社会信息经历了它自身的"进化论"的发展过程。

(3) 信息领域

邬教授的信息领域概念进一步界定了信息的本质。这个领域是多维度的，它包括了在信息生产、传输和接收中的各种各样的功能、角色、结构和关系。从 LIR 的观点来看，所有这些实体，特别是结构，必须被看作是因果地有效过程。卢柏斯高使用了结构化这个术语，"结构化"在法语中用来强调诸如生物学的、认知的或是社会的复杂结构的动态学过程。他给自己提出的问题"结构是什么"的解答是：结构也是动力，没有被客观化和具体化（Lupasco, 1967）①。在 LIR 的看法中，结构性是两个个体间关系的实际操作。根据能量的属性和逻辑，任何个体的结构都绝非严格现实的（在任何意义上是绝对的）。它是一种动态学的"结构化"，而这种结构化一直都是和一种矛盾对立的潜在结构化在功能上联系在一起。换种方式说，表面上看起来作为一种形式的结构化，从内部看来，它由过程自身所组成。

事实上，在本论文的其余部分，我将继续依据 LIR 的原则支持邬教授对于存在领域（现存的领域）的描述性再分割。LIR 使其"逻辑地"来讨论客观的和主观的、实在和不实在、内部的和外部的、直接和间接的等之间的相互作用关系，并且它没有排除一种先验的实在矛盾的存在。LIR 将邬教授指出的存在领域的分割形式化并予以详尽描述，保留了其信息结果。对 LIR 来说，它的"不实在"仅仅是表面的，因为所有信息——如发送的和接收的——是一些实在的因果过程的结果。当应用于信息过程或"活动"时，它用来帮助详尽描述它们的能动的非定量的和规范的属性以及后者在它们的传输、接收

---

① S.Lupasco, 1967. *Qu'est-ce qu'une structure?* Paris：*Christian Bourgois.*

和解译中的进化。

LIR 基本上将信息界定为一个过程，如同一种处于由发送者和接收者之间的辩证关系所构成的物理空间中的实在，在其中，由于进化的相互作用的约束，意义和价值突现出来（Brenner，2009）①。信息作为过程的观念无论对于 BTPI 还是 LIR 的观点来说都是极为重要的。正如奎罗斯所指出的（Quieroz et al.，2008）②，信息的过程路径与将信息作为被包含在一些（静态）结构中的东西来处理的方法分离开来，并且走向将信息作为一种符号学（一种皮尔士的符号学）过程的理解上来。其后的内容聚焦于当前的信息主题，但是在其他探讨中，我将返回到与符号学路径相连接的问题中。

3. 实在中的逻辑和信息作为过程

LIR 是一种新的非命题式的逻辑，它将逻辑领域扩展到实在的过程中。LIR 建基于一种宇宙粒子/场观，它的公理和规则为分析和推理关于复杂现实世界中的实体和实在或复杂性在生物学、认知和社会层面上的相互作用过程提供了一种框架。

现实中的逻辑（LIR）这个术语意指，（1）变化的原则相应于这种情况，即现实操作是一种逻辑内嵌于自身的操作，这种逻辑即现实中的逻辑；（2）逻辑现实地是或者应该包含这种相同现实的物理——形而上学的，同时也是逻辑的原则。这个逻辑的主要组分如下：

- 物理学的和形而上学的两重属性的基础；
- 它的公理和算法意图反映实在的变化；
- 与其相关的本体论的范畴结构；
- 关系分析的一个双层框架。

LIR 的细节呈现在《现实中的逻辑》中（Brenner，2008）③。简单地说，

---

① J.E.Brenner, 2009. "Prolegomenon to Logic for the Information Society". *Triple-C*, Vol.7, No.1, pp.38-73. Available at http://www.Triple-c.at.

② J.Quieroz, C.Emmeche and C.N.El-Hani, 2008. "A Peircean Approach to 'Information' and its Relationship with Bateson's and Jablonka's Ideas". *The American Journal of Semiotics*, Vol.24, No.1-3, pp.75-94.

③ J.E.Brenner, 2008. *Logic in Reality*. Dordrecht: Springer.

它最重要的观念是：①每个现实的复杂过程是由其对立面或矛盾（动态对抗原则；PDO）在逻辑上和功能上相伴随的，但是仅仅在如下意义上，即一个因素是（主要是）出席的或者实现的，另一个则是（主要是）缺席的或者潜在的，两者相互交替，则任何一个都不会趋于零值。②在一个较高的实在和复杂性层次上，一个新实体的突现能够发生在两者相互作用的平衡点或最大值上。

在一个现实的过程本体论视角中（Seibt, 2009）[1]，LIR 应该被看作一种应用于过程、动向和趋势的逻辑，而不是应用于"客体"或者变化的状态转变图景中的步骤的逻辑。考虑到其他逻辑运算符，过程被形式地描述为蕴涵式的现实化和潜在化相互交替的无限的链条的链条等，合取和析取被描述为现实过程自身。这个变化的方向或者是，(1) 在"非矛盾的"同一性或多样性的方向上趋向稳定的宏观物理学客体和简单形态，过程的过程的结果等；或者是 (2) 趋向一种最大矛盾状态（包含第三术语的 T 状态），这一状态能够突现出新实体。因此，LIR 是一种关于突现的逻辑，一种关于变化的新的非命题的、非真值——函项的逻辑。

确切地说，规范逻辑建立了建构简化模型的基础，这一模型无法抓住生物学的和认知的过程的基本动态，例如推理（Magnani, 2002）[2]。LIR 并没有取代经典的二值或多值逻辑，而是为了获得简单的系统和状态而还原它们。在实在的层次之内或者之间的相互作用关系（LIR 应用于此）具有某种实体的特征，这种实体具有诸如生物学的或认知的内在表现形式。

与规范逻辑学相反，LIR 易于接受不一致性，它将其作为一种物理实体中潜在对立的自然结果。无休止的关于变化属性的争论中的许多（如果不是大部分）问题，正如莫特森所指出的（Mortensen, 2008）[3]，似乎需要一个世界中的基础的不一致性，LIR 自然化了这种不一致性。因此，在不一致性的出席

---

[1] J.Seibt, 2009. "Forms of Emergent Interaction in General Process Theory". *Synthese*, No.166, pp.479-512.

[2] L.Magnani, 2002. *Model Based Reasoning: Science, Technology, Values*. New York: Kluwer Academic/Plenum Publishers, VII-IX.

[3] C.Mortensen. Change. In *The Stanford Encyclopedia of Philosophy* (Fall 2008 Edition). Ed.E.N.Zalta. URL=http://plato.stanford.edu/archives/fall2008/entries/change/.

的意义上，LIR 不是一个"像经典逻辑系统那样脆弱的"（Floridi，2010）① 信息系统。不一致性在前者中并不像在后者中那样仅仅是毁坏性的，而是作为其本体论的基本部分被接受。

（1）LIR 中的信息

LIR 并不假装去提供或者构成一种独立的可以取代任何或所有现存的研究路径的信息理论。与定量信息相对比，LIR 提供了一种关于定性信息或作为过程的信息的概念的新解释（Brenner，2010）②。考虑到其通向所有复杂实在现象的矛盾的研究路径，LIR 可以被看作一种方法，一种在诸多方法论之中，将鼓励保持和使用那些部分相冲突的信息理论和观念的逻辑方法论。

在弗洛里迪（Floridi，2004）③ 提出的信息哲学的关键的开放性问题中，包括一些关于信息和现实世界关系的内容。那么，信息可以从三个视角来考虑：作为实在的信息（as）（例如物理信号样式，既不真也不假的），也被认作环境信息；关于实在的信息（about）（语义信息，真性模态可限定的）；以及为了实在的信息（for）（指示，例如遗传信息，算法，命令，或者处方）。

许多界定作为实在或关于实在的信息的外延主义者的路径，为我们提供了不同的起点来回答信息是什么的问题，但是邬教授提出的广义信息理论要求理解信息在所有实体中、在实在的所有层次上所具有的属性和作用。任何有助于这种理解的想法都应该相应地重视一般哲学，我提出这篇论文以作为对信息的相关本体论属性的阐明。

与 LIR 最相适的信息定义是由柯尔莫哥洛夫（Mindell，Gerovitch 2003）④ 所提出的，他认为信息是每个运算符在既定的一系列事件中改变或然性分布的结果。这和他对于算法信息理论的著名贡献截然不同，但是却适合 LIR 的

---

① L.Floridi，2010. *The Philosophy of Information*. Oxford：Oxford University Press.

② J.E.Brenner. *Information in Reality：Logic and Metaphysics*. Paper，4th International Conference on the Foundations of Information Science，Beijing，August，2010.

③ L.Floridi，2004."Open Problems in the Philosophy of Information". *Metaphilosophy*，Vol.35，No.4，pp.554-582.

④ D.Mindell and S.Gerovitch，2003."Cybernetics and Information Theory in the United States，France and the Soviet Union". In *Science and Ideology：A Comparative History*，London：Routledge，pp.66-95.

过程观念。在 LIR 中，实在过程的逻辑因素类似于（非柯尔莫哥洛夫意义上的）或然性，并且逻辑的运算符也是过程，例如，一个现实主导的积极蕴涵总是伴随着一个潜在主导的消极蕴涵。将信息和意义更高层次的信息（Brenner 2010a）①，作为一种改变信息文本的潜在的或现实的机制进行分析是有可能的。

因此，LIR 可以提供桥接概念或一种在最低的数据层面上的语义信息概念和更广泛的应用之间的"黏合剂"。由此，在一种自然化的物理、形而上学和逻辑文本中，LIR 设置了这样一个信息概念和"超概念"（Hofkirchner, 2009）②，即信息是一种既将世界模型化，又将已被模型化的部分世界再模型化的工具，LIR 描述了它们之间的辩证关系。

（2）作为元逻辑的 LIR

正如现在所阐明的，LIR 是一种新的"现实逻辑"的方式，它比一种在确定的客体-过程-属性的术语学中的改变更为彻底。这是一种元逻辑的考察，因为它探讨了一个逻辑系统的逻辑以及那个逻辑系统的主要组分，如规则和关系。

LIR 的元逻辑属性建基于这样一种自然观，它既不将纯粹经典命题或数学逻辑的抽象实体看作基础，也不将现象学拟人化的本体论概念看作基础。LIR 最基础的元逻辑原则是那种对立或对抗原则，没有这些的话，在这种观点中，任何东西都不存在。因此，这同时也是 LIR 的最基础的形而上学原则。在 LIR 的形式本体论中不存在任何独立的东西。

4. 信息科学的跨学科解释学

正如我在其他许多文章中所指出的，对于信息的理解要求大量不同学科的知识，并且一种将一些命令带到这个复杂系统的方式就是去引入跨学科的

---

① J.E.Brenner, 2010. "The Logic of Ethical Information". In *Knowledge, Technology, Policy*. Vol.23, No.1-2, pp.109-133.

② W.Hofkirchner, 2009. "How to Achieve A Unified Theory of Information". *Triple-C*, Vol.7, No.2, pp.357-358. Available at http://www.Triple-c.at/index.php/tripleC/article/viewFile/114/138/.

概念。位于巴黎的国际跨学科研究中心负责人尼古列斯库（Nicolescu, 2002）①，在他的普适性定义中，跨学科指涉同时处于所有学科之间、之上以及在之外的、它们所共同具有的东西。它的目标是理解当今世界，而理解世界的必要的需求之一便是一个知识的统一体。它是一种将人类置于其关注中心的理论，而且在我看来，它具有更大的普适性，比实用主义的"解决问题"概念更适合于讨论教育、伦理学和社会理论的其他方面的问题。

尼古列斯库认可的三个跨学科的概念性"支柱"是：（1）实在的层次；（2）复杂性；（3）一种内含中项的逻辑，LIR 就起源于此。分学科和跨学科之间的关键联系是学科研究倾向于仅仅涉及实在的单个层次，而跨学科研究同时关注实体或复杂性的若干层次之间相互作用而产生的动态学。一种好的模型是由社会学家、生物学家和哲学家埃特·莱德斯多夫在他关于"基于知识的经济"理论的著作中提出来的，这一理论探讨了基于经济的、政治的和知识的社会亚系统之间的相互作用（Leydesdorff, 2006）②。

正如所探讨的，LIR 是这个巴黎小组所认可的一种跨学科的逻辑。因此它是一个作为信息研究附加工具的天生的候选者。这种逻辑及其本体论的独特功能将能建立起相互抵牾的理论和学科之间的关系的结构，并因此为它们架起桥梁。在这种"跨学科的逻辑"中，诸如人文学科和社会科学等都不会冲突于一个分化的统一体中，而是在认识论上动态地联系起来，相互改变并且给予了新概念突现的机会。

由霍夫科尔希纳等人所提出的多学科、交叉学科和跨学科之间的差别是与 LIR 完全一致的，并且事实上，与那些由尼古列斯库在他的跨学科宣言中所列举出的内容在本质上相同（Nicolescu, 2002）③。

1994 年在葡萄牙的阿拉比达举办的第一届国际跨学科大会上公布的跨学

---

① B.Nicolescu, 2002. *Manifesto of Transdisciplinarity*. Albany, New York: State University of New York Press.

② L.Leydesdorff, 2006. *The Knowledge-Based Economy*: *Modeled, Measured. Boca Raton, Florida, Simulated*: Universal Publishers.

③ B.Nicolescu, 2002. *Manifesto of Transdisciplinarity*. Albany, New York: State University of New York Press.

科宪章中，文章 VII 陈述到，跨学科不是一个新学科，也不是一个新宗教、新哲学、新形而上学或者新科学之科学。它可以被看作为一个过程，一个逻辑的框架，一种人类经验的逻辑，一种思考事件和人类行为之间关系和蕴意的严格方式，一种语言和方法。在当今世界科学和文化的非还原的新奇性的文本中，这种跨学科的道义论建基于内在于人的不可剥夺的权利。跨学科是一个融贯的地带，在其中有效的政治意志能被诗性的或艺术的意志，一种真正的政治文明，一种文明的政治所转变并成其为后者。

当然，在这种意义上——邬焜的信息哲学在所有学科中建立了信息的核心作用，邬焜已经预料到了这种发展。因此，信息就是具有跨学科意味的信息自身，它位于学科之内、之间或之外，并且对它们来说是共同的。他历经多年来描述他的研究，广泛地相关于：信息哲学的本质；信息本体论；信息认识论；一种信息进化论；社会信息论；信息价值论；一种信息思维论；信息和自组织以及复杂性理论；信息和虚拟实在；信息科学体系，整个构成一种新的科学范式以及一个未来趋向的基础。事实上，我的研究路径的一个基本结论是，在这些术语使用中列出来的一些差别仅仅是为了防止它们的重叠和相互强化。如果这个结论被看作与信息相关，那么它可能对单个学科也有更进一步的结论，尤其是在强调它们对于社会进步的相关属性上。

因此我推断出，对于信息没有其他的研究路径（在数据的最低层次上除外，在香农—韦弗信息中意义尚未出现），它必须凭借一种跨学科的方法论，在这种方法论中复杂性和实在的不同层次通过各学科在一个系统中的结合存在和相互作用而被说明，这个系统的逻辑即 LIR。在这些相互作用的跨学科解释中，我看到一种新的信息范式的操作的开端，并且它既导向又由如下所述的一种信息元哲学和信息立场所构成，这种信息元哲学和信息立场源自于邬教授的研究。

二、信息的当前主题

1. 信息哲学

正如邬教授本人所谈到的，卢西亚诺·弗洛里迪与邬焜本人必须被各自独立地视为信息哲学领域的奠基人之一。弗洛里迪的研究在最近的《信息哲学》（Floridi，2010）① 一书中得以成形。我的两篇文章（Brenner 2010②，2010a③）发展了这些研究与 LIR 的关系。由弗洛里迪所发展的信息哲学的最初动机是为了回应更广泛的认知需求，进而为整个信息及其技术领域设置坚实的理性基础。正如在弗洛里迪的定义中所描述的：

> 信息哲学是一个哲学领域，它关注（a）关于信息的概念属性和基本原则的批判性研究，这一研究包括信息的动力学、应用和信息学科，以及（b）信息理论和计算机方法论对哲学问题的详尽阐述和应用。

在 LIR 的信息研究进路中，对作为实在或关于实在的信息进行界定的外延主义路径多种多样，例如或然的、模型的、系统的、推理的（认知的）和语义的［详细介绍参见（Floridi，2010）④］等，但是在它们之间，一个稳定的差别是不能被维持的。语义学路径依据数据空间界定信息：语义学信息是指在最低的本体论层次上的完备的、具有意义和真值的数据、信息。LIR 表明在信息的更加复杂的概念所应用的实在的这个层次与其他层次之间并没有绝对的割裂，并为此提供了基础。许多统一这些概念的路径提议被提出来，如新近的一个是由霍夫科尔希纳提出的（Hofkirchner，2009）⑤。他关于信息统一理论（UTI）的研究路径是，通过清除在信息的批判性概念之间的绝对的以及在我看来也是人工的分离，以支持一种类似于"多样性中的统一"这一古老直觉的辩证关系。特别地，他的"统一信息理论寻求一种具体而普适的而

---

① L.Floridi, 2010. *The Philosophy of Information*. Oxford: Oxford University Press.

② J.E.Brenner, 2010. *Information in Reality: Logic and Metaphysics. Paper*, 4th International Conference on the Foundations of Information Science, Beijing, August.

③ J.E.Brenner, 2010. "The Logic of Ethical Information". In *Knowledge, Technology, Policy*, Vol.23, No.1-2, pp.109-133.

④ L.Floridi, 2010. *The Philosophy of Information*. Oxford: Oxford University Press.

⑤ W.Hofkirchner, 2009. *How to Achieve a Unified Theory of Information. Triple-C*, Vol.7, No.2, pp.357-358. Available at http://www.Triple-c.at/index.php/tripleC/article/viewFile/114/138/.

非抽象的信息概念"。

LIR 提供了三条新原则，涉及这些要点：

- 一个物理的和逻辑的根据，它为一种详尽阐述了"多样性中的统一"这一概念的、辩证的信息研究路径提供了理由；
- 一个抽象层次之间的实在的、辩证的关系的基础，它使得在任何层次上的信息，在一定程度上，能够共享一些高一层次或低一层次的信息的结构属性；
- 一个焦点，它聚焦于复杂的和承载价值的信息，后者不同于简单的数据，不能轻易地从它的载体中拆解出来。

LIR 能提供桥接概念或者"黏合剂"，将弗洛里迪在最低的信息层次上所仔细地和完全地界定的语义信息概念与他所期待的更广泛的应用连接起来。它并不是一个包含语义信息的高级 LoAs 的新概念。LIR 所做的是在一种自然化的物理、形而上学和逻辑文本中，去设置这样一个信息概念和"超概念"，即信息是一种既将世界模型化，又将已被模型化的部分世界再模型化的工具，LIR 描述了它们之间的辩证关系。

将这种观点与邬焜的观点进行比较，我们可以看到，在他关于复杂性和信息科学规划的章节中，邬焜提倡一种研究规划，它将信息系统（亦即所有系统）的组分的相对独立和相互依赖都考虑在内。正如 LIR 所做的，邬焜坚持要求对于诸如还原论和整体论、决定论和反或非决定论，内部和外部反馈，网络的部分和整体，以及最后，物质——能量和信息等对抗性关系进行辩证综合。我和邬教授的区别或许仅在于对内在与外在随机性及其相互关系的实在或表象的强调程度不同。然而，正如邬教授所指出的，一个系统与环境之间的热力学层次上的多重复杂信息反馈环将最终决定其稳定性或持存。

从动态对抗原则（PDO）所表达的观念中，可以得出一种信息理论和哲学的重要结论，即未来的进化路线可以在物质要素遗留的潜在性中获得，并且所有实体都是一个现实的和潜在的（LIR）或者直接的和间接的（BTPI）存在的统一体。LIR 为内在和外在属性的不完全分离性及其复杂的相互作用提供了根据，而且在我看来，构成信息的正是它们的进化运动的全体。基于所涉及的实在的层次，信息将包括先前所界定的诸多不同属性（自在的、自为的、再生的以及社会的）。邬教授已经将这种综合体指定为"信息体"。这个术语当前用于生物学（Allaby，1998）[①] 以指涉细胞中的蛋白质转移的机理，但是这个过程，在本文的广泛意义上，实际上应该被理解为信息过程。在我看来这是一个更进一步的结论，物质过程和它们的信息组分协同进化（"信息体"的新义类似于新术语"环境暴露"，后者也来自于生物学领域）。环境暴露这个术语是指一个个体从受精卵开始就暴露于其中的环境的总体，已被看作是病理学的一个关键因素。有趣的是，我注意到，如同信息体，环境暴露是由一个信息整体所构成的，它是一种信息体。

这是一个主体和客体之间的关系的基本原则，即在它们作为不同实体的标准定义中，无论何时它们之间都不存在直接联系。比如在两个人的例子中，LIR 假定他们并没有完全分离，而是每个人都具有内在的智力和个性，并因此而分享另一个人的部分智力和个性。正如邬教授所恰当地指出的，这样一个过程必须经由一系列的中间步骤（"中介"）而发生，每一步骤都应该从信息的立场出发，将其看作为一种信息过程。这个概念将人类认知活动的一般过程描述为信息活动。

2. 符号学路径

提供一个对信息的明显的非物理属性的原则性描述的困难，导向了对由皮尔士所提出的，基于极其综合的范畴的世界观的路径的赞同。符号学路径的流行是因为它们提供了一种讨论无法感觉的属性的方式，这些属性似乎跟信息和意义的转移相伴而生。

乍看之下，信息研究的符号学路径看来好像能够抓住信息的多重方面，以将它们列入由皮尔士所提出的功能性类别中。布赖尔在他的《赛博符号学》（Brier，2008）[②] 中提供了一种对于皮尔士与信息的关系的完整的流行阐释。但是，我认为皮尔士的理论缺乏充分的动态，因为（物理学意义上的）实在

[①] M.Allaby，1998. *A Dictionary of Plant Sciences*. Oxford：Oxford University Press.

[②] S.Brier，2008. *Cybersemiotics. Why Information is Not Enough*. Toronto：University of Toronto Press.

中没有能量能够被分派到他的三元关系中以给予它们一个基础。我认为皮尔士的范畴与黑格尔式的正题、反题和合题的三元组具有相同的问题：从一个术语转到另一个的运动或是一种关于它们之间的任何物理相互作用的描述，都不存在任何演绎的基础。如果有争论认为并不需要这种基础，我的回应是，那正是问题所在——术语并不是在物理上衔接的，因此具有有限的解释价值，除非它作为一种探测装置以追踪生物学过程中所涉及的实体；它的使用不应该使人忽略了系统的实在属性。

皮尔士符号学的信息概念已经通过奎罗斯（Quieroz et al., 2008）[①]（QEE）概括为一个"三元依赖的"过程，在其中，一种形式从一个客体（Object）经由一个符号（Sign）的中介作用而被传达至一个解释者（Interpretant）那里。我对这种进路的批评是：正如皮尔士自己所言，它源自于一种关于符号（Signs）的形式科学，后者提供了一种分析的框架。因此这种作为过程的 QEE 信息进路被皮尔士范畴中的抽象特性所束缚，即从真实物理现象的动态方面的抽象。

与 QEE 相反，我将信息的三元属性从 LIR 关于所有实在过程的矛盾进化的观点中推理出来，也为 QEE 对潜在的和有效的（现实的）信号过程与随之发生的潜在的和有效的信息定义所进行的区分提供了物理学的基础。在 LIR 中，信息是一种过程性相互作用的复合体，这种相互作用既具有二元的又具有三元的属性，它们无论何时都能被明显地现实化（有效的）或潜在化（无效的）。这似乎会比将符号作为一种形式传达中介的模糊概念更可取。

这种依据"条件句命题"的措辞所做出的，对形式（Form）一词的在本质上静态的语言学界定，表明特定的事情将发生在特定的环境下。引人注意的是，正如 QEE 所引用的，皮尔士曾说，"形式也能被界定为可能性（'真实的可能'）"（我的强调）。在 LIR 中，结构和形式也是物理的过程，其中包括了它们的概念化的物理过程。形式不仅仅被描述为"潜在的"，也被描述为一个过程，这个过程的因素同时是现实的和潜在的。

[①] J. Quieroz, C.Emmeche and C.N.El-Hani, 2008. "A Peircean Approach to 'Information' and its Relationship with Bateson's and Jablonka's Ideas". *The American Journal of Semiotics*, Vol.24, No.1-3, pp.75-94.

总之，以我的观点，信息研究的符号学路径已经走向一条反实在主义者的认识论极端，忽视了信息的相关物理学特征，而这些特征早已隐含在邬教授对于能量和信息之关系的讨论之中。正如在2010年北京会议上所首次提出的，BTPI和LIR间的一个重要的一致观点，即都同意能量在现实的和潜在的方面中都处于核心的地位。事实上，在邬教授对信息的实在主义本体论的和交互式的研究路径中，符号学指称的缺席并不令人惊讶。

尽管如此，在邬教授和布莱尔间依然存在着意向的汇合点，即由于接受了一种认为实在确实具有结构和过程的本体论观点，他们都致力于建立一种广义的信息、认知和通讯科学的哲学，在其中，不同的路径不被看作是相互排斥的，而是相互补充的。我注意到，像邬教授和我一样，布莱尔也请人们注意信息和通讯科学的跨学科的特性。然而，LIR扩展了信息过程的基础，像其他物理现象一样，返回到了物理学中，为讨论复杂实体进化的矛盾模式提供了一个基础，却未诉诸皮尔士哲学的推测性范畴。

因此，一种新的信息理论形式的基础已经在握，在这种新形式中，认识论的和符号学的思考是由邬教授和我在本体论方面的观念所补充的，也是由伯金（Mark Burgin）的因果—操作性观念所补充的。

3. 统一信息理论

对诸多先前的信息理论的问题的承认，已经由霍夫科尔希纳做出了很好的总结，这主要体现在他新近对一种可能的统一信息理论（UIT）的需要的分析中。我发现这项工作重在强调适当的解释学过程而非某种荒诞不经的"终极"理论的重要性。

首先，我注意到由邬教授所提议的原则性区分架构与霍夫科尔希纳（Hofkirchner，2009）[①]所列出的统一信息理论（UTI）中的概念路径有关并在其中占有一席之地。霍夫科尔希纳以及其他人曾论证过一种UTI的有利之处，即它将能包含信息过程的不同表现方式。这样一种UTI应该能够平衡信息的明显的矛盾属性——物理的与非物理的、普遍的与特殊的，而不诉诸还原。

---

① W. Hofkirchner, 2009. "How to achieve a unified theory of Information". *Triple-C*, Vol.7, No.2, pp.357-358. Available at http://www.Triple-c.at/index.php/tripleC/article/viewFile/114/138/.

它的基础原则应该"同时既必须抽象又尽可能具体"。霍夫科尔希纳将信息看作一种"超概念",它包含一组相互重叠的概念,例如消息、信号等,这些概念应用于人类和非人类有机体的通讯、认知和合作。霍夫科尔希纳提出了物质和观念、心灵、信息等是如何能够作为补充物而被把握,以及如何将信息视为一种物(结构、流)或一种人类建构的问题。霍夫科尔希纳对主体和客体之间隐含的分离给予了一个辩证地回答,提议心灵以及信息属于一种不同的"物质性",而不是"非突现"的物质状态。

霍夫科尔希纳研究统一信息理论(UTI)的路径是清除信息的各关键概念间的绝对的和人工的(在我的观点中)分离,以赞同一种类似于那种"多样性中的统一"的古代直观的辩证关系。特别地,他的"UTI寻求一种具体-普适的而非抽象的信息概念"。霍夫科尔希纳希望避开对一种"充足条件的形式逻辑运算"的依赖,而采用一种既合并又区分全称命题和单称命题的思维方式,这正是LIR所赞同的。

邬教授和我都认为传统的、静态的"对立面的统一"的经典概念并没有抓住信息中的"对立面"或矛盾,但上述几类概念所表达的对立面的辩证的相互作用却诠释了这一点。因此邬教授的分类是描述信息的复杂现象的关键第一步。

从BTPI和LIR的立场来看,如果将心灵和信息视为过程,则两者可被看作"补充物"。结构、流和"人类的过程活动"都遵循着同样的实在的、物理的辩证法。如果物质和信息在"共同的属"中被区分开,如在LIR理论中,"属"仅指能量,并且两者都遵循着各自的进化的逻辑模式,便可避免"不同的物质性"这一术语的问题。LIR也是一种突现逻辑或"突现唯物主义"。在此观点中,跟随维纳的想法,信息是一种具象呈现实在的矛盾的能量现象。

霍夫科尔希纳的UIT研究的恰恰就是上述的过程,这也是他的研究所的一项研究题目。然而UIT的焦点,作为新兴信息社会(Brenner,2009)[①]的伦理学发展的必然性,使得其在精神上接近于邬教授的工作。

---

① J.E.Brenner, 2009."Prolegomenon to Logic for the Information Society". *Triple-C*, Vol.7, No.1, pp.38-73. Available at http://www.Triple-c.at.

4. 作为自然和社会操作者的信息

伯金的一般信息理论的研究进路在过去 20 年内也得到了发展，它具有若干重要的组成部分。2010 年，伯金描述了一种新的系统化进路，称之为一般信息理论（GTI）（Burgin, 2010）[1]，它以某些本体论和价值论原则为界定基础，并且采用各种不同的信息测量和评价。本文所感兴趣的信息测量包括理论抽象的和实在主义者的测量，尤其是后者，质量就是其中一个例子。在这种观点中，信息既具有属性也具有功能，而且他的 GTI 从功能的和动态的角度来处理信息，因此并没有普适的信息测量。伯金通过指称语义的、定性的、算法的、实用的、社会的、效用的、经济的和动态的信息理论，继续了他的有益的分类，所有这些都是 GTI 的次级理论。

在本次会议的另一篇文章中，伯金和我发展了一种更进一步的信息概念，即作为一种自然的和/或社会的操作者的信息。从现在这篇论文的视角出发，令人感兴趣的是伯金也强调能量在信息界定中的首要作用。

（1）作为信息的能量

对于伯金而言，在一个广泛的意义上，能量是一个信息例子，因此也是最基本的自然操作子。三维能量世界是一股信息流，结构的和运动的信息是宇宙的一个内在组分，独立于任何形式能或者不能感知到它的智能。伯金和我因此都拒斥更为极端的观点，如由惠勒（Wheeler, 1990）[2] 所表达的，他宣称物理世界的每一项内容最初都是信息理论上的。在此观点中，所有此类信息都由各种各样的信息操作子构成，如一个指令中的信息就是一个信息操作子（Burgin and Brenner, 2010）[3]，但是，需要注意的是，诸如惠勒等人的那种观点会导向关于信息和物质—能量之间的优先性的正确本体论关系的误

---

[1] M.Burgin, 2000. *Theory of Information: Fundamentality, Diversity and Unification*. New York, London, Singapore: World Scientific.

[2] J.A.Wheeler, 1990. "Information, Physics, Quantum: The Search for Links". In *Complexity, Entropy, and the Physics*. Ed.E.Zurek. Redwood City, California: Addison-Wesley, pp.3-28.

[3] M.Burgin and J.E.Brenner, 2017. "Operators in Nature, Mind and Society: Mathematical, Logical, and Philosophical Issues", *Philosophies*, Vol.2, No.3, p.21.

解。后者才是原初的，认识不到这一点，经常会导向对信息概念的过度理想化。

(2) 作为社会操作子的信息

但是，信息不仅活动于自然也活动于社会之中，并成为［在卢普斯高的意义上（Lupasco, 1973）］① 一种社会操作子，它在现代信息社会具有极其重要的地位。

在社会中，操作子的最基本内涵是控制信息流和利用知识和信息的人（Castells 2000）②。作为在社会中具有因果功效的操作子的信息进路却有些不同。首先，我不仅仅关注有关某些事实的定量信息操作的实用主义结果，这些事实包括知道某些语句在信息语义理论中是真的，或如何获得简单的结果。

雷蒂斯托夫（Leydesdorff, 2009）③ 指出，人与人之间的相互作用乃是通过反身性规定而形成的，并且可以被理解为社会系统的基本操作。相反，人与人之间的相互作用通常是或者说通常包括通讯，即信息的交换。两个个体都对对方抱有（预料）期望，这种双重可能性就为信息群体提供了基础。LIR就为"自我"和"他人"之间的相互性（即邬教授所研究的相互作用）建立了逻辑基础。

(3) 相互作用

现在我们进一步探讨一下在邬教授有关信息的论证中所涉及的相互作用的主要角色。邬教授有关相互作用过程的信息观点并不那么新。在我看来，需要强调的是内部和外部因素在其中被理解的方式。这些因素包括现实的和潜在的（虚拟的）相互作用的多层次属性和特征，它们逻辑地和辩证地中介于信息的结构和转换。

---

① S.Lupasco, 1973. *Du devenir logique et de l' affectivité*; Vol.1: *Le dualisme antagoniste.Essai d'une nouvelle théorie de la connaissance*. Paris: J.Vrin. (Originally published by *J. Vrin, Paris*, 1935).

② M.Castells, 2000. "The Information Age: Economy, Society and Culture". Volume I. *The Rise of the Network Society*(2nd Ed.).Malden, Oxford, Carlton: Blackwell Publishing.

③ L.Leydesdorff, 2009. *Redundancy in Systems which Entertain A Model of Themselves: Interaction Information and the Self-organization of Anticipation*.Preprint for ENTROPY.

邬焜对于人类意识活动和意向性结构产生的原因的关注既不是无足轻重的也不是随心所欲的。他认为传统的"相互作用理论"具有单一初始维度和"两极化"的简单性（在邬教授的意义上，这里的极化意指一种复杂现象指向更高层复杂性的向量特征。它与卢普斯高的理论中所说的那种在宇宙的全部能量梯度中，指向非矛盾或矛盾的运动，具有相同的意向）。邬教授认为，人类知识是最复杂的涌现现象，是宇宙进化的最高级产物。对人类知识产生的原因的解释需要一个复杂构造空间的融贯结构，其中包括（至少）如下的新的多维量纲的环节：一个主体和一个目标客体之间有中介的相互作用，这个主体的生理学结构，有理解力的主体的结构，社会的物化工具，即多维主体实践和他们的历史发展。

对于邬教授而言，包含于内部认知以及其他结构（主体世界）与外部客体世界之间的相互作用发生于一种"循序渐进的信息转换、选择、建构和虚拟化"的链条中。相互作用是链条的环节，每个环节都向下一个环节提供输出。但是邬教授的关键构想是"对于始于客体的相互作用链条，由主体构建的信息状态将仍保留着与客体属性相符合的环节（由我强调）"。LIR 中的过程概念是通过实在的蕴意的链条的链条等等而演化的，在我们共同看来，它解释了一种与之相符或"相似"的属性，即正如链条的演化，"客体"属性潜在地蕴含在"主体"属性之中，反之亦然。这就是邬教授的"匹配"一词所指称的主体模式与其在自然中的客体"目标"之间的信息的循环再用。

在当代社会，信息持续快速发展，越来越重要。信息既是一种社会操作子，同时也是经济的操作子，信息应用成为全球经济发展的关键原因之一。在对以信息为基础的新兴经济的广泛讨论中，我们向大家介绍雷蒂斯托夫（Leydesdorff, 2006）[1]。在经济环境中，信用作为一种社会操作子的结果之一，就是成为 21 世纪的关键性的战略资产。每个机构都必须投资开发识别、发展和应用信息资产——网络、过程和方法的最优战略——并且必须成功。信息操纵人们、社会组织和社会机构（的行为），公司要想具有竞争能力就必须制

---

[1] L. Leydesdorff, 2006. *The Knowledge-Based Economy: Modeled, Measured, Simulated*. Boca Raton, Florida: Universal Publishers.

订执行培训和持续发展计划，以保持信息资源的有效利用。

信息作为操作子，一个特性就是它能够（且通常）既是操作者同时又是操作对象。纵观历史，事实上，人们总是想尽办法尽可能好地管理自己的信息，引进新的想法、新的方法、新的过程和新的策略，以使每个个体、社会群体以及整个社会更好地思考和工作。但是，在信息社会中，所有个体、团队、机构以及机构间都必须寻求一种能够管理信息的有效方法。研究人员开始研究加速信息过程的新的根本的和基础的方法，如信息识别、创造、存储、共享和应用。在所有这些过程中，信息成为一个重要的行为者，担当着操作者的角色，并且展现出自我操作的特征。本质上讲，信息作为自然操作者，在各种不同的社会体系的自我管理中起着非常重要的作用。

与信息相关的操作者"语言"与邬教授的 BTPI 以及本文所述的 LIR 完全一致。我注意到，这些均为广义概念，也适用于邬教授的存在领域。如果未特定阐述这些说法为什么描述现实、如何描述现实且逻辑的（在 LIR 术语中）结果是什么，则不可能正确揭示信息存在于任何事物中或任何事物中均包含有信息。

三、邬焜的元哲学（1）：定义和理论

1. 论元哲学

对于关注科学和技术的讨论来说，元哲学的主体是一种有些不一般的东西。细究起来，正如邬教授在信息研究中所观察到的，对于避免学科之间以及它们在信息领域的研究之间的不必要的和令人误解的差别，一种元哲学的进路是绝对必要的。

"元哲学"一词的一个标准定义认为，它是关于哲学的一个陈述或一套陈述，这看起来是简单而无可争议的。例如，《元哲学杂志》在其目标和范围中列出了以下定义：哲学的基础、范围、功能和方向，包括哲学的学派和领域间的相互关系；哲学体系的结构；哲学与其他学科的关系和哲学方法和论证的辩护（大概通过维持真理的某些形式）。这里的这个概念缺乏最应当具备的一套目标，一般文献中也如此，这套目标是关于结构或功能性的，换句话说，

是关于"怎样"而不是"是什么"的哲学论断。

我们首先注意到，一个元哲学的讨论同时需要一个对哲学和哲学任务的定义。在塞拉斯（Sellars）那里，"哲学的目标是理解事物如何在术语的最广泛的可能性意义上与术语的最广泛的可能性意义相互支持"（Rosenberg，2006）①。塞拉斯将对世界的理解［这个世界对于感知作为自由、理性的行动者的能够自我感知（"显现图像"）的人类是可能的］和对存在于宏观和微观物理世界（这个世界是通过科学而被理解的）的实体的理解（"科学图像"）进行了对比。他的意图是这两种观念（一个自我指示的和一个非自我指示的）在一个纵观全局的洞见或"世人"的综合中的最终融合。

LIR 和 BTPI 都为理解关于存在的形而上学和认识论的动力学提供了一个基础，在这一基础之上，使事物的属性及其概念的对比、冲突和最终的"相互支持"成为可能。

哲学和元哲学间的循环关系可以用这个原则来具体呈现：（1）一个事物没有哪个方面是完全缺乏与其他事物的关系的，并且任何对于第一和第二秩序问题的绝对划分都是武断的；（2）一个无限后退的"哲学"问题不会产生。在 LIR 的认识论中，重复在实在的关系的例子中，在两阶段或者三阶段后停止，因为没有新信息被随后的阶段所增加。知识的要素以及关于此知识的知识处于一种相矛盾的关系中，这种关系耗尽了可用的心灵构造空间。一个人可以想象一个无限后退作为一个永不停止的过程，但是在实在中，人们停止它，或者它停止其自身。

图尔明（Toulmin, 1976）② 认为元哲学的理论只能在范畴的分离或者哲学的要素、学科或方法学之间的差别的基础之上进行谈论。以我的观点，任何这种理论都具有一个确定的有限的效应域，在其中，它或多或少的能够满足或者适合于哲学提问。元哲学对于信息和隐含的对于其他学科的更广泛的作用已经由邬教授所提出：

---

① J. Rosenberg, 2006. *Wilfrid Sellars. In The Stanford Encyclopedia of Philosophy*. Ed. E. N. Zalta. Available at http://plato.stanford edu/archives/sum2006/entries/sellars/.

② S. E. Toulmin, 1976. *Knowing and Acting. An Invitation to Philosophy*. New York, London: Macmillan.

现在，我的研究还基本上限制在从一种元哲学的角度阐明信息哲学的一般基本理论。在这个层次上，存在着大量我们应该从事的工作，诸如，信息的哲学本质，信息的哲学形态和信息的形式；信息的不同层级的质；信息的哲学度量；信息和诸多已有哲学范畴之间的关系；信息本体论，信息认识论，信息方法论；信息世界的进化；信息的物质和社会进化；信息社会学和心理学；信息美学：一种价值的信息理论；……在以上所列出的各领域中还存在着相当丰富的和一大批分支问题。[Wu, 1989]①

因此，我的观点提供了一个关于哲学、元哲学和他们的循环关系的新颖的辩证视角。它自然化了这种关系，清除了任何暗含的循环性，因为它不需要预设的完全独立和规范逻辑学的结论。从物质—能量的基础属性出发，我的理论许可了一种研究哲学和科学中的关键问题（它们都是逻辑的和元哲学的）的新路径。

正如导言中所指出的，邬教授关于信息的元哲学观点并不是将其作为另一个静态学科或知识体而直接指向一种信息的元哲学的编纂。它其实是一个指向一种适当的信息哲学的立场的态度，在其中，信息哲学作为包含所有学科的关键部分，超越了它们特有的科学内容。在我的路径中，元哲学不是比哲学"更加抽象"的东西，它应该能够处理所有学科及其理论的关键方面。正如我所提出的 LIR 的动力学就是典型，在这里，它类似于实在的物理学过程，并提供了对实在世界中实在的相互作用（这是我最根本的关切之事）的洞见。

2. 信息思维和信息元哲学

或许，基于邬教授的贡献，一种信息领域的研究接近成熟的最先标志，就是人们可以开始谈论一种能够毫无混杂的接受前面所概括的多样路径的信息的元哲学（理论）。但是结果之一，就是这么一种元哲学的综合属性，在前

---

① 邬焜：《信息哲学——一种全新的时代精神》，西安：陕西师范大学出版社 1989 年版，第 31—32 页。

面所定义的跨学科范式中，确立了那些作为一种社会——政治角色而被涉及的作用，这些角色将在实在的信息活动的社会和伦理的方面被涉及。

然后，在被邬教授称为信息思维的这么一个过程中，信息的元哲学需要关注作为一个方法论必然性的复杂过程的信息方面。信息思维（IT），如邬教授所构想的，指谓一种通过关涉包含于信息进化之中的信息结构和动力学，从其历史的起源到未来的可能性和概率性来把握和描述事物的本质和属性的方式。这个策略包含着某些类似于胡塞尔哲学式的悬置的东西，即悬置任何复杂过程的细节以考虑信息在其动态学中发挥功能的方式，也包含着某些类似于由 LIR 所提议的信息的逻辑因素间的辩证关系的东西。但是，邬焜的理论和胡塞尔的理论之间的差别是明显的：邬教授原创的信息哲学是去澄清客观世界中的物质和信息的双重存在和双重演化，它们始于存在的逻辑和自然的人类自身的动力学。邬教授的现象学不同于胡塞尔的，并不需要"自然化"，即带入到自然科学的领域中①，它已经在那里了。另外，邬教授还在客体和主体相互综合的层次上揭示了个体认识发生的过程和机制，其中，内在的和外在的相互作用提供了必要的多重客体的和主体的中介。

在此意义上，由邬教授所提出的所有认知因素，特别是信息价值、评价和社会进化，都隐含着对它们进行分析的信息思维的使用。IT 要求在保留其常识基础时，放弃传统物质基础上的以绝对物质的术语进行的思维。IT 基本上是一种方法论观念，它通过信息的载体和编码的界定，使得做出关于一个信息系统的历史的和潜在的或可能的未来状态的推论成为可能。IT 辩证地统一质—能因素和信息因素，决定论和非决定论，内在和外在反馈过程，独立（自主）和依赖。基于任何这些两重性间的完全的、逻辑的或物理的分离（正如我们所反复阐述的），LIR 为这么一种统一路径的辩证解释提供了补充的逻辑结构。事实上，信息思维是信息元哲学的另一种表述。

在信息思维要求思考所有哲学和科学的信息因素的范围上，我相信我们

---

① 胡塞尔现象学的自然化是 1999 年研究的一个重要主题：*Naturalizing Phenomenology. Issues in Contemporary Phenomenology and Cognitive Science.* Eds. Jean Petitot et al. Stanford：Stanford University Press. 邬教授的研究路径清除了为胡塞尔的先验直觉寻找自然等价物的艰巨任务。

正接近于一种新的科学的（和逻辑的）范式，在其中，作为反对以实体思维为根基的信息思维，在其他成果之中，产生了对传统学科及其理论的崭新的阐释。总之，我认为信息的（元）哲学和（元）逻辑是对作为一个整体的信息过程观的自然化的一种贡献。另言之，通过考察发生在人类信息活动和社会形式中的价值变化之间的关系，一个对于信息的更加深刻的理解是可能的，它将是对人类文明的所有进步和持续发展的一种贡献。信息科学，信息元哲学，信息元逻辑和信息思维将会因此便利于邬教授所称谓的一种内在于所有复杂自然过程的动态矛盾的约定和解释在信息术语中的转换。

通过对作为存在的最基本特征之一的信息和信息活动的形式化的研究，邬教授的信息元哲学能够和应该改变讨论哲学——形而上学的、认识论的和本体论的基本问题的方式。在逻辑学对其所讨论的相同过程的新扩展的支持下，信息哲学能够成为一个"哲学中的综合变革"，正如 LIR 所称谓的"在当前非经典逻辑学的转变中的一个重要的事件"。①

作为一个最后的评论，我注意到信息元哲学的正式文献的近乎总体上的缺席。斯奎厄·格瑞森（Sebastian Sequoiah-Grayson，弗洛里迪的合作者）的文章"信息的元哲学"（Sequoiah-Grayson, 2007）② 是一个例外。这篇文章基本上是支持弗洛里迪的强语义信息概念，事实上仅指出了一种"信息元哲学"的两条内容：（1）它应该包含"香农的预设"，即信息理论的多重性的始终存在；（2）信息的前理论内涵的解释将被它们的有用性所评判。这些想法在本文的内容中或多或少是可接受的，但是它们并没有谈到这么多。我发现并没有其他正式的文献涉及信息的元哲学。邬焜，根据本文所简要概括的实质阐明，应该被看作这个领域的主要先驱。

3. 信息立场

我相信我们在论文中所提议的路径主要地描绘了一种态度或立场，即我们所使用的术语，信息立场，它指谓一种最适合于，并且最重要的是它不是分离或孤立于信息自身的新兴科学和哲学的哲学立场和态度。信息立场

---

① 2008 年，与何华灿进行的私人交流。

② S. Sequoiah-Grayson, 2007. "The Metaphilosophy of Information". *Minds & Machines*, Vol.17, pp.331-334.

（Saguillo，2009）①是一种要求关注作为一个方法论必然性的复杂过程的信息因素的态度。

在新近的哲学中，"立场"概念是由范·弗拉森（Bas Van Fraassen）在论及他的结构经验主义时所设置的。在这里，我们将不再重现它所导致的关于数学结构实在论与科学发现之间的争论，但是我们可以说：在他的《经验主义立场》（Van Fraassen，2002）②中，范·弗拉森呈现了一个作为"立场"的新的哲学立场观，这个立场包含判断、目标和约定，以增补那些指向规范认识论作用于其上的命题（信念、希望和知识）的态度。但是，与他的反实在论者的科学观念（结构经验主义）相符合，范·弗拉森拒绝任何现在关于展现出必然性的现象的形而上学。在同样特殊的关于立场和合理性之综合的争议中，兰德曼（Ladyman，2010）③提议一种新的"科学的"立场，在其关系框架中得以自然化，并且建议所有科学在事实上独立，以在经验主义和唯物主义之间的辩证上获得成功。关于唯物主义的争论已经被怀疑论者的攻击所模糊化，这种攻击需要对本体论实体的假定（因为并没有证据证明实体的存在）。但是，LIR支持一种作为一个科学主义立场的基础的唯物主义（科学的结构实在论）的"提高"形式，这种科学主义立场是一个对经验主义和唯物主义之间的辩证关系的更好的逻辑基础。

我所描述的信息立场清除了经验主义要点的必然性（即使兰德曼会将其保留在他的科学主义之中），这些要点是指"对解释的需求的轻蔑"和"对非自然主义形而上学的敌意"。我的理论支持他的"我们应该拥有一个形而上学的世界图景以规范科学方法论与科学和教育政策"的思想，并且，正如邬教授所独创性构想的，我注意到形而上学、认识论、价值理论和社会问题的不可分离性。

总之，我们将一个立场看作一个相互作用过程，人类个体或集团在道德

---

① J.M.Sagüillo，2009."One Sense of Information A Quick Tutorial to Information-Theoretic Logic". *Triple-C*，Vol.7，No.12，pp.179-184.

② B.C van Fraassen.*The Empirical Stance*. New Haven：Yale University Press，2002.

③ J.Ladyman，2010."The Scientific Stance：the Empirical and Materialist Stances Reconciled".*SYNTHESE*，No.178，pp.87-98.

上和政治上，同时在标准的哲学意义上，也是一个参与其中的认识上的观察者。事实上，与我们全部的逻辑路径相一致，信息立场、信息思维、信息哲学和信息伦理维度之间并不必要做出绝对的分离，它更是一个交替聚焦的问题，并且我们在后面的论述中将会把焦点放置于后者之上。

4. 伦理维度、信息和民主社会

倡导在信息的伦理方面展开对话的主要创始人中，除了邬教授之外，我再次注意到卢西亚诺·弗洛里迪（Floridi, 2008）① 和拉斐尔·卡普罗（Capurro, 2008）②。

卢西亚诺·弗洛里迪是首先界定信息伦理学（IE）的众多学者中的一位。他的信息伦理学聚焦于作为信息客体的、由基础层次上的信息所构成的实体。正如我所讨论的（Brenner, 2010a）③，这一策略的最重要的结论在于，它概括出了道德行动者这一概念。因为信息伦理学是从本体论上致力于作为整体信息领域的存在的信息建模。这样做的结果是，没有任何一个实在的方面是和信息伦理学无关的，整个的环境都要在考虑之内。

在"环境的"的研究路径中，信息伦理学从认识论观念转向典型的本体论观念。这类信息系统，不仅仅是一般生命系统，被提升到任何活动的行动者和接受者的角色，在其中，环境的过程、变化和相互作用都被平等地信息性的描述。

LIR 与显示性的信息观点是相一致的。非分离的本体论特性强烈的表明，参与存在的所有实体的共同成分中没有也不可能有基础价值上的任何不同，它们的进化和改变都涉及作用于相同的物理基质的同一逻辑原则。在 LIR 中，对信息实体的尊重是我们与"外在的"客体的一般辩证关系的一个逻辑结果，

---

① Floridi, L., 2008. "Information Ethics: Its Nature and Scope". In *Moral Philosophy and Information Technology*. Eds. J. van den Hoven and J. Weckert, Cambridge: Cambridge University Press, pp. 40-65.

② R. Capurro, 2008. "Information Technology as an Ethical Challenge". *ACM Ubiquity*, Vol.9, No.22.

③ J. E. Brenner, 2010. "The Logic of Ethical Information". In *Knowledge, Technology, Policy*, Vol.23, No.1-2, pp.109-133.

对于作为已经内在化了这些关系的行动者和接受者的我们自己，也要给予尊重。

我将伦理的信息（EI）界定为信息域的一个附属领域，在其中，被传输的信息的最重要的属性不是其命题是否为真，而是其意向性内容和对于接收者的相应的影响。因此，伦理信息被物理的、技术的文本或基质所大大地忽视（如赛博空间），而在其中，行为的发生如同人类行动者涉入其内。结果便是，伦理信息可以严格的应用于人类个体行动者和群体，而不是人工行动者。在信息哲学中所给予人工行动者的伦理价值是明显不同于人类的，而这差别值得强调以避免一些毫无根据的混杂。

LIR 对于这个争论的澄清，正如在上面所简短指出的，是放宽对于个体和群体应该是一种先验的完全分离的实体的要求，而允许每一个分享其他属性的组成部分，包括意向性。被共享的属性并非一直是 100% 现实的或现实化的；他们可以作为被或多或少的、含糊意识到的个体的潜在性而呈现出来。如弗洛里迪所清晰说明的，信息能够处于那些共享的属性之中。

因此，发生在心理学的（或超心理学的）文本中的信息交流，将极大地决定它们的伦理宗旨及其各自相应于发出者和接收者的效果。在弗洛里迪的信息伦理学中，如果由弗洛里迪所描述的信息，关联于先前的信息伦理学的"微观伦理"理论，那么伦理信息则包含更加简单的概念，但是它的主要的参考来源是涉及在抽象的更高层次上和处于这些更高层次之间的相互作用的复杂信息过程实体，例如，环境规划和支持那些规划的数据和理论。

我在过程术语中界定了伦理信息，将其作为一个在物理空间（相对于数据空间）中的实体，在生产者和接收者之间的道德评价的相互作用中具有积极的和消极的意向性"效价"。LIR 既不是论题中立的也不是文本孤立的，它能够支持一种包含有明显的矛盾视角的伦理学［如内在主义者和外在主义者（Finlay and Schroeder，2008）[1]］，并且赋予信息以积极的和消极的两重性价

---

[1] S.Finlay and M.Schroeder, 2008. "Reasons for Action：Internal vs.External". In *The Stanford Encyclopedia of Philosophy*. Ed.E.N.Zalta.URL = http://plato.stanford.edu/archives/fall2008/entries/reasons-internal-external/.

值。罗根（Logan，2010）① 也指出相对于信息的定量的方面，对其定性方面的关注较为缺乏，即需要并入一种功能性的意义观念。

结果即是，从一个非常不同的出发点，邬教授和我达到了一个关于信息的宏观伦理的关键思想。我们作为人类个体与其他人和其他现存的、生命的和非生命的实体共享属性，都由相同的基质根据同一原理和它们的信息内容，组织成相应的系统和过程实体。它们都相应地值得尊重和关注。

1997 年，邬焜详细阐述了"一般价值哲学论纲：基于自然本体的价值哲学"。他提议将一个自然价值系统既应用于物质也应用于信息，认为价值是于一切事物（物质、信息、包括信息的主观形式——精神现象）通过内在和外在相互作用的过程所实现的效应。正如弗洛里迪数年后所做的，邬教授将物质价值和信息价值与相互作用中的涌现联系起来。自然价值"高于"人类价值，这并不是在道德的意义上，而是在先验存在本体论的意义上。

因特罗纳（Introna，2005）② 作出了一个关于信息技术的伦理意义的、有用的现象学的分类。它们类似于邬教授关于操作的相互作用的分类，在其中，技术和社会共同构成或共同建构对方。

从 20 世纪 80 年代开始，邬焜从信息活动的视角研究了社会现象，提供了一种处理社会信息本质的信息理论和一种社会进化的信息度量。在 20 世纪 90 年代，邬教授在一系列相关的论文和著作中，将他的研究扩展到信息生产、信息经济和信息社会的领域。在邬教授的观念中，能动地把握、利用、开发、创造和实现信息是人类社会的本质，而把握、利用、开发、创造和实现信息的间接化程度是人类社会进化的尺度。不同形式的人类文明经由信息创制、处理和传播的不同方式而发展。不同于物质—能量，它们是守恒的，不能被"创造"，人类仅能够创造信息。因此，人类生产和生产力在本质上只能是信息生产和信息生产力，在市场活动中人们只能生产、创造和处理信息模式。与信息创制和传播的网络模式的发展相伴的是国家集权和世界霸权的消解。

---

① R.Logan, 2010. *What is Information*? Toronto：University of Toronto Press.

② L.Introna, 2005. "Phenomenological Approaches to Ethics and Information Technology". In *The Stanford Encyclopedia of Philosophy*. Ed. E. N. Zalta. http：//plato.stanford.edu/archives/winter2005/entries/phenomenological-approaches/.

在这一过程中，信息创制、处理和传播的网络化方式是建立一个新兴民主社会的"技术前提"。邬教授因此将实质上的重要性附加于一个社会结构的网络概念之上。就此与卡斯特尔的构想相比较来看是适当的。

卡斯特尔关于新兴信息社会和知识经济的新信息、新通讯技术的经济、政治应用的主要著作《信息时代：经济、社会和文化》，首次出版于 1993 年 (Castells, 2000)①，被证明极具先见之明。他将社会比作一个网络的复杂系统，这一系统是新信息和新通讯技术的一个结果。他的观点从 LIR 的视角来看，非常令人感兴趣，因为它们涉及一种网络社会及其动态学的"逻辑"。卡斯特尔的社会网络模型，作为"流的空间"能够从 LIR 的逻辑立场上进行分析。LIR 也能分析更加规范的社会学模式，例如雷蒂斯托夫的"三螺旋"结构模型 (Leydesdorff, 2006)②。LIR 的逻辑路径可以应用于对网络及其节点的属性的分析，也可应用于对被完全反对或排除的社会的断片的分析。

在邬教授看来，这些网络能够是"知识、信息、信息创造和传播模式、社会权力、人类关系、人类思维模式、人类价值、人类生活方式和行为模式，乃至于最后是人类自身和人类社会的解放者。"邬教授认为信息处理的中央、国家模式的消退和通向一个新的民主体系的盛行是与新趋势相符合的。这一新的民主体系将对属于少数人的权利、利益、价值给予更多的宽容和理解，以及关于这些内容的、个体和群体的不同观点将会被更为充分的尊重、实施和满足。他对网络信息处理、创造和传播模式的普及和发展，允许一种多元的人类价值，从而为一个更加公平的未来社会奠定信息基础充满希望。但是，在所有这些思考中，按照塔瓦尼的想法 (Tavani, 2007)③，他相信并没有什么事情"发生"而改变包含生命、自由和公平的人类核心价值，但是关于进化技术和以信息为基础的社会的任何规范理论仍然需要一个相应的道德和伦

---

① M.Castells, 2000. "The Information Age: Economy, Society and Culture. Volume I". *The Rise of the Network Society* (2nd Ed.). Malden, Oxford, Carlton: Blackwell Publishing.

② L. Leydesdorff, 2006. *The Knowledge-Based Economy: Modeled, Measured, Simulated*. Boca Raton, Florida: Universal Publishers.

③ H.T.Tavani, 2007. "Ethics and Technology". In *Ethical Issues in an Age of Information and Communication Technology*, Available at http://www.wiley.com/college/tavani. John Wiley & Sons.

理学的流行观念。弗拉森（Franssen et al., 2010）① 指出技术哲学中的伦理学的重要性，但是规范逻辑学并没有对这个新的主要领域做出说明。

马格纳尼（Magnani, 2007）② 也讨论说，在伦理理论应用中做出改变是必需的。他呼吁在伦理学中对实现"长期责任伦理学"的研究的复兴，这一研究由于接受、分析和试图为技术发展的结果做出准备而值得信任（这结果被他视为一个既成事实）。他做出了更加独特的论证，即因为当前的趋势是将高级价值归因于事物，人们应该像评价事物一样评价人，悖逆了将人作为目的而对待的康德哲学关于必然性的格言。马格纳尼建议技术的主要的影响是有效地创造一个人机混合体。然而，正如康德哲学的责任观所界定的，这种实体具有与人类所一直具有的相同的道德责任。但是，现在这种实体主要地相关于知识，而知识远远比康德时代容易取得。人们具有一种获得此种作为行动的基础的知识的权利和责任。

人类利益应该处于任何关于社会变化的提议的核心，这种社会变化由科学、经济和社会领域中的进化及其信息处理方式所界定。但是，任何关于此种变化的理论或模式都不能忽视社会中那些对抗的、反社会和反文明的力量的基本体现，这些力量为了上述所讨论的人类价值得以落实而事实上却使得所谓的"共同奋斗"成为一种斗争。

因此，邬教授所称谓的"新民主体制"将允许从新信息技术获得的利益最大化。如上所述，一个"理想的"信息社会要求非专制主义的网络（邬教授建议一种多元化的涌现），它涉及天然集权体制衰退的现代形式。在任何情况下，对于任何一种政治——经济模式的信息因素的适当的关注是必要的，并将是上述所描述信息思维和信息立场的结果。

---

① M.Franssen, G.-J.Lokhorst and I.van de Poel, 2010. "The Philosophy of Technology". In *The Stanford Encyclopedia of Philosophy*. Ed. E.N.Zalta. URL = http://plato.stanford.edu/archives/spr2010/entries/technology/

② L.Magnani, 2007. *Morality in A Technological World. Knowledge as Duty*. New York: Cambridge University Press.

四、邬焜的元哲学（2）：信息科学，知识的统一和一种新批评

在对信息科学的解释学的进一步详细阐述中，邬焜设想它的到来在本质上是一种科学范式的转换，这涉及传统科学的总体转换和改革。在这个新的范式中，一些事情发生了：

- 统一信息理论（UIT）的建立不仅是可能的，而且是必然的
- 知识的统一具有重大的结果
- 一种新的哲学批评能够被明确地表述出来

关于第一点，邬教授相信一种统一信息理论的建立将需要回答信息本质的问题。与邬教授的观点相悖，现代西方理论的一种趋势就是试图避免下定义。但邬教授认为，这一趋势只适合于对现有的科学概念和理论的解构，而不适合于新的科学概念和理论的建构。而一个统一信息理论应当包含一种新的理论建构的过程。

邬教授所提出的科学范式的改变的构想类似于曹天予为科学发展的本体论所提出的构想。两者都允许一种伴随着概念性变革的、特定的本体论连续性（Cao，1997）①。这一本体论的综合是一种关于科学中的发展和进步的辩证图景，它使得本质上的连续性与不连续的表象在科学史中达成和解，成为一个过程，这再一次与 LIR 中的逻辑的过程概念相一致。

从系统的观点看来，对于涉及一个理论的建立的所有的概念，这一理论应该能够使它们在一种方式中联合起来，这种方式能够使得一个坚固的、清晰的阐释成为可能。除非，这些概念和理论不能适当地被理解。

在邬教授的观念中，信息的性质是这样的，它被包含入世界存在的基础领域的建构中，显示出它们的本质和最一般、最普遍的特征。这种普遍性仅

---

① T.Y.Cao, 1997. *Conceptual Developments of 20th Century Field Theories*. Cambridge: Cambridge University Press.

能够在一般哲学的最高层次上被研究。正因为如此，一种统一信息理论能够被期待具有一般哲学理论的结构和性质。仅仅从信息哲学的优势观点出发，人们才能够意识到信息的本质，并要求建立一种统一信息理论。

考虑到学术分科的结果，在一个新近的完整的理论中，邬焜建议，在哲学研究中，本体论、认识论、方法论、语言论、实践论、价值论、生存论等应该统一起来，进而导向一种知识的最终统一。或许，甚至更重要的是，他写道：

> 哲学理论的创新并不简单在于其关注的问题领域或其涉及的学科范围的转换，而更在于其固有的基本领域中的相关论域、观点、理论内容的推陈出新。

事实上，在我看来，基于他的信息哲学和元哲学，邬教授是在提议一种对于哲学基础的新的重大的批评。由此看来，迄今为止的所有哲学理论，所有哲学学派都试图提出一种关于一般存在领域的范围的理论，以作为理解人与物（或者世界）之间的关系的基础。这种理解的模式主要关注于物质和"精神"之间的关系，或者主体和客体之间的关系。哲学的不同学派和理论之间的不同在于它们的这些关系或因素是如何被拒绝或清除的，或者哪一种应该被强调或者被推到支配地位上。最极端的理论将精神的某些要素或某种活动的方式推到一个至高无上、绝对的、唯一的、单极的和过于简单化的位置上（这一趋势也被卢普斯高描述为一种朝向同一性和确定性的驾驶，他认为这是人类存在的非同一性和非确定性中的基本的心理学基础）。在这种观点看来，尽管一种人本主义哲学理论在一些研究领域中的发展，是以一种指向新的研究关注点的转换为导向，但是在存在论和认识论的根基上，却没有实现过任何根本性的改变。这就是对存在范围的一个基本新的承诺：物质和精神、主体和客体的二元对立。基于这一分析，哲学迄今为止，在其基础性的研究路径中还从没有实现任何真实而有意义的根本性改变。

另一方面，邬焜将信息概念作为哲学的最基础的一个概念，导致我们对存在领域分割的一种新奇的模式，改变了关于哲学基本问题所能做出的具体表达的方式。这样的结果就是信息的新哲学使得一种关于哲学基础层面的"对话"成为可能,从而能够导向在关于人的哲学中的进一步的基础性的和富有魅力的普遍性改变(Wu,2009)①。

五、结论与展望

本论文涉及了许多重要的信息理论的领域,从而提供了一个向一种一般信息理论前进的基本的新视角。我在这里所提供的这些理论的纲要对于理解更为广泛的相关领域的问题提供了一个最起码的基础。现实中的逻辑(LIR)为相关于信息的哲学讨论提供了一个新的逻辑的或元逻辑的、跨学科的框架,而且,我可以得出结论,把 LIR 与信息哲学的基本理论(BTPI)相结合的使用,对描述信息及其在社会中的应用是不可缺少的。BTPI 和 LIR 都基于物理学,并且它们都反对那些反映规范二值逻辑学的原则的纯粹信息语言学、信息语义学或信息符号学理论中的固有的还原主义。

我的主要结论是,邬教授的 BTPI,他的追求科学统一的新信息观及其作为一种元哲学的形式化研究构成了对于信息的一般理论(这次大会的主题)的巨大贡献(迄今还未被中国以外的人们所认识)。我可以进一步得出结论,即本文中所描述的理论构成了一个新的跨学科范式的组成部分,其中,信息在社会及其通向知识和学术分科的传统分离的路径的改革中具有核心作用。事实上,邬教授的研究路径构成了一个新的、原创的以及在我看来,是对作为一个整体的现代哲学基础的必要的批评。我的 LIR 中关于逻辑的解释和与邬教授的信息元哲学的解释的共同应用能够成为一个对于解决信息领域的关键突出问题的有用的新贡献,并为信息社会的伦理发展提供了进一步的支持。

---

① 邬焜:《哲学基本问题的层次和哲学的根本转向》,第三届中国社会科学前沿论坛"中国学术话语体系的当代建构",2009 年 9 月(西安),报告论文。

附录二 作为信息时代精神的哲学①

——对邬焜信息哲学的评论

一、导言

信息科学的快速发展对科学、哲学、科学哲学的影响是一种极端复杂的循环过程。邬焜教授曾指出信息对科学的影响,通过至少两种过程或机制而发生在诸多的相关层面。需要指出的有:(1)信息科学中不同次级学科的层次秩序;(2)信息哲学中一种崭新的,主要运作于认知和社会科学之上和之中的信息结构和性质的双重图景。

对此,中国的邬焜②和西方的卢西亚诺·弗洛里迪③在信息哲学中较新领域的研究,相较于其在计算机技术及其在通讯理论中的起源,各自独立地提

---

① 本附录原为约瑟夫·布伦纳先生为2014年5月在中国西安召开的"第十届《哲学分析》论坛:信息时代的哲学精神学术研讨会"提交的会议论文。本附录的原文为英文稿,中文稿由西安交通大学人文社会科学学院副教授王健译出,并最初发表于《哲学分析》2014年第2期,第4—17页。英文原稿较长,本译稿做了部分删节。

② Wu, K., 2010. *The Basic Theory of the Philosophy of Information*. Paper, 4th International Conference on the Foundations of Information Science, August, Beijing.

③ Floridi, L., 2010. *The Philosophy of Information*. Oxford: Oxford University Press.

出了新的认识论的和本体论的信息概念。基于作为一种元哲学①的信息哲学的观点,邬焜提供了一种指向科学与哲学相互融合的桥梁。信息科学和哲学不仅不是分离的,而且是在一种哲学的科学化和科学的哲学化的向度上动态地相互作用的。信息哲学和科学中的变革,从哲学立场上,在可以被描述为一种根本的信息转向之中,反映为一种时代的信息精神。

二、信息时代的精神

我们首先将一种信息哲学(PI)和一种信息时代的哲学(PIA)规定为两种不同但又理所当然地紧密相关的视角;其次,可以更为强调信息的社会方面。另外,在一个较高的认识论层面,我们可以规定一种作为信息时代精神的哲学。

尽管科学和技术中的近期主要变革,主流哲学出版物的形式和方法论,以及最重要的、哲学的结论并未并行地得到进展,但是卢普斯科在1935年所指出的②,科学、逻辑和哲学保持一种关于现象性质的共通视角的必要性和困难,并未在此期间得到减少。

在什么意义上,我们可以实质上说任何"时代"都具有其"精神"或"Geist"(德语:精神)?必然存在某种因素使得我们知道我们所指的并不仅是通常所理解的科学。用定量的和定性的参量来描述这种精神是必要的。当今时代的精神(Zeitgeist)特别强烈地依赖于计算信息和通讯技术,它们在以上的分层中,属于信息科学的领域。然而,尽管信息科学和信息时代所带来的知识增长,人之生存的基础性恒量,个体的自我经验、世界及其最终之消逝的无法减灭的独特性(对此的理解依然是浅薄的)并没有改变。虚拟实在技术明显地改变了使用者的经验内容,甚至可能改变他们的世界观

---

① Brenner, J.E.2011. "Wu K.and the Metaphilosophy of Information". *Information Theories and Applications*, Vol.18, No.2, pp.103–128.

② Lupasco, Stéphane.1973.*Du devenir logique et de l'affectivité*; Vol.1: *Le dualisme antagoniste. Essai d'une nouvelle théorie de la connaissance*. Paris: J.Vrin.(Originally published in Paris: J.Vrin, 1935).

和行为（无论好坏）。但在我看来，技术不能够改变那些人回应他们的行为方式的能力。在生物学的术语中，改变是表观遗传的，不能通过基因组进行传递。

有人相信这种改变是可能的，但是它应被看作是信息时代精神的组成部分。因此便存在着许多关于这种精神的哲学，在关于那些新技术改变或不改变，或者在何种程度上改变人类的基础特性的观点上有所不同。我相信，所有这些哲学在涉及某些伦理后果时不会是不偏不倚的。

因此，关于这种精神的观念可以是合理地一般性的，而且我认为它没必要被整个的接受。假设新信息和通讯技术的普泛存在的出现，并没有在可能无穷无尽的知识和机器力量的普罗米修斯幻想之中迷失，这是可能的。正如邬焜的（元）信息哲学所描述一种信息态度或姿态①，是当代思想的典型特征。

接下来的任务便是试图确保我们对一个时代——即信息时代的"精神"是什么和有什么，拥有一个共通的理解，问题在于找到一种合适的框架和语言来描述精神。它自身是否是一种哲学或者一种哲学的组成部分，而等效于一种世界观（Weltanschauung）？

因此，在讨论到现实的人、个体和团体时，我们需要详细地探讨一种关于信息的心理学和一种关于信息的哲学。我认为当前信息时代的精神（Zeitgeist），是由描述这一精神的，可被指名为信息主义的信息态度或姿态和基本哲学原则所构成。

三、科学、哲学和信息

尽管通过信息和通讯技术（ICTs）对科学的影响，"信息"现在已是一个广为熟知的概念，但是它是一种复杂的过程，信息科学不应被看作是一种单一的学科。事实上，任何影响都将依赖于所涉及的科学。在考察哲学和科学的关系时，我阐述了科学的两个特征：（1）它根据"硬"和"软"，实验的

---

① Wu, K. and Brenner, J.E. 2013. "The Informational Stance: Philosophy and Logic. Part I: The Basic Theories". *Logic and Logical Philosophy*, No.22, pp.1-41.

和理论的界限所进行的粗暴的分割;(2)两种类型的不同科学的学科之间的相对独立。

我提议在所有的可能性中对一般科学做出如下最有用的定义:科学可被规定为一种可再生的、可证实的新知识的发现过程;一种发现模式;和一种内容,即所发现的东西的三元体。科学哲学中的一种说法认为将过程、模式和科学的内容连接起来的是它们的信息特征。信息科学——关于信息自身的科学——应被作为科学进行探讨,即使它还处于快速的发展中,并分化在众多的次级学科之中。邬焜对这些次级学科做出了详细的分层。

在关于"科学"的内容的大量文本中,可以说大多数规定其领域的尝试是不十分科学的。像自然科学、人文或社会科学的指名,精确的或者硬的和软的,允许一种基础的分层,但是并未表明这些活动的相同之处或者它们之间可能的关键性差异。应用于化学和人类学中的科学方法并未对哲学、科学如何进行添加多少知识。考虑到科学努力的目标或对象的极其多样性,我们需要更为逻辑地根据发生和运作在不同对象上的上层领域来规定科学的不同领域。因此我定义了两种科学领域,科学 I 和科学 II,各自指名为概念—创生的和实用—扩散的。

科学 I 的创生认知处理,无论直觉的或者推理的,本质上对于所有的科学都相同,包括数学,及如尼克勒素(Nicolescu)所指出的[①]艺术。从系统视角来看,它们主要适用于生命和非生命的、可进入和不可进入的开放系统。科学 II 的过程,适用于闭合的、预备的和主要的非生命系统,其引起的改变可以不涉及伦理关怀,例如一个化学反应堆,或者更为粗略地说,计算机科学系统。

尽管这些科学方法概念似乎是晦涩而难以进一步地分析,但还有其他的方法论观念,在当代科学实践较有意义,我们希望给予重点关注。显而易见,其中的一组便是计算方法。它们能够且正常规地应用于所有的科学之中。另

[①] Nicolescu, Basarab, 2002. *Nous, la particule et le monde*. Paris: Éditions Le Rocher. (Originally published in Paris: Éditions Le Mail, 1985).

外，它们也涉及了相联合的学科，如当今众所周知的计算的科学哲学①、计算哲学和其他次级学科。

第二种方法似乎严格地限制在人类领域，即将操作的或组织的原则应用于个人或社会认知处理以确定其动力学，"发挥作用的力量"。包含在信息概念中的不同信息处理对科学的影响都将决定于科学的所属类别是什么。

在科学和哲学中，信息是一种独特的实体或过程，或者独特的实体和过程体系。它应被看作为一个不能被定义为同一体，而只能作为一个动态交互的物质—能量两重性（本体论属性）和意义（认识论属性）的概念。认知过程及其相应的分析和理论，具象呈现出类似的两重性，最基本的例子便是自我和他者。

在某种程度上，信息与存在相互联合，或者是基本的存在，但是它尤其难以定义和描述，这是由于其复杂的两重性：它既具有物理的，又具有明显的非物理的组分，既具有现实动力学的，又具有算法的特质。信息（卢恩）既是有意义的又是意义的载体。信息可以被看作是结构良好的数据②、过程③，指涉在此或尚未在此的东西④，这里，特伦斯·迪肯将不在场的动态作用概念应用于信息。

考虑到一般科学，我注意到它和涉及研究自然规律的哲学，仅仅在属于这些规律的确定性的程度上有所不同。哲学中的强大严格性很难获得，但是科学和哲学中共通的信息属性可以成为讨论它们及其相互关系的共通基础。

信息研究的问题依然在于如何去协调信息的物理、科学属性与其作为意义的载体的认识论、哲学特征。然而，需要明白的是，由此便既需要一门物理学（科学），也需要与其一贯的信息哲学，而且信息的哲学和科学应该相互支撑。

---

① Thagard, P., 1988. *Computational Philosophy of Science*, Cambridge：The MIT Press, MA, USA.

② Floridi, L., 2010. *The Philosophy of Information*.Oxford：Oxford University Press.

③ Brenner, J.E., 2011. *Information in Reality*；Logic and Metaphysics. *Triple-C*, Vol. 9, No.2, pp.332-341.

④ Deacon, T.W., 2012. *Incomplete Nature.How Mind Evolved from Matter*. New York：W.W.Norton & Co.

当前的信息理论和哲学研究,除了它源自于通讯理论的定量测量之外,还涉及定性的、有意义的和价值载负的特性。一种统一信息理论,现在更为可能了,而且多条进路也已被提出来,许多都强调信息在新兴"信息社会"中的伦理角色①。我概括了基于现实逻辑视角的艺术的地位②,强调开放的信息定义的作用,从而包含作为过程的信息图景中的对立和不一致的方面。"凭其自身力量"而作为一种动态过程的信息概念,和固着于过程结构而作为一种现象的信息概念不能够完全地分离开来。

正如邬焜曾指出的,为了正确地探究被看作是标准科学之组成部分的概念——信息——我们还应该重新检查人类知识的整个哲学结构。

因此,现在有必要在继续展现邬焜的信息元哲学及其应用之前,去概述一下现实逻辑的纲要。

四、现实逻辑(LIR)

现实逻辑是一种全新的非命题逻辑③,建基于基础的自我-两重性和能量或者其有效的量子场等价物的性质的两重性之上。这些算法的两重性可被形式化为一个关于具象呈现于复杂高阶现象中的对立或矛盾的结构的、逻辑的和形而上学的原则。因此,现实逻辑能够处理对标准二阶逻辑造成困难的信息问题。

现实逻辑的基础假定,是针对所有的在自身的现实化和潜能化量度之间轮流交替的能量现象(所有的现象),以及它们的对立或"矛盾",但其中哪一个都不会达到 0 或 100% 的绝对限度。

现实逻辑系统具有一个形式的部分——公理、语义学和算法;一个解释的部分——形而上学和分类的本体论;和一个两层的框架以分析解释的相关

---

① Hofkirchner, W., 2013. *Emergent Information: A Unified Theory of Information Framework*, Singapore: World Scientific.

② Brenner, J.E., 2011. *Information in Reality: Logic and Metaphysics.Triple-C*, Vol.9, No.2, pp.332-341.

③ Brenner, J.E., 2008. *Logic in Reality*. Dordrecht: Springer.

层次。现实逻辑既不是物理学也不是宇宙学,而是一种能够做出推论的稳定模式,即便是涉及类似概率的元变量。在现实逻辑中,过程是由递归决定的实体之现实化和潜能化及其对立面,以及由宇宙的全部能量梯度所引起的能量状态的系列之系列等所构成。因果关系、决定论和非决定论、时间和空间、部分和整体等,都可在这个理论中获得非标准的解释。

现实逻辑描绘了现实的生物学的、认知的和社会层面上的复杂实体、过程和事件的非分离和不一致的方面的动态结构。现实的实体可以被描述为潜在形式中编码的有效能量,作为相互作用的潜能。在较低层级上的粒子的现实和潜在状态——原子、分子、大分子、细胞等,都是功能性的。实体在任一层级上的剩余潜在性是向上因果和在较高一级上涌现的必要的信息载体。在基本物理学中,这为演化和形态发生中的自催化和自组织概念奠定了基础。

在现实逻辑中,现实的结构并不依赖于任何关于人类经验的先验概念,比如海德格尔或佩蒂托的新康德主义现象学①。物理过程的动力学应该进行非还原的描述。这一逻辑并不是亨普尔的那种逻辑实证主义,而更是哲学中的一种新的本体论转向的组成部分。

考虑到所有复杂实在现象的对反性进路,相比之下,现实逻辑可以看作一种支持关于信息的部分不相容概念和理论的逻辑方法论。事实上,信息是一种在不相容术语中得以描述,或作为一种对反过程的综合现象的完美事例,比如能量和意义。因为现实逻辑将局部价值赋予这些矛盾,所以现实逻辑能够为比如在最低的数据层次上的语义信息概念和更宽广的应用之间提供桥接概念或"黏合剂"。现实逻辑将这个概念,和霍夫科尔希纳尔关于信息的"超概念"②,置于自然化物理的、形而上学的和逻辑的文本中。信息既是对世界也是对部分已建模的世界而进行建模的工具,现实逻辑还描述了它们之间的辩证关系。相较于定量信息,现实逻辑为定性信息或作为过程的信息的概念提供了一个新的解释,也为邬焜的信息元哲学提供了一个逻辑框架。

---

① Brenner, J.E., 2008. *Logic in Reality*. Dordrecht: Springer.

② Hofkirchner, W., 2009. "How to Achieve A Unified Theory of Information". *Triple-C*, No.7, pp.357-358.

五、邬焜的信息哲学：背景

经典知识整体的分裂，即一边包括科学、哲学和逻辑，另一边包括多种多样的现代科学，众所周知也备受反对。然而，信息科学和信息哲学所导致的变革，不仅对打破学科之间的障碍，也对打破科学和哲学之间的障碍有所贡献。在邬焜的概念体系中，信息对于科学和哲学如同德谟克利特的原子理论那样具有同样的核心作用。在邬焜描述为哲学的科学化和科学的哲学化的科学和哲学的信息变革的影响下，今天我们参与到了一个可循环的发展过程中。然而，在此精神中，科学和哲学都没有丢失其特殊的内容和方法论。

对信息过程进行研究的不同组织的激增，已经搞混乱了信息对科学和哲学的影响的分析处理。为了直接切入这种论辩而聚焦于其实质，我论说了邬焜关于一种等级安排的提议①，它区分了用于分析和讨论信息的多维概念结构及其相互关系。在这一讨论中，提出这些术语的规定，以在需要进行分类的重叠放置的等级层次之间做出区分是必不可少的，其中最重要的有哲学、逻辑、科学和精神，以及时代。下述表单以包容性的上升序列，标示出了这些结构。

(1) 信息科学（IS）
(2) 信息的（元）-哲学（PI）
(3) 统一信息理论（UTI）
(4) 一般信息理论（GTI）

关于其中前两条的讨论将引导我们参与到其对科学和哲学的影响中。邬焜曾辩护了被称作新兴信息知识范式的结构群。就此而言，我只看到了由马里胡安、霍夫科尔希纳和他们的同事共同组构而成的信息科学基金会，但是一个不太严格的体系化的信息哲学基金会，现在看来似乎更为合适。

---

① Wu, K., 2010. *The Basic Theory of the Philosophy of Information*. Paper, 4th International Conference on the Foundations of Information Science, August, Beijing.

我通过现实逻辑（LIR）为邬焜对存在结构的重新阐释，增添了一个逻辑-物理的可能视域，使得认知和社会现象的性质和演化可以为信息术语所处理。正如他在 2010 年第 4 届北京国际信息科学大会上所提交的"信息哲学的基本理论"（BTPI）① 中所阐述的，邬焜的理论与科学哲学以及新兴信息社会，与发生在其中的信息转向的精神的哲学相关联。在哲学中，关于认识论、本体论和现象学的角色，它们与科学的关系和信息科学作为一门学科的性质都需要进一步地明晰。邬焜通过提供一种以信息术语对存在的复杂性的理解，首先讨论了他的信息哲学，其次也提供了一种人道伦理学的科学基础，其中人类的进化（而不是如勒芒②所想象的机器的进化）位于严格思考所关注的核心。正如我们所见，现实逻辑提供了一个增补的逻辑框架以支持邬焜的体系。

如果同意信息哲学是哲学的"皇后"，那么它可以元哲学、以信息术语告知我们这个 Zeitgeist，即上文所提及的当前信息时代的精神。然而，这一系统阐述的必然结果便是，这一精神不仅是一种哲学的或元哲学的概念，而且是更为复杂和更难触及的东西。

为了探究信息的本质，有必要先检视一下存在自身领域的范围——存在领域。在这一进路中，整个宇宙中（世界、自然）的所有"存在"被邬焜放置在客观实在、客观不实在和主观不实在作为其三个主要的区域的分类之中。因此，客观存在的范围比客观实在（物质）的范围更宽泛。物质和精神的分类并不包含整个"世界"。在物质和精神之间存在着一个"客观不实在"的领域，这是传统科学和哲学并未给予充分注意的，即使它被赋予了一种物理主义的解释。

因此，邬焜从一种哲学视角定义：信息是标志间接存在的哲学范畴，它是物质（直接存在）存在方式和状态的自身显示。在此文中③，基于过去 30 多年所发表的部分中文文章，信息被认为包括了三个基本的形式：自在、自

---

① Wu, K., 2010. *The Basic Theory of the Philosophy of Information*. Paper, 4th International Conference on the Foundations of Information Science, August, Beijing.

② Brenner, J.E., 2014. "Stanislaw Lem's Summa Technologiae: Cybernetics and Machine Knowing?" In *Cybernetics & Human Knowing* (in press).

③ Wu, K., 2012. "The Essence, Classification and Quality of the Different Grades of Information". *Information*, No.3, pp.403-419.

为和再生的信息,后者在前两者的基础上建构生成。这三种基本形式的信息的统一确立了其进一步发展的第四种形式的信息——社会信息的本质。

在邬焜的体系中,相应于其形式,信息进一步地被描述为三个不同层级的性质:第一性级信息的质是直接显示客观实在的一级客观间接存在;第二性级信息的质显示了客观实在的多级客观间接存在;第三性级信息的质是被编码为信息的人类理解的主观关系。

信息在世界的本体论结构中的奠基,在对知识的研究中起到了重要的作用,即它构成了对科学学科和现代哲学基础之间的经典分离的一种新的和必要的批评。这导致了一种以信息术语所表述的新的世界观,一种新的世界存在图景。尤其是,我们将看到,我们的研究为先前较多地在认识论上所进行的信息理论的范畴探讨,提供了一个本体论的维度。

作为其信息哲学的核心部分,弗洛里迪引介了抽象层次概念①作为一种方法,从而为那些可以为经验数据所建构的信息和系统、模型和结构理论增加更多的严格性。然而,弗洛里迪将他的讨论局限在将抽象层次作为认识论方面的,而躲避了抽象方法是否可以输出到,尤其是本体论的文本中的问题。他反而辩护了一种与其他形式的层次主义的批评相兼容的认识论层次主义的版本。

尽管如此,弗洛里迪的立场在于认为实在的终极本质是信息的,并且采取了一种与我们的理论,即一种将实在作为独立于心智的,由既非基质的也非物质的而是信息的结构化客体构成的观点相一致的立场,这是有意义的。现实逻辑为它们的论述提供了一个原理基础和它们可以遵循的逻辑规则。正如我在别处曾指出的,它能够描绘现实信息过程的演化、信息的核心层面,即霍夫科尔希纳等人所进行的研究转向,即其与构成它的能量的关系。在邬焜和我看来,这种双重或二元的存在论正是信息过程的真正的"驱动程序"。

---

① Brenner, J. E., 2012. "Levels of abstraction. Levels of reality". *Philos*, *Eng*, *Technol*, No.8, pp.201–222.

六、信息的元哲学

事实上，邬焜的信息哲学包括信息本体论，关于知识、演化、价值的信息理论，一种"信息思维"，和包含一个严格的概念框架体系的社会信息理论，并对信息的自然属性及其生物学意义、方法论方面和社会价值进行了诠释。正如信息哲学基本理论中所概括的，邬焜认为信息哲学是最高形式的哲学，一种包含多种哲学作为其分支的元哲学。信息哲学将信息看作一个宽泛的概念，它指涉一种存在的普遍形式，一种认识模式和一种价值尺度，而且我们可以探究它的演化原则。从相应的元哲学视角，一种新的信息本体论、信息认识论、信息生产论、信息社会论、信息价值论、信息方法论、信息演化论等都可以进行建构。邬焜相信信息哲学的建立使得一种新的自然观、认识观、社会观和价值观成为可能，而且积极地促进了人类信息社会的发展，和一种更为文明、民主的社会政治、经济和文化信息秩序。

一个重要的方法论结论在于，邬焜的研究对于恢复辩证法作为一种适当的哲学策略和包括社会和政治科学在内的科学策略做出了贡献。邬焜的信息哲学的基本观点在于，客观实在＝客观存在的观点过于贫乏而不能描述信息世界。需要一种合适的新本体论和世界观以描述这一存在的现象学特征。邬焜的信息研究开始于从现象主义的立场，将存在看作为由客观的和主观的存在所构成。然后他将存在的关键术语，客观的和主观的，实在和不实在，与直接的和间接的放置于一个框架或分割模式中，其中每一对术语的结合都规定了一条导致物质—能量和信息各自分立的进路。

邬焜理论的一些当代先驱者即所谓的过程哲学家[1]，他们的工作同样是元哲学的，涉及哲学边界的重新规定。一个简略的参考包括查尔斯·皮尔士、怀特海和查尔斯·哈茨霍恩，他们影响了尼古拉斯·雷舍尔。然而，这些思想家所叙述的宇宙观被排除在了科学之外，因为对于那些宣称他们的权威性或合法性来自于科学和经典逻辑的当代还原论者而言，它们实际上是不可

---

[1] Browning, D. & Myers, W. T. (eds), 1998. *Philosophers of Process*. New York: Fordham University Press.

用的。

现实逻辑的原则事实上为邬焜对存在领域的分割提供了支撑①。现实逻辑使得对客观的和主观的、实在和不实在、内在和外在、直接和间接等之间的相互关系的讨论更有"逻辑",而且它不排除一种先验的真实矛盾的存在。邬焜关于信息涉及相互作用过程的观点并非绝对的创新。我所要强调的是其中内在的和外在的因素所得以理解的方式。这就包括作为信息的建构和转换的现实的和潜在的(虚拟的)相互作用之间的多层次性质和特征,其中的相互作用逻辑地和辩证地演化发展。我的主要结论在于,邬焜的研究构成了从整体上对现代哲学基础的崭新的和原创的必要批评。2013 年 10 月,在西安②,邬焜重复了他的观念,即信息本体论原则的创立将为哲学所有领域,包括认识论的变革提供一个基础。这便是对一种值得进一步探究的新的"开放性问题"的陈述。

信息元哲学需要关注作为一种复杂处理方法论的信息方面,即邬焜称之为信息思维的处理③。由邬焜所构想的信息思维(IT)指的是一种通过考察信息在其演化中,从它的历史源起到未来可能性和或然性的结构和动态,以把握和描述其本质特征和属性的方式。这一策略涉及对任一复杂过程的细节进行类似胡塞尔式的悬置,以考察其中信息在其动态学上的功能,以及它的逻辑因素之间的辩证关系。然而,它并不接受胡塞尔现象学通过悬置人类在世界之中存在的过程而获得的基本观点。而是认为不应该也不必将此进路与受海德格尔影响的卡普罗的研究完全地分离开来。邬焜的信息思维的另一个范例便是佩德罗·马里胡安对于信息科学自身中的信息思维的崭新方式的基础性工作。

现实逻辑是作为信息时代精神的哲学的逻辑。在最为一般的意义上,邬

---

① Wu, K., 2012. "The Essence, Classification and Quality of the Different Grades of Information". *Information*, No.3, pp.403-419.

② 邬焜:《哲学的发展与哲学的根本转向》,首届国际信息哲学研讨会论文集(西安,2013 年版,第 18—21 页);邬焜:《存在领域的分割和信息哲学的"全新哲学革命"意义》,载《人文杂志》2013 年 5 月版,第 1—6 页。

③ Wu, K.and Brenner, J.E., 2014. "The Informational Stance: Philosophy and Logic. Part II From Physics to Society". *Logic and Logical Philosophy*, No.23, pp.81-108.

焜的哲学和关于现实的逻辑，是关于通常被忽视而未能给予一种适当的本体论地位的领域的重要性的原则。我所想到的有不确定性、模糊性、不连续性、多元性和矛盾。这样，所有被宣称为存在、整体、明晰、完全一致等现象的局限便能被更为真实地看待：绝对同一、肯定或否定的理想化的抽象价值。当然，那些忽视同一性并将世界看作多元性的一种非组织化集合的理论都是同样错误的。

七、信息对哲学和科学的影响

在我看来，正是对信息的独特属性和特征的认知推动了科学和哲学的融合。当前的思考有三个领域阐明了这一点：（1）跨学科；（2）实在论和反实在论之争；（3）现象学问题。

正如 2013 年在西安召开的首届国际信息哲学研讨会所提交的英文论文中所指出的那样[1]，邬焜的贡献在于，信息科学和哲学的发展揭示了在基础的物质世界中，而且也在人的认知世界中，信息既是一个本体论概念又是一个认识论概念，其中认知世界被看作为先前的信息活动的产物。这一情景之所以可能，是通过信息过程产生物质对象的相应结构的存在论意义而实现的。物质—能量和"心智"之间通过信息中介的可能运动，排除了它们的绝对分离的基础和必要性。这就允许一种新的和根本的哲学转向，它意味着一种对本体论范畴的重建，这也是现实逻辑所提议的。

邬焜基于其关于信息在世界中被发现的理论，如上所述，从哲学的视角重新规定了（1）存在的结构（存在领域），和（2）关于主体和客体之间关系的一种新解释。我所规定的逻辑揭示了自然变化的结构和主客体之间相互作用的动态机制，支持了所有种类的二元对立的必要解构，尤其包括科学和哲学之间的解构。

我认为跨学科的涌现作为一个原则，它集中关注不同学科间的共同处，

---

[1] 邬焜：《哲学的发展与哲学的根本转向》，首届国际信息哲学研讨会论文集（西安，2013 年版，第 18—21 页）；邬焜：《试论科学与哲学的关系》，载《科学技术与辩证法》2004 年第 1 期，第 1—3 页。

而不是相异处。根据与斯特凡纳·卢普斯科在1984年共同创建巴黎国际跨学科研究中心的现任主席巴萨拉布·尼克勒素的定义，跨学科处于所有学科之中、之间和之上，而且它的最终目的是知识的统一体。在这一原理下，学科之间的障碍是可穿破的，同时也不丢失它们的个体内容和方法论。事实上，这一跨学科观念的"支柱"之一便是包含第三者的逻辑，和/或为讨论一种理论和其对立面或矛盾之间相互关系，以使二者价值都可得以保存而提供一个严格的框架的现实逻辑。由此出发，邬焜所考察的科学和哲学的融合便是完美合乎逻辑的。

结构经验主义允许去否认对于科学和伦理学基础极为重要的物质—能量-信息的存在属性。邬焜的信息概念和信息处理可以用来反对这种形式的经验主义。根据邬焜的信息哲学基本理论，科学实在论的标准观点承认一个外在于人类的物质世界（物质和能量）的存在，但又认识到经验现象的客观实在是经由我们的直觉反映所获得的。然而，在从实在客体到直觉现象的道路上，存在着包括信息的选择、转换、建构和虚拟的多维中介状态。相应地，实在和现象之间的关系并不是机械式的反映，而是对多样差异关系的描绘。这一描绘具有两个特征：（1）它不是同构的（仅有部分差异关系被描绘）；（2）它不具有实在自身的标准形式。它只是以一种决定于主体自身性质的方式在这一形式中显示出来。因而，从实在到现象，需要经过一系列由实在自身所决定的道路，而且信息转换的和重构的过程的中介是由主体的认知能力所构成的。

从现象到理论建构的过程也必须经过人类主体认知能力、样式和结构的相同中介。相应地，它是一种信息建构活动，而不是一种机械结构，即一些将人类认知能力和方式作为中介的外在系统或过程的一对一描述。然而，不可否认，理论和实在之间的相关联仅仅因为理论乃是从对现象的处理中而获得的。这里，尽管邬焜承认这种关联，但它不是直接的，因为理论和实在之间存在着信息转换的多维中介（包括现象的中介）。就此而言，他的观点与流行的科学实在论和反实在论都有所不同。

与上述观点相通，邬焜对真理的理解是，人们以其自身的方式获得关于客体的真理；真理自身是一种信息的主观形式，而不是一种物质实在的形式。因此，它只能是相对的，相对于一些（不是全部的）实在的差异关系以及人的主体认知能力。从实在到现象和从现象到理论，任一类别的中介环节的差异都会导致所获得的真理的改变。换言之，基于感知实在的现有能力和不同方式，人类思想的现象，由人们所叙述的真理都将有所不同。这是真理的相对性和多元性，建基于与真理和实在相符合的多元特征，以及多种多样的不确定性和非决定论。因为实践与相应的理论之间的符合是成功的，我们便可以认为获得了相应的真理，而这种真理和外在实在的客体不仅仅相互关联，而且相互符合。然而，邬焜并不否认真理的可能性，以及真理和实在之间的相关性和符合性。他只是将那些观点有条件地看作是相对的而非绝对的。

在邬焜的理论中，一个明显地与现实逻辑相互支持的概念，大概就是真理①。现实逻辑中的真理是实在的真理，它不是绝对的。相应地，它是非科学的，而且认为科学产生绝对的真理，这是形而上学的错误。将逻辑限制在命题逻辑中，将会使得信息过程被描述为"不合逻辑的"，因此具有较低的本体论价值。相对的，现实逻辑，如同邬焜的进路，以一种更少偶然性的方式，描述了用于获得不可观察现象的知识的现实的经验方法论，和涉及方法论所依赖的其他不可观察现象的先前知识的理论之间的关系。

邬焜和符号学者索伦·布赫尔都认为胡塞尔的先验观念论与世界或自然科学毫无关联。尤其是，邬焜从一种信息立场对胡塞尔进行了一种独特的分析②，这将在别处论述。本文中，我将简单重申他的关键结论，即人类个体和社会存在和经验的复杂性不能够通过参考一种排除了信息、信息过程及其必要的生理、心理结构的运作的具体功能的"生活世界"和"主观间性"而得到描述。

在诸如塞尔和迪肯等哲学家和神经科学家以及邬焜的著述中，基本的自然科学世界观都高扬意识是自然的组成部分。信息立场或"姿态"的优势在于信息在物理学、生物学、神经科学和心智之间是一个统一的概念。在此意

---

① 邬焜：《论人的认识方式》，载《求是学刊》1989年第3期，第15—19页。
② 邬焜：《认识发生的多维综合"涌现"的复杂性特征——对胡塞尔现象学还原理论的单维度、简单性特征的批判》，载《河北学刊》2014年第4期，第25—30页。

义上，信息哲学是一个对于人类理解机制的，相较于现象学更为科学和合理的解释。

邬焜对于现象学方法的基本观点是①，由于经典现象学对自然客体和人类身体的悬置，它对人类认识机制的描述便是单向的和不完整的。信息哲学从把握自然客体的信息机制、物化工具的作用、人类生理结构和认知结构的参与，以及种系和个体历史发生学的建构等五个维度的基础性、中介性作用的层面，为阐明人的认识发生的过程和机制提供了一个统一的框架。简言之，信息哲学原理的应用首先使得认知过程中的行动者从他们的现象学悬置中返回。认知的新的整合模型包括经典的现象学解释，所以信息哲学的解释超越了现象学的解释。

我认为现象学并不具有一个自然本体论基础。信息哲学不为现象学所决定，而是相反。在信息时代的精神的术语中，一种"信息现象学"将既不可能也不必要。

在2004年初，邬焜已经指出，由于其在知识结构中的基础性作用，哲学有必要（较好的哲学家）将人类信息活动整合到其理论视角之中。如今，通过邬焜的新视角，我们所观察的是一个对哲学和科学中的概念和假定（参照马里胡安②）更为积极的重组：一些是哲学中缺失的，其他的受到科学的严格限定。邬焜的贡献在于哲学，严格地说，可以赋予科学以特征。在我看来，问题越复杂，这一影响就越显而易见。因此，邬焜以关于它们共同的信息基质的理论为中介，通过一种新的科学联合对发展这一领域做出了突出的贡献。这使得对不同类型的科学的共存和古代科学和哲学的历史共同起源的认知成为可能。

---

① 邬焜：《认识发生的多维综合"涌现"的复杂性特征——对胡塞尔现象学还原理论的单维度、简单性特征的批判》，载《河北学刊》2014年第4期，第25—30页。

② R.Del Moral, R., González, M., Navarro, J.& Marijuán, P.C., 2011. "From Genomics to Scientomics: Expanding the Bioinformation Paradigm". *Information*, No.2, pp.651-671.

八、结论：融合

我对邬焜在信息的理论和哲学，及其在提高我们理解科学和哲学中的信息作用，即导致了它们的融合——科学的哲学化和哲学的科学化上所做的基础性贡献，进行了一种综合。很显然，这种融合不为所有的研究者所接受。他们更喜欢保持一种哲学和科学学科的绝对分离，因为担心冲淡各自的价值。邬焜所谓的信息思维和信息态度强调了一些科学和哲学之间的相似点而非不同点，尤其是，其中关于定性价值载负的信息方面不能被科学忽视。

鉴于我们当前的科学和信息世界变得如此复杂，返回到某些科学和哲学能够统一的"黄金时代"的观念是一种幻想，如果不是错觉的话。然而，通过寻找表达思想的形式和动力学中的相似点的新方式，是可以取得进步的。我曾建议，对现实逻辑的概念和信息中介的重要作用的归因就是这样的方式。结果并不是一种对实在的简单化。简单化来自于模型建构，正如所指出的，可能会清除实在的、为了数学上的处理而有必要保存的特征。这种模型的形式支持了对社会问题的过分简单化的解决，可能会具有反社会的结果。

邬焜的理论对于知识及其发展的新进路可以说是变革性的，由此，则有必要改变之后的哲学学科教育的主导方式。因此，在现实逻辑中，我们应该要求变革性的和反变革性的力量的存在，并对文献或其他地方中反对这些变化的力量进行考察。有幸地或不幸地，这并不难去区别。许多致力于信息领域的人继续坚持认为，香农理论是充分的和必要的，从而忽视了信息理论的存在需要更为宽幅的话语的修改。

为了分析社会中的信息作用，邬焜将人的特定心理和行为的能力与意识、语言和集体组织区分开来，后者通过规划基于人类目的的"生产行为"以对自然进行改造①。从信息活动的观点来看，意识使得人们能够把握和创造信息活动，而且语言正是意识的载体。在他关于信息哲学的所有著述中，邬焜一以贯之地尤其强调信息的社会价值和功能，认为从它的相关价值和功能中，

---

① 邬焜：《科学的信息科学化》，载《青海社会科学》1997年第2期，第53—59页（全国信息科学技术和哲学研讨会，北京，1995年7月）。

可以获得人类个体和社会存在的整体的理论基础，以及伦理行为的基础。现实逻辑将这一"整体"形式化为一种强调交互、多维相互作用的逻辑辩证的综合命题。对于信息和人类价值之间的关系的详细讨论见邬焜的《信息系统的一般模型》一文。①

因此，邬焜为一种对作为信息过程的伦理行为的基础所进行的再评价，提供了一种新的、严格的理论框架。现实逻辑的规范性特征在于为进一步的伦理学讨论和一种信息社会的演化伦理理论的发展提供了基础。现实逻辑和信息哲学基本理论都受益于一种辩证进路的方法论，而没有对任何关于一种社会模型或社会结构概念的意识形态的结果做出不必要的妥协。人类利益应该处于任何社会变革计划的核心，尤其在当今由科学、经济和社会领域中的信息处理模式的演化所规定的时代中。然而，任何这种变革的理论或模型都不能忽视社会中的对抗、反社会和反文明力量的基本体现，它们使得为了实现人类价值的"共同奋斗"，成为一种真正的斗争。

在邬焜信息哲学的复杂性研究中，同时关注现象的本体论和认识论方面的必要性，要求一种宽容心和开放性，这也同样适用于对信息时代的哲学精神的描述。另一个重要的方面便是对人为二分法的清除，我强调的是在哲学和信息时代的精神之间的二分。就此我认为，哲学就是精神，精神也是哲学，它们应被看作是由差异和相同两方面共同构成的。邬焜相信，信息影响所导致的哲学变革，对于那些最终目的在于发展人类境况的任何计划而言，都是其中一个必要的智力部分。因此，我认为当前这一系列聚焦于邬焜教授的著作的论文（此次会议论文）的刊发，是关于信息哲学和科学在一个更具建构性的新的对话方向上的一大进步。

---

① 邬焜：《信息系统的一般模型》，载《系统辩证法学报》1998 年第 2 期，第 52—57 页。

后 记

2005年，邬焜教授的长达70万字的《信息哲学——理论、体系、方法》一书由商务印书馆出版。该书的出版标志着20世纪80年代初创立的中国信息哲学已经趋于成熟。2010年以来，随着国际学术交流的加强，中国信息哲学的国际影响日趋广泛。这就给我们提出了一个新的研究任务：如何立足于当代世界哲学的发展背景，对中国信息哲学的基本理论及其时代意义进行具体的阐释。

2013年我们申报的国家社会科学基金重点项目"信息哲学的基础理论研究"获准立项（项目批准号：13AZD096），经过4年多的再造性综合研究，我们完成的这部著作，就是我们在这一研究方向上取得的初步成果。

本书并不是短期内急促完成的成果。其内容是以1980年以来，长达40年的中国信息哲学的浩繁研究成果为基础，通过再造式的梳理、分析综合的研究和评价而获得的。

《信息哲学——理论、体系、方法》一书出版后，在学术界引起了比较广泛的影响。但有的学者提出，70万字的篇幅太长，有必要将其中主要的基本观点和理论浓缩，再出版一本简明读本，以利读者阅读。本书的"第二编 基础理论"用六章的篇幅（3—8章）完成了这样的一个目标，其基本内容不仅涵盖了《信息哲学——理论、体系、方法》一书中的基本观点和理论，而且还包括之后十多年来在这一领域所进行的深化研究所取得的一些新的观点和理论。

从邬焜1980年完成他的第一篇关于信息哲学的论文《思维是物质信息活动的高级形式》开始，中国信息哲学的发展虽然已经走过了40年的历程，但是，对于这一发展过程及其国内外影响，以及中国信息哲学到底在哪些领域对哲学实现了革命性的变革，一般读者却并非有一个清晰的了解。本书的《第一编　创立、发展与革命》用两章的篇幅（1—2章）对这一方面的情况作了概述。

本书的"第三编　意义阐释"和"第四编　两篇附录"进一步深入探讨了信息哲学的性质、任务、意义和价值，而且还与西方学者进行了对话性和批评性的讨论。这一部分内容，不仅充分展示了中国信息哲学的国际视野和国际地位，而且还彰显了比较已有的西方学者的相关研究，中国信息哲学所取得的相关成果更具有的深刻性、全面性和系统性。

自2010年以来，西方学者对中国信息哲学开始有所了解，已有众多西方学者怀着极大的兴趣开始对中国信息哲学进行介绍、评价和研究。法国学者约瑟夫·布伦纳（Joseph E. Brenner）先生就是其中的一个具有代表性的人物。他不仅自己发表了多篇专门的文章介绍和评价中国信息哲学，而且还和邬焜合作研究，发表了一系列研究成果。本书主要以邬焜和布伦纳合作的形式完成，更彰显了中国信息哲学的国际影响和在世界信息哲学研究中的地位和价值。正如欧洲系统科学和控制论研究院院士，维也纳贝塔朗菲系统科学研究中心主席，维也纳技术大学终身教授霍夫科尔希纳（Wolfgang Hofkirchner）先生所强调指出的那样："邬焜教授所创立的信息哲学，作为当代哲学发展中的前沿理论，它不仅是中国的，而且也是世界性的。"[①]

本书主要由邬焜和布伦纳合作完成。另外，西安交通大学人文社会科学学院的邬天启和王健副教授也参与了部分章节的写作和翻译。

参与本书写作人员的具体贡献如下：

邬焜负责整体规划统稿，具体执笔"写在前面：哲学是最自由的学问"；"导读：信息哲学——哲学的革命"；"第二章　信息哲学的性质及其在哲学变革中的作用"；"第二编　基础理论"（其中"第四章　认识和实践：信息的

[①] 《沃尔夫冈院士来校作"信息哲学"学术讲座》，西安交通大学新闻网，2016-4-11（网址：http://news.xjtu.edu.cn/ssjgy.jsp? wbtreeid = 1033）

主体把握、创造和实现"的"七、人的认识方式和真理的相对性"和"八、人类追求智能的终极情怀"两节是和邬天启合作完成的);"第十二章 试论认识发生的多维综合'涌现'的复杂性特征";"后记";与约瑟夫·布伦纳合作执笔"第九章 信息思维和系统思维的比较研究""第十章 信息立场:哲学和逻辑";与王健合作执笔"第十一章 善:张弛于有序与无序之间"。

布伦纳具体执笔"附录一:邬焜和信息元哲学"和"附录二:作为信息时代精神的哲学";与邬焜合作执笔"第九章 信息思维和系统思维的比较研究"和"第十章 信息立场:哲学和逻辑"。

邬天启具体执笔"第一章 中国信息哲学的诞生和发展";负责"第十章 信息立场:哲学和逻辑"的中英文互译,并与邬焜合作执笔"第四章 认识和实践:信息的主体把握、创造和实现"的"七、人的认识方式和真理的相对性"和"八、人类追求智能的终极情怀"两节。

王健与邬焜合作执笔"第十一章 善:张弛于有序与无序之间";负责"第九章 信息思维和系统思维的比较研究""附录一:邬焜和信息元哲学"和"附录二:作为信息时代精神的哲学"的中文翻译。

参与"附录一:邬焜和信息元哲学"翻译的还有刘芳芳(长安大学副教授)和王小红(西安交通大学教授)。

邬 焜

2019 年 7 月 18 日